作者簡介

陳金定

學歷：國立台灣師範大學教育心理學系學士
國立台灣師範大學教育心理與輔導研究所碩士
國立台灣師範大學教育心理與輔導研究所博士（輔導學組）
美國University of Kentucky諮商與教育心理研究所哲學博士（教育心理學組）

現任：國立體育大學師資培育中心教授
諮商心理師

作者序

在學習及教學的過程中，總不斷自問：書上呈現的各概念間，有何關聯？如何形成有關聯的意義架構？問題與現象的背後機制為何？要「知其然」，也要「知其所以然」，才能將知識意義化，使其跟生活連結而成為智慧，並激發進一步的學習動機。

目前市面上青少年心理學或青少年發展相關書籍頗多，內容廣度雖豐富，但深度不夠，學習者容易流於「知其然」的記憶知識，而無法有「知其所以然」的融會貫通。學習者雖然擁有「青少年發展知識」，卻無法將知識實用化，因此，衍生出促進青少年發展之策略，或跟生活連結而成為催化自我成長之工具。這是本書目的之一。

「學生輔導工作」是教師工作之一。目前教育學程課程中，依據教育部頒布之大會考考試範圍，「青少年發展與輔導」領域涉及「青少年發展、諮商理論或學派、輔導倫理、團體輔導、學習輔導、行為輔導、生涯輔導、青少年適應問題診斷與個案研究、心理與教育測驗」，期望未來教師有能力負起輔導學生之重責大任。

但是，在教育部明訂之 26 教育專業學分中，扣除必修課程後，大會考三大領域課程每一領域分配到之學分數只有 3 至 4 學分。因此，學程學生很難從 3 至 4 學分中，學習到「青少年發展與輔導」所有科目之精髓，以及形成輔導青少年之架構。即使通過大會考之幸運者，將來到中學任教，仍然不具輔導學生之實力。

就目前任教於中學之教師來說，如何輔導被分配之學生個案，往往是其工作難題之一。或許一些教師曾參加過次數不等之輔導研習，但是無法將零碎片段之知識，組織成有用之輔導架構。因此，教師與受輔學生，雖然花時間、花力氣，但是付出與收穫不成比例，而形成雙方壓力，對彼此感到失望。

本書目的之二，依據相關理論及研究，綜合出一輔導架構，教導未來教師及目前教師，如何從青少年發展之觀點，對青少年問題進行診斷與輔導。

本書分為三大部分，第一部分，強調重點有二：第一，從青少年本人發展、環境及自我調適歷程，描述青少年適應之機制，並結合目前國內外一股正興起的學術觀點（復原力或保護性因子），談如何促進青少年發展與適應。第二，從理論與國內現況，談家庭、學校及社會三方面如何影響青少年發展及適應。

第二部分，結合理論及國內外研究，談青少年期各方面發展及影響發展之因素，包括青少年生理、認知、自我認定、情緒、人格、道德、社會關係（親子、同儕、情愛關係）等，並且從理論及研究中，提出促進青少年發展之方法。

第三部分，重點有二：第一，依據自我調適歷程、青少年發展理論及輔導理論，綜合形成一輔導架構，作為教師輔導青少年適應問題之參考。第二，闡述常見之青少年問題及其成因，包括自傷、自殺、飆車、藥物濫用、中輟、犯罪、飲食異常、網路成癮，並且依據所提之輔導架構，說明如何進行診斷分析及輔導。

青少年發展與適應問題，必須整合各領域專才，才能理清楚弄明白。因此，文中所述，必然有所缺失，期待有心讀者不吝賜教。最後，感謝心理出版社所有工作人員，讓本書有機會付梓。

陳金定

二〇〇七年三月

目錄

第一篇 影響青少年發展與適應之機制與因素

第一章 適應與自我調適歷程

第二章 青少年發展與適應問題——家庭因素

第三章 青少年發展與適應問題——學校因素

第十一章　青少年社會關係發展與輔導

第三篇　青少年適應問題與輔導

第十二章　青少年問題形成與輔導歷程

第十三章　青少年自傷、自殺問題與輔導

第十四章　青少年飆車問題與輔導

第十九章　青少年網路成癮問題與輔導

圖目錄

表目錄

Part

第 1 篇

影響青少年發展
與
適應之機制與因素

第一章

適應與自我調適歷程

青少年有良好的發展，才有良好之「適應」（adaptation），適應結果是發展狀況之反映。身心健康發展者，以健康方式適應環境；身心發展受扭曲者，以不健康方式適應環境。不管任何青少年問題，或任何身心疾病，都是適應環境之模式，也都屬於適應問題。

「適應」是怎樣的歷程？涉及哪些要素？「適應」涉及「個人之發展狀況」、「個人之自我調適歷程」及「環境」等三要素，此三要素相互影響。

本章著重在說明「適應」與「個人自我調適歷程」之關係，以及促進「自我調適歷程」之保護性因子。有關「環境」部分在本書第一部分第二章至第四章；「個人發展」部分，在本書第二部分第五章至第十一章。

雖然本章只論及「個人自我調適歷程」與保護性因子之關係，但由於「個人自我調適歷程」與「個人之發展」無法切開，因此，促進「自我調適歷程」之保護性因子，同時也能促進「個人發展」。

第一節 適應與自我調適歷程

1. 何謂適應？何謂良好適應？
2. 適應涉及自我調適歷程、環境及個人發展，這三者關係如何？
3. 適應模式如何形成？
4. 改善適應模式，應如何著手？從適應模式來看，促進青少年發展或改善青少年問題時，可以從哪些方面著手？
5. 改善適應模式時，可能碰到哪些困難？
6. 何謂自我調適？自我調適之目的為何？
7. 自我調適歷程涉及哪些階段？
8. 健康自我調適歷程如何形成？
9. 不健全自我調適歷程如何形成？

一、適應之相關要素（自我調適歷程、環境與個人發展之關係）

「適應」是個人因身心快速成熟改變，或環境改變時，為了維持發展之持續與整合（the continuities and coherence of developmemt）所做之努力（Cicchetti, 1990）。適應之歷程，也是個人滿足內外在需求之歷程。健康之適應歷程，涉及「平衡之自我調適歷程」（homeostatic self-regulatory processes）、「與環境有效互動」（effective transaction）及「個人健全之發展」等三因素之互動（Masten & Coatsworth, 1995）。三者之關係圖示如圖 1-1。

簡言之：良好適應來自於：⑴自我調適歷程、環境及個人發展，三者皆處於正向狀態下，亦即前面所提「平衡之自我調適歷程」、「與環境有效互

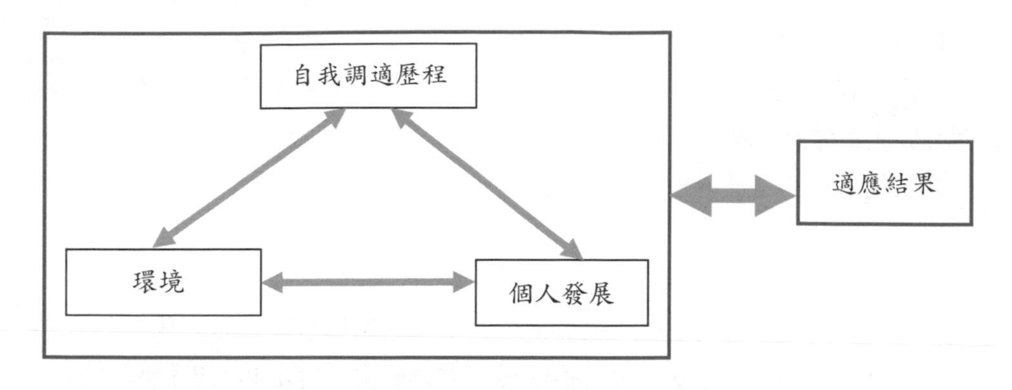

圖 1-1：適應歷程

動」、「健全發展之個人」；⑵自我調適歷程、環境及個人發展三者形成正向互動，使個人達到最佳之適應。

由於三因素互相影響，其中一項便可影響其他兩項。例如成長「環境」不佳之青少年，其「自我調適歷程」無法順利運作，需求無法獲得滿足，「個人發展」受到阻礙。反過來說，如果學校、家庭提供有利青少年發展之「環境」，便能改善青少年「自我調適歷程」及促進青少年「發展」。

相對地，青少年可透過平衡之「自我調適歷程」，緩和不良「環境」之影響，維護「個人發展」。或是，透過「健康之發展」來強化或修正「自我調適歷程」及與「環境」之互動。

簡言之，促進青少年「適應」，可以從青少年本身之「發展」、青少年「自我調適歷程」及青少年之「環境」著手。

二、適應模式

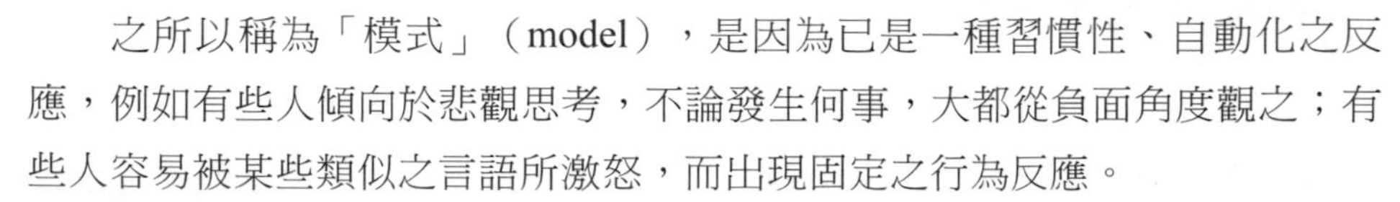

之所以稱為「模式」（model），是因為已是一種習慣性、自動化之反應，例如有些人傾向於悲觀思考，不論發生何事，大都從負面角度觀之；有些人容易被某些類似之言語所激怒，而出現固定之行為反應。

在心理學上，「模式」通常由「基模」（schema）組成。基模是一個人面對內在或外在刺激時，用來詮釋、預期及回應刺激之依據。基模就如同一齣戲之「劇本」（script），強制了演員在不同情境下，該表現之思考、情緒及行為。

當一個人不斷以類似之適應方式適應環境後，這種適應方式便會被定型，而發展成某種適應模式。只要個人處於類似情境下，相關之基模便會被運作，而強制個人依據基模規範之劇情演出，這便是日常生活中所謂的「習慣性行為模式」。

要改變一個人的適應模式，就必須改變與之有關之基模。改變基模並不容易，這是因為：⑴「基模」之形成，大部分透過無數次類似經驗所塑造，因此堅固不易動搖；⑵基模會抗拒改變，因為改變會帶給個人恐懼及害怕。個人之所以恐懼及害怕，是因為離開熟悉的習慣後，個人將失去行為依據。這也就是為什麼輔導者要以鼓勵、接納、不批判、同理之態度對待受輔學生，受輔學生才有意願、有勇氣改變行為。

基模抗拒改變的方式包括：⑴基模會過濾資訊，只注意跟基模一致之訊息，忽略或遺忘不一致訊息。例如認為某人不好，當同時呈現該人之優缺點時，缺點容易被記住，而優點容易被遺忘；⑵基模會扭曲事實，作錯誤之詮釋，例如將別人之善意，詮釋為不懷好意；⑶基模會根據基模內之訊息，對外在訊息添油加醋，無中生有，使之符合基模所要的樣子（亦即符合個人之期望）。

適應模式之形成非一朝一夕，基模之改變也非一蹴可幾，因此每位老師須有這樣的認知：學生需要有足夠的時間及老師的耐心、鼓勵、同理與接納，才能促使適應模式改變。

三、自我調適歷程

㈠自我調適歷程階段

自我調適歷程開始於生命之始。有生命之個體，都有自我調適（self-regulation）及組織自我（self-organizing）之機制，這些機制引導生命發展及適應（Bronson, 2002）。

何謂自我調適？其歷程為何？自我調適是指：有計畫地思考、感覺及行動，以達成個人目標（Zimmerman, 2000）。至於自我調適歷程涉及哪些階

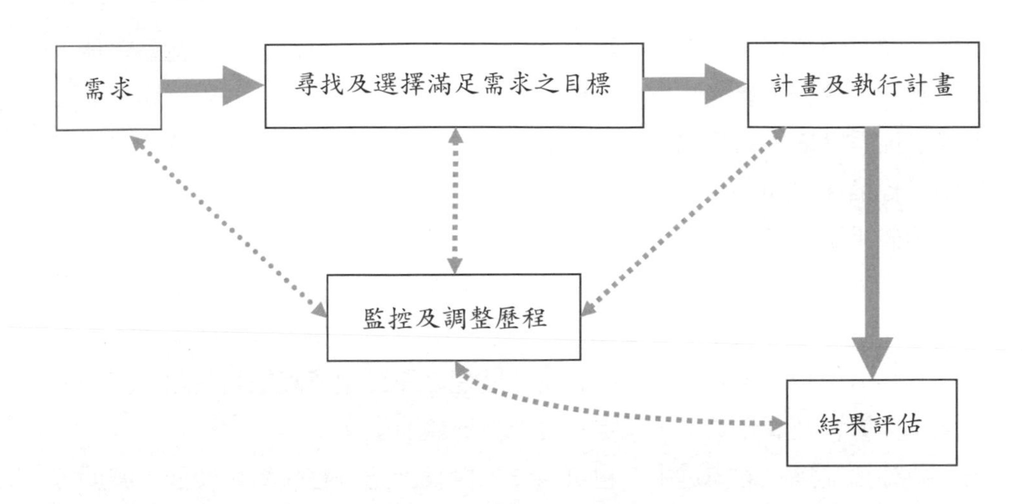

圖 1-2：自我調適歷程

註：虛線代表回饋及調整

段，不同學者有不同看法；綜合一些學者之意見（例如 Zimmerman, 2000）圖示於圖 1-2。

簡言之，自我調適歷程是指：個人從「需求出現」到「需求獲得滿足」之歷程中，有計畫地思考、感覺及行動，以滿足個人需求。對歷程各階段之說明，在本章第三節。

㈡健全自我調適發展歷程及基模化

自我調適歷程是否能夠健全發展及運作，有賴個人「自我力量（或內在力量）」與「外在資源」之協助。「自我力量」由一些個人特質及相關技能所組成，這些特質及技能，源自於個人過去發展情形。個人過去愈有機會健康發展（即「健全發展之個人」），自我力量便愈強。「外在資源」指的是環境之有利因子（即跟環境有效互動）。

「自我力量」最早來自於個人成長過程中，重要他人肯定及接納個人需求（例如被愛、被重視、被需要、被肯定、被注意、被保護、依賴……），而且以健康方式滿足個人需求。例如因感覺不安全而哭鬧時，重要他人以接納、同理、溫柔、有效之方式安撫。

需求之滿足，可以強化自我力量及自我調適歷程，因為：⑴需求被滿足後，可轉化成正面自我特質，例如價值感、自信心；⑵學會肯定及勇於表達需要；(3)以重要他人之方式，對待自我、他人以及滿足需求；(4)從重要他人的示範中，學習重要因應技能，例如解決問題、情緒調適、面對問題等；(5)習得之正面特質及技能，會轉化成自我力量，而有助於下一波自我調適歷程。整個歷程描述於圖 1-3。

例如不斷受到父母鼓勵的孩子，將來在類似狀況下，會以鼓勵方式對待自己及別人，這些對待方式除了協助自己解決問題外，也可以塑造有利之環境。

當類似經驗一再重複後，自我調適歷程之運作型態將被基模化，使得未來之運作歷程及運作結果，只是重複過去經驗而已。

此外，從以上的描述中，也可以看出自我調適歷程、環境及個人發展，三者之緊密關係。

㈢不健全自我調適發展歷程及基模化

當個人表達需求時，若被重要他人忽視或指責，個人之需求將無法獲得滿足。需求不滿足，代表正常的自我調適歷程受阻。個人如果一再經歷這種失敗，整個經驗歷程將被基模化，導致未來之自我調適，因為自我應驗之故，而落入失敗結果。

依據「角色關係模式」（role-relationship models）（Horowitz, Merluzzi, Ewert, Ghannam, Hartley, & Stinson, 1991），每個問題都涉及一組基模，這組基模包含四種角色關係模式：渴望、害怕、問題性妥協及適應性妥協。

這四種關係之運作依順序為：「渴望→害怕→問題性妥協或適應性妥協」。渴望是一種願望或需求。當個人之「渴望」出現後，如果當下無法使用「適應性妥協」滿足需求，便可能轉而求助「問題性妥協」。「問題性妥協」會引發個人一些身心症狀或適應問題。

舉例來說，個人因感到不安全而尋求重要他人保護（渴望出現），因為受到重要他人嘲笑，而對自我需求感到「害怕」。如果在當前的環境下，無法使用「適應性妥協」（例如年紀愈小的孩子，愈沒有足夠能力使用「適應性妥協」），便會運用「問題性妥協」滿足需求，例如否認渴望、以食物來緩和不安。當這種運作型態被基模化，每當「需求」一來，個人便會因為「害怕」表達需求被嘲笑，而使用「問題性妥協」方式應對。

以「問題性妥協」滿足需求，將使自我調適歷程運作不良，也間接阻礙自我力量發展，因為：⑴個人因為需求未被重視，而感到自我價值低落；⑵需求未被滿足，妨礙健全身心發展；⑶個人以重要他人對待方式對待自己及他人，而一再貶低自我價值，並且跟環境交惡；⑷沒有學會滿足需求之正確技能。

綜合以上所言，茲將以上兩種適應模式發展途徑圖示如圖 1-3，並進一步將「良好之適應」跟「平衡之自我調適歷程」、「個人健全之發展」及「與環境有效互動」之關係圖示於圖 1-4。

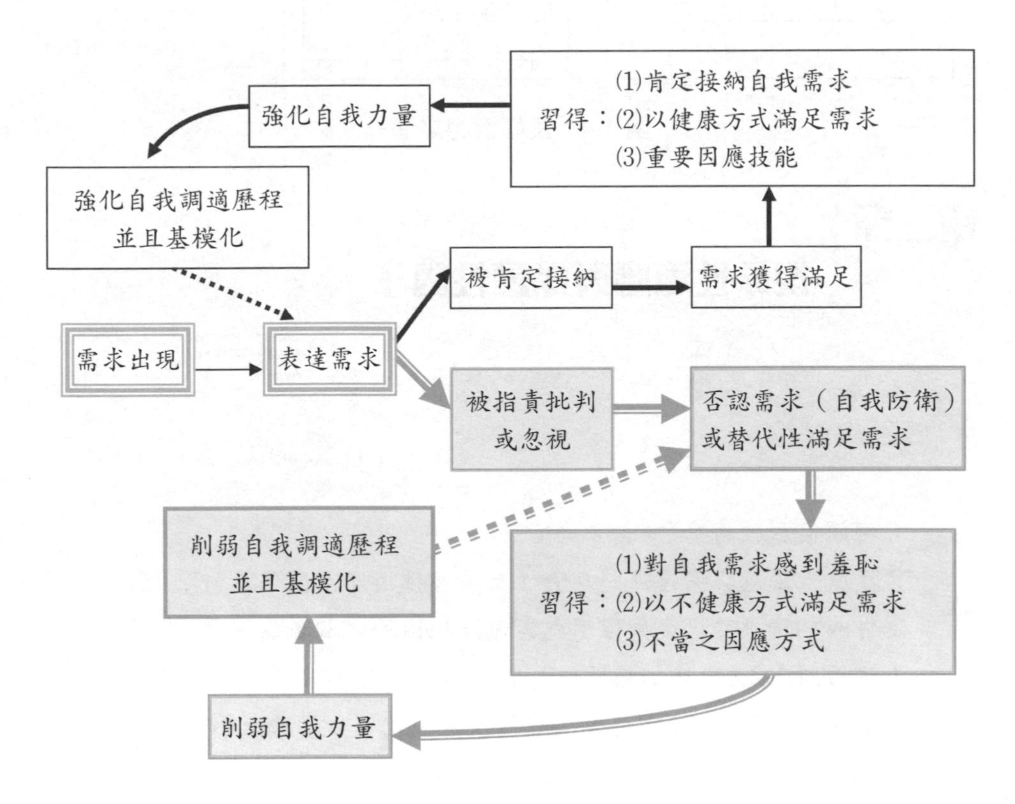

圖 1-3：自我調適發展歷程及基模化

註：虛線部分為重複循環歷程

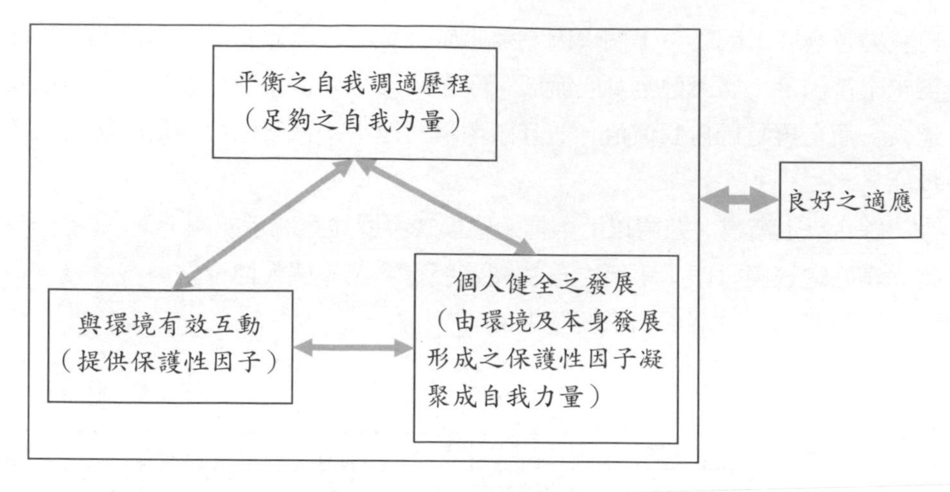

圖 1-4：良好適應之歷程

第二節 復原性適應與保護性因子

問題與討論

1. 何謂復原性適應？
2. 復原性適應與保護性、危險性及傷害性因子之關係為何？
3. 自我調適歷程、復原性適應與保護性因子之關係為何？
4. 依據圖 1-2（自我調適歷程）描繪出小筆及小袈的自我調適歷程。
5. 依據圖 1-3（自我調適發展歷程及基模化），描繪出小筆及小袈在父親外遇發生之前，自我調適歷程之運作狀況。
6. 在當前問題之下，小筆及小袈各有何急迫需求出現？
7. 小筆及小袈各用什麼方法，滿足需求？差別在哪裡？
8. 阿姨的行為中，給予哪些有助於小袈滿足需求之助力（即保護性因子）？小袈從阿姨的行為中，學到哪些有利於面對未來生活問題之技能（即保護性因子）？小袈從滿足需求（解決問題）的歷程中，培養了哪些特質及技能（即保護性因子）？

9. 阿姨的行為屬於「有效之環境」因素，該因素如何協助小袈運作「自我調適歷程」及「個人發展」？
10. 如果將助力（保護性因子）分為個人及環境兩類，從小袈的例子來看，各有哪些？
11. 如果故事繼續發展，小筆及小袈未來面對挫折時，適應模式有何差異？
12. 復原性適應者具有哪些特質？跟哪些保護性因子有關？
13. 閱讀本章之後，討論如何培養個人與環境之保護性因子？

⇛小筆的故事

在哽咽的嘶吼聲之後，便是一連串呼天搶地的辱罵。正聚精會神於書本的小筆，就像被大鑼聲猛然貫穿耳膜一樣，驚嚇得魂魄離了身。六神無主及氣力倏然抽身，讓他癱在床上奄奄一息。

因為爸爸外遇，媽媽的情緒不時地淹沒了理性，整天抱怨、哭訴。有時候將怒氣轉嫁到小筆身上，或威脅離家出走，或威脅自殺了事。小筆每次看到媽媽失了理性的瘋狂，雖然漠然以對，體內血液卻似急流亂竄，雙手無措，頭腦茫然。

每天離家上學後，他總是忐忑不安，擔心媽媽趁機出走，或是自殺身亡，而成為無主孤兒。上課時，令人擔心的畫面不時浮現，成為揮之不去的心頭重擔，腐蝕他聽講的專心。同學們的歡笑，反而凸顯他悽慘的不幸及無援的孤立，逼迫他退到陰暗的角落哭泣。

每天早上睜開眼睛的那一刻，恐懼及害怕便蜂擁而至。他覺得此時此刻最幸福的事，莫過於永遠逃離這個讓他痛不欲生的世界。

⇛小袈的故事

在媽媽第一次威脅離家出走、自殺之時，小袈便告訴阿姨家中發生之事。阿姨傾聽小袈的害怕與恐懼，讚美小袈主動求助的勇氣外，還答應小袈，她會陪在他身旁，不會讓他孤立無援。阿姨詢問小袈，期望如何幫他。小袈無助地以不知道回應。

阿姨想請求老師協助，也想聽聽他的意見。小袈擔心父母知道家醜外揚後，可能責備自己及阿姨。阿姨除了稱讚小袈懂事之外，告訴小袈，有些事往往無法兼顧，只能從中選擇。父母的事該由父母自行負責，不應該犧牲小袈來保護他們。不過，阿姨尊重他的決定。小袈思考後選擇阿姨之建議。阿姨還建議小袈，如果父母責怪時，不如主動讓父母知道他的害怕。要不要這樣做，由小袈自行決定。

取得小袈同意後，阿姨請求學校導師協助。老師請求學校輔導老師支援。輔導老師讓小袈參加輔導處舉辦的「家庭問題團體輔導」，跟團體其他有類似問題的同學分享彼此的遭遇及心聲。

從分享的過程中，小袈才知道有不少同學有類似問題，有些情況更糟。這種了解，讓他的壓力抒解不少，也不再覺得孤單。

此外，團體成員分成不同小組，在平日有急迫需要時，互相幫忙。從團體經驗中，小袈還學到處理情緒的方法，包括：寫日記、運動、聽音樂、找同學傾聽等。

經過這一番處理後，小袈心中踏實許多，力量及技能也增加不少。父母爭吵時，除了感到遺憾和失望外，不再充滿恐懼害怕。此外，他決定安頓好內在世界後，要跟父母好好談談。

一、復原性適應之定義

最近幾年來，國內外流行「復原性適應」（resilience）之相關研究。復原性適應是指：在挑戰與威脅之情境下，能夠成功適應（Masten & Coatsworth, 1995），亦即個人在不利之情境下，自我調適歷程仍順利運作及適應良好。

由於社會結構與家庭型態快速變動、競爭及壓力增多、人際關係疏離、道德及人心墮落，孤獨及寂寞感充斥，再加上噪音、污染、人口稠密及政治角力，因此大多數人感到壓力層疊，人心浮躁、精神空蕩。此外，文明過度發展，忽視了安定及調適人類生活之精神力量，使得創傷成為司空見慣之生活經驗。一般估計，約40%至70%的人曾經歷過各式各樣之創傷，包括天然災害、交通事故、目睹家庭暴力、戰爭、人際暴力等（Elliott, 1997）。這些創傷經驗妨害個人身心發展，造成不良適應。

不過，相關研究顯示，有些孩子處於惡劣情境，仍有良好適應（即復原性適應），包括：⑴成長於高危險背景的孩子（例如父母虐待、父母經濟匱乏），卻有良好行為反應；⑵在壓力情況下（例如父母離婚），能夠維持勝任狀態；⑶從嚴重創傷成功地復原（Werner, 2000）。

是什麼因素保護這些孩子免於惡劣環境傷害，而維持良好適應？面對生活環境日益複雜，生活壓力層出不窮，創傷事件不斷，心理異常人口持續增加的情況下，了解促成復原性適應之因素，對青少年發展與適應有重要意義。

二、復原性適應之運作歷程

在高危險背景、壓力、創傷下，個人之所以能夠維持良好適應，是由於「保護性因子」（protective factors）降低或消除「危險性因子」（risk factors）及「傷害性因子」（vulnerability factor）之作用所致。

「危險性因子」具有提高異常行為出現之可能，通常出現在異常行為之前（Grant, 1998），例如父母離婚。「保護性因子」能夠降低遺傳或惡劣生活環境帶來之負面影響（Luthar & Cicchetti, 2000），例如父母離婚之青少年，因有良好同儕協助，而度過父母離婚之傷痛。國內將保護性因子稱為「復原力」。「傷害性因子」具有雪上加霜之作用，會惡化逆境之負面影響，例如青少年在父母離婚時，又遭遇同儕衝突問題。

以下將復原性適應跟保護性、危險性及傷害性因子之關係圖示如圖 1-5。從圖 1-2、1-3、1-4、1-5 可知，保護性因子是促使自我調適歷程順利運作之關鍵要素。不只是復原性適應，在適應一般環境時，保護性因子也是良好適應之重要因素。保護性因子（例如充滿希望、毅力、善用外在資源），便是自我力量或是形成自我力量之要素（例如環境提供之正面支持，可以轉化成自我力量）。

有些學者將「傷害性因子」視同「危險性因子」（例如 Grant, 1998），因此，復原性適應為「危險性因子」與「保護性因子」之互動結果。

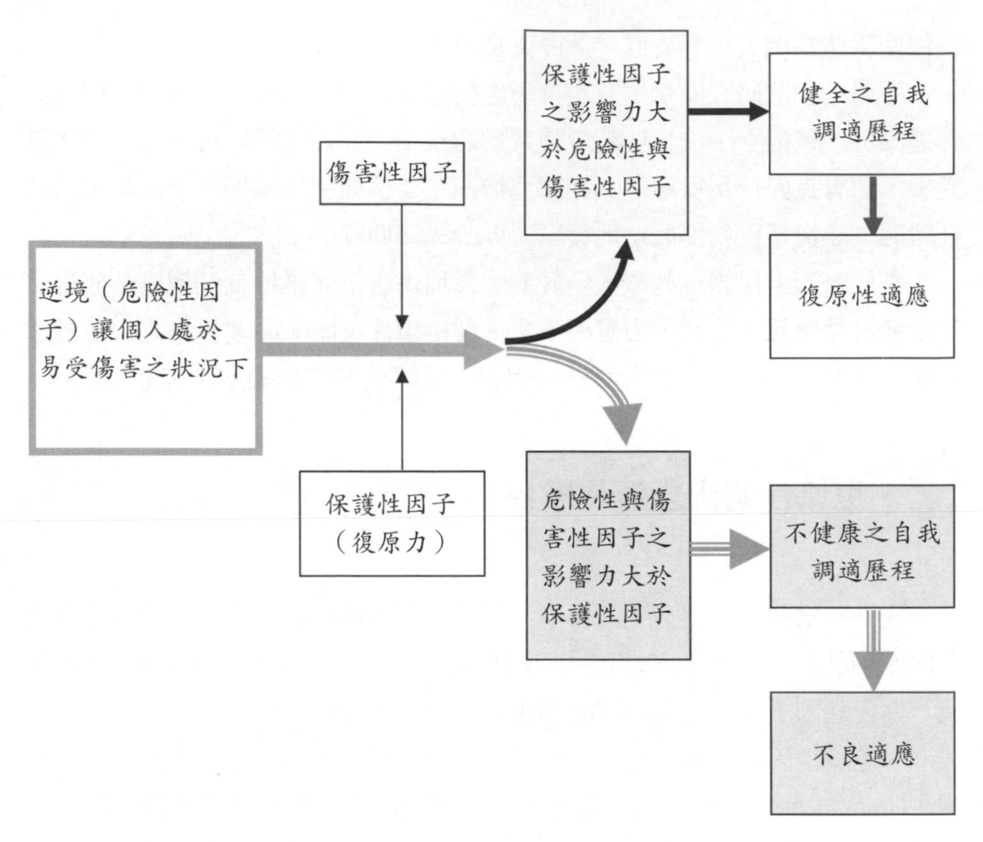

圖 1-5：危險性、保護性及傷害性因子與復原性適應之關係

（資料來源：改自復原性適應：復原性適應與各類相關因子之動力關係㈠，陳金定，2006a，**輔導季刊**，**42**（3），頁 6）

有三種模式用來解釋保護性、危險性及傷害性因子與復原性適應之關係（Garmezy, Masten, & Tellegen, 1984）：

1. 補償模式（the compensatory model）：保護性因子愈多，愈能降低或抵銷危險性與傷害性因子之作用。當保護性因子之作用大於危險性與傷害性因子，便會帶來復原性適應。

2. 挑戰模式（the challenge model）：危險性及傷害性因子之作用，若沒有超過個人承受之能力，便能助長個人之勝任能力。此模式強調危險性及傷害性因子之正面影響。

3. 保護模式（the protective model）：保護性因子具有提高個人勝任能力，緩和危險性與傷害性因子之負面影響。此模式的重點放在保護性因子之正面

作用，而非數量之多寡。

這三個模式提供一些啟示，作為輔導青少年發展及適應之參考：⑴提供或培養青少年保護性因子、提高保護性因子之作用，或增加保護性因子之數量，有助於青少年發展及適應；⑵不只是保護性因子，只要危險性及傷害性因子不超過青少年之承受能力，也具有提高青少年勝任能力之正面功能。

因此，⑴提供或培養青少年保護性因子；⑵教導青少年正面看待危機及壓力；⑶提供青少年適當之挫折，都是提升青少年自我力量，促進青少年發展及適應之方式。

三、與適應有關之保護性因子

㈠重要之保護性因子

國內、國外對保護性因子之研究不少。Gore與Eckenrode（1994）將保護性因子分為個人及環境兩方面。

此外，綜合其他研究（例如Cohler, Stott, & Musick, 1995; Kumpfer, 1999）分為：

1. 個人方面包括：安全型依附、健康身體、高自尊、內在歸因、智力、高自我效能、自我反省（self-reflection）、自我了解、問題解決技巧、情緒調適能力、對他人極度興趣、高度之個人能量、高度之認知與社會智力。

2. 環境方面包括：社會支持、良好之人際關係、良好之父母管教態度、積極之社區環境、穩定之學校生活、兒童期受到穩定之照顧、父母間沒有不良之衝突、沒有由貧窮引發之相關問題（例如不良幫派、物質濫用）、沒有毫無預警之災難。

從復原性適應者具有之特質（洪福源，2005；Brooks & Goldstein, 2003），可以推演出相關之保護性因子：

1. 對生活具有掌控感。可能涉及的保護性因子包括：生活有計畫、有目標；具規畫、執行及評估以達成目標之能力；有自信、內在歸因；情緒調適、決策、問題解決、溝通表達等之技能；善用外在資源；自我了解；後設認知、自我管理、自我反省、抗拒誘惑及滿足後延等技能；建構生命意義；主動、

積極、獨立。

2. 知道如何增強抗壓性。可能涉及的保護性因子包括：面對壓力之勇氣及毅力；對壓力之正面態度；善用外在資源、客觀評估壓力及因應壓力、情緒調適、決策、問題解決等技能；自我了解；自信、內在歸因。

3. 具同理心。可能涉及的保護性因子包括：設身處地、溝通表達、調適自我及他人情緒等技能；心胸開放及興趣廣泛；對生命有深刻之體驗。

4. 具有效溝通及互動之能力。可能涉及的保護性因子有：溝通表達、情緒調適技能；勇於面對自己及他人之情緒；具同理心；自我了解。

5. 擁有良好之問題解決及決策技能。可能涉及的保護性因子包括：蒐集資料及分析、彈性因應情境、了解自我及環境、善用外在資源、計畫、執行及評估等技能；自信、內在歸因；後設認知能力。

6. 建立實際目標與期望之能力。可能涉及的保護性因子包括：資料蒐集及分析、了解自我及環境（包括優缺點）、接納自我及環境、透視未來社會脈動、善用外在資源等技能。

7. 從成功與失敗經驗中學習之能力。可能涉及的保護性因子包括：自我反省能力；卸下自我防衛面對挫折之勇氣；欣賞及學習他人成功之處；後設認知能力；善用外在資源；情緒調適、問題解決之技能。

8. 對社會有貢獻、有同情心。可能涉及的保護性因子包括：關心社會事務；擁有社會歸屬感；善於管理自己不成為社會負擔；善盡社會義務。

9. 有健全之價值觀指引其生活。可能涉及的保護性因子包括：勇於嘗試各種不同活動以形成價值觀；了解生活目標、兩難衝突、生活方式跟價值觀之關係；自我反省、決策、抗拒誘惑等技能。

10. 感覺自我是特殊個體（亦即允許及接納自我之獨特性），也協助他人有類似之價值感。可能涉及的保護性因子包括：自我了解；接納、肯定自我及他人之特殊性；善用自我之特殊性（即發揮自我潛能）。

茲將以上所提各種保護性因子，分為個人及環境兩方面，整理歸納如表 1-1。表 1-1 所列，可以作為父母師長教育青少年之指引。在家庭及學校生活中，協助青少年培養保護性因子，以強化青少年自我力量及自我調適歷程，促進青少年發展及適應。

表 1-1：保護性因子摘要表

環境方面	1. 良好之社會支持、人際關係、父母管教態度、父母婚姻、家庭互動、社區環境、典範學習。 2. 穩定而良好之家庭成長環境、穩定之學校生活。 3. 沒有毫無預警之災難。 4. 熟悉社會資源機構及服務。
個人方面	1. 能力或技能： 設身處地、情緒調適、問題解決、決策、後設認知、自我反省、自我管理、抗拒誘惑、滿足後延、善用外在資源、正確評估壓力及因應壓力、溝通、資料蒐集及分析、計畫執行及評估、透視未來社會脈動。 2. 特質方面： 身體健康、安全型依附、高自尊、內在歸因、高自我效能、勇氣、毅力、希望、勝任能力、高智力及社會智力、情緒智力、自我了解、接納自我及他人之優缺點、深刻之人生體驗、主動積極、對他人極度興趣、建構生命之意義、對壓力挫折具正面態度、自信心、心胸開放、勇於面對自我、關心社會事務及善盡社會義務、健全之價值觀。

第三節　自我調適歷程與保護性因子

1. 自我調適歷程「需求」階段中，會出現哪些阻礙因素？如何克服？該階段需要哪些保護性因子？
2. 自我調適歷程「尋求及選擇滿足需求之目標」階段中，會出現哪些阻礙因素？如何克服？該階段需要哪些保護性因子？
3. 自我調適歷程「計畫及執行計畫」階段中，會出現哪些阻礙因素？如何克服？該階段需要哪些保護性因子？

4. 自我調適歷程「監控及調整」階段中，需要哪些保護性因子才能適當運作？
5. 自我調適歷程「評估」階段中，需要哪些保護性因子才能適當運作？
6. 舉一生活問題實例，依據「自我調適歷程」對各階段進行診斷以找出問題，並且說明需要哪些保護性因子協助。

個人之適應行為，決定於自我調適歷程各階段之運作，而各階段之運作結果，有賴於個人及環境中保護性、危險性及傷害性因子之作用。心理諮商各理論所強調之要點，都跟自我調適歷程及保護性因子有關。

協助青少年發展及處理適應問題時，可以檢驗其自我調適歷程各階段之運作狀況，了解青少年所缺乏之保護性因子。尤其對於非輔導專業的教師，自我調適歷程及保護性因子之概念，提供了這些教師協助青少年之方向。

茲將自我調適歷程與保護性、危險性及傷害性因子之關係圖示如圖 1-6。

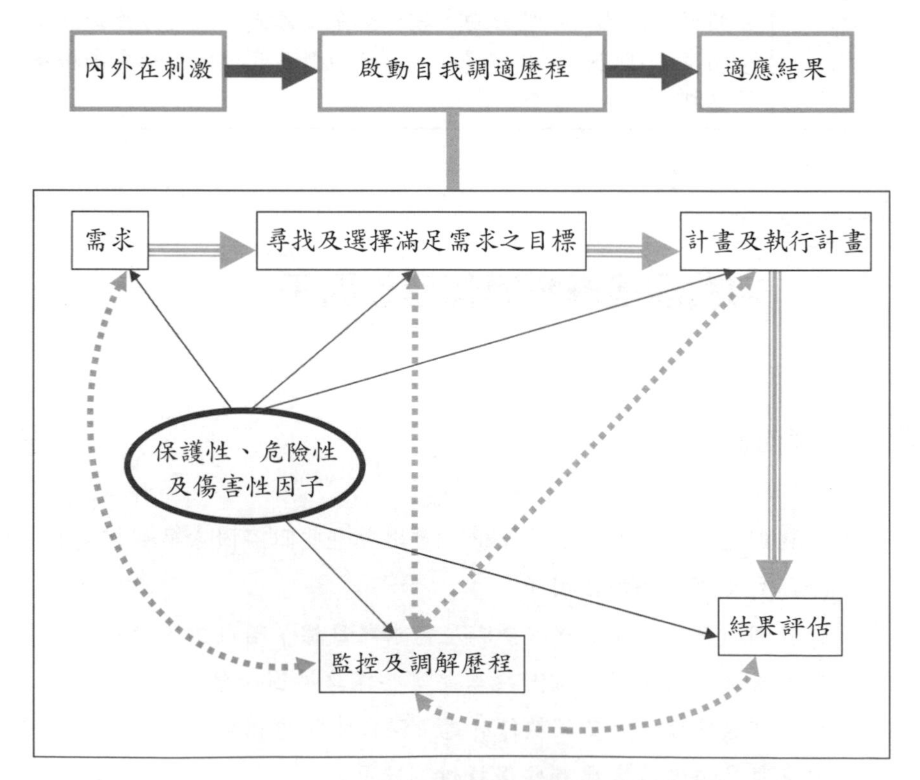

圖 1-6：保護性、危險性及傷害性因子與自我調適歷程之關係

一、需求

人的行為因需求之催動而產生，需求是否滿足，影響個人生存、發展及適應。促進青少年發展及適應，可以從青少年需求之滿足方面著手。

需求可能來自內在或外在環境，而啟動自我調適歷程。例如水需求、性需求等，可能由於生理需要或外在環境之誘惑。需求是自我調適歷程之第一階段，需求之後各階段之運作，會因為需求呈現之型態而有不同。

㈠需求受阻

需求出現之後，某些因素會阻礙個人對需求之覺察，而影響自我調適歷程。

1. 需求出現，但個人未覺察需求存在

個人之所以未覺察需求存在，可能因為需求不被接受而被否認壓抑，最後壓抑成為自動化反應（自動化反應屬於前意識之作用，陳億貞譯，2004），讓個人無法覺察需求存在。類似之經驗一再重複後，便被基模化。未來在類似情境下，個人會透過未覺察之歷程壓抑需求。例如男性習慣壓抑悲傷情緒，而感覺不到悲傷情緒，因此自覺沒有表達悲傷情緒之需求（事實上該需求的確存在）。

在以上情況下，自我調適歷程處於未完成之懸宕狀態，無法滿足個人需求。未被滿足之需求，會以各式各樣之方式，干擾個人生活，例如無法活在當下，思想老是被一些過去經驗干擾；妨害身心健康，引發身心或適應問題。

壓抑需求，只是逃避需求的方式之一，有些人可能會使用其他防衛方式處理，例如投射。

2. 需求出現，當事人未覺察但以另一種需求取代

有時候，未被滿足之需求會以另一種需求取代來滿足，例如以食物需求取代陪伴需求；以財富需求取代安全感需求。當事人以另一種需求掩飾原始需求，是因為原始需求不被接納，只得以另一需求取代。

另一種需求取代形式，是被父母化之孩子（parentified child）以父母之需

求取代自我需求，讓生命之存在，只為滿足父母需求而已。

以上兩種需求取代之方式，都無法滿足個人之原始需求。由於原始需求在當事人覺察之外，每一次原始需求出現，當事人都以替代性需求來取代，讓原始需求的催動力不斷加劇。最後追求替代性需求之滿足，可能成為成癮行為，例如對權力、財富、名利成癮。

3. **兩種或兩種以上需求衝突**

需求衝突是指內在兩種或兩種以上需求之衝突（例如依賴與獨立無法兼得之衝突），或內在與外在需求之衝突（例如自我理想跟父母的期望不符）。

有時候需求衝突在青少年覺察之內，但更多時候在青少年覺察之外，並且以問題或症狀來呈現，例如身心症狀。

以上這三種需求被阻狀況，並非截然分明，通常糾纏在一起，讓問題益形複雜化。

㈡找出未滿足之需求

如何協助青少年覺察內在未滿足需求？第一，檢查青少年成長經驗，了解家庭是否滿足青少年重要需求。

Whitfield（1987）曾歸納出人類二十種需求，包括：⑴生存；⑵安全；⑶肌膚接觸（例如擁抱）；⑷被注意；⑸回饋；⑹輔導；⑺傾聽；⑻呈現真實自我；⑼參與（例如參與家庭之重要大事）；⑽被接納（例如情緒、想法及行為）；⑾被允許為喪失悲傷及成長；⑿被支持（例如不被批評或被鼓勵）；⒀被信任及忠誠對待；⒁有成就感；⒂追求不同之經驗（例如跳脫千篇一律之經驗）；⒃性；⒄愉悅或有趣之感受；⒅自由；⒆被滋養；⒇無條件積極關愛。

Maslow（1970）需求階層論中，包括：生理需求、安全需求、隸屬與愛需求、自尊需求、求知需求、美的需求、自我實現需求。

有一些家庭規則、教養方式或家庭禁忌，會讓青少年重要需求無法獲得滿足，例如不允許孩子表達某種情緒。檢查原生家庭之家庭規則、教養方式或家庭禁忌，並且跟以上需求比對，便可了解青少年哪些需求未滿足。

第二，生活中每個經驗，都跟某些需求有關。定時花一點時間檢查生活經驗（例如寫日記），看看這些經驗背後可能隱藏哪些需求，以及自我用何種方式對待與滿足這些需求。例如跟同儕起衝突，被老師訓了一頓。這個經驗中，可能隱藏之需求，包括：被了解、被公平對待、情緒表達、情緒抒解、被接納等。

第三，花一點時間作白日夢，然後將白日夢內容記下來，分析白日夢內容，便可發現未滿足之需求。

第四，突破自我防衛，讓需求呈現。這得靠輔導或諮商，才有比較快速之效果。

第五，了解家人過度重視之需求，以尋找背後隱藏之原始需求，例如過度重視飲食、外表，這些可能是替代性需求。青少年很容易從父母身上學到以替代性需求取代原始需求。

第六，了解自己過度之行為，例如以過度獨立掩飾依賴及安全需求。

第七，觀察別人表達之需求中，哪些是自己恥於表現之需求，這些需求可能為未滿足需求。

第八，提供具保護性因子之環境（例如支持及接納、良好示範之環境），催化受壓抑之需求出現。

第九，Luborsky、Crits-Christoph、Friedman、Mark 與 Schaffler（1991）提出五個原則協助找出在蘊藏於潛意識中之需求：⑴期望背後之需求；⑵延伸自己重視之期望，從中找出相關需求；⑶意識中否認之需求；⑷當事人未覺察但明顯出現之需求；⑸在當事人敘述中，反映跟某些態度或行為有關之需求，而此需求當事人未覺察。

未滿足需求會在不同情境中一再出現，如果能同時運用幾種方法，可以從比照過程中，找出未滿足需求。例如壓抑憤怒情緒者，可能在不同情境下都會壓抑表達憤怒情緒之需求。

此階段保護性因子包括：接納青少年表達之需求、良好親子及師生互動、適當之管教方式；父母師長良好示範（例如接納自我需求）、無條件積極關愛、同理心；青少年自我反省及覺察能力、面對需求之勇氣。

二、尋找及選擇滿足需求之方式或目標

同一種需求，可以用不同方式或目標來滿足，有些是健康方式（例如以

表 1-2：自我調適歷程中「需求階段」相關要項摘要表

一、需求問題
1.需求出現，但個人未覺察需求存在。 2.需求出現，個人未覺察但以另一種需求取代。 3.兩種或兩種以上需求衝突。
二、找出未滿足需求之方式
1.檢查成長過程中需求滿足狀況。 2.檢查日常經驗，找出與其有關之需求，及需求滿足狀況。 3.從白日夢中分析需求。 4.透過諮商或輔導找出需求。 5.從家人過度重視之需求中，找出隱藏之未滿足需求。 6.從自己過度重視之行為中，找出隱藏之未滿足需求。 7.別人表達而自己恥於開口之需求。 8.提供具保護性因子之環境，催化受壓抑需求出現。 9.從重視之期望背後找出隱藏之需求。 10.延伸重視之期望，從中找出隱藏之需求。 11.從意識中否認之需求，找出隱藏之需求。 12.注意未覺察但明顯出現之需求。 13.從敘述中，找出反映跟某些態度或行為有關之需求。
三、該階段之保護性因子
例如：接納青少年表達之需求、良好親子及師生互動、適當之管教方式；父母師長良好示範（例如接納自我需求）、無條件積極關愛、同理心；青少年自我反省及覺察能力、面對需求之勇氣。

運動抒解情緒），有些卻不健康（例如以自傷抒解情緒）。健康方式利人利己，兼顧自己及他人之福祉。

在此階段可能出現幾個問題（陳金定，2006b）：⑴找不到滿足需求之目標；⑵找到之目標無法滿足需求；⑶無法盡括所有可能目標，因此找到的不是最適當目標；⑷滿足需求之目標可能不只一種，個人必須進行選擇；⑸急功好利不願意長期努力，而選擇「努力最少，效果最快」，但未來須付出大代價之目標。

如何處理以上問題，第一，協助青少年了解人如何習得滿足需求之方式，以避免不當的需求滿足方式或找出適當的需求滿足方式，例如：⑴父母師長示範，孩子模仿（如：父母心煩時抽菸，孩子將學會以抽菸方式面對心煩）；⑵父母以某種方式滿足孩子需求，孩子便學會以相同方式滿足需求（如：父母以食物阻斷孩子哭泣，孩子便學會難過時以食物因應）；⑶在偶然機會下，孩子成功地以某種方式滿足需求，在未來便會以該種方式滿足需求（如：孩子以吵鬧成功地獲得父母注意，未來便會以吵鬧滿足被注意需求）。

第二，協助青少年透過蒐集及分析資料，找出滿足需求之方式。第三，提供示範如何以健康方式滿足需求。第四，父母師長以身作則以健康方式滿足青少年需求，讓青少年從親身體驗中學習。第五，培養青少年抗拒誘惑及滿足後延能力，以免為了獲得立即滿足，而付出傷人傷己之代價。第六，提醒青少年了解環境之需要，以兼顧自己及他人之福祉。第七，培養青少年決策技能。第八，鼓勵青少年善用外在資源。

以上這些處理方式，父母師長可在日常生活中實施，讓青少年或透過觀察學習，或透過親身體驗，協助青少年學到更多滿足需求之可能途徑。

此階段保護性因子包括：⑴良好示範；⑵抗拒誘惑及滿足後延、決策、善用外在資源、資料蒐集及分析評估、觀察學習等技能；⑶諮商或良師益友之幫忙、冒險與獨立之精神、深思熟慮之思考模式、自信及自我效能（陳金定，2006b）。

三、計畫及執行計畫

選定滿足需求之目標後，有些不需要規畫，便可立即採取行動滿足需求（例如看電影讓身心放鬆），有些則須長期努力，因此須先規畫，然後逐步實施（例如通過升學考試，以攻讀學位及取得學位，最後滿足提高薪資之需求）。

該階段容易出現一些問題，包括：⑴不知如何擬訂計畫；⑵有計畫卻沒有動力執行；⑶計畫不周全、不切實際；⑷半途而廢；⑸中途變節，轉換目標；⑹拖延。須注意的是，有些人內在基模充滿負面訊息或自我批判，因此透過基模的操控，會故意讓自己失敗，以維護基模原先之認定（亦即照著基模劇本演出）。

表 1-3：自我調適歷程中「尋找及選擇滿足需求之目標階段」相關要項摘要表

一、尋找及選擇需求目標之問題
1.找不到滿足需求之目標。 2.找到之目標無法滿足需求。 3.無法盡括所有可能目標，因此找到的不是最適當目標。 4.滿足需求之目標可能不只一種，個人必須進行選擇。 5.錯誤地選擇「努力最少，效果最快，未來代價大」之目標。
二、處理「尋找及選擇需求目標」之問題
1.協助青少年了解如何習得滿足需求之方法。 2.協助青少年蒐集及分析資料，找出滿足需求之目標或途徑。 3.示範青少年如何以健康方式滿足需求。 4.父母師長以健康方式滿足青少年需求，讓青少年從親身體驗中學到滿足需求之健康方式。 5.培養青少年抗拒誘惑及滿足後延之能力，以免為了獲得立即滿足，而付出大代價。 6.提醒青少年了解環境需要，兼顧自己及環境之福祉。 7.培養青少年決策技能。 8.鼓勵青少年善用外在資源。
三、保護性因子
例如：良好示範；抗拒誘惑及滿足後延、決策、善用外在資源、資料蒐集及分析評估、觀察學習等技能；諮商或良師益友之幫忙、冒險與獨立之精神、深思熟慮之思考模式、自信及自我效能。

該如何擬訂計畫及維持毅力執行計畫？⑴選擇之目標必須符合個人之價值觀、興趣、需求、想法與情緒，並且兼顧環境需要，個人才有動力執行。如果只是一味符合他人期望，便容易失去執行動力。如果只符合個人需要，則容易遇到環境阻力；⑵將大目標分為容易達成之小目標，以減少壓力、增加信心及可行性；⑶時間規畫及流程。有了時間規畫，便可以強迫自己專心一致、把握時間。有了流程便有行動方向，而不至於浪費時間；⑷分析自我及環境之阻力及助力，善用助力，並且預先規畫如何克服阻力；⑸如何評估結果。所謂結果評估是指每個小目標及聚合小目標而成之大目標；⑹允許意外出現，並有心理準備；⑺要有長期努力之準備；⑻執行計畫之過程中，必然遭遇挫折，因此須事先規畫面對挫折之方式；⑼抗拒誘惑。環境中有一些

誘惑，引誘當事人分心而延宕完成目標之時間，或對所計畫之目標感到懷疑，或放棄原先之計畫，或中途變節。

如何抗拒誘惑？⑴目標及實施步驟愈清楚，目標愈可能被達成，當事人抗拒誘惑之能力便愈強；⑵計畫愈是跟需求、價值觀等有關聯，當事人執行計畫之動機便愈強，也就愈能抗拒誘惑；⑶善用外在支持力量；⑷了解自我效能狀況。自我效能愈高者，對自己愈有信心，抗拒誘惑及執行計畫之動機便愈強；⑸每完成一小目標，便進行自我增強，以提高自我效能；⑹直接處理誘惑之來源；⑺正向之結果預期。結果預期愈佳者，愈有可能採取行動及抗拒誘惑；⑻尋找專家協助。

此階段之保護性因子包括：規畫執行及評估、抗拒誘惑、善用外在資源、情緒調適等技能；自我效能、自信心、正向之結果預期、自我增強、良好示範、自我了解、面對變化之應變能力、努力不懈之意志。

四、監控及調整歷程

監控及調整歷程需要後設認知能力來進行。這種能力就像是工廠裡的工頭或監工，監督生產線中每一單位之運作，在必要的情況下調整某些單位之工作方式、工作人員或職務，使得每一單位發揮最大潛力。

從「需求→尋找及選擇滿足需求之目標→計畫及執行計畫→結果評估」之歷程中，每一階段之訊息都會送到「監控及調整歷程」。「監控及調整歷程」除了監控各階段，使之正常運作外，還會根據各方送來之訊息，調整某些階段之運作，使各階段運作達到最佳結果。

例如在「尋找及選擇滿足需求之目標」階段中，當事人可能有機會進一步了解自我及環境，而重新調整「需求及目標」，在「計畫及執行計畫」階段中，當事人透過分析思考及實務經驗，對自我及環境進一步了解後，重新調整「需求、目標及計畫」。

「監控及調整歷程」就像一位由上往下俯視之觀察者一樣，對整個歷程的運作瞭若指掌，而且能夠恰當地指揮調度。缺乏了「監控及調整歷程」，便看不清問題之所在，而無法即時調整，即使達成目標，也達不到最佳品質。

表 1-4：自我調適歷程中「計畫及執行計畫階段」相關要項摘要表

一、計畫及執行計畫之問題 1.不知如何擬訂計畫。 2.有計畫卻沒有動力執行。 3.計畫不周全、不切實際。 4.半途而廢。 5.中途變節，轉換目標。 6.拖延。
二、處理「計畫及執行計畫」之問題 1.所選擇的目標必須兼顧個人及環境需要。 2.將大目標分為容易達成之小目標。 3.時間規畫及流程。 4.分析自我及環境之阻力及助力，善用助力，並且預先規畫如何克服阻力。 5.如何評估結果。 6.允許意外出現，並有心理準備。 7.要有長期努力之準備。 8.執行計畫過程中，必然遭遇挫折，事先規畫處理挫折之方式。 9.抗拒誘惑。
三、該階段的保護性因子 例如：規畫及執行、抗拒誘惑、善用外在資源、情緒調適等技能；面對變化之應變能力、面對挫折之勇氣、努力不懈之意志、自我效能、自信心、正向之結果預期、自我增強；良好示範、自我了解。

此階段之保護性因子包括：面對問題之勇氣、彈性因應變動之能力、後設認知能力、正確歸因能力、了解自我及環境。

五、結果評估

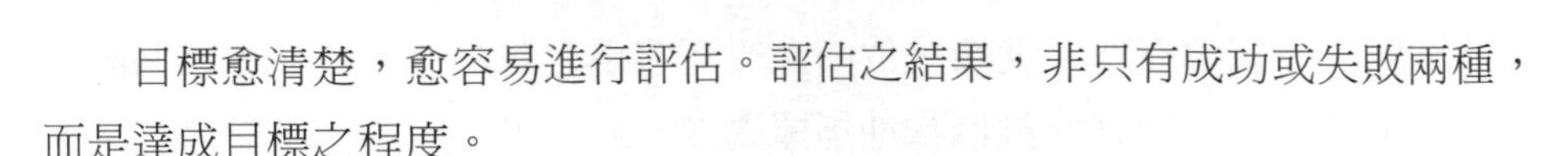

目標愈清楚，愈容易進行評估。評估之結果，非只有成功或失敗兩種，而是達成目標之程度。

面對不如意結果時，須知如何調適情緒、找出錯誤、鼓勵自己繼續努力。獲得滿意結果時，該知道成功之處及如何獎勵自己。這些也都是結果評估的一部分。

此階段的保護性因子包括：因應壓力、情緒調適、運用外在資源等技能；正確因果歸因、自我增強、自我反省等能力、後設認知能力。

表 1-5 以小袈案例，說明如何透過自我調適歷程滿足需求。

表 1-5：自我調適歷程案例應用

自我調適歷程
一、需求 1. 父母停息爭吵，恢復家庭和諧。 2. 表達及抒解情緒。 3. 媽媽停止威脅，找回安全感及依靠感。 說明： 1. 雖然小袈不清楚自己有哪些需求，不過，當媽媽威脅他時，他感受到失去安全及依賴感而立即求助。這些涉及到以上第 1、2、3 項需求。 2. 小袈使用之保護性因子有：了解自我需要。
二、尋求及選擇滿足需求之目標 可滿足以上三項需求之途徑如下： 1. 直接向父母表達自己的感受，要求父母考慮孩子之福祉。 2. 請求阿姨或其他親戚幫忙。 3. 請求學校導師協助。 4. 尋求校外輔導資源（例如張老師）。 5. 藉由情緒調適技能調適情緒。 說明： 1. 小袈選擇向阿姨求助。 2. 小袈使用之保護性因子有：表達需要、情緒調適技能（透過向阿姨表達內在情緒及需要來調適情緒）、使用外在資源、勇敢面對問題、主動積極。
三、計畫及執行計畫 小袈跟阿姨討論解決目前問題之方法，最後透過導師安排參加團體輔導。 說明： 1. 小袈向阿姨表達需要，並經過阿姨之引導，發現協助自己的其他資源（學校教師及同儕）及更進一步了解其他需要（父母理性處理問題，讓家庭恢復和諧、照顧自我、安頓內在、如何因應壓力……）。

（接下頁）

（續上頁）

2.阿姨在小袈的同意下，請求老師協助。
3.小袈從阿姨身上學到一些互動及處理問題技能，這些都成為下一階段之保護性因子。
4.小袈使用之保護性因子：學校資源（教師及同儕）、自我了解（了解自己的其他需求）、表達需求、溝通、在團體中開放經驗、勇敢面對問題、作決定技能、主動積極學習、自我檢討、後設認知能力。

四、監控及調整歷程

監控及調整歷程對以下各階段進行處理：
1.因媽媽威脅使某些需求凸顯出來（需求出現）。
2.決定找阿姨協助（尋求及選擇滿足需求之目標）。
3.找阿姨幫忙、阿姨找學校幫忙、學校規畫如何幫小袈（計畫、執行及調整）。
4.小袈某些需求獲得滿足，並決定協助自我滿足其他需求（結果評估及調整）。
說明：
1.小袈請求阿姨協助後，更清楚自我需求及其他需求。在滿足原本需求後，決定採取行動處理其他需求，亦即調整需求。
2.小袈除了阿姨的協助外，調整將教師及同儕納入成為協助資源調整計畫及執行計畫。
3.小袈透過學校之協助，學會讓自己成為他人之資源，並從協助他人之經驗中，更清楚自我問題及如何協助自己調整未來自我調適歷程之運作。
4.小袈使用之保護性因子：面對問題之勇氣、後設認知能力、了解自我及環境、主動積極等。

五、結果評估

1.找回失去之安全感及依賴感，抒解內在壓力、情緒獲得表達及抒解。
2.學習一些重要因應技能及獲得其他協助，包括：情緒調適技能、同儕之支持及陪伴、主動求助、決策技能、建立支援網絡、主動面對問題之勇氣、尊重別人之決定、自我調適歷程或解決問題之流程、將教師及同儕納入協助之資源。
3.提高面對問題之信心。
4.有能力獨立滿足其他需求。
5.學到協助他人之技巧，並且從協助他人之過程中，提高自我價值感。
說明：
1.小袈獲得之資源及技能，都成為面對未來問題之保護性因子及自我力量。
2.有了以上的保護性因子及自我力量，小袈主動啟動另一波自我調適歷程（向父母表達自己的情緒與想法，以及要求恢復家庭和諧）。

青少年在成長過程中，如果缺乏重要的保護性因子，就會像故事中的小筆一樣，被鎖在問題中坐以待斃。小袈從求助過程中，不但解決某些問題，而且學習到更多的保護性因子。成功之經驗及增多的保護性因子，增強了他的自我力量，也提升了自我調適歷程及健康身心，讓他更有信心面對未來問題。兩種不一樣之人生，會因為保護性因子之作用，而更加涇渭分明。

第四節　保護性因子之培養

1. 青少年如何培養保護性因子？
2. 家長、學校及社會如何協助青少年培養保護性因子？
3. 從理論來說（例如精神分析、依附理論），可用哪些方法協助青少年培養保護性因子？

從以上各節描述中，可以歸納出培養保護性因子之方法：

1. 父母滿足青少年重要需求，便可以協助青少年塑造出正面特質，這些正面特質便是保護性因子（例如自信、價值感）。

2. 父母師長示範了健康的行為習慣，青少年透過觀察及體驗，從中學到另外一些保護性因子。

3. 父母師長直接教導青少年重要因應技能。

4. 青少年須為自己的生命負責，主動培養保護性因子，例如學習因應技能、透過經驗培養正面特質、觀察典範人物習得良好習慣或正面特質、自我檢討以修正不良行為習慣。

5. Bronson（2002）曾整理不同心理學理論，說明發展健全自我調適機制之「關鍵要素」，這些關鍵要素即保護性因子，也是自我力量。理論中所論及培養保護性因子之方法，可以透過青少年自我培養，或家長、學校及社會提供學習機會。以下整合 Bronson（2002）及其他理論之觀點，說明培養保護性因子之方法，如表 1-6 所示。

表 1-6：不同理論隱含之保護性因子及其培養方法

理論	關鍵要素（保護性因子）	培養保護性因子之方法
精神分析論	強化自我力量（用來協調本我及自我之衝突）	1. 提供衝突情境。 2. 教導決策技能。 3. 學習調適情緒，以免理性被情緒淹沒。 （決策及情緒調適技能本身即為保護性因子）
依附理論	安全型依附	1. 品質良好之親子互動。 2. 學習情緒調適、面對壓力之技能。 3. 提高自信心、自我效能感。 4. 培養內在安全感。 5. 提供無條件積極關愛之環境。
行為理論	滿足後延及抗拒誘惑能力	1. 學習評量不同酬償之相對價值。 2. 學習擬定清楚、明確之目標。 3. 培養自我指導及遵循指導之能力。 4. 學習監控自我活動及自我獎勵。
社會學習論	因果歸因、內控思想	1. 提供成功經驗，培育其掌控感及內控思想。 2. 父母師長提供良好典範。 3. 學習自我獎勵。
Vygotsky 的認知發展理論	鷹架作用、自我內言、學習典範	1. 教導善用外在資源。 2. 提供良好典範及教導。 3. 學習自我教導。
Piaget 的認知發展論	同化及調適	1. 提供造成基模失衡之適當逆境。 2. 鼓勵主動追求挑戰之經驗。
訊息處理論	依據自我調適歷程處理問題	培養資料蒐集、組織、計畫、依計畫執行、評量結果、回饋及修正之技能。
個人中心治療法	無條件積極關愛	1. 不自我貶低及批判、以同理心對待自己。 2. 坦誠面對自己、裡外一致。 3. 父母師長之良好示範及對待。
理性情緒行為治療法	理性思考	父母師長示範以理性思考取代非理性思考。

以上有些培養保護性因子之方法，本身便是保護因子，換句話說，不同保護性因子之結合，可以塑造出另一種保護性因子。

總而言之，培養保護性因子之方法有：(1)滿足青少年重要需求；(2)成為青少年學習典範；(3)直接教導青少年；(4)提供青少年無條件積極關愛之成長環境；(5)青少年直接學習或透過經驗培養。

本書將陸續介紹部分跟某些技能有關之保護性因子，例如解決問題、情緒調適等技能，以協助教師輔導青少年時，教導青少年該項技能。

本章摘要

第一節　適應與自我調適歷程

1. 適應是指個人為了因應身心變化及環境改變所做之調整。
2. 良好適應涉三要素之互動：平衡之自我調適歷程、有利之環境及個人健全發展。
3. 自我調適歷程、環境、個人發展，三者相互影響，改變其中一項，可能帶動其他兩項之轉化。
4. 適應方式一再重複後會被基模化，而形成強制性之適應模式，使個人一再重複表現固定之行為模式。
5. 協助青少年發展及適應，便是改變青少年適應模式中之基模。改變基模的過程中，會因為基模之特質，而出現一些阻力。
6. 家長、學校與社會協助青少年時，可以從強化青少年的發展、青少年的自我調適歷程或青少年所處的環境著手。
7. 自我調適歷程開始於生命之始，用來協助個人發展及適應。自我調適歷程是指，個人從需求出現到需求滿足歷程中，以計畫性思考、感覺與行動，達成目標。
8. 自我調適歷程涉及五個階段：需求、尋找及選擇滿足需求之目標、計畫及執行計畫、結果評估、監控及調整。
9. 自我力量源自於個人小時候重要需求獲得滿足，亦即能夠健康成長。自我力量由個人正面特質及因應技能所組成。
10. 需求滿足的歷程（即自我調適歷程）被基模化後，未來將一再重複該歷程。

11. 自我調適歷程之運作可分為兩類：適應性自我調適歷程及問題性自我調適歷程。前者會帶來良好適應，後者造成不良適應。

第二節　復原性適應與保護性因子

1. 復原性適應是指，在挑戰或威脅之情境下，因為受到保護性因子之協助，使得自我調適歷程能夠順利運作，而出現成功之適應。
2. 有三種模式用來說明保護性、危險性及傷害性因子與復原性適應之關係：補償模式、挑戰模式及保護模式。
3. 保護性因子源於有利環境及個人健康發展之結果，是一種自我力量，可用來緩和危險性及傷害性因子之作用，協助自我調適歷程順利運作。
4. 保護性因子可分為個人及環境方面兩類。
5. 提供或培養青少年之保護性因子，可以協助青少年自我調適歷程之運作，促進青少年發展及適應。

第三節　自我調適歷程與保護性因子

1. 自我調適歷程各階段之運作，都可能碰到某些阻力，因此需要保護性因子之協助。
2. 自我調適歷程各階段之運作，會因為「監控及調整歷程」而被調整。

第四節　保護性因子之培養

1. 青少年應負起生命責任，為自己培養保護性因子；家長、學校及社會有責任提供青少年培養保護性因子之環境，以促進青少年發展及適應。
2. 培養保護性因子之方法包括：⑴滿足青少年重要需求；⑵父母師長成為青少年學習典範；⑶直接教導青少年；⑷提供青少年無條件積極關愛之成長環境；⑸青少年直接學習或透過經驗培養。

第二章

青少年發展與適應問題——家庭因素

青少年問題常可溯自家庭。家庭為子女之人格及行為模式奠下基礎。心理分析始祖 Freud 甚至認為「六歲定終身」，六歲後之行為，只是重複六歲前形成之行為模式。大部分心理學家雖不完全同意這種看法，不過仍承認早年經驗對未來行為具有重大影響。

家庭系統理論（family system theory）以家庭系統之運作，解釋個人症狀之緣由。家庭系統理論認為，當家庭系統面對壓力時，家庭內之適應機制會被啟動，以協助系統在壓力下順利運作。如果壓力過大，適應機制無法負擔，家庭中的某位成員便以症狀來維持系統之平衡（Kerr, 1981）。例如父母婚姻出現問題時，子女以行為問題來轉移父母注意力，以避免家庭破碎。因此，家庭對子女發展與適應，具有不可忽視之力量。

此外，家庭系統運作歷程，即是家庭系統之自我調適歷程，此歷程會被子女內化，形成子女之自我調適歷程，因此家庭系統運作狀況，是子女自我調適歷程之基礎。

家庭所涉及的層面多而雜，各層面間又相互影響。本章論及之家庭層面，只是一般文獻與研究中涉及之部分主題。

第一節 家庭功能

問題與討論

1. 可以從哪些方面看家庭運作？
2. 何謂功能健全家庭？具有哪些特徵？其家庭成員可能具有哪些特質？
3. 功能健全家庭可以協助子女培養哪些保護性因子？
4. 張翼及雲釵在學校發生了一些事，在當下有何需求？
5. 如果你是張翼，父母的處理方法，帶給你什麼感受？父母的處理方法是否能滿足張翼當前的需求？父母的處理方式，如何影響張翼的自我調適歷程？
6. 如果你是雲釵，父母的處理方法，帶給你什麼感受？父母的處理方法是否能滿足雲釵當前的需求？父母的處理方式，如何影響雲釵的自我調適歷程？
7. 張翼跟雲釵的父母，以不同方式處理相同問題，對兩家之家庭氣氛、親子關係與夫妻關係造成哪些不同影響？
8. 雲釵可以從父母的對待方式，培養哪些保護性因子？
9. 張翼父母的對待方式，會在張翼的成長過程中，製造哪些傷害性因子？這些傷害性因子如何阻礙張翼之發展及適應（例如生理、認知、情緒、人際……）？張翼需要哪些保護性因子，以克服家庭造成之傷害？

⇒張翼的家庭

張翼寒著一張臉進入家門，不理睬笑容迎人的爸媽，一句話也沒說，便逕入房內，將爸媽關在房門外。爸媽看到張翼的神情，先是一陣愕然，再看到張翼的拒絕，便怒從中來。爸爸怒氣沖沖地破口大罵，並且急促、用力地敲打著張翼的房門，要張翼開門把事情講清楚。張翼不開門的拒絕，將爸爸的怒氣，逼到幾近瘋狂。

媽媽一看情況不對，一方面安撫爸爸，一方面在門外數落張翼的不是。爸爸看到媽媽指責張翼，情緒便逐漸平復下來。

房內的張翼，在房門外一片沉寂之後，激烈的情緒雖逐漸消退，委屈、孤單與無助的感覺卻一擁而上。他不知道，走出房門後，跟爸媽碰面的場景將如何，也不知道該如何處理學校的問題。

⇛雲釵的家庭

雲釵寒著一張臉進入家門，不理睬笑容迎人的爸媽，一句話也沒說，便逕入房內，將爸媽關在房門外。爸媽看到雲釵的神情，先是一陣愕然，再看到雲釵的拒絕，心中焦慮了起來。於是，敲了雲釵的房門，告訴雲釵，他們關心她、擔心她，可否讓他們進去。雲釵只以「想一個人靜一靜」來回應。爸媽雖失望，卻尊重她的決定，不過，希望她心情平復後，讓他們知道她發生什麼事。

晚餐時，雲釵仍然沒出來吃飯。媽媽不放心，又敲了雲釵的房門。媽媽告訴雲釵，爸媽看到雲釵這樣很心疼，卻只能在房門外乾著急，什麼事都幫不上，希望雲釵開門，讓媽媽進去。

雲釵終於開門，媽媽用手輕拂雲釵臉上淚痕，並且將雲釵擁入懷裡，專心傾聽雲釵訴說學校發生之事。媽媽聽完雲釵敘述後，讓雲釵知道她感受到雲釵的委屈與生氣，並且問雲釵想要如何解決、期望爸媽如何幫她，也建議或許等她心情好一點，再想想辦法。最後，強調不管她的決定如何，爸媽會在旁邊支持她。

有了媽媽的了解與關心，雲釵感覺心情放鬆不少，也開始覺得有點餓，於是，決定先吃晚餐，再跟爸媽討論如何解決面臨之問題。

一、家庭運作與家庭功能

家庭成員之健全發展，有賴家庭發揮正面功能，滿足家庭成員重要需求。

家庭功能是家庭運作（family functioning）之結果。因此，家庭運作影響了家庭功能之發揮及成員之發展。

家庭運作涉及哪些層面？有些學者試圖從家庭中的協調、溝通、權力結構與彈性（power structure and flexibility）、家庭中的情感表現（Beavers, Hampson, & Hulgus, 1985; Beavers & Voeller, 1983）看家庭運作；有些則強調健康、衝突、溝通、凝聚、領導方式與表達（Hampson, Beavers, & Hulgus, 1988）等方面；或強調凝聚、表達、衝突、知性—文化、積極—創造、宗教、組織、家庭社會性、內外控、家庭理想化、家庭管教型態（Bloom, 1985）等。這些林林總總之不同看法，反映出家庭運作之複雜性。

二、功能健全與失功能家庭

家庭運作之目的，在發揮其正面功能，以滿足家庭成員需求，協助家庭成員身心健全成長。家庭正面功能無法發揮者，稱為「失功能家庭」（dysfunctional family），反之則為「功能健全家庭」（functional family）。

功能健全之家庭對家人具有哪些正面作用？Satir（吳就君譯，1994）從實務中發現，功能健全家庭幫助家人發展潛能，包括：⑴成員自我價值高；⑵溝通直接、清晰、聚焦、坦誠；⑶家庭規則具彈性、人性、合適、依情境而改變；⑷以開放、期許之方式與社會聯繫。

Bradshaw（鄭玉英、趙家玉合譯，1993）認為功能健全家庭，是家人自由、力量與情緒支持之來源，協助家人心理健康，家人關係良好、精誠合作、獨立自主、建立自尊、社會化，以及提供成長與發展機會。

功能健全之家庭具有哪些特色？不同之家庭治療理論，有不同之界定：⑴「Bowen 之家庭系統」家庭成員自我分化高、焦慮低。⑵「經驗性家族治療」父母親能聆聽子女意見、接受其情緒反應、認同子女之體驗，子女自我實現傾向能發揮引導作用（王慧玲、連雅慧合譯，2002）。

⑶「結構取向治療」家庭有良好之結構（即運作規則），包括次系統間之「界限」清楚有彈性，以維持家庭個別系統之獨立與整合，例如子女既獨立自主，又跟家人親密連結；「同盟」指情緒與心理之連結（亦即支持），例如家人間彼此之情緒支持；「權力」表示家庭成員之相對影響力，例如父

母之權力須大於子女；「聯盟」是指雙親必須共同組成和維持管理聯盟，負起照顧、保護、教導和協助子女社會化（翁樹澍、王大維合譯，1999）。

綜合言之，家庭運作中之溝通、界限、情感支持、規則、封閉與開放、階層與權力、同盟與聯盟，以及父母之自我分化等，跟家庭是否能發揮正面功能有關。

以下各節，將從這幾方面看家庭運作與青少年發展及適應之關係，這幾方面都涉及到以上各要素（如溝通、界限……）。要切記的是，各層面間多所關聯，而家庭運作與家庭功能之發揮，是以下各層面互動之結果。

第二節　父母之自我分化

1. 何謂自我分化？其內涵如何？
2. 父母不成熟之自我分化，透過何種歷程傳遞給子女？
3. 青少年之自我分化水準，如何影響其發展及適應問題（可參考本書青少年自我認定發展相關章節）？
4. 自我分化高水準之父母，能滿足子女哪些需求？協助子女培養哪些保護性因子？
5. 自我分化低水準之父母，可能阻礙子女哪些需求之滿足？可能在子女成長過程中，製造哪些傷害性因子？
6. 如何協助自我分化低水準之青少年？
7. 哪些保護性因子可以協助青少年提高自我分化水準？
8. 從一體化及個體化觀點，說明「父母自我分化」、「子女需求」、「子女自我分化」、「子女自我調適歷程」及「子女行為模式」間之關係？

父母自我分化水準，會影響整個家庭之運作。以下依據 Kerr（1981）之看法，說明家庭系統理論中自我分化及相關概念，並輔以相關文獻或研究說明。

一、自我分化之基本概念

㈠自我分化：個體化與一體化之平衡狀態

自我分化（differentiation of self）是指個人「個體化」（individuality）與「一體化」（togetherness）兩種力量之平衡狀態。

「個體化」與「一體化」是人類天生兩種自然力量，也是一種本能驅力。「個體化」驅使個人成為獨立個體，有自己信念與意見，也尊重別人看法；「一體化」驅使個人跟他人建立關係，避免孤立。

個體化與一體化，是兩種衝突力量。有人偏向某一極端，雖獨立自主，卻孤立無援；有人偏向另一極端，跟家人關係親密，卻無法自立。前者過度「個體化」，後者過度「一體化」。這兩者都不健康，只有平衡兩者力量，才能擁有健康身心。

㈡基礎水準之分化：維持理性與感性系統之區分

基礎水準之分化（basic level of differentiation）是指理性與感性系統運作上區分程度。人同時擁有理性與感性運作系統。當兩個系統運作方式既獨立且合作時，人便能選擇由某一系統主導，由另一系統輔助。

當兩系統運作時無法區分，人便失去掌控，而全由感性系統主導，使得行為情緒化。

基礎水準分化是自我分化水準之反映，自我分化也可以被界定為：個人區分經驗到理智與情感之能力，使他不受自動化或無法控制的情緒所擺布。亦即行為不受情感操控之程度（翁樹澍、王大維合譯，1999）。所謂不受情感操控，不是跟情緒隔離，而是不受情緒主控而失去理性。這些自動化或無法控制之情緒反應，透過一體化歷程而習得，使個人跟家人無所區分，持續跟家人處於融合狀態。

基礎水準之分化又稱為「堅固之自我」（solid self），因為即使在壓力之下，這部分自我將毫無妥協餘地。

㈢一體化水準與感性系統

一體化水準愈高者，感性系統之支配力愈高，而理性與感性系統之混淆程度也愈高。

一體化水準高者，容易感情用事，也容易受他人影響，所以在人際關係中，容易失去自我。

㈣一體化與親密關係之形成

「一體化」水準類似者，會相互吸引，形成長期之親密關係（例如婚姻）。伴侶兩人一體化水準愈高，兩人關係愈呈現理性與情緒系統之混淆。混淆程度愈高之家庭，家庭之焦慮與不穩定狀態愈高，並且傾向以某些方式處理家庭問題，包括：鬥爭、保持距離、某個成員成為犧牲品（即以問題行為出現），藉著過度關心子女來轉移家庭問題焦點（翁樹澍、王大維合譯，1999）。

此外，原生家庭分化水準若低，家庭成員婚後所建立之新家庭，仍會持續其低水準之分化狀態（王慧玲、連雅慧合譯，2002）。

研究顯示：配偶間有類似之自我分化水準（Day, St. Clair, & Marshall, 1997; Ebenstein, 2005）；自我分化水準愈高之夫妻，關係愈親密、彼此相互照顧、坦誠溝通，較少強制闖入性行為（Harrison, 2004; Hobby, 2004）；夫妻之自我分化水準與夫妻間互惠關係、焦慮有關（Bosholm, 2004）。雖然也有研究顯示夫妻間自我分化水準不一定類似，不過夫妻自我分化水準跟婚姻滿意度之關係，仍舊受到支持（Skowron, 2000）。

二、家庭投射歷程：親子間自我分化水準之傳遞

家庭投射歷程（family projection process）是指父母將其不成熟與低落之自我分化，傳遞給子女之歷程（王慧玲、連雅慧合譯，2002），讓子女之自我分化水準跟父母類似或更低。例如 Ebenstein（2005）研究顯示：親子間自

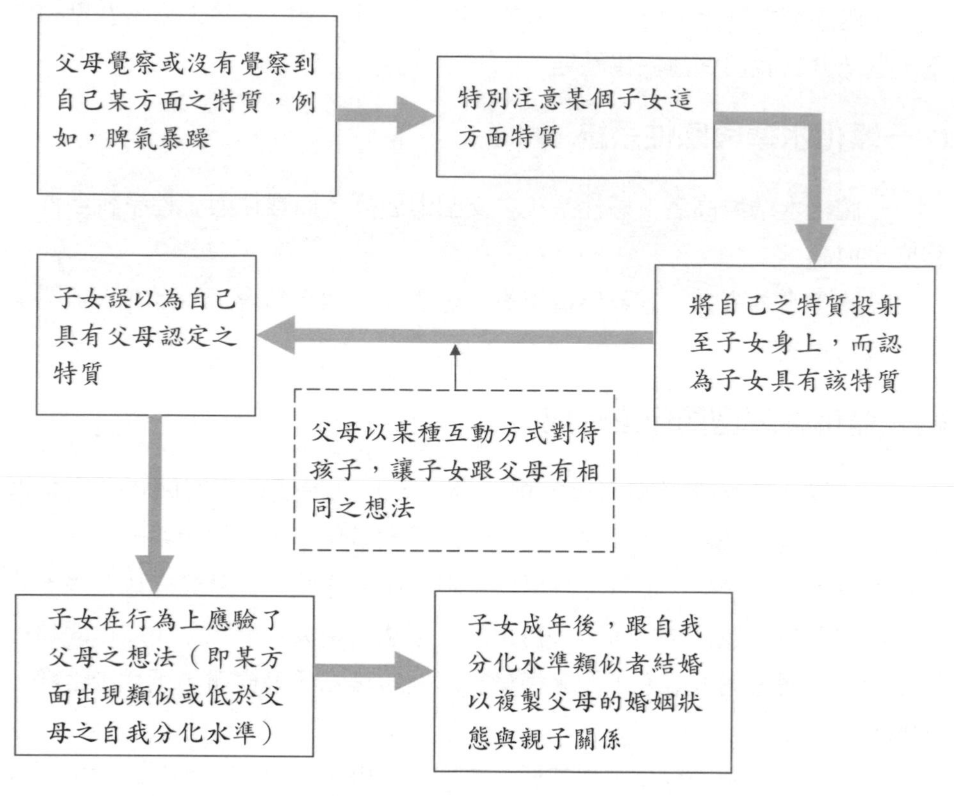

圖 2-1：家庭投射歷程

我分化水準類似。親子間自我分化水準傳遞之歷程，依據 Kerr（1981）所述之概念，圖示如圖 2-1。

不是家庭中每個子女都是父母傳遞之目標。子女是否成為父母傳遞之目標，跟幾個因素有關：第一個出生之子女、某一性別的第一個子女、在家庭紊亂時出生的子女、帶著缺陷出生的子女、最小（Kerr, 1981）或最幼稚或易受傷害之子女（翁樹澍、王大維合譯，1999）。受傳遞的子女，其自我分化水準可能類似或低於父母與其手足。

三、父母自我分化水準與子女發展及適應

感性與理性系統混淆之家庭，容易出現各種家庭問題。這是因為個人之

自我分化水準影響其面對壓力之能力、壓力後復原速度、人際關係（王慧玲、連雅慧合譯，2002）及「分離—個體化」歷程（見青少年自我認定發展相關章節）。簡言之，父母自我分化水準影響子女發展及適應。

第三節　父母婚姻衝突

1. 父母婚姻衝突可能引發子女哪些行為問題（或適應問題）？
2. 父母婚姻衝突透過什麼機制造成子女行為問題？
3. 說明「父母婚姻衝突」、「子女需求」、「子女自我調適歷程」、「子女保護性因子」及「子女行為模式」間之關係？
4. 如果你是小鏡，父母衝突時，可能的感受為何？有何需求？媽媽的處理方式對小鏡需求的滿足造成什麼影響？
5. 小鏡父母只注意自己的委屈與配偶的不是，而忽略了小鏡的感受。如果父母衝突及忽視小鏡感受的事件一再發生，可能在小鏡成長過程中帶來什麼傷害性因子？小鏡哪些需求無法獲得滿足？
6. 小鏡可能以何種行為模式適應環境？這種行為模式跟未滿足需求、自我調適歷程之關係如何？
7. 提供哪些保護性因子，可以緩和小鏡惡劣成長環境之負面影響？哪些傷害性因子可能惡化小鏡的問題？
8. 如果小鏡成長過程中，一直缺乏保護性因子緩和父母衝突之負面作用，這些傷害將如何妨礙小鏡之發展與適應（例如情緒、認知、人際關係上）？
9. 如果當下小鏡是青少年，而不是六歲兒童，小鏡對父母婚姻衝突之反應將如何？

小鏡在睡夢中，被莫名的吵鬧聲驚醒，她知道父母又吵架了。這樣的覺知，讓她不自覺地將身體縮在一起。她不敢起床，也不敢睜開眼睛，更不敢掀開棉被起身。

只有六歲的她，聽不懂父母兵戎相見之話語，只能驚恐地任由父親憤怒的咆哮與母親的哭泣，不時地顫抖著自己的身體。她不敢想像、也無法想像棉被外之狀況。她放心不下媽媽的安全，擔心爸爸如果打了媽媽，她該怎麼辦？這樣的想法，讓淚水抑制不住地滾滾而下。

隨著父母你來我往的吵架聲，她的心跳也無法控制地起起伏伏，顫抖的身體愈加緊縮。在驚恐、無助中，只能祈禱自己趕快睡著。

第二天早上，小鏡在惡夢中驚醒。她看到媽媽面無表情地坐在床邊，而憶起昨晚半夜發生之事，於是緊張地爬向媽媽，想從媽媽身上得到些溫暖與慰藉。沒想到，媽媽看也沒看一眼就將小鏡推開，還以冷峻的口氣補上一句：「如果妳不乖，我就不要妳，讓妳沒有媽。」

被推開的小鏡，驚慌地蹦出一句似乎她常常說的話：「我會很乖、很乖。」然後不知所措地垂下頭。

一般認為，父母衝突對子女只有負面影響，其實不然。如果父母能以積極方式處理衝突，讓子女有機會學到父母如何溝通、協調、化危機為轉機。這種過程，反而有助於子女學到解決人際衝突之良策（亦即保護性因子）。

相反地，如果父母以火爆或冷戰方式處理衝突，將大幅升高衝突對子女之負面作用。即使子女未親眼目睹父母衝突，父母的遷怒，也會對子女造成傷害。

父母衝突對子女造成何種影響？這影響透過何種機制傳遞？以下先說明父母衝突與子女行為問題（或適應問題）之關係，再說明連接父母婚姻衝突與子女行為問題之中間機制。

一、父母衝突與子女行爲問題

以下從父母婚姻暴力及家庭系統之三角關係談父母婚姻衝突與子女行為

問題之關係。

㈠婚姻暴力與子女行為問題

在父母衝突中，最嚴重的要算是婚姻暴力。目睹父母婚姻暴力，是一種高度之壓力情境，容易造成子女內在創傷，而導致創傷後壓力症候群（PTSD）（沈慶鴻，1999）或轉化成一些內向性與外向性行為問題。

依據 Fantuzzo 與 Lindquist（1989，轉載自曾慶玲，1998）之探討，父母婚姻暴力對子女之影響，可分為五方面：⑴外向性行為，例如攻擊他人之暴力行為（Cantrell, MacIntyre, Sharkey, & Thompson, 1995）；⑵情緒問題，例如消沉、焦慮、沮喪、害怕、失眠、自殺、退縮、害怕；⑶社會功能問題，例如社會能力比一般孩子差；⑷智力或學業問題，例如上課不專心，影響課業；⑸認知障礙，例如語言發展或認知學習比一般兒童差。

以上這些結果，也出現在國內研究上，例如：父母婚姻暴力跟子女內向性行為問題（如悲傷、退縮、害怕、焦慮、沮喪、憂鬱）、外向性行為問題（如攻擊、不服從、破壞、違規行為）有關，而且父母暴力愈強烈，子女行為問題也愈嚴重（曾慶玲、周麗端，1999）。

目睹父母婚姻暴力之負面影響，在子女長大後持續發揮作用，例如造成婚姻暴力之代間傳遞，而成為未來婚姻之施暴者與受暴者（Markowitz, 2001）；未來親子關係不良、心理幸福感低（lower psychological well-being）、出現較多暴力行為（McNeal & Amato, 1998）；對婚姻衝突抱持負面之結果預期（Duggan, 1998）；使用無效之婚姻解決策略（Choice, Lamke, & Pittman, 1995）。

父母婚姻暴力之影響，會因為子女性別、年齡或發展階段而不同。一般而言，子女年齡愈小，影響愈大。兒子容易出現外向性行為問題，而女兒容易出現內向性行為問題（胡美齡，1998；夏以玲，1999），對女兒之傷害大於兒子（Mihalic & Elliott, 1997）。

㈡家庭系統之三角關係與子女行為問題

家庭系統中之三角關係（triangulation）是指以下三種方式之一：⑴發生衝突之父母，其中之一試著得到子女之支持與同情；⑵或想辦法讓子女跟他（她）形成聯盟來對抗配偶；⑶父母暫且休戰，並將注意力放在子女問題或特別需要上，此種三角關係稱為「繞道關係」（detour）（Minuchin, 1974）。

就前兩種方式來說，父母之一方（通常在夫妻衝突中，感覺最痛苦的一方）不斷在子女面前數落另一方父母不對，透過觸動子女對該方父母之同情，來獲得子女的支持與忠誠，並且藉著引起子女內在公憤來唾棄另一方父母。

有聯盟之父母跟子女，兩人之關係未必因為建立聯盟而和睦，有時候會有衝突出現。此時聯盟之父母可能向另一方父母求助，而讓子女跟另一方父母（沒有聯盟之父母）起衝突，有聯盟父母反而成為局外人。這種兩方對峙，一方置身事外之三種角色，會不斷在父母與子女之間交替，讓夫妻將注意力從夫妻衝突，暫時轉移到變動不拘之三角問題上（Kerr, 1981）。透過三角關係，讓父母衝突隱而不顯，這也是三角關係之目的。

三角關係不但無助於處理婚姻衝突，也讓子女成了婚姻衝突的犧牲者。Kerig（1995）將家庭關係分為凝聚關係型（cohesive）、分離關係型（separate）、三角關係型（triangulated）、繞道關係型（detouring）四種，研究發現：「三角關係型家庭」之婚姻衝突高於「凝聚與繞道關係家庭」；「三角關係型家庭」之子女感受的父母衝突與負面情緒最高；「繞道關係型家庭」之子女因為父母衝突而感覺最多之自責，外向性行為問題也最多。

Jacobvitz 與 Bush（1996）研究進一步顯示：父親與女兒聯盟之家庭三角關係，跟女兒之憂鬱、焦慮與低自尊有關。

二、父母婚姻衝突與子女行爲問題之中間機制

解釋父母衝突跟子女行為問題之關係有兩種模式：一種稱為「壓力緩衝模式」（model of stress buffering）。父母衝突會直接引起子女行為問題。不過，這種直接影響可以透過各種因應資源（保護性因子）而緩和，或因為其他傷害性因子而惡化。例如溫暖而支持性之父母管教態度，可以緩和父母衝突之負面影響；敵意之父母管教態度會惡化子女原先遭受之傷害（Frosch & Mangelsdorf, 2001）。

另一種稱為「壓力中介模式」（mediational models of stress）。父母衝突透過傷害環境與個人資源（保護性因子），而引起子女行為問題。例如夫妻衝突後，改變了親子管教態度，而傷害子女之正常發展。這種模式不認為父

母衝突跟子女的行為問題有直接關聯。

以上這兩種模式都獲得支持（例如El-sheikh & Elmore-Staton, 2004; Fauber, Forehand, Thomas, & Wierson, 1990; Harold, Fincham, Osborne, & Conger, 1997）。雖然以上模式之重要性在於，反映出保護性因子能夠緩和父母婚姻衝突對子女之負面影響，不過，並未說明父母衝突與子女行為問題間之中間機制。

以下將從不同方面說明「子女情緒安全」是父母衝突與子女行為問題間之中間機制。

㈠父母婚姻衝突與子女情緒安全

子女心理需求之滿足（例如安全、愛、被愛、被關心、被重視等），多數來自於父母。父母滿足子女需求後，讓子女對己、對人、對事有了正面感受，內在才產生安全感，這便是所謂的「情緒安全」（emotional security）。當子女獨自面對壓力時，情緒安全會協助子女以積極態度面對。換言之，「情緒安全」之產生，是由於自我調適機制能順利運作，使得需求獲得滿足所致。

依據「情緒安全假設」（an emotional security hypothesis），子女情緒安全是父母婚姻關係跟子女適應之中介變項（Davies & Cummings, 1998）。父母婚姻幸福使得子女自我調適歷程順利運作，需求獲得滿足，而提高子女情緒安全；相對地，子女若沒有保護性因子緩和父母婚姻衝突帶來之負面作用，子女為了重獲情緒安全，將以不適應行為來因應，例如以問題行為吸引父母，避免父母再度衝突（Davies & Cummings, 1994）。

因此，經歷父母衝突之子女，若缺乏保護性因子的緩和，會因為失去情緒安全，而形成脆弱人格，造成情緒、行為問題與心理異常（Cummings, 1994; Cumming & Davies, 1994; Davies & Cummings, 1994; Davis, Cummings, & Winter, 2004），包括憂鬱、酗酒、焦慮疾患、飲食異常、精神分裂、人格異常（Davila & Bradbury, 1998）。

子女情緒安全來自家庭中幾個次系統，包括：⑴親子系統；⑵父母婚姻系統；⑶父母管教方式與其他家庭內之經驗（Davies & Cummings, 1994）。其中最重要的是父母婚姻系統（El-sheikh & Elmore-Staton, 2004）。

親子系統與父母管教方式之所以影響子女情緒安全，是因為父母衝突後，改變了子女管教方式與親子互動（El-sheikh & Elmore-Staton, 2004; Owen &

Cox, 1997），例如對子女需求敏感度降低、無法給予子女情緒上支持及陪伴、子女成為代罪羔羊。這些都是因為父母無法清楚區分親職功能與夫妻功能，而將夫妻衝突帶進養育子女之職責中（Minuchin, 1974）。簡言之，父母婚姻與子女情緒安全具有最直接之關聯。

㈡家庭運作型態與子女情緒安全

在臨床與實證工作上，呈現出三種家庭運作型態，這三種運作型態與子女情緒安全有關（轉載自 Davies et al., 2004）：

1. 凝聚型家庭（cohesive families）：家庭各種次系統（例如親子、手足與婚姻關係）之關係相當溫暖、親近與和諧，成員或次系統間界限清楚而有彈性，子女在此種家庭中保有良好之情緒安全。

2. 糾葛型家庭或紊亂型家庭（enmeshed or chaotic families）：家庭成員或次系統間衝突多、敵意高、強迫性操控，界限混淆而過度關切和涉入彼此之生活。此種家庭中，一方面由於整個家庭充滿衝突、敵意與強迫，而損傷子女情緒安全；另一方面，家庭容易將子女扯入父母衝突中（例如三角關係），而加重損傷子女情緒安全，惡化子女適應問題。

3. 離散型家庭（disengaged or separate families）：類似糾葛性家庭，家庭關係充滿高度敵意與不合。成員或次系統間界限僵化、疏遠、冷漠。子女在這種家庭中無法保有情緒安全，並且以心理問題來反映。

以上三種家庭中，糾葛型與離散型家庭之子女，情緒不安全程度最高。

個人因應壓力之能力，有賴情緒安全。擁有足夠情緒安全者，因有充沛自我力量積極運作自我調適歷程，而以有效方式因應；相反地，情緒不安全者，自我調適歷程受阻，而以無效方式因應，最後形成適應或心理問題。

茲將以上所述父母衝突、子女情緒安全與子女行為問題之內在歷程圖示如圖 2-2。

綜合以上所言，父母婚姻衝突對子女發展與適應有直接或間接影響。不管直接影響或間接影響，都會剝奪子女需求之滿足，而降低子女情緒安全。子女為了恢復情緒安全感，而以問題行為來因應。如果獲得增強，問題行為便成為不適應行為模式，影響子女未來之發展及適應。

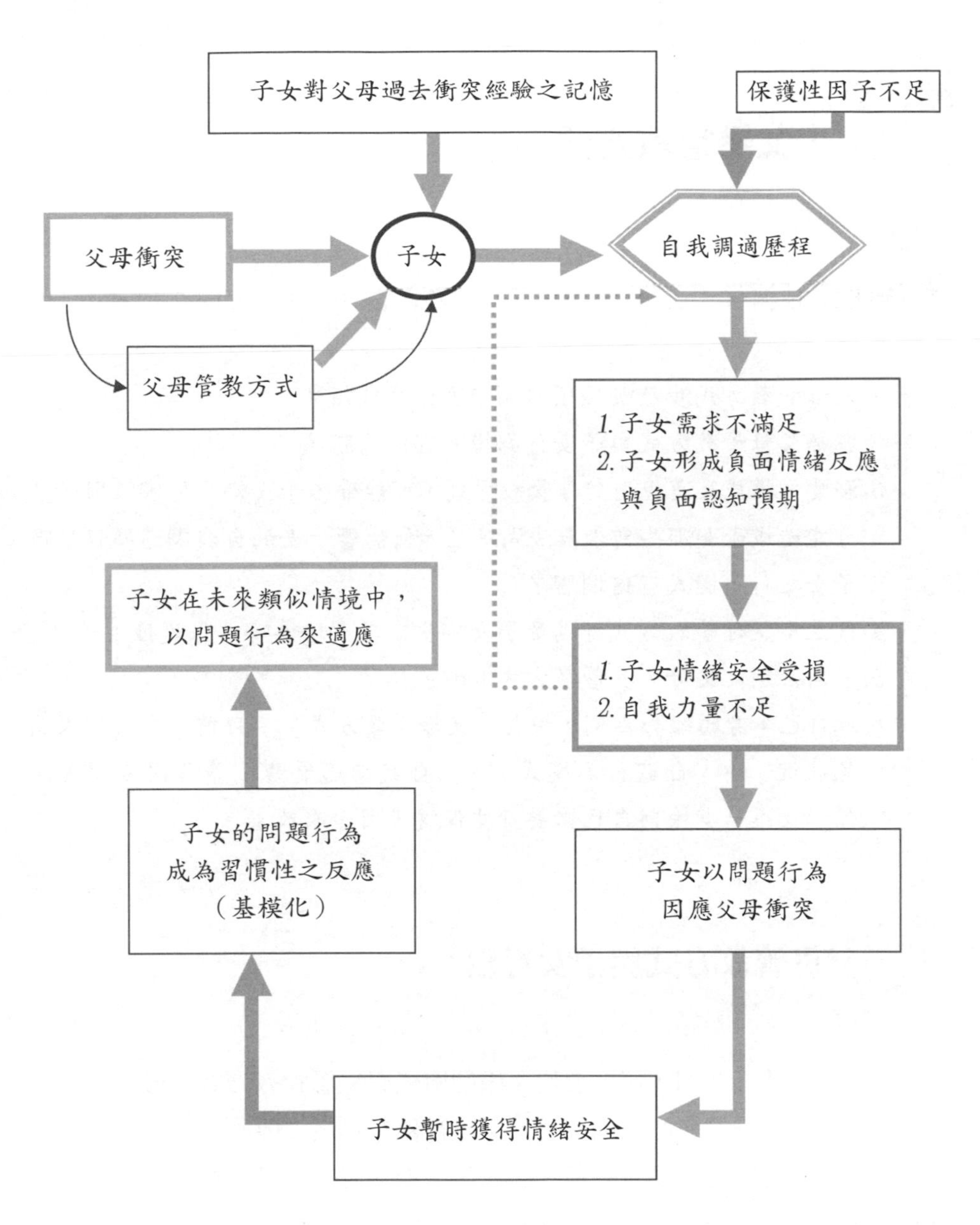

圖 2-2：父母衝突、子女情緒安全與子女適應問題之內在歷程

註：——► 父母衝突之間接影響；⋯⋯► 回饋

第四節 父母管教方式

1. 父母管教方式涉及哪幾項內涵？可分為幾類？
2. 各類父母管教方式與子女行為模式有何關聯？
3. 溺愛、權威及漠視型父母管教方式，可能帶給子女哪些傷害性因子？可能造成子女哪些需求無法滿足？如何影響子女的自我調適歷程？跟子女之行為模式有何關聯？
4. 民主型父母管教方式可滿足子女哪些需求及培養哪些保護性因子？
5. 不同性別之父母，其管教方式有何差異？
6. 以自己本身的經驗為例，檢討「父母管教方式」、目前「自我需求滿足狀況」、「自我行為模式」、「自我調適歷程」等各因素間之關係，及進一步檢討自己需要哪些保護性因子來改善。

一、父母管教方式與子女行為

Davies 等人（2004）研究發現：婚姻衝突與父母管教方式，最能區別高危險群與低危險群之家庭。由此可見父母管教方式之重要。

父母管教方式之分類有多種，因此父母管教方式跟子女行為之關係，雖有共通看法，卻顯得駁雜。以下介紹三種不同分類及相關之子女行為，再綜合說明。

㈠ Grolnick 與 Ryan 之觀點

Grolnick 與 Ryan（1989）從三方面看父母管教方式：⑴子女享有自主之程度（support for autonomy）；⑵父母正面涉入（positive involvement）程度：

是指父母對子女活動之興趣程度、跟子女相處在一起的時間，以及對子女表現愛與關心之程度；⑶結構程度：是指父母對子女之行為表現，是否提供清楚與一致之指導、期望與規則。

㈡ Baumrind 之觀點

Baumrind（1984）以父母要求（parental demandingness）及回應程度（parental responsiveness）兩個向度，劃分父母管教方式如表 2-1。

民主型管教之父母，通常以輔導者角色對待子女。父母為子女設定生活規範、注意子女需求、提供子女彈性的選擇空間、子女在家庭中的角色與地位被尊重。這種管教方式下，子女能夠自立（self-reliant）、自我控制、追根究柢、高自尊（Baumrind, 1984）。

獨裁型管教之父母，管教方式強調嚴厲懲罰，迫使子女絕對服從。子女沒有意見空間與自由意志。這種環境下成長之子女，拖延（Ferrari & Olivette, 1994）、困惑、情緒不穩定、具消極性敵意、不滿、暴躁（蘇建文等，1995）。

溺愛型管教之父母，給予子女過度自由，忽略管教與約束子女行為。這種環境下成長之子女，霸道、為所欲為、缺乏同理心與耐心、好支配、自私等。

漠視型之父母，忽視子女需求與感受，讓子女孤立無援，尤其在心理層面上。這種環境下成長之子女，過度獨立、冷漠、不信任他人。

研究顯示：民主型管教下之子女，在一些方面表現較佳，例如學業表現、適應能力、心理成熟度（McBride-chang & Chang, 1998; Steinberg, Elmen, &

表 2-1：Baumrind 父母管教方式之分類

	高回應	低回應
高要求	民主型 authoritative	權威或獨裁型 authoritarian
低要求	溺愛型 indulgent（permissive）	漠視型 indifferent（neglecting）

Mounts, 1989; Steinberg, Mounts, Lamborn, & Dornbush, 1991; Steinberg, Mounts, Lamborn, Dornbush, & Darling, 1992），不良行為較少（Adamczyk-Robinette, Fletcher, & Wright, 2002）。

父母管教方式也影響親子間互動。研究發現：民主型管教下之青少年，遇到問題會諮詢父母；接受獨裁、溺愛與漠視型管教之青少年，會諮詢同儕，而非父母；父母「回應程度」會影響青少年諮詢之對象，而父母之「要求程度」則不具影響力（Bednar & Fisher, 2003）。

㈢ Cusinato 之觀點

從父母管教方式中可分析出三個因素：溫暖因素（the warmth factor）、控制因素（the control factor and its variables），以及一致因素（the consistency factor）。將三因素說明如下（Cusinato, 1998）：

1. 就溫暖因素來說，父母溫暖之行為，是子女成長最重要之因素。所謂「溫暖行為」，是指對子女表現支持性行為，包括：讚美、同意、鼓勵、協助、合作、表達愛與身體之親暱。不支持行為包括：責備、批評、懲罰、威脅、忽視、憤怒，以及負面評價。

2. 就控制因素來說，控制分為兩個層面：⑴控制頻率（the frequency of control attempts）：控制頻率高之父母以許多規則限制子女自由，並且經常干擾子女的活動；⑵控制型態（style of control）：從強迫到啟示。

3. 就一致因素來說，一致是指父母對子女之管教、要求、評價是否一致。

適度控制與高度溫暖及一致之管教方式，對子女的成長才有幫忙。

二、各類父母管教方式之關聯與整理

以上父母管教方式雖有不同分法，不過各種分法之間有某種關聯性且相輔相成。若將以上三類分法結合，可以更清楚呈現父母管教方式之內涵。表 2-2 整理不同分類之父母管教方式；表 2-3 說明四種不同管教方式可能包括之內涵；表 2-4 說明適當管教方式對子女產生之正面影響。從這些整理之內涵中，可以窺見父母管教方式跟青少年發展及適應之關係。

表 2-2：父母管教方式分類整理表

<table>
<tr><th>類別</th><th colspan="12">內涵</th></tr>
<tr><td>Grolnick 與 Ryan 觀點</td><td colspan="4">自主程度</td><td colspan="4">正面涉入程度</td><td colspan="4">結構程度</td></tr>
<tr><td>Cusinato 觀點</td><td colspan="4">溫暖程度</td><td colspan="4">控制程度</td><td colspan="4">一致程度</td></tr>
<tr><td>Baumrind 觀點</td><td colspan="3">民主型</td><td colspan="3">獨裁型</td><td colspan="3">溺愛型</td><td colspan="3">漠視型</td></tr>
</table>

表 2-3：不同父母管教方式之內涵

特徵／類型	自主	正面涉入	結構	溫暖	控制	一致
民主型	適中	適中	適中	高度	適中	高度
獨裁型	不足	不足	僵化	不足	過度	僵化
溺愛型	氾濫	不足	不足	過度	不足	鬆散
漠視型	不關心	缺乏	不關心	缺乏	不關心	不關心

表 2-4：適當管教方式對子女之正面影響

效果／內涵	對子女之正面效果
適當之自主	有主見、獨立自主、主動積極、有能力作決定、為行為負責、具有操之在我之控制感、尊重他人。
適當之正面涉入	對自己有信心、有能力愛人愛己、具同理心、信任他人、具安全感、主動積極、不怕失敗。
適當之結構	內在有一套清楚之行為原則與行為標準。
高度之溫暖	有自信、高自尊、愛人愛己、良好之人際關係。
適當之控制	不衝動、適當之自我規範。
高度一致	言行一致、內在衝突少。

不同管教方式對子女產生不同影響，民主型管教優於其他型管教方式。其他型管教方式對青少年發展及適應具較多負面影響。

從需求滿足的角度來看，民主型管教方式比較能夠滿足子女重要需求，孕育子女充足之自我力量。

三、不同性別父母之管教方式與子女行為

父母親在性別、成長背景、社會期待、文化與人格等方面具有一些差異。這些差異讓父母在管教子女時，呈現不同之管教方式。父母不一致之管教方式，跟青少年發展與適應問題，也有密切關係。

在管教青少年上，母親在「回應」、「要求」、「涉入」三方面程度高於父親（Paulson & Sputa, 1996）。在青少年的感覺上，母親的管教方式比父親正向，父親較嚴厲、對青少年關心較少；在「回應」與「要求」這兩項上，母親比父親程度高（Shek, 1998）。

父母親在管教方式上之差異，對子女造成何種影響，目前的研究尚嫌不足。不過，管教方式差距愈大，對子女影響愈不利。例如父親採用獨裁式，母親採用放任式。這種兩極的管教方式，讓子女感到矛盾而無所適從。透過內化父母衝突之管教方式，也讓子女內在充滿自我衝突。

第五節 家庭界限

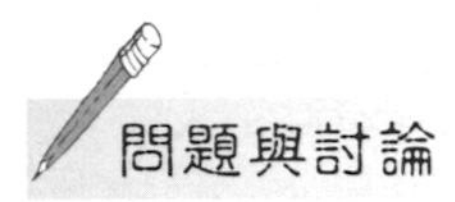

問題與討論

1. 何謂界限？有哪些類別？各類別意涵為何？
2. 界限之功能為何？
3. 界限侵犯有哪些類別？各類別意涵為何？
4. 家庭界限清楚，可以滿足子女哪些需求？對子女自我調適歷程有何影響？協助子女培育哪些保護性因子？
5. 家庭界限不清楚之家庭，可能剝奪子女哪些需求之滿足？帶給子女哪些傷害性因子？

6. 父母自我界限狀態如何塑造子女自我界限？跟子女身心健康關係為何？
7. 莫言與糖糖的自我界限各受到何種侵犯？
8. 莫言及糖糖缺乏哪些保護性因子，才使得自我界限受到侵犯？如果兩人有能力保護自我界限，需要哪些保護性因子？
9. 莫言的媽媽侵犯莫言的自我界限，可能對莫言未來的人際關係產生什麼影響？
10. 糖糖處理學長界限侵犯行為，跟她在家中的行為模式有何關聯？其人際模式為何？
11. 在以上兩例中，媽媽及學長須為自我行為負哪些責任？
12. 未來莫言與糖糖在面對他人界限侵犯時，該如何處理才適當？
13. 父母管教方式中，哪些類型涉及界限侵犯？「一體化」、「個體化」跟「界限」間之關係為何？
14. 家庭中的三角關係，是否也是一種界限侵犯？
15. 從個人親身經驗中，說明「界限侵犯」、「需求滿足」、「自我調適歷程」及「行為模式」間之關係？

⇛莫言的苦衷

莫言打開書桌抽屜，看到被翻動過的卡片，知道媽媽又偷看她的隱私，一股莫名的憤怒油然而生。她知道媽媽關心她，才有如此舉動。不過，她不喜歡這種保護方式。她曾抗議過，卻似乎傷到媽媽的心，從此她只能默默忍受。她曾將私人書信藏到房間的其他地方，但是，還是被媽媽找到。一想到這裡，生氣與無奈齊聚心頭。

⇛糖糖的煩惱

糖糖不喜歡學長，不是因為學長人不好，而是因為學長主觀性很強，老愛強迫別人接受他的看法，強迫別人依照他的決定做事。糖糖雖然不苟同學長的行為，卻不敢明講，也不敢拒絕，只能事後生氣。

糖糖覺得學長的行為跟她爸爸一樣霸道、不講理。爸爸無理的要求她不敢反抗。所以，只要爸爸在家，她便躲得遠遠的。她想，或許最好跟學長保持距離，免得老是一肚子悶氣。

一、界限之意義與類別

人與人間之「界限」（boundary），是個人與環境（指環境中的人、事、物）接觸之地方（Kepner, 1992），是自我與他人間一條看不到之分界。在不被允許狀況下，別人不能越界。更具體地說，界限是一套規則，用來規範互動者雙方活動或行為之尺度。

界限的存在，讓個人在環境中保有安全與舒適感（Katherine, 1991）。因為界限貫穿於生活各層面（Wallace, 1997），因此跟個人身心健康有密切關聯。

界限分為內在界限與外在界限（邱紫穎譯，1996）。「外在界限」是指身體界限和性界限。「身體界限」用來維持個人與他人之身體距離，「性界限」給予個人掌控自己跟他人之性接觸，這兩者用來維護個人身體與性之自主性。

「內在界限」是指個人保有自我思想、情緒與行為之權利，不容別人侵犯與掌控，以維持自己與他人之差異性。

界限除了反映個人擁有之自主權利外，也顯示出個人須為自我行為負責。

界限並非固定不變，會隨著情境與對象之不同而改變。例如男女一起跳舞時，身體界限可能跟平常非跳舞時不同；個人面對關係親疏不同者，界限也有所不同。

二、界限之功能

界限有幾個功能（邱紫穎譯，1996；Perls, Hefferline, & Goodman, 1951）：

1. 維持差異：界限區分自我跟他人之差別，允許個人保有自我感覺、想法與行為，形成清楚之自我認定（self-identity）。個人之所以能夠成為獨特之個體，在於他跟他人間有清楚界限。換句話說，界限可以協助家庭成員維持一體化及個體化間之平衡。

2. 拒絕危險：個人之界限是彈性防衛工具，會隨著互動之情境、對象之不同而做適度調整。當處於威脅情境或面對危險對象時，可以封閉界限，避免環境傷害入侵。

3. 選擇與調適：當個人面對跟自我認知衝突之訊息時，可以決定接受或拒絕訊息，以調適內在基模，或維持基模之穩定。

4. 提供實現自我之機會：界限允許個人在身體、行為、情緒與思想上維持自主性，以發揮自我潛能。

5. 學習相互尊重：界限提供個人保護自我之權利外，個人也被要求尊重他人界限。

家庭中之界限，存在於成員間（例如夫妻間）與次系統間（例如夫妻系統與手足系統間）。過度一體化之家庭，讓成員間及次系統間之界限混淆，阻礙成員發展（包括自我認定、自我完整性、自我安全感與舒適感），使得成員無法成為自由、自主、自信、自我肯定之人。

三、家庭界限之侵犯

㈠家庭界限侵犯之型態

Jacobvitz、Hazen、Curran 與 Hitchens（2004）整理其他學者之看法（例如 Byng-Hall, 1999），將家庭界限混淆之狀況分為兩種，分別為糾結互動型（enmeshing interaction pattern）與控制互動型（controlling interaction pattern），說明如下：

1. 糾結互動型

指父母企圖透過子女滿足個人需要，不管子女與父母間應有某種界限，包括三類：⑴配偶化（spousification）：將子女視為伴侶或親密對象，通常出現對子女不適當或不尋常之肌膚接觸，而這種接觸不受子女歡迎，或為子女所抗拒；⑵父母化（parentification）：子女被要求扮演父母角色，承受父母之責任；或父母讓自己處於無助狀態，無法扮演輔導子女之角色；⑶家庭聯盟（family alliances）：一方父母讓子女成為自己的聯盟，藉著批判或忽視來損傷另一方父母之權威。

2. **控制互動型**

某一家庭成員獨占成員間之互動，或幫其他成員作決定，不尊重每個成員表達個人意願之權利。控制者可能為父母或某一子女。

㈡家庭界限混淆對子女之影響

在家庭中，如果父母一再侵犯子女之界限，幼小的子女將誤以為這是父母權利，而接受父母之侵犯。這些經驗，將被子女納入自我結構中，成為自我的一部分。子女長大成人後，不但不知保護自我界限，而且不知道尊重別人界限。

不當之教養方式，會使子女之界限遭受四種損害：⑴無界限；⑵界限受損；⑶無界限但有心牆；⑷在心牆與無界限間游移（邱紫穎譯，1996）。

「無界限」之父母，時時刻刻侵犯子女界限。子女長大後可能複製父母行為，不斷讓別人侵犯自我界限，或侵犯他人界限。例如強迫自己接受別人意見且不敢反抗、性騷擾與性侵害行為、不在乎自我與別人權益。

「界限受損」之父母，透過管教或親子互動過程，也讓子女界限有殘缺。界限殘缺之子女在某些情況下，無法保護自己或尊重他人界限。例如對權威人物之要求感到不舒服，卻不敢拒絕；認為自己無權利拒絕權威人物之無理要求。

「無界限但有心牆」，是指個人以憤怒、沉默、冷漠、恐懼或多言，自絕於人群來保護自我界限。使用這種方式處理界限問題者，對人際關係造成不良影響。

「在心牆與無界限間游移」，是指當事人有時候沒有界限，有時候使用心牆跟他人隔離。例如讓某人任意侵犯界限，有時候卻以憤怒阻止該人接近。這可能由於當事人雖知道該保護自我界限，卻不能肯定自我權利，也不知道採取何種行動保護界限，於是出現前後不一致現象。

四、界限侵犯與身心健康

家庭中若尊重彼此之界限，等於協助家庭成員培養自我生命之選擇權、自主權、保護權、維持獨特性（維持自己跟別人的差異），提供機會自我實現及培養多種不同之保護性因子。

相反地，父母侵犯子女之界限（最嚴重者如性侵害），將帶給子女危險性或傷害性因子，阻礙子女身心發展，例如讓子女失去能力防衛環境之侵犯、無法維持自我完整性，造成個人價值感、自信心、對外在環境之安全感與信任感降低，扭曲自我認定或引發心理異常症狀，例如憂鬱、焦慮（Jacobvitz et al., 2004）。

第六節　親子溝通

1. 親子間負面溝通型態有哪些？親子間負面溝通型態如何影響子女需求之滿足？如何影響子女發展及適應？
2. 親子間正面之溝通，能滿足子女哪些需求？協助子女培養哪些保護性因子？如何促進自我調適歷程？
3. 小彥爸爸用什麼方式傳遞家庭規則？家庭規則之內涵如何？傳遞方式及規則內涵，帶給小彥哪些傷害性因子？
4. 家人傳遞的負面訊息及傳遞方式對小彥之自我概念、個性及行為模式造成什麼影響？
5. 如果你是小彥，聽了爸爸的批評後，可能出現哪些情緒？爸爸的批評，媽媽與哥哥的話，可能帶給你（小彥）哪些傷害性因子？剝奪哪些需求之滿足？
6. 小彥家的溝通類型為何？這些溝通方式如何影響小彥跟家人之關係？
7. 小彥長期內化家人的批判與貶低後，將對小彥產生什麼影響（例如自我概念、自尊、自我價值感、自信心、自我效能、人際關係模式）？
8. 小彥可能用什麼樣的方式適應家人長期之批評與貶低？
9. 小彥需要哪些保護性因子，才能緩和家庭不良溝通之傷害？

10.什麼內涵之家庭規則，有益於子女發展？如何傳遞家庭規則，子女才不會僵化地受制於規則？

⇛ **小彥的故事(一)**

小彥欣喜若狂地在家人面前將成績單交給了爸爸，驕傲的喜悅，隱藏不住地從嘴角洩漏了出來。爸爸看了看成績單後，眉頭卻皺了起來，然後一臉嚴肅地看著小彥。小彥的喜悅轉為莫名的不安，頭跟著垂了下來。

爸爸告訴小彥，他不滿意這樣的成績。他同事的小孩，都在全班前三名。小彥的成績讓他丟臉，他覺得小彥也該有同樣的感覺。

小彥氣若游絲地想爭取一點尊嚴，他告訴爸爸他有進步。沒想到爸爸的眼神轉為嚴厲，嘴角帶著輕蔑的冷笑說道：「一點小進步哪值得炫耀，真是沒長進！」

小彥聽了爸爸的話，頭垂得更低，難過地說不出話來。媽媽看到這種情形，走過來告訴小彥，爸爸的教導都是為他好，要謹記在心，好好努力。小彥聽了之後，不爭氣的淚水在眼眶裡打轉。

這時在一旁的哥哥也過來幫腔，告訴小彥只拿第十名不要太驕傲，也不要以為一點小進步就值得大驚小怪。這時，小彥羞愧得無地自容，有一股衝動想衝出門外，然後大聲哭泣。

親子溝通所涉及的範圍頗廣，本節僅論及親子溝通型態及家庭規則兩方面。

一、親子之溝通型態

(一) T. Gordan 之觀點

親子間良好之溝通，能夠打開雙方心門，傳遞愛、關心、溫暖、支持、信任等訊息，為子女建立價值感、信任感、自信心、安全感與歸屬感。功能不良之家庭，親子溝通中充滿劍拔弩張之批判、藐視、恐嚇、威脅、衝突、詆毀，讓子女時時沉沒於恐懼、憤怒、哀憐、無助、無奈之波瀾中。

Gordan整理一些學者所謂之溝通障礙（轉載自陳皎眉、鍾思嘉，1996），這些溝通障礙，會讓溝通之一方或雙方，感到被批判、被威脅、無法被了解，而心生害怕、憤怒、無助、無奈、孤獨，使雙方關係逐漸疏遠。這些溝通障礙，也常出現在親子溝通中。

親子溝通障礙不只出現在語言溝通上，也出現在非語言訊息傳遞上。有時候，即使沒有語言為媒介，非語言所傳遞之負面訊息，其傷害力，絕不亞於語言。Gordan（轉載自陳皎眉、鍾思嘉，1996）所提溝通障礙之類型如下：

*1.*批評：給予對方負面之評價，例如：「你一無是處」、「你沒長進」。

*2.*命名：以某一類名詞或綽號形容對方，例如：「你像廣播電台一樣長舌」。

*3.*診斷：對他人之行為進行分析，例如：「你就是欠揍，才敢不聽話」。

*4.*評價性之讚美：在讚美的話語中，隱藏某種期待或批評，讓聽者產生壓力或不舒服之感覺，例如：「我知道你這次考得不錯，不過，若是下更多工夫，一定考得更好」。

*5.*命令：要求對方依照指示來做，例如：「我要你每天下課後立刻回家，不准在外面逗留」。

*6.*說教：指導對方應如何做事，例如：「成績要好，就不要分心交異性朋友」。

*7.*威脅：警告對方，某行為可能導致不良後果，例如：「下課後如果不立刻回家，我就扣你的零用錢」。

*8.*過多或不當之詢問：問太多問題或詢問之問題不當，例如：「你跟你的男朋友在一起時，都做哪些事？」

*9.*忠告：給予對方建議，例如：「我認為你最好乖一點，不要惹你爸爸生氣」。

*10.*安慰轉向：以安慰、鼓勵之方式，轉移對方注意力至其他方面，例如：「這沒有什麼大不了的事，不值得你悲傷。讓我們談談你想買電腦的事」。

*11.*邏輯論證：依照事實與邏輯觀點分析事情，忽略對方情緒與想法，例如：「既然那位朋友不想跟你繼續來往，你就該尊重他的選擇，反正你的朋

友很多，少他一位又何妨」。

12.保證：以美好之未來圖像，企圖釋懷別人之擔心，例如：「舊的不去，新的不來」、「如果考上好學校，別人一定另眼相待」。

㈡ V. Satir之觀點

Satir（林沈明瑩、陳登義、楊蓓合譯，1998）將家庭溝通型態視為求生姿態，提出五種溝通姿態，其中四種為不良之溝通姿態。這四種不良溝通姿態，目的在：⑴對抗他人口語與非口語透露之威脅訊息；⑵隱藏內在真正想法與情緒，維持跟別人接觸及得到別人接納。

這些不良溝通姿態是個人內在價值感低落的一種防衛，以現實環境允許之方式呈現。五種溝通姿態說明如下：

1.討好型：覺得自己一無是處，很無助；互動時討好對方，委屈自己，不尊重自己真正感受。

2.指責型：覺得都是別人的錯，吹毛求疵，告訴自己不可軟弱；互動時忽視別人之感受與權益，攻擊與批判別人。

3.超理智：過度強調理性，極端客觀，只在乎事情合不合乎規定或正不正確，跟現實脫離；互動時，長篇大論，一絲不苟，忽視自己與他人之想法與感受。

4.打岔型：覺得沒有人會當真，而忽略自己、他人與情境之需要，否認現實；互動時常轉移注意力，漫無主題。

5.一致型：內外一致，對自己與他人同樣坦誠與尊重；接納自我感受，並且願意改變自己以適應環境之新要求。

綜合言之，青少年若長期接受家人批判、貶低、詆毀之訊息，透過內化，這些負面訊息被吸收成為青少年自我的一部分，而降低我價值感、自信心。為了避免低落自我價值感及自信心帶來之痛苦，而以自我防衛逃避。

從另一方面來說，青少年不良溝通型態，其實是一種自我防衛。自我防衛雖能暫時解除痛苦，卻衍生更多身心問題，青少年行為問題便是其中之一。

二、家庭規則與習慣性之訊息

⇛小彥的故事(二)

小彥很不喜歡隔壁座位的王同學，因為王同學常在背後說他壞話。讓小彥生氣的是，這些壞話都不是事實。今天，小彥忍無可忍地跟王同學理論。沒想到王同學一路否認到底，而且出口傷人。小彥氣到說不出話來，而揍了對方一拳。因為這樣，小彥被帶到學務處寫悔過書，並被要求將悔過書帶回家讓家長簽名。小彥對這樣的處理憤恨不平。

放學後，小彥開始忐忑不安，他不知道父母將如何看待這件事。他等爸媽看完喜歡的節目後，才拿出悔過書。

爸爸看了悔過書後暴跳如雷，怒沖沖地指責小彥說：「不是警告過你好幾回，不要跟別人起衝突，吃虧就是占便宜，……。」小彥一臉欲哭的樣子，將爸爸的怒火激發至極點，爸爸壓抑不住地大吼：「不准哭，男孩子哭就是沒出息。」爸爸的吼叫，讓小彥感到恐懼，原先的委屈與尚未落下的眼淚硬是被收回。其實，這樣的經驗不是第一次，不過，小彥也不記得這已經是第幾次了。

--------------------幾年之後--------------------

小彥做事努力負責，也不跟別人計較。一些人認為他不會計較，老是占他便宜，不過仍有另一些人對他友善、很喜歡他。對於別人的喜歡，他沒有喜悅，卻覺得負擔，因為覺得自己沒那麼好，不配得到別人的喜愛。

他心中很清楚，他沒有自信，又容易焦慮。他努力負責，來自於擔心沒把事情做好，會遭人批評。即使別人沒意見，他卻控制不了地自我挑剔，然後擔心別人終究會發現缺點。這樣的擔心有時候讓他失眠，這樣的自責有時候讓他痛苦地想傷害自己。

對於別人的自私侵犯，他義憤填膺很想揍人，可是內在另有一股聲音一再提醒他「人和為貴，吃虧就是占便宜」。這兩股力量的衝突只要被點燃，他就會深陷於矛盾中，而讓心思渙散，注意力無法集中，總得花幾天才能平靜心情，回到正常生活。

此外，除了生氣與害怕外，他能感受到的情緒極少，尤其有人掉眼淚時，他會手足無措。理智上他知道應該給予對方安慰與支持，可是，他無法伸出溫暖的雙手，也無法開口安撫對方。因此，有人說他過度理性，有時候有點冷漠。

㈠家庭規則與習慣性訊息之功用

每個家庭都有一些未訴諸文字之家庭規則與習慣性訊息，這些家庭規則與習慣性訊息，透過家庭成員之互動及內化過程，不斷地進行代間傳遞。家庭規則與習慣性訊息之傳遞未必透過語言，非語言之肢體動作也具有傳遞效果。

家庭規則及習慣性訊息之功用包括：

1. 規範了家庭成員之思想、情緒與行為，例如哭泣會被恥笑、不可以占別人便宜、不可有婚前性行為。

2. 家庭規則及習慣性訊息，反映出父母對生命之信念與價值觀（鄭玉英、趙家玉合譯，1993），透過親子互動過程，傳遞給子女，協助子女發展及適應。正面的家庭規則及習慣性訊息，會成為子女生命中之保護性因子，例如害怕失敗是正常反應；在必要之情況下，要主動求助；面對不合理之要求，如果情境許可，盡可能爭取合理對待；接納自我真實之感覺與想法；待人處事要謹慎，但犯錯是人性；原諒自己，寬待別人；失敗了要記得站起來；你很努力；你做得不錯。

但是，並非所有的家庭規則及習慣性訊息對子女都有益處，有些家庭規則及習慣性訊息會妨礙子女發展及適應。子女內化了負面家庭規則與習慣性訊息後，將這些內涵轉化成自我的一部分，之後便開始用同樣方式對待自己與別人。例如以家人批判自己之語言批判自己與他人，而讓自我價值低落及惡化人際關係。

表 2-5、2-6 為常見之負面家庭規則與習慣性訊息。

表 2-5：常見之負面家庭規則

孩子沒有說話權利。	人和最重要，應避免衝突。
不要表達情緒（不要太情緒化，要理性；生氣表示修養不夠）。	吃虧就是占便宜。
不要覺得不舒服。	不要有意見，只要照著做。
照我說的做，不要照我做的做。	不要反駁長輩，不要爭辯。
哭沒有用，哭是弱者之行為。	父母的所作所為都是為孩子好。
要做得好、做得完美。	學業好，將來才有出息。
男人經營事業，女人經營家庭。	男人要剛強，女人要陰柔。
男人不能哭，女人不能怒。	兒子是老年父母之依靠，不是女兒。
不應該有這種想法或感覺。	你欠我們。
	要以德報怨。

表 2-6：常見之負面家庭習慣性訊息

你該感到丟臉。	你從沒做過什麼好事。
我希望從沒生過你。	你很自私。
如果你是兒子（或女兒），那該有多好。	你最會計較。
一切都是你的錯。	你是家中的破壞者、麻煩者、無用者。
你要快點長大。	我對你最不放心。
你真笨。	你是別人的負擔。
你沒有存在之價值。	你一無可取。

負面之家庭規則與習慣性訊息，是子女成長中之傷害性因子，扭曲及侷限了子女之思想、情緒與行為之廣度及深度。大部分心理異常或適應問題，例如自殺、自傷、憂鬱症、焦慮症、人格異常、身心症等，跟不良之家庭規則與習慣性訊息有關。

㈡家庭規則之傳遞與修正

任何的家庭規則，都會因為情境不同或時代變遷，而需要調整修正。傳遞家庭規則之方式，會影響子女彈性運用規則之能力。

小彥的父親讓小彥心生恐懼，以逼迫小彥遵守規則。將來小彥若想調整家庭規則，便要先克服恐懼。這也就是為什麼一般人僵化死守規則，不敢彈性調整規則之原因。

除了傳遞方式外，允許子女對家庭規則之適用性質疑，也是訓練子女彈性運用規則之方法。例如「做人要誠實」，此規則之適用性並非毫無例外。如果不允許子女質疑，子女將會死守規則不知變通。

第七節 被父母化之子女

問題與討論

1. 何謂「父母化」？父母化行為有哪些？在哪些情況下，「父母化」不利子女發展？
2. 子女被父母化之原因為何？
3. 不正常之父母化，可能帶給子女哪些傷害性因子？使子女哪些需求無法以正常方式獲得滿足？
4. 被父母化之子女具有哪些特徵？
5. 子女被父母化過程中，以哪些錯誤方式滿足需求？
6. 「自我分化（一體化及個體化）」、「家庭之三角關係」、「界限侵犯」、「被父母化之子女」等四者間之關係如何？

「父母化」（parentification）是指一種扭曲之關係，在這種關係下，配偶之一方或子女，被視為父母（Boszormenyi-Nagy & Spark, 1973）。「被父母化之子女」（parentified child）是指父母或父母之一方，將父母之責任與角色，跟某位子女（處於兒童或青少年發展階段）對調，讓子女承擔父母的角色與責任。這些角色與責任往往超出子女能力。

「父母化」非病態之行為，因為單親家庭之子女，往往須承擔某部分成人之責。不過在以下情況下，「父母化」會帶來問題：⑴超越子女能力；⑵超出子女該發展階段能勝任之責任；⑶父母扮演子女角色；⑷子女在承擔父母角色時，興趣被忽視，權益被剝削；⑸父母將之視為對子女之懲罰，卻沒有明確、合法理由（Bergner, 1982; Boszormenyi-Nagy & Spark, 1973; Haley, 1987; Mika, Bergner, & Baum, 1987; Minuchin, 1974）。

㈠「父母化」行為之內涵

父母哪些行為將子女父母化？範圍包括很廣，只要超出子女認知、情緒與行為能力擔負之事，都屬之。綜合Mika等人（1987）之看法，將之分為以下幾類：

1. 將子女當成配偶，跟子女分享親密關係秘密、要子女提供建議或作決定，例如跟子女討論配偶或財物問題。

2. 將子女視為成人，要求承擔父母之責任，例如手足出了問題，父母在場，卻由某位子女負責解決。

3. 負責解決父母間、父母與其他手足間之衝突。

4. 子女承擔日常生活中父母之責任事宜，例如承擔弟妹穿著體面之責任。

5. 承擔解決其他手足在家內、家外之行為問題。

6. 負責安撫父母、其他手足之情緒問題。

以上這些事項明顯超越子女理解、處理之能力，而且得犧牲自我興趣、需求，來成就父母期望，因此對子女有負面影響。

㈡子女被父母化之原因

Jurkovic（1998）認為父母化現象之可能原因，包括：

1. 父母成長背景問題。例如小時候受到父母虐待、忽視、過度保護，或不安全型依附，或曾是被父母化之孩子，會試圖從子女身上滿足幼年未滿足之需求。

2. 家中年紀較大的孩子，容易成為家庭的照顧者、取代父母成為手足依附對象。在一些文化中，這是普遍現象。在資源不足的家庭中，長子、長女犧牲自我福祉成就弟妹之需要，被視為理所當然。

3. 年紀較輕之父母，因為生活壓力，阻礙了本身社會認知發展，而出現自我中心思想（egoistic thinking），這種思想讓他們將子女父母化。

4. 子女小的時候，不斷被要求調整自己來符合父母需要，以及犧牲自我發展與需要來滿足父母期望。

5. 家中出現嚴重且長期之壓力，使得家庭中某位成員被父母化，例如單親家庭、婚姻壓力、父母有精神疾病。不過，單親家庭未必跟子女被父母化有關，而跟父母企圖從子女身上獲得社會與情緒支持有關（Johnson, 2001）。

㈢子女被父母化後的可能結果

「被父母化之子女」在發展上有幾項特徵：⑴被迫承擔成人責任，讓心智的成長與成熟，無法依循正常速度，因此縮短了童年時光；⑵由於責任超越能力，而充斥無助、自責、負面情緒，對自我價值、自信、自尊、自我效能有不良影響；⑶親子間界限被扭曲，子女與父母之責任被混淆，子女之自我分化與自我認定發展受到阻礙；⑷協助父母逃避責任，讓父母更無能；⑸影響其他手足之親子關係與自我發展；⑹誇大被家庭需要之程度。

「被父母化之子女」會內化親子關係模式，這種模式將被運用到未來的成人生活上。Valleau、Bergner與Horton（1995）研究發現：「被父母化之子女」成年後容易出現「照顧者症候群」（caretaker syndrome）。「照顧者症候群」之特徵包括：⑴強迫性照顧他人，忽視自我需要與問題；⑵自己有問題時，不願意求助他人（例如Valleau et al., 1995）。

如果「照顧者症候群」出現在女性身上的話，便容易出現以下現象：

1. 交往或結婚對象，是位依賴之男人，而由自己照顧對方（例如Bergmann, 1985; Valleau et al., 1995; West & Keller, 1991）。

2. 認為自己最了解自我與他人之需要。

3. 很快地提供他人建議、解救，當別人有困擾時，幫別人負責。

4. 強迫性地不讓別人跟問題抗戰。

5. 將注意力放在別人身上，以逃避面對自我問題。

6. 常被他人認為值得信賴，而隨侍在他人身旁。

7. 不願意跟別人分享自己的脆弱，尤其當對方有問題待解決時（例如Valleau et al., 1995）。

子女被父母化之過程，會逐漸讓真實自我受到傷害（Boszormenyi-Nagy & Spark, 1973），並且依據父母之需要形成「自我」（Jones & Wells, 1998）。這種親子間界限混淆，不但妨礙子女之正常發展，也阻礙子女「分離—個體化」之歷程（Chase, Deming, & Wells, 1996）。

在研究上發現，「被父母化之子女」跟以下問題有關：憂鬱（Carroll & Robinson, 2000）、容易出現羞愧感（Wells & Jones, 2000）、成年期之受虐（masochistic）、自戀性人格型態（narcissistic personality style）（Jones & Wells, 1998; Wells & Rebecca, 1998）、學業成就低落（Chase et al., 1996）、共

依存（Wells, Glickauf-Hughes, & Jones, 1999）等。

本章摘要

第一節　家庭功能

1. 可以從幾方面了解家庭運作：家庭中之協調及溝通、權力結構與彈性、情感表達、界限、衝突處理、領導方式、管教型態、凝聚力、領導方式、積極創造性等。
2. 發揮家庭正面功能者為「功能健全家庭」，否則為「失功能家庭」。
3. 功能健全家庭具有一些特徵：成員自我價值高，成員間溝通直接、清晰、聚焦、坦誠，家庭規則具有人性及彈性，跟環境互動開放正向，家人間關係良好、身心健康（彼此依賴又獨立），成員間界限清楚、成員自我分化高、低焦慮、父母聆聽及接納子女情緒反應、認同子女之體驗、尊重子女自我實現傾向之引導、權力均衡等。

第二節　父母之自我分化

1. 自我分化是指：「個體化」與「一體化」平衡程度。「個體化」跟個人獨立程度有關，「一體化」指個人與家人之親密程度。
2. 自我分化水準反映出個人「理性及感性系統」之關係。自我分化水準高者，以理性系統為主，感性系統為輔。自我分化水準低者，理性及感性系統混淆，並且由感性系統操控。
3. 父母自我分化水準通常類似，父母透過「家庭投射歷程」，將不成熟的自我分化，傳遞給某些子女，使這些子女跟父母有類似或更低之自我分化水準。
4. 青少年自我分化水準影響其發展及適應。

第三節　父母婚姻衝突

1. 父母婚姻衝突會傷害子女之情緒安全，而引發一些行為或適應問題。這些問題分為內向性及外向性兩類。
2. 「壓力緩衝模式」及「壓力中介模式」反映出，保護性因子可透過維持子女情緒安全，來緩和父母婚姻衝突對子女之負面作用。

3. 家庭各系統之運作，都跟子女情緒安全有關，其中最重要的是父母婚姻關係。父母婚姻衝突直接影響子女情緒安全，或是透過降低父母管教品質，來降低子女情緒安全。

第四節　父母管教方式

1. 父母管教方式有不同分類，綜合各學者之意見，將父母管教方式分為民主型、獨裁型、溺愛型及漠視型四種，而內涵包括自主、正面涉入、結構、溫暖、控制及一致等層面。
2. 從內涵來說，民主型管教方式優於其他管教方式。
3. 從需求滿足的觀點來看，民主型管教方式比較能滿足子女重要需求，而提供子女各方面正向發展之環境。
4. 父母管教方式差異愈大，對子女造成之負面影響可能愈高。

第五節　家庭界限

1. 界限，是指區分自己與他人之分界，用來維護個人安全及舒適感。
2. 界限分為內在界限及外在界限。「內在界限」是用來保有個人在思想、情緒及行為之自主性；「外在界限」是指身體及性之自主權。
3. 界限之功能有：⑴維持自我獨特性，形成清楚之自我認定；⑵拒絕危險，保護自我安全及適當感；⑶選擇訊息，以調適或穩定內在基模；⑷提供自我實現之機會；⑸學習尊重自我及他人界限。
4. 家庭界限侵犯之類型分為「糾結互動型」（包括配偶化、父母化、家庭聯盟）及「控制互動型」。
5. 不適當之教養會損害子女界限，包括：⑴無界限；⑵界限受損；⑶無界限但有心牆；⑷在心牆與無界限間游離。
6. 家庭中若尊重彼此界限，便等於培養生命之選擇權、自主權、保護權、維持獨特權、自我實現權，這些都是有益子女發展及適應之保護性因子。相反地，界限侵犯，等於創造傷害性或危險性因子，造成子女發展上之扭曲，提高心理異常及適應問題之可能。

第六節　親子溝通

1. 有礙身心健康之溝通障礙包括：批評、命名、診斷、評價性之讚美、命令、說教、威脅、過多或不當之詢問、忠告、安慰轉向、邏輯論證及保證。

2. 家庭溝通型態或溝通姿態包括：討好型、指責型、超理智、打岔型及一致型。前四者為不健康溝通型態，被用來處理自我價值低落之防衛方式。
3. 家庭規則與習慣性訊息透過家庭成員內化之過程，進行代間傳遞，影響子女發展及適應。
4. 家庭中負面家庭規則及習慣性訊息，會阻礙子女正常發展及適應。
5. 家庭規則傳遞方式及是否允許子女對家庭規則之質疑，會影響子女彈性運用規則之能力。

第七節　被父母化之子女

1. 「被父母化之子女」是指子女承擔父母之責，而這些責任超越子女之能力。內涵包括：⑴將子女當成配偶，分享責任；⑵將子女視為成人，要求承擔父母之責任；⑶負責解決父母間、父母與其他手足間之衝突；⑷子女承擔日常生活中父母應盡之責；⑸承擔解決其他手足在家內、家外之行為問題；⑹負責安撫父母、其他手足之情緒問題。
2. 子女被父母化之原因：⑴父母透過子女滿足自己小時候未滿足之需求；⑵家中較年長子女，須替補父母角色；⑶年紀較輕而自我中心思想之父母，將責任推給子女；⑷父母要求子女犧牲自我需求以符合父母期望或滿足父母需求；⑸家中有嚴重且長期之壓力，使得某位子女被父母化。
3. 子女被父母化之後果：⑴提早成熟，減短童年時光；⑵責任超越能力而傷害自我價值、自尊、自信等；⑶親子界限被扭曲，妨礙自我分化及自我認定發展；⑷協助父母逃避責任；⑸影響其他手足之親子關係及自我發展；⑹誇大自己對家庭之重要性。
4. 被父母化之子女具有一些特徵，包括：⑴強迫性照顧他人；⑵逃避面對自我問題；⑶過度重視他人問題；⑷逃避求助；⑸替別人負責等。
5. 被父母化之子女，可能跟以下問題有關：⑴憂鬱；⑵容易出現羞愧感；⑶成年期之受虐；⑷自戀性人格型態；⑸學業成就低落；⑹共依存等。

青少年發展與適應問題——學校因素

青少年時期還是就學期間，橫跨國中、高中與大學初期階段，因此，學校在青少年發展中，扮演著關鍵性角色。

學校因素涉及的範圍很廣，以下從教師、課程與學校行政等方面，談學校因素對青少年發展與適應之影響。

第一節 教師因素與青少年發展及適應

1. 師生關係民主化後，對青少年產生哪些正面影響？有助於滿足青少年哪些需求及培養哪些保護性因子？
2. 師生關係民主化後，對青少年產生哪些負面影響或傷害性因子？家長及學校該如何避免？
3. 家長參與學校教育後，對青少年產生哪些正面影響？有助於滿足青少年哪些需求及培養哪些保護性因子？

4. 家長參與學校教育後，對青少年產生哪些負面影響或傷害性因子？家長及教師該如何避免？
5. 教師被要求要在專業領域中不斷自我成長，這對青少年產生哪些正面影響？有助於青少年滿足哪些需求及培養哪些保護性因子？
6. 教師有哪些工作壓力？這些工作壓力對青少年需求造成什麼影響？帶給青少年哪些傷害性因子？家長、學校及教師應如何避免？
7. 瓷蘋對小楠的處理方式，受到哪些壓力事件影響？
8. 如果你是小楠，老師（瓷蘋）的處理方式對你產生什麼影響（當下有何感覺、如何影響學習及同儕關係）？從青少年具有的發展特徵來看（例如虛擬式觀眾），你希望老師（瓷蘋）如何處理上課分心問題？
9. 瓷蘋在上課事件之後立即進行個案諮商，這樣做是否恰當？原因為何？
10. 如果你是瓷蘋，該如何調整身心，才不至於讓每件事相互影響？

剛開完會，瓷蘋壓了一臉的焦慮，匆匆忙忙進入課堂講課。學校指定某些教師負責籌畫及推動生命教育課程，瓷蘋便是人選之一。她無法推辭，因為她資歷較淺，只有接受的份。其實，她不是不喜歡這項指派任務，只是時間有限，應做的事已應付不來，哪有多餘時間照顧其他事務。再這樣下去，她便沒有私人生活。

上課中，她一再提醒學生注意重點。上一次班上段考成績不理想，跟其他同事的班級一比較，當下讓她臉上無光，慚愧不已，開始懷疑自己的教學能力。不過，不認輸的個性，讓她下定決心，以努力補強資歷上的不足，同時要求學生全力以赴。

在她賣力強調重點之際，突然看到最後排的小楠正低頭分心做其他事。瓷蘋壓抑不住怒氣而大聲叫喚，並要小楠站起來。接觸到全班眼光的小楠，臉色由驚嚇轉為不屑，頑固地不肯服從老師的命令，依舊低頭坐在位子上。

小楠的抗拒，讓瓷蘋尊嚴大失。上課前壓抑的焦慮，如裂堤洪水般一發不可收拾。瓷蘋語氣強硬地一再命令小楠站起來，小楠一臉傲然，愛理不理。瓷蘋最後以「對師長不敬，記過處分」來威脅，小楠不為所動。時間便在雙方的堅持下到了尾聲。

瓷蘋無味地吃著午餐，心中除了翻滾著剛剛上課時的餘怒外，還苦惱該如何挽回盡失的顏面。飯還沒吃完，午休鐘卻響起。她推開午餐，起身走出辦公室，帶著揮之不去的上課事件，準備跟輔導的個案諮商。

教師肩負「經師」及「人師」角色。由於青少年成長背景不同於教師年少時代，以及家長對學校教育主動介入，使得今日教師角色面臨衝擊。這些衝擊對教師產生正負面作用，也間接影響青少年發展及適應。

一、現代教師角色對青少年發展及適應之正面影響

㈠師生關係民主化有利青少年自我認定、獨立思想之建立

由於知識傳遞快速、人權概念普及、教育理念改變，現代教師逐漸由「聖人與賢人」之權威人物，落入「會犯錯、須不斷進修與學習」之凡夫俗子。

在課堂上，學生被允許自由發言、不同意教師看法、評鑑教師教學、參與教學內容規畫、要求教師調整教學方法。對於教師或學校不合理要求，學生有權溝通協調、提出申訴。

在一些相關法律中，學生權益受到更多關注，例如「性別平等教育法」強調保護學校中之弱勢團體；取消留級與二一制度，以保障學生受教權；不允許教師體罰學生，維護學生人格尊嚴權。

社會媒體對教師不當行為之報導，讓教師謹言慎行，以免侵犯學生權益，也讓有不當行為之教師，得以適時修正。

師生關係民主化，打破了學生跟教師不對等之關係，建立師生相互尊重、地位平等之新模式。在尊重與平等的關係中，學生獲得了表達與發展自我之機會；相對地，也擔負更多發展自我之責任。師生關係之民主化，有助於青少年發展自我認定、建立獨立思想及負起自我發展之責任。

㈡家長參與教育有益青少年培養包容多元思想及溝通協調能力

在以往，家長尊重教師一切作為，沒有權利干涉。現在，家長有權利參

與學校教育，左右學校政策，檢核教師教學及管教學生之能力。

依據九年一貫課程總綱及暫行綱要規定：「學校須組成課程發展委員會，由校長召集，行政、教師、家長、社區人士、專家學者組成」；台北市各校所組織之學生獎懲委員會、申訴委員會、教科圖書審定委員會等，都規定須有家長代表參加；台北市中小學教師聘約準則第十一條規定：教師應與學生家長就學生教育各項事宜溝通。此外，教育基本法與國民教育法中，規定家長有參與學生教育之權利（林惠真、何怡君，2001）。

因此，當教師作為危害學生權益時，家長通常主動介入或提出申訴，而不是委屈沉默。

家長介入教育，產生幾項功能：⑴強化了師生關係民主化；⑵讓家長對子女之學習負更多責任；⑶加強學校與家庭之聯繫；⑷反映學生需要以調整學校政策、教師管教及教學方法；⑸培養青少年包容多元觀點及協調不同觀點之能力，以了解獨立與成熟不是唯我獨尊、自以為是，而是尊重多元觀點，協調不同意見達成共識。

㈢教師終身學習裨益教職工作及成為青少年學習典範

師範教育開放後，各大學幾年來培養之教師，已出現供過於求現象。教師職位競爭之激烈，可謂千百中選一。

首先，通過教師證照考試之教師，至少專業知識已達某種水準，才能脫穎而出。之後，再通過接二連三之筆試、面試與試教，才能擠進教職這道窄門。這些雀屏中選之教師，皆是出類拔萃之菁英。

不過，由於知識日新月異，有專職之教師，須在專業領域不斷自我成長。未來教育之新政策，可能要求教師比照其他領域專業人員定期進修。在符合某種進修標準後才能更新證照，保有原先教職。因此，未來教師除了更能勝任經師與人師角色外，還提供給青少年終身學習之良好典範。

二、現代教師角色對青少年發展及適應之負面影響

㈠師生關係民主化後擴大師生衝突

師生關係民主化後，製造更多師生衝突。師生意見不同，是危機也是轉機。善於化解衝突之教師，隨機示範包容多元意見及溝通協調之技能。

相反地，不善於化解衝突之教師，因為感受教師威嚴受損，而易採取高壓管教，脅迫學生服從。這種處理方法，將提高青少年抗拒，而擴大雙方衝突。

青少年處於依賴與獨立之過渡期，正需要師長指引。不良師生衝突，剝奪青少年從衝突中學習之機會，並轉化可能之保護因子為傷害性因子。如果另加其他不利因素之催化，將誘使其厭惡學習，並且以不良方式抗拒。

㈡家長與學校衝突擴大，致使學校以消極方式管教青少年

家長參與學校教育後，形成監督力量，對學校與教師有了某種要求與期待，因而提高雙方衝突。

當家長對學校政策不滿，或感覺子女受到不平等對待，或感覺教師行為傷害子女時，因為雙方缺乏適當之溝通協調，也因為家長通常自覺為弱勢之一方而往往訴諸公權力，使得媒體有機會將事件擴大與渲染。

媒體的擴大及渲染，在學校與教師心中製造威脅與不安。部分學校與教師對學生採取「多一事不如少一事」之態度，以免受到社會大眾指責而影響考績、飯碗。這種被動、消極之態度，讓青少年喪失重要學習機會。學校與教師冷漠之態度，也容易被青少年內化而成為對人、對事之行為模式。

㈢教師工作沉重而降低對青少年之照顧

備課、教學、編製教材、輔導學生、開會、進修、公差、因應教育政策之改變等繁多工作，讓教師疲於奔命，無暇顧及學生個別需要與自身成長。

此外，第一，九年一貫課程之實施，教師被要求結合當地資源與同一領域教師合編教材及協同教學，這對傳統教師角色與教學模式造成極大衝擊。

目前雖然出版社備有編好之教材，但是教師仍須花時間跟其他同事進行課程修正與教學討論，這對於原本沉重不已之教職工作，平添極大壓力。

第二，目前中學每班學生人數過多（約 35 至 40 人之間），再加上青少年背景比以往複雜，教師在教學與管理上，無法顧及大多數學生個別需要。

第三，學生行為問題繁多，教師卻只具最基礎之輔導概念，或甚至理念不清，便被要求接案輔導。不但青少年感受不到幫助，也平添教師許多壓力。

第四，教育政策朝令夕改，學校與教師得隨時應變，而喪失工作上穩定與掌控感。

第五，一些跟教師有關之福利朝不保夕，使得原本安穩之教職工作平添許多變數。教師過多之壓力及內在之不安，動盪了校園環境，讓青少年置身於浮動不穩之校園中。

第六，教育行政單位要求教師終身進修與學習，由於教師工作繁重，精力與時間有限，而造成教師另一波工作壓力，間接降低對青少年之照顧。

第七，由於家長積極介入教育，教師得同時面對數十位，甚至數百位家長之監督及要求。

總而言之，教師除了原先之教學工作外，⑴須同時照顧幾百位學生各方面需求，這需求來自學生之課業學習、同儕相處、異性關係、生涯規畫、親子關係、班級管理及師生關係等問題。⑵教師得面對學校、社會與家長等各方之期望與壓力。⑶教師得因應教育政策上變動不拘之要求。

對教師過多要求與壓力，造成教師內在不安與混亂，這些負面作用，反映在師生互動及教學上，而對青少年發展及適應造成不利影響。

第二節 課程及學習相關因素與青少年發展及適應

1. 教學資訊化之正面影響為何？滿足青少年哪些需求？培養青少年哪些保護性因子？

2.不當資訊帶給青少年哪些負面影響或傷害性因子？如何緩和傷害性因子之作用？
3.課程革新帶給青少年哪些正面影響？滿足青少年哪些需求？培養青少年哪些保護性因子？
4.課程革新帶給青少年哪些負面影響或傷害性因子？如何緩和傷害性因子之作用？
5.青少年打工有哪些正負面影響？跟保護性因子及傷害性因子之關係如何？

學校提供每位學生有組織、有系統之學習。課程是學生學習之主要途徑，影響學生各方面發展。大部分人從小學至大學至少十六年的黃金歲月，是與學校課程日夜相隨，課程對學生之影響由此可知。

除了課程外，學校在學生學習上的一些變革，也對青少年身心發展帶來正負面影響。

一、課程及學習相關因素對青少年發展及適應之正面影響

㈠教學資訊化養成青少年主動求知及提供自我探索機會

電腦課是學生必修課程，電腦也被廣泛使用在教學與學習上。教師透過網絡連線，提供豐富、活潑、創意之教材及活動。學生一些作業必須透過網際網路蒐集資料或利用各種電腦媒體才能完成。因為電腦之使用，使今日學生之學習比往昔更豐富、更活潑、更富創意。

由於家家有電腦與網路，學生不必被動等著教師傳遞知識，而是主動求知。愈是主動求知之學生，學習便愈多。

此外，透過網路主動求知，學生能夠自由擴展學習之廣度與深度，培養主動學習與自我負責之行為，同時也獲得更多自我探索之機會。這種學習方式有助於青少年完成發展任務。

㈡教育革新有利青少年發展及適應

1. 領域課程配合青少年身心發展

依據國民中小學九年一貫課程暫行綱要之規定，國民中小學九年一貫課程以培養學生「了解自我與發展潛能」、「欣賞、表現與創新」、「生涯規畫與終身學習」、「表達、溝通與分享」、「尊重、關懷與團隊合作」、「文化學習與國際了解」、「規畫、組織與實踐」、「運用科技與資訊」、「主動探索與研究」、「獨立思考與解決問題」等十項基本能力為課程總目標（教育部，2000）。這十大基本能力之實踐，有助於青少年發展及適應。

從領域課程內涵來說，九年一貫課程強調學科統整，重視與日常生活結合，因此採用主題式課程，每一主題貫穿各學習階段，藉以培養學生全方位之知識觀、學習整合學校所學與處理日常生活之能力（師資培育發展促進會，2003）。

此外，統整取向課程主要目的之一，在於選擇相關知識轉化成課程，協助學生認識自我、周遭環境與未來世界（陳新轉，2004）。領域課程不論在課程內容與教學方式上，都比教改前之課程更活潑、生動、多元、實用。

九年一貫課程讓青少年有更多機會了解自己與外在環境，具備更多實用生活技能，提高學習興趣，發展對學校歸屬感，滿足重要需求，協助建構自我認定及生涯。因此，對青少年發展及適應，具有正面意義。

2. 就地取材，各科教材統整與教師協同教學培養青少年善用資源等能力

九年一貫課程「教學以學生為中心，課程以學校為中心」，充分使用當地資源，以呈現各校不同特色，發揮多元之色彩。此外，不但同一領域科目之教師須協同教學，不同科目之教師在某些主題上，也從不同角度整合（例如全體教師對端午節節慶之協同教學：歷史教師教導端午節之歷史淵源、英文教師教導端午節各項事宜有關之英文、數學教師教導製造龍舟有關之數學問題、物理教師教導使用某種物理原理來划龍舟）。協同教學之目的，是統整各科目之教學內容，讓課程內容生活化、實用化、整合化。

課程革新，⑴突破了傳統課程內容過度理論化及各科目孤立化，而促成各科教材整合與各科教師合作，以提高青少年視野與格局，學習合作協調之

能力；⑵將學習生活化，讓青少年學到日常生活實用性技能；⑶教導青少年就地取材善用身旁資源；最重要的是，青少年⑷從統整之課程內容，接觸到各科目之特殊性與一致性，而學會尊重與重視他人之特色與專長，去除自以為是之心態。

3.領域課程兼顧各文化特色培養青少年多元文化觀點

由於社會強調多元性，目前課程兼容各文化特色，例如鼓勵學習各文化母語、允許使用不同語言、課程內容呈現不同文化特點。這種兼容各文化之學習內容，有助於擴大青少年視野、增加學習之豐富性、學習尊重他人之特殊性及看重自我之獨特性、去除自以為是心態，以培養青少年多元文化觀點。

4.能力指標與分段能力指標讓每位青少年擁有最基本之生活能力

九年一貫教材使用「能力指標」與「分段能力指標」作為教學目標及評量依據。「能力指標」是指，某項能力表現應有之內涵與表現水準；「分段能力指標」是指在某一學習階段完成時，必須精熟之基本學習內容，以及能力表現方式與水準（陳新轉，2004）。

各校教材雖內容多元，但「能力指標」與「分段能力指標」發揮整合作用，讓各校教師教學與學生學習，達成一致之基本標準，也讓每位青少年擁有最基本之生活能力。

5.以學生為中心之學習有利青少年建立自我認定及獨立自主等能力

教育改革目的之一，在於突破傳統以教師為主之教學，轉而以學生為中心之學習。

以教師為主之教學，由教師決定教學內容、教學方法、教學進度與評量方式。由於學生被動地接受灌輸，而導致缺乏主動探索及求知之精神，也間接降低自我了解及發揮潛能之機會。

相反地，領域型課程強調「以學生為中心之學習」，重視學生主動探索與建構知識。學生化被動為主動，參與課程規畫，了解自我需要，決定適合之學習目標、學習方式、活動設計、評量方式（陳新轉，2004）、學習深度及廣度。這種學習模式，鼓勵學生為自我學習負責、從主動摸索中了解自己、學習獨立與合作及建構自我之看法。

以學生為中心之學習，對於訓練青少年成為獨立自主、為自己負責、將理想落實於現實，以及建立清楚之自我認定，具有相當作用。

㈢強化青少年英文能力，提高青少年競爭及落實理想之能力

為了加速台灣國際化，除了資訊能力外，英文能力被列為學校課程重點之一。目前國小有英文課程，未來雙語教學，將成為不可抵擋之趨勢。

不但如此，目前政府部門已將英文能力視為公務人員升等之必備條件，私人機構也要求新進人員具有相當之英文水準。因此，英文成為青少年必備之就業條件。

青少年英文能力之強化，有助於青少年了解各國風俗民情財政經濟、結交各國朋友，擴大視野、培養國際觀，以提高競爭、規畫生涯及落實理想之能力。

㈣終身學習理念強化青少年適應環境變遷等能力

新知識之誕生風起雲湧，舊知識之淘汰快馬加鞭，終身學習是適應環境必備之條件，因此成為學校教育強調之理念。青少年在校耳濡目染，將終身學習納入生涯規畫中，而強化其適應時代變遷之能力。

終身學習的另一意涵，是指社會變動快速，舊行業容易被新行業取代。過去「一技在身勝過家財萬貫」之理念已不適用，一個人非得同時擁有兩技以上，才能適應快速變遷之現代生活。青少年因具有終身學習之理念，便能隨時注意社會脈動，預作準備，不致為社會淘汰。因此，終身學習理念除了強化青少年適應環境變遷之能力外，也有助於青少年培養主動出擊，為自我生命負責之態度。

㈤高學歷普及競爭力激增，青少年須妥善規畫生涯

近幾年來大學院校相繼成立，大學入學考試的錄取率幾乎達到 90%。因為 90%的高中生中，有機會取得大學文憑，而將國人學歷水準快速提升。學歷水準之提升，使得青少年須花更長時間，獲得更高學歷來儲備競爭力。

因為學歷提升而帶來之競爭，讓青少年不得不認清生涯規畫之重要及為自己生涯負責之事實。

總而言之，以上種種有利影響，協助青少年培養諸多保護性因子，促進青少年身心發展。

二、課程與學習相關因素對青少年發展及適應之負面影響

㈠不當資訊入侵扭曲青少年身心發展

網路在教學及學習之使用，讓青少年有機會接觸任何訊息，這對於好奇心強、冒險性高之青少年來說，不啻發現難以抗拒之新大陸。

由於家庭、學校忽略培養青少年抗拒誘惑、過濾不適當資訊之能力，也由於家庭、學校對不當資訊入侵愛莫能助，因此只能任憑青少年遭受不當資訊之污染，而扭曲其身心發展，例如錯誤之性知識、暴力行為示範。

㈡九年一貫課程實施之前未有充分準備增添青少年發展上之不安

九年一貫課程是劃時代之教育革新，如果實施成功，未來一代將成為具備人本關懷、統整能力、民主素養、鄉土與國際意識，以及終身學習理念之健全國民。這樣的教育變革，是牽一髮而動全身之創舉。因此，將理念化為具體可行之計畫與行動，須有長期之準備、觀察與實驗。

可是，第一，劃分領域與課程之編製專家，須具備以下能力：⑴對各領域架構之相容性與差異性透徹了解，並有能力整合；⑵課程架構須反映課程理論；⑶將領域知識化為易於學習之實務知識與技能。從近幾年在這些方面受到之指責可知，各環節準備不足，而錯誤不斷。

第二，教師與學校是直接將改革付諸行動之執行者，因此須有足夠之訓練。家長具有參與監督教育改革之權利，必須對教育改革之內涵有清楚了解。

由於規畫與執行之教育部門事前準備不足，使得教師與學校訓練不夠，而法令上的朝令夕改，更令學校及教師人心惶惶，因此，不知所措者有之，採觀望態度者有之，乾脆退休者有之。關心學生學習之家長，也被教育改革搞得一頭霧水，不知何去何從。

面對學校與教師的抱怨連連，家長對教育改革的激烈撻伐，青少年對自己之未來，感到不確定性而無助、無力。教育改革帶來之動盪，增添青少年身心發展上之不穩與不安。

㈢教材一綱多本與多元升學管道增添學生發展上之壓力

由於教材開放給民間編製，因此叢生一些弊端，包括：

1.課程一綱多本令人無所適從。為了應付考試，學生只得本本都學。青少年被迫花更多時間唸書，而忽略其他重要之身心發展，影響發展任務之完成。

2.原本一本教科書，被拆成多本教材，肥了出版商腰包，苦了父母錢包。對於貧窮學生來說，買教科書都成為奢侈品。國民教育成了家庭之沉重負擔。

3.考試依舊領導教學。九年一貫未考慮社會與文化脈絡，以至於理論高於實際，教材、教師、教學、學校行政、學生等仍舊以升學為唯一之學校目標。青少年之升學壓力比以往更大，而直接衝擊到青少年之身心發展。

4.入學多元化，形成公平競爭上之漏洞。傳統的升學考試，不管貧富貴賤，都得憑藉實力公平競爭。甄試入學加入人情文化與外表條件因素，不再是公正可信之入學管道，減少了實力派學生入學機會。

5.有些科目雖然整合成領域科目，但教材內容與教學，仍然分科進行。

6.學校、教師、學生與家長看不到未來之教育願景，教師與家長無法協助青少年規畫未來，讓青少年對未來充滿不安與徬徨。

㈣青少年背負大筆債務影響其自信及自尊

最近幾年社會經濟狀況不佳，一般經濟水準之家長，對逐年調高之學費、昂貴之書籍費與其他雜費，已有捉襟見肘之困境，因此以就學貸款應急，成為必然手段。

青少年尚未就業，便因為就學貸款而背負大筆債務。對某些青少年來說，使用貸款就學，反而激發其珍惜學習、努力上進之態度，並且養成節約用錢之習慣。但是，對另一些青少年來說，背負大筆貸款不但是一種心理壓力，而且侵蝕其自信與自尊，影響其身心發展。

㈤青少年打工風氣熾盛影響正常學習

經濟不景氣，造成許多家庭陷入貧困，青少年在課餘打工賺取生活費、學費與貼補家用，成為必然之趨勢。目前青少年打工風氣之熾，恐怕是歷年之最。這也成為今日青少年成長之特色。

青少年打工，除了賺取薪資外，其實具有生涯探索之意涵。但是，有些青少年抵擋不了社會誘惑（例如許多商品以青少年為客群及過度重視外表之社會風氣），需求更多金錢滿足物慾，而以打工為主業，唸書為副業，將黃金學習歲月，廉售換取微薄之打工薪資。如此行徑，不但污染身心發展，而且養成好高騖遠、貪圖享受之惡習。

以上種種不利影響，可能成為青少年發展及適應之傷害性因子。

第三節　學校輔導工作與青少年發展及適應

跟學生最有關係之學校處室，應屬輔導處、教務處與學務處。這三個處室關係著學生之學業表現、心理健康與行為規範等。這三處室之業務看似相互獨立，其實互有關聯。業務上之共同點在於，協助青少年發展及適應，以完成發展任務（請比較三處室之業務與青少年發展任務）；業務上差異點在於，從不同角度協助青少年。換句話說，在協助青少年發展及適應時，這三處室是一組團隊，缺一不可。

學校輔導處之業務分為學業輔導、生活輔導與生涯輔導等三類，而每一類輔導又分為發展性、預防性與治療性工作。輔導業務之完成，有賴教務處與學務處之分工與協助。青少年問題之嚴重化，矛頭都指向輔導處，其實，教務處與學務處都脫不了關係。

輔導工作是全校所有人員之責任，不同人員有不同之角色與任務。輔導工作之進行，不只在輔導活動課，也不只在個別與團體諮商，而是隨時、隨地、隨機可實施。因此，教務及學務工作，也跟青少年輔導有關。

以下說明輔導業務跟青少年發展及適應之關係，以及目前學校輔導效果不彰之原因，由說明中可知三處室業務跟輔導效果之關聯。

問題與討論

1. 輔導工作內涵為何？輔導方式有哪些？輔導分為哪三級工作？
2. 輔導處資料組及輔導組哪些業務，跟青少年發展及適應有關？

3.三級輔導工作跟滿足青少年需求及培養保護性因子之關聯為何？
4.何謂輔導？
5.一般人對輔導工作有何誤解？此種誤解導因於何？此種誤解對輔導工作及青少年發展及適應造成何種傷害？
6.發展性、預防性與治療性輔導目的為何？以何人為對象？由何人執行？
7.在學校輔導工作中，一般教師須負責哪些輔導工作？
8.一般教師如何實施發展性及預防性輔導工作？須具備哪些輔導素養？

宛伶一臉無奈地看著這學期她輔導的學生資料。資料上對學生行為之描述，讓她心情逐漸沉重。

她不清楚除了上課、帶班外，為何還需要做這些額外之事。上課、帶班、開會、應付家長、應付學校種種活動已讓她喘不過氣，為什麼輔導學生的工作還要交給她做，而不是輔導處的輔導教師負責。她既不是專業輔導教師，又沒有受過輔導訓練，如何輔導學生！

她曾請教過一些教師，得到的回應是：「反正上面怎麼說，我們就怎麼做。一個星期只花一小時找他們聊聊，照辦就是。」一星期花一小時跟學生談話倒沒什麼困難，不過，她不了解這有什麼意義，談來談去都是一樣的內容，她好話說盡，也改變不了什麼。如果這樣會談有效的話，她自己的兩個孩子早就是乖寶寶了。

輔導處曾辦過幾場輔導知能講習，她都參加，不過，聽起來很理想，做起來卻不容易。她知道有問題可以諮詢專業輔導教師，但是，她連要問什麼問題都不知道，又如何問起。「反正，把它當成做善事罷了！」宛伶這樣告訴自己。

一、學校輔導工作與青少年發展及適應之關係

如果學校有特殊教育班級的話，輔導處的組織將分三組，包括：⑴資料組：學生資料之蒐集、整理保管與提供教師參考，輔導會議資料之整理與保

管，蒐集與保管輔導活動有關之工具與資料，畢業學生之追蹤調查，輔導刊物之出版；⑵輔導組：擬定輔導計畫，實施學生輔導與諮商，學生個案研究與輔導，協助教師從事學習輔導及配合各科教學事宜，提供學校行政人員、教師及家長輔導專業諮詢服務，實施團體輔導，兒童輔導專欄之策畫與實施，輔導信函之處理；⑶特殊教育組：即特殊教育計畫之擬定，特殊教育班級教師與輔導事宜，追蹤與輔導畢業學生事宜，特殊教育班學生之追蹤與輔導，特殊教育班學生個案研究與輔導，協助教師從事各班特殊學生之教育與輔導（吳清山，2000）。

輔導工作涉及學生之生活輔導、生涯輔導與學習輔導，這三方面輔導工作，涵括了學生的學校、家庭與社會生活，對學生影響之大由此可知。

從輔導對象來看，輔導處服務之對象包括全校教職員工、在校學生與學生家長、畢業後之學生。輔導工作除了直接以學生為對象外，將全校教職員工及家長納入，主要是透過對這些人之服務，而間接使學生受益。

輔導進行之方式有諮詢、諮商、信函、電話、網路、資料提供，以及各種活動。多樣式之服務，主要是配合個別差異及需求。

輔導工作分為三級輔導，分別為發展性、預防性（或介入性）及治療性，這三級輔導分別從加強學生自我功能、預防學生問題惡化及協助問題嚴重學生，以幫助學生成長、發展及適應。

二、學校輔導工作效果不彰之原因

輔導工作跟青少年身心發展關係密切，但目前學校中，最得不到認同、爭議最多、一直被邊緣化之處室，卻是輔導處。

一直以來，輔導工作在學校沒受到應有之重視，輔導工作無法凸顯正面效果。細推原因，是因為：⑴一般人不知道輔導為何物，而將輔導工作看成普通非專業工作而為之；⑵不知道輔導工作人人有責，因此，讓輔導工作在協助青少年發展及適應上使不上力。

㈠誤解輔導而將輔導看成非專業性工作及輕視輔導之重要性

對輔導之誤解來自於：不知道何謂輔導、輔導效果如何產生、行為改變之歷程為何。

一般人看不出學校輔導處辦了一些活動的意義何在；輔導活動課為何像是毫無意義之遊戲課。

似乎專業輔導人員所作的工作人人都可作，而且活動辦得比輔導人員好；遊戲玩得比輔導人員精彩；至於耍耍嘴皮子之事的個別輔導與團體輔導，可以發揮得比輔導人員更舌粲蓮花。

多年來，即使學校專業輔導人員不斷地宣導，但是，絕大數的非專業輔導人員或學校其他人員，對何謂「輔導」仍然一知半解，甚至多所誤解。

何謂輔導？「輔導」是專業工作，這種專業工作，跟其他專業有很大差別。輔導是輔導員之內心世界跟當事人內心世界進行真誠交流之過程，當事人之改變便產生在這種交流中。這種交流不是一般談話可塑造，因為在這種交流過程中，融入輔導員之人格特質、成長經驗與專業訓練，而鋪陳出某種有利於當事人改變之心理與物理環境。在這種環境下，當事人感到安全，有勇氣探索過去經驗及突破防衛，最後為自己找到問題解答。

輔導效果如何產生？輔導員要鋪陳出有利於當事人探索之環境，才能產生輔導效果，這有賴輔導員具備幾個條件：⑴專業上訓練；⑵有利之人格特質；⑶對成長經驗探索及治療；⑷心理成熟度；⑸終身學習與訓練。

輔導是一種雙方內心世界互動之歷程，輔導員內心世界會受到當事人問題之拉扯，輔導員若不具有以上條件，便容易跌入當事人的問題中，將兩人經驗混淆，任由當事人主觀經驗之擺布而不自知。這種過程，不但達不到正面之輔導效果，而且帶給當事人傷害。

輔導不是一門專業理論與技術而已，也不是熟悉輔導理論與技術者便能成為稱職輔導員。這是因為知識與技術之充實容易，但是如何將知識及技術靈活且有效地運用在實務上，便困難許多。運用上的效果，來自於輔導員本身的身心健康程度。輔導員本身的盲點，會降低知識及技術的運用效果。盲點愈多之輔導員（亦即身心健康愈不佳者），愈無法施展知識及技術之功能。此外，未曾體驗過改變歷程之輔導員，便不知道如何協助當事人改變，也很難成為稱職之輔導員。

因此，輔導員執業之前，須先經過一番訓練、重整與改變，在執業後透過終身學習與訓練，持續提高心理健康與成熟程度，才能不斷提升輔導效果。非經一番寒徹骨之輔導員，鋪陳不出有利於當事人探索內心世界之環境，也無法在兩人內心交流過程中，維持客觀，協助當事人突破防衛，探索自己、解決問題。

從以上標準來看今日中等學校專業輔導人員素質（人人可為），便可了解輔導工作成效一直不振之原因。

另一個對輔導之誤解，跟「行為改變歷程」有關。輔導員可能在極短的會談時間內，了解當事人問題如何形成、該如何處理。但是，「冰凍三尺非一日之寒」，當事人之問題，往往經過長時間一次又一次類似或不一樣之傷害所形成。每一次之傷害，都會加深當事人自我防衛與逃避之心態。這些數年，甚至數十年深埋之瘡疤，豈能靠幾次的輔導便能立竿見影。

當事人問題之成因，已由層層自我防衛所掩飾，輔導員無法強迫當事人快速卸下。在當事人未準備之狀況下，迅速瓦解其自我防衛，可能造成當事人崩潰而危及性命，或因恐懼而使用更多自我防衛。因此，輔導員必須配合當事人改變之速度。每一步之前進，都會掀起當事人內心混亂與不安，當事人必須花時間釐清與統整。在當事人整頓後，才能再向前挪進。

絕大部分的人對輔導認識不清，因為他們沒有機會親身體驗改變歷程，而誤以為輔導是特效藥，就像感冒一樣，幾帖藥下肚，就該藥到病除。

對改變歷程之誤解，也出現於對輔導活動課之意義認識不清。一般人以為輔導活動課只是遊戲課，讓學生放鬆身心。其實，輔導活動所設計之活動（一般人稱為遊戲），背後都蘊含著輔導理論與輔導原則。「活動」本身只是媒介，學生在活動中呈現之內心世界、行為模式才是輔導人員之目標。輔導人員從學生呈現之內心世界，看到學生之自我防衛、親子關係、人際關係、人格特質、目前問題等，並從出現之內心世界介入，進行發展性或預防性輔導工作，這豈是將輔導活動當成遊戲課者能明白。

一些人誤以為輔導活動易「教」（輔導活動課並非一般教學課），輔導人員易當，只要能動筆揮毫，便是畫家張大千，只要出口能成章，便是詩仙李太白。因此。中學輔導處塞進了觀念不正確、輔導不得當之非專業人員；專業輔導工作被當成閒散工作來進行；諮商輔導被當成一般談話性活動，或認為多用規勸少用訓誡，便是輔導；或是天真地以為好話說盡後，學生便應該感激涕泗立地成佛。輔導工作，就在被誤解之狀況下執行，而讓更多人對輔導誤解，甚至出現「愈輔愈倒」之口號，也使得輔導處之地位岌岌可危。

依據 2005 年 6 月 23 日修正之「國民小學與國民中學班級編制及教職員

員額編制準則」第 4 條規定，輔導教師之員額編制：「十五班以下者，置輔導教師一人，十六班以上者，每十五班增置一人，均由教師專任或兼任之」。因此，專業輔導工作似乎可以不必專業人士為之。

2006 年 2 月 3 日修正之「高級中學法」，保留了原先「設置專任輔導教師」之條文，這是經多人連署、搶救及糾正才成功的。

青少年問題日益嚴重，「輔導無效」成為問題之歸因。「輔導無效」的確是重要因素，不過不是「輔導」本身無效，而是因為對輔導多所誤解，而衍生出許多弊端阻礙輔導效果所致。

由於輔導專業人員不足，非專業人士接任專業輔導工作似乎無法避免。無可否認地，有一些非專業人士努力成長，默默耕耘輔導這塊園地，對輔導工作之開發及推廣功不可沒。但是，另一些非專業人擔任專業輔導工作卻充滿對輔導之誤解，讓全校之輔導工作停留在表面化之作業，失掉了協助青少年之寶貴契機。

㈡輔導工作是全校教師之責，但大部分教師輔導知能不足

學校的輔導工作效果不彰，大部分問題不在於專業輔導人員，而在非專業人員身上。學校輔導工作涉及之人員，除了專業輔導人員外，還有其他非專業人員。在一個學生數千人之學校，專業輔導人員往往只有幾位。要布置一個利於青少年身心發展之校園，單憑幾位專業輔導人員之努力，只有「點」之功效，而無法擴及「面」之效果。換句話說，至少全校之教師，都必須具有輔導理念與能力，才能將「點」之效果延展至「面」。

輔導工作分為三級：發展性、預防性與治療性。這三級工作需要專業輔導教師、一般教師及相關行政單位分工合作，各自扮演不同角色。以下從此三方面說明，因為三級輔導工作有關人員訓練不足，使得輔導工作無法發揮應有之潛力。

1. 發展性輔導工作

發展性輔導工作，以所有學生為對象，目的在增強學生自我能力，協助學生順利完成發展任務，或預防未來出現問題。

發展性輔導之工作人員，包括全校人員，但最重要的是全校教師。發展性輔導之重點，在於將全校布置成利於青少年身心發展之環境。以下只著重

於教師部分說明。

學校在發展性輔導效果不盡理想，主要原因是「觀念不正確」及「一般教師之輔導知能及訓練不足」。

1. 觀念不正確：可以進行發展性輔導之時刻無所不在，包括輔導活動時間、班會時間（例如班會時討論異性交往問題）、團體活動時間（例如進行社會事件案例討論）、各科目教學時間（例如知識與技能之養成、自我能力之認識與探索）、社團活動時間（社團活動有助於學生進行生涯探索、技能養成、自我認定之建立）、平日之師生互動……。

學校之任何學習活動，都可以協助青少年探索自我，認識自我，因此都是進行發展性輔導之時刻。

一般人以為只有輔導活動課，或是輔導處舉辦活動時，才算是實施輔導。其實，只要能夠協助青少年探索自我、認識自我、增強自我能力、有益青少年發展及適應者（例如滿足學生需求、協助青少年培養保護性因子），都屬於發展性輔導的一部分。因此，發展性輔導可以隨時、隨地、隨機進行，問題在於是否知道把握時機及如何進行。

舉例來說，英文科教師在課堂上除了傳授英文專業知識外，也必須負起跟該科目有關之生涯、學業及生活輔導，包括：協助青少年探索英文潛力、了解社會上哪些工作跟該科能力有關、工作內涵為何、就業條件如何、升遷、薪水、工作環境；學習英文之有效學習策略、成為青少年學習典範等。

如果各科教師都能透過教學及平常的師生互動，負起青少年生涯、學習及生活輔導之責，便可以隨時協助青少年了解自己、進行生涯探索、規畫生涯與建立自我認定，而不是等著一週一小時之輔導活動課。

2. 一般教師輔導知能不足，無法輔導學生。師資培育法規定，每位未來教師至少須修26之教育學分。去除必修學分之後（包括特殊教育必選學分），只剩下約 12 學分。這 12 學分若平均分配於「教育原理與制度、青少年發展與輔導、中等學校課程與教學」，未來教師只有 3 至 4 學分之空間可修習輔導相關課程。依照大會考科目，包括了「諮商理論或學派、輔導倫理、團體輔導、學習輔導、行為輔導、生涯輔導、青少年適應問題診斷與個案研究、心理與教育測驗」。這些科目對於訓練一般教師執行輔導之責，都是必要之科目，但是只有 3 至 4 學分之時間，恐怕灌輸未來教師基本輔導概念尚嫌不夠，何來時間涉及理論與技術之實務訓練。

未來教師成為正式教師後，或許在專業領域之教學能勝任愉快，但是輔導實務及心理成長尚缺磨練。在平日師生互動時，可能不知如何協助青少年，而喪失許多寶貴契機。在被迫接受輔導青少年之責時，往往心有餘力不足，不但無法協助青少年，甚至可能阻礙青少年發展及適應。

3.一般教師訓練不足，無法擔任輔導活動課程。輔導活動課屬於發展性輔導工作，應該由一般教師擔任。但是，一般教師未有足夠之輔導知能，不知如何進行輔導活動，不知活動之意義及善用活動中呈現之豐富資料，使得發展性輔導工作無法進行。

在國中，目前大部分輔導活動課由專業輔導人員擔任，由於發展性輔導工作落在專業輔導人員身上，讓專業輔導人員沒有時間及精力推展其他輔導業務。

高中專任輔導教師雖然沒有國中專任輔導教師之授課壓力，但是，全校之發展性、預防性與治療性輔導工作，全落在專任輔導教師身上，使得輔導效果不易彰顯。

發展性輔導工作之重要，大於預防性與治療性。只要全校教師做好發展性輔導工作，便可降低預防性與治療性輔導工作之壓力。可惜的是，一般教師之訓練不足，讓發展性輔導效果不彰，因為專業輔導人員必須扛起大部分發展性輔導業務，除了因為人力不足，無法充分發揮發展性輔導績效外，也妨礙了預防性及治療性輔導工作之進行。

2.預防性輔導工作

預防性輔導工作之對象有兩類：⑴可能出現問題，但問題尚未出現之青少年；⑵已出現問題，但問題不嚴重之青少年。目前大部分中等學校行為偏差青少年，都由一般教師進行輔導。專業輔導教師成為這些教師之諮詢者，提供必要之協助。

目前預防性輔導工作出現之問題是，接案教師不具備足夠之輔導能力。如前面所言，一般教師連基本之輔導概念尚嫌不足，何有能力接案輔導。這情形就像只修了一二門體育基本概論之後，便被要求當體育教師，上場教導學生各項體育技能。

被迫接案之教師無可奈何，既然上頭交代，照做便是，以蒐集期末該繳之資料。一些有心想幫助青少年之教師，也困於輔導知能不足而一籌莫展。

於是，輔導跟蒐集資料、安慰、規勸、建議、鼓勵、替青少年出主意等動作劃上等號，跟平常談話聊天沒兩樣。這其中，最大損失者是青少年，挫折感最重的是接案教師。

3.治療性輔導工作

發展性與預防性輔導工作之失敗，讓學校治療性輔導工作愈加沉重。治療性輔導工作之對象，是問題嚴重之青少年，這類工作以專業輔導人員為主，並且依青少年需要，加入各類專業人員或社會資源，例如精神科醫師、社工師、律師、心理師等。非專業教師也屬於治療性輔導工作之一員，依據每一個案之需要，擔任不同之輔助角色。

一方面，由於專業輔導人員須承擔大部分發展性輔導業務，而沒有時間進行治療性輔導工作，尤其治療性輔導工作須長時間耕耘才見效果；另一方面，專業輔導人員不足，專業輔導工作常由非專業輔導教師擔任，而這些非專業輔導教師如果沒有積極進修，基本上沒有能力進行治療性輔導工作。因此，在學校中，治療性輔導工作也難有效果。

總而言之，「輔導」貴在隨時、隨地、隨機進行，非只存在於「輔導活動課」或「個別與團體輔導」之時。「輔導」不像其他單科教師，只涉及青少年某一領域之學習，由單科教師負責即可。「輔導」涉及青少年各方面身心成長，須從各種角度切入，須由全校教師分工。

學校輔導單位從1968年成立以來，一路風風雨雨，批判聲淹沒整個教育界，追溯其緣由：

1.輔導意涵抽象，未親身體驗者難以了解。即使專業輔導人員不斷宣導，奈何具體文字經過每個人詮釋後，呈現不同之意涵。

2.「隔行如隔山」，非專業輔導者憑藉表面之活動與文字之描述，便誤以為了解輔導之內涵，而將輔導工作視為輕鬆、人人可擔任之工作。

3.非專業人員接任輔導業務時，不謀求專業與自我成長，卻以其自以為是之想法執行輔導工作，並且誤導他人對輔導之看法。

4.一般教師不知道輔導工作該由全校教師承擔，不知輔導學生為其教職之一部分。

5.誤以為輔導之進行只存在於「輔導活動課」、「個別及團體輔導」或輔導處舉辦之活動，不知輔導應是隨時、隨地、隨機可進行。

6. 大學教育學程輕忽所有教師須擔任輔導工作之事實，因此未曾提供未來教師足夠之學習與訓練。

7. 專業輔導地位未受到應有之尊重，專業輔導人員工作沉重，沒有能力撥亂反正。

8. 輔導工作效果不彰，非專業人士因誤解輔導而將矛頭指向專業輔導人員，喪失了及時改正及補救時機。

過去幾十年來，非專業之雜音淹沒了輔導界，侵犯了專業領域之界限，將「輔導」導入昏天暗地之窘境，讓學校輔導工作呈現一片亂象，讓學校之「輔導單位」幾乎成為歷史名詞，也讓一般教師浪費時間無目標地摸索，其結果是失掉了青少年獲得協助之大好機會。

目前輔導界正推動「學生輔導法」，明確規範學生輔導工作內容與方法、學生輔導相關人員與資格，以及其他人員之角色及職責，希望整頓學校輔導工作之亂象。輔導是專業之工作，應該將權限交還給專業輔導人員，尊重專業輔導人員之專業角色與聲音。非專業人員也是輔導團隊之一，在輔導工作上有其應盡之責，也有義務從自我成長中，正確認識輔導，跟專業輔導人員一起合作。只有全校人員通力合作，各守本分，各盡己職，才能扭轉幾十年來所造成之錯誤，為青少年締造有利發展及適應之校園。

第四節 學校教務工作與青少年發展及適應

1. 教務處哪些工作跟青少年發展及適應有關？
2. 教務人員在學校輔導工作之責任為何？這些責任跟青少年發展及適應有何關係？
3. 教師教學中，可以進行哪些生活、生涯及學習方面之發展性及預防性輔導工作？
4. 教師平日跟青少年互動時，如何進行學生輔導？教師是否該具備輔導知能及會談技巧？

5.教務人員是否須具備輔導知能，原因為何？
6.蘇庭的問題在哪裡？在當下內在有何需求（例如不被父母和教師理解、情緒無從發洩、失去生活方向……）？
7.如果蘇庭尋求一般教師輔導，一般教師跟蘇庭在會談中，如何讓蘇庭覺得被理解、被接納、被溫暖對待？這種會談跟一般問題解惑有何不同？
8.蘇庭的問題屬於發展性、預防性或治療性輔導？屬於學習、生涯或生活輔導？

蘇庭看著書桌上堆積如山的教科書，不覺得煩躁了起來。眼看著段考就到了，還有一大堆書還沒唸。如果提早準備，此時便不至於心慌意亂。其實，他也想提早準備，只是不知道花那麼多時間死背這些材料有何意義，因此提不起勁唸書。如果唸書像遊戲、玩樂那樣有趣，該多好。

他感到疑惑，為何每天得花那麼多時間上課，唸那麼多科目。這些跟他日常生活似乎沒什麼關係，至於是否跟將來有關，他也不清楚。

蘇庭的父母常常叮嚀蘇庭，好好用功唸書將來才有前途，學校老師也說同樣的話，但是他不知道唸書跟好前途有何關聯。報紙與電視上不是常常報導，連碩士、博士都找不到工作。這些碩士、博士最會唸書，他們為何沒有前途？

有些老師說讀書可以改變氣質，不過蘇庭覺得沒有必要為了氣質花那麼多時間唸書。他媽媽化妝打扮之後，氣質不就增加許多，何必花那麼多時間唸枯燥的教科書。一想到這裡，蘇庭不自覺地唉聲嘆氣。

一、學校教務工作與青少年發展及適應之關係

舉凡教師教學工作、學生學習活動、教學設備計畫擬訂、資訊與網路設備等，都是教務工作的一部分。教務處分為四組，各組之業務如下：⑴教學：排課、教學觀摩、各項學藝競賽、教學環境布置、定期與不定期考試與測驗

等；⑵註冊：學生註冊、編班、學生轉休復退學、獎學金與各項補助等；⑶設備：教學設備、各科補充教材與教學資料、圖書與教材之選購、教具編製、課外讀物之借閱、圖書閱覽室之設備、學校刊物之出版等；⑷資訊：學生資訊教育事宜、行政電腦化、軟體與硬體維護、教師資訊研習等（吳清山，2000）。

從以上事項可知，教務工作雖然繁多，但重點放在學生之學業學習方面，似乎教務處與學生發展及適應之關聯，只有學業方面。其實，學生之學業、生涯與生活三方面輔導工作都跟教務業務關係密切，而且教務處之業務也跟發展性、預防性與治療性之輔導工作有關。

學校任何活動都可以協助青少年自我探索（例如從最喜歡借閱之書籍，發現興趣所在），但是學校活動是否能夠發揮協助青少年自我探索之功能，就必須透過中間媒介，協助青少年將「學校活動」與「自我探索」連結，而導引學生進一步自我了解。這中間媒介便是學校之輔導、教務及學務人員將平日跟青少年之互動，轉化為具有輔導功能之溝通。

換句話說，只要學校所有人員具有輔導知能，便能將每一次跟青少年之互動，轉化為對青少年有益之輔導時間。因為學校輔導工作可以隨時、隨地、隨機進行，學校自然成為有利青少年發展及適應之園地。

教務工作林林總總，對青少年發展及適應影響極大，以下挑其中重要幾項說明。

二、學校教學工作與青少年輔導之關係

教師教學時，不只是傳遞知識與技能，也進行學習、生涯及生活輔導。

㈠學習輔導

在學習輔導方面，教師有責任：⑴了解青少年身心發展特徵，以選出最適切教材、設計有益教學活動與評量方式，幫助青少年從學習中探索自己，包括興趣、性向；⑵教導青少年學習策略以發揮潛力；⑶協助青少年了解學習上之優缺點，並加以改進；⑷維持青少年學習之內在動機，若以逼迫方式強迫青少年學習而拿高分，因為青少年失去內在學習動機而不再自動求知，這種教學並非成功；(5)示範如何成為良好之學習者。

如果教師教學，只是趕上教學進度，協助青少年考試拿高分，而忽略負有學業輔導之責，其結果是：資賦優異學生尚能維持學習興趣；中等資質學生之內在動機被轉化成外在動機；下等資質學生，在多次學習失敗後，成為習得無助者。此外，當青少年無法了解學習科目與自我探索之關聯，無法理解學習科目對自我生命之意義時，便會失去學習興趣與動機。

青少年在學業上感受不到成就感與意義感後，會藉著行為問題（例如逃學、輟學）反映內在之迷惑、無助、恐慌等負面情緒，而成為學務處與輔導處之常客。如果輔導處無力讓這些學生找回學習興趣或降低行為問題，「輔導無效」便成為代罪羔羊。

除了教師的教學直接跟學習輔導有關外，教務業務中，有一些跟青少年學習輔導也有直接與間接關係，例如教具、圖書館的課外讀物、學習環境布置等，這些都會直接或間接影響青少年之學習效果、學習態度，而助長或抑制青少年學習潛能之發揮。

㈡生涯輔導（生涯教育）

一般教師往往不知道青少年之生涯輔導跟教學有關，而失去進行生涯輔導之契機。

每一科目都跟某些職業有直接與間接關聯。教師有必要了解所教科目相關之職業，包括這些職業之工作內涵、要求條件、工作環境、升遷、報酬、有關之人格特質……，並且透過課堂活動傳遞給青少年。或許，教科書必須將該部分知識納入。青少年除了從每一科探索有關之能力、興趣外，也了解每一科相關之職業及這些職業跟自我生涯之關聯。

這些生涯教育工作透過各科教師長期實施，讓青少年從一開始，便有機會進行生涯探索。如此長期累積效果，必有可觀成績，而不是事到臨頭才等著一、二位專業輔導教師在短期內對好幾百位或上千位學生臨時惡補。

長期累積之生涯教育效果，給了青少年清楚的學習目標，當青少年進行生涯抉擇時，便有足夠能力與知識作決定。此外，長期累積之生涯教育效果，有助於青少年建立「自我認定」，降低青少年出現行為問題之機會。

要協助青少年將學習意義化、建立清楚「自我認定」及決定生涯方向，不能單憑每週一小時之輔導活動課，而是隨時、隨地、隨機進行之師生互動。

每一門課、每個活動、每一次跟青少年之互動，都提供青少年自我探索之機會。這責任，落在全校教師身上。

㈢生活輔導

教師不只是青少年之「經師」，也是「人師」。教師不只是因材施教傳遞知識（經師），也須在課堂及課後進行學習、生涯及生活輔導（人師）。

在生活輔導方面，「人師」的工作包括：⑴成為青少年學習典範（例如示範面對問題之勇氣，解決問題、情緒調適、人際互動、衝突處理等能力）；⑵協助青少年自我了解，例如觀察青少年師生互動、同儕互動，引導青少年了解自我人際模式；以及⑶引導青少年解決生活層面問題。

如果教育是「百年樹人」工作，那麼教師之首要任務，便是為青少年發展與適應奠定根基，協助青少年進入社會後，有能力面對激烈之競爭，複雜之人際關係，以及生命中之低潮。這些能力之養成，不是青少年當時某些科目是否拿高分，而是當時青少年吸取人師所示範之典範，以及由人師隨機輔導所累積之效果。

總而言之，在發展性與預防性輔導工作中，一般教師是第一線工作人員。青少年若能隨時、隨地、隨機沐浴於「經師」與「人師」發展性與預防性之輔導，接受治療性輔導之青少年便減少，輔導處與學務處也不會疲於奔命。

三、教務工作對青少年發展及適應之負面影響

不利青少年發展及適應之教務工作繁多，以下只就其中兩項說明。

㈠非升學考試科目不受重視

Gardner與Hatch（張文哲譯，2005）將智力分為八種，包括語文、數理邏輯、視覺空間、音樂、身體動覺、人際、內省、自然主義者等智慧。這表示每個人智力專長不盡然相同。學校有義務協助每位青少年探索及發揮潛能，亦即學校應同等重視每一科目。

一般而言，每一領域科目都應該由學有專精之教師授課，才能協助學生探索自我，以及進行學習、生涯與生活輔導。可是，理想與實際往往有些差距。

有兩種情形，對青少年發展及適應不利，第一，學校教師員額跟班級數有固定比率，學校每年教師調動頻率及增減班級數目不定，使得某些科目出現配課問題，由非專業教師擔任授課。最常被配課的科目是跟升學考試無關之科目。這些科目因跟升學考試無關，不受到重視，而被配給非該領域之教師。第二，升學考試科目受到過度強調，非升學考試科目不受重視，具有這些潛能之學生在學校沒有發揮餘地。

以上兩種情形，不但剝奪某些青少年探索及發揮潛能之機會，也使青少年學到輕視自我之自卑心態。

學校是協助青少年發展及適應的地方，但是，學校在無形中，也成為扼殺青少年潛能，製造青少年問題之地。青少年在學校得不到適當發展，得不到自尊與價值感，便容易以行為問題來反映。這種嚴重後果，到最後，都被以「輔導工作效果不彰」來詮釋。

㈡班級型態

為促進國民中學教學之正常化，教育部自民國86學年度起，全面推動國民中學常態編班政策。其要項包括：⑴公私立國民中學一致適用，同步實施常態編班；⑵為適應學生個別差異，並兼顧各校實際狀況，明定二、三年級得實施分組教學；⑶對學習優異或遲緩之學生，進行個別化教學或補救教學；⑷督察縣市的辦理情形，並給予獎懲（行政院青年輔導委員會，1998）。

各縣市國民中學是否普遍採取常態分班或分組教學，值得深思。升學率向來關係著學校名譽與新生入學率。有些學校表面上採取常態分班，但是暗地裡仍然進行能力分班。至於能力分組，因為程序過於複雜，實施不易，有些學校只能擇其中一、二科目實施。

能力分班有利有弊，並非全然不利青少年發展及適應。能力分班之好處，除了教師教學方便外，更能激起學生卯足全力之競爭。

不過，這種編班方式弊多於利：

1. 被編在所謂中後段班青少年，只是因為某些科目成績欠佳，便被以偏概全認定各方面能力皆差。這種標籤作用，讓青少年感到自卑，降低學習動機，其他潛能也無從發揮。此外，因缺乏同儕間良好之學習典範，甚至引發行為問題。

2. 被編在前段班之青少年，因為學業競爭激烈，跟升學考試無關之學習被忽略，失去發揮其他潛能之機會。

以上兩種情形，都與「全人教育」教育目標違背。

3. 這種編班方式，無法反映社會是由各種不同能力組合而成之現實，因而剝奪青少年學習適應社會現實之機會。

簡言之，能力編班將青少年邊緣化或明星化，剝奪青少年潛能發展，讓他們脫離現實環境。因此，有些青少年習得無助，有些只知競爭不知合作，對青少年發展及適應造成某種傷害。這些負面影響，似乎最後都須由「輔導工作」來承擔。

第五節 學生事務工作與青少年發展及適應

1. 學務處哪些業務跟青少年發展及適應有關？
2. 學務人員在發展性、預防性及治療性輔導工作之任務為何？
3. 學務人員跟青少年互動時，如何進行輔導？是否該具備輔導知能及會談技巧？
4. 學務人員跟輔導人員輔導青少年時，須如何分工合作？
5. 輔導組長李映如果使用輔導技巧跟小楠溝通，是否效果會更好？如何進行？
6. 小楠的問題，跟瓷蘋老師及輔導組長李映的處理方式有何關聯？瓷蘋老師跟李映的處理方法出現何種問題？如果一開始便使用輔導技巧溝通，是否有助於小楠改善問題？

李映看著一臉不屑的小楠，他清清喉嚨，強壓住一肚子怒氣。小楠一星期前，因為毆打同學被帶到學務處來。事隔才一星期，又因為上課時跟瓷蘋老師起衝突，被一狀告到學務處。李映質問小楠，為何頂撞老師。小楠一副不理睬的樣子，氣炸了李映。直到李映欲打電話請家長來時，小楠才開口說老師先罵人。李映希望小楠主動向老師道歉，請求老師原諒，或許可以免於記過處分。不過，小楠桀驁不馴，堅持老師有錯在先。李映想幫助小楠，偏偏小楠不領情，他只能無奈地看著小楠。

李映為生活教育組組長，每天一進辦公室，便有大大小小的學生問題等著處理。他覺得自己像是警察、法官與檢察官三位一體，既要查案、辦案，又要論罪責罰。因為學生通常不願意說實話，光是從學生身上套出事實真相，已足夠讓他江郎才盡。

他不喜歡斥責學生，也不喜歡要脅學生，更不喜歡懲處學生，因為這些作法只是讓學生暫時順服罷了。學生的問題又多又雜，他的時間、精力與人力有限，目前只能勉強這樣。想到這些來來去去的熟面孔，一股無奈與疲憊之感湧了上來。

一、學校學務工作與青少年發展及適應之關係

學生事務處（以下簡稱學務處）工作分四組，包括：⑴訓育組：推行民主精神教育與復興中華文化、團體活動與校外教學、童軍活動、學生自治等事項；⑵生活教育組：處理學生偶發事件、交通安全、品德考察與獎懲、與家庭聯繫、民主法治教育宣導、常規與禮節訓練等事項；⑶體育組：校內外各項體育競賽活動、學生體能測量、學生體育成績考察統計與報告等事項；⑷衛生組：全校衛生與保健等工作（吳清山，2000）。

以上學務處各項活動，都跟青少年發展及適應有關。在身體方面，包括營養、健康促進、安全、體能培養、衛生、求生技能；在心理方面，包括道德與人格薰陶、法治精神訓練、價值觀形成、自我探索、生活常規與禮儀養成。學務處業務跟輔導處所強調之層面雖不同，但目標一樣。

每個學校學務處的工作事項雖大同小異，但是執行之內涵必須配合以下幾個因素，才能協助青少年發展及適應：

1. 考慮青少年背景與需要：青少年需求因為學校所處社區環境、青少年

素質、家長社經地位等不同而不同。如果學務處舉辦或推行之活動，能夠配合青少年需求，便能協助青少年發展及適應。

2.跟青少年互動之態度：學務人員跟青少年互動之態度，容易流於訓誡，讓青少年因畏懼而服從。因此，學務處生教組組長通常由人高馬大、嗓門雄厚、拳腳功夫超群之教師擔任。管理青少年時，這些特質所營造之效果似乎最好。不過，當該教師卸職或調校時，青少年便故態復萌。因此，這種互動方法，雖然能夠收到立即效果，但效果短暫且流於表面。

青少年問題行為雖然令學務人員頭痛，但是青少年問題行為，是其適應環境之反應，可以協助學務人員發現問題所在（例如行為往往反映出未被滿足之需求）。如果學務人員以訓誡、警告、壓制、規勸方式處理，不但喪失機會了解青少年行為背後原因，還會惡化青少年問題行為。

3.輔導青少年隨時、隨地、隨機可進行，學務人員跟青少年互動時，便可進行輔導。如果學務人員熟悉輔導理論與技巧，便能隨時促進青少年發展及適應。

二、學校學務工作與輔導工作之關係

學務處與輔導處之角色，應屬相輔相成。多年來學務處一直被當成「嚴父」角色，輔導處被認為「慈母」角色，殊不知「嚴父慈母」之組合，是家庭中最差之父母管教方式。「嚴父」通常跟青少年距離最遠，衝突也最激烈。「慈母」通常事事遷就，讓青少年自以為是。嚴父與慈母管教方式上之差距，讓青少年無所適從，最後以問題行為反映嚴父慈母帶來之內在衝突。

學務處與輔導處不是「嚴父」，也不是「慈母」，事實是兩者從不同層面協助青少年發展及適應（從以上兩處室的工作項目之描述可知），但兩者所用之方法應類似。

學務事務跟三級輔導工作有關。學務處舉辦或推行之例行事務，都是全校性活動（例如藥物教育、體能活動與檢測、環境與心理衛生），目的在協助學生擁有健康身心，因此屬於發展性輔導工作。

預防性輔導工作，是以可能出現問題之青少年，或問題已出現但不嚴重之青少年為對象。對處理青少年行為問題時，學務處必須跟導師（或一般教師）、輔導處合作，或透過學務處與輔導處舉辦之活動達成預防效果，或由導師（或一般教師）提供諮商服務，而輔導處及學務處提供諮詢服務。

學務人員處理行為問題青少年時，往往得跟青少年進行晤談。學務人員須了解問題始末，聯絡家長與導師，以進行懲處。在這過程中，學務人員似乎得跟青少年鬥智鬥力，以挖掘事實真相，決定懲處之輕重。其實，對於違規之青少年，學務處的主要功能不在懲處，而在矯正，期望青少年不再重蹈覆轍。但是，只有了解問題始末與懲處，仍無法達到矯正目標，要達到矯正目標，只有靠輔導，亦即，學務人員必須具備輔導知能，將「詢問真相之晤談」轉化「輔導性之晤談」，青少年才願意卸下防衛坦誠以告，並且從晤談中，了解自我及認清問題。在這過程中，輔導處處於諮詢角色，協助學務人員跟青少年、家長與導師有良好互動。

在學務處接觸的青少年中，有部分問題嚴重者（須治療性輔導之學生），這類青少年需要專業性輔導協助，學務人員通常不具備如此素養，因此這部分工作須留給專業輔導人員。

不過，學務人員必是輔導團隊之一員，因為每一位青少年之輔導，都須一組團隊合作，而學務人員便是團隊人員之一。

發展性、預防性與治療性之輔導工作若進行順利，學務工作便輕鬆自如。當三級輔導效果無法發揮，學務處會門庭若市，學務人員將疲於奔命。

輔導、教務及學務工作從不同途徑，協助學生發展及適應。這三處室須相輔相成，任何一處室功能無法發揮，便會影響其他兩處室之業務與功能。

學校無法塑造出有助青少年發展及適應之環境，最主要的原因是輔導效能不彰，而輔導效能不彰，不在輔導處，進一步說，除了之前所提之原因外，其他原因包括：⑴全校人員不具有輔導理念；⑵一般教師不具有輔導知能，無法發揮發展性與預防性之輔導效果；⑶教務及學務人員不具輔導知能；⑷輔導、教務與學務處無法相互合作成為輔導團隊；⑸專業輔導工作沒有由專業人員負責。

青少年問題之嚴重令人頭痛，責任在於學校每位人員。只有認清輔導工作是全校人員之業務，才能看清問題真相，找到協助青少年發展及適應之方法。

本章摘要

第一節　教師因素與青少年發展及適應

1. 教師因素對青少年發展及適應之正面影響：
   (1)師生關係民主化有助於青少年建立自我認定、獨立思想及負起自我發展之責。
   (2)家長參與教育，有益青少年培養包容多元思想及協調不同觀點之能力。
   (3)教師終身學習裨益教職工作及成為青少年學習典範。
2. 教師因素對青少年發展及適應之負面影響：
   (1)師生關係民主化而提高師生衝突，若教師不善處理衝突，則對青少年發展及適應不利。
   (2)家長與學校衝突擴大，透過媒體渲染，致使學校以消極方式管教青少年。
   (3)教師除了原先教學工作外，還得面對學生、學校、社會、家長及教育主管單位之期望與要求，因工作繁重而降低對青少年之照顧。

第二節　課程及學習相關因素與青少年發展及適應

1. 課程及學習相關因素對青少年發展及適應之正面影響：
   (1)教學資訊化，有利青少年培養主動求知及自我負責等行為，以及獲得更多自我探索機會。
   (2)領域課程培養青少年十項基本能力，有助於青少年發展及適應。
   (3)強化青少年英文能力，提高青少年競爭及落實理想之能力。
   (4)終身學習理念強化青少年適應環境變遷等能力。
   (5)學生須花更多時間學習以提高競爭力，因此得妥善規畫生涯，為自己生涯負責。

   以上種種有利影響，可以培養青少年發展及適應之保護性因子。
2. 課程與學習相關因素對青少年發展及適應之負面影響：
   (1)不當資訊扭曲青少年身心發展。
   (2)九年一貫課程實施前未有充分準備，增添青少年發展及適應上之不安。
   (3)教材一綱多本平添青少年及家長壓力、多元入學剝奪學生公平入學機會、缺乏教育願景使青少年無法規畫生涯。

⑷大筆就學貸款損傷青少年自信與自尊。
⑸青少年打工風氣熾盛而影響正常學習。
以上種種不利影響，可能造成帶給青少年發展及適應之傷害性因子。

第三節　學校輔導工作與青少年發展及適應

1. 輔導工作涉及青少年之學習、生涯及生活輔導三方面，囊括學生之家庭、學校及社會生活，跟青少年發展及適應關係密切。
2. 輔導服務之對象除青少年外，還包括家長及學校所有人員。
3. 輔導工作分三級工作：發展性、預防性及治療性工作。發展性及預防性輔導工作以一般教師、教務及學務人員為主，專業輔導教師為諮詢者。治療性工作以專業輔導教師為主，而一般教師、教務及學務人員為輔。因此，輔導工作為全校所有人員之職責。
4. 對輔導之誤解來自於：不知道何謂輔導、輔導效果如何產生、行為改變之歷程。
5. 輔導工作不彰之主因為：⑴不了解輔導之意涵；⑵由誤解輔導之非專業輔導人員擔任輔導工作；⑶擔任專業輔導工作之非專業者缺乏自我成長；⑷一般教師不知道輔導學生為其工作之一；⑸一般教師未有足夠之輔導知能訓練；⑹不知隨時、隨地、隨機可進行輔導，而喪失輔導青少年之機會；⑺輔導專業未受重視，專業輔導人員工作繁重，無力撥亂反正；⑻將輔導效果不彰之責任歸因於專業輔導人員，而失去及時改正及補救之機會。
6. 將輔導權限回歸於專業輔導人員，認清輔導工作為全校所有人員之責任，才能為學生締造有利青少年發展及適應之校園。

第四節　學校教務工作與青少年發展及適應

1. 教師教學，不只傳遞知識，而且須同時對青少年進行發展性及預防性之輔導：
   ⑴在學習輔導方面，教師透過教學活動協助青少年探索自己、教導青少年學習策略，修正學習缺點、維持青少年學習之內在動機、成為青少年學習方面之典範。
   ⑵在生涯輔導方面，協助青少年探索各科潛能、興趣，了解跟各科目有關之職業及其相關訊息。
   ⑶在生活輔導方式，成為青少年典範、協助青少年自我了解及處理生活問

題。

2. 兩項不良教務工作可能不利青少年發展及適應：⑴非升學考試科目不受重視，致使青少年潛能無法發揮，形成自卑心態；⑵能力分班違背全人教育目標，無法反映現實社會環境，降低青少年適應社會環境之能力。

3. 教師及教務人員必須具備輔導及晤談技巧，才能把握機會隨時、隨地、隨機協助青少年發展及適應。

第五節　學生事務工作與青少年發展及適應

1. 學務工作涉及青少年身心各層面之發展及適應。

2. 執行學務工作時，必須：⑴配合青少年需要，才能協助青少年發展及適應；⑵運用輔導知能及晤談技巧，協助青少年面對問題、了解問題，達到行為矯正之目的；⑶學務人員必須具備輔導知能及晤談技巧，才能把握機會隨時、隨地、隨機協助青少年發展及適應。

3. 學務與輔導處角色相輔相成。學務人員在發展性、預防性及治療性輔導工作中，扮演重要角色。

4. 學校無法塑造出有助青少年發展及適應之環境，最主要原因在於輔導效能不彰。輔導效能不彰原因除了以上所提之外，還包括：⑴全校人員不具有輔導理念；⑵一般教師不具有輔導知能，無法發揮發展性與預防性之輔導效果；⑶教務及學務人員不具輔導知能；⑷輔導、教務與學務處無法相互合作成為輔導團隊；⑸專業輔導工作沒有由專業人員負責。

第四章

青少年發展與適應問題——社會因素

Rice 與 Dolgin（2002，黃俊豪、連廷嘉合譯，2004）從六方面說明目前青少年所處的社會環境，包括：電腦革命、物質革命、教育革命、家庭革命、性革命、暴力革命。國內青少年所處環境，也蘊含這六方面變革，在「性變革」方面，所涉及的範圍更廣，「性別變革」也在變革中。此外，現代社會是價值多元時代，這種時代跟以往以主流價值獨尊的年代大不相同。

每一類革命兼存正面與負面影響，以下說明這六方面對國內青少年發展之影響及因應之道。

第一節 電腦革命

問題與討論

1. 電腦革命對青少年發展及適應產生哪些正面影響或保護性因子？
2. 電腦革命對青少年發展與適應產生哪些負面影響或傷害性因子？
3. 青少年、家庭、學校及社會，應如何緩和傷害性因子對青少年發展及適應之作用？

電腦跟電視一樣，幾乎是家庭的基本設備。電腦最大的功能之一，來自於提供網絡資源。網路打破了人們封閉之視野，讓生活跟世界接軌。因為發達的網際網路，人類生活被推向始料未及之境界。

現今青少年所處之世界，跟父母的成長環境迥然不同。青少年生活於真實與網路虛擬世界的交錯中，其價值觀、行為模式、生活規範、情意觀感由真實與虛擬世界交織塗抹而成。因此，青少年跟父母的思想、行為模式有極大差異。除非父母能夠身歷其境，跟隨時代與時俱進，否則難以體會 e 世代的實質環境。

一、電腦與網路對青少年發展及適應之正面影響

㈠網路互動滿足青少年某些需求及協助青少年建立自我認定

青少年透過網路，跟各地網友交流心靈與交換意見。在不同見解的激發下，青少年比父母擁有更寬廣之世界觀，有更多情緒抒解管道及更多資源。從此過程中，青少年滿足了現實世界無法滿足之需求，包括歸屬感、情緒抒發、情感支持、問題解決、意見提供、創造性、冒險性等。

網路的匿名性，允許青少年大膽表露自我，創造多向度的虛擬自我。從扮演不同虛構角色的歷程中，青少年得到更多機會自我探索，以利自我認定之建立。

㈡培養青少年獨立自主及主動面對問題能力

青少年有許多疑難雜症，不過，不必像父母年少時代一樣恥於開口，而束手無策。只要透過網路資訊查詢，便能獲得四面八方湧入之資訊。這樣的過程，培養青少年獨立自主及主動面對問題、解決問題之能力。

㈢網路遊戲冒險刺激，抒解青少年壓力及調劑生活

青少年正值課業、升學考試、發展任務壓力。網路遊戲冒險、刺激、超越現實，以豐富之虛擬世界，協助青少年抒解生活壓力，消弭了青澀歲月之枯燥，陪伴青少年度過生命的低潮時刻。

無可諱言，鬥狠、鬥勇的網路遊戲，讓有些青少年抒解內在積壓之暴力，轉化損人損己之想法。

㈣改變傳統教學與學習模式，塑造學生主動學習之精神

數位學習（e-learning）是指教師使用資訊技術輔助教學，提供學生課前、課中與課後之學習資源，強化師生互動，提高學生學習動機與學習效果。

在數位學習環境中，每個學習要素（教師、學生、同儕與評量方式）之角色與功能，不同於傳統學習環境（美國科學促進學會，2005）。因為學習的內涵可以無遠弗屆、無限延伸，學習方式有多元管道，因此 e 世代青少年在學習上更加主動。

㈤網路提供多元溝通管道利於青少年建立人際關係

e-mail 取代了傳統書信往返，讓訊息交流密集又快速。另一方面，透過手機進行聲音、文字與視訊溝通，比 e-mail 傳輸訊息更加方便。

這些轉變，改變了傳統緩燉慢熬的人際互動。因此，青少年建立人際關係快速又便捷，不必像父母年輕時候一樣，費時費力地魚雁往還。

㈥網路廣告與網路購物提供青少年創業經驗

網路廣告、網路購物，使許多人不出門，就可以了解流行風潮、市場行情，以及輕鬆購物。一些年輕人憑著極少之資本，加入網路售物行列，吸取商業經驗。

㈦信用卡培養青少年抗拒誘惑及理財能力

銀行藉著各種方法，鼓吹信用卡之方便與好處，並且以極低之條件，瘋狂發卡。絕大多數高中或大專以上青少年都有信用卡。雖然一些青少年因為不知節制而造成沉重卡債，但是，從正面觀點來看，卻可以協助青少年培養抗拒誘惑、為自己設限與理財能力。

二、電腦與網路對青少年發展及適應之負面影響

水可載舟亦可覆舟，電腦與網路也帶來一些負面作用。這些負面作用，

如同傷害性因子一樣，阻礙青少年發展及適應。

㈠資訊過多篩選不易帶給青少年壓力

網路能在剎那間，提供使用者汗牛充棟之資料。這些資料多元駁雜，難辨真偽，取捨不易。此外，閱讀龐大之資料，費時耗力。能力不足、技巧不夠之青少年，反而失去信心與耐心，或因為取捨上錯誤，而為資料所誤。

㈡不良資訊隨處可見，傷害青少年身心發展

一些傷害性資訊，在網站中俯拾即是，對於批判能力尚未成熟、好奇心強、抗拒誘惑力不足之青少年，可能造成傷害。例如邀約集體自殺、集體飆車、進行多P遊戲，目睹殺人過程、販售非法藥物。

這些不良資訊污染青少年身心，扭曲青少年發展，也誘惑青少年親身體驗而犯法、喪命。

此外，色情資訊透過網際網路傳遞氾濫成災。由於青少年對性充滿好奇，對色情資訊抗拒力不足，長久污染下，出現了一些問題，例如過早婚前性行為、性關係隨便、未婚懷孕、性騷擾、性侵害、一夜情、援助交際等。

㈢青少年沉迷網咖損傷身心發展

網咖之興起，是因為：⑴網咖的網際網路速度快，設備比家庭與學校先進；⑵使用者可以隨意進入有興趣之網站；⑶二十四小時開放，配合個人作息時間；⑷一群人群聚上網，消除一個人上網之寂寞感。

因為以上好處，使得網咖群聚三教九流人物，包括蹺家青少年、中輟生、不良份子。這些青少年在網咖或成為黑道吸收對象；或因結交不良朋友而愈加沉淪；或藉助網路虛擬世界逃避現實問題；或因為沉迷網路虛擬世界，而逐漸削弱適應現實環境之能力；或因為長久上網，身體姿勢長時間不活動而暴斃、殘廢。

簡言之，沉迷於網咖之青少年，受到不良資訊及同儕之污染、降低了適應現實環境之能力、身體機能受損，以及成為黑道吸收之對象。

㈣青少年成為社會事件之對象

因結交網友而被劫財劫色、威脅、喪命之事件屢見不鮮，受害者通常是

青少年，尤其是少女。青少年不諳人心之複雜，跟網友見面一、兩次，便被對方帶上床，因此而感染性病、懷孕、墮胎，影響未來人生。

另有些沉溺於網戀之青少年，被自己構築之虛擬愛情套牢，不但扭曲現實之兩性關係，也在網戀中受到傷害。

三、電腦革命與青少年輔導

電腦革命帶來的負面影響，就如同傷害性因子一樣，會阻礙青少年身心發展。家庭與學校可以提供一些保護性因子，緩和這些負面作用。

㈠透過網路進行發展性與預防性輔導

青少年喜歡上網，每天花不少小時上網，不如投其所好，在網路進行發展性與預防性輔導。

目前一些學校與社會機構網站，都提供發展性與預防性輔導，不過，在設計上與內容上，似乎不足以引起青少年注意。若能在設計及內容上，反映青少年好動、好奇、好冒險等心態，或許可以吸引更多青少年接受輔導。

㈡父母師長了解青少年發展特徵與滿足青少年需求

父母師長的努力，如果不是依據青少年發展特徵與需求，便會徒勞無功。青少年各方面發展特徵將在以下各章詳述。

青少年的需求，包括：標新立異、歸屬感、獨立、親密關係、受重視、受尊重、被接納、被信任、冒險、好奇、性、參與、被輔導等。

父母師長如何協助青少年滿足以上需求，避免青少年逃入網路中尋求？第一，父母與師長提供青少年適當任務及責任，協助青少年從負起責任的過程中滿足需求。第二，父母師長對待青少年，應該多鼓勵、接納、陪伴及引導。以責備、挑剔態度對待青少年，只會助長青少年逃避與反抗，並且以不良方式滿足需求。第三，提供家庭溫暖，包括家庭中健康之親子關係、夫妻關係及手足關係。第四，協助青少年在學效中有良好的成績表現、師生及同儕關係。

㈢協助青少年認清發展任務與培養面對壓力之勇氣

第一，青少年須認清該階段的發展任務。這份認知，可以協助青少年負起責任，規畫生活，擬定目標，避免陷入不知何去何從的茫然。父母師長也要有清楚之認知，才不會一味要求青少年唸書，而忽略青少年其他重要需求。

第二，培養青少年面對壓力之勇氣。完成發展任務的過程中壓力重重，有些青少年容易出現逃避心態（例如逃入網路世界）。因此父母師長須鼓勵、指導及示範，協助青少年學習如何面對壓力。

㈣培養青少年抗拒誘惑、滿足後延與自我控制能力

網路情色、信用卡、援助交際、一夜情、網路遊戲、名牌用品與服飾、流行商品、非法藥物、多P性遊戲，以及一些「今朝有酒今朝醉，立即享受，不顧未來」之誘惑，時時刻刻向青少年招手。青少年容易受其誘惑而沉迷其中。一旦染上惡習，就難以根除。

家庭、學校與社會與其強行禁止青少年沾染惡習，不如培養青少年抗拒誘惑、滿足後延與自我控制能力。青少年的潔身自愛，配合家庭、學校、社會之引導，多管齊下，才能圍堵外在誘惑之侵襲。

㈤提供青少年休閒管道

提倡正常休閒活動，提供多種休閒管道，可以協助青少年避免沉溺於網路世界。

休閒活動是協助青少年身心發展的重要管道之一。台灣地狹人稠，可供青少年休閒娛樂之環境與設施有限。偏偏青少年精力旺盛、活潑好動、喜冒險好刺激，如果沒被善加引導與抒解，便容易被誘惑而誤入歧途。

協助青少年找出適合之休閒活動，以及鼓勵地方單位就地取材設計適合青少年之休閒娛樂設施，雙管齊下，才能夠協助青少年遠離不良誘惑。

㈥提供青少年健全兩性知識與培養兩性交往能力

青少年由於性成熟使然，渴望跟異性建立親密關係。偏偏最能提供青少年兩性知識之父母師長，態度曖昧、保守。受挫的青少年，於是轉往色情網站求助，最後導致身心受污染，困擾問題層出不窮。

追究其責任，青少年本身無知、色情網站罔顧社會教育責任，以及父母師長錯誤態度都是原因。

家庭與學校是防堵青少年沉溺色情網站的最前哨。唯有家庭與學校滿足青少年發展需要，提供廣度與深度適宜之兩性教育、培養青少年兩性交往能力，才能圍堵色情網站侵害。

㈦培養青少年過濾與選擇資訊能力

青少年自我認定尚未建立，缺乏明確價值體系，社會經驗尚且不足，卻處於資訊氾濫的年代。如果青少年具有過濾與選擇資訊之能力，便不會陷入混淆，或受到錯誤資訊誤導而作錯抉擇。

㈧鼓勵青少年善用身旁資源

青少年本身的能力資源不足，有了問題，習慣求助同儕。不過，同儕跟青少年一樣問題重重，大多數只能提供情緒上支持，實質上之協助，便得靠父母、師長與社會機構。

青少年不太願意求助父母師長，是因為父母師長容易以自我期望要求，或是，以批判挑剔態度待之。因此，父母師長須學習跟青少年建立良好關係，青少年才願意善用父母師長提供之資源。

第二節　物質革命

1. 物質革命對青少年發展及適應帶來哪些正面影響或保護性因子？
2. 物質革命對青少年發展及適應帶來哪些負面影響或傷害性因子？
3. 青少年、家庭、學校及社會，如何緩和傷害性因子對青少年發展及適應之作用？

有史以來，人類的物質生活，以今日最昌盛、最富足。資訊發達，科技突飛猛進，新產品日新月異，不斷將人類的物質生活推往高峰。「不斷享有時代之流行產品」，成為生活之基本配備。因此，賺錢發財滿足物質享受，成為人人之夢想。物質革命引發幾種現象，直接與間接衝擊青少年發展及適應。

一、物質革命對青少年發展及適應之影響

㈠夢想一夜致富

過度重視物質生活之現今社會，許多人懷著一夕致富之夢想，不顧一切地投入各式賭博中。此外，詐騙集團順勢而生，詐騙花招不勝枚舉，以求不勞而獲，並且快速累積財富。

憧憬一夕致富的成長環境，塑造青少年一些不切實際的想法與行為（包括夢想不勞而獲、無法腳踏實地、缺乏滿足後延能力、浪費生命不事生產）。這些不切實際的想法與行為，阻礙青少年身心發展，也可能摧毀青少年未來人生。

㈡過度重視物質享受

「物質享受」自古以來是階層地位之指標。現今社會中，「物質享受」展現於住豪宅、穿名牌、戴珠寶、開名車、先進化電氣設備、出入六星級飯店等。

此外，五花八門之商品不斷汰舊換新，流行風潮年年更新，廠商透過廣告宣傳喚起人們內在需求，讓人們迷失在流行商品的追逐中。

影響所及，青少年「顧面子不顧裡子」，追求名牌服飾、新型手機、新潮裝飾品、當季流行品。青少年價值觀被扭曲，人際關係被物化，養成好高騖遠、浪費財物、只顧眼前不顧未來等心態。

從正面的意義來看，危機可能是轉機。在價值混亂之環境中，反而提供了青少年發現自我與訓練自我之機會，例如抗拒誘惑、滿足後延與自我管理能力之培養、價值觀之澄清與建立、理財與投資創業觀念之養成、規畫現在追求未來之前瞻理念。

㈢過度重視科技發展

人類從物質享受帶來的滿足感，更強化科技發展之重要性。影響所及，「科技新貴」成為人人稱羨之行業。青少年生涯抉擇時，不管其性向、興趣如何，往往將科技相關行業，列為優先考慮。這種盲目抉擇，必得浪費幾年時光追尋後，才發現當初之執著，竟是錯誤之決定。

從正面意義來看，能夠突破科技迷思之青少年，象徵著對自我生涯具有清楚之認定。價值混亂之環境，反而可以迫使某些青少年看清自己。

㈣過度重視外表

不管是工作、異性關係、人際交往，擁有姣好外表，是成功的第一步。在競爭激烈的社會，多一份優勢，便多一份成功機會。

由於社會過度重視外貌，使得青少年以社會嚴苛之標準評定自我，而引發負面身體意象、飲食異常等問題。

㈤打工青少年比率提高

今日社會比往昔富裕，不過，今日青少年比往昔青少年，多一些開銷，例如名牌服飾、新型手機、超高手機費、流行裝飾品與配件、琳琅滿目的各式零食。這些為數林林總總之花費，不是一般家庭零用錢能夠負擔，因此，打工成為青少年支付花費的主要來源。

目前有多少青少年打工，確實數目不得而知。但是，學校、加油站、四處林立之商店或一般公司行號，都聘有工讀生，由此可知比率相當高。

適度與有規畫的打工，對青少年的發展及適應有幫助，包括：⑴認識該種職業工作內容、升遷、福利、所需技能；⑵了解自我在該種職業上之能力與興趣；⑶學習人際互動技巧；⑷學習從事該種工作相關技能；⑸規畫金錢之使用；⑹學習應徵技巧；⑺以有效之時間管理與規畫來平衡課業及打工；⑻將理論實務化；⑼了解自我之不足，學習他人優點。

換句話說，打工經驗協助青少年認識自我，學習技能，對於青少年建立自我認定、決定生涯方向，具有輔助之功。

不過，某些青少年抗拒不了外在誘惑而反客為主，將打工當正職，唸書為副業，以滿足日益膨脹之物質要求，甚至從事不法行業，讓身心發展受到摧殘。

㈥銀行無節制發卡給青少年

目前社會過度奢靡浮華，青少年自制力不足，缺乏理財觀念，偏偏信用卡易得，刷卡購物容易，於是一些青少年成為卡債族。

為了償還卡債，有些青少年墮入風塵，有些從事非法工作，這些作為阻礙了青少年健全發展之路。

二、物質革命與青少年輔導

面對以上物質革命帶給青少年之負面影響，家庭及學校應該培養青少年某些技能，以轉化以上所提之負面影響。這些技能包括：抗拒誘惑能力、時間規畫與管理、理財規畫、滿足後延等能力，以及健全價值觀。

此外，目前打工青少年比率偏高，如何善用打工經驗進行生涯探索，必須成為教育之一環。家長師長須教導青少年打工之意義，將打工經驗跟生涯探索、人際互動、學習技能等產生關聯，並且透過遷移效果，讓青少年學習善用生命中之各種經驗。

第三節 教育革命

問題與討論

1. 教育革命對青少年發展及適應，帶來哪些正面影響或保護性因子？
2. 教育革命對青少年發展及適應，帶來哪些負面影響或傷害性因子？
3. 如何降低教育革命對青少年發展及適應之負面影響？

教育革命對青少年身心發展之影響，已在第三章第二節及本章第一節電腦革命中論及，以下只就教育革命與青少年輔導作說明。

一、協助青少年發揮資訊能力之正面功能

青少年資訊能力之培養，從國小，甚至入學前便已開始，絕大部分青少年具有基本之資訊素養。有些青少年未能善用基本資訊素養，反而因其素養而沉溺在網路世界，荒廢了青少年應盡之本分。

或許可以在資訊教育課程中，加入價值澄清活動，一方面協助青少年善用資訊能力，另一方面透過辯論、批判、思考之過程，培養青少年慎選網站與網路軟體之能力。

二、由政府編訂多元教材，以降低課本成本

以往因為某些因素涉入，使得「統一教材」招來諸多詬病，而開放給民間出版。

但是，自從教材多元化及開放給民間以來，問題層出不窮。除了原本的義務教育，快要變成貴族教育外，教材的素質良莠不齊。學校為了選定教材而被污名，聯考題目也被認為對不同版本厚此薄彼。

或許，可以由政府單位聘請專家，編訂多元版本之教材，再由學校自由選擇，以達到教材多元化、便宜化之目的。

三、加強青少年本國語文能力

為了配合台灣國際化之趨勢，家庭及學校不斷加強孩子的英文能力，使得這一代青少年的英文能力比上一代強，未來一代可能比這一代更強。可是，本國語文卻有逐漸被邊緣化之趨勢。

語文除了用來溝通外，也是傳遞文化及呈現國家特色之工具，更是凝聚民心，使之產生歸屬感之媒介。此外，語文表達影響一個人的身心健康。

青少年中文表達令人啼笑皆非，中文能力低落已是不爭之事實。目前作文再次被列入升學考試項目，雖然對提升青少年中文能力有所助益，但是，仍應透過多種管道，強化青少年本國語文。

四、協助青少年了解自我潛能，以選擇正確生涯方向

近幾年來因為大學院校相繼成立，使得大學入學考試錄取率，幾乎達到90%，亦即 90%的高中生，有機會拿大學文憑。這麼高的錄取率，將國人的教育水準快速提升。

大學院校的增多，也帶來令人隱憂的一面：⑴大學教育幾乎成為普遍教育，青少年要在社會立足，得花更多時間求學；⑵一般大學的目的在培養高深學術，大學成為普遍教育後，讓某些不適合走學術之青少年，作了錯誤抉擇。

青少年必須清楚認識自我潛能，才能選擇正確生涯方向。如果盲目追求一紙文憑，不但潛能無法發揮，也浪費時間及財力，尤其一些藉助就學貸款完成學業之青少年。

五、培養青少年覺察時代脈動之能力

社會瞬息萬變，學校所學之知識技能，可能快速被時代淘汰，因此，學校教育不只培養青少年就業之知識及技能，更要教導青少年覺察時代脈動厚植實力。

如何教導青少年覺察時代脈動之能力？第一，學校配合時代需要調整有關課程，例如將理財投資能力納入學校課程中。影響所及，青少年將學會注意社會脈動，而調整自我，以應社會需要。

第二，將終身學習列為學校教育目標之一。要因應社會競爭及知識技能之快速革新，終身學習成為不二法門。沒有終身學習之理念與行動，青少年未來進入社會後，容易因適應不良，很快被社會淘汰。

第三，各級學校應提供生涯規畫課程，協助青少年學習如何配合社會脈動，規畫未來或調整生涯。目前這類課程只有大學開設，時間稍嫌晚了些。

第四節 家庭革命

問題與討論

1. 家庭革命對青少年發展及適應，帶來哪些正面影響或保護性因子？
2. 家庭革命對青少年發展及適應，帶來哪些負面影響或傷害性因子？
3. 如何緩和傷害性因子對青少年發展及適應之負面作用？

一、現代家庭特色

㈠雙薪家庭比率提高

由於社會重視物質享受、婦女自我意識提高及性別平等理念普及等因素之影響，愈來愈多婦女走出家庭進入工作世界，追求獨立及自我實現。

婦女進入社會就業後，直接衝擊到家庭生活，對青少年發展及適應有正反面意義。就正面意義來說：⑴母親要求青少年分擔家務或負責自我照顧之責，有利培養青少年獨立自主能力；⑵父母親分攤家事，傳遞青少年性別平等概念，也協助青少年同時內化男女性別角色，成為性別角色彈性之人；⑶學習肯定與尊重婦女就業能力；⑷肯定女性角色之貢獻。

就負面意義來說：⑴剝奪青少年「母親在家」所產生之安全感及安定感；⑵降低對青少年行為之監督；⑶青少年出現較多孤獨感；⑷母親缺乏以往對待青少年之耐心；⑸可能忽略青少年之需要；⑹父母專注事業，沒有足夠時間照顧青少年，而以物質彌補，養成青少年過度重視物質享受之惡習。

㈡家庭子女數減少

「多子多孫多福氣」之概念已成絕響，今日家庭通常只有一個或兩個孩子，三個孩子以上之家庭已不多。

兄弟姊妹人數少之青少年，獲得父母較多注意與照顧，享受較好物質生活，父母盡全力栽培。

但是，兄弟姊妹人數過少，有幾項缺點，不利青少年發展及適應：⑴缺乏扶助、學習對象；⑵少了彌補父母功能之人物；⑶容易出現孤獨感；⑷較易受同儕影響；⑸父母可能過度溺愛孩子；⑹父母可能期望過高，對青少年造成壓力。

㈢兩代同堂取代多代同堂家庭

絕大部分夫妻，不喜歡跟公婆同住，經濟能力足夠之公婆，也不喜歡兒子與媳婦同住，以免因為生活習慣不同口舌是非多。因此，三代同堂或多代同堂之家庭已不多。

兩代同堂家庭，有一些優點利於青少年發展及適應，包括：⑴家庭環境較單純；⑵生活空間較大；⑶少家庭糾紛；⑷父母以自己方式管教青少年；⑸親子關係較親密；⑹家人較容易安排外出活動；⑺婆媳問題較少。

多代同堂家庭也有其優點：⑴彌補父母功能不足；⑵協助監督青少年行為；⑶提供青少年更多認同學習對象；⑷青少年對家有較多歸屬、安定與安全感。這些正是兩代同堂家庭不足之處。

㈣外籍新娘家庭增多

外籍新娘之家庭愈來愈多，外籍新娘家庭提供給青少年的成長環境，不同於非外籍新娘家庭。這些不同，對青少年發展及適應利弊並存。

⑴家庭是青少年社會化重要地方，外籍新娘對當地社會文化所知有限，對青少年社會化，可能美中不足，影響青少年社會適應；⑵青少年因為兩種文化衝突，而影響自我認定；⑶外籍新娘對當地文字、思想、教育制度認知有限，無法提供青少年課業上協助；⑷家庭容易出現性別不平等現象，而影響青少年性別平等態度。

不過，外籍新娘家庭，對青少年發展及適應也有正面影響：⑴青少年有機會接觸多元文化薰陶，培養國際觀；(2)外籍新娘在當地就業不易，因此有更多時間陪伴青少年成長；(3)外籍新娘通常刻苦耐勞，青少年耳濡目染，也學到這些美德。

就整體來說，因為外籍新娘的加入，社會出現多元文化融合現象，除了擴展青少年國際觀外，也培養青少年包容及尊重不同文化之心胸。

(五)社區環境活動空間不良

現在人口雖比以前少，但是房屋建築過多、過高與過度密集。此外，社會治安不好，父母不放心青少年花太多時間逗留在外，或離家太遠。以上兩點，使得青少年活動空間比以前狹隘，而且處處感受到壓迫感。

狹隘與壓迫感的空間，讓青少年過多的精力及壓抑的情緒得不到抒解，形成青少年身心發展上之傷害性因子。

(六)單親家庭增多

單親家庭已是社會普遍現象。單親家庭對青少年發展及適應造成某些衝擊。衝擊之大小，依據其他因素而定。子女年齡愈小，負面影響愈大；失去母親造成之負面影響，大於失去父親。

單親家庭對青少年發展及適應之負面影響，包括：(1)失去對某一性別角色之認同與學習；(2)缺乏機會觀察夫妻互動過程，影響親密關係模式之建立；(3)父母一親兼兩職，無法彌補另一親之缺席，讓青少年某些需求無法滿足；(4)提早成熟，縮短成長時間；(5)喪親之傷痛若未適當處理，將成為創傷，影響身心發展；(6)經濟常為單親家庭之困擾，青少年可能被迫工作分擔家計。

單親家庭對青少年發展及適應之正面影響，包括：(1)培養青少年獨立能力；(2)學習照顧自己與家人；(3)學習體恤別人。

(七)同居與再婚家庭增多

由於離婚率提高，同居與再婚家庭增多。父母同居或再婚，暗藏一些危機，不利青少年發展及適應，包括：(1)繼父性侵與施暴繼子女，以至於繼子女致死或身心受殘；(2)同居男女關係不穩定，讓子女之親子關係，因父母一再更換同居人而變動不拘；(3)繼父母與繼子女之關係建立不易，滋生重重衝突；(4)如果繼父母雙方各有子女，這種家庭組合更加複雜，也增加繼子女適應問題；(5)親子管教問題比以往複雜化。

另一方面，如果父母再婚能夠提供青少年溫馨、關愛之發展環境，除了能夠修補當時失親造成之傷害，也可以協助青少年順利度過青澀歲月。

二、家庭革命與青少年輔導

家庭是影響青少年成長最重要的地方，家庭革命讓青少年生活環境不穩定、複雜化。當然，這些改變未必只有負面影響，如何擴展正面作用，降低負面影響，便成為輔導之重點。

(一)父母親樹立好榜樣

父母親是孩子首要的學習對象，孩子會複製父母親的行為模式。一些有利於青少年身心發展之正面特質，可以透過父母親示範，讓青少年學習，例如勇於面對問題，衝突處理、溝通、情緒調適等技巧。

(二)父母不斷自我成長

父母容易以自己受教之方式管教青少年，這些方式無法反映時代需要，而造成親子衝突。因此父母須不斷自我成長，彈性調整管教方式，建立良好親子互動，才能提供青少年最佳之成長環境。

(三)協助青少年選擇良好同儕為友

同儕是青少年發展及適應之重要資源。好的同儕可以彌補兄弟姊妹之不足，緩和家庭之負面影響，對青少年發展及適應，具有促進、導正、陪伴之功能。相反地，一些青少年問題，也跟同儕影響有關。

青少年如何結交到益友？第一，父母教導青少年如何選擇朋友，一些社會事件都是實用之教材。第二，掌握青少年交往狀況，父母須主動認識青少年之同儕，以了解青少年交友情形。

父母介入青少年交友時，不要隨意批評青少年及青少年之同儕，否則，青少年將謝絕父母幫忙。

㈣敦親睦鄰善用鄰居資源

雙薪家庭或單親家庭之父母，對於青少年照顧與監督，容易心有餘而力不足，因此須善用四周圍資源，其中之一便是鄰居。

都市建築多見公寓、大廈式房子，這種建築重視個人隱私，阻隔了人與人之互動，造成「只管自掃門前雪，休管他人瓦上霜」之冷漠。不過，只要一方採取主動，另一方便會熱絡起來。

青少年父母親應該敦親睦鄰，透過鄰居的守望相助，協助父母照顧及監督青少年。

㈤協助外籍新娘融入當地文化

目前外籍新娘人數愈來愈多，遍及的國家也愈來愈廣，台灣未來不只經濟、教育國際化，人種與家庭也可能國際化。外籍新娘不諳當地文字與習俗，無法善盡協助子女社會化之責。因此，協助外籍新娘熟悉當地主流文化、習俗，成為協助青少年發展及適應之途徑。

除了政府提供協助外，其他的人也有著力之點，例如給予平等、包容、鼓勵之對待，凸顯其優點。

㈥培養青少年正當休閒興趣

一些青少年沒有培養正當休閒興趣，只要一有空，便跑向大都會人潮洶湧之商圈、密閉狹小之 KTV、三教九流齊聚的地下舞廳、龍蛇雜處的網咖等，青少年身心不但得不到舒展，而且沾染一身惡習。

台灣雖地狹人稠，對於精力旺盛又好動的青少年，造成諸多不便與不利。但是，只要青少年就地取材，仍可以達到靜態與動態平衡之休閒生活，以促進身心發展。

㈦父母慎選同居人與再婚對象

父母同居與再婚，不只涉及父母，而且關係青少年福祉。青少年適應與防衛能力有限，每一次父母更換同居人，青少年便暴露於另一次適應危機中。父母對同居人認識不清，無異讓對方任意宰割青少年。因此，父母選擇同居人，必須像選擇婚配對象那樣慎重。

父母再次婚嫁時，也須慎重考慮青少年的適應問題。青少年有自己的想法，也有能力反抗。如果父母只顧自我需要，不重視青少年想法，青少年可能以極端方式表達。

第五節 性與性別革命

1. 性與性別革命對青少年發展及適應，帶來哪些正面影響或保護性因子？
2. 性與性別革命對青少年發展及適應，帶來哪些負面影響或傷害性因子？
3. 如何緩和傷害性因子對青少年發展及適應之負面作用？

國內性尺度之開放，有史以來以這個年代最大膽。男女親熱鏡頭不只出現在媒體、電影及電視畫面中，也呈現在身旁的現實生活中。此外，性別平等之落實，使婚前性行為、同居不再被視為難以啟齒之羞恥、同性戀不再被視為異類。這樣的環境，對青少年發展及適應有哪些利弊？

一、性與性別革命之正面影響

㈠性不再是神秘之形上學，而減少青少年性問題之迷惑

在性資訊氾濫、性鏡頭、性議題充斥之今日，性尺度一步步被解放，傳統保守之欄圍已不具有圍堵作用。有性問題者勇於求助，沒有性問題者敢於嘗試新知識與新藥物。

青少年受薰陶於包容、開放之環境，化解了面對傳統禁忌與身心渴望之衝突，讓性行為不再停留於幻想中，而是可以觸摸得到之實際經驗。青少年有了性方面疑惑，也敢於善用資源自助與他助。

㈡性騷擾與性侵害議題被重視，加強青少年性別平等之認知

因為性別平等理念普及化，性騷擾與性侵害議題受到前所未有之重視。「性別平等教育法」、「性騷擾防治法」與「校園性侵害與性騷擾防治準則」之頒布，消極方面可降低性騷擾與性侵害事件發生，積極目的在建立性別平等及相互尊重之社會。

青少年薰陶於性別平等之社會環境，而學會尊重自我及他人之身心界限，包容他人類似及不同之性別特質。

㈢性別平等之落實，有利青少年發揮潛力

因性別平等理念之落實，讓職業不分男女、家務不分男女、生涯規畫沒有主角及輔角之分、性生活有自主權、性別角色沒有僵化之區分……，傳統加諸在兩性中之界限逐漸被去除。

影響所及，青少年因具有性別平等之素養，生活各方面有更多選擇，潛力也有更多揮灑之空間。

㈣接納與包容同性戀性取向，有利青少年建立性別認定

在多元及性別平等社會中，性取向是個人之權利，因此，尊重同性戀性取向逐漸成為社會共識。

「性別認定」是青少年的發展任務之一，社會對同性戀之認同及包容，提供青少年更多空間省思自我「性別」、選擇自我性取向，而減少性別認定上之衝突。

二、性與性別革命之負面影響

性與性別革命帶來之負面影響，讓一些價值觀未建立之青少年，成為魯莽之徒，留下了不堪回首之遺憾。

㈠色情資訊氾濫殘害青少年身心

第一，由於娛樂節目及媒體報導之尺度愈來愈寬鬆，許多大膽、香豔、

刺激之畫面，赤裸裸地呈現在青少年面前，挑逗青少年的感官刺激。

第二，毫無設防之色情網路、情色刊物，充滿錯誤傷害性之訊息，污染青少年身心。陳美秀（2003）研究顯示：30.2%之國中生看過色情錄影帶，38.7%看過色情刊物。胡乾鋒（2003）研究進一步發現：曾接觸過A片、色情書刊、網站、鎖碼頻道、限制級電影與撥打0204色情電話等青少年（國中生）之比率，已不容學校坐視與放任，因為：⑴年級愈高，以上之經驗愈多；⑵以上各項經驗比率，男生皆高於女生；⑶來自同儕、大眾傳播媒體或社會上常見之色情事物，容易造成青春期學生對「性」感到噁心厭惡、幻想情節，想偷看異性身體、對異性做出更親密舉動或強制性交等衝動，以至於可能造成青少年生理異常、心理行為偏差。

第三，各種媒體廣告以充滿色誘畫面吸引顧客，也同時挑起青少年想入非非之意念。第四，各種色情行業充斥，以曖昧、煽情舉止招攬生意，不斷鼓動青少年之性衝動。

由於青少年價值觀未定、自制力尚缺、對性憧憬，因此容易在色情氾濫的大染缸中，逐漸迷失及傷害自己。

例如青少年婚前性行為的年齡逐年下降，而墮胎率及愛滋病的感染率不斷攀升。一項涵蓋全球十四個國家青少年性態度之調查顯示：台灣地區有62%受訪者第一次性行為時未作避孕措施（中時電子報，1999）；陳淑華（2003）對高雄市國中之研究發現：有性經驗的國中生，十分之四未戴保險套。因此，青少年感染愛滋病人數與所占比重逐年增加（行政院衛生署疾病管制局網站，2002a），十個愛滋青少年有九人因性行為而感染（行政院衛生署疾病管制局網站，2002b）。台灣每年至少有五十萬人次的流產手術（蔡鋒博，2000）。

㈡對同性戀迷思與誤解，造成青少年性別認定之混淆

社會充滿多元性取向是不爭之實。不過，一般人對「同性戀」充滿迷思及誤解，這些迷思及誤解，對青少年之「性別認定」，容易產生誤導。

「性別認定」在青少年晚期才完成。倘若青少年同性戀傾向持續到青少年後期（十九歲以上），則他（她）便可能是真正的同性戀（李孟智、李啟澤，1996）。祈家威（1996）則認為，至少要等到二十五歲時，才可以確定自己是否為同性戀者。

除了年齡外，還須符合某些標準，包括：⑴有一種無法抑制之想法，想

要跟同性有親密行為（例如親吻、自慰、愛撫、口交、肛交）；⑵情感與慾望之對象僅限於同性；⑶渴望跟同性互動（包括文字、書信、談話），並為之神魂顛倒；⑷經常感到孤獨、較強之抑鬱，有一部分人尚有罪惡感、羞恥感（轉載自彭懷真，1995）。

由於迷思及誤解，青少年只要跟同性朋友親密一點，或是言談舉止不符合刻板化性別角色，或喜歡跟同性在一起，便容易給自己或被他人貼標籤，而造成性取向認定上之混淆。

三、性及性別革命與青少年輔導

緩和性及性別革命對青少年之負面影響，可以從以下方面加強：

㈠協助青少年澄清及建立價值觀

青少年已具形式運思能力，能進行因果推論及透視過去、現在及未來之關聯，因此有能力為自己作正確決定，為自我行為負責。青少年之所以出現性氾濫、忽略避孕及不作性病預防等不負責行為，部分原因在於「價值觀模糊」及「缺乏性教育」。因為缺乏清楚價值觀及性教育，便容易讓情緒、慾望掌控理智，而導致不當後果。

建立自我價值觀，原本就是青少年發展任務之一，不過家庭及學校教育中並沒有系統化之價值澄清課程。因為輔導可以隨時、隨地、隨機進行，只要在平常互動中，以一些技巧性語言引導，或在課堂中以社會事件為討論材料，便能夠提醒導青少年審思自己及他人經驗，從過程中形成自我價值觀。

㈡提供青少年適當之性教育

適當之性教育除了能以健康方式滿足青少年需求外，也能夠提醒青少年行為後果，協助青少年作正確抉擇。

性教育內涵請見第五章青少年生理發展及輔導。

㈢其他

例如培養青少年抗拒誘惑、自我管理、資訊過濾等技能，安裝攔阻色情資訊系統、家長與青少年一起上網等。

第六節 暴力革命

問題與討論

1. 暴力革命對青少年發展及適應，帶來哪些負面影響或傷害性因子？
2. 如何緩和傷害性因子對青少年發展及適應之負面作用？

一、暴力之社會風氣

青少年長期耳濡目染於暴力事件或暴力現象，一方面將對暴力行為習以為常、麻木不仁，另一方面透過觀察歷程，而學到暴力行為。

國內有哪些暴力行為或暴力現象？第一，集體飆車族占用公用道路，危害他人生命財產。

第二，「毒品」充斥。海洛因、嗎啡、高根、安非他命、MDMA（又稱快樂丸、搖頭丸）、FM2（強姦藥片）、GHB（笑氣）、K 他命與神奇磨菇等充斥整個社會。其中以搖頭丸、大麻、FM2（強姦藥片）、K 他命，最常為青少年使用。青少年濫用這些非法藥物，除了殘害身心外，藥物上癮後會帶來非法行為，包括雜交、搶劫、賣淫、殺人、偷竊等。青少年璀璨生命才剛開展，可能因為吸毒而斷送一生。

第三，「搶劫」已是司空見慣之小事。搶匪集體大白天騎著機車四處行搶，在有限警力下，小老百姓只能自認倒楣。

第四，「綁票勒索、下毒恐嚇」，成為快速致富方法之一。在以前，有錢人才是被綁票與恐嚇對象，現在連社經中下之家庭成員也成為對象。

第五，「詐騙」行為無孔不入。詐騙集團花招百出，令平凡的老百姓咬牙切齒。因為警政人員束手無策，任其擴大受害對象，以至於人與人間之互信，被摧殘殆盡。尤其是青少年，一再透過新聞媒體之報導與成人之叮嚀，學習不可信任他人。這對於青少年價值觀、道德觀、人際關係模式與助人行為之養成，具有負面影響。

第六，暴力討債令人心寒。討債公司之言語暴力與行為恐嚇，對債務者家屬來說，簡直夢魘一場。一些耳聞、目睹討債行為之青少年，是學到量入為出的金錢觀，還是暴力行為模式，值得思索。

第七，兒童受到「性侵害與身體暴力」而傷殘、死亡之事件愈來愈多。第八，殺人者手法比以前愈見兇殘。第九，街頭抗爭演變成暴力行為。第十，政治惡鬥，讓國會殿堂內爆發肢體衝突，殿堂外充斥仇恨語言。第十一，娛樂節目兇殘之血腥鏡頭大膽暴露。第十二，攻擊、肅殺之報料文化瀰漫。第十三，媒體充斥渲染之語言暴力。

青少年透過視覺及聽覺管道，一再接觸這些暴力行為，因此有了為愛爭風吃醋而糾眾殺人、父母不順從其意而砍殺父母、懷疑同學打小報告而虐殺同學、因路人多看一眼而截殺對方、飆車時隨意亂砍路人的行為。

國內充斥暴力之環境，提供不良示範，令青少年身心發展受到扭曲，也導致青少年問題層出不窮。

二、暴力革命與青少年輔導

防止青少年受到暴力行為之污染，需要積極改善之處極多，尤其在社會層面上。以下就家庭、學校及社會之責任來談。

㈠教導青少年明辨是非，挑選良好學習典範

國內暴戾之氣橫行，不良典範充斥，青少年長期耳濡目染，不被污染也難。父母師長應該教導青少年明辨是非，挑選良好學習典範。

如何教導青少年明辨是非？刺激其思考、提供對立意見、製造兩難情境、激發青少年對耳濡目染之行為進行省思與過濾。

㈡加強青少年道德行為

國內道德教育一直積弱不振，深究其原因，家庭、學校及社會都有責任。國內道德教育往往停留在道德認知層面，很少講究道德行為之實踐。如何轉化道德知識為道德行為，第一，要有良好之示範。家長、師長、青少年同儕等，都可以成為青少年道德行為之典範。第二，兼顧認知、情意與行為之道德教育。第三，隨機進行道德教育，社會事件是實際之教材。

國內政治環境紊亂、社會亂象層出不窮，青少年身旁的人，更需要成為青少年的良好典範，才能平衡大環境中的負面作用。

㈢鼓勵青少年利社會行為表現

與道德教育有關之措施之一，便是鼓勵青少年之利社會行為表現。第一，人間處處有溫暖，一些利人行為隨處可見。這些溫馨事件，需要由媒體報導，才有機會成為青少年之典範。

第二，家長師長示範利社會行為及獎勵青少年之利社會行為。第三，協助青少年建立價值觀，培養獨立思考、抗拒誘惑及情緒調適等技能，提供藥物教育、法律教育等，都可提高青少年道德認知、情操及行為，而出現利社會行為。

本章摘要

第一節　電腦革命

1. 電腦革命對青少年發展及適應之正面影響，包括：
   ⑴網路互動滿足青少年某些需求及協助青少年建立自我認定。
   ⑵培養青少年獨立自主及主動面對問題之能力。
   ⑶網路遊戲冒險刺激，抒解青少年壓力及調劑生活。
   ⑷改變傳統教學與學習模式，塑造青少年主動學習之精神。
   ⑸網路提供多元溝通管道，利於青少年建立人際關係。
   ⑹網路廣告與網路購物提供青少年創業經驗。
   ⑺信用卡培養青少年抗拒誘惑及理財能力。

2. 電腦革命對青少年發展及適應之負面影響，包括：

⑴資訊過多篩選不易帶給青少年壓力。

⑵不良資訊隨處可見，傷害青少年身心發展。

⑶青少年沉迷網咖損傷身心。

⑷青少年成為社會事件之對象。

3. 緩和電腦革命帶給青少年發展及適應之負面影響，方式包括：

⑴透過網路進行發展性與預防性輔導。

⑵父母師長了解青少年發展特徵與滿足青少年需求。

⑶協助青少年認清發展任務及培養面對壓力之勇氣。

⑷培養青少年抗拒誘惑、滿足後延與自我控制能力感。

⑸提供青少年休閒管道，以避免沉溺網路世界。

⑹提供青少年健全兩性知識與培養兩性交往能力。

⑺培養青少年過濾與選擇資訊能力。

⑻鼓勵青少年善用身旁資源。

第二節　物質革命

1. 物質革命對青少年發展及適應之負面影響包括：

⑴社會充斥一夜致富之夢想，養成青少年不切實際之想法。

⑵過度重視物質享受，致使青少年扭曲價值觀、物化人際關係。

⑶過度重視科技發展，迷亂青少年之生涯抉擇。

⑷過度重視外表，造成青少年負面自我意象及飲食異常。

⑸青少年為滿足物慾而打工，怠惰學業，忽略打工對生涯探索之意義。

⑹銀行無節制發卡給青少年，致使青少年成為卡債族。

2. 物質革命對青少年發展及適應之正面影響，包括：協助青少年自我澄清及自我發現、培養重要因應技能（例如抗拒誘惑、規畫未來）、建立自我認定等。

3. 緩和物質革命帶給青少年負面影響之保護性因子，包括：培養青少年抗拒誘惑能力、時間規畫與管理能力、理財規畫能力、滿足後延能力、善用生命各種經驗之能力，及建立健全價值觀。

第三節　教育革命

緩和教育革命之負面影響，方法包括：

1. 協助青少年澄清與建立價值觀，培養慎選網站與網路軟體之能力。
2. 由教育單位編製多元版本教材，讓教材多元化及便宜化。
3. 加強青少年本國語文能力。
4. 協助青少年了解自我潛能，選擇正確生涯方向，避免盲目入大學拿文憑。
5. 培養青少年覺察時代脈動之能力，以適應多變之社會環境。

第四節　家庭革命

1. 家庭革命帶給青少年發展及適應之正負面影響，包括：
 (1)雙薪家庭之正面影響：培養青少年獨立及自我照顧能力，培養性別平等態度、肯定女性能力及角色。負面影響：父母無暇監督青少年行為及注意其需要、父母缺乏耐心、養成青少年過度重視物質生活之惡習。
 (2)家庭子女數減少之正面影響：青少年得到更多父母之照顧、享用更好之物質生活、受到父母全力栽培。負面影響：青少年缺乏分享及學習之對象、少了彌補父母功能之人物、感到孤獨、容易受同儕影響、父母期望過高、父母溺愛等。
 (3)兩代同堂家庭之正面影響：提供青少年單純、空間大、家庭糾紛少之家庭環境。負面影響：青少年少了學習與認同對象，父母少了協助資源。
 (4)外籍新娘家庭之正面影響：提供青少年多元文化薰陶、母親長期陪伴、學習母親刻苦耐勞美德。負面影響：青少年社會化不足及形成性別不平等態度。
 就整體來說，因為外籍新娘的加入，社會出現多元文化融合現象，除了擴展青少年國際觀外，也培養青少年包容及尊重不同文化之心胸。
 (5)家庭社區環境空間狹隘，讓青少年精力無法發洩、情緒無法抒解。
 (6)單親家庭經驗之正面影響：培養青少年獨立、照顧自己及他人、體恤別人之能力。負面影響：失去學習某一性別角色之機會、提早成熟、經歷喪親創傷、承擔家庭責任。
 (7)父母同居及再婚家庭之正面影響：青少年重拾家庭之溫暖，彌補喪親傷害。負面影響：青少年可能受到性及暴力傷害、一再面臨適應危機、親子管教問題複雜化、家庭組合複雜化。
2. 緩和家庭革命對青少年發展及適應之負面影響包括：
 (1)父母樹立好榜樣，協助青少年習得一些重要技能（或保護性因子）。

⑵父母自我成長，調整管教方式，提供協助青少年身心發展之環境。
⑶協助青少年選擇良好同儕，以彌補家庭孩子數少之缺點。
⑷父母敦親睦鄰，藉助鄰居協助父母照顧及監督青少年。
⑸政府及民間協助外籍新娘融入當地文化。
⑹協助青少年就地取材善用資源，培養正當休閒興趣，克服地狹人稠之缺點。
⑺父母慎選同居人及再婚對象。

第五節　性與性別革命

1. 性與性別革命對青少年發展及適應之正面影響包括：
⑴性不再是神秘之形上學，而減少青少年性方面之迷惑。
⑵性騷擾與性侵害議題被重視，加強青少年性別平等之素養。
⑶性別平等之落實，有利青少年發揮潛力。
⑷接納與包容同性戀性取向，有利青少年性別認定之建立。
2. 性與性別革命對青少年發展及適應之負面影響包括：
⑴色情氾濫殘害青少年身心。
⑵對同性戀迷思與誤解，造成青少年性別認定之混淆。
3. 緩和性及性別革命對青少年發展及適應之負面影響包括：
⑴協助青少年澄清及建立價值觀。
⑵提供青少年適當之性教育。
⑶其他，例如培養青少年抗拒誘惑、自我管理、資訊過濾等技能，安裝攔阻色情資訊系統、家長與青少年一起上網等。

第六節　暴力革命

1. 社會充斥著暴力行為，不利青少年發展及適應，包括：集體飆車、毒品、搶劫、綁票勒索、下毒恐嚇、詐騙、討債、兒童受到性侵害與身體暴力、暴力手法兇殘、街頭抗爭之暴力行為、國會殿堂肢體衝突、娛樂節目鏡頭血腥兇殘、攻擊肅殺報料文化、政治惡鬥仇恨心理、媒體語言暴力等。
2. 家庭學校社會防止暴力污染青少年之途徑包括：
⑴教導青少年明辨是非，挑選良好學習典範。
⑵加強青少年道德行為。
⑶鼓勵青少年利社會行為表現。

⑷協助青少年建立價值觀，培養獨立思考、抗拒誘惑及情緒調適等技能，提供藥物教育、法律教育等，以提高青少年道德水準，表現利社會行為。

Part

第 2 篇

青少年發展與輔導

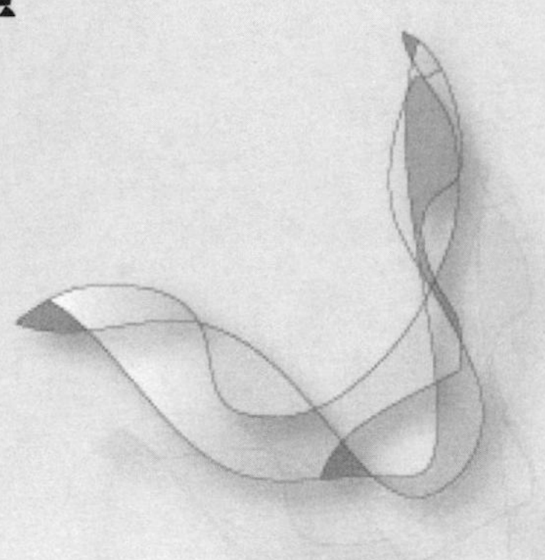

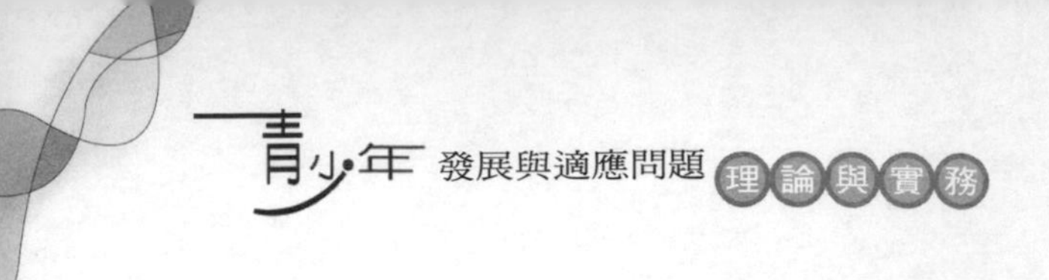

第五章

青少年生理發展與輔導

青少年生理發展受到遺傳、環境、學習及經驗等因素影響，而出現個別差異。這些個別差異，反映出青少年不同之需要及問題。

青少年生理發展涉及之問題繁多，本章僅論及最常見之幾個問題，包括青少年早熟與晚熟、性知識與性行為、身體意象與肥胖等問題。

第一節 青少年生理發展問題之一——早熟與晚熟

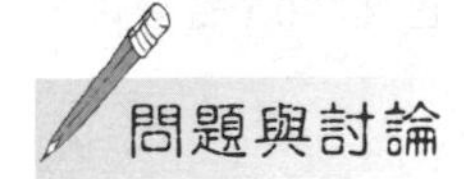

1. 青少年生理發展分為青春期早期、中期及後期，這三期各有何發展特徵？
2. 青春期開始時間之不同，對青少年身心發展有何利弊影響？對未來影響為何？
3. 哪些保護性因子可以緩和青春期開始時間不同造成之負面作用？

青少年期分為三個階段，各階段之生理發展有其特徵，摘要說明如表5-1。

表 5-1：青少年期各階段生理發展特徵

<table>
<tr><td colspan="2"><u>青春期前期</u>
1. 約 10 至 14、15 歲。
2. 大部分身體未發生改變，只有小部分出現變化。
3. 開始於性成熟之第一徵兆（月經及夢遺），結束於陰毛開始出現。
註：
第一性徵指一出生便具有之性特徵，包含內部及外部之生殖器。
第二性徵指青春期才發展之特徵（如乳房、鬍鬚）。</td></tr>
<tr><td>女性：
1. 卵巢擴大及其細胞成熟。
2. 髖部變圓、乳房發育。</td><td>男性：
1. 睪丸變大、陰囊變大變紅。
2. 陰莖增長、肥大。</td></tr>
<tr><td colspan="2"><u>青春期中期</u>
1. 約 15 至 18 歲。
2. 大部分身體已產生改變。
3. 開始於陰毛出現，結束於陰毛發育完全。
4. 身高及體重發展之高峰期。</td></tr>
<tr><td>女性：
第一及第二性徵持續發展，例如陰戶及陰蒂擴大，乳房持續發育。</td><td>男性：
第一性徵及第二性徵持續發展，例如睪丸持續增大，聲音變低沉。</td></tr>
<tr><td colspan="2"><u>青春期後期</u>
1. 約 18 至 20 歲。
2. 第一性徵與第二性徵變化完成。</td></tr>
</table>

（資料來源：**青少年心理學——青少年發展、多樣性、脈絡與應用**，頁 85-90，黃德祥等合譯，2006。台北：心理）

陳秀玲（1999）研究顯示：小六學生中，女生有月經者 38.2%，男生有夢遺者 8.8%；江過（2002）研究發現：截至十五歲止，國中生第一性徵成熟者，男生 58.5%，女生 95.8%。

以上資料反映出：⑴國中之青少年，一半以上少男及絕大部分少女，已達性成熟；⑵青少年生理發展因「青春期開始時間」（time of puberty）不同，而有「早熟」（early-maturing）、「晚熟」（late-maturing）與「適時」（on-time maturing）三種。

青少年因為青春期開始時間不同，對身心造成不同影響，也引發一些跟早熟及晚熟有關之問題。

一、青春期開始時間對青少年身心發展之影響

依青少年青春期開始時間之不同，而有「早熟」、「晚熟」與「適時」之別。

從一些研究發現，青春期開始時間，對青少年身心發展有重要影響，例如早熟少女長脂肪，早熟少年長肌肉，因此早熟少女有負面身體意象，而早熟少男有正面身體意象（Duncan, Ritter, Dornbusch, Gross, & Carlsmith, 1985）。這方面研究結果雖然部分一致，但仍有不一致之處，尤其對晚熟少女之看法。

表 5-2 整理國內外相關研究中，對早熟與晚熟青少年之研究結果（例如黃雅婷，2000；蔡雪娥，2003；Abbott, 2001; Adams, Gullotta, & Markstrom-Adams, 1994; Blyth, Simmons, & Zakin, 1985; Coleman & Hendry, 1990; Fairburn, Cooper, Doll, & Welch, 1999; Magnusson, Stattin, & Allen, 1985; Peskin, 1973; Peterson & Crockett, 1985; Rice, 1992, 1999; Seifert & Hoffnung, 2000）。

表 5-2：青少年生理早熟與晚熟對身心發展之影響

早熟少男
優點： 1. 比一般少男強壯、有肌肉，更佳之身體協調性。 2. 運動競技比一般少男好，因此提高名聲與受歡迎程度。 3. 參與更多課外活動。 4. 被同儕、教師與他人視為成人，透過自我應驗（self-fullfilling prophecy），而更有自信、行為更成熟。 5. 有利社會技巧發展，對異性關係較有信心。 缺點： 1. 只有極短時間統整荷爾蒙快速改變帶來之心理影響。 2. 比一般青少年較服從成人標準，對一般青少年之冒險行為較保守。

（接下頁）

（續上頁）

3.不活潑、缺乏智性（less intellectually curious）方面之好奇。 4.被賦予期望與責任，壓力大；童年時間比較短。 5.身高不高。 6.容易有違反常規行為。
晚熟少男
優點： 較少受到父母與成人的嚴厲批評，承受性方面的壓力較少，成年後在某些方面較有自信。 缺點： 1.被認為像兒童一樣衝動、不成熟，因此缺乏自信。 2.參加社會性活動的機會較少，較少有機會練習社會技巧。 3.過度注意自我缺點，社會適應較差。
早熟少女
優點： 容易成為男性注意之焦點，比一般少女提早約會。 缺點： 1.跟一般少女身材不同，而形成負面自我評價，造成負面身體意象。 2.易成為性對象，讓父母師長擔心；容易過早有性關係。 3.由於身高不高，卻擁有較多脂肪與女性曲線，因此身材看起來比一般少女臃腫。 4.無法應付複雜之社交關係與性誘惑，經驗較多之緊張、焦慮及負面自我概念。 5.不受同伴歡迎，有更多內在混亂。 6.自尊低。 7.易受到年長同儕之影響，較常違反常規。 8.提高罹患飲食異常之可能性。
晚熟少女
優點： 1.被父母師長認為較佳之領導員。 2.原先之負面影響，在後來可能轉為正面影響。例如社會環境中偏好長腿、纖細身材，晚熟者較有可能擁有這種身材。 缺點： 1.社交活動中容易被忽視。 2.在同儕比較中感到自卑。 3.對年齡比自己小之團體活動感興趣。

表 5-3：青少年早熟及晚熟對當前及後來發展之影響

	早熟		晚熟	
	當前影響	後來影響	當前影響	後來影響
少男	正向	不確定	負面	不確定
少女	負面	不確定	不確定	不確定

（資料來源：修改自 *Child and adolescent development* (5th ed.), p. 442, by K. L. Seifert and R. J. Hoffnung, 2000. New York: Hughton Mifflin）

以上研究結果，代表早熟及晚熟對青少年某一發展時期之影響，至於後來影響可能不同。當初之負面影響，後來可能轉為正面，當初之正面影響，可能轉為負面。此外，性別、年齡、社會階層、早晚熟之定義（Duncan et al., 1985）、學校環境（Blyth et al., 1985）等因素，會跟青少年性成熟時間一起影響青少年之身心發展。

Seifert 與 Hoffnung（2000）探討過一些研究後，摘要早晚熟及性別因素，對不同發展階段之青少年的影響。以下配合其他學者之看法（例如 Rice, 1992, 1999），修改其摘要如表 5-3。

青春期開始時間對後來發展之影響偏向「不確定」，是因為其他因素加入後，會轉化原先之正負面作用。而「其他因素」會因為不同青少年而有不同。

總而言之，青春期開始之時間對青少年身心發展有重要影響，不過，這些影響隨著青少年的成長及其他因素之加入，而有不一樣之變化。

二、青少年青春期開始時間與輔導

性成熟時間差異對青少年身心發展之正負面影響，可以藉由保護性因子來強化或緩和，包括：培養滿足後延及情緒調適能力、提供性教育、學習尊重自我及他人發展速度之個別差異、正面看待自我發展特色、了解早熟及晚熟之利弊、為自我身心發展負責。以下針對各點說明。

㈠培養滿足後延能力

對晚熟青少年來說，有一些需求之滿足，可能得耐心等待，例如異性關係、運動表現。此外，性成熟時間遲到，不一定只有遺憾，只要作正面轉化，對自己反而有利。例如利用性成熟遲到之時間，多觀察早熟及適時者某些人際互動行為，以作為未來之借鏡。

㈡培養情緒調適能力

晚熟者常成為社交上孤單之一群，也得不到成人之肯定與重視，這些委屈與抱怨，要有適當抒解管道。適當之情緒調適能力，除了協助青少年抒解情緒外，也可以協助青少年耐心等待時機滿足需求。

㈢家庭及學校提供性教育

家庭及學校必須提供青少年性教育，而且開始於青少年小的時候。性教育對早熟者尤其重要，因為早熟者容易提早進入親密關係及婚前性行為。

學校實施性教育時，有幾個注意要點：⑴將早熟、晚熟及適時者發展上之利弊及個別需要，納入學校性教育中；⑵鼓勵青少年閱讀相關書籍及發問；⑶鼓勵青少年善用學校協助資源。學校的視聽教材、護士、輔導教師、其他教師等，都是青少年可使用之協助資源。

家庭性教育應從子女小的時候開始，同時注意：⑴隨時觀察子女行為，以了解子女需要；⑵性教育須適時、適當，配合子女成長之需要，性教育內容須包含生理、心理與社會層面；⑶家長以身作則，示範善用資源、面對問題、積極因應態度及抗拒誘惑能力；⑷家長須不斷自我成長，以彌補本身之不足。

㈣學習尊重自我及他人發展速度之個別差異

每位青少年身心成長速度不同，成長速度上之差異沒有好壞之分，只是個別差異而已。當青少年學會尊重個別差異，便是提供有利自我及他人之成長環境。

㈤了解早熟及晚熟之利弊

當早熟及晚熟者了解各自發展上之利弊後，便能善用發展上之優點及避免負面作用。也因為知道自我及他人發展上之利弊，而學會尊重個別差異。

㈥學習以正面態度看待自我發展

青少年重視自我外表及表現，晚熟者可能在短時間內，外表及表現不如己意，而出現自卑及退縮。女性早熟者可能因外表跟大部分青少年不同而羞愧。

家長及師長應協助晚熟及早熟青少年，學習以正面態度看待個別差異，包括以正面態度看待自我發展，善用晚熟及早熟發展上之優點，及轉化弊為利。

㈦為自我身心發展負責

青少年必須認清，身心發展為自我之責任，包括足夠之睡眠、均衡之營養、適度之運動、正常之生活作息、性知識、衛生生理知識、情緒調適策略、抗壓力能力等。

相關知識之取得及習慣之養成，必須依靠自我學習。當青少年學會為自我身心發展負責後，才學會為自我生命負責。

第二節　青少年生理發展問題之二——性知識與性行為

1. 國內青少年性知識素養如何？性知識來源為何？這種現象反映出何種意涵？
2. 國內近年來青少年異性交往狀況如何？反映出何種意涵？
3. 國內近年來青少年性行為比率有何變化？從青少年具有之性知識來看，青少年性行為比率反映出何種意義？

4. 協助青少年避免因性知識不足及性行為盲目而造成負面影響，家庭、學校、社會及青少年本人該負何種責任？哪些保護性因子可降低負面影響？

青少年的性成熟，讓青少年逐漸具有生殖能力、性衝動、被異性吸引，尤其對兩性間之性行為，充滿好奇與憧憬。由於社會比以往開放，因此青少年敢於將好奇與憧憬，化為具體行動。

不過，青少年通常準備不夠，只憑藉衝動行事，免不了得付出一些代價。

一、青少年之性知識

㈠青少年之性知識

當少女初經，少男第一次夢遺時，有相當比率的青少年沒有心理準備。表 5-4 摘要國內近年來青少年性成熟時之心理反應。

性成熟是性知識的一部分，從表 5-4 可知，青少年性成熟時，通常沒有心理準備，顯示性知識不足。

至於其他性知識，也呈現不足狀況。國小方面，小六學生的性知識勉強及格，女生的性知識顯著高於男生；高社經地位學生，性知識顯著高於中、

表 5-4：近年來國內青少年性成熟時之心理反應

研究者	學校階段	心理反應
陳秀玲（1999）	國小六年級	初經時感到恐懼 57.2% 第一次夢遺時感到恐懼 35.7%
晏涵文等（2000）	國小高年級	初經時感到害怕 44.0%
蘇婣敏（2001）	國小五至國中二年級	初經時感到緊張 72.8%
歐陽美蓉（2004）	國小五至國中二年級	初經時沒有心理準備 50%以上 月經知識平均答對率 56.8%

低社經地位學生（陳秀玲，1999）。國中方面，國中學生性知識得分平均20.30（滿分 31 分，答對率約 65.5%），顯示性知識不足（章新瑞，2003）。類似的結果也反映在江過（2002）的研究中。高中職方面，答對率為 55.95%（許珍琳，1999）。

從以上相關研究反映出：青少年性知識有待加強。

㈡青少年性知識之來源

青少年性知識來源為何？陳秀玲（1999）研究發現：⑴小六女生第一次月經來時，向「母親」尋求幫助者最多；小六男生第一次夢遺時，「未向人請教」者最多。⑵小六女生獲得月經知識及月經以外性知識，主要來源是「母親」；小六男生獲得夢遺知識，主要來源是「醫學書籍」或「老師」，夢遺以外知識來自「醫學書籍」、「老師」或「錄影帶」。

謝佩如（2001）研究顯示：⑴小六學生性知識不多，大部分來自課堂之性教育，其次是電視兩性問題探討、自行參閱性教育書籍或父母告知；⑵學生跟家長間性議題溝通偏低，其中以「親子間身體親密」及女生「青春期生理」之溝通情形較好，以「懷孕、避孕、性行為」溝通情形最差；⑶學生跟母親在各議題上討論多於父親；⑷少女跟母親溝通情形比少男佳。

江過（2002）研究發現：⑴青少年（國中）有性問題疑惑時，求助對象為父母與同學；⑵跟父親談過性議題頻率以「從來沒有」居多，占 70.4%；跟母親談過性議題頻率「從來沒有」占 48.9%，「偶爾談之」占 42.7%。

許珍琳（1999）研究發現：⑴青少年（高中職）異性交友及性行為方面知識來源，以朋友、同學為主；避孕知識來源，以電視廣播為主；⑵有問題時求助對象依次為：朋友、同學、父母、醫生、護士；⑶性知識來源最前面三者依次為：同儕團體、學校課程、衛生醫療書籍及雜誌。

從以上研究反映出：⑴年紀愈小之青少年，學校及父母是性知識主要來源；年紀愈大之青少年，則以同儕團體為主；⑵母親在少女性成熟、性知識等方面提供某些幫助，而父親對少男似乎沒有助益；⑶少男之性知識除了來自老師、同儕之外，其他得靠自行摸索。

青少年為何不諮詢父母？張珍瑜（2004）研究發現：國中生家長性知識程度不高。這似乎解釋了青少年為何求助於同儕團體及書刊之原因。

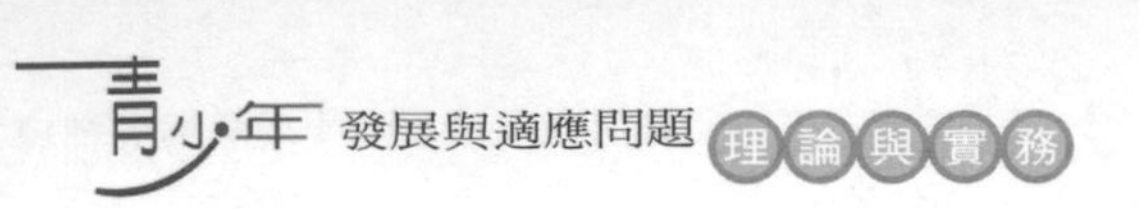

二、青少年之性行爲

㈠青少年異性交往狀況

青少年跟異性交往（指談戀愛），隨著社會開放，比率快速提高，從最近幾年的相關研究可看出端倪（表 5-5）。

從表 5-5 可知：⑴青少年異性交往比率逐年增加；⑵青少年異性交往比率隨年齡而增加；⑶高職生異性交往比率高於高中生；⑷少女異性交往比率高於少男，這可能是少女比少男早熟。

如果再加上大學生異性交往比率，可以推論青少年異性交往已是非常普遍現象。

表 5-5：近年來國內青少年異性交往之比率

研究者	受調查學校地區	異性交往比率
國中部分		
沈利君（2002）	台北縣	有異性交往經驗者 50%
江　過（2002）	彰化縣	目前有對象者 12.9%
陳淑華（2003）	高雄市	目前有對象者超過 10%
陳美秀（2003）	嘉義、台南、高雄	有異性交往經驗者 19.5%
陳怡娟（2004）	高雄市	有異性交往經驗者 40%
高中職部分		
陳怡文（2003）	台北市高職	有約會交往經驗約 66%
莊雅琴（2003）	台北縣國高中合併	有異性交往經驗者 35.7%
許珍琳（1999）	台北市高中職	已有異性朋友者將近 50%
李怡玲（2002）	台北市高中	已有異性交往經驗者 41.38%
吳思霈（2004）	桃園地區高中	有異性交往經驗者 男 42.6%、女 47.8%

㈡青少年之性行為

青少年性知識不足，但性行為卻逐漸普遍。例如青少年性行為比率愈來愈高（例如晏涵文、林燕卿、張利中，1998），大學生性行為比率已升至42.1%（侯靜里，2001），不過避孕行為仍有待加強。表5-6摘要近年來國內青少年性行為之研究結果所示。

表5-6：近年來國內青少年婚前性行為之比率

研究者	學校階段	性行為比率	是否有避孕措施
國中部分 陳淑華（2003）	高雄市國中		第一次未避孕者超過40%
莊雅琴（2003）	台北縣國中	3.9%	
陳美秀（2003）	嘉義、台南、高雄國中生	1.1%	未避孕者42.9%
高中職部分 簡維政（1992）	台北市高中職	7.2%	
許珍琳（1999）	台北市高中職	高職8.8% 高中3.3%	
陳怡文（2003）	台北市高職	男性14.0% 女性12.9%	
郭靜靜（2004）	台北市高職	男性16.1% 女性13.8%	
大學部分 何嘉雯（1998）	台北縣市地區大學	30.0%	
林秀娟（1999）	嘉義以南大學	超過5%	未避孕者約20%
侯靜里（2001）	台北地區大學	42.1%	
陳宇芝（2003）	台北地區大學	62.7%	未經常避孕約30%
陳德馨（2003）	台北縣大學	1.第一次性交未使用保險套者52.6% 2.最近半年每次都使用保險套者29.3% 3.未來「非持續使用保險套者」70%	

從以上資料反映出，青少年性行為比率，隨著就學階段而逐漸增加。北部大學生婚前性行為相當普遍。

青少年婚前性行為普遍，性知識卻不足，直接的不良影響便是性病感染、未婚懷孕及墮胎。研究顯示：愛滋病知識愈足夠者，對防治愛滋病之態度愈正向，以保險套防治愛滋病之比率也愈高（章新瑞，2003）。但是，陳德馨（2003）以大四學生為研究對象，其結果顯示：⑴半年內持續使用保險套者有 29.3%；⑵為了預防懷孕，有 98%會「持續使用保險套」，但為了預防感染性病而持續使用保套者只有 32%，為了預防感染愛滋病及習慣使用者有 29%；⑵未來「非持續使用保險套者」70%。

男女比較方面，雖然研究顯示，男性性行為比女性開放（許珍琳，1999），但是女性的性知識卻高於男性（江過，2002），例如青少年中（十六至二十二歲），以保險套為愛滋病之預防措施方面，女性比率高於男性；女性及防治愛滋病態度兩因素，可以預測使用保險套防治愛滋病之可能性（章新瑞，2003）。

從以上敘述，可以歸納出幾點：⑴國內青少年之婚前性行為逐漸普遍；⑵相當高比率青少年，性行為時不採取避孕或性病預防措施；⑶少男比少女更需要加強性教育。

總而言之，國內青少年異性交往及性行為普遍，但是性知識不足，對避孕或性病預防措施不積極。

三、青少年性知識、性行爲與輔導

有一些保護性因子，可以協助改善青少年知識及能力不足之負面作用。這些保護性因子包括：培養青少年資料蒐集能力以解答心中疑惑、善用身旁資源、過濾不良資訊之能力、性別平等態度。此外，家庭、學校及社會各有其應負之責任，以下從這三方面說明。

㈠學校方面

1.配合學生特質及需求，提供適合之性教育

學校性教育內涵須包括：⑴兩性生理（例如生理結構、月經、夢遺、手淫、性衝動）；⑵異性交往（例如約會、異性朋友的挑選、分手、親密行為、溝通）；⑶性行為；⑷避孕；⑸性病；⑹懷孕；⑺墮胎；⑻身體界限；⑼和諧兩性關係之建立與維持；⑽認識色情網站、頻道，及A片之不良影響；⑾性衝動之處理；⑿性騷擾與性侵害之認識與預防；⒀培養性別平等態度。

性教育內涵必須依據學生年齡、社經地位、性別、家庭性教育狀況、個別需要作適當之調整。

活動方式可以配合視聽資源，以活潑生動之演講、遊戲活動、參觀、小組討論、經驗分享、社會事件隨機教學等方式進行。

2.善用社會資源

國內一些學術研究單位，編有一些適用青少年性教育之實驗課程，教師可以善加運用。例如國中部分有林季玲（2004），高中職部分有林美瑜（2004），大專方面有陳曉佩（2003）。

此外，教師須熟悉會談技巧，跟青少年建立良性溝通，成為青少年諮詢對象。目前國內這方面書籍非常豐富，資料隨處可得，教師可以善用。

3.善用同儕力量

同儕對青少年性態度，具有某種程度之影響（古易儒，2001）。青少年性行為及異性交往知識之來源、困擾時之求助對象等，都以同儕為主（江過，2002；許珍琳，1999）。可見，同儕的影響力不可忽視。

如何善用同儕力量？第一，教導青少年慎選同儕，讓同儕成為輔助青少年成長之助力。第二，將性問題視為普遍、平常之問題，並鼓勵同儕間相互討論，或組成同儕討論團體，教師成為青少年之諮詢者。第三，訓練優良同儕成為青少年之諮詢者。第四，利用社會新聞隨機教學，協助青少年了解同儕之影響力，以及如何避免不良同儕之誘惑。

4.成為青少年與家長間之橋樑

學校應成為青少年與家長之橋樑，反映青少年需求及協助家長負起青少

年性教育之責任。

一些研究顯示，家庭在青少年性教育上具有重要影響，例如母親教育程度愈高、母女溝通態度愈開放，小六女生對月經之態度愈正向（歐陽美蓉，2004）；功能不彰之家庭提早將少女推向家庭外，無形中鼓勵少女向外尋求愛與滿足，並透過兩性關係得到補償（楊育英，2003）；親子間之交流及信任，跟青少年之性行為有關（陳俐君，2002）。這些研究結果反映出，家庭在青少年性教育上扮演重要角色。

因為某些因素使然，讓某些父母忽略青少年之需要；或是父母因資源有限，而缺乏相關知識。父母對青少年性教育之角色，需要學校來提醒，否則家庭無法跟學校合作，青少年也少了重要之協助資源。

㈡家庭方面

1. 了解青少年需要

一些有關青少年異性交往、性行為、性騷擾等問題，都跟父母怠忽職守有關。父母應了解青少年發展特徵與需要，配合學校滿足青少年需求，以免青少年透過不良管道尋求滿足。

此外，父母須跟青少年建立良好親子關係，青少年信任父母之後，才願意諮詢父母，跟父母分享成長之疑惑。

2. 須隨時吸收新知

有一些父母，對青少年問題與需求，有諸多誤解（例如學生不適合結交異性朋友），以至於頻頻出現親子衝突。另有一些父母，由於本身性知識不足，無法提供青少年適當協助，使得青少年不願意諮詢父母。以上兩種情形都跟父母缺乏自我成長有關。

由於社會變遷快速，父母必須隨時吸收新知，才能了解青少年成長之社會環境、需求及問題。有了這份理解，父母才知道必須提升知識、改變自我想法及態度，而後成為青少年之朋友，融入青少年生活，協助青少年發展及適應。

3. 熟悉青少年交友狀況

同儕影響青少年性知識之獲得及性行為之發生，因此父母必須熟悉青少年之交友，以協助青少年慎選良友。

父母採行之措施包括：⑴父母在子女小的時候，教導子女如何選擇良友，並且熟悉子女之朋友；⑵鼓勵青少年帶朋友回家，讓父母認識，例如利用青少年生日、節慶時邀請青少年朋友到家中；⑶父母主動製造機會，讓青少年跟良友認識。

4.跟學校保持密切聯繫

家長須跟學校保持聯繫及合作，以掌握青少年狀況，為青少年塑造健康之成長及學習環境。

第一，善用家庭聯絡簿。在聯絡簿中反映青少年及家長需求。第二，父母主動跟學校教師保持聯繫。學校教師照顧之學生眾多，無法及時注意每位學生狀況，因此，父母該負起主動聯繫之責。第三，父母應不定時拜訪學校，親自了解青少年之學習環境與學習狀況。

㈢社會方面

1.色情網站、色情書刊、鎖碼頻道等之管制

父母有責任管制青少年接觸色情網站，不過，許多父母沒有能力負起這部分責任。一方面，父母的網路素養未及青少年；另一方面，網咖四處林立，父母無法限制青少年不進出網咖。除了色情網站外，色情書刊、限制級電影等，也是父母頭痛的問題。

解決以上問題包括：⑴父母自我成長提高電腦素養；⑵青少年培養抗拒誘惑能力；⑶良好同儕發揮導引及遏止作用；⑷政府政策上之管制。前三者為青少年、父母及學校之責任，而最後一項為政府之職責。

2.大眾媒體負起社會教育責任

大眾媒體之影響力無遠弗屆，能掀起趨勢、安定及潔淨社會。大眾媒體負有教育社會大眾之責，因此，大眾媒體應成為提供青少健康性教育之資源。只要大眾媒體發揮正面功能，對青少年身心發展必具有重大影響。

㈣青少年本人方面

青少年對本身之成長及發展，也具有責任，例如了解自我發展特徵、需

求、發展任務；主動向家長、學校反映需要；主動培養因應技能或保護性因子；了解性行為是有責任之行為，需要負起保護自我及他人之責。

青少年須具有正確之認知：自我生命，該由自己負責，家庭、學校及社會，只是輔導角色而已。

第三節 青少年生理發展問題之三——身體意象

1. 小芯以這種標準評量自己是否合理？原因為何？這樣的評量方式可能對小芯造成什麼影響？
2. 何謂身體意象？內涵為何？
3. 國內青少年普遍之身體意象為何？
4. 國內青少年理想之身體意象為何？
5. 影響青少年身體意象之因素有哪些？
6. 哪些保護性因子能夠緩和負面身體意象之影響？

報紙上斗大的報導，吸引了小芯的注意：

中國美標準量化臉長寬比 34：21

臉型應該為瓜子臉，長寬比例 34：21，代表人物是章子怡。
眉形窄而稀，張柏芝最符合標準。
眼睛長度應該28至34毫米，寬度10至20.5毫米，代表人物是范冰冰。
鼻形以劉亦菲為其中的代表。
嘴寬32毫米，上唇高8.2毫米，下唇高9.1毫米，則以林熙蕾為典型代表。

（黃文正，2006年1月11日，中國時報，娛樂版D1）

看到以上的報導，小芯緊張地拿出皮尺，在臉部東測西量，看看自己是否符合「中國美」的標準。可是每測量一個地方，心情便加速往下沉墜。直到現在，她才知道原來自己這麼「醜」。看著鏡中不合標準的臉龐，她愈感自卑。在心灰意冷之餘，連頭也抬不起來。

一個人的身體吸引力，會對生活各方面造成影響。身體吸引力高者，往往獲得較多外在資源（例如有人主動幫忙、比較能夠被寬容、異性主動追求），而提高其自信、價值感。相反地，身體吸引力不佳者容易出現自卑、退縮等不良反應。「身體吸引力」所指為何？跟「身體吸引力」最有關之概念為「身體意象」（body image）。

一、身體意象

身體意象是多層面之建構概念，代表一個人對自我身體特質之想法、感受與行為反應（Muth & Cash, 1997）。

Gardner（1996）認為身體意象包含「知覺」（perceptual）與「態度」（attitudinal）兩個向度。「知覺」是指對身體各方面之評估；「態度」是指對自我身體之正面或負面看法，亦即對身體滿意程度。

Cash 與 Szymanski（1995）將「態度」分為兩種因素：第一，「對身體意象之評估／情緒」（body-image evaluation/affect），是指認知評估與相關情緒。第二，「對身體意象之投資」（body-image investment），是指個人採取行動整理或改善外表之行為。

以上三種因素之關係，例如：甲認為自己身體肥胖，這是「對身體意象之評估」；甲因自覺肥胖而沮喪，這是「對身體意象之評估／情緒」；甲決心定時運動維持身材，這是「對身體意象之投資」。這三部分可說是身體意象之認知、情緒與行為三部分。

須注意的一點是，「對身體意象之投資」中，可分為積極與消極兩類。積極行為反應是指當事人採取行動改善身體意象，提升身心健康；消極行為反應是指，當事人以不利身心之方式因應，例如退縮。

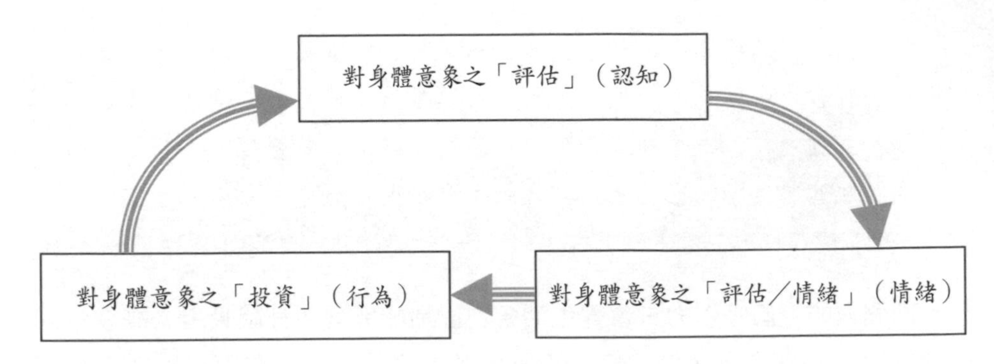

圖 5-1：身體意象之內涵

綜合以上敘述，身體意象包含三因素：⑴對身體意象之評估；⑵評估後所引發之情緒；⑶因情緒而產生之行為反應。以上三因素之關係圖示如圖 5-1。

Cash 與 Szymanski（1995）認為，身體意象所涉及之內涵，不應該只是對身體尺寸（body-size estimates）或體重之評估而已，其他身體特質（例如臉部特質、頭髮、身材、肌肉、胸部大小等），都是身體意象的一部分。

二、國內青少年之身體意象

國內青少年普遍有身體意象問題。近幾十年來，受到媒體、社會文化、流行等因素之影響，「纖瘦」跟「美」、「吸引」劃上等號。因為外表跟社會接納與成功有關，於是國內掀起塑身、美容等風潮。影響所及，最在乎流行風潮及關心美好外表之青少年，也以嚴苛標準，審視自己，而普遍出現負面身體意象。

在國、高中方面，張育甄（2003）研究顯示：受調查之高中女生，在「實際體型」、「自我認知體型」與「期望體型」三者非常不一致，包括高估自己體型者 56.4%，期望體重小於實際體型者 51.7%，希望再瘦一點者 81.6%，有減重經驗者 43.8%。

古琪雯（2003）研究發現：受調查之國高中生：⑴身體意象偏向負面評價者 91.28%；⑵期望體型維持現況者 8.72%，體型屬於肥胖者 17.6%，期望比現有體型更瘦者 82.40%。

賈文玲（2001）研究顯示：受調查之國高中生，⑴有瘦身美容經驗者33.5%；⑵對身體各部位滿意度高者21.6%，滿意度低者24.1%；⑶認為體重過重者53.4%，用斷食或節食方式控制體重或減輕體重者21.2%。蕭芳惠、林薇（1998）研究發現：受調查之高中生，不滿意自己體型者80%以上。

在男女生比較方面，高職女生之負面身體意象比率高於男生（李幸玲，2004）。

在大學與大專生方面，大學生普遍重視外表，擔心體重過重，對身體各部位滿意程度低（鍾霓，2004）。女性普遍在乎外表，擔心體重增加，低滿意度之評價，而且普遍超估自我體重，有較嚴苛之體重標準，減重經驗比率高（洪嘉謙，2001）。

尤嫣嫣（2002）研究顯示：⑴三分之一大學男生體重超過標準，四分之一女生體重過輕。⑵對外表評價與身體部位滿意程度方面，大學女性低於男性；對外表在乎程度方面，大學女生高於男生。⑶大學生滿意之身體部位為頭髮、臉部及上半身，不滿意之身體部位為腰腹部、下半身、肌肉張力、體重與身高。

鄭美瓊（2004）的研究結果類似以上研究發現：大學女生對身體滿意度最低的部位是：大腿、臀部、腹部、小腿、體重；滿意度最高的是臉部及頭髮。

為何國內青少年普遍出現負面身體意象？Williamson、Gleaves、Watkins與Schlundt（1993）的「多向度身體意象困擾模式」（a multidimensional model of body-image disturbance）或許可以解釋。此模式認為，一個人的身體意象困擾由三個因素造成：個人真實之身體尺寸、身體尺寸之扭曲程度及對纖瘦身材之偏好程度。研究顯示：身體意象困擾，直接受到「扭曲身體尺寸」及「偏好纖瘦身材」兩因素的影響（Gleaves, Williamson, Eberenz, Sebastian, & Barker, 1995）。「扭曲身體尺寸」及「偏好纖瘦身材」兩因素對個人身體意象之影響，似乎高於真實身材尺寸。

從以上敘述可推知，青少年對身體意象不滿，可能是「扭曲身體尺寸」及「偏好纖瘦身材」兩因素所致，而這種狀況，尤以女生最為嚴重。

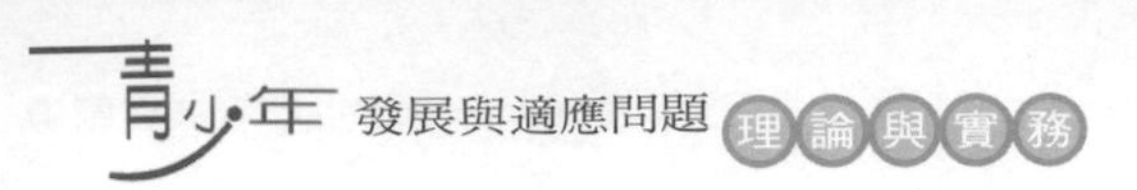

三、青少年憧憬之身體意象

到底什麼樣的身體特質才被青少年認為具有吸引力？目前國內沒有這方面研究，國外研究可以分幾方面來說：第一，身材。大多數青少年，不管是胖子還是瘦子，均偏好苗條（McArthur, Holbert, & Peña, 2005）、平均體重之身材（Connolly, Slaughter, & Mealey, 2004）。不過，男女有別，少女希望自己是纖細、高䠷之外胚型，而少男希望自己是肌肉健碩之中胚型（黃俊豪、連廷嘉合譯，2004）。

第二，腰與臀之比。青少年偏好「平均體重、腰臀之比為0.7之女性」，以及「平均體重、腰臀之比 0.9 之男性」；從兒童至青少年，隨著年紀之增長，偏好之男性腰臀比率愈來愈大，女性腰臀比率愈來愈小（Connolly, Slaughter, & Mealey, 2004）。

第三，一般而言，平均化臉蛋（average faces）較有吸引力（Winkler & Rhodes, 2005），但是，女性化臉蛋（不管男性或女性），比平均化臉蛋更具吸引力（Rhodes, Hickford, & Jeffery, 2000）。

四、影響青少年身體意象之因素

不管國內或國外，青少年對自我身體意象不滿意程度，近幾十年來逐漸提高，這跟大眾所迷思的「理想身體意象」不無關係。例如少女深陷於「苗條就是美」之規約與無止盡的瘦身焦慮中，並且以男性凝視之嚴苛標準審視自我身體（劉育雯，2004）。

少男及少女對自我身體不滿意現象，乃透過不同之歷程而形成。少年透過內化「肌肉發達之理想形象」，少女透過社會比較、他人批判等因素（Jones, 2004）。以下就成熟時間、重要他人批判、社會文化因素、大眾媒體、性別等因素加以說明。

㈠成熟時間

青少年早熟與晚熟時間，會暫時影響身體意象滿意程度。早熟青少年提早擁有同儕欣羨之成人身體骨架，對身體意象滿意程度高於同儕。相反地，晚熟青少年跟同儕比較時，對身體意象滿意程度低於同儕。

不過，隨著年齡增長，當早熟與晚熟因素消失後，對身體意象滿意程度便有所改變。

㈡重要他人批判

青少年對自我身體意象之主觀認定，部分來自重要他人之期望與批判。研究顯示：如果長輩、同儕愈圍繞著身材、減肥等話題談論，以及同輩間愈是在身材上嘲笑、較勁，青少年對自我之外表、體重及身體各部位的滿意度便愈低（文星蘭，2004；鍾霓，2004）。受到媒體、同儕、家人影響程度愈高者，有較高之負面身體意象與飲食障礙傾向，這種情形尤以少女為甚（唐妍蕙，2004）。

㈢社會文化因素

社會文化因素對青少年身體意象有重大影響。第一，由於物質生活富裕，一般人有多餘心力放在跟生存無關之層面上，身體外貌便是其中之一。第二，美容科技發達及韓國美容風潮入侵，年輕人或成年人一窩蜂地花錢整頓不滿意之身體部位。這些年輕人及成年人對身體外貌之重視，很快地成為青少年模仿之典範，於是，青少年開始嚴格審視自我身體外貌。有些家長除了自己整型之外，也帶著青少年兒女一起手術。

第三，某些身體特質，因為受到社會文化之影響，特別為該文化成員所重視，例如日本年輕人特別重視臉部特徵，包括鼻子、眼睛、頭髮、膚色（Kowner, 2004）。在國內，女性膚色一直是女性努力之重點，所謂「一白遮十醜」，美白美容產品，一直是女性最愛。

第四，炒作而成之風潮。最近幾年來女性演藝人員競相凸顯胸部之宏偉，女性之胸部，便成為國內青少年在乎之身體部位。

㈣大眾媒體

媒體對青少年身體意象有相當之影響（賈文玲，2001）。邱麗珍（2001）研究顯示：⑴美容美體論述提供煽動性題材，文中藉由禁止、分類、納入、誇大、淡化或排除策略，造成一種權力掌控之效果，並且刻意排除淡化美容美體之負面論述；⑵女性雜誌透過代言人主觀評價與外在裝扮，對女性身體制定愈來愈嚴苛之美麗標準。

大眾媒體的刻意操作，再透過青少年之「虛擬觀眾」（亦即以為自己是大眾矚目之焦點）作用，而在青少年身上發揮極致之負面效果，包括：

1. 大眾媒體為青少年架構出不切實際之身體型態。由於媒體不斷傳遞「纖瘦就是美」之思想，所架構之理想身體型態，非青少年能達到之標準，因此，愈是重視雜誌與電視減肥廣告與外表資訊之青少年，對外表愈重視（文星蘭，2004），負面身體意象程度也愈高（Levine & Smolak, 2002; Morrison, Kalin, & Morrison, 2004）。

2. 雖然一些研究顯示平均體型者較吸引人，但是，所謂平均體型之主觀視覺，會受到接觸之視覺經驗影響（Winkler & Rhodes, 2005）。大眾媒體標榜之美女都是一些纖瘦、高眺之女性。所謂平均體型已被扭曲縮水，使得青少年對自我真實體型，產生不實之誇大，而不滿意自我身體意象。此即Gleaves等人（1995）研究顯示：身體意象困擾直接受到「扭曲身體尺寸」及「偏好纖瘦身材」等因素之影響。

3. 媒體對青少年身體意象之影響，會因為性別而不同。Harrison（2000）研究發現：接觸「身體肥胖」有關之電視內容，會提高少女暴食症之傾向，但只會讓少男有負面之身體意象；接觸「纖瘦─理想身體」有關之雜誌內容，會提高少女厭食症之傾向，但對少男沒有影響。

㈤性別因素

女性負面身體意象之比率，通常高於男性。這一點從以上所提國內外研究得到支持。可能原因如下：

1. 傳統文化強調女人吸引男人須靠外貌，男人吸引女人須靠才能及成就，因此造就女性比男性更在乎身體意象。

2. 一些美容產品，大都以女性為主要消費者，強化了「女性須重視身體

外貌」之思想。

3.大眾媒體在一些男性產品廣告上，以女性身體作為吸引男性消費者之賣點，也間接強化了身體外貌對女性之重要。

4.「吸引異性」之想法，使得青少年重視身體意象，不過，青少年似乎誤解彼此之標準，而造成負面之身體意象。女性通常希望比目前更瘦一點，而男性希望比目前更有肌肉；但是，女性理想之女性美，更瘦於男性理想之女性美；男性理想之肌肉美比女性理想之肌肉美，其實需有更多肌肉（Demarest & Allen, 2000; Fallon & Rozin, 1985; Tom, Chen, Liao, & Shao, 2005）。換句話說，男女生認為能夠吸引異性之身體美，在異性心中並不認為美。

由於以上原因相互加強，形成牢不可破之惡性循環，讓女性更在乎自我身體意象。

㈥個人因素

具有抗拒誘惑能力、對自我有自信之青少年，比較能夠不受外在環境影響。相反地，充滿負面自我概念之青少年，容易為外境所惑，而影響身體意象之看法。

五、青少年身體意象與輔導

身體意象形成之歷程，跟一些因素有關（如圖 5-2 所示）。「需求滿足狀況」及其他因素（例如運動、營養、飲食習慣）會影響一個人的「身體外貌」。「身體外貌」跟「評價標準」相比較後，形成「正面或負面之身體意象」。

從圖 5-2 所示，可以介入之點有三：⑴處理身體意象之投資因素；⑵滿足需求；⑶修改評價標準。此外，還有一些方法有助於青少年建立正面及身體意象各點說明如下：

㈠加強青少年身體意象之「對身體意象之投資因素」

身體意象「投資因素」會直接影響身體意象「評量因素」（Cash & Szymanski, 1995）及間接影響「情緒因素」（如圖 5-1 所示）。換句話說，花

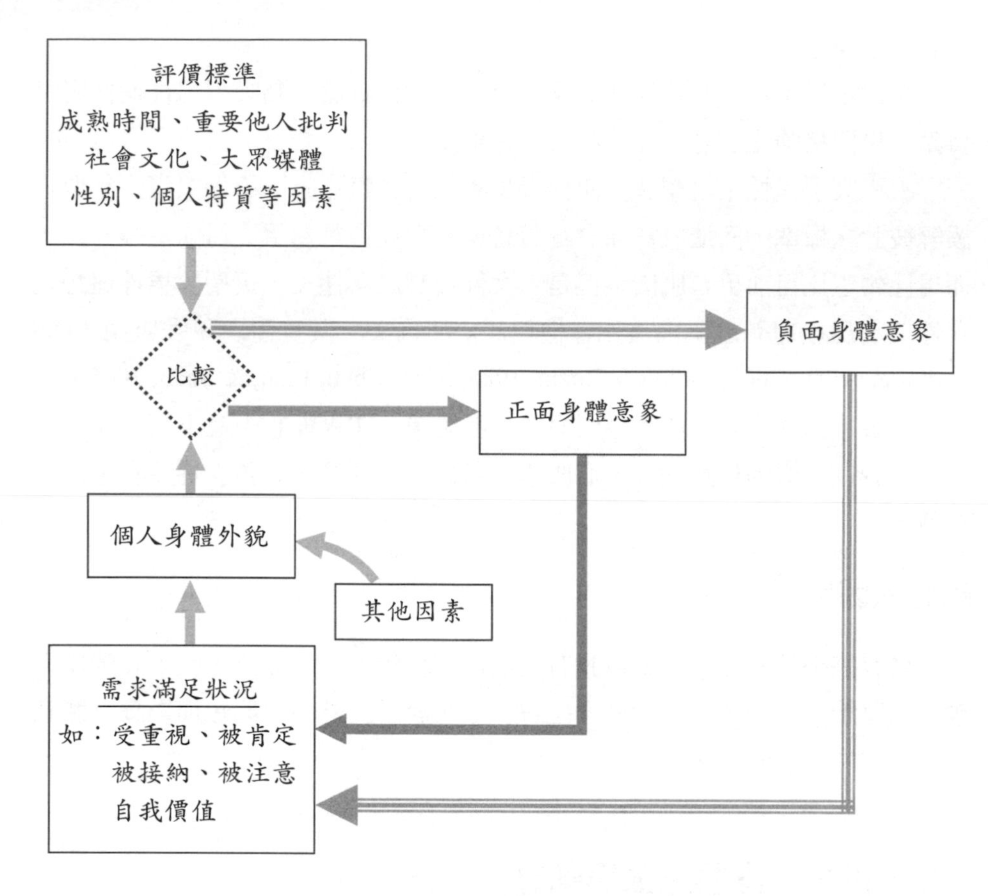

圖 5-2：青少年身體意象形成之歷程

一點心思注意自己之身體外貌，例如運動、飲食，便可以塑造正面之身體意象。

㈡滿足青少年需求

一個人的身體外貌，有部分是由心理狀況雕塑而成，例如心理不健康者可能以食物來抒解情緒、消除孤獨、獲得安全感而造成肥胖及醜化身體外貌。

此外，需求獲得滿足之青少年，對自己及環境有積極看法；相反地，大部分需求未滿足之青少年，對自己及環境的看法偏向負向，包括身體外貌。

因此，滿足青少年需求，可以創造青少年健康之身心。

㈢修改評價標準

「修改評價標準」方面，可以從四方面著手，包括：⑴轉化重要他人對青少年身體外貌之批判，而以肯定、接納之態度待之；⑵抗拒社會文化因素及大眾媒體之不良影響；⑶培養青少年某些保護性因子。

父母、師長及同儕都是青少年生命中之重要他人，影響青少年身體意象之形成，也是改變青少年負面身體意象之關鍵要素。父母、師長及同儕除了改變對青少年身體外貌之負面評價外，也可鼓勵青少年以適當運動及均衡營養改善身體外貌，甚至以身作則，為青少年示範如何控制體重及抗拒不切實際之評價標準。

㈣協助青少年維持正常作息以培養自我掌控或自我管理能力

正常作息，提供穩定之生活速度及生活內涵。穩定之生活速度能夠安定人心，穩定之生活內涵讓生活按部就班，兩者之配合讓個人產生生活掌控感覺。

相反地，紊亂的生活作息，生活脫序，晨昏顛倒，飲食無定量，睡眠無定時，不但傷害身心健康，也失去生活掌控感，並且降低抗拒誘惑能力。

簡言之，以維持正常作息培養自我管理、自我掌控、抗拒外在誘惑之能力。至於如何維持正常生活作息，涉及幾種能力：時間管理、日常作息之規畫、執行規畫、評估及改進、解決問題等能力。

㈤培養青少年情緒調適能力

青少年由於種種壓力洶湧而至，容易陷入低潮情緒，而出現破壞身體意象之行為（例如大吃大喝以發洩情緒）。適當之情緒調適，有助於穩定情緒，維持正常生活作息，進而提高自尊，塑造正面之身體意象。

㈥提供青少年自我肯定訓練

尤嫣嫣（2002）建議：相關單位應定理想體重外，學校則應加強青少年自我肯定訓練，提升個人自信心、強化自尊。

青少年對自我「身體外貌」之主觀評價，容易受到外在環境影響。透過自我肯定訓練，青少年學會接納、肯定及珍愛自我外貌後，便有能力抗拒外在環境不切實際之標準。

此外，協助青少年找出其他方面優點，將注意力分散在各項特點上，而不至於在外表上鑽牛角尖。

㈦培養青少年性別平等態度及肯定自我存在價值

在關切「女性外表，男性能力」的社會壓力下，女性成了理想體型之主要約束對象，使其身心健康受到威脅。

身而為人之價值，不分性別與能力，更無關外表。青少年必須具有「性別平等」之素養，以及跳脫「外表決定一切」之庸俗價值，才不會受到社會壓力與流行文化之羈絆。

此外，鼓勵青少年開放心靈，接觸多元活動，發掘自己潛能，以塑造豐富及有深度之生命。

第四節 青少年生理發展問題之四——肥胖

問題與討論

1. 何謂肥胖？認定肥胖的方法有哪些？
2. 國內青少年肥胖問題如何？
3. 造成肥胖之成因為何？
4. 哪些保護性因子有助於預防及輔導青少年肥胖問題？

肥胖是當代文明病之一，不分老少，都擔心成為胖子。青少年非常在乎外表，對於肥胖問題更加敏感，因此減肥是青少年流行的話題之一。

一、肥胖之定義

何謂肥胖？當攝食之熱量超過身體所需或所消耗之熱量時，多餘之熱量便以脂肪型態儲存於體內，當體內儲存之脂肪超過一定程度時就造成肥胖（方進隆，2002；許秀鳳，2004）。

肥胖的認定有幾個測量方法：

⑴身體質量指數〔Body Mass Index, BMI，即體重（kg）／身高（m）^{2}〕。男性之理想指數為22.1，女性為20.6。依據世界衛生組織1998年沿用至今之肥胖BMI分類標準：BMI＝18.5～24.9為健康體重；BMI＝25～29.9為體重過重；BMI＝30～34.9為一級肥胖；BMI＝35～39.9二級肥胖；BMI＝40以上為三級肥胖（陳照明、陳建佑，2004）。

行政院衛生署為國人所定肥胖之標準，以BMI＝24為國人體重過重之切點，BMI＝27為肥胖之切點（行政院衛生署網站，2006）。

教育部（2004a）建議將十至十八歲青少年的身體質量指數超過百分位數85而未達95時，為「過重學生」，當超過百分位數95時，為「肥胖學生」。

⑵在標準體重值上下10%，屬於正常體重範圍，超過標準體重20%以上者為肥胖（轉載自尤嫣嫣，1999）。

⑶測量體脂肪：一般體脂肪含量男性為25%或以下，女性為32%或以下；若運動員或具有較好體適能者，男性以15%或以下，女性為23%或以下（陳文詮，1997）。

二、國內青少年肥胖問題

國內青少年肥胖與飲食問題有日趨嚴重之勢。將最近幾年之研究結果摘要如表5-7。

資料顯示，肥胖問題為大多數青少年所關切。青少年採用一些方式控制體重，所採用方法甚至造成身體傷害。

三、青少年肥胖之成因

導致青少年肥胖之成因很多，以下綜合一些學者觀點（例如尤嫣嫣，1999；Kreshok & Karpowitz, 1988）將導致肥胖之成因整理如表5-8。

表 5-7：近年來國內青少年肥胖問題狀況

有關之研究	對象	結果
衛生署1992至1997年國民營養健康狀況變遷調查（教育部，1999）	國中小	15%至20%傾向肥胖。
黃奕清、吳仁宇（2000）	國中	1. 肥胖盛行率男生介於 9.9%至 18.3%之間，女生介於7.6至14.8%之間。 2. 男生在各年齡層的肥胖盛行率大多高於女生。
藺寶珍、王瑞霞（2000）	國中	1. 大多數自覺自己很胖。 2. 正執行體重控制者 76.1%，其中 47.9%採用一種以上不健康方式控制體重，52.1%採用健康方式控制體重。
賈文玲（2001）	國高中	1. 認為體重過重者 53.4%。 2. 用斷食或節食方式控制體重或減輕體重者 21.2%。
陳微拉（2002）	高中職女生	1. 自評體重過重或肥胖者 72.2%。 2. 對身體各部位感到不滿意者 28.4%。 3. 達飲食異常程度者 12.2%，具飲食高失控傾向者 3.0%。

表 5-8：造成肥胖之成因

心理成因：降低焦慮與衝突、自我懲罰與自我應驗、獎勵自我

生理成因
- 外在因素：食物類型與樣式、活動程度、營養學知識、肥胖知識
- 中介因素：能在某種程度上調解但無法控制之因素
- 內在因素：遺傳、神經傳導物質、疾病

(一)心理成因

1. 降低焦慮與衝突

有些人藉著飲食來降低潛意識的焦慮與衝突（黃俊豪、連廷嘉合譯，2004），這些方法或許可以暫時忘卻情緒，但副作用便是肥胖。

2. 自我懲罰與自我應驗

有些自我概念較差者，以自我詆毀行為，來應驗內在低落之自我概念。例如藉著大吃大喝養就一身贅肉，讓自己動作遲鈍，以激起他人厭惡，造成自己孤立，應證他人無情，自己可悲之想法。

3. 自我獎勵

當表現良好，或是完成一件重要工作時（例如考完期中、期末考），有些人習慣以大吃大喝獎勵自己。如果飲食成為習慣性之獎勵品時，肥胖的可能性便提高。

㈡生理成因

1. 外在因素

⑴食物類型與生活習慣：第一，零食增多。現代人物質生活富裕，各類精緻加工零食不斷推陳出新。禁不起誘惑又喜歡嚐新之青少年，自然成為這些零食的最大消費者。第二，外食人口增多。父母工作忙碌，青少年成為外食人口，便當中充斥各類高熱量、高脂肪之食物。

第三，各式飲料充斥。許多青少年不喝白開水，以各類飲料取代，這些飲料糖分高、熱量高。第四，點心消夜多。一些青少年是夜貓族，三不五時三五好友秉燭聊天打屁，品嚐點心消夜至天亮。第五，看電視或無聊時以零食相陪。第六，家庭習慣之飲食模式。有些家庭熱愛油炸食物，或高脂肪食物，或大吃大喝之飲食模式。

⑵活動程度：第一，活動量減少。電視與網路是青少年休閒娛樂之一，這兩種休閒娛樂，占據了青少年大部分的休閒時間，也加速了青少年體內脂肪之累積。第二，肥胖降低活動動機。肥胖青少年因為活動而氣喘如牛或舉步維艱，因此降低了活動之動機。

⑶營養學知識：青少年期所需的營養跟其他發展階段不同。青少年若缺乏營養學知識，不知每一種食物所含的營養與熱量，以及配合發展所需，將選擇不適合之食物，造成熱量囤積體內。

⑷肥胖知識：肥胖知識是指造成肥胖之原因、肥胖對健康之影響與體重控制方法等。研究顯示：青少年肥胖知識不足，是造成其肥胖與體重控制無

效的重要原因之一（藺寶珍、王瑞霞，2000）。

2. 中介因素

肥胖是脂肪組織積蓄過量的三酸甘油脂所造成，依照病理組織學可區分為三種（李啟澤、李孟智，1997）：⑴脂肪細胞增殖型肥胖：脂肪細胞數目增加，但脂肪細胞體積大都正常，兩歲以前發胖者屬之；⑵脂肪細胞肥大型肥胖：脂肪細胞數目正常，但脂肪細胞體積較大，青少年期之後發胖者屬之；⑶脂肪細胞肥大兼增殖型肥胖：脂肪細胞數量多且體積大，兩歲至青春期間肥胖者屬之。

人體內的脂肪細胞數目在童年時大致固定，當一個人吃得多時，並不會讓脂肪細胞數目增加，而是讓脂肪細胞變胖，即三酸甘油脂及其他脂肪變大。如果在孩童時代吃得多，便有可能讓脂肪細胞的數目增加，及讓每個脂肪細胞容量變大（黃啟明譯，2000）。

從以上描述可知，從中介因素來說，青少年肥胖的可能原因：⑴孩童時代吃太多，致使脂肪細胞數目過多及讓每個脂肪細胞容量過大，也使得孩童時代的肥胖，被延至青少年期；⑵青少年時不適當之飲食習慣，使每個脂肪細胞容量變大。

3. 內在因素

⑴遺傳：遺傳對肥胖問題，有某種程度之影響。同卵雙胞胎具有極為相似之BMI（身體質量指數）；被領養的孩子，其BMI通常跟親生父母有密切關係，而跟養父母無關。這顯示了遺傳可能跟肥胖問題有關（陳宏淑譯，2004）。

⑵神經傳導物質：當脂肪細胞變大時，會分泌一種荷爾蒙，稱為「瘦體素」（leptin），瘦體素會抑制 Y 神經肽（neuropeptide Y, NPY），而 NPY 是致使個人吃得過多的可能原因之一（黃啟明譯，2000）。換句話說，「瘦體素」攜帶了飽足之訊息，透過對 NPY 的抑制作用，讓人不再攝取食物。

除了「瘦體素」外，另有一些荷爾蒙也跟肥胖問題有關。例如「促腎上腺皮質激素釋出荷爾蒙」（corticortropin releasing-homone, CRH）、縮膽囊肽（choecystokinin, CCK）等都會降低食慾（黃啟明譯，2000）。

⑶疾病：有些疾病會引起肥胖，例如內分泌失調引起腎上腺疾病或甲狀腺功能低下（尤嫣嫣，1999）。

從以上描述可知，各因素間都有關聯，像環節一樣，環環相扣。例如脂肪細胞變大時，瘦體素分泌便增加，使得食慾降低；當體重下降時，瘦體素分泌及新陳代謝作用會降低，使得體重下降的困難度增加（黃啟明譯，2000）。

肥胖涉及複雜之機制，減肥絕非「不吃、不喝」那麼簡單。青少年想要減肥，必須先弄清楚這整個複雜機制，找出致使肥胖之原因，再使用適合方式減肥。不過，均衡營養與適當運動，是最根本之要件。

四、青少年肥胖問題與輔導

(一)了解造成肥胖之成因及複雜機制

預防肥胖或處理肥胖問題，不能只是「少吃」。肥胖問題涉及個別差異，每個肥胖者之成因可能不同。青少年必須了解肥胖之成因及複雜機制，才能針對問題，找到適合之處理方法。

(二)生理成因之處理

處理肥胖之生理成因，是以健康體重控制方法處理。健康體重控制方法，是青少年必要之教育。何謂健康體重控制方法？第一，飲食控制。最好少食高熱量食物，並維持營養均衡。為了限制熱量與維持營養均衡，青少年須知道食物之成分與熱量卡數，並且依據生活作息、成長需求，提供身體所需但不至於造成肥胖之各種營養素。這些資料隨手可得，可以上網或至書店查閱相關書籍。

尤嫣嫣（1999）提出幾項飲食計畫原則，包括：⑴每餐包含多種類食物，避免高熱量食物，讓營養均衡；⑵每日不偏重任何一餐，不吃零食，不應酬、不到吃到飽自助餐用餐；⑶減重不宜過快，每週以減少 0.5 至 1 公斤為原則；⑷禁用動物油，使用少量植物油，避免油炸食物；⑸避免加工食品；⑹吃高纖維、體積大、熱量低又有飽足感食物。

第二，適度運動。適度運動可以增加心肺功能，運動身體四肢，燃燒脂肪。運動也可以增加大腦對瘦體素之敏感性，而降低食慾（藍青，2002）。

以運動控制體重時，必須依據個人身心狀況及目的，選擇適當運動方式、運動頻率、運動時間與運動強度（許秀鳳，2004），才能產生事半功倍效果。最重要的是，每週三次、持之以恆。

體重控制問題往往「知易行難」。要一個人運動且持之以恆，似乎有點困難。如果有類似問題之同儕或家人一起身體力行，實行起來便簡單多了。

㈢心理成因之處理

體重控制失敗，心理因素常占有重要地位。心理因素之影響，無法完全由生理因素來彌補。心理因素通常涉及複雜之機制與過程。處理心理因素時，有時須藉助諮商之協助。

㈣培養相關之保護性因子

一些保護性因子可能有助於體重控制，包括情緒調適、問題解決、抗拒誘惑、自我管理、規畫執行及評量能力。

本章摘要

第一節　青少年生理發展問題之一——早熟與晚熟

1. 依青春期開始之時間，分為早熟、晚熟及適時等三類青少年。
2. 早熟及晚熟對青少年身心發展各有利弊。不過這些利弊，在未來會隨著其他因素之加入而有不同變化。
3. 輔導青少年因不同性成熟時機造成之影響包括：⑴培養滿足後延能力；⑵培養情緒調適能力；⑶提供性教育；⑷學習尊重自我及他人身心發展之個別差異；⑸正面看待自我發展；⑹了解早熟及晚熟者發展上之利弊；⑺為自我身心發展負責。

第二節　青少年生理發展問題之二——性知識與性行為

1. 青少年性知識不足，但異性交往及性行為比率，隨著就學階段而提高。
2. 青少年異性交往及性行為逐漸普遍，但避孕與性病預防行為不足。
3. 青少年性知識來源依次為同儕、學校課程、書籍及父母。
4. 母親是少女性知識重要來源之一，而父親角色沒有發揮作用。

5. 輔導青少年異性交往包括：

⑴學校方面：配合青少年需要提供性教育；善用國內學術機構之實驗課程；善用同儕力量；成為青少年與家長之橋樑，向父母反映青少年需要；協助父母負起責任。

⑵家庭方面：了解青少年需要；父母隨時吸收新知，成為青少年之良師益友；熟悉青少年交友狀況，以發揮同儕正面影響力；跟學校保持聯繫及合作，以提供青少年有益之成長及學習環境。

⑶社會方面：政府立法管制色情網站、色情書刊、鎖碼頻道等；大眾媒體負起社會教育之責，提供青少年健康之性教育。

⑷青少年本人方面：主動向家長、學校反映需要；主動培養因應技能或保護性因子；為自我行為負責。

第三節　青少年生理發展問題之三——身體意象

1. 身體意象是指一個人對自我身體特質之想法、感受與行為反應，包括三因素：對身體意象之「評估」（認知）、對身體意象之「評估／情緒」（情緒）、對身體意象之「投資」（行為）。

2. 國內青少年普遍具有負面身體意象。

3. 青少年偏好之身體意象為：外胚型少女、中胚型少男、腰與臀有適當比率、女性化臉蛋。

4. 影響青少年身體意象之因素：

⑴成熟時間（例如早熟者比晚熟者較容易擁有正面身體意象）。

⑵重要他人批判（例如重要他人批判愈多，青少年負面身體意象程度愈高）。

⑶社會文化（例如傳統文化強調女性之吸引力靠外貌）。

⑷大眾媒體（例如傳遞扭曲之體態標準）。

⑸性別（例如女性負面身體意象比率高於男性）。

⑹個人特質（例如抗拒誘惑能力）。

5. 對青少年負面身體意象之輔導包括：

⑴加強青少年「對身體意象之投資因素」，以健康方法控制體重。

⑵避免青少年以食物滿足心理需求。

⑶修改評價標準，例如轉化重要他人對青少年身體外貌之負面評價。

⑷協助青少年維持正常作息以培養自我掌控或自我管理能力。

⑸培養青少年情緒調適能力。

⑹提供青少年自我肯定訓練。

⑺培養青少年性別平等態度及肯定自我存在價值。

第四節　青少年生理發展問題之四——肥胖

1. 近年來國內肥胖青少年之比率日漸增多。

2. 造成青少年肥胖之成因包括心理與生理兩方面。生理成因分為外在（食物類型與生活習慣、活動程度、營養學知識、肥胖知識）、中介（脂肪肥胖細胞之數量及體積）及內在因素（遺傳、神經傳導物質、疾病），這些成因交織成複雜之機制。

3. 預防及輔導青少年肥胖問題包括：

⑴了解造成肥胖之成因及其複雜機制，以找出適合之減肥方法。

⑵處理生理成因之方法有飲食控制、適當運動。

⑶處理心理成因時，可以求助專業諮商人員。

⑷培養相關保護性因子，例如情緒調適、問題解決、抗拒誘惑、自我管理、規畫執行及評量等能力。

第六章

青少年認知發展與輔導

父母總是在某一時刻，突然發現青少年子女不但比以前聰明，而且意見多。青少年的改變，有時候讓父母有種難以駕馭的感覺。這是因為青少年的認知發展，進入新的階段，而且擁有像成人一樣的思考模式。

青少年的認知歷程，跟兒童有很大差異。不過，並不是所有的青少年都有同樣轉變。理論上，青少年從十一至十五歲間，處於形式運思認知發展期；事實上，有些人終其一生都無法進入形式運思期（張文哲譯，2005）。

以下論及認知發展之意涵、認知發展理論、青少年認知發展帶來之改變，以及如何促進青少年認知發展。

第一節 認知發展之意涵

問題與討論

1. 爸爸認為小莫比以前聰明，這是因為認知發展緣故。何謂認知，涉及哪些心理活動？何謂認知發展？

2. 如何知道一個人的認知能力比以前成熟？
3. 認知發展如何產生？與適應環境有何關聯？

爸爸媽媽告訴國三的小莫及小三的小伶，星期天將帶他們出去玩，但是還未決定到哪裡。小伶聽到後，高興地手舞足蹈，說她想到陽明山，因為學校老師說花季已到。小莫不發一語，打開網路查看星期天的天氣預報。根據氣象局之推估，星期天可能下雨，而且天氣將變冷。小伶一聽，改變心意，想到鶯歌陶瓷老街。不過，小莫認為下雨又天冷，陶瓷老街也不適合去。小伶想了想，下雨天似乎沒有地方可去，心情沉了下來，哀怨的嘴巴翹了半天高。

小莫看到妹妹落寞的神情，帶著一抹微笑，趕緊告訴小伶，不只可以出去玩，而且可以玩好幾個地方。小伶聽到哥哥的話後，猛拉著哥哥的手，要哥哥告訴她到哪裡玩。小莫拿出一張紙，列出下雨天及晴天適合去的地方。在參考早晚可能的天氣變化、交通路線、時間預估、小伶的期望之後，排出了幾個不同方案。

爸爸看著小莫安排的活動，眼睛亮了起來，心裡想著：「這小子什麼時候變得這麼行，竟然比我聰明！看起來，以後有些事都該留給他做。」

一、認知發展之定義

認知（cognition）是指跟獲得、改變與操控知識有關之心理活動（Byrnes, 2003），更具體來說，是指個體經由意識活動，認識與了解事物之心理歷程（張春興，1989），例如語言、推理、記憶、想像、辨認、詮釋、預測、思考、判斷等，都可說是認知活動的一部分。

認知發展（cognitive development）是指一個人在獲得、改變與操控知識等心理能力之成長。這種成長，會反映在個人面對問題時之思維與反應上。例如兒童與青少年的認知能力不同，因此兩者面對問題時，思維與反應便有明顯差異。

Byrnes（2003）認為可以從三方面衡量青少年認知發展：第一，青少年某方面所擁有之知識，以及不同知識間連結之複雜度。例如青少年年紀愈大，數學概念性知識愈豐富；處理問題時，不但靈活運用數學知識，而且能夠結合不同領域之知識。

第二，運用現有知識於認知歷程。例如是否能夠使用現有知識進行推理。第三，反省與評量認知過程、知識之使用與行為反應〔亦即後設認知能力（metocognition）〕。例如是否能夠檢測出自己推理歷程之優缺點、所使用推理策略之有效性。

總而言之，可以從三個標準評量青少年認知發展：第一，認知產生「量之改變」（指數量增加，例如能進行更多類似問題之推理）或「質之改變」（指結構之改變，例如能進行更複雜、更困難之推理）。第二，能夠評估問題處理過程之優缺點，並且加以改進（後設認知能力）。第三，這種改變使得個人有能力適應更複雜環境及維持身心健康。

二、基模之改變與認知發展

基模（schema）是一種認知結構，個人用以詮釋、理解、預測、回應內外刺激。當個人面對內外在刺激時，基模便被啟動，對這些內外在刺激進行處理，包括根據過去經驗詮釋刺激之意義以產生理解，然後依據理解決定適當反應及預測反應之可能結果。換言之，基模操控人的行為。

基模是有組織之認知結構。每個基模都以某個主題為中心，跟此主題有關之訊息，會被串連及組織。基模結構呈階層與網絡狀，訊息與訊息間有些有連結，有些沒有連結。愈上層之訊息，愈抽象化與普遍化；愈下層之訊息愈具體化與明確化。例如「人」及「女人、男人」兩類概念，「人」比「女人、男人」之階層更高，因為「女人、男人」比「人」的概念，更具體及明確。

基模結構組織之精緻化與複雜化程度，會決定個人思想、情緒及行為反應之品質。有人才思敏捷舉一反三，有人才智魯鈍說三知一，前者之基模，在組織結構上比後者更精緻化與複雜化。在發展過程中，基模與基模間也會逐漸連結組合，形成更大之組織網路，協助個人適應更複雜之環境。因此，「認知發展」便是指基模組織結構之精緻化及複雜化。

從認知發展理論的一些假設（Kohlberg, 1984），可以清楚呈現「認知發展」之意涵，以及促使「認知結構改變」之可能方法。同時，也跟前面Byrnes（2003）衡量認知發展之標準相呼應：

1. 發展涉及認知結構之改變，這種改變會反映在整體組織之變化，或系統內部各關係之改變。

2. 認知結構發展，是個人與外在環境互動之結果。

3. 認知結構是行動結構，亦即人類行為受認知結構之支配。

4. 認知發展會使個人與環境關係更和諧。

5. 情緒與認知發展，並非涇渭分明。情緒及認知發展同時進行，但在界定認知結構改變時，代表不同觀點與脈絡。

6. 人雖然由不同層面所構成，但是被一個共同架構所貫穿而成為一體，例如自我概念。

從以上描述中可知：第一，「發展」讓認知結構或基模精緻化及複雜化。第二，基模之精緻化及複雜化，讓個人跟環境有更和諧之互動，亦即更佳之環境適應。第三，促進基模之精緻化及複雜化，來自於個人跟環境之互動，即適應環境之歷程。第四，提供保護性因子促進個人跟環境和諧互動，可以提高個人的認知發展。

第二節 認知發展之相關理論

1. 依據Piaget認知發展理論，認知發展之機制為何？哪些因素促使認知發展？
2. 新 Piaget 認知發展論有哪些修正觀點？
3. 依據Vygotsky社會文化理論，認知發展之機制為何？哪些因素促使認知發展？

4. 依據訊息處理理論，青少年認知發展反映在哪些訊息處理歷程中？
5. Piaget認知發展理論與Vygotsky社會文化理論對認知發展之看法有何異同？

大部分的心理學家同意，任何能力之發展，都跟經驗、學習、遺傳與環境等四大因素有關。不過，這四種因素對個人發展之重要程度，心理學家的看法並不一致。因此，對影響認知發展之因素，不同心理學家有不同看法。以下介紹幾位學者之理論。熟知理論，便能了解協助青少年認知發展之可能途徑。

一、認知發展理論——Piaget

㈠認知發展之機制

Piaget認為，發展不是「從無到有」，而是逐步轉化、分化與整合（Smith, 1993，轉載自 Lourenco & Machado, 1996）。Piaget 將認知發展視為個人適應環境之結果，適應歷程是基模歷經「平衡」（equilibration）與「失衡」（disequilibrum）持續交替之歷程。轉化、分化及整合，便發生在基模「平衡」及「失衡」的交替循環中。

所謂「平衡」是指個人之基模能夠應付外在挑戰；也就是說，外在刺激的困難度，基模足以應付，這是一種「同化（assimilation）現象」。例如一個已經學會乘法的人，面對加法問題時，一點也不覺得困難。

所謂「失衡」是指外在刺激的困難度，超越了基模（認知能力）的能力範圍，因此個人無法運用既有的能力處理問題。例如諸葛亮之才智超越周瑜，對周瑜來說，他的基模無法破解諸葛亮運籌帷幄之道，因此被諸葛亮玩弄於股掌中。或是一個只會減法的人（基模中只有減法概念），面對除法時，基模便無用武之地。

在人際互動中，有一種常見之現象，也是一種「失衡」情境，即是外在訊息跟基模內的訊息不一致，而讓個人不知所措。例如小星一直認為小琪溫柔婉約（基模內涵），正是嚮往已久之理想對象。在交往後才發現小琪潑辣

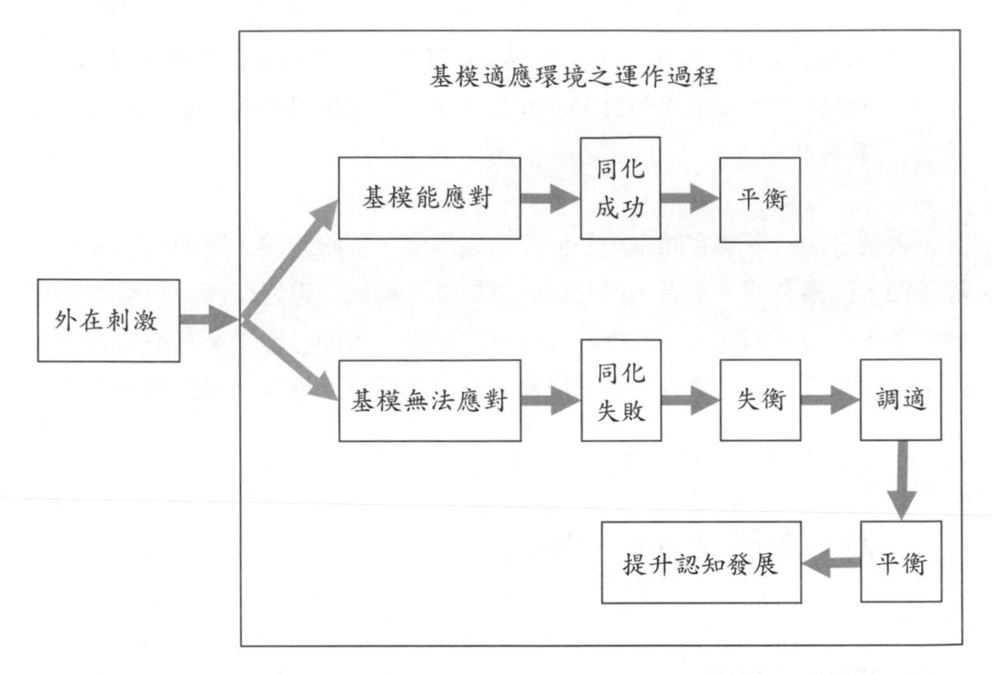

圖 6-1：Piaget 認知發展理論之認知發展機制

開放，跟自己所認定之個性不一樣。因此，不知道該不該跟小琪繼續交往。

以上兩種狀況，都會讓個人處於「失衡」狀態。處在「失衡」狀況下的人，會覺得不舒服、焦慮、寢食難安。因此，必須修改基模內涵，才能從「失衡」回到「平衡」。這種狀況稱為「調適」（accommodation）。

個人適應外在環境時，不斷藉著「同化與調適」交替之歷程，從「失衡到平衡」，以提升認知發展。茲將以上描述之內容圖示如圖 6-1。

㈡認知發展階段

Piaget 認為，透過以上的認知發展機制，個人的認知發展隨著適應環境及年齡增長，而不斷提升。茲將 Piaget 認知發展各階段中，比較重要之發展特徵摘要說明如表 6-1（王明傑、陳玉玲合譯，2002；周甘逢、劉冠麟合譯，2004；張文哲譯，2005；蘇建文等，1995；Muuss, 1982）。

Foltz、Overton 與 Ricco（1995）研究發現，青少年的認知發展，會從歸納推理過渡到演繹推理。具有形式運思者才能進行演繹推理（deductive reasoning）。

表 6-1：Piaget 認知發展理論各階段之特徵

階段	年齡	特徵
感覺動作期（sensorimotor stage）	出生至 2 歲	1. 藉由對物體之實際接觸學習與了解物體。 2. 由反射反應進展到目標導向行為。 3. 具物體恆存概念。 4. 具認知表徵能力。 5. 具延宕模仿能力。 6. 自我中心思考：無法區別自我與外在世界。當物體恆存概念發展後，自我中心思考降低，才能區分自我與外在世界。 7. 發展任務：了解、熟悉外在環境事物。
前具體運思期（concrete preoperational stage）	2 歲至 7 歲	1. 注意力只集中於物體的單一特徵（例如高度）。 2. 雖具認知表徵能力，但認知運作缺乏可逆性。 3. 注意力只集中於物體之「靜態」狀態而忽略動態之改變歷程。 以上三種狀況，使得兒童缺乏「守衡或保留」（conservation）概念。 4. 自我中心思考：認為別人跟自己的想法一樣。 5. 發展任務：學習運用符號（如語言）。
具體運思期（concrete operational stage）	7 歲至 12 歲	1. 思考的內容是熟悉的具體物體或情境。 2. 認知運作：基本的推理能力、具體的邏輯思考能力。 3. 具序列化能力、階層分類能力、物體保留概念。 4. 了解別人跟自己的意見可能不同。 5. 能處理部分與整體之關係。 6. 自我中心思考：將自我假設當成事實，認為事實必然符合自我假設。 7. 發展任務：熟練類別、關係與數量概念。
形式運思期（formal operational stage）	12 歲至成人	1. 思考的內容為熟悉及未經驗的假想事物；思考的方式為邏輯推理；思考的對象包括非具體事物之符號。 2. 處理問題時，形成假設與考驗假設、具後設認知能力。 3. 自我中心思考：過度重視他人看法，誤以為自己是他人注意焦點，無法區辨自我思考與他人思考之差異。自我中心思考以虛擬觀眾（imaginary audience）、個人式寓言（personal fable）來呈現。 4. 發展任務：熟練與運作邏輯及抽象思想過程。

演繹推理是指從一個或一個以上已知的一般陳述，得到邏輯上確定結論之推理歷程。條件推理（conditional reasoning）、三段式推理（syllogisms）都屬於演繹推理（李玉琇、蔣文祁合譯，2005）。

在條件推理中，推理者必須根據「若……則」（if-then）的命題而導出結論（例如，若你是國中老師，則你修過教育學分）。在三段論式推理中，涉及從兩個前提導出結論（例如小笛比小華高，小華比小英高，三人中誰最高？）。在演繹推理中，通常涉及許多推理。

Foltz 等人（1995）認為，青少年在「確立證明」（proof construction）時，由於具有形式運思能力，會使用演繹推理（deductive reasoning）策略。之所以使用演繹推理策略，是因為認為考驗假設時，不只找出支持假設之例子，也應找出反駁假設之例子。透過這些反證，可以從一堆假設或可能解答中減少假設或可能解答，直到找到唯一的假設跟解答。這種歷程涉及「反證策略」（falsification strategy）及「消除法策略」（eliminatory strategy，指一一消除被反駁之假設及可能解答）之使用。

相反地，缺乏形式運思者傾向於使用歸納推理中「提出證據策略」（verification strategy），使用此種策略奠基於此種想法：找到支持假設之資料，便是找到答案。因為無能力使用反證策略及消去法策略，因此造成訊息過多，反而阻礙問題解決。

Piaget 曾引用代數中「四變換群」（INRC group）和「格」（lattice）的結構來說明青少年的邏輯推理能力，這是邏輯結構的整體或系統。「四變換群」是可逆性的整體結構形式，I（identity）代表正面或肯定，N（negation）代表反面或否動，R（reciprocity）代表相互，C（correlation）代表相關。「格」是指在「四變換群」的基礎上，透過集合論（set theory）的並集（A 和 B）及交集（A 或 B），而形成命題的組合系統。青少年在十一至十五歲間，儘管尚未意識到這些變換組合系統的存在，但已能運用這些形式運算結構，來解決所面臨的邏輯課題（林崇德，1998: 376-377）。

青少年的推理能力，隨著青少年之成長，而逐漸成熟。在青少年後期階段，已擁有演繹推理能力（Chapell & Overton, 1998）。事實上在十八歲時，演繹推理能力達發展高峰（轉載自 Chapell & Overton, 1998）。

綜合以上所言，生理成熟及適應環境，是促成青少年認知發展之主因。

二、Piaget 理論之修正

Piaget 之後的研究結果，對 Piaget 理論有部分修正。以下從幾方面說明 Piaget 理論之新觀點。

㈠影響發展之因素

Riegel（1973）從相關研究，歸納出幾個看法。這些看法包括：⑴Piaget 逐漸發現到，在早年的發展上，大部分人的發展速度較一致，但後來的發展速度，個別差異現象愈明顯。從青年期進入成年期之成年人，其發展速度受到個別差異及文化因素之影響；⑵大部分 Piaget 的研究材料，都屬於數學、物理及化學領域，這些領域不利生長於未開發國家者，以及已開發國家中專精於文法商者；⑶個人的興趣、動機、練習機會、社會價值等因素，會影響其運思表現。例如木匠可能在其專業領域上能夠流暢地使用形式運思，但在實驗室的表現可能不佳，這是因為對實驗材料不熟悉，或實驗材料跟現實工作無關。

以上這些看法，受到近年來研究之支持，而逐漸形成新 Piaget 發展認知理論，這些修改之論點包括：⑴訓練與經驗（例如生活經驗、教育）有助於認知發展；⑵一個人在不同領域，可能有不同之認知發展水準；⑶文化對發展有重要影響（張文哲譯，2005）。

簡言之，成熟、社會文化、訓練、教育、經驗等因素，對認知發展都有影響。Piaget 是否不重視社會文化、訓練、教育、經驗等因素對認知發展之影響？Lourenco 與 Machado（1996）曾撰文為 Piaget 辯駁，認為 Piaget 對以上因素之重視，散見在他後來的文章中，例如認為社會因素是認知發展不可缺少之要件。一般學者因為誤解 Piaget 之觀念，或一些研究者使用之研究材料無法實際測量 Piaget 所認定之認知能力，才產生以上之誤解。

㈡年齡及發展階段

年齡跟發展階段是否有必然之關係？誠如以上所述，如果成熟並非影響認知發展的唯一因素，那麼年齡跟發展階段之關係便不存在。

第一，即使年齡屬於某一認知發展階段者，不一定各方面表現都符合該認知發展水準，這是個人內（intrapersonal）差異。第二，同一年齡階段者，未必都進入相對應之認知發展階段，例如有些人終其一生都未能進入形式運思期；即使處於同一認知發展階段者，認知能力未必相等，這是個人間（interpersonal）差異（張文哲譯，2005）。

不過，可以確定的是，認知發展依循著 Piaget 認知發展理論各階段之順序展開。

㈢發展階段之延長

Lourenco 與 Machado（1996）認為，雖然形式運思期是認知發展的最後階段，但 Piaget 並未說過青少年期之後，個人的認知不再發展。所謂最後階段是指結構，而非內涵，因為形式運思階段的思考可分為不同水準，知識廣度也有擴展之空間。

不過，有些學者認為認知結構會持續改變，並且越過第四階段之形式運思期，形成第五階段之認知發展。不同學者給予第五階段不同命名，包括：認識論階段（epistemological stage）、辯證階段（dialectal stage）、相對論階段（relativistic stage）、單一運思階段（stage of unitary operations）、發現問題而非解決問題階段（stage of discovery, not solution, of problems）（Lourenco & Machado, 1996）。以下介紹其中兩種看法。

1. Arlin 之看法

Arlin（1975）將形式運思期分為兩個階段，分別為：「解決問題階段」（problem-solving stage）與「發現問題階段」（problem-finding stage）。

「解決問題階段」即是傳統 Piaget 認知發展階段中的「形式運思期」。「發現問題階段」為認知發展之第五個階段，其特徵為創造性思考與尋找問題（discovered problem）（Getzels & Ciskszentmihalyi, 1965，轉載自 Arlin, 1975）。

2. Riegel 之看法

Riegel（1973）認為，所有的思想都必須回歸到辯證之基礎上（dialectic basis），因為辯證運作是成熟認知之必要條件。Piaget 的認知發展理論脫離了辯證基礎，無法解釋成熟及創造者之思考模式。例如創造力活動產生於個人能兼容相互矛盾之意念，又能將之整合成有趣之構思。然而，這種矛盾又相容之構思，卻是形式運思之禁忌。因此，Riegel（1973）在形式運思期後另加一發展期，稱為「辯證思考（dialectical thinking）期」。

「辯證思考」是指每件具體事件或經驗本身，具有多種彼此不容，卻相互依存之關係。只有呈現這些彼此不容卻相互依存之關係，才能呈現整體。例如兩極中之陰及陽。「陰（黑）」及「陽（白）」雖彼此不相容，卻必須相依共存，才能將自身特色及整體風貌呈現。這種「彼此不相容，卻又相互依存」之關係，便是「辯證關係」。

簡單的說，辯證思考強調「整體」及「過程」。整體不等於各部分之相加（Basseches, 1980）。整體是由各部分及各部分之關係整合而成。彼此之關係可能相容，也可能不相容，即使不相容，卻須相依共存，才能呈現本身及整體之存在。就「過程」來說，當各部分之互動關係變動時，整體之型態便產生改變，因此「整體之型態」只是一種暫存形式。

舉例來說，「一棟三層高之房子」並不等於「這棟房子所有建材相加」。如果這些建材間彼此關係改變，所建造出來之房子，就不是原先房子。或當這些建材被用於建造房子以外之目的時，塑造之成品便不是房子。換句話說，任何存在之東西都只是互動「過程」中暫時存在之形式。創造思想之產生，便是能夠突破暫存形式，改變各材料間之關係，兼容矛盾，而創造出新的整體。

Riegel（1973）認為，其實 Piaget 的認知發展理論，奠基於「辯證思考」（dialecticism）。辯證思考清楚地呈現於個人「調適及同化」之模式中。調適及同化本身，便是一種互補又不相容之關係。「調適」是改變自我以適應環境，而「同化」是讓環境融入自我中。這種關係也呈現在認知發展的每一階段中。Piaget 忽略思想中之「辯證關係」，強調沒有矛盾之邏輯運思（尤其在形式運思期中），而將「發展」視為去除以上所述之矛盾關係。

對 Riegel（1973）來說，即使調適產生，新的認知結構形成，由於思想本身源自「辯證」，因此在新結構中，不相容的辯證關係仍舊存在。成熟及具創造力者，會讓思想再回到「辯證模式」中。

辯證運思（dialectic operation）奠基於人類思考的矛盾本質，因此這種思考可以往前邁入更高發展階段，也可以退後回到早期發展階段的思考模式中；可以從某一發展階段之角度思考某一問題，或從另一發展階段之角度思考另一問題。這代表一種矛盾，也意味著辯證之特質。

簡單的說，Riegel（1973）認知發展的觀點如下：

⑴每一認知發展階段，都有其相對應之辯證運思。

⑵任何發展水準者，只要達到思考之成熟階段，都可以直接達到相對應之辯證運思模式，但可能還未達到該階段之認知發展水準。

⑶同一個人在不同領域，可能出現不同的認知辯證運思。例如某人可能在藝術領域達到形式辯證運思水準，但在數學領域只有具體辯證運思水準。

Basseches（1980）研究支持了 Riegel 的看法：⑴辯證思考跟成熟的思想有關；⑵在青少年後期及成年期，認知發展持續進行，進入了認知組織之辯證階段。

三、認知發展理論——Vygotsky 社會文化理論（sociocultural theory）

Vygotsky 認為，認知發展不只跟生理成熟有關，也跟社會文化有關。人的行為系統、高級心理機能（例如言語思考、邏輯記憶、概念形式），都離不開社會文化的影響（李維譯，2000）。

認知發展由三個重要歷程來達成（亦即造成認知發展之機制）：內化（internalization）、近側發展區（the zone of proximal development）、鷹架作用（scaffolding）（周甘逢、劉冠麟合譯，2004）。這三種歷程，也跟個人所處的社會文化有關。

㈠內化

孩子觀察他人互動，也實際參與互動。孩子將所觀察、經驗到的互動歷程納入個人的內在世界，成為自我結構的一部分，也促成基模的改變。這種歷程便是內化。

在內化的歷程中，語言是關鍵。語言幫助個人思考、溝通和解決問題。語言強的孩子，較能理解成人的對話及言談，內化的內容較多（Vygotsky, 1962，轉載自周甘逢、劉冠麟合譯，2004）。

跟內化有關的一項機制是「私自話語」（private speech，即自言自語），這是將共有知識（例如教師的教導）轉化為個人知識的一種機制（張文哲譯，2005）。例如兒童在無人協助下思考和解決問題，便是透過「私自話語」（在內心告訴自己該如何應對）來引導自己處理問題。在之前，兒童必須先內化別人的教導，並將之轉化為「私自話語」。之後，便由「私自話語」引導思考與解決問題。例如當個人處理問題時，會在內心指導自己如何解決問題；當個人緊張時，會告訴自己要冷靜應對。

㈡近側發展區

「近側發展區」是指「原有能力之表現」與「經過指導後之表現」，兩者之差距。孩子經過他人指導後，便能突破原有能力之限制。因此，發展或學習，發生在近側發展區內。

Vygotsky相信較高層次之心理運作，通常先存在於人際會話和合作之中，然後透過個人內化，轉化成個人內在之運作（張文哲譯，2005）。「人際會話和合作」，是指他人之協助。透過他人協助，孩子的學習會突破獨自學習之限制，而表現比原有水準更好。所提高的水準，便是「近側發展區」。

㈢鷹架作用

「鷹架作用」是指更有能力之同儕或成人提供之協助（張文哲譯，2005）。在學習的早期階段，更有能力之同儕或成人提供孩子大量支持與協助，孩子透過內化，逐漸將他人之教導轉化為自我指導之「私自話語」，他人之協助便逐步減少。最後，孩子有能力獨自解決問題。

在個人認知發展的過程中，「內化作用」、「近側發展區」及「鷹架作用」三者同時運作。個人「內化」他人之協助（鷹架作用），並轉為「私自話語」，然後運用私自話語指導自己。內化、鷹架作用及私自話語，讓個人之成就水準，超越原本能力水準，這超越的範圍，便是「近側發展區」。

因此所謂「促進學習」或「促進認知發展」，是發生在「近側發展區」內。茲將以上所述之歷程圖示如圖 6-2。

總而言之，Vygotsky 認為人成長於社會環境中，透過跟他人互動及他人協助，可以超越原有能力成就水準。他人之協助稱為「鷹架作用」，他人協助能提升之範圍稱為「近側發展區」。個人學習時，透過「內化作用」與「私自話語」，將他人協助才能達到之水準，逐漸轉由自己獨立完成。在未來類

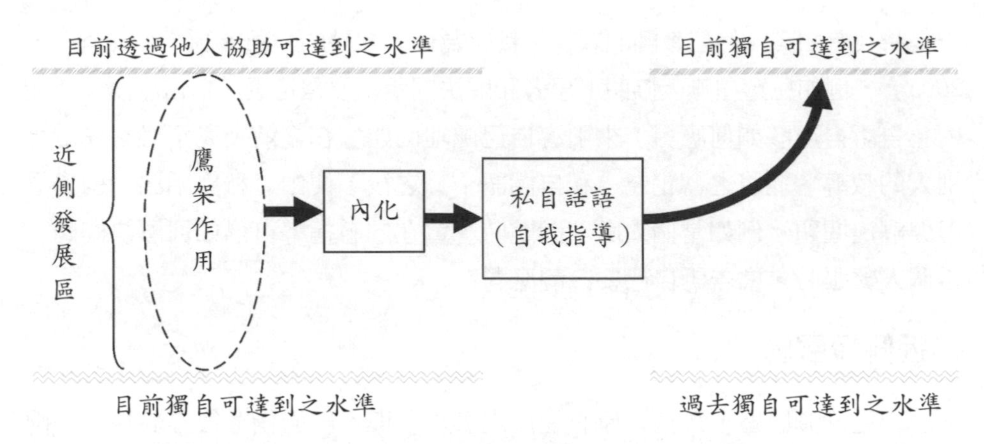

圖 6-2：Vygotsky 社會文化理論之認知發展機制

似情境下，不需要他人協助，便有近側發展區之表現水準。

Vygotsky 跟 Piaget 理論相同之點在於，同意社會互動可以促進認知發展，（Chapell & Overton, 1998）。

兩理論最大差異：第一，Piaget 認為「發展先於學習」，學習者具備某種認知能力後，才能學習符合該認知能力之作業。Vygotsky 則認為「學習先於發展」，透過鷹架作用、內在作用、私自話語，可以加速發展。前者重視生理因素，而後者重視教育因素。

第二，在認知發展上，Piaget 認為生物性成熟極為重要，環境扮演重要但次要角色；對 Vygotsky 來說，社會環境和物理環境扮演關鍵性角色，生物成熟水準雖扮演某種角色，但發展程度由社會環境決定。第三，階段論者強調先天因素，認為發展是不連續現象。Vygotsky 強調經驗與教育，因此認為發展屬於連續現象（李玉琇、蔣文祁合譯，2005；張文哲譯，2005）。

四、訊息處理理論

訊息處理論者對於認知發展的了解，是透過研究不同年齡的人如何處理訊息（亦即對訊息的解碼、編碼、遷移、組合、儲存和提取、解決困難的心智問題）（李玉琇、蔣文祁合譯，2005）。

訊息處理理論將認知系統視為一系列帶著訊息之管道，訊息處理歷程發生在這些管道中（McShane, 1991）。對訊息處理理論來說，認知發展是指建構有效之表徵（representation）與程序（procedures）來完成訊息處理工作，包括克服在訊息處理過程中，心理能源有限之缺點（McShane, 1991）。

青少年訊息處理能力比兒童強，這是因為以神經系統為基礎的某些認知能力（例如運作記憶之容量），會隨著年齡逐漸成熟，讓青少年處理訊息歷程比兒童有效率，包括：⑴訊息處理速度加快（Kail, 2000）；⑵整合多重觀點之能力提高；⑶運作記憶空間增大、訊息編碼與提取能力提升；⑷後設認知與反省能力提高（例如 Halford, Wilson, & Phillips, 1998，轉載自 Byrnes, 2003）。

在訊息處理歷程中，以上這幾項能力互有關聯。當運作記憶容量變大後，一次可以同時運作之訊息增多，處理訊息速度也加快，一個人思考、推理及記憶之效率也就提高。

綜合以上各理論之觀點，青少年的認知發展受遺傳、成熟、環境與經驗等因素之影響，哪些因素比較重要，不同理論各有不同說法。

第三節　形式運思發展對青少年之影響

1. 青少年認知發展帶來哪些正面影響或保護性因子？
2. 青少年認知發展帶來哪些負面影響或傷害性因子？
3. 哪些保護性因子有助於青少年認知發展及緩和傷害性因子之作用？

青少年與兒童之認知能力迥然不同。青少年的認知發展擴大了他們的思考角度及思考之複雜性，提升了生活視野及對生命經驗之詮釋。因此，他們化被動聽命為主動參與，從被動接受轉為主動批判。

這些轉變具有正面與負面影響。協助青少年認知發展時，除了要提高及善用正面影響外，也要緩和負面作用。

一、認知發展對青少年發展之正面影響

青少年認知發展帶來的各項正面影響，不是相互獨立。以下雖然分開說明，但各影響互有關聯。

㈠訊息處理能力提高

青少年的運作記憶容量比兒童大，訊息編碼與提取能力提高，使得青少年可以更快、更有效地處理複雜問題，包括學習及進行複雜之決策、邏輯推理、解決問題等。

㈡擁有獨立思考能力

形式運作之思考對象是抽象符號，思考內容可以是未經驗之假想事物，思考方式以邏輯推理為主。這種高層次之思考歷程，等同於成年人之認知能力。

因為青少年擁有高層次之思考歷程，而主動對父母師長之看法進行批判。青少年從此過程中，逐漸塑造出獨立思考之能力及獨特見解。

㈢兼容多種及矛盾之意見

青少年能夠跳脫親身經驗之限制，綜合所有之可能，並且兼容矛盾衝突之訊息。這是一種辯證思考能力。

㈣具科學化問題解決能力

青少年具有科學化問題解決能力，會採用科學化流程解決問題，包括形成假設與考驗假設，其特徵有三（黃俊豪、連廷嘉合譯，2004）：⑴有計畫地探索問題，找出影響問題之可能原因；⑵對可能原因加以考驗，並精確記錄結果；⑶綜合結果，形成邏輯性推論。

不過，青少年須等到十五至十六歲，跟同儕有更多互動經驗後，才擁有形成假設及對假設進行考驗之能力（劉玉玲，2002）。

㈤具有前瞻性的時間洞察力

兒童的思考侷限於此刻能夠觀察到的具體現實，青少年則能夠貫穿過去、現在與未來，了解過去、現在與未來之關係，而覺察到生命有限，必須有夢想及擬訂實現夢想之計畫。

不過，因為青少年經驗不足、對自我與外在環境了解不夠，所構築之夢想，有時不合乎現實。

㈥後設認知能力提高

後設認知能力（metacognition）是一種對自我認知活動之覺察與監控能力。這種能力讓青少年之認知活動更有效率，也強化青少年的內省能力（introspection）（Elkind, 1974），使青少年願意花更多時間探索自我及推想別人思考歷程。

適當運用後設認知能力，可以協助青少年學習，解決問題，提高自我調適能力及其他方面之發展。

總而言之，青少年的認知能力，利於學習第一章所提的保護性因子（例如決策、問題解決技巧等）。如果家庭未協助青少年學習重要保護性因子，學校可將這些技能納入學習的課程中。

二、認知發展對青少年發展之負面影響

㈠跟父母師長關係緊張

青少年逐漸擁有獨立思考能力，對父母師長之意見不再言聽計從，而是予以審視及批判。但是，青少年經驗不足，欠缺現實依據及踏實信念，讓父母對其批判不以為然，因此，雙方容易形成對峙，造成緊張關係。

㈡知識學躍進造成之困境

青少年因認知能力發展使他們發現，所謂事實，只是自己建構而成之主觀看法。這種發現，有助於青少年塑造獨立思考能力。但是，對某些青少年來說，反而使之陷於兩難困境，造就行事極端之風格。

Boyes與Chandler（1992，轉載自黃俊豪、連廷嘉合譯，2004）將知識學的發展分為四個層級系統：

層級一，天真的現實者（naive realists）：相信世上有絕對而普遍之真理，以為每個人所認定之真理都跟自己一樣。這層級屬於兒童期早期。

層級二，防衛性的現實者（defensive realists）：仍相信世上有絕對而普遍之真理，但知道別人的真理跟自己不同，而且防衛自我真理。這層級屬於兒童期中期。

層級三，武斷論者（dogmatists）或懷疑論者（skeptics）：知道沒有絕對而普遍之真理，真理是被建構出來，事實只是個人之詮釋。這層級屬於青少年時期。

有些青少年認為，既然世上沒有絕對真理，無法確定孰是孰非，於是衝動、依本能而為（隨心情好壞做事）。這類青少年為「懷疑論者」。

另有些青少年，知道沒有絕對而普遍真理，不確定父母師長之教誨是否正確。由於個人信念尚未建立，於是選擇堅守以前信念。這類青少年為「武斷論者」。

不管青少年是「懷疑論者」或「武斷論者」，對身心發展都不利。「懷疑論者」藐視成人規定與期望、自私自利、無法融入社會；「武斷論者」無法開放地探索自我，而不利「自我認定」之形成。

層級四，後懷疑之理性主義（postskeptical rationalism）：相信雖然真理是為個人所建構，但有些信念比其他信念正確。這階段歸屬之年齡，因不同研究而有不同結果。

青少年知識學發展屬於層級三（武斷論者與懷疑論者），因個人獨立思考尚未成熟，一方面需要父母師長引導，卻又排斥父母師長意見，因此內在充滿矛盾及衝突。如果父母師長不了解其發展特徵，而以批評挑剔態度刺激，便容易極端化青少年已有之偏頗，催化青少年出現趕流行、性關係紊亂、濫用藥物、飆車等問題。

㈢夢想不切實際

青少年雖然構築理想，可是「自我認定」尚未建立，人生經驗尚且不足，對現實社會認識不清，獨立性仍嫌不夠，因此夢想可能不切實際，所訂計畫可能過度樂觀。

㈣過度在乎別人想法

青少年因為內省能力提升，花更多時間審視自我及他人，期望得到他人注意與讚美。此外，青少年開始對異性感興趣，關心對異性之吸引力，因而過度在乎別人想法及評價。

㈤父母師長之態度讓青少年陷入混淆

青少年生理成長直逼成人體型，思維內涵雖不像成人成熟，但具有成人的思維模式，因此期望父母師長以成人待之。偏偏父母師長認為青少年成熟度不足、行為舉止尚待磨練，因此，無法賦予成人權利。

另一方面，父母師長期望青少年有成人成熟之行為，有時候會以成人之標準要求。

簡單地說，在權利上，父母師長視青少年為兒童，不給予成人權利；在義務上，父母師長期待青少年成熟，而要求青少年有成人表現。這種混淆態度，讓青少年不知何去何從。

㈥自我中心思想衍生之問題

青少年之自我中心思想（egocentrism）是指：青少年過度重視自己在他人心目中之印象，而誤以為自己是別人注意之焦點。

「青少年之自我中心思想」跟「前具體運思期兒童之自我中心思想」不同，前具體運思兒童之自我中心，缺乏「過度重視自己在他人心目中之印象」。兩者相同點是，這兩種現象都是「自我—他人」界限模糊。

青少年由於內省能力發展，開始注意自己與他人的思考內容。由於過度重視自己在他人心目中的印象，而誤以為自己關心之事物，也是他人在乎之事（Muuss, 1982），因此出現「自我中心思想」現象。

青少年自我中心思想，會透過兩種現象來呈現：虛擬式觀眾與個人式寓言（黃俊豪、連廷嘉合譯，2004）。

1. 虛擬式觀眾：青少年誤以為自己是大家矚目之焦點。這也說明了為什麼青少年在乎自我外表、好面子、標新立異、追求流行與冒險。

2. 個人式寓言：指青少年認為自己的想法、情感、理想獨特，沒有人可

以比擬。也認為自我生命不朽，無法被摧毀，像007一樣在危險時刻會化險為夷。這就是為什麼青少年玩命地飆車、濫用藥物、雜交，而不擔心可能因此喪命。

自我中心思想在青少年國中時期達到最高峰，到青少年晚期才完全消失（Enright, Shukla, & Lapsley, 1980）。這種現象可以用來解釋為什麼在青少年早期與中期，同儕團體影響高於家庭，以及青少年為何如此重視外表，如此關心自我缺點（Muuss, 1982）。在男女比較上，女性自我中心思想程度，通常高於男性（Elkind & Bowen, 1979; Ryeck, Stuhr, McDermott, Benker, & Schwartz, 1998）。

青少年自我中心思考會隨著年齡增長而降低，但是，有些青少年這方面發展有遲滯現象。Chandler（1973）認為青少年的反社會行為，可能跟這方面發展遲滯有關。發展遲緩之青少年，容易誤解社會期待、誤判他人想法與行為，而不尊重他人權利。

㈦諸多情緒糾結無法抒解

青少年擁有成人之認知能力，以質疑、批判態度面對外在環境，而對權威不滿、對社會不公義憤填膺；不相信師長卻又沒有獨立看法；有理想卻得不到成人支持；自我中心思想讓自己患得患失。青少年的心中充斥著諸多糾結之情緒。

此外，青少年有發展任務要完成，這些發展任務帶來諸多壓力。由於父母師長只在乎升學考試，無法分擔及協助青少年面對壓力，而讓青少年陷入「得不到理解」之無奈。

第四節 青少年認知發展與輔導

問題與討論

1. 可透過哪些途徑，協助青少年認知發展？

> 2. 青少年的形式運思能力，適宜培養哪些第一章所述的保護性因子或因應技能？

青少年因為認知發展結果，一方面提高適應環境能力，另一方面卻增添困擾問題。這些困擾問題，來自幾方面：(1)對社會現實認識不清；(2)對自我認識不清；(3)缺乏某些重要因應技巧；(4)不知善用既有之認知能力；(5)認知發展因某些因素而受阻礙。

以上各認知發展理論，反映出一些協助青少年認知發展之啟示，例如打破青少年既有之基模結構，透過調適歷程以精緻化、複雜化基模；透過人際互動，增加青少年生命經驗，提高認知發展；透過父母、師長、同儕之鷹架作用，協助青少年突破既有之能力；協助青少年運用後設認知能力，提高思考及行為品質（包括想法、理想、計畫、需求……）；學習重要之因應技能，如情緒調適等。以下將從有關理論與研究，談輔導青少年認知發展之途徑：

㈠培養青少年角色取替能力以去除自我中心思考

去除青少年自我中心思考，方法之一是提高青少年角色取替能力（role-taking ability）。所謂「角色取替能力」是指跳開自我立場，從別人立場感受別人之感受與想法。換句話說，是一種設身處地能力。

這種能力的培養，可以透過扮演不同角色，從不同角度觀看相同事物；或者，在人際衝突中，交換彼此角色，體驗對方感受與想法，也是一種可行方法。

青少年的工讀經驗也是培養「角色取替能力」的重要方法。Muuss（1982）認為，不同工作經驗可以提高青少年社會與認知發展。這是因為青少年在不同工作中，扮演不同角色，體驗不同感受與想法，因此擴展了對人事物之思維，而進一步複雜化及精緻化認知結構。

㈡提供青少年挑戰經驗

青少年面對挑戰經驗時，會因為基模失衡，必須跳脫既有經驗模式，調適基模結構，才能恢復認知平衡，而從此歷程中提高認知能力。

Piaget 認為跟同儕互動，尤其是爭論和討論，有助於澄清思考，使思考更合乎邏輯。教師面質學生想法，或提出跟他們不一樣想法等，都可以促進學生認知發展（張文哲譯，2005）。

在課堂中安排辯論、討論、意見交流；利用腦轟法激發問題解決方法等，可以擴展青少年思考之廣度及深度。

當青少年面對挑戰經驗時，如果有良好的指導與示範，青少年將更願意面對挑戰及調適基模。

㈢提供青少年嘗試機會

青少年有諸多理想，雖然不切實際，但是不給機會嘗試，將剝奪其自我探索機會，既無法改變青少年基模，也會使青少年意志消沉。

青少年從嘗試中，進一步了解自己，讓理想更合乎現實，也提升規畫及執行能力。另一方面，在此歷程中，青少年原先之認知架構，不斷被調適及重組，而加強了未來適應更高挑戰之能力。

此外，鼓勵青少年不斷嘗試新活動、新經驗，也具有複雜化及精緻化原先基模之作用。

㈣協助青少年學習及善用後設認知能力

後設認知能力是一種對認知歷程及結果之監控、評量及改善。舉例來說，當青少年跟父母衝突時，若善用後設認知能力，便會驚覺目前跟父母溝通方式（對認知歷程之監控），可能帶來不良結果（對認知歷程之評量），而適時改用其他互動方式（對認知歷程及結果之改善），以避免可能之衝突；或是在事後，檢討自己言行跟衝突之關係（對認知歷程之評量），藉此改善未來跟父母之互動方式（對認知歷程及結果之改善）。

後設認知最常被使用在學習上。例如學生唸書時（認知歷程），檢查所用的讀書方法是否有效（認知監控及評量），如果發現效果不佳，可改用其他讀書方法（認知監控及改善）。

並不是每位青少年具有後設認知能力，不過，可以透過學習而獲得。後設認知能力也是自我調整之重要機制，學校應協助每位學生具備這項能力。

有些青少年雖具有後設認知能力，但無法善用，重要的原因之一是，缺乏足夠之「策略或方法」，或雖具有足夠策略及方法，卻不知道適用時機。

例如有些青少年雖然知道自己的溝通方式不良，但未學到適當之溝通方式，或在不同情境下，應使用不同溝通方式。有些青少年會諮詢他人或參考書籍，但是有些青少年卻被動地任問題惡化。這也就是為什麼青少年必須學習一些因應技能（例如資料蒐集技能、問題解決技術、情緒調適技術、作決定之技術、壓力調適），才能善用其後設認知能力。

㈤教導青少年問題解決及決策技能

問題解決的模式各式各樣，綜合一些學者看法（例如廖鳳池、鈕文英，1990），其歷程包括：澄清問題→了解自我及環境→設定目標→探討達成目標之途徑→選擇適用途徑→規畫實施步驟→採取行動→評估結果。問題解決之歷程，類似自我調適歷程。將歷程圖示及說明如圖 6-3。

1. 澄清問題：有些問題具體明確，例如缺乏零用錢無法買想要之音樂 CD；有些問題模糊不清，例如因內在衝突而脾氣暴躁，當事人只知脾氣暴躁，但不知起因為內在衝突。無法看清問題為何，便無法著手解決。

如何澄清問題？有幾個方式：⑴將原先界定之問題寫下來，再用另一個方式界定；⑵將問題中的主要概念劃出來，陳述與該概念有關之問題；⑶問自己：這問題的要點是什麼（郭有遹，1994）；⑷將抽象描述化為具體描述；⑸諮詢他人。

有時候問題看起來複雜，此時可將大問題化為連續小問題，從逐步解決小問題來解決大問題；或是從最重要的小問題著手，或從能夠處理的小問題著手；或從最容易的小問題著手。

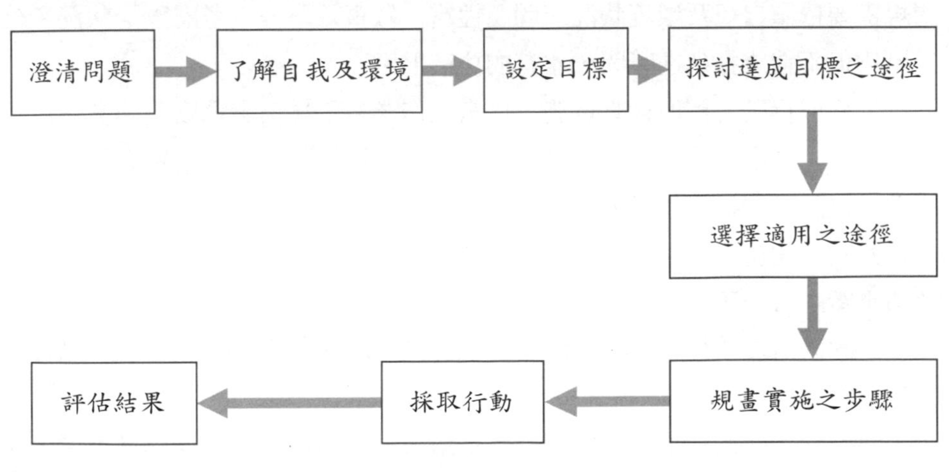

圖 6-3：問題解決之歷程

2.了解自我及環境：了解自我及環境，是指了解自我及環境之資源、需求、阻力及助力。不了解這些資訊，便無從設定目標，或是設定之目標不切合實際。例如青少年決定未來生涯時，必須配合自我條件、需求、父母之期待、社會之脈動。如果沒有這些資訊，只憑一時興起或一廂情願之想法，所選擇的生涯便容易造成理想與實際不合。

了解自我及環境，涉及資料蒐集之技巧，包括：從哪些地方蒐集到相關資料、如何剔除無關資料、如何詮釋及統整資料。

3.設定目標：為了讓目標易達成，對目標之描述必須具體明確，例如「我想改進英文成績」，不如改成「這次英文月考成績，要比上次提高10分」。有了具體明確目標，才能決定該付出多少努力、採用哪些方法達成目標。

4.探討達成目標之途徑：達成目標的途徑可能不只一種，這方面資訊愈豐富、愈切合主題、愈能找到實現目標之有效途徑。因此，正確且充足之資訊，是這一步驟之關鍵。

5.選擇適用之途徑：如何從眾多可能途徑中，選擇最適合之途徑？這涉及決策技巧。進行決策時，需要評估每個途徑之利弊得失、需要配合之資源、達成目標之機率，綜合以上資料再進行抉擇。

有時候綜合不同途徑，會形成另一個更佳途徑，或是不同途徑搭配使用，會有更佳效果。例如要提高英文成績，可能在過程中須依狀況變換不同途徑。

6.規畫實施之步驟：涉及如何實施、實施之時間、預估完成之時間，這些項目要具體明確。有些須長時間努力，有些可以一鼓作氣短期內完成。時間規畫要依照自己及環境狀況、問題性質、做事效率等。考慮實際狀況，給予足夠但不造成拖延之時間，才有成功結果。

7.採取行動：採取行動實施，比紙上作業多了幾倍困難度，須多幾倍勇氣。這其中得配合一些技能，包括抗拒誘惑、情緒調適、面對壓力及應變等能力，以及面對挫折之勇氣。

此外，實施過程中，從紙上作業到具體行動，中間畢竟會有些差距，因此須不斷進行修正。

8.評估結果：進行評估，不只是在最後階段，在實施過程的任何一階段，都須進行評估。

有時候不佳的結果來自於問題界定錯誤，或對自我及環境認識不清，或探討達成目標之適用途徑時資料蒐集不完全，以至於影響後來實施結果，這時候必須回到相關階段上。

解決問題歷程之複雜度，依照問題性質、個人能力而定。有時候不需要如此複雜歷程，但重要問題，便可能涉及以上流程。

㈥父母師長及同儕發揮鷹架作用

以上所述之認知發展理論，都強調社會互動對青少年認知發展之重要性。父母師長及同儕可發揮鷹架作用，除了成為青少年的學習典範外，對青少年意見上之挑戰，可激發青少年調適認知基模。

㈦鼓勵青少年使用科學驗證方法尋求問題解答

青少年具有科學驗證能力，父母師長與其挑剔青少年想法，造成雙方衝突，不如鼓勵青少年善用科學驗證方法，檢驗雙方意見，或許父母師長及青少年可以共同合作找尋答案。這種過程除了消除彼此歧見外，也可培養雙方感情，擴展兼容歧見之心胸。這對於青少年認知發展具有不可抹滅之功效。

㈧協助青少年了解認知發展之特徵

「自我不了解」是很多問題之根源，對青少年更是如此。當青少年了解認知發展特徵後，一些疑惑不解之困擾問題，便會因為了解而迎刃而解。

此外，青少年了解自我認知發展特徵後，父母師長可鼓勵青少年善用及強化正面影響，以及避免負面作用。

㈨父母師長善用溝通技巧，設身處地理解青少年需要

父母師長跟青少年溝通時，需要善用溝通技巧。青少年通常公開挑戰父母師長意見，父母師長須以熟練溝通技巧，設身處地理解青少年狀況，便可卸下青少年心防，轉化青少年不成熟之思想。

父母師長接納、同理之溝通技巧，將成為青少年學習典範，青少年有了正面的溝通技巧後，便能逐步發展成熟之人際關係。

㈩處理阻礙認知發展之相關因素

一些因素對青少年的認知發展有礙，包括非民主式父母管教態度、高考試焦慮（Chapell & Overton, 1998）、不安全依附關係（Jacobsen, Edelstein, &

Hofmann, 1994）。

至於青少年應具備之其他因應技能，將在未來章節說明。

本章摘要

第一節　認知發展之意涵

1. 認知是指跟獲得、改變與操控知識有關之心理活動。
2. 認知發展指認知基模之精緻化與複雜化。發展造成認知在量（數量）及質（結構）之改變，使得個人：⑴擁有愈多相關知識，不同領域知識之連結愈緊密；⑵能夠自我反省與檢討，分析處理問題歷程中所用策略之優缺點，並加以改進；⑶使個人有能力適應更複雜環境及維持身心健康。
3. 認知發展來自於個人適應環境之歷程。依此，增加個人與環境之互動、提供保護性因子提高青少年適應環境之能力等，可提高青少年認知發展。

第二節　認知發展之相關理論

1. Piaget 認知發展理論認為，認知發展之機制，來自於個人適應環境時，基模「平衡與失衡」交替之歷程。「平衡」是因為基模能夠同化環境之問題，「失衡」是因為基模無法同化環境問題，必須「調適」基模，讓基模恢復「平衡」。
2. 對 Piaget 理論之修正包括：
   ⑴影響認知發展之因素除了生理成熟外，社會文化、訓練、教育、經驗等，跟認知發展都有關。
   ⑵年齡與認知發展階段沒有必然之關係，同一年齡未必在同一認知發展階段（個人間差異）；同一個人各方面之認知發展，未必在同一水準上（個人內差異）。
   ⑶在形式運思期之後，加入第五發展階段，例如「發現問題階段」、「辯證思考期」。
3. Vygotsky 強調社會文化因素對認知發展的重要性，社會文化中的語言、思考等，對認知發展都有影響。
4. Vygotsky 理論中，鷹架作用、內化、私自話語及近側發展區，是認知發展之機制。個人「內化」他人之協助（鷹架作用），並轉為「私自話語」，然後運用私自話語指導自己。內化、鷹架作用及私自話語，讓個人之成就水準，超越原本能力水準，這超越的範圍，便是「近側發展區」。

5. Piaget 與 Vygotsky 理論之相同點在於同意社會互動可以促進認知發展，差異點在於：
   ⑴ Piaget強調認知發展之成熟因素，因此主張「發展先於學習」；Vygotsky主張「學習先於發展」，透過學習可以加速發展。
   ⑵ Piaget 認為生理成熟因素重於其他因素；Vygotsky 認為社會文化因素重於生理成熟因素。
   ⑶ Piaget認為認知發展是不連續現象；Vygotsky認為認知發展是連續現象。
6. 訊息處理理論從訊息處理歷程說明青少年認知能力之發展。青少年期的訊息處理歷程優於兒童期，包括：訊息處理速度加快；整合多重觀點之能力提高；運作記憶空間增大、訊息編碼與提取能力提升；後設認知與反省能力提高。

第三節　形式運思發展對青少年之影響

1. 認知發展帶給青少年一些正面及負面影響。協助青少身心發展時，應提高及善用正面影響，以及緩和負面作用。
2. 青少年認知發展之正面影響，包括：
   ⑴認知能力提升，有能力處理複雜問題。
   ⑵形成獨立思考能力及個人獨特見解。
   ⑶兼容多種及矛盾之意見，即辯證思考能力。
   ⑷具科學化問題解決能力。
   ⑸具有前瞻性之時間洞察力，而開始規畫未來，實現夢想。
   ⑹後設認知能力提高，強化內省能力及利於培養某些因應技能。
3. 青少年認知發展帶來之負面影響，包括：
   ⑴具獨立思考而批判父母師長意見，造成雙方關係緊張。
   ⑵屬於「知識學」第三層級，不相信真理，但缺乏個人信念，而成為「懷疑論者」或「武斷論者」。
   ⑶自我認定尚未建立，經驗不足，雖有夢想卻不切實際。
   ⑷內省能力提高，因為花更多時間審視自我與他人，以及期望吸引異性，而過度在乎別人想法及評價。

⑸父母對待青少年態度不一致，時而以成人標準要求，時而以兒童待之而不給權利，讓青少年陷入混淆。

⑹衍生出自我中心思想，以「虛擬式觀眾」及「個人式寓言」呈現，在生活中增添問題。

⑺基於以上種種現象及發展任務壓力，讓青少年情緒糾結。

第四節　青少年認知發展與輔導

1. 輔導青少年認知發展之目的，第一，擴大及協助青少年善用認知發展之正面影響；第二，緩和青少年認知發展之負面影響。

2. 輔導青少年認知發展之途徑有：

⑴培養青少年角色取替能力以去除自我中心思考。

⑵提供青少年挑戰經驗，以調適其原先基模。

⑶允許青少年機會嘗試，並鼓勵青少年嘗試新活動、新經驗。

⑷協助青少年學習及善用後設認知能力。

⑸教導青少年問題解決及決策技能。

⑹父母師長及同儕發揮鷹架作用。

⑺鼓勵青少年使用科學驗證方法尋求問題解答。

⑻協助青少年了解認知發展之特徵。

⑼父母師長善用溝通技巧，轉化青少年不成熟思想。

⑽處理阻礙認知發展之因素。

第七章

青少年自我認定發展與輔導

青少年「自我認定」（ego-identity）發展，奠基於自我了解。清楚、正確自我了解之青少年，才有正確之自我認定。自我認定未建立之青少年，對自我充滿懷疑、混淆；面對抉擇時，自我力量無法發揮，若不是作錯決定，便是引發身心問題。

「自我認定」發展不佳之青少年分為幾類，每一類跟某些問題有關。研究上發現：「定向型」（identity achieved）青少年，較能使用正向方式處理人際問題（Case, 2001）；「迷失型」（identity diffused）者濫用藥物比率最高，「早閉型」（foreclosure）最低，「未定型」（moratorium）與「定向型」者介於以上二者間（Jones & Hartmann, 1988）；在減肥控制上，「自律程度、自我認定水準」愈高者，愈能堅持實施減肥計畫。相反地，「自律程度、自我認定水準」愈低者，對管理減肥計畫事宜準備度愈低（Weiss, 1999）；「定向型」青少年適應良好，而「迷失型」者適應不佳（Hunsberger, Pratt, & Pancer, 2001）；成功「自我認定」可以緩衝青少年自殺意圖（Bar-Joseph & Tzuriel, 1990）。

一個人透過親身經驗、別人回饋、跟別人比較等途徑，來了解自己，但是，這三方面都可能有誤差。親身體驗之發現，可能因為主觀詮釋而產生誤解；別人回饋依據別人標準，不一定適合自己；跟別人比較時，沒有客觀的參照點，所得結果不一定準確。

建立「自我認定」之歷程複雜、辛苦，對經驗不足之青少年來說，需要父母師長之協助。

第一節 青少年之自我認定發展

問題與討論

1. 何謂自我認定？
2. 青少年的自我認定跟青少年階段的重大抉擇有何關係？
3. 自我認定是青少年階段問題，還是終身問題？

小葉與小駱兩人家住得近，從國小起便是知己，國中時同校，雖然不同班，不過，兩人常在一起分享生活點滴。這次期末考後，兩人跟一些同學放鬆連日來的緊繃。在眾人的玩笑中，小葉被懷疑對某位女同學有意思，小葉靦腆地大呼兩人不對眼，大家會錯意。此時，小駱立即追問：什麼樣的女孩才對眼？小葉楞了一下，然後搔頭傻笑回答：不知道。

小葉不甘自己被捉弄，也要小駱坦白心中的理想女孩。小駱一聽，胸有成竹，一臉凜然，挺起胸膛大聲說道：「大丈夫應當先立業後成家，因此目前尚未考慮結交女友。」

「立業？那你將來想從事什麼工作？你是怎麼決定的？」一位同學追問小駱的未來計畫。小駱聳聳肩，一臉苦笑：「目前還不知道自己適合什麼工作，也不知道如何決定。」

在回家的路上，小葉與小駱談到今天跟同學閒聊的一些主題，這些主題似乎離自己很遠，又似乎迫在眉睫，最頭痛的是，這些都是些難題，例如什麼樣的女孩適合自己？什麼樣的工作適合自己？未來想追求什麼理想？想過什麼生活？對未來的規畫如何？政治立場如何？……。

最後他們總結：長大真不好玩，就在不久的將來，一連串的抉擇與責任等著去面對。

一、自我認定之定義

「自我認定」即「認定我是怎樣的一個人」，包括自我的個性、興趣、性向、技能、能力、智力、價值觀、身高、體重、外貌、在某情況下的行為表現等。

「自我認定」歷程，從一出生便開始。人自出生，便開始透過各種經驗探索自我，了解自我，並且經由他人回饋，以增加或驗證自我了解。個人在青少年之前，受限於認知能力不足，無法統整零零碎碎之經驗，形成結構統整之自我組織，以完成自我認定。所以，在青少年期之前，自我組織雖然存在，但是結構粗糙、簡單、零散，無法凝聚出「我是怎樣的一個人」的清楚圖像，也無法應付重大抉擇。

在青少年階段，一方面由於發展任務需要，青少年得解決一連串複雜之抉擇；另一方面，青少年此時才具有形式運思能力以統整各類自我經驗，形成複雜之自我系統。這套組織系統隨著青少年之「自我了解」，並且在「形式運思能力」輔助之下，不斷被架構、更新、重新架構，而愈形複雜、精緻、有效能。

簡單的說，「自我認定」便是透過了解自我特質，以架構出一套能夠面對發展任務、生活問題之自我組織，這套組織能告訴個人「我是怎樣的一個人」。在自我認定歷程中，「自我了解」是「自我認定」之基礎。青少年有了「自我了解」，才能確認自己是怎樣一個人，也才有正確的抉擇。

「自我認定」是每個人的終身任務。青少年所認定之自我，未必正確（例如自卑者低估自我能力），也未必盡括所有自我層面。青少年期以後的新經驗，如果能激起自我組織的調適作用，以重組某部分舊自我，或增加新特質，個人便有機會「重新認定自我」。「自我」是個有彈性之組織，隨著新經驗加入，會不斷被重組、精緻化與複雜化，以協助個人適應更複雜之環境。因此，「自我認定」是每個人的終身任務。

二、眞正自我與自我認定發展

青少年建立「自我認定」時，不只要「了解自我」，而且要了解「真正自我」。「自我」是多層面組織，由多種特質構築而成。有些特質固定不變（例如身高、瞳孔顏色、性向）；有些特質具某種穩定性，但隨經驗改變（例如體重、技能、能力、興趣）；有些特質依據情境、情緒不同而有不同面貌，例如甲平時溫柔如家貓，不過情緒一來，便會暴怒如野貓。

所謂「組織」，是指由自我特質架構而成之結構。如果特質是房屋之建材，「自我組織」便是由建材建造之房子。不過，個人建構自我組織時，並不像建築房子那麼簡單，第一，自我特質彼此間不一定相容，而造成自我組織內部衝突，為了維持內在平衡，個人可能透過自我防衛，否認某些自我特質。第二，自我特質不一定真實存在，有些是「個人理想」，有些是「他人期望」；有些是「自認存在」，有些是「他人認定存在」。因此，造成真實與理想、自我認定及他人認定間之不一致。

Higgins（1987）的「自我不一致理論」（self-discrepancy theory）從兩個向度劃分「自我」：⑴依據「自我領域」（domains of the self）將自我分為三種「自我狀態」（self states），包括理想我（ideal self）、真實我（actual self）與應該我（ought self）；⑵依據「自我與他人觀點」，細分每一種自我狀態。茲將 Higgins 之理論內涵整理於表 7-1 及圖 7-1。

表 7-1：Higgins 自我組織之向度與內涵

自我狀態＼觀點	自我	他人
理想我	自己期望的樣子	他人期望的樣子
真實我	自己認定的真實樣子	他人認定的真實樣子
應該我	自己認為應該的樣子	他人認為應該的樣子

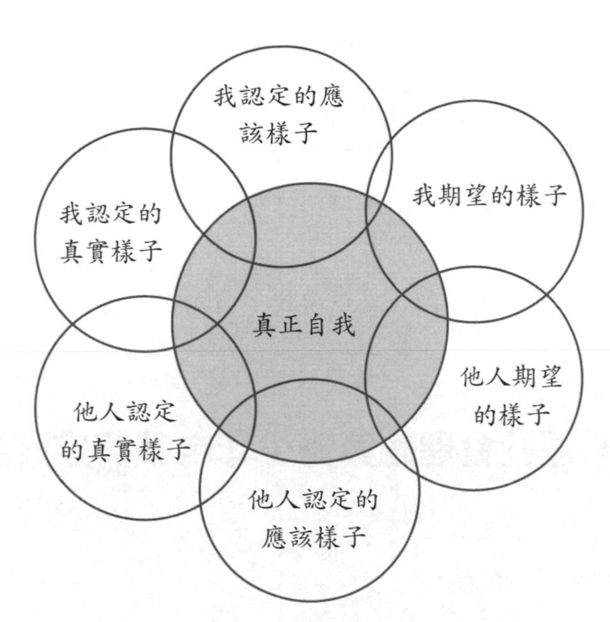

圖 7-1：各類自我與真正自我之關係

自我向度中的「理想我」、「真實我」與「應該我」三者間未必一致，而自我與他人對某一自我狀態之觀點也未必一致，因此造就了許多人生問題。

舉例來說：「我期望成為藝術家（我期望的樣子），不過，藝術家成名難，未來前途不定。依我的能力當律師沒有問題（我認定應該的樣子）。可惜家境貧寒，父母體弱多病，我得工作及照顧父母，所以只好在代書事務所當助理（我認定的真實樣子）。」

「我期望兒子當醫生（他人期望的樣子），不過看他的能力，成為電腦軟體專家應該沒問題（他人認為應該的樣子），沒想到他只對硬體有興趣（他人認定的真實樣子）。」

「我期望當作家（我期望的樣子），但是我父母堅持要我當醫生（父母期望的樣子），因為這件事，我跟父母的關係最近鬧得很僵。」

「理想我」、「真實我」、「應該我」何者才是「真正自我」？以上六個自我觀點，只反映出部分「真正自我」（即重疊部分），其他都是自我或他人之主觀認定。當一個人對自己了解愈正確，「理想我」、「真實我」、「應該我」的不一致便愈小。

生命中許多問題，關鍵都在「我是誰」問題上。缺乏「了解真正自我」的「自我認定」，會產生許多問題，例如入錯行、選錯郎。

要尋找真正自我，必須不斷透過各種新經驗穿透成長過程產生之盲點（例如發現被排斥之自我），這也就是為什麼「自我認定」是終身工作。

缺乏了解「真正自我」的「自我認定」會帶來問題，而「自我認定」、「他人認定」兩者不一致，也同樣帶給當事人壓力。自我及他人可能對「我是誰」沒有真正了解，或有一方誤解。自我誤解、他人誤解，構成了成千上萬個人生問題，也反映出了解「真正自我」對建立「自我認定」之重要性。

第二節 心理社會理論與青少年自我認定發展

1. Erikson 心理社會理論之內涵為何（每一發展階段之發展任務與相關之自我力量）？
2. 依據 Erikson 心理社會理論，協助青少年建立正確自我認定時，需要協助青少年培養哪些保護性因子或自我力量？原因為何？
3. 舉一青少年問題實例，檢驗該位青少年問題跟失去哪些自我力量有關？

要談論青少年自我認定，便得提 Erikson（1968）的心理社會理論（psychosocial theory）。

心理社會理論將人的一生分為八個階段，每個階段各有不同的發展任務（developmental tasks）與危機（crisis）。危機指的是轉換點（a turning point），任務若沒達成，該階段發展受阻礙，接下來的發展將受到不良影響。任務若達成，發展順勢而下，順利進入下一階段發展。前一階段發展狀況，成為下一階段發展之基礎。

目前對心理社會理論之研究，大多集中在青少年自我認定上，其他階段極少被學者注意。不過，其他階段之發展，是青少年自我認定發展之基礎，根基不好，青少年自我認定發展若不是受阻（例如不了解自己），便形成錯誤之自我認定（例如自卑者對自我之看法）。Edmondson（1998）研究顯示：⑴青少年在自我認定之前的四個階段（基本信任感、自律、自動自發、勤勉），可以預測他的自我認定狀態；⑵八個階段發展跟自我認定發展有關；⑶「自律」跟「男性自我認定」、「自動自發」跟「女性自我認定」發展關係最密切。因此，要了解青少年自我認定發展，必須熟悉所有發展階段之內涵。

此外，Erikson 提出心理社會理論時，也提到「自我力量」（ego strengths）之概念，這是一種本能、天生之內在力量，這種「自我力量」貫穿八個階段之發展危機。

一般提到Erikson心理社會理論時，通常只注意到八個發展階段與危機，而忽略「自我力量」跟八個發展階段之關係（Markstrom, Sabino, Turner, & Berman, 1997）。

「自我力量」共有八種，分屬不同發展階段。在每一發展危機階段，這八種「自我力量」同時存在。克服某一階段危機後，與之相對應之「自我力量」才被增強而凸顯出來。如果危機無法克服，相對應之「自我力量」會受到對立力量之限制，而處於低層次狀態。透過對某一階段「自我力量」之評量，除了得知該階段的發展狀況外，也可得知其他階段「自我力量」運作情形（Markstrom et al., 1997）。這八種「自我力量」充分發展，才能讓個人成為一完整個體。

從發展危機與自我力量可看出，一個人之所以無法找到「真正自我」，可能來自於發展階段中某些不良因素之影響，使得自我力量受阻，無法協助個人探索自我，找到真正自我。

心理社會理論帶給教師與輔導人員一些啟示：要協助青少年「自我認定」發展，可以先檢查青少年前幾個階段之發展情形，對於阻礙發展之因素，應提供適當處理。

以下摘要八個發展階段之發展任務與危機（黃堅厚，1999；郭靜晃、吳幸玲合譯，1997；Erikson, 1968）（如表 7-2）及八個發展階段之「自我力量」（Markstrom et al., 1997）（如表 7-3），並根據相關研究，說明各階段之內涵。

表 7-2：Erikson 心理社會理論之發展階段及發展任務

發展階段	年齡	達成發展任務	未達成發展任務
基本信任與不信任感	出生至2歲	在意識、潛意識、行為上反映出自己與他人值得信任、健康、有活力、懂得施與得。	退縮、害怕，逃入自己的內在世界。
自律與羞恥、懷疑	2至3歲	良好的自我管理能力與選擇能力。	對自己失去信心、僵化、求完美、強迫性動作或儀式、懷疑自我能力、過度的羞恥反應。
自動自發與罪惡感	4至5歲	主動、積極、行動有目的、有方向、能力得以發展。	受困於過多的罪惡感而被動、能力無法發展。
勤勉與自卑	6至11歲	覺得有能力將事情完成、做得完善；能夠以表現獲得肯定。	缺乏能力感，覺得無法達成目標、比別人差。
自我認定與認定混淆	青年期	了解自己的智力、興趣、性向、價值觀、生活目標、追求的生活方式、技能……；有能力選擇適合自己的生命方向；生活有方向、有目標。	不清楚自己是怎樣的人；做抉擇時猶豫不決或做錯抉擇；生活沒有方向、沒有目標。
親密與疏離	20至24歲成年前期	信任自己與他人；擁有真誠穩定的親密關係，感情專一。	不信任自己與他人；逃避親密關係或無法擁有專一的感情生活。
生產與停滯	25至65歲成年期	擁有下一代；提供下一代健康的成長環境，並且盡到教養之職。	無法擁有下一代，或是無法提供下一代健康的成長環境，無法克盡父母之職。
自我統整與絕望	老年期	感恩生命中所有的經驗與人物；對生命有嶄新的體驗；體驗生命的意義；接納生命將盡之事實；接納生命的不完美。	固執於生命中某些經驗與人物的負面情緒；無法接受生命將盡之事實。

表 7-3：Erikson 心理社會理論之發展階段及自我力量

心理社會階段	自我力量
階段一： 基本信任與不信任感	希望與退縮（hope vs. withdrawal） 希望：對未來抱持積極、有價值之看法，以及對未來生活有特殊信念。 退縮：使自己對未來缺乏認知與情緒投入。
階段二： 自律與羞恥、懷疑	意志與強迫（will vs. compulsion） 意志：執行自由選擇與自我約束的剛強力量。 強迫：使意志癱瘓之力量。
階段三： 自動自發與罪惡感	決心與抑制（purpose vs. inhibition） 決心：有勇氣面對現實，追求珍視之目標，不會被幼兒時之幻象、罪惡感與對懲罰之恐懼所阻檔。 抑制：指被無知、害怕、盲目所控制。
階段四： 勤勉與自卑	勝任與惰性（competence vs. inertia） 勝任：自由運用能力與智力完成工作，不因為害怕失敗而受到阻礙。 惰性：讓生產力降低。
階段五： 自我認定與認定混淆	忠誠與角色排斥（fidelity vs. role repudiation） 忠誠：忠實於自己的選擇，能夠兼容矛盾，包括忠實（loyalty）與承諾（commitment）兩種特質。 角色排斥：指不願意選擇與承諾，以及偏好跟社會規範對立。
階段六： 親密與疏離	愛與排外（love vs. exclusivity） 愛：將前一階段的承諾能力轉移至親密關係中，而塑造出一種共同、互惠、有意義之人際關係。 排外：造成找不到親密對象。
階段七： 生產與停滯	照顧與拒絕（care vs. rejectivity） 照顧：將前一階段「愛」的自我力量，以「經驗傳承教導他人」來呈現，使「愛」的自我力量可以照顧更多人。 拒絕：指不願意關心他人。
階段八： 自我統整與絕望	智慧與藐視（wisdom vs. disdain） 智慧：能夠欣賞人生中的所有經驗。 藐視：指對生命逐漸凋零之困惑與無助之回應。

（資料來源："The psychosocial inventory of ego strengths: Development and validation of a new Eriksonian measure," by C. A. Markstrom et al., 1997, *Journal of Youth and Adolescence, 26*, pp. 709-712）

茲將理論中各發展任務內涵及相關自我力量說明如下：

一、基本信任感與不信任感（basic trust vs. mistrust）

所謂「基本」（basic）是指最根本、最關鍵之要素，「基本信任感」是人格之基石。在治療中發現，缺乏了「基本信任感」之成人，會退縮至內在世界，退化至精神病狀態，嚴重地跟人群疏遠（Erikson, 1968）。

本階段的發展任務，是跟照顧者建立安全型依附關係，有了安全型依附關係，才會塑造出基本信任感（依附理論見本書其他章節之說明）。

嬰兒跟照顧者建立依附關係的過程中，最重要的時期是六個月至兩歲間。孩子在這個階段，要由「共生階段」（認為自己與照顧者是一體）轉向「分離—個體化」（separation-individuation）階段，逐步成為獨立個體（郭靜晃、吳幸玲合譯，1997）。有了基本信任（信任照顧者會隨時提供協助）為基礎，孩子才勇於脫離對照顧者之依賴，邁向獨立之路。「基本信任感」是「分離—個體化」之基石，也是未來各階段發展之基礎。

在這一時期跟照顧者的關係中斷，對孩子最具傷害力（郭靜晃、吳幸玲合譯，1997）。此階段孩子若跟照顧者關係中斷，而且沒有適當取代者遞補，便容易出現急性憂鬱或長期哀傷，埋下未來生命中憂鬱之暗流（Erikson, 1968）。

以目前家庭狀況來說，孩子想在這個階段擁有基本信任感，愈來愈不容易。現今社會，夫妻衝突普遍，分居及離婚率急追結婚率。孩子容易在生命早期，因為分離而損傷信任感，引發「分離焦慮」（separation anxiety）或「分離創傷」（separation trauma）。孩子愈小，分離造成之傷害性愈大。

「分離焦慮」是指孩子害怕跟照顧者分離而引發之焦慮，這種焦慮混雜有悲傷、憤怒等不愉快情緒。「分離創傷」是指孩子跟照顧者長期或永久分離，而造成內在創傷。不管是分離焦慮或分離創傷，都會損傷孩子對己及他人之信任感。臨床上發現：分離焦慮異常（separation anxiety disorder）之孩子，常出現睡眠問題、身心症狀、不良學業表現、同儕關係不良、情緒適應困難（Werman, 2001）、成為邊緣性人格異常者等（Aaronson, 2002）。

當孩子擁有基本信任感後，「希望」之自我力量才出現，讓孩子對未來抱持積極、有價值之看法，並且以「希望」面對生命中之挫折。

二、自律與羞恥、懷疑（autonomy vs. shame, doubt）

「自律」是指一種自我管理與獨立能力（Moore & Fine, 1990），也是一種獨立判斷與抉擇，有所為、有所不為之能力（張春興，1989）。此階段孩子正值大小便訓練期。孩子透過大小便過程中，經驗保留與排出大小便之衝突，考驗自我控制、自我選擇能力，這是一種自我管理之意志（autonomous will），也是孩子第一次自由管理身體之經驗。

父母對孩子大小便訓練時之態度，會影響孩子自律能力（包括對衝突處理能力、自我控制能力與自我選擇能力）之發展。父母訓練孩子大小便時，雖然有所堅持，但態度溫和、耐心足夠，便能讓孩子為自我自律行為感到驕傲，即使孩子來不及在適當地方大小便，也不會因為一時失敗而羞恥、慚愧。當孩子對運用自律能力感到自信後，便能夠自我管理、自我約束、堅持選擇、抗拒誘惑，此即「意志」之自我力量。

如果父母只顧自我期望，嚴格要求孩子，並以言詞、動作羞辱孩子之失敗，孩子會因為懷疑自我自律能力，而癱瘓「意志」之自我力量，並且直接強化「強迫」力量（使意志癱瘓之力量）。

不只是大小便訓練，孩子在這階段的其他學習也一樣。當癱瘓「意志」之經驗不斷重複發生，孩子便逐漸塑造出某種類型之人格特質，例如對自己失去信心、僵化、嚴苛、不知變通、求完美、強迫性行為、過度羞愧感。

三、自動自發與罪惡感（initiative vs. guilt）

「自動自發」意指一種主動、進取、率先之能力。孩子在這階段有三種發展：⑴由於生理發展更成熟，更能依照意願自由移動，而突破過去活動之侷限；⑵擁有更佳語言能力，能夠詢問更多問題，不過，接受訊息與理解能力仍有限；⑶語言更豐富，得以擴展想像空間，想像範圍涵蓋驚嚇自己之角色（例如傷人角色），而觸動罪惡感（Erikson, 1968）。

孩子因為擁有上述能力，能夠以想要之方式，自由探索安全與危險環境。依據「客體關係理論」（object-relation theory），孩子在這時候「分離—個體化」過程已完成，客體恆存性與個體性已穩定，因此有能力跟母親分離，並且獨立活動（林秀慧、林明雄合譯，2001）。孩子的獨立性、「自動自發能力」在這個時期蓬勃發展。

但是，孩子的「自動自發」常侵犯他人界線，例如由於活動範圍擴大，而侵入別人活動地盤；為滿足好奇而侵入未知領域；打斷別人談話與思考；攻擊他人、侵犯對方身體等（Erikson, 1968）。這類侵犯行為在此階段不斷發生，也是這階段孩子的行為特徵。父母對孩子侵犯行為之管束，容易引發孩子的罪惡感。孩子毫無約束之想像力，也會帶給自己焦慮與罪惡感。由於以上兩方面影響，讓孩子衝突於「自動自發」與「罪惡感」中。

如果父母了解孩子發展特徵，而管教適當，孩子便能夠發揮「自動自發能力」，主動探索環境，追求想要之目標，不會被不切實際之恐懼或罪惡感所阻礙，此即「決心」自我力量之展現。

相反地，不適當之父母管教，讓孩子一再經驗罪惡感。孩子因為過多的罪惡感，而在行為、想法及情緒上不斷自我侷限，並且在未來，以身心疾病方式反映「自動自發能力」受「抑制」之狀況（Erikson, 1968）。

四、勤勉與自卑（industry vs. inferiority）

「勤勉」是指能夠將事情做得好、做得完善（Erikson, 1968）。孩子此時開始入學就讀，學習各種科目，面臨師生相處、同儕競爭、校規要求等種種問題。如果孩子在前幾個階段發展順利，便會：⑴對自我、學校、教師與同儕具有信任感，對未來帶著希望；⑵在自律能力的輔佐下，抗拒外在誘惑、自我約束、自我管理學習及表現；⑶在自動自發力量的催化下，對學習抱持積極態度，不怕失敗與挫折；以上三因素再加上⑷父母教師在該階段對孩子學習方面之指導，孩子自然會「勤勉」學習，進而從學習及表現中，培養出「勝任」之自我力量。這種自我力量，會進一步加強孩子「勤勉」之習性，以及面對挫折之勇氣。

即使前幾個階段發展不順利，透過老師與學校細心之輔導，孩子仍有機會修正過去發展上之不良，完成前幾階段及該階段的發展任務。

相反地，「自卑」來自於前幾個階段發展任務沒順利完成，家庭與學校在該階段又沒有盡到輔導之責，讓孩子一再在學習上受挫，而長久處於無助狀態。退縮、羞恥、懷疑與罪惡感，加上該階段之負面影響，便凝聚成「自卑」心態。最後，孩子因「自卑」而不斷在學習上出現「惰性」。

五、自我認定與認定混淆（identity vs. identity confusion）

成功度過前幾個發展階段之青少年，在「自我認定發展」上可能比較順利。擁有信任、自律、自動自發、勤勉等特質，或具有希望、意志、決心、勝任等自我力量者，比較願意嘗試不同活動與角色來探索及了解自己。

當青少年對自己有清楚與正確之自我認定，便有勇氣進行選擇，忠於選擇，並承諾將選擇實現，此即「忠誠」自我力量之反映。

相反地，前幾個階段危機未解決之青少年，因缺乏信任、自律、自動自發、勤勉等特質，讓羞恥、懷疑、自卑、惰性侷限了自我探索之路，而呈現「自我認定混淆」。「自我認定混淆」之青少年，自然無能力面對選擇，更沒有能力立下實現選擇之承諾。即使願意進行選擇，所作選擇也無法反映出「真正自我」。

「自我認定混淆」之青少年，除了無法進行重要抉擇外，可能問題重重。吳佳霓（2002）研究發現：青少年在自我發展各階段所形成之「信賴（信任）、自律、自動自發、勤勉、自我認定」等人格特質，與其「自我關懷、身心發展、家庭生活及整體行為之困擾」有關。

六、親密與疏離（intimacy vs. isolation）

除非有正確自我認定，否則真實之親密關係不可能發生（Erikson, 1968）。有清楚、正確之自我認定者，選擇之親密伴侶較能滿足自我需求，親密關係也較和諧。

相反地，自我認定混淆者無法掌握自我需求與自我感覺，態度讓異性捉摸不定，即使投入愛河中，也因為不了解自己而無法感情專一（Erikson, 1968）。

從依附型態來看，有清楚、正確自我認定者，通常是安全型依附者（Zimmermann & Becker-Stoll, 2002），他們對自己與他人充滿信心，有足夠內在安全感，能夠坦誠需要與情緒，這些特質有助於親密關係之建立與維持。研究顯示：安全型依附者跟異性感情維持時間較長，積極互動，自我肯定（Feeney & Noller, 1990）；在婚姻關係上，夫妻深愛彼此，能融入社會網絡中（Volling, Notaro, & Larsen, 1998），能坦誠溝通，婚姻適應較佳（Feeney, Noller, & Callen, 1994）。

自我認定混淆者多為焦慮或逃避型依附者。焦慮型依附者（或趨避衝突依附型者）投入過多情緒在異性關係中，並將兩人關係界定為不平等（例如高估對方、貶低自己）（Hindy & Schwartz, 1994），維持戀情的時間最短（Feeney & Noller, 1990）；逃避型依附者不容易陷入愛河（Feeney & Noller, 1990），因為親密關係會令自己不舒服（Hanzan & Shaver, 1987）。

總而言之，親密關係中，有正確自我認定者容易塑造出共同、互惠、有意義、持久之親密關係，而自我認定混淆者或許嘗過感情千百回，卻仍找不到合適之對象。

七、生產與停滯（generativity vs. stagnation）

「生產」意指生育與引導下一代，並且健康、適當地教養下一代（Erikson, 1968）。大多數人在此階段，都有自己的家庭，養兒育女延續香火，永續國家命脈。在該階段發展順利者，會將「愛」的範圍擴大，不只照顧自己子女，而且透過「經驗傳承」擴大照顧子女輩之孩子。這是「照顧」之自我力量使然。

在上一階段（親密與疏離）發展不順利者，無法擁有真實、健康之親密關係，也無法擁有下一代。性生活開放者可能擁有下一代，卻無法提供孩子健康成長環境，也無法克盡父母之職。

選擇不婚或不生育的現代人不少，這不一定是「停滯」現象。如果選擇不婚或不生育，是自我了解及深思熟慮後之結果，便不是一種停滯現象，這些人透過另一種方式貢獻他人。因此，所謂「生產」，不一定單指「養兒育女，克盡父母職責」，也可指「貢獻自己，為他人謀福利」，此即 A. Adler 所謂的「社會興趣」。

八、統整與絕望（integrity vs. despair）

「統整」意指肯定與接納生命歷程中的人事物，包括接納無法再獨領風騷之事實、肯定生命中重要他人無可被取代之價值。

透過肯定與接納過程，個人對父母與他人因而有嶄新看法，不再堅持必須如自己期望那樣，並且認清自己該為自我生命負責（Erikson, 1968）。

老年人喜歡回顧自我生命歷程，細數經歷過之人事物，觸動內在悲喜交織各種情緒。這些回顧，將生命歷程各部分進行統整，以呈現生命意義與價值。

生命經驗能否被「統整」，並呈現正面意義，在於當事人能否「肯定與接納」生命中不同經驗。「悲哀經驗也有令人欣喜之處，可恨之人也有可愛之點」，每個被肯定與接納之經驗，會轉化生命，讓生命有新的意義與價值。例如化學中的H_2O（水），O 因為H_2的加入（例如將 O 視為生命經驗，H_2視為對生命經驗的肯定與接納），而形成新的面貌，產生新的價值。

統整後之生命，讓個人以感恩、珍惜之眼光看待過去，以喜悅之心情面對死亡。生命統整後之達觀，便是「智慧」自我力量之反映。

「絕望」代表個人覺得生命太短，以後悔與怨懟看待過去，以恐懼無奈面對即將降臨之死亡。這是對自我生命歷程感到羞愧（Erikson, 1968），而不得不以「藐視」來掩飾內在之「絕望」。

一生豐功偉業者未必能「統整」生命，而賦予生命正面的意義，一生沒沒無聞之市井小民未必對生命感到「絕望」。「統整」之關鍵，在於能否「肯定與接納」生命中之任何經驗。

由於每一發展階段環環相扣，前面發展愈佳者，後面發展將愈順利。不過，能在最後一階段肯定與接納自我生命經驗者，通常已穿透之前發展之阻礙，而呈現峰迴路轉後的怡然自得及不再執著。

心理社會理論似乎反映出一個結論：每個人天生具有自我力量（希望、

意志、決心、勝任、忠誠、愛、照顧、智慧）。只要成長環境適當，便可激發出自我力量，在未來之人生，成為惡劣環境中維護個人適應之保護性因子。

相反地，不良的成長環境，可能抑制自我力量之發展，而造成個人人格脆弱、誤解自我等問題。

青少年建立「自我認定」時，必須透過「希望、意志、決心、勝任」等自我力量之協助，才能找到「真正自我」。例如有了「希望」才對未來抱持積極看法而願意規畫未來；有了「意志」才能抗拒誘惑、自我控制與自我選擇；有了「決心」才敢於冒險探索以了解自我；有了「勝任」才覺得有能力面對挑戰、不懼怕失敗。青少年缺了這些自我力量，若不是陷於「自我認定混淆」，便是受困於「錯誤自我認定」中。換句話說，協助青少年建立「正確自我認定」時，必須協助青少年找回遺失之「自我力量」。

第三節 青少年自我認定發展之歷程

1. 青少年自我認定發展涉及「分離—個體化」歷程，何謂「分離—個體化」？完成「分離—個體化」歷程之指標為何？
2. 自我認定發展需要選擇、轉化及整合哪些不同來源之自我？透過何種機制完成該項工作？

一、青少年之「分離—個體化」

「分離—個體化」是「分離」與「個體化」兩個概念之結合，用來指幼兒逐漸不再依賴母親，形成獨立自主之個體。

生命中第一個「分離—個體化」階段是從出生至三歲間。一開始嬰兒視母親與自己為一體，然後逐漸將兩者視為獨立個體。

生命中第二個「分離—個體化」階段發生在青少年時期。這時候「分離」是指在心理上跟父母或家人有區別（Clair, 2000），「個體化」是內在自律（intrapsychi autonomy）（Clair, 2000）之反映，也是意志獨立（in the form of separate will）之表現（Josselson, 1980）。

借用 C. G. Jung「個體化歷程」（individuation process）之概念來說明，可以讓「個體化」意義更清楚。Jung 的「個體化歷程」是指，人格各部分充分分化與發展，並且和諧地整合成一體（黃堅厚，1999），亦即「個體化」涉及自我各部分之分化、發展與整合之歷程，而「分離—個體化」即是指脫離家庭影響，讓自我各部分特質分化、發展與整合，以架構出「真正自我」，達成「自我認定」之目的。

青少年跟父母長久相處後，透過耳濡目染、認同等歷程，內化父母之認知、情緒與行為反應，容易成為父母之複製品。不過，青少年畢竟跟父母是不同之個體，有獨特潛能與發展方向。

青少年建立「自我認定」之過程，必須走出對家庭之依賴，擺脫複製之形象，架構出成熟、獨立之自我（Blos, 1979）。這樣的過程，包括三項工作：⑴在心理上脫離對父母之依賴；⑵擺脫以前從父母身上內化而不適合自我之特質；⑶透過探索，找到真正自我，並且讓各部分自我充分發展及和諧運作。

如何才算順利完成「分離—個體化」的歷程？Hoffman（1984）將「分離—個體化」過程稱為「心理分離」（psychological separation），包括四個向度：

1. 功能獨立（functional independence）：有能力處理和主導自我事務，不需父母幫忙。例如能獨立解決困難。

2. 態度獨立（attitudinal independence）：對自我看法不再受父母影響，並且和父母的價值觀、信念分離。例如允許選擇的政黨不符合父母期待。

3. 情緒獨立（emotional independence）：不再過度需要父母的贊同或情緒支持，親子關係不至於抹煞個人獨特性。例如自我肯定重於父母肯定。

4. 衝突獨立（conflicutal independence）：面對父母時，不會有過度的罪惡感、壓抑、怨恨和生氣。例如不會因為不符合父母期待而有罪惡感，不再常跟父母起衝突。

所謂「獨立」並非切斷親子關係，也不是指不需要父母幫助，而是指跟父母維持某種親密程度，但尊重自己跟父母之差異，不成為父母之影子。

二、從「分離—個體化」到「自我認定」之中介歷程

以上說明了「分離—個體化」之指標，不過，仍未說明如何才能找到真正自我，以建立「自我認定」。答案是「自律」（autonomy）。

Josselson（1980）認為「分離—個體化」對「自我認定」之影響，並非直線關係，而是一種相互依存、遞回（recursive）之關係，並且以自律為中介。其可能關係如圖 7-2 所示。

「自律」，是一種自我管理與獨立狀態（the condition of being self-governing and independent），也是一種獨立判斷與抉擇，有所為、有所不為之能力（張春興，1989）。

心理分析理論將「自律」分為「原始自律」（primary autonomy）與「次級自律」（secondary autonomy）。「原始自律」是用來對抗本能力量（instinctual forces）之行為，例如人之知覺（perception）、運動力（motility，例如走動、使用雙手）、意圖（例如計畫、預期、目的）、思考、語言。在個人發展歷程中，將對抗本能之行為，轉化為更有建設性之行為，稱為「次級自律」（Moore & Fine, 1990）。

Ryan、Deci 與 Grolnick（1995）認為，在個人發展過程中，「自律」不但整合自我各部分，而且將自我決定之行為，整合入自我組織中。愈具有自

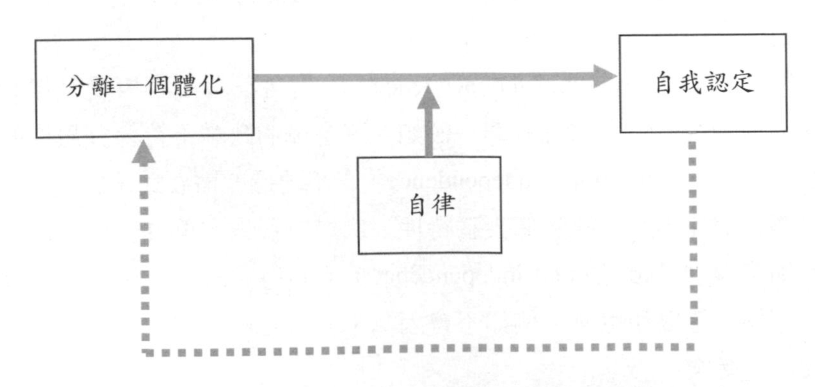

圖 7-2：分離—個體化、自律與自我認定三者間之關係

律能力者，愈能同化個人經驗，形成更精緻及整合度更高之自我，發自「自律」所決定之行為，才是「真正自我」之反映。

雖然追求自我認定歷程中，「自律」的重要性被凸顯出來，並不表示「基本信任、自動自發、勤勉」等特質不重要。融合了「基本信任、自動自發、勤勉」等特質之自我探索，「自律」的作用才有正面意義，才能架構出「真正自我」。更何況這幾個特質間，互有關聯。有了「基本信任」，才能發展出「自律」，而「自律」是發展「自動自發及勤勉」之基礎。不過，在選擇、轉化及整合自我部分上，「自律」扮演更重要之角色。

從以上不同學者的描述中，可以看出「自律」具有選擇、轉化及整合之功能。青少年要選擇、轉化與整合的特質包括三類，而這三類將形成「真正自我」：

1. 尚未被發現之自我。這一部分得透過各種新經驗來發現。

2. 被排斥或否認之自我。因為過去發展受阻（例如青少年階段之前幾個階段發展任務未完成），而使得某些自我特質不被個人所承認。例如自卑者因為成長過程之障礙，不敢承認自我能力，而將能力投射給他人，誤以為別人比自己強。在青少年「分離－個體化」及「自我認定」歷程中，必須將喪失或被排斥之自我找回，並整合於自我結構中。

3. 內化之父母特質。擺脫內化父母特質之限制，並非丟棄這些特質，而是不再受其控制，轉而善用之。內化之父母特質已是自我組織一部分，丟棄便有如否認與壓抑，反而造成不利影響。就如「次級自律」的功能一樣，轉化這些內化特質，成為建設性之潛能。

茲將自律跟自我認定之關係圖示如圖 7-3。

綜合以上所言，「自律」是青少年從「分離－個體化」至「自我認定」之中介歷程。在此歷程中，「自律」選擇、轉化與整合自我特質，以架構出「真正自我」。有了「真正自我」，才能建立正確之「自我認定」。

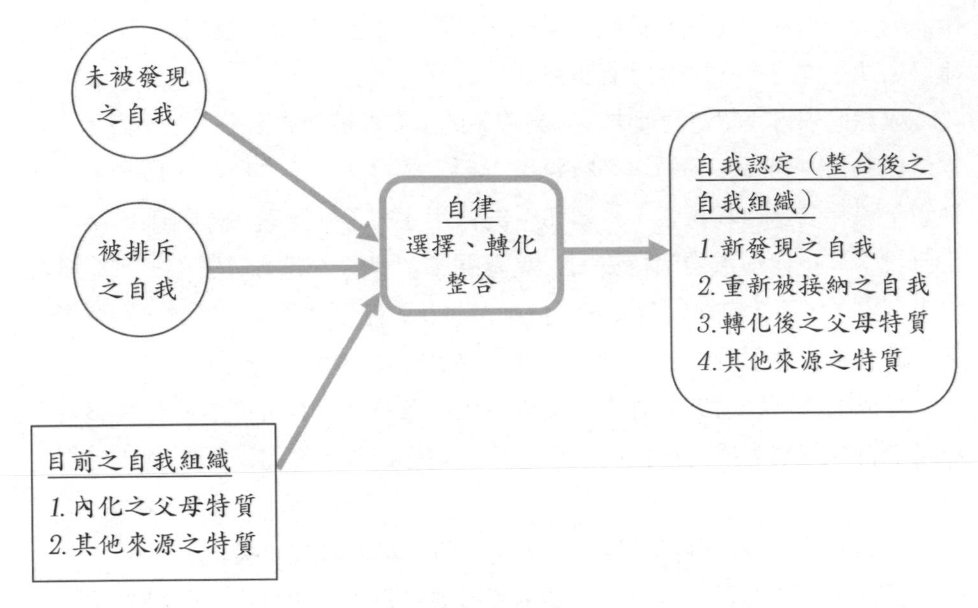

圖 7-3：自律與自我認定發展之關係

第四節 影響青少年自我認定發展之因素

問題與討論

1. 影響青少年自我認定發展之因素有哪些？
2. 父母自我分化水準可能透過哪些歷程，影響青少年自我認定發展？

影響青少年自我認定發展之因素繁多，任何生命經驗都可能發揮某種作用，這些作用會因為其他因素加入而變化。以下只就其中幾種較重要因素說明。

一、家庭因素

影響青少年「自我認定」發展的因素中，以家庭影響力最大，其中以「父母自我分化水準」為首要關鍵。青少年在「基本信任與不信任」、「自律與羞恥、懷疑」、「自動自發與罪惡感」、「勤勉與自卑」等階段發展，都跟「父母自我分化水準」有關，而這些階段之發展狀況，直接影響青少年「自我認定」發展。

㈠青少年自我分化與父母自我分化

1. 青少年之自我分化

「自我分化」與「分離—個體化」概念類似。Horne（2002）研究顯示：「自我分化」與「分離—個體化」兩個概念相同性，比一般文獻認同之程度還要高。「自我分化」概念請見第二章第二節，其內涵實際上跟本章第二節描述之「分離—個體化」類似，都涉及「個體化」與「一體化」之平衡。

研究發現：大學生「自我分化（differentiation of self）水準」，可以預測自「自我認定層次」（黃慧雯，2002）。

Mazor（1985，轉載自蔡秀玲，1997）認為，「分離個體化」或「自我分化」較高之青少年，能統整過去、現在與未來，覺得自信與獨立，彈性地扮演不同角色，不會因為不符合父母期望而有罪惡感，較能完成「自我認定」任務。

青少年在自我認定發展歷程中，不斷受到「個體化」與「一體化」兩股力量之拉扯。若「一體化」太高，跟家人界限不清，獨特性無法凸顯，則失去「真正自我」；若「個體化」太高，與家人關係疏離，在「自我認定」歷程中，得不到支持與認同，便沒有勇氣探索自我，也無法肯定所認定之自我。兩股力量愈是平衡，青少年「自我分化水準」便愈高，「自我認定」水準也相對提高。

兩股力量之平衡，會因為性別因素而不同。Iskowitz（2001）研究發現：對少女來說，在「自我認定」發展中，要提高其「個體化」程度；對少男來說，要提高其「一體化」程度。

2. 青少年自我分化與父母自我分化

「父母自我分化水準」，會轉嫁到子女身上，讓子女跟父母有類似之「自我分化水準」（Bowen, 1978）。這是父母透過「家庭投射歷程」將自身之分化水準，傳遞給子女（見本書第二章第二節），因此劉美娜（2004）研究顯示：國小高年級學生「自我分化水準」與「父母自我分化水準」有正相關，「父母自我分化水準」是「子女自我分化水準」最重要的預測因子。

青少年如果跟父母關係界限混淆（即青少年「分離—個體化」程度低，或父母自我分化水準低），會降低自我認定水準（Anderson & Fleming, 1986）。相反地，如果青少年跟父母、同儕之「分離—個體化」程度愈高，則其基本信任、自律、自動自發、勤奮、自我認定發展也愈佳（栗珍鳳，1999）。

邱秀燕（2000）的研究進一步顯示：「家庭分化水準」（即父母自我分化水準）會透過「分離—個體化」因素，影響青少年之「基本信任、自律、自動自發、勤勉與自我認定」等發展。

換句話說，「父母自我分化」，在子女第一次「分離—個體化」歷程便開始作用，影響子女「基本信任、自律、自動自發、勤勉」等發展，而導致子女形成某種自我分化水準。這種自我分化水準，再影響青少年時期之「分離—個體化」歷程及自我認定發展。茲將以上各概念之關聯圖示如圖 7-4。

從圖 7-4 來看，要協助青少年「自我認定發展」，有幾個管道：⑴改變「父母自我分化水準」，例如透過親子教育、父母自我成長等課程；⑵提高或修正青少年「信任、自律、自動自發、勤勉」等各階段發展；⑶從青少年「自律」能力著手，不過，青少年自律能力，也跟其「信任、自動自發、勤勉」等發展有關。

簡言之，修正青少年之前各發展階段之障礙，才是輔導青少年「自我認定」發展之關鍵。

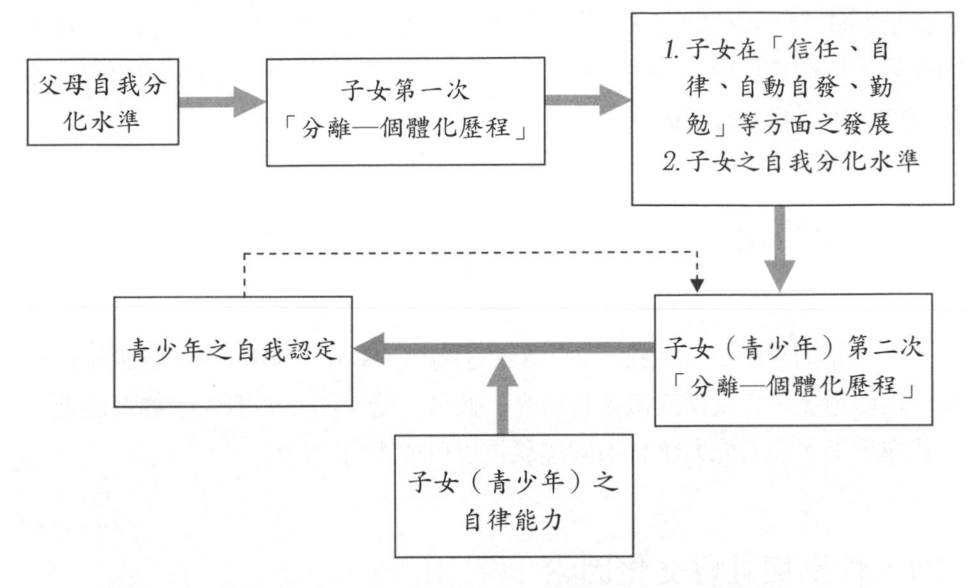

圖 7-4：「父母自我分化水準」影響「青少年自我認定發展」之歷程
註：虛線為回饋

㈡親子互動與家庭關係

青少年親子互動及家庭關係，會影響青少年「自我認定發展」（楊金滿，1996；Faber, Edwards, Bauer, & Wetchler, 2003）。

Markstrom-Adams（1992）綜合各學者（例如 Campbell, Adams, & Dobson, 1984）研究發現：不同自我認定狀態之青少年（例如迷失型、早閉型、未定型、定向型），跟父母有不同之互動型態，例如「早閉型」青少年跟父親關係疏遠，而跟母親感情深厚；「迷失型」青少年受到父母親之拒絕。

此外，青少年「自我認定水準」愈低者，跟父母親衝突愈多（Allison, 1998）；家庭壓力（例如未解決之家庭衝突、不滿意之關係、不清楚之期待、在家庭中感到孤立）影響青少年「分離—個體化」歷程、自我認定及個性發展（Snipes, 2001）。

二、認知發展因素

青少年具有邏輯思考、推理、形成假設與考驗假設、後設認知、自我內

省與批判能力。這些能力讓他開始質疑之前深信之人事物，並且進一步探索與反省，檢驗自己跟他人，以致逐漸形成獨立看法。因此，青少年認知能力愈成熟，對「自我認定發展」愈有幫助。

三、年齡因素

青少年的年齡跟「自我認定發展」有關（Iskowitz, 2001）。青少年齡愈大，經驗愈多，自我探索機會也愈多。此外，青少年年齡愈大，愈可能進入形式運思期，愈有能力統整不同經驗，以形成「自我認定」。

四、性別與社會文化因素

以男性為尊之社會，對青少年「自我認定發展」不利。以男性為尊之社會，壓抑女性之自我力量，鼓勵女性依賴，反對女性獨立，使得女性過度重視人際關係，而造成「一體化水準」過高及降低「自我分化水準」。影響所及，女性在自我認定過程中，有較多焦慮、羞恥感、衝突與自我懷疑（Ollech & McCarthy, 1997），而阻礙「自我認定發展」。相反地，社會過度強調男性的獨立與成就，造就男性過度「個體化」，而不利男性「自我認定發展」。

因此，以男性為尊之社會，不管是少男或少女，因「個體化」與「一體化」失衡，而不利其「自我認定發展」。

五、同儕因素

研究發現：青少年在某些方面的「自我認定水準」，跟要好的朋友類似（Akers, 1997; Akers, Jones, & Coyi, 1998）。不過，無法確知的是，不知是物以類聚，類似發展水準者相互吸引，還是雙方交往後相互仿效所致。或許，兩種因素都有關。

第五節 青少年自我認定發展與輔導

1. 依據 Erikson 的看法，認定危機跟哪七個發展危機有關？
2. 青少年七個發展危機跟青少年之前各階段發展有何關係？
3. 如何處理青少年認定危機？
4. 如何輔導不同自我認定狀態之青少年？
5. 如何提高青少年自我分化水準？

從以上各節描述中，似乎已指引出協助青少年「自我認定發展」的一些脈絡。青少年階段之前各階段發展不順利，會影響青少年「自我認定發展」。因此，修正青少年之前的不良發展，具有促進青少年「自我認定發展」之功效。

以下分三方面來談：⑴依據Erikson心理社會理論，青少年認定危機的處理，有賴解決七個發展危機。這七個發展危機狀況，直接受到青少年「基本信任、自律、自動自發、勤勉」特質之影響。簡言之，處理七個發展危機與處理「基本信任、自律、自動自發、勤勉」等發展任務有關；⑵青少年自我認定狀態可分為四類，每一類各有其特色，因此輔導內涵須不同；⑶處理青少年之自我分化或「分離—個體化」歷程。

一、青少年認定危機與輔導

Erikson（1968）認為，青少年自我認定危機的解決，跟七個發展危機的處理有關。協助青少年處理七個發展危機，便可以協助青少年克服認定危機，建立「自我認定」。Erikson（1968）所言之七個發展危機描述如下。從以下描述中可看出，處理七個發展危機，其實跟完成「基本信任、自律、自動自發、勤勉」等發展任務，以找回自我力量有關。

㈠從七個發展危機介入

1. 時間透視與時間混淆（time perspective vs. time diffusion）

過去、現在與未來是同一線上的連續歷程，三者位置持續更替。現在在下一時刻成為過去，而未來成為現在。因此，人須與時俱進，反省過去，把握現在，規畫未來。

有了過去、現在與未來之概念，青少年才領悟生命有限，時間珍貴；了解要有夢想，才有未來；要實現夢想，就得計畫及實踐計畫。

有些青少年沉溺於兒童期的逍遙自在，拒絕面對時間的挪移，面對已是青少年之事實。Erikson（1968）認為這些延遲或拖長青少年期之青少年，便是時間混淆所造成。他們不相信時間會帶來改變，拖延每天生活中的例行活動，例如上床便得入睡，起床後便得恢復清醒等事實。

或許，有些青少年因為羨慕成年人的成就，也有「大丈夫當如此也」之鴻鵠壯志。不過，因為看不清過去、現在與未來之關聯，不知道美好之未來，須賴現在規畫及努力實踐。因此，只有坐而言之理想，沒有起而行之魄力。

進一步來說，或許有些青少年在「基本信任、自律、自動自發、勤勉」某些階段發展受限，失去自我力量，而以時間混淆來呈現。

2. 自我確認與自我意識（self-certainty vs. self-consciousness）

「自我確認」之青少年，能統整自我與他人意見，既不受限於他人看法，又能運用他人看法確認自我與擴展自我。因此，具有自信與自我信賴。

「自我意識」之青少年，因為擔心他人評價，過度注意自我缺點，使得自我探索受限，妨礙自我認定之形成。

擔心他人評價，過度注意缺點等特質，可能跟「基本信任、自律、自動自發、勤勉」等階段發展受阻礙及失去自我力量有關。

3. 角色試驗與角色固著（role experimentation vs. role fixation）

青少年要了解自己，最直接方式便是從親身體驗中蒐集各種資料，在分析、比對後，清楚的自我圖像才會出現。樂意嘗試各種人生角色之青少年，有豐富資料可參考、比對與統整，「自我認定」就在此過程中逐步形成。

例如打工經驗提供機會了解自己在該領域之能力、興趣；磨練人際技巧；認識該領域之人；了解該領域之工作性質、報酬與入行條件；該領域未來發展潛力等。學生在班上、學會、社團中擔任不同幹部，從中學習某些技能，以及進一步了解自我。

愈是願意參加不同活動者，愈有機會嘗試各種角色，自我了解的機會便愈多。例如黃慧雯（2002）研究顯示：大學生的社會活動經驗，可以有效預測其自我認定狀態。

相反地，有些青少年固著於熟悉角色，不敢嘗試不同活動，而失去自我了解之機會。影響所及，不容易建立「自我認定」，或建立「錯誤的自我認定」。

很明顯地，這些青少年在「基本信任、自律、自動自發、勤勉」等階段發展受到妨礙，失去自我力量，以致於劃地自限。

4.職業意願與工作懈怠（apprenticeship vs. work paralysis）

「職業意願」是指青少年在扮演學業上或工作上角色時，能勤奮努力、參與不同活動，探索自我能力、人格、興趣、價值觀等，因此形成明確生涯或職業方向，並且承諾努力投入。

「工作懈怠」是指青少年工作（或學業）動機薄弱、工作無力。問題不在於沒有潛力，而是沒有動力；或不了解自我與社會狀況，為自己定下太高的標準；或所選擇之活動不符合自己特質。於是，能力無處發揮。

很明顯地，造成青少年「工作懈怠」之原因，還是跟過去發展階段受阻礙有關。

5.性別分化與性別混淆（sexual identity vs. bisexual diffusion）

「性別分化」是指青少年清楚地感覺到自我的男性化與女性化特質，而認定自己是男性或女性，並且珍愛自我認定之性別。

「性別混淆」是指青少年過度執著於自己該為男性或女性，以及過度重視性別化特質與性別之關係（例如多一種男性特質便懷疑自己是男性，多一份女性特質便懷疑自己是女性）（Erikson, 1968），因此無法認定自己是男性或女性。

這類青少年之所以對自我認識不清，自我肯定不足，起因於之前發展階段受阻，缺乏足夠的機會認識自我及無法肯定自我。

6. 主從分際與權威混淆（leadership and followership vs. authority diffusion）

「主從分際」是指青少年能依據情境需要，扮演領導者或服從者角色。兒童通常依賴與服從父母師長。青少年未來須組織家庭、在工作領域獨當一面，或承擔社會責任。因此，一方面青少年須脫離依賴及服從角色，學習獨立自主。另一方面，青少年要能兼容服從者與領導者角色，依據情境需要，彈性轉換。

「權威混淆」之青少年，分不清不同情境下該扮演何種角色。服從及依賴為青少年長久以來所習慣，獨當一面之領導為青少年發展之要求。尺寸的拿捏，兩者之平衡，讓某些青少年不知何去何從。

這類青少年因為過去發展階段受阻，失去自我力量，而侷限自我，無法依不同情境，彈性扮演不同角色。

7. 意識信念成形或混淆（ideological polarization vs. diffusion）

「意識信念」類似價值觀，是綜合過去經驗、現在處境、對未來理想，而形成之人生哲學、理想、意識型態及宗教信仰（轉載自黃慧雯，2002）。有清楚「意識信念」之青少年，抉擇時有依據，生活方向與目標也有指引。

「意識信念混淆」之青少年，因為沒有清楚之意識信念為依據，而盲從、生活沒目標，得過且過，充滿衝突、徬徨。這類青少年也如前所述一樣，在之前發展階段受到阻礙所致。

綜合以上所言，青少年在前幾個階段發展若不順利，可能因缺乏「基本信任、自律、自動自發、勤勉」等特質，失去「希望、意志、決心、勝任」等自我力量，而造成七大危機。

或許，不同青少年可能有個別差異，對青少年進行輔導時，可以先了解哪些危機特別顯著，而提供適當處理。

㈡從青少年期之前各階段發展任務介入

1. 完成之前各階段發展任務

第一，在「基本信任感」方面，輔導重點放在父母師長以無條件積極關愛態度對待青少年。無條件積極關愛態度是建立基本信任感之關鍵（有關無條件積極關愛態度，請參閱諮商理論相關書籍）。此外，包容、支持、肯定與鼓勵，都可以培養青少年對己、對人之信任感。

第二，在「自律」方面，除了以「基本信任感」為基礎外，一些技能或特質之培養，都可以提高青少年之自律能力，例如內在動機、內在歸因、自我調適技巧（例如情緒調適技能）（Ryan et al., 1995），抗拒誘惑、決策、問題解決、自我管理、時間規畫與管理等技能。

第三，在「自動自發」方面，「自動自發」是指一種主動、進取、率先之能力。喪失這種能力，是由於「自動自發」被加諸罪惡感及懲罰所致。因此，讓「自動自發」跟愉悅、成功之經驗連結，將有助於提高青少年「自動自發能力」。

「基本信任感」及「自律能力」是「自動自發能力」之基礎，有了對己、對人之信任感及自我管理能力，「自動自發」才能導致愉悅與成功結果。

第四，在「勤勉」方面，青少年在前三階段有了良好基礎，再輔以父母師長對青少年學習上之輔導（例如讀書策略、考試技巧、面對考試壓力之技巧、時間規畫……），青少年才有意願善用能力與資源勤勉學習。青少年有了持續不斷的成功經驗，便能逐漸降低「自卑」之感覺。

此外，目前國內有一些研究，設計出不同的研究方案以幫助青少年「自我認定發展」或提高青少年的「個體化或自我分化水準」，學校教師可以善加運用（例如方紫薇，1986）。

2. 提高經驗廣度及深度

在經驗廣度方面，鼓勵青少年多參與活動，扮演不同角色，以提高自我探索機會。目前青少年除了學校課業外，能夠參與之活動極多。青少年若有計畫地參與（例如打工、擔任幹部、參加社團），對自我了解有積極意義。

在經驗深度方面，有些青少年只重視這些活動之娛樂性質或是物質回報，極少進一步反省活動對己之意義與學習。青少年若沒有進一步思考這些經驗跟自我發展之關聯（例如對自我未來之意義、對自我與他人之了解），再多的活動，也只不過是讓生活不空虛的填充物而已。

二、青少年不同認定狀態與輔導

不同青少年有不同之自身條件、環境與經驗，其自我認定狀態可能不同。Bilsker、Schiedel與Marcia（1988）依據「探索」與「承諾」兩指標，將青少年的自我認定狀態分為四種：⑴迷失型；⑵早閉型；⑶未定型；⑷定向型。

輔導青少年「自我認定發展」時，得先了解他們的狀況，才能對症下藥。以下就這四種認定狀態加以說明（游淑燕，1987；楊智馨，1997；Bourne, 1978a, 1978b; Elders, 1990; Marica, 1988; Matteson, 1975; Raskin, 1984）：

㈠迷失型

迷失型青少年逃避發展任務，拒絕與逃避探索自我、抱持無所謂態度，是自我認定類型中，最不好的一類。此種狀態者易受同儕影響、易順從權威、以退縮方式面對壓力。

迷失型青少年缺乏「基本信任、自律、自動自發、勤勉」特質，或「希望、意志、決心、勝任」自我力量。協助這類青少年，得修正其發展過程中之阻礙，以找回自我力量，並培養必備之技能，例如抗拒誘惑、自我管理等。

㈡早閉型

早閉型青少年未經過自我探索，依循他人期望決定生涯方向，因此所建立之自我認定未必正確。此類型青少年以父母為中心、遵循傳統價值觀與標準、具權威性格、固執、防衛性高、需要別人贊同。

輔導早閉型青少年時，須先突破其防衛，協助建立獨立思考能力，鼓勵自我探索，建立正確自我認定。若配合使用測驗工具，可以快速蒐集自我資料。此外，依據其需要，培養一些重要技能，也是必要之輔導項目。

㈢未定型

未定型青少年正處於自我探索中，自我認定還在建立中，因此對自我的抉擇無法給予肯定與承諾。此狀態者正處於危機中，因此變異性大、內在猶豫不決、焦慮高，不過，創造力強、內省力高。

輔導未定型青少年時，首先要緩和其焦慮，提供更多自我及環境資訊（例如各行各業資訊），才能凸顯其未來方向，降低內在混亂與徬徨。一些測驗結果及各類經驗之綜合分析，對未定型青少年都有幫助。此外，提供適當鼓勵與情緒支持，學習情緒調適技巧、決策技巧等都是未定型青少年所需。

㈣定向型

定向型青少年已建立自我認定，未來方向明確。定向型青少年較成熟、焦慮程度低、自尊高、接納自己、高成就動機、抗壓性強。

青少年認定狀態隨著年齡與經驗增長，而有不同轉變。有些未定型青少年，因為經驗增多而成為定向型。定向型青少年可能因為新經驗加入，而轉成未定型。因此，對同一位青少年在不同時間之輔導，輔導之內涵可能不同。

三、青少年自我分化與輔導

Anderson與Fleming（1986）認為青少年親子關係「混淆」及「涉入三角關係」會影響自我認定發展。Allision 與 Sabatelli（1988）認為青少年若「個體化」不足，則自我認定發展將受到影響。換句話說，處理青少年之自我分化問題（例如維持某種親子關係界限），將有助於青少年自我認定發展。

家族治療可能是處理青少年自我分化最適合的方法之一。某些社會機構、私人諮商中心，學校輔導處，可能有這方面專業人員提供協助。

本章摘要

第一節　青少年之自我認定發展

1. 「自我認定」即了解自我各方面特質，以架構出統整之自我組織，認定我是怎樣的一個人。「自我認定」是終身進行之歷程，生命中之任何經驗，都可以促使個人再次「自我認定」。「自我認定」以「自我了解」為基礎。
2. 「自我」是多層面組織，這些層面有些固定不變，有些因經驗、情境而變動。不同層面之自我可能相互衝突，也可能相互一致。

3. 個人所建立之「自我認定」未必反映出「真正自我」，要找到真正自我，必須透過持續不斷的經驗，突破成長過程產生之盲點。

第二節　心理社會理論與青少年自我認定發展

1. 依據心理社會理論，建立「自我認定」是青少年發展任務，而該階段任務之完成與之前各階段發展有關。
2. 心理社會理論中的八個發展階段任務跟八種自我力量發展有關，每一階段相對應於一種自我力量。任務完成，該階段之自我力量才被強化而凸顯出來。
3. 青少年正確自我認定之建立，決定於之前各階段任務是否完成及相關之自我力量是否形成。自我力量即是保護性因子。

第三節　青少年自我認定發展之歷程

1. 青少年自我認定發展涉及「分離—個體化」歷程，這是指心理上脫離父母之影響，而達到功能獨立、態度獨立、情緒獨立及衝突獨立。
2. 要達到以上所提四方面獨立必須透過「自律」以發現新自我、接納以前被排斥之自我、轉化內化之父母特質，以統整出新的自我組織，建立正確之「自我認定」。

第四節　影響青少年自我認定發展之因素

1. 影響青少年「自我認定發展」之因素眾多，最重要的有：家庭、青少年認知發展、青少年年齡、青少年性別及社會文化、青少年同儕等因素。
2. 影響青少年「自我認定發展」之家庭因素中，包括有「父母自我分化水準」及「其他家庭因素」（例如親子互動與家庭關係）。「父母自我分化水準」透過影響子女第一次「分離—個體化」歷程、「基本信任、自律、自動自發、勤勉」等發展任務、子女自我分化水準等，來影響青少年「自我認定發展」。
3. 認知發展因素影響青少年「自我認定發展」，是因為青少年具有形式運思能力，會不斷探索、反省、檢驗自我經驗，形成獨立看法。
4. 青少年年齡影響「自我認定發展」，是因為一方面青少年年齡愈大，愈可能進入形式運思期；另一方面青少年年齡愈大，生活經驗愈豐富，愈有機會探索自我。

5. 性別不平權之社會，會阻礙青少年「自我認定發展」。以男性為尊之社會，少男及少女「個體化」及「一體化」失衡，而不利於「自我認定發展」。
6. 同儕可能因為類似而互相吸引或相互模仿，而響青少年「自我認定發展」。

第五節　青少年自我認定發展與輔導

1. 可以從三方面輔導青少年「自我認定發展」，包括：(1)處理認定危機；(2)依照青少年不同自我認定類型提供不同輔導；(3)提高青少年自我分化水準。
2. 處理青少年認定危機之方法有：(1)完成青少年期之前的發展任務，以處理七大危機；(2)提高青少年經驗廣度與深度。
3. 青少年自我認定狀態可分為迷失型、早閉型、未定型與定向型。每一種類型須不同之輔導內涵。
4. 協助青少年自我分化可以透過家族治療。

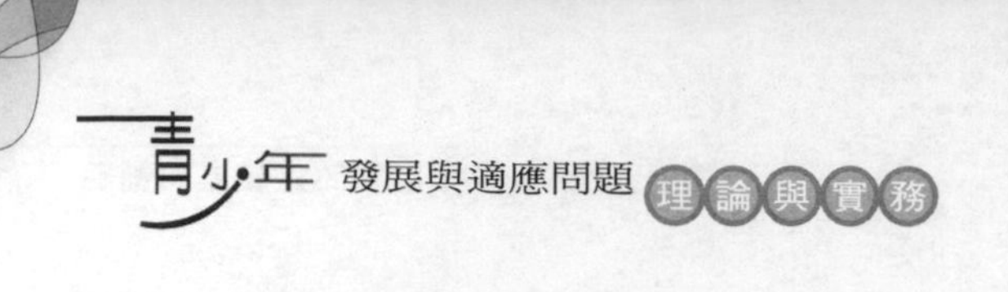
青少年 發展與適應問題
理論與實務

第八章

青少年情緒發展與輔導

何謂情緒？不同學者有不同看法，Kleinginna 與 Kleingina（1981，游恒山譯，1993）綜合各方說法，認為情緒是客觀因素與主觀因素交互作用之產物，並且受到神經系統與荷爾蒙系統之調解。

情緒有哪些功能呢？情緒是個人內在能量與直覺之泉源，提供生活上有用之資訊（Cooper & Sawaf, 1997），引起生理警覺狀態，導引當事人覺察需要，思考適當之行為反應（Elliott, Watson, Goldman, & Greenberg, 2004），以適應環境，維持生存與生長。

情緒有如此之功能，應如何促進青少年情緒發展？青少年情緒發展之內涵為何？哪些因素影響青少年的情緒發展？

一般的發展心理學，並未清楚說明青少年情緒發展之內涵，本章將從情緒智力（Emotional Intelligence, EQ）觀點，說明青少年情緒發展與輔導相關議題。包括青少年在情緒覺察、情緒表達、情緒調整與情緒運用等四方面之發展與輔導。

第一節 情緒智力

1. 何謂情緒智力？內涵為何？
2. 何謂情緒勝任能力？

青少年期情緒發展，比兒童期精緻。所謂「精緻」是指哪些方面？可以從情緒智力的觀點來說。Salovey 與 Mayer（1990）首先提出情緒智力之概念，認為情緒智力包括三類能力：評量與表達情緒、情緒調適與情緒運用。江文慈與孫志麟（1998）將之界定為：⑴情緒覺察（覺察個人及他人情緒）；⑵情緒調整（控制情緒衝動、使用調整策略）；⑶情緒表達（表達個人及因應他人情緒）；⑷情緒運用（轉移注意、促進思考、正向激勵、反省成長）。

Mayer 與 Salovey（1997）修正原先所界定的「情緒智力」，使「情緒智力」之內涵更豐富包括：⑴覺察、評估及表達情緒；⑵激發情緒，以促進思考；⑶了解及分析情緒，並運用情緒知識；⑷調整情緒，以提升情緒智力。以上情緒智力內涵，跟江文慈與孫志麟（1998）所界定之內涵類似。

Saarni（1999）提出情緒勝任能力（emotional competence）之概念，內涵包括八種技能，分別為：⑴覺察個人情緒狀態（覺察多重情緒，覺察意識上不易覺察之情緒）；⑵依據情境與線索，辨別他人情緒；⑶運用文化普遍之情緒與表達語彙，以及了解情緒與社會文化之關聯；⑷同理與共鳴他人情緒；⑸了解個人情緒狀態跟外在行為表現不一定一致，個人「情緒表達」行為對他人之影響，並將此了解納入自我組織結構中；⑹運用情緒調適策略，因應負面情緒，調解情緒強度與持續時間；⑺了解人際關係與情緒之關係（例如成熟親密關係之形成，有部分在於雙方真誠表達情緒）；⑻擁有情緒自我效能（例如能接納自我情緒）。

從以上所述來看，情緒智力與情緒勝任能力的內涵大部分類似，不過，Saarni（1999）強調情緒勝任能力不同於情緒智力，因為情緒勝任能力除了包含情緒智力外，特別強調情緒之社會脈絡、自我效能與道德感等。

綜合言之，情緒智力是指配合社會脈絡，對己及他人之情緒進行覺察、評估、表達、激發、了解、分析、調整及運用等之能力。情緒勝任能力除了包括情緒智力外，另包括情緒自我效能及道德感。

第二節　青少年情緒發展

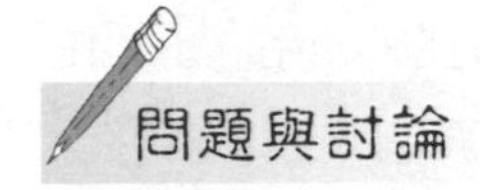

1. 兒童期與青少年期之情緒發展有何差異？
2. 青少年期不同發展階段（前期、中期、後期）之情緒發展有何差異？
3. 青少年及兒童之情緒發展，在情緒歷程各階段有何差異？

從情緒智力與情緒歷程來看，青少年的情緒發展比兒童期成熟許多，即使在青少年前期、中期與後期，情緒發展也有不同之變化。林崇德（1998）認為，此時期的發展有幾個特徵：⑴情緒的自我調整與控制能力逐漸提高。⑵情緒表達逐漸帶有文飾、內隱和曲折性質。

以下以江文慈（2000，2001）研究結果為藍本，說明兒童與青少年情緒發展之差異及青少年不同階段情緒發展之比較，並以其他學者研究結果輔助說明。

一、青少年情緒發展——外在情緒行爲

㈠兒童期至青少年期之情緒發展

就整體來說，兒童與青少年在情緒覺察、情緒表達、情緒調整、情緒效能、情緒運用等方面，皆有所不同。

第一，情緒覺察方面：⑴從對「單一情緒」之覺察，轉向對「混合情緒」

之覺察；⑵對情緒原因之覺察，由「外在世界」轉向「內心世界」。

第二，情緒表達方面：⑴情緒表達由「直接、外顯」，逐漸轉向「間接、內隱」；⑵描述情緒之語彙，逐漸多元、深刻與複雜。

第三，情緒調整方面：隨著年齡增長，青少年調整策略之使用，逐漸從社會、行為導向策略（例如尋求他人支持、放鬆分心），轉向個人、認知導向策略（例如正向思考、問題解決）。此外，青少年逐漸覺察到情緒循環之歷程（例如對自己的生氣感到愧疚），這種覺察會被運用於因應策略中（Saarni, 1999），使得青少年情緒控制能力不斷提升。

第四，情緒運用方面：因為青少年主動省思，有獨特見解，情緒運用由「外在要求」轉向「自我主張」。此外，青少年逐漸將道德與個人觀念統整，以處理壓力與相關之決策。

第五，情緒效能與判斷方面：青少年有能力考慮較多相關因素，而逐漸由「兩極化」情緒轉向「趨中」情緒。

第六，關係建立方面：青少年逐漸覺察到平等、互惠方式之情緒表達，因此有助於提升關係品質（Saarni, 1999）。

從認知發展觀點來看，不難了解為何青少年情緒發展會有如此轉變。形式運思期之青少年，具後設認知能力，思考含納多向度，兼容矛盾見解，注意焦點由行為結果轉向行為背後動機。這些認知特徵，促使青少年跳脫兒童期情緒發展之框架，而發展出比兒童期更成熟之情緒特色。茲將兒童與青少年期情緒發展之轉變摘要如表 8-1。

表 8-1：兒童期與青少年期情緒特徵之比較

發展階段 情緒內涵	兒童期	青少年期
情緒覺察	單一情緒	混合情緒
情緒原因之覺察	外在世界	內在世界
情緒表達	直接、外顯	間接、內隱、多元、複雜、平等、互惠
情緒調整	社會、行為導向策略	個人、認知導向策略
情緒運用	外在要求	自我主張
情緒效能與判斷	兩極化	趨中

㈡青少年期不同階段之情緒發展

青少年期分為前期（國中）、中期（高中）與後期（大學）。青少年在不同階段之情緒發展，因為認知發展、生命經驗與學習等因素之影響，而有所不同。

就國中生之情緒智力來說：⑴國三學生整體之情緒智力高於國二與國一，而國一與國二沒有差別（徐振ㄎㄨㄣ，2001）；⑵就情緒智力內單項情緒能力來看，情緒覺察能力最高（徐振ㄎㄨㄣ，2001；莫麗珍，2003），而情緒調適能力有待加強（莫麗珍，2003）。

就國中、高中與大學生之比較來看，有些方面三者沒有差異，有些方面隨著階段之演進而漸入佳境。第一，情緒覺察方面：國中、高中與大學生沒有差異。

第二，情緒表達方面：隨著年齡增長，情緒表達漸趨內隱、間接，情緒控制能力不斷提升：⑴國中階段是「外顯與內隱」兩極化（例如生氣以外顯方式表達，難過以內隱方式呈現），高中階段則是「文飾、內隱、曲折」，內心體驗與外部表情不一致（林崇德，1998）；大學生採取「內隱、間接」方式，而且較能控制情緒；⑵國中、高中與大學生在情緒表達上有差異，特別是與人際情境有關之情緒表達，大學生比高中生佳。

第三，情緒調整方面：⑴國中生與高中生在「控制情緒衝動」與「使用調整策略」這兩項無差異，但大學生在這兩項皆有別於國中生與高中生；⑵高中生雖然情緒調整上較國中穩定、不衝動，但是因為考慮因素比國中生多，反而導致情緒不穩。

第四，情緒運用方面：⑴在「轉移注意」、「自我激勵」方面，大學生優於國中生與高中生，而國中生與高中生無差異；⑵在「促進思考」方面，大學生優於國中生，而大學生與高中生無差異；⑶在「反省成長」方面，三者無差異。

第五，就性別來說，對國中生及大學生之研究顯示：女性情緒智力優於男性（王印財，2000；徐建山，2001）。

綜合以上所言，青少年情緒發展歸納如下：⑴兒童與青少年情緒發展在情緒智力等四方面皆有所不同；⑵國中與高中生情緒發展大部分層面沒有差異，但是大學在情緒表達、情緒調整、情緒運用（轉移注意、自我激勵、促進思考）等三方面皆優於國中與高中生。可見，青少年的情緒穩定與成熟，必須等到大學階段；(3)女性情緒智力優於男性。

二、青少年情緒發展——內在情緒歷程

情緒歷程包括：引發經驗之起因事件、主觀評估、生理感覺、情緒體驗、情緒表達及調適情緒（如圖 8-1）。青少年情緒發展，會反映在情緒歷程的訊息處理歷程中。

擁有形式運思能力之青少年，訊息處理能力提高、具有高層次思考歷程、兼容多種及矛盾訊息、具「假設性」思考與後設認知能力。這些認知特徵及豐富之語言能力，讓情緒歷程各階段之運作，比兒童期精緻。例如研究顯示，批判思考能力跟情緒智力有關（葉碧玲，2001），而批判思考為形式運思期之認知能力。以下依情緒運作歷程，說明青少年情緒發展。

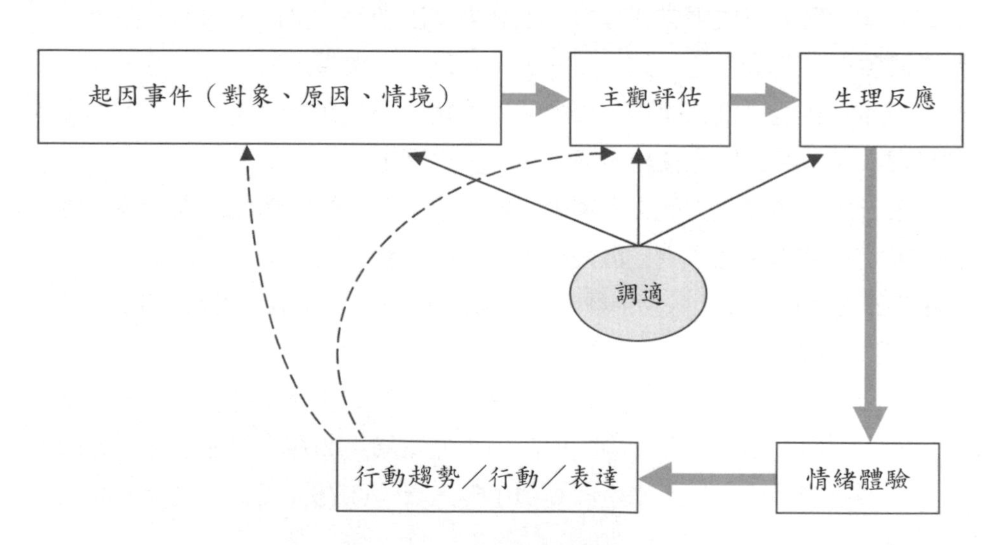

圖 8-1：情緒運作歷程

註：虛線部分代表回饋

（資料來源：心理治療改變之機轉—情緒歷程的完成與情緒基模的重組，陳金定，2005，**轉導季刊**，**41**（4），頁 9）

㈠起因事件（對象、原因、情境）

具體運思期兒童之認知能力，只能同時運作資訊之兩個向度（例如面積中長與寬之概念），只能理解經驗過之具體人事物（黃俊豪、連廷嘉合譯，2004）。形式運思期之青少年：能同時處理二個以上向度之訊息（例如體積中長、寬、高之概念）；訊息處理速度加快；有能力整合更多訊息；跳脫自身經驗限制，考慮所有相關可能事實，預知多種可能性；兼容多元及相駁訊息；後設認知能力提高了自我反省與覺察能力。

這些改變，造成青少年對情緒原因之覺察，由「外在世界」轉向「內心世界」，由「單一原因」轉向「多重原因」，並且能夠設身處地從不同角度看待情緒事件。

㈡主觀評估

評估是指當事人對事件之意義進行分析、解釋與推論（王震武、林文瑛、林烘煜、張郁雯、陳學志，2002），以及評估自我因應能力及事件可能帶來之壓力。主觀評估時，個人信念系統、目標、認知型態（Lazarus, 1993）、對情境中各因素之覺察、個人成長經驗、過去類似經驗、觀察與學習他人經驗、人格特質，以及個人內外在資源等，都會影響評估之結果。

有幾個因素造成青少年進行主觀評估時患得患失：⑴青少年面對學業、升學、生涯抉擇、父母師長期待、異性交往、同儕關係等壓力，這些壓力接踵而來，形成累加負擔，超越青少年能力極限；⑵青少年面對壓力之因應技能尚待學習；⑶因具備形式運思能力，青少年不再像兒童一樣樂觀，但是有時候因自我中心思想影響而過於樂觀。

以上原因讓青少年在主觀評估上，有時候過於悲觀，有時候卻過於樂觀。不過，青少年隨著成熟與經驗之輔助、逐漸具備各種能力與技能（包括對情緒之覺察、掌控與調適）、自我認定建立後理想能反映自我條件與社會脈動，因此主觀評估逐漸踏實化，情緒也逐漸平穩、成熟。

㈢生理反應

有幾個可能原因，說明青少年對自我情緒之生理反應，比兒童期更敏感：⑴青少年後設認知能力促使青少年給予較多注意力監控自己及他人之身心變化，而提高對生理反應之敏感度；⑵青少年期相關荷爾蒙大量分泌，促使青少年生理易於喚起，以催動情緒出現。情緒出現後，透過回饋作用，進一步刺激荷爾蒙分泌及提高內在喚起狀態（Brooks-Gunn, Graber, & Paikoff, 1994）；⑶青少年重視身體意象，將過多注意力放在身體上，對於生理反應自然比較敏感。

當青少年覺察生理變化的同時，也提高對情緒歷程之注意，包括情緒之存在，以及情緒相關之需求。

㈣情緒體驗

情緒出現，當事人不一定能感受到。情緒必須被「意識化」後，當事人才體驗到。一些人常以「沒感覺」表達對某件事之情緒反應，這便是情緒未被「意識化」所致。

工作記憶是意識之中心，在訊息處理過程，情緒必須被傳輸到工作記憶後，才能被意識化。工作記憶可能散居腦中許多部位，不過許多科學家相信額葉（尤其前額皮質）是主要功能所在地（梁雲霞，2004）。前額葉神經迴路的成熟一直持續到至少二十歲（王雪貞、林翠湄、連廷嘉、黃俊豪合譯，2002）。這表示青少年情緒意識化能力，高於兒童。此外，青少年情緒分化程度也比兒童高（Harter & Buddin, 1987）。

基於以上兩個原因，促使青少年體驗到之情緒，從對「單一情緒」，轉向「混合情緒」。

㈤情緒表達

情緒被體驗到後，當事人必須將情緒符號化（用語言命名）及表達，這歷程涉及以語言表達情緒及情緒表達方式。

情緒語言豐富性受經驗及學習所影響。青少年經驗及學習多於兒童，因此情緒詞彙比兒童豐富，而且情緒語彙多元、深刻與複雜化。

就情緒表達方式來說，情緒表達方式有多種，兒童往往以直接、外顯方式表現。由於青少年在社會化程度、語言能力、情緒控制能力、認知能力及情緒覺察能力等皆高於兒童，因此能技巧性地採用策略整飾自己，而偏向以間接、內隱、隱喻方式表達情緒。

㈥情緒調適

從生理上來說，大腦額葉專管概念、計畫、預測未來、選擇性思考，並將知覺組合成一整體，使知覺有意義、做出反應、做出決定、解決難題（梁雲霞，2004）。從青少年與兒童認知發展來看，青少年額葉發展比兒童成熟。

此外，前額葉跟情緒意識化與注意力集中有關（洪蘭譯，2002）。前額葉神經迴路的成熟一直持續到至少二十歲（王雪貞、林翠湄、連廷嘉、黃俊豪合譯，2002）。因此青少年情緒調適能力比兒童成熟。

從 Cole、Michel 與 Teti（1994）對情緒調適失調之描述，可以更進一步支持青少年情緒調適能力優於兒童。情緒調適失調有以下特徵：⑴因情緒訊息不足，而扭曲情緒意義，以至於情緒反應不當；⑵情緒過度強烈或強度不足，以及持續時間過長與太短；⑶不能夠依情境之不同，流暢地轉變情緒，象徵適應功能僵化；⑷無法在文化許可範圍內表達情緒；⑸無能力統整不同情緒，或允許衝突情緒並存；⑹無法使用口語表達情緒；⑺情緒後設認知能力不足。

總而言之，從青少年情緒運作歷程各階段來看，青少年之情緒發展比兒童期更精緻、更成熟。

第三節　影響青少年情緒發展之因素

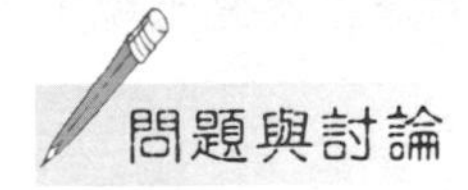
問題與討論

> 影響青少年情緒發展之因素為何？

影響青少年情緒發展之因素眾多，除了本身生理成熟（例如前額葉迴路成熟）外，經驗與學習，對青少年情緒發展都有重大影響。這些因素相互關聯、相互影響。

一、生理因素

除額葉及前額葉成熟因素外，另一個影響青少年情緒發展之生理因素是荷爾蒙。Brooks-Gunn 等人（1994）整理歷年來荷爾蒙跟青少年負面情緒反應的八種模式。在大部分模式中，荷爾蒙跟青少年負面情緒有間接關係。荷爾蒙透過影響青少年內在喚起狀態、第二性徵、對社會事件之感受、對青春期之感受等變項，來影響青少年負面情緒反應。

額葉及前額葉之成熟，讓青少年更有能力覺察、掌控與調適情緒，但是某些荷爾蒙過多，卻提高青少年對負面情緒之感受。這種複雜的拉扯關係，也反映出青少年情緒發展之特色。

二、依附型態

依附型態反映出不同情緒調適方式。依附型態可分為安全型、焦慮型（趨避衝突型）與逃避型，後兩者稱為「不安全型依附」。「安全型者」情緒調適能力較佳，以直接表達情緒來調適情緒，對壓力事件忍受力較高（Mikuliner & Orbach, 1995），能善用社會支援（Blain, Thompson, & Whiffen, 1993）。「衝突型者」誇大情緒，而「逃避型者」壓抑或隔離情緒（Cole-Detke & Kobak, 1996; Mikulincer, Florian, & Weller, 1993）。因此，不安全型者容易出現焦慮、憂鬱症狀（Kobak, Sudler, & Gamble, 1991）。

依附型態形成於兒童期，並且持續至成年期（Eisenberg & Fabes, 1992）。如果青少年在兒童及青少年期缺乏修正經驗，兒童期所形成之不安全型依附，將延續至青少年期，而不利青少年情緒發展。

三、認知發展

形式運思包括五種主要能力：內省反思（對思維的再思考）、抽象思考、組合性能力（考慮所有重要的事實與想法）、邏輯推理（有能力形成正確的推論）、假設性推理（做出假設，並檢驗多種變項）（黃俊豪、連廷嘉合譯，2004）。這些能力有助於青少年覺察、調適、表達與運用情緒。

由於青少年認知能力發展有個別差異存在，因此對情緒發展有不同之影響。

四、社會化過程

青少年透過觀察、學習與模仿歷程，內化父母、師長、同儕等人之情緒反應模式，包括對情緒意義之詮釋、情緒表達與調適方式，以及情緒行為中之信念（Saarni, 1999）。這些學習，會反映在青少年情緒覺察、表達、調適及運用上。

五、自我發展水準

青少年之自我發展水準（ego development）跟情緒發展有關。Hauser 與 Safyer（1994）將青少年之自我發展狀況分為六種類型（見第九章圖 9-1），每一種類型之情緒發展各不同，整理於表 8-2。

Hauser 與 Safyer（1994）研究發現：⑴青少年自我發展水準愈高者，表達之情緒愈多樣，並愈能兼容衝突情緒；⑵穩定服從型及加速前進型之衝突情緒，多於停滯發展型；⑶穩定服從型、加速前進型及延期發展型之情緒變化，多樣於停滯發展型；⑷熱情（enthusiasm）、深情（affection）、焦慮（anxiety）、中性（neutrality，即非正面或負面情緒）等情緒跟較高之自我發展水準有關，而悲傷、生氣等情緒跟自我發展水準呈負相關。

簡言之，自我發展水準愈高者，情緒發展愈佳。

表 8-2：青少年自我發展及情緒發展之關係

青少年自我發展類型	情緒發展狀況
停滯發展型（profound arrest）	對人對事之情緒反應都狹隘。
穩定服從型（steady conformist）	表達之情緒及對他人之情緒回應符合社會期待。
逐步前進型（progressive）	雖然覺察到自我情緒，不過，表達之內涵空洞或陳腔濫調。
加速前進型（accelerated）	⑴早期前進型（early progression） 表達之情緒為社會所接納、非簡化之情緒。
	⑵高階前進型（advanced progression） 能欣賞個別差異之情緒反應。
	⑶急速前進型（dramatic progression） 能覺察自我及他人細緻之情緒狀態；調適自己配合他人情緒；感知人際關係之複雜，注意他人內在世界之細微處。
延期發展型（moratorium）	對他人及自我情緒之了解出現極度轉變，通常發生在嘗試新角色、內在出現衝突時。
退化型（regressive）	從某一發展水準沒有預期地掉入較低發展水準，情緒表達內涵也跟著滑落。

（資料來源：" Ego development and adolescent emotions, " by S. T. Hauser and A. W. Safyer, 1994, *Journal of Research on Adolescence, 4,* pp. 490-492）

六、同儕關係

LaFreniere（2000）綜合幾位學者看法，認為青少年的同儕關係，可以從幾方面促進青少年情緒發展：⑴同儕間平等關係，提供了青少年表達與調適情緒之情境；⑵同儕提供青少年情緒支持及安全感，能夠緩衝青少年緊張之家庭關係及缺乏家庭支持之負面影響；⑶同儕關係提供青少年自尊與肯定；⑷同儕可能比青少年家人，更了解青少年之情緒需要。

簡言之，良好同儕提供青少年情緒支持、情緒抒解、情緒表達等機會。同儕間之模仿學習，協助青少年學習如何表達、抒解、面對情緒，以促進青少年情緒分化及調適情緒之能力。

第四節　青少年情緒壓力之成因

> 1. 除了文中所提的問題外，還有哪些問題會帶給青少年壓力？
> 2. 青少年情緒壓力與身心健康之關係如何？

情緒影響個人身心健康、行為表現、社交關係與人格發展（李惠加，1997）。青少年因為身心急速變化，各種發展壓力接續而來，因此容易情緒不穩。郭靜晃（2000）研究發現：44%的青少年覺得壓力很大，38.4%的青少年情緒不穩。

青少年情緒處理不當，會引發一些問題，包括：個人生活問題（例如飲食、排泄、睡眠、性）、團體生活問題（例如打架、暴力）、不良行為（例如偷竊、曠課、恐嚇、放火），以及精神疾病（劉念肯，1993）。

從情緒智力與青少年行為問題之關係來看，青少年之情緒智力與生活適應（王印財，2000；莫麗珍，2003）、學業成就（王印財，2000；Fannin, 2002）有關。情緒智力較高之青少年，抗拒抽菸與飲酒行為之能力較強（Trinidad & Johnson, 2001）。

因此，對青少年情緒發展之輔導，可以從三方面著手：⑴了解影響青少年情緒發展之成因，依據成因擬訂促進青少年情緒發展之方案；⑵協助青少年了解情緒壓力之成因，再依據成因擬訂協助青少年情緒調適、因應壓力之方案；⑶促進青少年情緒智力發展。在以上三方面中，以「促進青少年情緒智力發展」最為重要，因為提高青少年情緒智力發展，將有助於青少年情緒發展及因應情緒壓力。

以下說明青少年情緒壓力之成因，下一節說明如何促進青少年情緒智力發展。

一、身心快速成長帶來之壓力

在身體方面，青少年在短短幾年中，身高、體重、身體內部機能（內臟、肌肉、脂肪、腦、內分泌）急速成長，第一與第二性徵成熟，使得青少年由矮小、平板之兒童體型，轉變為成人碩壯之身材。青少年身體雖快速轉換，心理上卻無法快速適應。

在心理方面，青少年因認知發展而改變對人對事之看法，給自己帶來一些困擾，例如：過度在乎別人看法；理想得不到認同；將簡單問題複雜化；對社會不公義憤填膺；對弱勢團體充滿憐憫（黃俊豪、連廷嘉合譯，2004）。

在性心理方面，對異性感興趣，期望跟異性交往，但缺乏社交技巧；因身體早熟與晚熟，而產生孤獨、自卑；性衝動出現，卻缺乏處理能力。

郭靜晃（2000）研究發現：青少年對身材儀表滿意者 69.5%，不滿意者 30.4%；因性衝動性幻想而困擾者 22.1%。

由此可知，身心快速變化似乎帶給青少年不少壓力。

二、親子衝突增多

形式運思認知能力精緻化了青少年思考歷程，讓青少年擁有獨立思考之能力，也使得父母之絕對真理，成為有待辯駁之相對看法。因此，青少年在生涯選擇、政治理念、親子互動、異性交往等方面，意見可能跟父母不同，也讓親子衝突在某些時候升高。

三、學習與升學之壓力

「萬般皆下品，唯有讀書高」之觀念，仍普遍存在於社會中。在父母與師長期望下，大部分青少年長年挑燈夜戰，長期缺乏足夠休閒，身體四肢伸展不足。

從另一方面來說，國內教育雖然宣稱五育並重，其實不然。在德智體群美中，只有「智」育獨占鼇頭。在「智」育中，又以英數理等科目受到垂愛。能夠在這幾個科目中出類拔萃者，才領受到成就感。

相對地，潛力不在「智」育之眾多學生，遍嘗失敗，獨飲懷才不遇之苦悶。一些成為學校逃兵之青少年，雖然暫時沒有學習及考試壓力，不過，生活無所適從，不知未來何去何從。

在目前社會趨勢下，學習及升學壓力，帶給大多數青少年多重之壓力。

四、異性交往之壓力

異性交往是青少年重大壓力源之一。青少年透過異性交往歷程中，了解自我及異性、學習跟異性互動，最後構築出攜手一生之異性圖像。這樣之歷程，往往因為青少年過度浪漫、現實感不足、準備度不夠，而釀造出意外事件，給自己及他人平添困擾，包括：分不清興趣、喜歡及愛三者之區別，缺乏異性交往技巧，不知如何約會，缺乏性別平等素養，單戀，三角戀，分手，婚前性行為，性病感染，未婚懷孕，避孕方法，墮胎等。

這些問題，輕則讓青少年飽嘗恐慌、怨恨、憤怒等負面情緒；重則傷人傷己。

五、同儕相處之壓力

青少年須脫離依賴角色，成為獨立個體。在此過渡期中，同儕成為支撐青少年邁向獨立之重要橋樑。青少年跟處境類似、境遇相同之同儕，容易成為同病相憐之一群。他們相互支持，彼此接納，從中找到自尊、價值感及歸屬感，因此同儕關係在青少年階段格外重要。

但是，聚合容易，關係維持不易。關係之維持有賴類似之興趣、個性、價值觀及學業成就，開朗之個性，主動積極之態度，長期互動，交友技巧，溝通技巧，衝突處理技巧等。

精緻技巧之獲得需長期學習，良好個人特質之培養有賴磨練及自我反省，這對於血氣方剛、心浮氣躁、好面子、自我中心之青少年有其困難。因此，青少年之同儕關係不時抹上疏離、衝突、排擠、溝通困難、知音難尋等灰暗色彩。

六、社會期望之壓力

青少年被要求延續國家命脈，承擔社會榮辱之重責。成人對青少年之厚望，卻挫敗連連。今日青少年在成人心目中是：吃不了苦之草莓族，負債累累之新貧族，每月生活費花光光之月光族。

青少年對成人之批判，認為杞人憂天，不過卻沒有實際成就說服成人。青少年眼高手低之姿，反而讓自己陷於「無力抬頭，又恥於低頭」之困境。

七、一連串抉擇之壓力

青少年須面對一連串跟現在、未來有關之抉擇，並為抉擇負責。這些抉擇上之壓力，讓一些青少年飽受驚恐及無助。

有父母師長協助之青少年，雖焦慮降低不少，但是意見可能跟父母師長相左。缺乏父母師長協助之青少年，害怕作錯決定及面對抉擇後之責任。有些青少年不願父母插手，又無法獨立面對抉擇，只能隨波逐流，盲目跟從。

不管以上哪一類青少年，雖然承受之壓力不同，卻都得面對多重之負面情緒。

八、青少年之人格特質

青少年之人格特質影響其面對、詮釋、評量及因應壓力之方式，也影響其覺察、調適、表達及運用情緒之方法。青少年不良之人格特質，降低其因應壓力能力，也帶來負面情緒。

第五節 青少年情緒發展與輔導

1. 能接納情緒者，對其情緒覺察跟情緒分化有何影響？情緒覺察與情緒分化間有何關聯？
2. Greenberg 與 Safran 將情緒覺察分為哪些層次？Lane 及 Schwartz 將情緒覺察與分化分為哪些層次？
3. 哪些方法可以提高青少年情緒覺察及情緒分化層次？
4. 情緒調適類型為何？各類型有哪些情緒調適策略？
5. 如何才能成功表達情緒（需要哪些要件）？
6. 如何積極運用負面情緒？
7. 何謂後設情緒？後設情緒跟情緒智力有何關係？
8. 小亞分別在家中及學校中，累積了哪些負面情緒？
9. 從「情緒覺察」方面來看，小亞是否覺察到自我情緒？屬於哪一種情緒覺察層次？這種覺察層次可能帶給小亞哪些負面影響？小亞要如何才能正確覺察情緒？
10. 從「情緒調適」方面來看，小亞用什麼方式調適情緒？這種情緒調適方式對小亞造成哪些負面影響？如何正確、適當調適情緒？
11. 從「情緒表達」方面來看，小亞用什麼方式表達情緒？這種方式對小亞造成哪些負面影響？如何有效表達情緒？
12. 從「情緒運用」方面來看，為何小亞錯用了負面情緒？這種錯誤對小亞造成哪些負面影響？如何積極運用負面情緒？
13. 如果要提高小亞的「情緒智力」，該如何著手？跟「後設情緒」有何關係？

眼看著上課就要遲到，媽媽還嘮叨不停，小亞感到厭煩，卻也只能強壓不滿。背了書包，拿了便當，不管三七二十一，便急速地逃離家門。

上第一堂課時，看到發下來的期中考卷，小亞的臉色慘白，身體也不禁僵硬起來。羞愧、生氣、難過紛亂雜沓地凝聚成壓境的大軍，幾乎讓小亞抓狂。

下課後，同學們一堆堆圍繞著期中考試成績插科打諢，小亞藉著拿手的詼諧隱藏了成績不佳之事實，孤伶伶的感覺，竟在六月的氣候中感受到一縷縷令人抖顫的冷冽。

小亞渾渾噩噩地度過了一天，在同學的再見聲中踏上歸途。一回到家中，便有氣無力地往床上癱下。不過，老天爺似乎愛跟他做對，媽媽一發現他的慵懶樣，便開始數落他的不是：回家不看書寫功課、不幫忙做家事、跟他父親一樣懶散、成績太差讓她抬不起頭來……。

小亞再也無法裝聾作啞，想大聲反擊。他從床上跳起，卻拿不定主意，只能浮躁地在床邊來回猶豫。突然看到半掩的窗戶，竟湧出往下跳的衝動。一想到這裡，他鼻頭一酸，衝了出去，跟媽媽吵了起來。

輔導青少年情緒發展，從「影響青少年情緒發展之成因」及「青少年情緒壓力之成因」兩方面來看，輔導策略包括：改變不安全依附型態、提高認知發展及自我發展、父母師長成為青少年之典範、運用同儕影響力、學習因應壓力技能，以及提高青少年情緒智力。

以下說明如何提高青少年情緒智力，至於以上其他策略，見本書其他章節。

一、情緒覺察（覺察個人及他人情緒）

㈠情緒覺察

情緒覺察涉及三因素：情緒覺察層次、情緒分化層次及接納情緒程度。個人接納之情緒，才能為個人所覺察，個人不接納之情緒，通常為個人所壓抑，而在個人覺察之外。

情緒覺察與情緒分化層次互有關聯。基本上，情緒分化層次會影響情緒覺察層次，低情緒分化層次者，對情緒覺察層次也低。不過，即使高情緒分化層次者，在某些情境下，由於某些因素影響（例如無法接納情緒而採用防衛應對），情緒覺察層次會降低。

1. 情緒覺察層次

Vorbach（2002）研究顯示：有能力覺察他人情緒者，通常表現溫暖、友善等利社會行為；相反地，無法覺察他人情緒者，則容易出現衝動性反應（re-active，指未經理性思考之強迫且衝動之舉動）與主動性（proactive）攻擊行為。

有能力覺察他人情緒之前，要先有能力覺察自我情緒。壓抑、逃避自我情緒者，通常覺察不到他人情緒。例如男人從小被教導「有淚不輕彈」。久而久之，便覺察不到自己的難過。男人面對落淚女人時，因沒能力感同身受，只能以：「沒有什麼好難過！」安慰女人。男人的「安慰」，讓女人覺得不被理解而倍感委屈，甚至放聲大哭。因此，有能力覺察自我情緒者，因為深刻體驗過情緒，才能感同身受他人情緒，而出現利社會或友善反應。個人之所以有能力覺察到自我情緒，最根本的原因在於能接納自我情緒。

對情緒覺察之深淺，會因為一些因素影響而有所不同。Greenberg與Safran（1990）依據個人對情緒覺察之深淺，將情緒覺察分為不同層次：

層次一：情緒出現，但個人沒有覺察到。

層次二：情緒出現，個人只覺察到部分情緒。

層次三：情緒出現，但個人沒有進行語言上之符號化（即用語言標示）。

層次四：情緒出現，而且個人用語言清楚地表達出來。

層次五：情緒出現，個人用語言表達，也知道引發者是誰，以及跟情緒有關之需求、期望與行動。

以上資料顯示：情緒覺察不只包括覺察情緒本身，還包括覺察跟情緒有關之內外在刺激、需求、行動及調適情緒之方式。

2. 情緒覺察與分化層次

情緒分化（emotion differentiation）反映在三方面：(1)情緒種類；(2)情緒

強弱程度；(3)語言清楚描述之程度。

就情緒種類來說，情緒分化層次愈高者，愈能覺察不同情緒。例如「喜怒哀樂」四類情緒不一定每個人都有，有人偏向「怒、樂」兩類情緒，而對「喜、哀」情緒不敏感。每一類情緒可再細分，細分之狀況，反映出個人情緒分化的細緻性。

就情緒強弱程度來說，每個人對情緒強度之主觀感受不同。情緒分化層次愈高者，愈能正確覺察情緒強度；反之，可能貶低情緒強度。

就語言描述來說，愈能用語言具體、清楚、細膩描述情緒經驗者，情緒分化層次愈高，也愈能掌握到發生何事、歷程、結果、需求及行動。

Lane與Schwartz（1987）以及Lane、Quinlan、Schwartz、Walker與Zeitlin（1990）認為個人發展過程中，情緒經驗會經歷結構性轉換，遵循著分化與統整交替之發展順序。情緒分化與統整愈精緻者，情緒成熟度愈高（emotional maturity），對情緒覺察層次也愈高。情緒分化與情緒覺察層次如表8-3。

表8-3：情緒覺察與分化層次

層次	內容
層次○	沒有情緒反應，所描述的只是一種想法而非感受。
層次一：生理感覺（physiological sensation）	只覺察到生理現象，例如：「我覺得累」。
層次二：身體行動（body actions）	只覺察到行動傾向，例如：「我想毆打牆壁」。
層次三：未分化情緒（undifferentiated feelings）	語言所表達的訊息是未分化情緒，例如：「我感覺不好」。
層次四：已分化情緒（differentiated emotions）	使用單一情緒用詞，表達分化情緒，例如：「我感到快樂」。
層次五：多重分化情緒（multiple differentiated emotions）	使用兩個以上「層次三」以上之用語，並且參照內在狀態來描述。

（資料來源：" The levels of Emotional Awareness Scale: A cognitive-development measure of emotion, " by R. D. Lane et al., 1990, *Journal of Personality Assessment, 55,* pp. 124-134）

Barrett、Gross、Christensen與Benvenuto（2001）研究顯示：負面情緒分化層次較高者，較容易使用調適策略調適情緒；正面情緒分化層次與情緒調適無關。

總而言之，青少年情緒分化及覺察層次愈高，情緒覺察力愈高。

3.接納情緒之程度

Lazarus（1991）認為，每一種情緒，都跟某一核心問題有關，例如生氣→遭受被貶低之攻擊；焦慮→面對不確定、存在之威脅；驚嚇→面對立即、具體、巨大壓迫性之身體危險；罪惡感→侵犯道德規範；羞愧感→無法達成理想之自我標準（ego-ideal）；悲傷→經歷到無法變更之喪失；羨慕→想要別人之擁有物；噁心→吞下或太靠近一個難以消化之物質或想法。

情緒反映個人遭遇之問題，引導個人行動方向。但是，文化或家庭對「情緒行為」可能有某些信念，使得某些情緒不被接納，例如不接受女人發脾氣，不接受男人哭泣。

一般人通常以壓抑處理不被接納之情緒，這些情緒最後在個人覺察之外。受壓抑之情緒，不會就此消失，而是以生理或心理症狀呈現；或以其他情緒取代（例如以憤怒來取代委屈、難過、害怕），以換取表達出口。不管是壓抑情緒或表達替代情緒，都使個人無力覺察情緒，而無法解決問題。

綜合以上所言，「情緒覺察層次」受到「情緒接納」與「情緒分化」之影響。「情緒接納」是「情緒覺察」與「情緒分化」之基礎。沒有被接納之情緒，沒有進一步分化的空間，也就沒有被覺察的機會。

㈡提高青少年情緒覺察層次

綜合以上所示，協助青少年提高情緒覺察層次，在於提高「情緒接納及情緒分化」，其方法如下：

1.依「情緒覺察層次」、「情緒覺察與分化層次」了解自我之情緒覺察層次及情緒分化層次。

2.檢驗自己對不同情緒之信念，及這些信念對情緒覺察及情緒分化之影響。

3.認識情緒之價值，以肯定每種情緒之功用。

4.找出自我允許及不允許之情緒：⑴探討這些不被允許情緒對己之意義；

⑵不允許之原因；⑶跟哪些信念有關；⑷對情緒覺察及情緒分化造成之影響；以及⑸不允許造成之結果。

5.記錄日常生活經驗，檢查：⑴跟經驗有關之情緒；⑵覺察情緒之程度；⑶情緒分化程度；⑷逃避面對之情緒。

6.學習覺察及辨識自我及他人情緒。例如觀察自我及他人生理、心理反應、語言行為、非語言行為。

7.學習以接納，非責備及批判態度對待自我及他人情緒。

8.閱讀情感詞彙豐富之文章，學習表達情緒之精緻詞彙，將有助於情緒之分化與覺察。

9.父母師長包容青少年各種情緒，不再以刻板化性別角色要求青少年。

10.父母師長以身作則接納自我情緒，成為青少年之典範。

二、情緒調適（控制情緒衝動、使用調整策略）

相信可以透過方法調適負面情緒者，會積極採取行動調適情緒，以及降低負面情緒之影響（Vorbach, 2002），因此較少有身心問題出現（Kirsch, Mearns, & Catanzaro, 1990）。

換言之，青少年對情緒調適抱持著肯定態度，是學習情緒調適技能之必要條件。

情緒調適策略包括六類（Thompson, 1994; Thompson, Flood, & Lundquist, 1995）：⑴神經生理之喚起與控制（neurophysiological arousal and control processes）；⑵注意過程（attentional processes）；⑶因應資源之取得（access to coping resources）；⑷對情緒事件之詮釋（interpretation of emotionally-arousing）；⑸對內在線索之編碼（encoding of internal emotional cues）；⑹選擇適應性反應（selecting adaptive response alternative）。

另外，Gross與John（2003）將情緒調適類型分為兩類：第一類稱為「焦點在事前之情緒調適」（antecedent-focused emotion regulation）或稱「再次評量」（reappraisal），包括「選擇情境」（situation selection）、「修正情境」（situation modification）、「注意力選擇」及「認知改變」等情緒調適策略。第一類情緒調適策略，作用於情緒反應傾向被觸發之前。這種調適類型是將潛在之情緒情境作另一番處理，使之引發之情緒強度降低。

第二類稱為「焦點在事後之情緒調適」（response-focused emotion regulation）或稱「表達性壓抑」（expressive suppression）。第二類情緒調適策略，作用於情緒被個人體驗到後，個人以壓抑處理情緒。

以上不同情緒調適類別可以整理歸納為五類：(1)再次評量；(2)生理喚起之調適；(3)表達性壓抑；(4)選擇適當反應表達情緒；(5)事件後之情緒調適。

以上各種情緒調適策略跟情緒歷程相呼應。換句話說，可以從不同情緒歷程階段調適情緒。茲將情緒調適類型及情緒歷程之關係圖示如圖 8-2，並分別說明各類型之情緒調適策略。

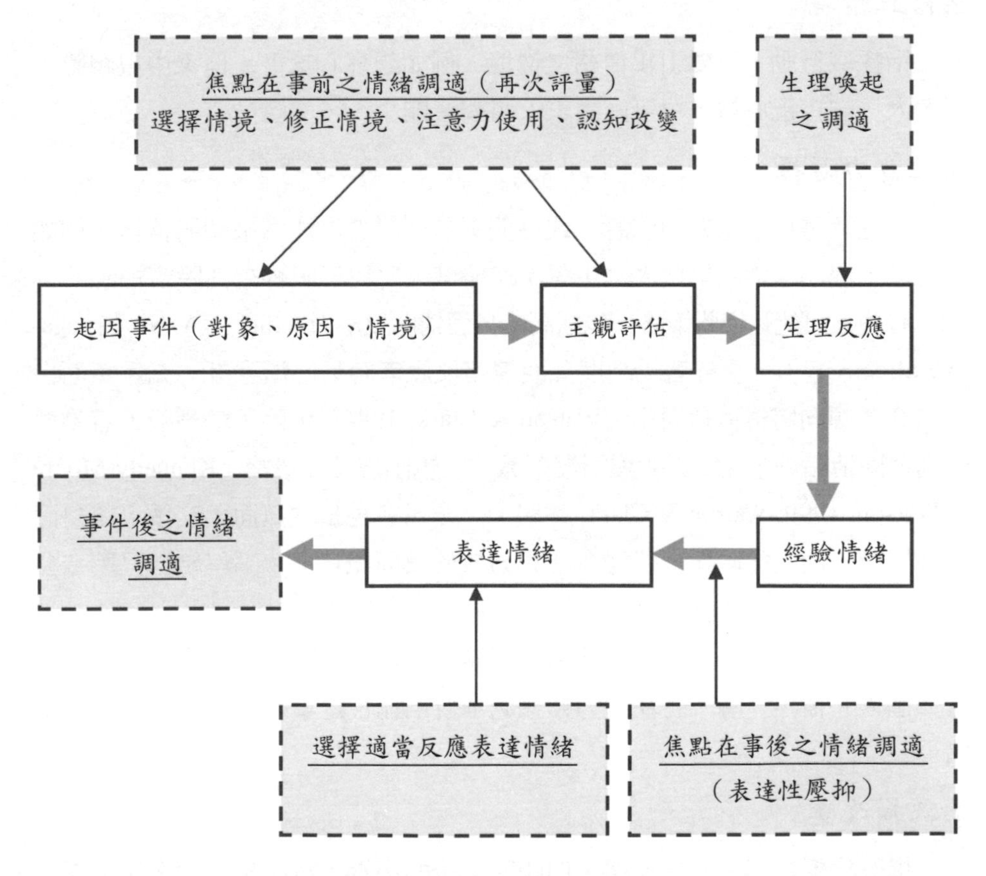

圖 8-2：情緒歷程與情緒調適類型

（資料來源：改自探究不同情緒調適方式之隱形代價，陳金定，2007，輔導季刊，出版中）

每一種情緒調適策略有其適用情境。每一種策略之使用，須考慮自身條件、環境特色、想達成之目標。不同情緒調適策略可以搭配使用，以因應情境之轉變。

㈠再次評量（焦點在事前之情緒調適）

1. 選擇情境

指接近能引起愉悅情緒之情境，或逃避引起不愉快情緒之情境。如果閱讀讓自己心情愉快，便可以多接觸閱讀。如果跟某人談論某主題，容易致使雙方衝突，便盡量不接觸該主題。

2. 修正情境

指採取行動，改變引起情緒之情境。例如想專心唸書，但家中電視聲音開太大，讓自己心煩，可以商請家人將聲音關小。

3. 注意力選擇

是指藉選擇注意正面訊息，或移開對負面訊息之注意來調適情緒，例如注意某人優點來消除對此人之生氣；忽略某人之兇惡眼神來消除害怕感。

有些人可能適用此策略，包括高度負面情緒反應者（high-NA, NA 指 negative affectivity）、憂鬱者。高度負面情緒反應者容易心煩意亂、充斥負面自我概念，傾向將情境負面化（Watson & Clark, 1984），除了較一般人容易感受到負面情緒外，在缺乏明顯引發刺激下，也出現負面情緒（Kennedy-Moore & Watson, 1999; Watson & Clark, 1984）。憂鬱者總是往負面角度鑽，讓負面情緒籠罩自己。這兩類人將過多注意力放於負面訊息上，不但給自己製造負面情緒，也強化了情緒強度。

「注意力選擇」不一定只適用於情緒出現之前，情緒出現之後也適用。當一個人心情不好時，將注意力轉移到令自己愉悅之事物上，也可以調適情緒。

4. 認知改變

指改變對起因事件之詮釋，例如將父母的指責，當成是「愛之深，責之切」；將別人之指責，當成面對挫折的磨練。

5. 改變主觀評估

主觀評估由起因事件、個人想法、資源、目標、環境等因素構成。改變每一項因素，便可以影響情緒歷程，轉化負面情緒。

在「起因事件」方面，改變對起因事件之詮釋，將降低感受到之壓力。在「個人想法」方面，理性情緒行為治療法（REBT），將非理性想法視為情緒困擾之成因（事件→非理性想法→情緒困擾）。改變想法，有時候可以轉化負面情緒。

「資源」是一個人用來面對事件，達到目標之工具。資源分為個人及環境資源。有時候個人看不到自己及環境中之資源，而陷於無助。環境中之資源尤其要靠自己主動爭取。

如果所定的「目標」不切實際，沒有配合自我資源及環境限制，自然容易導致失敗。最後，「環境」中雖存有資源，但也有其限制。如果沒有考慮環境之限制，便容易遇到挫折，產生負面情緒。

㈡神經生理之喚起與控制

是指降低神經網絡中，興奮過程之擴散（diffuse excitatory process），以增強自我控制能力，這跟大腦皮質之機制有關。以下說明幾種控制生理喚起方法。

1. 持續使用情緒調適機制

皮質之成熟度可以透過不斷使用來加速。不斷刺激大腦某一組細胞（例如控制情緒之細胞），會使這些細胞更敏感，更容易被激發（洪蘭譯，2002），而強化個人控制情緒之能力。換句話說，愈常使用情緒調適機制者，愈能刺激大腦皮質之成熟，使得情緒調適技能愈佳。

2. 專注生理喚起狀態

專注生理喚起狀態，也有助於情緒調適。其步驟如下：

⑴首先將注意放在覺察所有生理狀況，然後將注意力放在最明顯的一項（例如心跳加速）。在覺察過程中，摒除思想介入，純粹感受生理狀況。

⑵當專注此喚起狀態後，此生理喚起狀況會開始改變。不管如何改變，繼續跟這些改變在一起，只專注這些改變不給予任何批判或詮釋。

(3)在一段時間後，或許喚起狀態會開始沉靜下來，或許會有一些影像出現，這些影像代表當事人內心世界的具體化，具體化畫面能夠安頓當事人身心，讓當事人情緒緩和，或是協助當事人覺察自己發生何事。

3.對內在線索編碼

指藉著重新詮釋情緒喚起的內在訊息來調適情緒。例如將快速心跳詮釋為面對情境之正常反應。

4.接納生理喚起狀態

一般人容易以壓抑面對生理之喚起，其結果往往適得其反，而「接納」其存在，往往比「壓抑」更具緩和效果。所謂接納，是指不給予批判，只是專注它的存在，跟它共存。這種態度，反而讓生理喚起緩和下來。

㈢表達性壓抑（焦點在事後之情緒調適）

焦點在事後之情緒調適為壓抑情緒。雖然一般不贊同壓抑情緒，但是在某些情境下，只要用之得當，壓抑情緒仍有其正面價值。不過，受壓抑之情緒，在適當情境下，要有抒解之機會。

壓抑情緒往往造成情緒反撲，不但壓抑不了情緒，反而強化原先情緒強度（Roemer & Borkoves, 1994）。長久壓抑情緒，容易引發身心問題，不如直接面對情緒。

在心理治療技術中，有一種治療技術稱為「矛盾意向法」（paradoxical intention），可以處理當下某些情緒。例如當一個人緊張時，往往告訴自己不要緊張（壓抑）。這種處理方法不但無法消除緊張，反而強化緊張。此時不妨告訴自己：「緊張，來吧！」或故意讓身體抖顫得厲害些來體驗緊張。這樣做，反而可以緩和緊張情緒。其基本原理在於「接納與表達」而非「壓抑」。

㈣選擇適當反應表達情緒

這種情緒處理方式，可能最被贊同。在下段將有更清楚說明。

㈤事件後之情緒調適

這是指情緒出現之後，或許已經表達過情緒，或許壓抑情緒，不過情緒一直無法緩和下來。

1. 藉助外界資源

指尋求外界資源幫忙調適情緒，例如透過專業人員協助或重要他人傾聽與陪伴，來處理負面情緒。

2. 分散注意力

藉著將注意力放在別處，不要讓自己繼續鑽牛角尖。例如音樂、運動、旅遊、寫日記等方法，對於情緒的調適皆有相當作用。賴宥亘（2004）研究顯示：流行音樂能讓國中生心情輕鬆愉快；古典音樂具有撫慰心靈之效能；傳統與民族音樂能夠抒發煩悶與焦慮之情緒；宗教音樂具有淨化心靈之效果。

茲將以上所提各種情緒調適策略摘要如表 8-4。

表 8-4：情緒調適策略摘要表

情緒調適類型	情緒調適策略
焦點在事前之情緒調適	1. 選擇情境。 2. 修正情境。 3. 注意力選擇。 4. 認知改變。 5. 改變主觀評估。
神經生理之喚起與控制	1. 持續使用情緒調適機制。 2. 專注生理喚起狀態。 3. 對內在線索編碼。 4. 接納生理喚起狀態。
焦點在事後之情緒調適	壓抑情緒。
選擇適當反應表達情緒	有效地表達情緒。
事件後之情緒調適	1. 藉助外界資源。 2. 分散注意力。

三、表達情緒（表達個人情緒、因應他人情緒）

有了情緒若無法順利表達，對個人造成哪些影響呢？依據研究：情緒表達不遲疑者比遲疑者經歷更多愉快之情緒；想表達情緒卻無法表達情緒，或表達情緒後後悔者，這兩者經歷更多負面情緒及精神疾病症狀（例如強迫症傾向、憂鬱、焦慮）（King & Emmons, 1990, 1991; Salovey, Hsee, & Mayer, 1993）。

成功的情緒表達，不只能抒解情緒，而且有助於增進人際關係。成功之情緒表達，不在於量之表達，而在於質之表達（Kennedy-Moore & Watson, 1999）。質之表達涉及兩個要素：允許表達情緒、有效地表達情緒。

㈠允許表達情緒

能允許自己表達情緒，必須兩個要件配合：⑴接納及肯定自我情緒；⑵表達之勇氣。

青少年在社會化的過程中，透過觀察、學習、制約等過程，養成拒絕某些情緒之行為，進而拒絕承認經驗這些情緒。

如何協助青少年接納自我情緒？⑴父母師長接納青少年情緒，青少年才會接納自我情緒；⑵父母師長以身作則接納自我情緒，成為青少年學習典範；⑶父母師長重視情緒對身心健康之影響，鼓勵青少年覺察及表達情緒；⑷同儕間相互模仿及學習。

當青少年能夠接納及肯定自我情緒，再加上父母師長同儕鼓勵及示範，便有勇氣表達情緒。

㈡有效地表達情緒

有效地表達情緒涉及幾個問題：表達真實情緒、豐富之情緒詞彙及情緒表達技巧。

1. 表達真實情緒

如果個人表達的情緒不是真實情緒，而是防衛運作下的替代性情緒，即使表達情緒，對個人身心健康幫助不大。

Greenberg、Rice 與 Elliott（1993），以及 Greenberg 與 Safran（1990）將個人表達的情緒分為四種：

⑴原始情緒（primary emotions）：這是個人真實的情緒，是對此時此刻情境的直接反應。真實情緒具有適應功能，能夠協助個人了解問題所在，這是一種深層情緒。

⑵次級情緒（secondary emotions）：這種情緒的產生，是因為個人的原始情緒無法被接納，而以次級情緒取代。例如男人以憤怒掩飾害怕。因此，次級情緒是自我防衛下之產物，會模糊問題焦點，將個人注意力引至錯誤方向。

⑶工具式情緒（instrumental emotions）：個人運用這類情緒影響他人，以達到某種目的，這是一種操弄環境之方式。例如利用哭泣博得同情。這種不真誠之情緒，反而讓個人浪費潛能，剝奪學習及磨練機會。

⑷習得之不適應情緒：這類情緒一開始是適當反應，但是事過境遷後，個人仍持續沿用，而成為不當之情緒反應。例如小時候遇到問題以哭泣引來父母協助。長大後，不善用自我能力，仍以哭泣表示無助，以獲得他人協助。

青少年以次級情緒取代真實情緒，是因為真實情緒無法被接納。處理方式跟處理允許情緒表達類似。處理青少年工具式情緒及習得之不適應情緒，包括：第一，拒絕青少年透過工具式情緒操控環境，或以習得之不適應情緒面對問題。第二，青少年可能缺乏某種達成目標之技巧，才藉助工具式情緒或習得之不適應情緒。因此，了解青少年缺乏之技巧，提供訓練與練習。第三，成為青少年學習典範。透過示範，讓青少年學會以健康方式達成目標。第四，藉助專家處理。

2. 豐富之情緒詞彙

使用正確、恰當的情緒字彙表達情緒，可以鬆弛個人緊張，抒解個人情緒。無法找到適當字眼表達情緒，會讓個人釐不清真正感受而焦慮、浮躁。

要如何協助青少年擁有豐富之情緒詞彙？第一，多閱讀情緒詞彙豐富之文章。第二，平常生活中，不斷使用情緒詞彙。第三，平日多傾聽別人表達情緒之用詞。第四，不斷練習傾聽內在聲音，學習更清楚、具體抓到內在感覺。

3.情緒表達技巧

情緒表達技巧是避免人際衝突及提升關係品質之鑰匙。青少年可以透過一些途徑學習情緒表達技巧：第一，父母師長以身作則，以適當的情緒表達方式跟青少年互動。第二，以團體方式進行訓練，透過同儕間的模仿、鼓勵與練習，可以事半功倍（情緒表達技巧請見本章附錄）。

至於回應別人情緒，涉及辨別與覺察別人情緒，以及以適當情緒表達技巧因應（請見本章附錄）。

四、情緒運用（轉移注意、促進思考、正向激勵、反省成長）

情緒的出現，有時候並非個人刻意尋求，而是與環境互動之結果。對個人而言，情緒可以是危機，也可以是良機，這區別在於個人如何運用情緒。運用得妙，危機可以成良機，運用不妙，良機便成為危機（例如因成功而志得意滿，忘記努力往前）。

如何讓情緒成為助力？第一，認清負面情緒之價值：⑴負面情緒可培養個人設身處地之能力，提升人際關係品質；⑵負面情緒具有暮鼓晨鐘之作用，提醒自我反省，避免重蹈覆轍；⑶負面情緒考驗自我因應挫折之能力，以及培養情緒調適能力。

第二，積極運用負面情緒，激發潛能表現。自我防衛中之昇華，便是將負面情緒作積極運用。司馬遷的《史記》，德國歌德《少年懷特的煩惱》，都是名垂千古名著。這些名著的完成，歸功於當事人昇華轉化負面情緒，而成為激勵自己奮發之力量。

第三，刻意營造某種情緒，以利達成某種目的。例如故意尋求挑戰而激起焦慮，然後利用焦慮催促自己進步；為寫作而刻意培養某種情緒。這些都是個人為了協助自己全力以赴而設下之布局。

情緒覺察、情緒調適、情緒表達及情緒運用這四類能力對青少年情緒發展有重要影響，一些青少年問題，往往跟缺乏這些能力有關。以下將從這四方面檢討故事中小亞之經驗（表 8-5）。

表 8-5：小亞在情緒覺察、情緒調適、情緒表達及情緒運用等方面之狀況

實際情形	情緒覺察	情緒調適	情緒表達	情緒運用
1. 小亞對媽媽的嘮叨不滿，但採用壓抑以對。	未清楚覺察	壓抑	缺	缺
2. 小亞羞愧期中考成績，卻以插科打諢以對。	未清楚覺察	壓抑	缺	缺
3. 對媽媽的數落不滿，掙扎於回應與不回應間（矛盾）。	未清楚覺察	壓抑	缺	缺
4. 出現跳樓念頭，感到悲傷，以憤怒形式表現（跟媽媽大吵）。	未清楚覺察	缺	以次級情緒表達（情緒分化為層次二）	缺

小亞因為缺乏以上四方面情緒能力，以至於在學校及家中倍感壓力，也無法產生建設性之問題解決方法。協助小亞情緒發展，就需要從以上所提四方面著手。

五、後設情緒——監控及調適情緒之能力

後設情緒（meta-emotion）是指對情緒的感覺、想法，及發揮情緒功能的機制（Gottman, Katz, & Hooven, 1996）。從「後設認知」的定義，可以更清楚掌握「後設情緒」概念。

「後設認知」（metacognition）是比「認知」高一層之機制，是指個人掌握、控制、支配、監督、評鑑自我的認知歷程（張春興，1989）。Baker與Brown（1984，李茂興譯，1998）認為後設認知有兩個不同面向：⑴個人對認知本身所擁有的知識及信念；⑵個人想控制認知活動的企圖。

套用以上觀點，「後設情緒」是指對情緒歷程之掌握、控制、支配、監督、評鑑之情緒機制。雖然Mayer與Salovey（1997）沒有特別提出「後設情緒能力」在情緒智力之重要性，但是比較「情緒覺察、情緒調整、情緒表達及情緒運用」之內涵與「後設情緒」之定義，可推知有效的「情緒覺察、情

後設情緒
- 1. 情緒知識、信念及技能
  - (1)情緒如何影響行為
  - (2)情緒信念
  - (3)情緒調適策略、各策略適用情境及其優缺點
  - (4)情緒表達技巧
- 2. 了解個人在人際情境中之情緒反映
- 3. 情緒控制歷程
  - (1)計畫如何控制情緒
  - (2)監控（執行及評量）
  - (3)調整

圖 8-3：後設情緒之內涵

緒調整、情緒表達及情緒運用」，必須以「後設情緒能力」為基礎。提高個人之後設情緒能力，便可提高其情緒智力。

至於後設情緒之內涵，借用及綜合一些學者對後設認知之看法（例如李茂興譯，1998；Brown，1987）圖示如圖 8-3。

㈠情緒知識、信念及技能

是指了解：⑴情緒如何影響行為（例如生氣容易破壞人際和諧；平靜的情緒能抑制衝動行為）；⑵情緒信念（例如認為情緒容易混亂理性）；⑶各種情緒調適策略、各策略適用情境及其優缺點等（例如在某些情境下，某些情緒調適策略適合處理生氣情緒）；⑷有效之情緒表達技巧。

㈡了解個人在人際情境下之情緒反應

是指個人了解自我在不同人際情境下，情緒反應及其適當性，例如在家人面前常發脾氣；在上司面前壓抑情緒；在衝突情境下，容易情緒失控。

㈡情緒控制歷程

是指在實際情境下，執行「控制情緒」之歷程，以調適情緒。「計畫」是指個人基於情緒知識、信念與技能，以及了解個人在某種人際情境下有不良情緒反應，而決定採用某種方式處理情緒。「監控」是指個人執行計畫之歷程，並評量所使用之情緒調適策略是否適當、情緒表達技巧是否有效。「調整」是指當效果不佳時，個人調整所使用之情緒調適策略或表達技巧，並且

繼續評量該策略或技巧之效果，以決定是否繼續採用或重新調整。

情緒知識、信念、技能及個人對自我情緒反應之了解，是情緒控制歷程之基礎，前者之資訊正確，才有適當之情緒控制歷程。提高情緒智力，除了強化「情緒覺察、情緒調適、情緒表達及情緒運用」等能力外，還要加強「後設情緒能力」。

協助小亞情緒發展，除了提高小亞情緒智力有關之四方面能力外，還要提高小亞的「後設情緒能力」。以下將從「後設情緒」之觀點，說明如何改善小亞的情緒發展（表 8-6）。

表 8-6：從「後設情緒」觀點改善小亞情緒發展

小亞的實際情況	改善方式
情緒知識、信念與技能	
1. 缺乏了解情緒跟行為之關係。 2. 缺乏情緒調適策略及表達技巧。	1. 學習情緒與行為關係之知識。 2. 檢查及建立正確之情緒信念。 3. 學習情緒調適策略及適用情境。 4. 學習情緒表達技巧。
覺察在人際情境中之情緒反應	
1. 未覺察自己在不同情境下之不同情緒反應。 2. 未覺察自己使用壓抑方式處理情緒，而造成情緒累積。 3. 未覺察對母親之情緒反應，來自於之前情緒累積所造成。	1. 提高覺察自我在不同人際情境下之情緒反應。 2. 學習接納自我情緒。 3. 學習在不同情緒情境下使用不同情緒調適策略。 4. 學習如何適時表達情緒。
情緒控制歷程	
以壓抑面對媽媽嘮叨、成績不理想。	計畫（以媽媽嘮叨為例）： 1. 覺察媽媽嘮叨時，自我情緒及想法。 2. 決定採用之情緒調適策略。
缺乏監控歷程。	監控： 在媽媽嘮叨情境下，執行以上計畫，並不斷進行效果評量。
缺乏調整歷程。	調整： 效果不佳時，改採另一種情緒調適策略，並進行效果評量，直到問題解決。

本章摘要

第一節　情緒智力

1.情緒之重要性在於能提供資訊、引起生理警覺狀態、導引當事人覺察需要及採取行動，以協助個人適應環境，維持生存與生長。
2.從情緒智力觀點探討青少年情緒發展，包括：⑴情緒覺察；⑵情緒調整；⑶情緒表達；⑷情緒運用。
3.情緒智力是一種配合社會脈絡，對己及他人之情緒進行覺察、評估、表達、激發、了解、分析、調整、運用等之能力。
4.情緒勝任能力除了包括情緒智力之內涵外，還涉及情緒自我效能及道德感。

第二節　青少年情緒發展

1.從外在情緒行為及內在情緒歷程兩方面來看，青少年的情緒發展比兒童精緻。
2.從外在情緒行為看青少年情緒發展：
⑴青少年能覺察混合情緒及引發情緒之內在原因；以間接、內隱、多元方式表達情緒；偏向以個人及認知方式調整情緒；情緒作用由自我決定；兩極化情緒漸少，轉向趨中情緒。
⑵國中與高中情緒發展差異較少，但大學生在情緒表達、調整、運用等方面優於中學生。
3.從情緒內在歷程看青少年情緒發展：青少年由於認知發展，額葉及前額葉神經迴路成熟、社會化、學習及經驗之影響，使得情緒歷程各階段之運作優於兒童。

第三節　影響青少年情緒發展之因素

影響青少年情緒發展的重要因素有：
1.生理因素：如額葉及前額葉成熟、荷爾蒙分泌。
2.依附型態：不同依附型態之青少年，使用不同情緒調適方式。
3.認知發展：青少年具內省反思、抽象思考、組合性、邏輯推理、假設性推理等能力，這些能力影響青少年之情緒覺察、調適、表達及運用。

4.社會化過程：青少年內化父母師長、同儕等情緒反應模式，而影響其情緒覺察、調適、表達及運用。
5.自我發展水準：分為停滯發展、穩定服從、逐步前進、加速前進、延期發展及退化型。每一種型態各有特殊之情緒發展特徵。
6.同儕關係：提供青少年情緒支持、抒解情緒、表達情緒等機會及學習典範。

第四節　青少年情緒壓力之成因

青少年情緒壓力來自於幾個方面：

1.身體快速成長，心理無法快速適應；因認知發展而偏向以批判方式待人處事；有性衝動卻不知如何處理，想跟異性交往卻缺乏技巧。
2.因為獨立思考能力出現，容易跟父母意見不合而提高親子衝突。
3.升學壓力大，學校重視考試科目，讓青少年缺乏成就感。
4.因技能、知識、準備不足，而衍生一些異性交往問題。
5.長期同儕關係維持不易，相處上容易因為競爭、排擠、衝突等因素而傷及友誼。
6.社會對青少年有某些期望，但青少年之表現讓社會失望。青少年雖不認同，卻無能力證明而進退維谷。
7.須面對一連串抉擇及為抉擇負責。
8.不良人格特質本身降低青少年因應壓力能力及帶來負面情緒。

第五節　青少年情緒發展與輔導

1.透過提高青少年情緒智力來協助青少年情緒發展之方式，包括提高青少年情緒覺察、調適、表達、運用及後設情緒等能力。
2.在情緒覺察方面，以提高情緒覺察及分化層次為主，方法包括接納自我情緒、閱讀情感詞彙豐富之文章、父母師長之接納及示範、修正不利情緒之信念。
3.在情緒調適方面，教導青少年五類情緒調適策略：⑴焦點在事前之情緒調適；⑵神經生理之喚起與控制；⑶焦點在事後之情緒調適；⑷選擇適當反應表達情緒；⑸事件後之情緒調適。
4.在情緒表達方面，包括允許表達真實情緒、學習情緒表達技巧及豐富情緒詞彙。
5.在情緒運用方面，肯定負面情緒價值、轉化負面情緒為助力、營造情緒以催化潛能。

6. 後設情緒能力是監控及調適情緒之能力，可提高情緒智力。

附錄 情緒表達技巧

一、專注與傾聽技術

定義：指注意自我及對方之身體語言，以及傾聽對方之語言表達。

㈠自我之肢體語言

人際溝通時，挫折對方方法之一，便是呈現不專注之身體語言，讓對方覺得不被尊重。相對地，專注之身體語言，讓對方覺得被重視、被尊重。

專注之身體語言包括：⑴面對對方、上半身稍微傾向對方；⑵眼神跟對方自然地接觸；⑶適時點頭表示了解對方；⑷身體姿態開放（這是一種接納之態度）；⑸臉部表情依照對方狀況調整。

㈡對方之身體語言及語言表達

對方之身體語言所蘊含之訊息通常比語言內涵更豐富。由於身體語言不受意志控制，因此傳遞更真實之資訊。

除了專注對方之身體語言外，還要傾聽對方語言內涵及語調之抑揚頓挫，聲音之強弱快慢。這些訊息反映出對方的內心世界。

二、具體化技術

定義：指針對對方訊息中不清楚的地方，請對方說清楚，以免誤解對方，出現不良溝通。

舉例：

小曲：「你這個人很邋遢。」

小鷹：「我不清楚妳的意思，可不可說清楚些。」（如果小鷹不問清楚的話，可能會誤解小曲的意思）（具體化技術）。

小曲：「你起床時都不疊棉被。」

三、行為描述技術

定義：指具體描述別人被觀察到之行為，以免對方誤解自己意思。行為描述技術跟以上具體化技術相呼應。

舉例：

小曲：「我打電話告訴你等你回來吃晚餐，你卻讓我足足等了兩個小時。你回家後告訴我沒胃口，然後將自己鎖在書房，也不告訴我什麼事，我叫了你幾次你都沒回應（行為描述技術）。」

四、覺察情緒及表達情緒技術

定義：覺察自己在某種情境下之情緒，然後用適當的情緒語言表達。該技術須配合「行為描述技術」一起使用。

舉例：

小曲：「我打電話告訴你等你回來吃晚餐，你卻讓我足足等了兩個小時。你回家後告訴我沒胃口，然後將自己鎖在書房，也不告訴我什麼事，我叫了你幾次你都沒回應（行為描述技術）。我覺得被冷落，好難過（情緒覺察及表達技術）！」

五、情緒反映技術

定義：觀察對方非語言行為，傾聽對方語言描述及覺察對方情緒，然後用適當情緒字眼表達對方可能之情緒。該技術可以配合「行為描述技術」及其他技術一起使用。

舉例：

小曲：「我打電話告訴你等你回來吃晚餐，你卻讓我足足等了兩個小時。你回家後告訴我沒胃口，然後將自己鎖在書房，也不告訴我什麼事，我叫了你幾次你都沒回應（行為描述技術）。我感覺到你的心情似乎很沮喪（情緒反映情緒技術）。」

第九章

青少年人格發展與輔導

人格（personality）是指：一個人思想、情感及行為的特有模式，這模式在不同時間和情境中具有一致性，而且每個人的特有模式有個別差異（Phares & Chaplin, 1997）。

研究人格的方式不只一種，有些從人格特質，有些從人格類型（McCrae, Costa, Terracciano, Parker, Mills, De Fruyt, & Mervielde, 2002）。

從人格特質探討人格發展，最常用的方式是「五因素人格模式」（Five-Factor Model of Personality）。從人格類型（Personality Types）著手者，最常將人格分為三種類型，包括「自我有彈性者」（ego resilients）、「自我過度控制者」（ego overcontrollers）及「自我控制不足者」（ego undercontrollers）。

此外，在人格發展的研究中，最常提到 Loevinger（1976）的自我發展（ego development）階段理論，以及Erikson的心理社會發展理論。Erikson心理社會發展理論之前已有詳細論述。

以上探討人格發展的不同方法具有相輔相成作用（Einstein & Lanning, 1998）。

有關人格的研究非常豐富，但是探討人格發展，尤其是青少年人格發展的研究不多。以下就最近幾年的研究，從人格特質、人格類型與自我發展等三方面，說明青少年人格發展與輔導。

第一節 青少年人格發展——人格特質

問題與討論

1. 依據五因素人格模式，兒童期到青少年期，人格是否產生改變？
2. 依據五因素人格模式，青少年發展期間，人格是否改變？造成改變之因素為何？

小靖在小學同學會上終於見到幾年沒見的小翹。小靖小學時是小翹的鄰居兼同班同學，因此感覺上跟小翹親近許多。小靖小學畢業後因搬家，兩人便沒有機會見面。小靖偶爾會想起這位成績優異，卻文靜、沉默的同學。

小靖主動跟小翹打招呼，高中模樣的小翹比以前漂亮許多，只是依舊害羞、文靜、沉默。

小靖發覺其他同學除了外表長相變化較大外，其他方面跟自己以前的認知大都類似。不過，因為同學會只有半天時間，他沒有機會驗證自己的想法。

回家的路上，小靖思索這次同學會的發現。他好奇，在其他同學的心目中，他是否跟以前一樣外向、活潑、衝動、頑皮。他對自己的評價是：人長帥了不少，懂事多了，耐心十足，衝動不再。爸爸媽媽似乎也這樣認為。他不禁自問：這些改變是如何形成的？是不是人長大了自然就會成熟些？其他同學的改變是否跟他一樣？

不過，他最關心的是：期望小翹覺得他跟以前不一樣。

一、五因素人格模式

一些人格學者認為「五因素人格模式」提供了全面人格特質之分類描述（Robins, Fraley, Roberts, & Trzesniewski, 2001），這五因素也是基本人格向度（McCrane & John, 1992）。五因素如下（McCrane & John, 1992）：

1. 外向性（extraversion，簡稱 E）：指外向的人際行為，包括溫暖、群居性（愛社交）、自我肯定、活動力、尋求興奮感覺（excitement seeking）、正向情緒。

2. 令人愉悅（agreeableness，簡稱A）：指人際互動之品質，包括信任、率直、利他性、服從性、謙遜、心地柔軟。

3. 追求成就之意志（conscientiousness，簡稱 C）：工作與目標導向行為及衝動控制，包括勝任能力、秩序、責任感、追求成就（achievement striving）、自我約束、深思熟慮。

4. 神經質（neuroticism，簡稱N）：指容易經驗到負面情緒之程度，或情緒穩定程度，包括焦慮、敵意、憂鬱、對負面情緒的自覺度（self-consciousness）、衝動、易受傷性。

5. 對經驗開放（openness to experience，簡稱 O）：積極尋求與欣賞生命經驗之程度，包括想像力、鑑賞度、情感、行動力、觀念、價值觀。

二、青少年在人格五因素之發展

兒童期到青少年期早期、青少年期間，以及青少年晚期到青年期早期，人格是否有所變化？Haan、Millsap 與 Hartka（1986）研究顯示：兒童期到青少年早期，人格的穩定性有 83%；在青少年期間，人格的穩定性有 78%；青少年晚期到青年期早期，人格的穩定性只有 22%。

從人格五因素模式來看，Lanthier（1993，轉載自 McCrae et al., 2002）研究反映：兒童期到青少年期早期，除了「O 因素」（對經驗開放）提高外，其他四因素沒有明顯變化。換句話說，兒童期轉入青少年期後，雖然人格特質變化不大，但比以往較能夠接納新經驗。

青少年時期在五種人格因素上的變化如何？McCrae等人（2002）對十二歲至十八歲青少年人格發展之研究顯示：少男在「O 因素」（對經驗開放）的得分提高，而少女在「N 因素」（神經質）、「O 因素」（對經驗開放）得分提高。

青少年（包括少男少女）在「O 因素」（對經驗開放）得分提高，可能由於認知、智性興趣、美的鑑賞、對不同價值體系之容忍、對情緒敏感等能力提高。至於少女在「N 因素」（神經質）得分提高，並沒有研究探討，不過少女在此階段自尊降低（Harter, 1988），或許這兩者有關。更詳盡的關係，需要未來相關研究才能說明。

至於從青少年晚期至青年期早期的人格變化，Robins 等人（2001）整理近十幾年來的研究結果認為：在「O因素」（對經驗開放）、「C因素」（追求成就之意志）、「A 因素」（令人愉悅）等三方面程度提高，而在「N 因素」（神經質）與「E 因素」（外向性）程度降低。這種變動性，可能由環境及經驗變動所造成，因為青少年晚期到青年期早期，正好是大學將畢業或正踏入社會階段。

以上資料反映出：(1)在不同發展時期，不同的人格因素有不同變動；(2)人格因素的穩定及變動性，可能跟遺傳與生活經驗等因素有關；(3)年紀愈增長，經驗與環境對人格之影響愈大；(4)性別會影響人格因素之變動。

第二節 青少年人格發展——人格類型

1. 從人格類型來看，青少年期間人格類型有何變化？
2. 人格類型與五因素人格模式有何關聯？

一些探討兒童與青少年的研究中，將「加州兒童Q分類資料」（California

Child Q-Sort data）中的一百個形容詞，透過統計方式得到三種人格類型：⑴自我有彈性者（ego resilients）：有自信、獨立、語言流暢、注意力集中；⑵自我過度控制者（ego overcontrollers）：害羞、安靜、焦慮、依賴；⑶自我控制不足者（ego undercontrollers）：固執、衝動、好動（例如 Hart, Hofmann, Edelstein, & Keller, 1997）。

兒童進入青少年期，人格類型是否轉變？一些研究顯示，人格類型從兒童至青少年晚期，都具有某種程度的持續與穩定性，這種持續與穩定性甚至延續到青年期（Caspi & Silva, 1995）。

Caspi（2000）摘要 Dunedin Study 中，有關三歲至二十一歲人格發展的持續性，結果顯示：三類人格類型組中，「控制不足組」三歲時暴躁、衝動、情緒不穩、持續力不足；兒童時期，父母與師長覺得難以管教；十八歲時，高度衝動、喜刺激性活動、具攻擊性與人際疏離；二十一歲時，不容易有持久性工作，在家中及親密關係上出現高度人際衝突。

「高度控制組」三歲時，害羞、害怕、在社交環境感到不安；青少年時出現內向性問題；十八歲時，過度控制、謹慎、自我不肯定；二十一歲時，出現社會支持少、憂鬱等問題。「適應良好組」從三至二十一歲時，行為都能符合其年齡與情境要求，具適當自我控制能力，能有效因應挑戰問題。

Hart 等人（1997）研究除了支持以上看法外，更進一步發現，「自我有彈性青少年」延續兒童期的優勢，在學業成就、注意力集中、友誼關係、內控等能力，不但優於其他兩種人格類型者，甚至某些方面發展速度（例如內控能力）快於其他兩種人格類型者。

「自我過度控制青少年」仍舊出現人際互動、焦慮、恐懼、低自尊等問題；「自我控制不足青少年」攻擊行為依舊存在，在不良人際互動上，有加速惡化現象。

Robins、John、Caspi、Moffitt 與 Stouthamber-Loeber（1996）研究結果，有幾點值得注意：第一，研究中的青少年，71%為「自我有彈性者」，11%為「自我過度控制者」，18%為「自我控制不足者」。

第二，「三種人格類型」跟「五因素人格模式」有某種對應關係：⑴「自我有彈性者」在「追求成就之意志」、「情緒穩定性」、「對經驗開放」等因素得分高於其他兩種人格類型者；在「外向性」因素得分高於「自我過度控制者」；⑵「自我過度控制者」在「令人愉悅」因素得分最高，但高度內向與情緒不穩定；(3)「自我控制不足者」在情緒控制、對經驗開放、追求成就之意志、令人愉悅等因素得分都低。

雖然人格類型有其持續性與穩定性，但是其持續性與穩定性的範圍有多少，或是人格類型在哪種情況下能被改變，這些問題至今仍沒有定論（Hart et al., 1997）。

第三節 青少年人格發展——自我發展理論

問題與討論

1. Loevinger 自我發展理論之內涵為何？
2. 從 Loevinger 自我發展理論來看，青少年可能屬於哪一發展階段？青少年之間有何個別差異？

每個人內在都有一種「基本架構或取向」或「參考架構」，用以了解、組織跟自我及他人有關之經驗，以及賦予這些經驗意義（Loevinger, 1976; von der Lippe, 2000），此即「自我」（ego）。Loevinger（1976）將「自我」界定為個人詮釋外在環境之「參考架構」（frame of reference），亦即主觀看法。整體來說，「參考架構」由人格特質組織而成，用來了解、詮釋與預測個人內外在經驗之機制。「自我發展」即是「參考架構」之改變歷程。從認知觀點來說，「自我發展」便是「自我基模」精緻化與複雜化之歷程。

「自我」是人格之核心（Evans, Brody, & Noam, 2001），是人格之心理機制，也是人格特質之群聚地（Adams, Gullotta, & Markstrom-Adams, 1994），因此，談到青少年人格發展時，青少年的「自我發展」（ego development）也為論點之一。

一、自我發展階段

自我（即基本架構或參考架構）的內涵及組織，隨著年齡及經驗而有不同變化。這些變化，依著一定順序，逐步將自我精緻化及複雜化，使個人有能力適應複雜環境，這便是所謂「自我發展」（ego development）（Hauser, 1976）。

不過，「自我發展」跟年齡沒有絕對關係。臨床研究上發現，兒童的「自我發展」隨著年齡而提高，在青少年期及成年期穩定下來。從約十四歲開始，不同的「自我發展水準」散見於各個年齡層（轉載自 Newman, Tellegen, & Bouchard, 1998）。這意味著不同青少年之「自我」，可能處於不同之「自我發展水準」。

早期階段（服從前期）自我以「滿足需求」為主，中期階段（服從期）以「人際接受」為主，而後期階段（服從後期）以「自我實現」為主（Loevinger, 1976; von der Lippe, 2000）。

不同自我階段（ego stage）也反映不同之個性型態（character types）（Adams et al., 1994）及人際型態（Hauser，1978）。

Loevinger（1976）將「自我發展」，分為三期七階段，以及三個過渡階段，摘要如表 9-1。

表 9-1：Loevinger 自我發展階段

服從前期 （preconformist）	*1.* 前社會與共生階段（presocial and symbiotic stage） *2.* 衝動階段（impulsive stage） *3.* 自我保護階段（self-protective stage） ＊從「自我保護階段」過渡到「服從者階段」
服從期 （conformist）	*4.* 服從者階段 ＊從「服從者階段」過渡到「良心階段」
服從後期 （postconformist）	*5.* 良心階段（conscientious stage） ＊從「良心階段」過渡到「自律階段」 *6.* 自律階段 *7.* 整合成一體階段

（資料來源：*Ego development: Conceptions and theories*, pp. 15-26, by J. Loevinger, 1976. San Francisco: Jossey-Bass）

綜合不同學者之說明，各「自我階段」與「過渡階段」之特徵如下（Adams et al., 1994; Hauser, 1976, 1978; Loevinger, 1976）：

1. 前社會與共生階段

⑴只注意需求之滿足，忽略他人存在。

⑵跟母親融為一體，無法區別自我與母親為獨立個體。

⑶人際型態：跟母親共生。

2. 衝動階段

⑴由衝動操控個人生活。

⑵重視生理、性與攻擊需求之滿足。

⑶自我中心、無法覺知規則存在，以自我是否受到懲罰與獎勵決定行為之對錯。

⑷人際型態：依賴與唯利是圖。

3. 自我保護階段

⑴雖知道有規則存在，但是只有對自己有利時才遵守規則。

⑵人際型態：謹慎、欺騙、操控、投機。

＊⑶從「自我保護階段」過渡到「服從者階段」：以操控與服從達到目的之人際型態。

4. 服從者階段

大部分的人在兒童或青少年時，進入此階段。

⑴在乎名聲、地位，強調遵守規則，違反規則會產生愧疚。

⑵呈現之內在狀態大都是刻板化、陳腔濫調、道德性判斷。

⑶人際型態：缺乏情感、動機，強調行動與具體事件。

＊⑷從「服從者階段」過渡到「良心階段」：助人的、對人與人關係有深度興趣之人際型態。這是由於過渡期一些新能力出現，包括：內省能力、新的自我覺察、自我批評、覺察到心理動機與原因、不再認為外在行為規範絕對正確。

5. 良心階段

⑴道德已被內化，擁有自我評價規則、罪惡感（違反社會規範時）。

⑵人際關係強調情緒與動機、彼此關心、有意義而非刻板化之互動；珍惜人際關係。

⑶重視由內在規則指引之責任、義務、理想。

*⑷從「良心階段」過渡到「自律階段」：珍惜人際關係，期待人際關係持續。

6. 自律階段

⑴關心內在衝突，以及需求與理想之平衡。

⑵能夠容忍不同觀點，看穿生命的複雜性，強調個別性與自律，關心自我實現。

⑶人際型態：除了珍惜人際關係外，認識到彼此相互依存，尊重他人之自律需求。

7. 整合成一體階段

⑴珍惜個別差異，而非只是容忍。

⑵統整內在衝突，放棄無法達成之目標。

⑶人際型態：珍惜個別差異。

二、青少年之自我發展

Loevinger（1976）認為大部分的人在兒童期或青少年期，自我發展水準會落入順從期，莊雅琴（2003）研究結果支持這種看法：國內約 70%的國中生自我發展落於服從者階段。

雖然青少年的自我發展，隨著年齡而提高（Redomore & Loevinger, 1979），但有個別差異存在（轉載自 Newman et al., 1998），這種差異呈現在自我發展水準及發展型態兩方面。就自我發展水準來說，有部分青少年可能未達「服從期」（例如犯罪青少年）或已達「服從後期」。就發展類型來說，Hauser 與 Safyer（1994）將青少年自我發展狀況分為六種類型，如圖 9-1。

一些研究顯示：自我發展水準愈高之青少年，在整體自我價值感（Hauser, Jacobson, Noam, & Powers, 1983），自我內部整合及正向自我感覺等方面愈高（Evans et al., 2001），也愈會使用問題解決與人際策略等因應方式（Recklitis

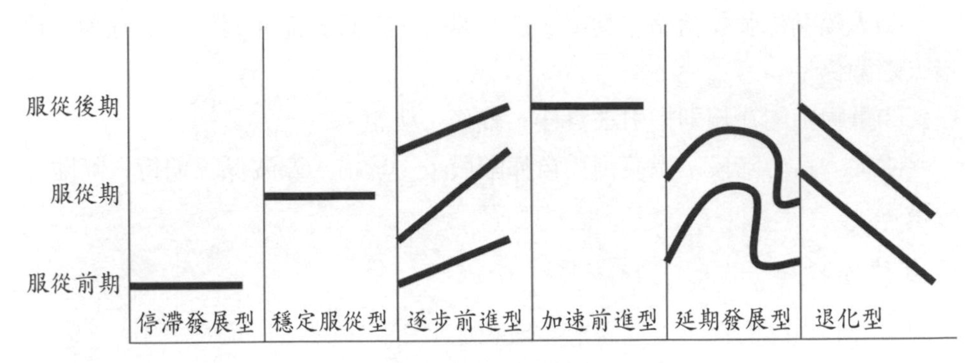

圖 9-1：青少年自我發展類型

（資料來源："Ego development and adolescent emotions," by S. T. Hauser and A. W. Safyer, 1994, *Journal of Research on Adolescence, 4*, p. 490）

& Noam, 1999）。

處於「自我發展」三個不同發展期（服從前期、服從期、服從後期）之青少年，在「溫暖／陪伴」（warm/available）、「積極／自發」（active/spontaneous）、「性慾挑逗」（sexy）等人際特質有明顯差異，例如：「服從後期」青少年在前兩者得分最高，而「服從前期」青少年在最後一項得分最高（Hauser, 1978）。

總而言之：⑴青少年「自我發展」，可能落於各階段，但大部分屬於「服從期」；⑵青少年的自我發展水準及發展類型有個別差異；⑶「自我發展」水準愈高之青少年，自我結構愈複雜與整合，表現之行為愈成熟。

第四節 自我發展階段、人格類型與人格五因素模式之整合

自我發展理論、人格類型與五因素模式間有何關係存在？

表 9-2：自我發展階段、人格類型與人格五因素模式間之關係

自我發展階段	人格類型	人格五因素模式														
		E 因素			A 因素			C 因素			N 因素			O 因素		
		高	中	低	高	中	低	高	中	低	高	中	低	高	中	低
服從前期	自我控制不足者	•					•			•	•					•
服從期	自我過度控制者			•	•				•		•					•
服從後期	自我有彈性者		•			•		•					•	•		

註：E 因素＝外向性，A 因素＝令人愉悅，C 因素＝追求成就之意志，N 因素＝神經質，O 因素＝對經驗開放

自我發展階段、人格類型與人格五因素模式，這三者似乎有某種關聯存在。除了之前提到 Robins 等人（1996）研究發現「人格類型」與「人格五因素」之關係外，Westenberg 與 Block（1993）研究顯示：「自我彈性水準」跟「自我發展水準」有關，自我愈有彈性者（包括使用成熟之防衛機制、情緒調適、認知複雜度），其自我發展水準愈高。

以下就目前有限之研究資料，將三者之可能關係說明如表 9-2。

從表 9-2 及以上各相關研究可以歸納出：從兒童期、青少年期到青年期之人格發展，自我彈性水準逐漸提高。青少年期「O 因素」提高（McCrae et al., 2002），而青少年晚期至青年期早期，「O 因素、C 因素、A 因素」提高，而「N 因素、E 因素」降低（Robins et at., 2001），這些轉變，讓人格更有彈性，更能適應複雜環境。

第五節　影響青少年人格發展之因素

1. 哪些因素影響青少年人格發展？
2. 遺傳與環境對人格形成各具有何影響力？
3. 為何挫折經驗有助人格發展？

遺傳、環境及經驗是影響人格發展的重大因素。氣質（temperament）跟「遺傳因素」有關，而家庭、學校及社會生活則屬「環境因素」，智力則同時跟「遺傳」及「環境」有關。生命中之不同「經驗」，對人格也具有影響。這些因素錯綜複雜，也反映出人格形成之複雜性。

一、認知能力與智力

青少年因後設認知、批判、邏輯推理、抽象思考、假設與驗證等能力之發展，對各種經驗抱持著高度興趣，使得道德判斷能力及人格更加分化及統整（McCrae et al., 2002）。

研究上，認知能力與智力雖分屬不同概念，但往往被認為是相同之能力（Block & Kremen, 1996）。Ackerman 與 Heggestad（1997）研究發現：智力跟「對經驗開放」、「智性活動」（intellectual engagement）等人格特質有關。智力高之青少年，較願意接納不同經驗及參與不同活動，因此對人格發展具有正面影響。

此外，Cohn 與 Westenberg（2004）研究顯示：自我發展跟智力之相關約 .20～.34。似乎高智力者，對人格發展具有某種程度之助益。

二、遺傳與氣質

氣質是生命早年之人格特質，由遺傳而來。氣質是人格特質一部分，也是人格之主要成分（Digman & Shmelyov, 1996），更是構築整體人格之基礎（Digman & Shmelyov, 1996; Hagekull, 1994）。

哪些人格特質屬於氣質？目前看法紛紜，沒有一致答案。Cloninger、Przybeck、Svrakin 與 Wetzel（1994，轉載自 McCrae, Costa, Ostendorf, Angleitner, Hřebíčková, Avia, Sanz et al., 2000）將「尋求好奇」（novelty seeking）、「躲避傷害」（harm avoidance）、「依賴獎賞」（reward dependence）、「堅持」（persistence）等特質視為氣質。

McCrae 與 Costa（1996, 1999）認為，人格的五因素（A、N、O、E、C）

屬於氣質部分，研究上支持這種看法（Angleitner & Ostendorf, 1994）。不過，五種特質之架構雖來自遺傳，後天之薰陶，卻可能使其內涵有所變化。

「自我」之內涵也受到遺傳影響，但環境作用不可忽視。研究顯示：自我發展受到遺傳因素影響約 46%，單獨環境因素影響約 30%（Newman et al., 1998）。

遺傳對人格之影響力，其他研究也有類似發現，例如從「明尼蘇達多向人格測驗」（MMPI）中得出遺傳之影響力為 44%（DiLalla, Carey, Gottesman, & Bouchard, 1996）。

總而言之，遺傳與環境之影響可能不相上下，環境之作用，帶來了人格改變之空間。

三、生活環境

家庭、學校、社會等環境，提供青少年不同經驗，這些經驗，在塑造青少年人格上，有不可忽視之力量。

㈠家庭

Loevinger（1976）認為，在青少年期結束之前，家庭是個人「自我發展」最具影響力之環境。家庭生活各層面，對青少年人格發展都具有某種作用，最常見的是父母管教方式與親子互動。

父母以權威方式管教子女，子女可能形成僵化、道德式的人格型態，將事情劃分為絕然之善惡（Adams et al., 1994）。當新經驗跟內在想法不一致時，子女可能以排斥、否認等自我防衛面對，因而喪失了基模精緻化之機會（讓人格更分化與統整）。

從 von der Lippe（2000）研究及其整理之相關研究（例如 Hauser, Powers, Noam, Jacobsen, Weiss, & Follansbee, 1984; von der Lippe & Mvller, 2000），可歸納出親子互動對青少年人格發展之影響：

1. 父母讓子女覺得有能力之互動（enabling transactions），有助於子女的「自我發展」，尤其當雙方意見不一致時。所謂「讓子女覺得有能力之互動」可分為情感方面（接納及積極之了解）及認知方面（解釋、聚焦、問題解決

與好奇）。

2.父母親對不同性別子女「自我發展」之影響，遵循不同路徑，例如von der Lippe（2000）研究顯示：母親以情感互動方式及父親以認知互動方式，對女兒的「自我發展」影響最大。

其他研究顯示：就人格五因素模式來說，「感受到家庭支持」之青少年，人格五因素會產生變化，其中以「令人愉悅」人格因素跟「感受到家庭支持」關係最密切（Branje, van Lieshout, & van Aken, 2004）。

㈡學校

第一，師生關係雖不如親子關係親密，但是，教師之一言一行，會成為青少年學習典範，在潛移默化中改變青少年人格。第二，「入鮑魚之肆，久而不聞其臭」，學校環境與班級氣氛，對青少年人格之薰陶，也具有某種作用。

第三，在學校中，同儕對青少年人格發展，可能大於學校之影響力。Harris（1995）提出「團體社會化理論」（group socialization theory），說明同儕是影響個人人格發展與社會化之主要影響力，同儕之影響，甚至大於家庭。Loehlin（1997）研究支持這種看法，進一步顯示：同儕對青少年人格之影響力，甚至大於對學業成就之影響。

Vandell（2000）不同意以上看法，認為 Harris 忽略了朋友、手足、教師在青少年生命中之重要角色，以及這些關係彼此間之互補性及保護作用。

不過，同儕對青少年人格發展之影響的確不可忽視。或許可以這樣認為：同儕對青少年人格發展，在青少年某個階段及某些方面，有不可忽視之力量。

㈢社會環境

社會環境中，影響青少年人格發展之重要因素包括有文化、媒體與網路。文化透過風俗、宗教、節慶、日常生活方式，甚至經濟、教育，傳遞某些思想，塑造出跟文化特色有關之人格特質。例如法國人的浪漫、中國人的人情味。

媒體已成為現代生活的一部分，媒體報導與節目，日日夜夜闖入青少年生活。青少年長期耳濡目染下，容易出現跟媒體訊息有關之人格特質，這種情形，尤其以兒童和青少年為最。

時下青少年喜歡上網，網路對青少年人格發展也有密切關聯。長期躲入網路世界之青少年，或是不斷善用網路豐富資源加強自我能力之青少年，兩者之經驗，可能導致人格某種程度之變化。

四、生命中之挫折或挑戰經驗

生命經驗會改變人格（Agronik & Duncan, 1998），而改變之機制是透過改變大腦（Nelson, 1999）。

從 Piaget 適應原理來看，挫折經驗啟動同化與調適歷程，重新建構及精緻化原先基模。因此，好的發展，不僅依賴關愛與照顧，對目前心理基模適度之挑戰實屬必要（Garmezy, Masten, & Tellegen, 1984; von der Lippe, 2000）。尤其是造成衝突之經驗，讓人格相關基模「失衡」，再透過調適「恢復平衡」之歷程，將人格進一步分化及統整。

Bursik（1991）研究顯示：成功因應壓力事件之成年女性，提高了「自我發展」水準。這些事件打破基模之平衡狀態，透過當事人的成功適應，帶來基模之精緻化。

五、性別

性別是否會影響青少年人格發展？如果環境與生命挫折經驗對人格發展有影響，那麼性別會帶給男女不同之生命經驗，而造成少男與少女在人格上的不同變化。

一些研究顯示，在國高中階段，少女之「自我發展水準」高於少男（例如McCammon, 1981），但也有研究發現兩性間沒差異（例如Redomore & Loevinger, 1979）；另有研究發現兩性間之差異，在後來的發展中，由於男性發展速度快於女性，使得兩性間之差異消失（Loevinger, Cohn, Bonneville, Redmore, Streich, & Sargent, 1985）。

從人格因素之觀點來看，性別會造成不同因素之變動，不過，性別造成之差異，隨著文化不同而不同，而且同性別間差異可能大於異性間差異。

Costa、Terracciano與McCrae（2001）研究發現：以大學生及成人為樣本的研究中，女生通常在「神經質、令人愉悅、溫暖、對情感開放」等特質之得分高於男生，而男性在「自我肯定、對想法開放」等特質之得分高於女生。性別造成人格因素上之差異，以歐洲及美洲文化中最為明顯。不過，兩性在人格因素上之差異，不如同性間差異來得大。

第六節 青少年人格發展與輔導

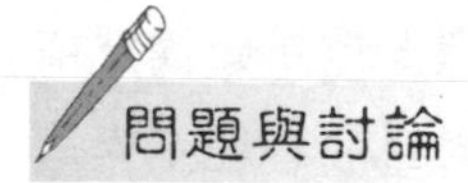

1. 如何促進青少年人格發展？
2. 如何改變青少年不良人格特質或類型？

雖然一些相關研究顯示，人格具有某種程度之穩定性，不過，環境及經驗仍有著力之處。尤其對兒童及青少年之不良人格特質或類型，只要提供適當輔導，或改變生活環境某些因素，或提供某些經驗，還是具有實質幫助。以下從幾方面說明。

一、促進青少年人格發展

㈠提供青少年「有能力之互動方式」

人格五因素之變化及自我發展，跟人際互動品質有關。提升互動品質，便可以正面轉化人格五因素及自我發展。

有能力之互動方式，在情感層面上，是指接納青少年行為及了解青少年內在世界，亦即不批判，並以同理態度對待；在認知層面上，是指父母與師長跟青少年互動時，帶著好奇態度、提供充分解釋使之了解、聚焦問題而不逃避問題、使用問題解決策略等。

在這種互動方式中，青少年一方面覺得被肯定、被接納、被溫暖對待，進而肯定自己、信任他人、珍惜人際關係；另一方面，透過模仿歷程，學會面對問題、解決問題，以及以類似方式對待自我及他人，而提升自我及增進人際關係。

這些優質經驗被青少年內化後，可以促動青少年人格組織之改變。尤其對於人格發展障礙之青少年，「有能力之互動方式」，將造成其人格基模在失衡及平衡中迴旋，進而促進其人格分化及整合。

㈡提高心理社會發展階段

Hauser（1978）認為，「自我發展」跟「自我成熟」（ego maturation）或「自我力量」（即Erikson心理社會發展理論中之自我力量）有許多雷同之處，因此，增強「自我力量」或促進心理社會發展，也可提升「自我發展」水準。

或許具有不良人格特質或類型之青少年，其心理社會發展階段落後該有之階段水準。因此，協助青少年完成發展任務，激發其自我力量，便可以促進其人格發展。

㈢提供良好典範

「言教不如身教」，父母、師長、同儕、媒體都是提供典範之來源。如果青少年從小在家庭中，父母便是好典範，基於人格具有持續性與穩定性，青少年期之良好典範，便具有錦上添花之作用。

如果青少年從小沒有好典範，而形成不良人格特質或類型，進入青少年期之後，更需要良好典範來修正。良好典範具有潛移默化之功效，這種作用，通常在青少年未覺察中產生影響，因此更適用於抗拒改變之青少年。

㈣選擇良好同儕

父母師長如何協助青少年選擇良好同儕？第一，父母以身作則，結交有益朋友，青少年耳濡目染，自然學會如何選擇良友。第二，父母師長設計一些情境，讓青少年跟優良同儕為伍，例如座位之安排、團體小組活動、介紹認識良好同儕。

第三，隨機教導。父母師長以社會新聞與電視節目為教材，比較良好同儕及不良同儕所導致之後果。這種教材讓青少年有如親身體驗一樣，兼具認知、情意與行為三方面之教育。

㈤提供適當之衝突經驗或挑戰經驗

衝突經驗或是挑戰經驗，是精緻化人格基模之重要工具。依自我發展理論，大部分青少年處於「自我發展的服從期」，父母師長可以依據下一階段之發展特徵（珍惜人際關係、包容不同觀點、珍惜個別差異、理想與實際的平衡），設計一些衝突經驗，協助青少人格發展。

此外，在變動快速的社會中，日常生活處處充滿這類型經驗，都可以善加運用。

青少年面對挑戰經驗時，如果有父母師長陪伴，給予鼓勵或必要協助，青少年較容易從這些經驗獲益，尤其對於退縮之青少年，父母師長之陪伴更不可缺。

㈥善用生命中無可避免之負面經驗

現代青少年經歷之創傷或挫折經驗，比以往青少年多。這是因為社會變動快速、人心不古而引發許多爭端。這些經驗雖帶給青少年負面影響，但處理得當，負面影響可以轉化為正面作用。

如何轉化負面經驗為正面作用？在此提供一些保護性因子，例如培養青少年面對困難之勇氣、重要因應技能、以正面態度面對負面經驗、在必要時求助之態度，以及父母師長得提供必要之鼓勵與情緒支持。

因應成功之青少年，人格必然經歷分化及重組。統整後之人格，因為人格組織更加精緻化，而提高其適應環境之能力。

㈦善用媒體與網路功能

媒體與網路對青少年人格發展，有正面與負面影響。如何善用媒體及網路之正面影響：⑴父母師長教導青少年選擇良好媒體節目及善用網路資源；⑵了解青少年常進之網站及觀賞之節目，了解青少年需要，由父母師長協助青少年透過適當管道滿足需要；⑶父母以身作則，不接觸不良媒體節目及網站。

㈧培養滿足後延能力

在Funder及Block（1989）研究中發現：滿足後延能力跟自我控制有關。滿足後延能力代表為了未來目標，而壓制立即獲得滿足之衝動。自我發展階段中「服從前期」及人類格型中「自我控制不足者」，都缺乏滿足後延能力。

如何培養青少年滿足後延能力？第一，協助青少年建立未來目標及實現目標之承諾。未來目標具有抗拒當前誘惑之效用，如果再加上承諾，將強化抗拒誘惑之力量。第二，父母師長與同儕之協助及支持，可以在青少年心生動搖之時，給予適時喚醒。第三，教導青少年抗拒誘惑之策略，例如分散注意力、生活維持規律、想到後果等。

二、改變青少年不良人格特質或類型

由於人格特質或類型具有某種程度之穩定性與持續性，對於已具有不良人格特質或類型之青少年，如果不提供適當輔導，不良狀況將惡化，或在日後導致嚴重青少年問題。

第一，以上所提促進青少年人格發展之策略，可以用來改變青少年不良人格特質或類型。第二，從人格五因素模式來看，Huey 與 Weisz（1997），以及Robins等人（1996）研究顯示，行為問題青少年跟一般青少年，在人格五因素中有顯著差異，摘要如表9-3。

表9-3：行為問題青少年跟一般青少年在人格五因素上之差異

類型組	跟一般青少年明顯差異之人格因素
犯罪少年	令人愉悅、追求成就之意志、外向性、對經驗開放。
外向性行為問題之少年	令人愉悅、追求成就之意志、外向性。
內向性行為問題之少年	神經質、追求成就之意志。
學業成就差之少年	追求成就之意志、對經驗開放。
智力差之少年	對經驗開放。

從表 9-3 可看出，不同行為問題之青少年，在某些人格因素上，有努力改善之空間。輔導這些青少年人格發展時，可以針對不同之需要，設計不同之輔導方案。

第三，從人格類型來談，每一種人格類型都有其特點，必須針對每一種人格類型之特點，設計適合之方案。例如「自我過度控制者」，必須加強社交技巧、自我肯定、情緒調適技能等訓練；「自我控制不足者」，需要加強情緒調適技能、衝動控制等訓練。目前國內有一些實驗研究課程，父母師長可以善加利用。

第四，從自我發展理論來看，必須先確定青少年目前所屬之自我發展階段，探討阻礙青少年自我發展之因素（例如發展任務未完成），以及設計有利青少年進入下一階段發展之活動或輔導方案。

本章摘要

第一節　青少年人格發展——人格特質

1. 青少年在人格五因素（外向性、令人愉悅、追求成就之意志、神經質及對經驗開放）上，從兒童期到青少年期間，變化最大的因素是「對經驗開放」。反映出青少年隨著年齡增長，愈能接納不同之經驗。
2. 少女在青少年期間，神經質因素提高。
3. 青少年晚期至成年期早期，由於生活環境變動（離開學校進入社會），而提高「對經驗開放」、「追求成就之意志」、「令人愉悅」等三因素。
4. 人格具有某種穩定性，但環境及經驗會造成人格某種程度上之改變。

第二節　青少年人格發展——人格類型

1. 人格類型將人格分為自我有彈性者、自我過度控制者、自我控制不足者。從兒童至青年期，這三類型人格都呈現某種持續與穩定性。

第三節　青少年人格發展——自我發展理論

1. Loevinger自我發展理論認為自我是一種「參考架構」，由整體人格組合而成。人格發展即是「自我發展」，也是「參考架構」改變之歷程。
2. 自我發展分為三期七階段三個過渡階段。三期為服從前期、服從期、服從後期；七階段為前社會與共生階段、衝動階段、自我保護階段、服從者階段、良心階段、自律階段及整合成一體階段。每一階段反映出一種個性型態及人際型態。

3. 青少年自我發展隨年齡增長而提高，但是不一定處於同一發展水準。不同青少年之自我發展水準及發展型態可能不同。
4. 大部分國中青少年自我發展處於服從者階段。

第四節　自我發展階段、人格類型與人格五因素模式之整合

自我發展階段、人格類型與人格五因素模式三者間有關聯存在。服從前期為自我彈性不足者、服從期為自我過度控制者、服從後期為自我有彈性者，而人格五因素間之高低，也隨著自我發展階段及人格類型之變化而不同。

第五節　影響青少年人格發展之因素

1. 影響青少年人格發展之因素包括：認知能力與智力、遺傳、生活環境、生命中之挫折或挑戰經驗、性別。
2. 青少年形式運思能力，有助於人格之分化及統整；智力愈高者，愈能接納不同經驗及參與不同活動，使得人格得到更多正面影響。
3. 氣質是人格之基礎，受遺傳影響。遺傳對人格之影響約 44%至 46%。
4. 家庭、學校與社會環境對青少年人格發展具有某種重要影響。家庭因素中以父母管教及親子互動最常見；學校因素中，教師、學校環境、班級氣氛及同儕，都具有影響力；社會因素中以文化、媒體及網路影響力最大。
5. 挫折或挑戰之生命經驗，會改變青少年之大腦結構或基模組織，而改變青少年人格。
6. 性別因素帶給青少年男女不同經驗而影響人格發展，不過同性間差異可能大於異性間差異。

第六節　青少年人格發展與輔導

1. 輔導青少年人格發展可分兩方面來談：⑴促進青少年人格發展；⑵改變青少年不良人格特質或類型。
2. 促進青少年人格發展之策略：⑴提供青少年有能力之互動方式；⑵提供青少年良好典範；⑶協助青少年選擇良好同儕；⑷提供青少年適當之衝突經驗或挑戰經驗；⑸教導青少年善用生命中無可避免之負面經驗；⑹教導青

少年善用媒體及網路資源；(7)培養青少年滿足後延能力。

3. 改變青少年不良人格特質或類型時，除了運用以上所提促進青少年人格發展之策略外，還可以依據青少年之人格特質，或人格類型，或自我發展階段，設計出適合之輔導方案。

青少年道德發展與輔導

道德（morality）是指規則系統（system of rules），這套規則系統用來管理個人在社會中的社會互動與社會關係，奠基於福祉、信任、正義與權利（Smetana, 1999）。因此，道德規範了人與人間應有之相處之道。

數十年來，「提升國人道德水準」一直是家庭、學校及社會的教育目標，但是，「道德急速淪喪」也是數十年來人人揮之不去的生活夢魘。到今日，犯罪招式令人眼花撩亂，將人跟人間的信任破壞殆盡。人失去了對大環境的信賴，也失去了對小環境的掌控。目前連成年人都不知何去何從，要如何要求青少年表現「出污泥而不染」的道德水準？這是家庭、學校與社會的一大考驗，也是青少年的一大挑戰。

第一節 道德發展理論

1. 何謂道德發展？道德發展的目的為何？
2. Piaget 道德發展之內涵為何？
3. Kohlberg 道德推理發展論之內涵為何？

> 4. 認知發展及角色取替能力兩者跟道德發展之關係為何？
> 5. 依據 Gilligan 觀點，女性道德發展之內涵為何？
> 6. 依 Gilligan 觀點，女性道德發展跟男性道德發展有何差異？

道德發展（moral development），是指學習：⑴社會中的道德規範；⑵何時使用道德規範；⑶如何使用；⑷由什麼人對哪些人使用；以及⑸道德規範導致的短期與長期效果（Liebert, 1984）。道德發展是終身學習之歷程，其目的在培養關照自我與他人福祉的道德行為，並在衝突情境中知所取捨。

提到道德發展時，通常以 J. Piaget、L. Kohlberg 與 C. Gilligan 三人的道德發展理論為主。Piaget 與 Kohlberg 的道德發展理論，以認知發展為基石，以公平正義（sense of justice）為道德發展之核心。Gilligan 認為男女有別，強調女性的道德發展不同於男性，進行道德判斷時，以關愛（care）為基準。

從不同的道德發展理論中，可知曉青少年道德發展應該達到之水準，並作為促進青少年道德發展之依據。以下說明三位學者之道德發展理論。

一、Piaget 道德發展理論

Piaget 認為，道德的核心由兩層面構成，並從這兩層面探討道德發展：⑴尊重維持社會秩序之規則；⑵公平正義（a sense of justice），指考慮人際關係中的平等、社會契約與互惠（Lickona, 1976）。

Piaget將兒童的道德發展分為三階段，說明如下（沈六，1986；黃俊豪、連廷嘉合譯，2004；歐陽教，1996）。

㈠無律期（stage of anomy）

出生至四至五歲。此階段兒童道德發展特徵如下：

1.「他人」、「自我」意識未分，道德意識未萌，行為目的在滿足內在需求。

2. 規則隨兒童成長而改變。最初不知有規則支配活動，後來透過觀察模仿方知有規則。但是，履行規則是為了自我目的。

3. 不具有運用規則必備之認知結構。

㈡他律期（stage of heteronomy）

指自我中心末期至合作前期或中期階段之兒童，約五至八歲。此階段兒童之道德發展特徵如下：

1. 相信規則由權威（例如父母師長）而定，服從權威即服從規則。服從規則便是好人，不服從是壞人。

2. 堅守成人定下之規則，而且相信規則無法被改變。

3. 行為好壞，依據行為結果來判斷，無法考慮行為動機。

㈢自律期（stage of autonomy）

指八至九歲以後的兒童道德發展。此階段兒童根據自我價值結構，對行為善惡作獨立判斷，道德行為是履行道德意義。特徵如下：

1. 從社會互動中了解到，可以透過自由選擇與實際狀況來改變規則。

2. 依據行為背後動機，判斷行為好壞。

3. 講究道德之公平、互惠、合作原則。

更詳盡地說，他律期與自律期道德有九方面差異（Kohlberg, 1968，轉載自 Lickona, 1976），如表 10-1。

表 10-1：Piaget 道德發展理論他律期與自律期之差異

他律期	自律期
1. 絕對論的道德觀點（自我中心主義，只有一個觀點）。	1. 覺察到有不同觀點存在。
2. 規則無法被改變。	2. 規則具有彈性。
3. 相信做錯被懲罰是無可避免。	3. 犯錯是社會現象，不一定會被懲罰。
4. 歸咎責任時，採「客觀責任」（即依據犯錯之後果）。	4. 依據犯錯者之動機，即「主觀責任」歸咎責任。
5. 犯錯是作了被禁止或被懲罰之事。	5. 犯錯是違反合作精神。
6. 信任武斷或贖罪性懲罰。	6. 信任復原性或以互惠為基礎之懲罰。
7. 贊同權威懲罰攻擊之同儕。	7. 贊同受害者以牙還牙之還擊。
8. 同意權威對物質武斷不平等之分配。	8. 堅持平等之分配。
9. 責任被界定為服從權威。	9. 堅守平等原則，或關心他人福祉。

（資料來源：“Research on Piaget's theory of moral development,” by T. Lickona, 1976. In T. Lickona (Ed.), *Moral development and behavior: Theory, research and social issues*, p. 220. New York: Holt, Rinehart and Winston）

Piaget 的道德發展論，只述及十二歲以前兒童之道德發展。雖然無法從 Piaget 道德發展論詳知青少年的道德發展，但是，基本上 Piaget 視道德發展與認知發展有關。因此，形式運思期之青少年，在道德自律期中，應具有更複雜之內涵。

二、Kohlberg 道德發展理論

㈠道德發展階段

Kohlberg認為道德發展應著重於道德行為之推理，而非道德行為本身（黃德祥等合譯，2006）。這是因為一樣之道德行為，可能根源於不同之道德思考。例如助人行為可能由於對人之關懷，也可能由於想獲得更多利益。

Kohlberg 道德發展理論的核心是公平正義（sense of justice），強調人與人間之合作，以及權利與義務之互惠關係（Rest, 1984）。Kohlberg 認為道德是一種對公平正義之思考與推理（Tappan, 1998）。道德發展產生於個人面對道德衝突時，內在自我與他人觀點（perspective of self and other）分化與統整之歷程（Speicher, 1994）。因此，道德發展也涉及社會認知發展，即角色取替能力（role-taking）之發展。

道德發展透過三期六階段來完成，每個階段之劃分，是以道德思考之基礎結構變化為基準，六個階段依次為：⑴他律道德（heteronomous morality）；⑵個人主義與工具性道德（individualistic, instrumental morality）；⑶人際常規道德（interpersonally normative morality）；⑷社會系統道德（social system morality）；⑸人權與社會福利道德（human rights and social welfare morality）；⑹普遍性倫理規範道德（morality of universalizable reversible and prescriptive general ethical principles）（Tappan, 1998）。

以下說明道德發展的三期六階段（沈六，1986；吳俊賢，2000；黃俊豪、連廷嘉合譯，2004；Kohlberg, 1976, 1984; Tappan, 1998）：

1. 道德成規前期（preconventional level）

九歲以下兒童的道德發展屬於道德成規前期。此階段兒童心中無所謂的

表 10-2：Kohlberg 道德發展理論「道德成規前期」

階段 1：避罰服從導向（the punishment and obedience orientation） ——他律道德 主要特徵： 1. 四至五歲兒童。 2. 道德行為動機，是為了避免懲罰。行為的好壞是指行為後果是否導致懲罰，未導致懲罰即是好行為，被懲罰即是壞行為。 3. 之所以服從，是為了避免被懲罰（包括身體與所有物）。
階段 2：相對功利導向（the instrumental hedonism orientation） ——個人主義、工具性與交換式道德 主要特徵： 1. 六至九歲兒童。 2. 道德行為動機，是為了獲得回報，遵守規則之目的是因為有利益可獲得。 3. 除了以道德行為讓自己得到快樂外，並且注意到別人也在乎自己利益，因此產生利益交換之「公平感」與「互惠感」，例如「我幫你，你將來也要幫我」、「我幫你，是因為我知道你會回報我」。 4. 對自己有利之行為，或是能得到公平回報而有利他人之行為，便是好行為。 5. 跟第一階段比較，有更積極善之觀念。

社會規範及期望，行為目的是為了自身利益。

有一些青少年、許多犯罪青少年及成年人之道德發展，停在此階段。研究發現：大部分犯罪者之道德發展，停歇在本期階段 2（相對功利取向），他們以自我利益為主，為現實與投機主義者（轉載自 Tavecchio, Stams, Brugman, & Thomeer-Bouwens, 1999）。

此外，Tavecchio 等人（1999）研究顯示：「道德成規前期」之青少年，犯罪程度高於「道德成規期」之青少年。

2. 道德成規期（conventional level）

大部分青少年與成年人之道德發展屬於該階段。「道德成規期」有三個特點，這三個特點也是「道德成規期」與「道德成規前期」之差異：⑴關心社會贊同；⑵關心對個人、團體與權威之忠誠；⑶關心他人與社會福祉。因此，「道德成規期者」強調服從社會規範與期望。

Kohlberg 這一期之觀點，似乎獲得支持：⑴獲得贊同、刻板化之利社會

表 10-3：Kohlberg 道德發展理論「道德成規期」

階段 3：尋求認可導向（the good-girl and good-boy orientation） ——人際常規道德 主要特徵： 1. 道德行為動機，是為了獲得他人讚許，因此努力達成身旁人物之期望、取悅他人、幫助他人。 2. 遵從大眾意志，渴望維持規範認定或權威認定之刻板化好行為，以避免他人不贊同。 3. 關心他人，努力維持良好關係，展現信任、忠誠、尊重、感恩。 4. 跟前一階段比較，該階段強調之正義、互惠，是從角色取替觀點出發，而非交換。
階段 4：順從法規導向（the law and order orientation） ——社會系統道德 主要特徵： 1. 道德行為動機，是擔心如果沒有符合社會要求，可能帶來團體之指責，或因為對他人造成傷害而產生罪惡感。 2. 道德行為是對社會、團體或組織有貢獻之行為，因此強調履行個人義務，克盡對社會、團體或組織之責任，以維持社會利益與社會秩序，使社會繼續運作。 3. 尊重權威與社會規範，強調實現權威與社會要求，因此社會規範不能被改變。 4. 跟前一階段比較，該階段強調之互惠與正義，是以社會制度為基礎來解決問題，這是個人與制度間之關係，而非個人與個人間之關係。

道德推理、直接互惠推理（屬於低層次的利社會判斷）等，在青少年中期開始降低；(2)在青少年期，出現較高層次之推理（例如內化之規範、規則、法律推理與普遍化之推理）；(3)少女比少男更早使用高層次推理（例如他人取向與自我反省之推理），但是少男在短時間內（兩年內）趕上（Eisenberg, Miller, Shell, McNalley, & Shea, 1991）。

3. 道德成規後期（postconventional level）

通常在二十歲之後，只有少部分成年人可達到「道德成規後期」之水準。此階段者所接納之社會規範與期望，必須基於普遍道德原則而定。

表 10-4：Kohlberg 道德發展理論「道德成規後期」

<table>
<tr><td>階段 5：社群合約導向（the social-contract legalistic orientation）
——人權與社會福利道德
主要特徵：
1. 道德行為動機，是為了獲得同輩或他人之尊重及避免失去自我尊重（例如不守法可能讓自己成為心口不一致之人）。
2. 道德行為是遵守法律規範，但是法律規範必須依據大多數人之最大利益而定。因此認為對成員公平之團體規範應該被遵守，這是一種社會契約。
3. 尊重公平之法律，但法律若不能顧及大眾權益時，應該被修正。
4. 一些有關生命與自由之權利，即使團體沒有規範，也必須被尊重。
5. 跟前一階段比較，該階段強調社會規範或法律是否能夠產生大眾幸福，不合理的社會規範或法律要被修正。此外，也重視社會沒有規範到之生命與自由等權利。</td></tr>
<tr><td>階段 6：普遍性倫理原則導向（the universal ethical principle orientation）
——普遍性倫理規範道德
主要特徵：
1. 道德行為動機，是為了避免自我責難（self-condemnation）。行為是依據自己選擇之倫理原則。這些倫理原則是普遍性正義原則：人類權利平等、尊重個體尊嚴。
2. 道德行為是指依據普遍性倫理原則之行為，而非社會規範或法律，例如生命之價值超越法律價值，抗拒違反人類生命價值之法律。
3. 接受依據普遍性倫理原則所定之社會規範或法律。如果社會規範或法律違背普遍性倫理原則，將依個人倫理原則而行。
4. 跟前一階段比較，該階段強調自我約束及依據自我倫理原則而行動。個人之倫理原則凌駕於法律與社會規範之上。</td></tr>
</table>

㈡影響道德發展之因素——角色取替能力與認知發展

依據認知道德發展理論，認知發展是道德發展之基礎，認知發展與道德發展有關。Keasey（1975）研究發現，認知發展會催化道德發展，這種催化作用，主要來自於認知轉換（例如由具體運思轉換至形式運思）對道德推理之影響。具體運思協助個人達到第二期道德發展，而形式運思協助個人達到第三期道德發展。

不過，邏輯能力發展是道德發展之必要條件，非充分條件（Kohlberg,

1976）。個人的邏輯推理水準可能高出相對應的道德發展水準，但是道德發展水準不可能高出相對應的邏輯推理水準（轉載自 Kohlberg, 1976）。

除了認知能力外，「社會知覺」（social perception）因素對個人道德發展之影響，可能不亞於個人的認知能力。「社會知覺」或稱為「社會觀點」（social perceptive）或「社會角色取替」（social role-taking）或「角色取替能力」，是指採取別人觀點之能力（Selman，1976）。

認知發展、社會知覺及道德發展三者間之關係如下：認知發展→社會知覺→道德發展（Kohlberg, 1976）。當個人認知發展到達某個階段，社會知覺（角色取替能力）便反映該階段之特色。透過角色取替能力之作用，再影響個人之道德推理。簡單地說，角色取替能力是認知發展與道德發展之中介變項。

角色取替能力發展，呈現階段性質化改變，反映在個人了解自我與他人觀點之關係結構上。角色取替能力之關係結構，可以從三方面來區分：⑴個人如何區分自我與他人之觀點；⑵個人如何協調自我與他人之觀點；⑶跟前一發展階段比較，下一階段之角色取替能力發展，是用何種方式產生新分化（指自我與他人之區別）與整合（指整合自我與他人之觀點）（Selman, 1976）。

Kohlberg（1976）配合所提之六道德階段，另提六階段之角色取替能力發展，稱為「社會道德觀點」（sociomoral perspective），是指個人用來界定社會事實與社會道德價值（或稱是「應該」之行為）之依據。以下為 Kohlberg（1976）之「社會道德觀點」與六階段之道德發展。兩者相對照，更能了解 Kohlberg 之道德發展各階段之內涵。

角色取替能力與道德發展之關係如何呢？Selman 與 Damon（1975）研究顯示，角色取替能力是道德發展之必要條件，非充分條件。

三、Gilligan 女性道德發展理論

一些研究重複發現，在 Kohlberg 道德發展階段中，女性比男性更早達到階段 3（尋求認可導向），但是當男性跨越階段 3 繼續發展時，女性仍然停留在階段 3（Gilligan, 1977）。

表 10-5：Kohlberg 道德發展階段與社會道德發展階段

Kohlberg 道德發展階段	Kohlberg 社會道德觀點發展階段
1. 道德成規前期 ⑴避罰服從導向 ⑵相對功利導向	*1.* 具體個人觀點（concrete individual perspective） ⑴自我中心觀點 不會考慮到別人利益，或不知道別人跟自我利益不同；無法具有兩種以上觀點；將權威觀點跟自我觀點混淆。 ⑵具體個人主義觀點 覺察到每個人都在追尋自我利益；自我利益與他人利益有時相衝突。
2. 道德成規期 ⑶尋求認可導向 ⑷順從法規導向	*2.* 個人是社會成員觀點（member-of-society perspective） ⑶強調個人與他人關係 視大家共享之期望、感受與意見比個人利益更重要；以金科玉律為規則，能設身處地。 ⑷社會與人際共同觀點之區分 從社會觀點界定規則與角色，考慮個人跟社會關係。
3. 道德成規後期 ⑸社群合約導向 ⑹普遍性倫理原則導向	*3.* 優先於社會觀點（prior-to-society perspective） ⑸優先於社會觀點 覺察到個人之價值與權利優先於對社會之依附與契約；同時考慮道德與法律觀點，了解兩者有時候會有衝突，很難統整。 ⑹道德觀點 法律、社會規範之制定，應從道德觀點著手；強調道德本質，人本身即為目的。

（資料來源："Moral stages and moralization: The cognitive-developmental approach," by, L. Kohlberg, 1976. In T. Lickona (Ed.), *Moral development and behavior: Theory, research and social issues*, pp. 34-35. New York: Holt, Rinehart and Winston）

Holstein（1976）認為這種現象並非女性道德發展比男性遲緩，而是女性通常從同理心與關愛角度進行道德判斷。

無可否認地，在性別刻板化印象影響下，男性與女性擁有不同之性別特質。社會不期望男性化特質（例如自主的思考能力、決策能力）出現在女性身上，女性化特質（例如關愛）出現在男性身上（Gilligan, 1977）。

因此，Gilligan（1988）認為，談論青少年道德發展時，須從性別角度了解少男與少女之道德發展。面對道德衝突問題時，少男從公平正義（justice），而少女依據關愛（care）與關係（connection）角度思考。在道德兩難情境時，少男重視抗拒同儕壓力，不重視關係之維持；少女注意別人之需要，強調關係之維護。此外，女性關愛之對象，通常不包含自己。如果女性考慮自己，可能被認為自私，而切斷跟他人之關係。

這樣的說法雖然獲得Ford與Lowery（1986）支持，不過在其他研究上並沒有獲得一致看法。例如Krebs、Vermeulen、Denton與Carpendale（1994）研究發現：女性與男性進行道德判斷時，道德取向（moral orientation）沒有顯著差異。Wark 與 Krebs（1996）進一步發現：雖然女性進行道德判斷時，比較偏向以「關愛」為依據，但是這種傾向只出現在某些兩難情境中。兩性受試者進行道德判斷時，大都偏向以「正義」為依據。Pratt、Golding、Hunter與Sampson（1988）研究雖然支持Gilligan之看法（即性別差異出現在道德推理中），不過也指出：性別差異之影響並未如此普遍，因為性別影響跟受試者所處之生命階段、道德推理階段與道德衝突型態有關，例如性別差異只出現在成年組，未出現在兒童組；性別差異隨著道德推理階段水準提高而愈明顯。

綜合 Gilligan（1977, 1988）之看法：女性道德發展交織在「自我利益」（selfishness）與「責任」衝突中，道德水準之高低，決定如何統整這兩股衝突力量。表 10-6 摘要說明女性道德發展階段（Gilligan, 1977）。

表 10-6：Gilligan 女性道德發展階段

階段 1：個人生存取向（orientation of individual survival） 主要特徵： 1. 無法區分「應該」（should）與「想要」（would）間之差別，將「想要」當成「應該」，亦即焦點放在「自我」利益上。 2. 個人行為是否為道德行為，是以社會賞罰來判斷。 3. 進入階段 2 之過渡期：個人看清楚「應該」與「想要」間之區別後，必須在「自我利益」與「責任」間進行選擇，並且為自己的選擇負起責任。
階段 2：自我犧牲是善行（goodness as self-sacrifice） 主要特徵： 1. 依據社會共享之規範與期望，作為道德判斷之依據。

（接下頁）

（續上頁）

2.以「他人接納」，取代「生存或自我利益」為主之觀點。 3.以「照顧他人與保護他人」界定自我生存價值，因此往往為了不傷害他人，而選擇犧牲自我。 4.進入階段 3 之過渡期：開始重新思考自我與他人之關係；重新審思「自我犧牲以服務他人」之邏輯；重新檢查「責任」之概念，以及兼顧自我需求與照顧他人之必要性。
階段 3：沒有暴力之道德（the morality of nonviolence） 主要特徵： 1.透過了解自我及重新界定「道德行為」，來協調「自我利益」與「責任」間之衝突。 2.重新檢驗「自我犧牲」背後之假設。 3.以「不傷害他人及兼顧自我」之「沒有暴力原則」，來處理所有道德判斷與行動。 4.兼顧照顧自我與他人，為道德選擇之原則。

（資料來源：" In a different voice: Women's conceptions of self and of morality, " by C. Gilligan, 1977, *Harvard Educational Review, 47*, pp. 489-509）

第二節　影響青少年道德發展之因素

問題與討論

1. 家庭如何影響青少年之道德發展？
2. 學校如何影響青少年之道德發展？
3. 社會如何影響青少年之道德發展？
4. 青少年哪些因素影響本人之道德發展？
5. 蔓釆爸媽的行為，對蔓釆的道德發展有什麼影響？
6. 父母的道德發展透過哪些管道影響孩子的道德發展？
7. 蔓釆的同學，對蔓釆的道德發展可能產生什麼影響？
8. 學校該如何補救蔓釆家庭道德教育上之不足？

媽媽看到菜販找給她的錢後，眼睛突然一亮，急忙拉了蔓采回家。媽媽告訴蔓采，剛剛因為人多，菜販誤以為媽媽給他一千元，而多找給媽媽五百元。媽媽要蔓采不能將這事告訴其他人，並且給她一百元當封口費。蔓采因為得了一百元，高興得不得了，希望常常有這種天上掉下來的禮物。

晚飯後蔓采一家人正在看電視，隔壁鄰居太太氣沖沖地跑來興師問罪，說她兒子新買的腳踏車，被撞得慘不忍睹，丟棄在路旁。有人曾看到蔓采的哥哥中午騎摩托回家時壓過。蔓采的爸媽一口咬定兒子不會做此事，並答應兒子回來時問清楚。

蔓采哥哥回來後，只承認曾壓過倒在一旁的破舊腳踏車。不過，爸媽要哥哥連這一點也要矢口否認，否則被賴上必得賠上好幾千元。爸媽要求蔓采保守秘密。

有一天，蔓采跟好朋友到「音樂舫」買音樂片。因為蔓采家的音響設備較好，朋友便到蔓采家播放。一回到家中，朋友竟從背包拿出一片DVD在蔓采眼前炫耀，並以驕傲的口吻說這是順手牽羊的傑作。

認知發展與社會化，是影響個人道德發展不可或缺的兩大因素（Gibbs & Schnell, 1985），這兩因素分別來自於家庭、學校、社會與個人四方面。這四方面孰重孰輕很難區別，可以確定的是，彼此相輔相成。任何一方面之不足，都會削減其他三方面之作用。

一、家庭方面

一些研究發現：父母道德水準、父母管教方式、親子互動、父母婚姻關係、父母自我功能等因素，會影響青少年的道德發展。

第一，父母道德水準。青少年道德發展，跟父母的道德水準有關（Fiona & Kenan, 2004）。父母的道德水準常反映在日常的言行舉止中，孩子透過觀察而學習模仿。

第二，父母管教方式。犯罪青少年在各道德價值觀面向及道德推理，跟一般青少年有顯著差異（陳建安，2001）；無家可歸青少年犯罪行為比率，高於一般家庭青少年（Tavecchio et al., 1999）。

造成以上差異之可能原因，從一些研究可看出端倪：無限制與無關愛之父母管教方式跟青少年犯罪行為有關（Tavecchio et al., 1999）；父母對子女關愛程度及參與子女活動程度，可以預測子女在兒童期、青少年期與成年期之道德成熟度（Hart, 1988）；支持性管教方式跟青少年道德成熟度有關；挑剔、批判、干擾之父母，會阻礙子女道德成熟；相反地，以子女為中心、啟發子女意見、用適當問題引發子女推理、檢查子女是否理解問題、提供子女情感支持與注意、以高一層推理挑戰子女之推理等，都有助於子女道德發展（Walker & Hennig, 1999）。

第三，親子互動。家庭中親子溝通品質愈佳，對青少年道德發展愈有正面效果（吳俊賢，2000）。

例如父母強調推理、鼓勵子女採用別人觀點、理性教導子女行為與結果之關係，可以促進子女高層次道德推理（例如 Buck, Walsh, & Rothman, 1981）；親子間支持性的蘇格拉底式對話，以及使用高一層級道德推理跟子女互動，對子女的道德發展最有助益；用生活中兩難問題激發子女道德發展，效果優於虛擬的兩難問題（Walker & Hennig, 1999）；認知與社會性刺激豐富之家庭，加上親子常常一起活動，有助於青少年建立道德之自我認定（Hart, Atkins, & Ford, 1999）。

Smetana（1999）認為，親子互動時，父母須兼顧認知與情感因素，才能協助子女道德發展：⑴情感方面，在富有情感的環境下，會促使子女傾聽與回應父母；父母對違規之子女，給予帶有情感之回應，並理性說明別人之權利與福祉，會加強子女對該事件之編碼與記憶；⑵認知方面，父母向子女解釋規則背後之道理，強調道德違規行為對他人權利與福祉造成之結果等，都有助於子女的道德發展。

第四，父母婚姻關係及自我功能。父母間敵意與衝突、父母自我功能不良（防衛、僵化、合理化、不敏感、表達情緒不適當），會阻礙青少年道德成熟（Walker & Hennig, 1999）。

不過，Kogos 與 Snarey（1995）研究發現：父母離婚之大學生（父母離婚時受試者為青少年），其道德發展水準高於父母未離婚之大學生。這是因為前者經歷到父母不同意見，而促進其發展觀點取替能力（perspective-taking，即角色取替能力）。誠如 Piaget（1932, 1965，轉載自 Gibbs & Schnell, 1985）所言，成熟之道德（mature morality）代表一種理解（understanding），這種理解建構於社會情境中衝突之互動。

綜合以上研究，父母道德水準、父母管教方式、親子互動、父母婚姻關係及自我功能等因素，影響青少年道德發展。

二、學校方面

Zern（1997）研究反映出：青少年認為家庭、學校與神職人員須協助青少年道德發展，其中以家庭角色最重要。不過，在小學與中學階段，家庭與學校之重要性齊等，而且三者之重要性隨著教育階段之提高而逐漸降低。

Okin 與 Reich（1999）認為，家庭若無法提供青少年有助益之道德教育，這缺陷便該由學校補足。學校若無法提供青少年完整之道德教育，就必須由家庭彌補。家庭與學校應該相輔相成。

學校之道德教育、學校校規之執行、教師的道德行為、師生互動、同儕、諮商與輔導等因素，對學生道德發展有重大影響。以下分點說明。

1. 學校之道德教育。教導學生未來成為守法之公民，是教育的一部分，學校中的道德教育，應是必要課程。

過去國內有「公民與道德」課程，由於教師只重視傳遞道德知識，忽略道德行為之實踐，而且課程跟升學考試無關，因此學生在道德之知與行間，呈現一大鴻溝。

未來「公民與道德」將列為必考科目，這種措施會帶動學校及學生對道德教育之重視。不過，如果道德教學只停留在道德之「知」，而無法落實道德之「行」，對青少年之道德成熟，仍無濟於事。

2. 校規之執行：「校規」用來維持學生秩序，以提供學生安全及安寧之學習環境。從長遠的目標來看，學校規範被青少年內化後，透過激發其道德發展與法治素養，協助青少年類化「守校規行為」，成為守法律之公民。

「校規」是否能夠被青少年內化而提高其道德發展與法治素養，關鍵在於執行校規之單位，是否能夠秉持公平、公正、互惠原則，並且隨時修正不合時宜之規範。這種執法過程，不但可提高青少年道德發展水準，而且提供青少年良好學習典範。

*3.*教師之道德行為：「言教不如身教」，教師的道德行為往往成為青少年學習典範，對青少年具有潛移默化之作用。教師的道德發展不足，除了容易跟青少年起衝突外，也成為青少年之不良榜樣。

*4.*師生互動：在師生互動中，教師若使用高一層級之道德推理或兩難情境，便能打破青少年的道德平衡，協助其調適道德基模，提高道德水準。此外，教師對犯規青少年之回應，若兼顧理性之說明與感性之同理，便能激發青少年之道德發展。

*5.*同儕：「近朱則赤，近墨則黑」，青少年結交道德發展水準較高之同儕，便容易因同儕道德水準之挑戰，而提高道德發展；或以對方為典範，學習對方之道德行為。

*6.*諮商與輔導：Akinpelu（1974，轉載自 Omeonu & Matthews, 2005）表示，輔導和諮商是促進學生道德成長最有效的方法，因為輔導與諮商可以直接深入學生內心，找出妨礙學生道德發展之因素，並且直接處理。

三、社會方面

社會對青少年道德發展之影響，可以從媒體、司法單位與執法單位來說。在媒體方面，大眾媒體的影響無遠弗屆，來自報紙、廣播電台、電視台、雜誌、網路等資訊，不斷透過圖像、語言與文字，左右每個人思想、情緒與行為，包括每個人的道德信念與道德行為。若媒體負起社會教育之責，將可成為青少年道德發展之助力。

在司法單位與執法單位方面，公正嚴明之司法與執法單位，會緩衝作奸犯科者對大眾道德發展之不良示範。相反地，偏頗的司法與執法單位，會助長負面影響。

青少年處身於社會大染缸，有賴媒體、司法與執法單位發揮良好典範之影響，緩和不良示範之負面作用，才能出污泥而不染。

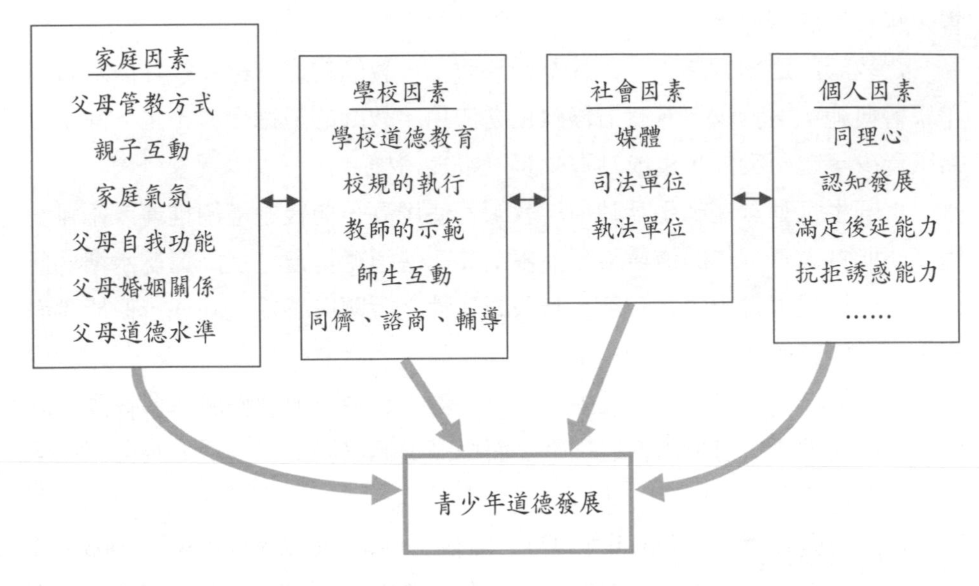

圖 10-1：影響青少年道德發展之因素

四、青少年個人方面

青少年的個人因素影響他的道德行為，這些因素包括：認知發展、自我功能、觀點取替能力、抗拒誘惑能力、問題解決能力、同理心、利社會行為、決策能力、人際關係、結交之同儕等。

以上青少年這些特質的養成，跟家庭、學校、社會因素息息相關。這四方面環環相扣，相互影響，圖示如圖 10-1。

第三節 青少年道德發展與輔導

1. 顏奇計畫對全班進行「道德教育」時，可能碰到哪些問題？

2. 從人類思考的兩類模式來看，促進青少年道德發展之要素有哪些？
3. 從外在事件出現至道德行為實踐，其內在階段歷程為何？各階段歷程強調之道德教育重點為何？
4. 除了直接教導外，還有哪些管道可以促進青少年道德發展？

顏奇為了學生問題頭痛不已。學生最近常向他抱怨，班上持續發生偷竊、作弊、打架、恐嚇威脅、欺負弱小等事件，有兩位學生甚至成為學務處生活輔導組的常客。

顏奇對學生問題的處理，只能用「嘔心泣血」與「江郎才盡」來形容。從了解事情經過、找出罪魁禍首、讓罪魁禍首認罪、決定懲處，甚至通知父母到校商談等，都得耗費許多時間與精力，還得心機用盡、計謀算盡。不但自己精疲力竭，而且常常耽誤正課時間，好像自己是無能的導師一樣。

顏奇左思右想，在諮詢過資深教師與輔導教師後，得到一個結論：預防勝於治療。與其花那麼多時間善後，不如事前預防。因此，決定對全班進行「道德教育」。不過，接下來的一連串問題卻讓顏奇束手無策。

一、促進青少年道德發展之要素

什麼因素可促進青少年道德發展？不同學者有不同看法，例如有些學者強調認知（例如 Piaget 與 Kohlberg），有些強調同理心（Hoffman, 1987）、關愛與承諾（Gilligan, 1988）、人際互動（Haan, 1985）與人格（Staub, 1978, 1979）。

不同學者所以有不同看法，來自於人類思考的兩種模式（Bruner, 1986，轉載自 Vitz, 1990）：一種為命題式思考（propositional thinking），另一種為敘述式思考（narrative thinking）。這兩類思考模式的分別，就像認知心理學中，將記憶分為「語意記憶」（semantic memory）與「情節記憶」（episodic memory）（Vitz, 1990）。

命題式思考是一種邏輯辯證，強調理論性及形式性的詮釋，以及對抽象性應用範例之理解。Kohlberg 的認知道德發展理論，便是依據命題式思考而建構。Kohlberg認為，提高個人道德發展之動力，在於打破認知平衡之經驗。

簡單的說，Kohlberg 模式中的道德發展，是一種抽象的認知能力發展，這種能力呈現在個人的道德推理中（Vitz, 1990）。只要能打破青少年認知平衡或提高青少年社會認知能力，都可提高青少年道德發展（Walker & Taylor, 1991），其方法包括：提供打破青少年認知平衡之社會經驗、挑戰與反映青少年推理的不適當、提供青少年高一層次的推理經驗、促進青少年角色取替能力等（Speicher, 1994）。

相反地，敘述式思考強調具體的人類關係情境，以及對現實之描述，其目的在逼近現實。因此，敘述性思考聚焦於人物與該人物行為之原因。就像故事裡往往論及故事之脈絡、人物、情境、人物之行動與意圖一樣。敘述式思考強調道德發展跟同理心、關愛與承諾、人際互動與人格等有關（Vitz, 1990），要提高青少年道德發展，必須培養青少年這方面特質。例如Eisenberg等人（1991）研究顯示：青少年的道德推理與其利社會行為、同理心有關。

以上兩種思想有如理性與感性因素一樣，缺一不可同等重要。青少年通常滿口仁義道德，可是行為卻反其道而行，這是因為缺乏將道德內化（moral internalization），以至於道德的情感與認知未能統整（Hoffman, 1994）。道德內化的過程，需要透過同理心的催動。道德情感與認知未被統整，道德知識便無法直接反映在道德行為上。

Tappan（1990）認為，生命經驗，尤其是道德經驗，包括三個向度：認知、情感與意動（conative，指一種企圖、渴望與意志），這三者相互影響。在道德判斷情境中，能夠統整這三向度者，便是道德發展的訊號，也表示個人已擁有自我的道德觀（moral perspective），成為自我道德行為的著作權者（authorship）（Bouchard, 2002）。

綜合言之，促進青少年道德發展的關鍵在於：情感方面，培養青少年的同理心、同情心、利社會行為、關愛自我與他人。認知方面，了解權利與責任、培養角色取替能力、打破青少年道德認知平衡、挑戰與反映青少年推理的不適當、提供青少年高一層次之推理經驗等。

二、道德行爲內在運作歷程

當一個人面對道德情境時，內在必經一番思索與評估，然後決定如何回應。這是怎樣的歷程？了解道德行為內在運作歷程的重要性，在於：⑴對青少年進行道德教育時，可以抓住最適當時機，提供最適當介入，以收到事半功倍效果；⑵作為診斷青少年道德問題與介入之參考；⑶從道德行為的內在歷程，歸納道德教育應涵蓋之內涵或重點；⑷協助青少年將道德知識落實於道德行為上。

Rest（1984）綜合各道德理論，將道德行為之運作過程分為四階段，這四階段跟四個問題有關：

1. 第一階段問題是：「個人如何詮釋情境？」此問題涉及個人考慮可能採取之行動及每個可能行動對他人之影響。在此階段，同理心會影響個人的道德行為。如果個人具有同理心，便能感同身受，考慮他人福祉。

2. 第二階段問題是：「個人如何界定道德行為？」涉及決定哪個行動最能實現道德理想及該如何行動。

所謂「道德行為」，社會規範（social norm）取向強調責任、平等、互惠與給予。Kohlberg道德認知發展論以公平正義（justice）為核心，強調個人與他人合作，權利與義務平衡。Gilligan的女性道德發展論強調兼顧自我及他人利益。從社會文化觀點來說，每個社會對所謂的「道德行為」，都有其特殊內涵。

進行道德教育時，對於「道德行為」之界定，除了須兼顧理論觀點外，也得兼顧文化內涵，包括法律、風俗民情。

3. 第三階段問題是：「個人如何選取他所珍視之行動？」每個可能行動依據不同之價值觀與動機。個人須從眾多衝突之價值觀中選擇。

在此階段，利社會行為、利人行為、道德典範行為、了解合作之重要性、對英雄烈士之認同、犧牲小我完成大我之精神等（轉載自Rest, 1984），都跟道德行為有關。如果青少年擁有以上所提特質、認知或學習典範，便會選擇利人利己之道德行為。此外，本階段涉及價值澄清與決策技巧，因此，個人價值觀之澄清與決策技巧成為必備條件。

4.第四階段問題是：「個人如何執行，並且執著於他的意圖？」涉及之問題包括想像具體行動之結果、處理執行上之障礙與意料外之困難、克服疲倦與挫折、抗拒分心與其他引誘，以及維持對最後目標之信心。自我力量（ego-strength）、滿足後延、自我調適技巧，與該階段執行結果有關（Mischel & Mischel, 1976）。

在此階段中，計畫、執行計畫及評量能力，解決問題技能，抗拒誘惑能力，滿足後延能力，增強自我力量，提高抗壓力，情緒調適技能等，都可以加強執行道德行為之效果。

從以上描述可知，從形成「道德意念」，經「選擇道德行為」，到最後「實踐道德行為」，每個階段涉及不同之道德教育內涵及必備之技能。這也說明將道德知識落實於道德行為，是一複雜歷程。

缺乏道德行為之不同青少年，可能在不同階段歷程受阻。誠如 Rest（1984）假設：不同階段涉及不同認知與情感因素之互動，任何一階段的錯誤運作，都會導致無道德行為。因此，對青少年進行道德教育時，須先診斷青少年受阻之階段與原因，才能提供最適當之道德教育。以上所述也反映出：某些保護性因子跟青少年道德發展息息相關。

三、促進青少年道德發展與落實道德行爲之方法

從促進青少年道德發展之要素及道德行為之內在歷程，可以窺見提升青少年道德發展與落實道德行為之方法。以下從教材與活動兩方面來說明。

㈠教材

道德教材隨處可得。第一，在學校中，同儕問題層出不窮，這些問題常蘊含兩難情境，又是青少年親身經驗，都是隨機教學的最佳材料。如果再配合適當之活動設計，更有助於提高青少年道德發展。須注意的是，有時候為了保護當事人，有些材料不一定適合所有活動。

第二，分析學校歷年之案例，從中發現青少年常出現之違規行為，涉及之法律與學校規範，這些也是學校道德教育之最佳教材。

第三，社會即時新聞，尤其跟青少年有關事件，都是道德教育之教材。

或透過價值澄清活動，或安排戲劇進行，以利培養青少年某種特質（例如同理心）及提高青少年道德發展。

第四，在家庭中，父母可就生活事件及社會事件，進行隨機道德教育。此外，Okin 與 Reich（1999）建議父母採用以下方法：⑴父母分工與分享家中一切事務，不但可以降低子女出現控制他人、傷害他人、利用他人等行為，而且父母間體貼行為，可激發子女發展同理心；⑵改變家庭中性別不平等之結構；⑶讓年長手足照顧年幼手足，以協助年長手足發展同理心，學習關心他人。

㈡活動

以下活動，有些重視道德教育之情感因素，有些強調認知因素。教師使用任何方法時，須兼顧情感與認知兩因素。

1. 價值澄清法

個人表現道德行為之前，往往需要進行道德判斷，判斷需要有依據，而個人的價值觀便是依據之一。

價值澄清法可幫助個人反省生活、目標、情感、需求與過去經驗，並從歷程中建立自我價值觀（Curwin & Curwin, 1974）。個人有了自我價值觀，才能依據價值觀進行自由選擇（Omeonu & Matthews, 2005）。價值澄清法對青少年道德行為之正面影響，已有研究支持（Omeonu & Matthews, 2005）。

對青少年使用價值澄清法，不在於直接教導或傳遞青少年價值觀念，而是：⑴協助青少年形成自我價值觀，並依據價值觀進行道德判斷，進而實現道德行為；⑵教導他們價值形成之過程。

價值澄清法除了具有以上作用外，兼具以下功能（朱森楠，1984）：⑴改變個人價值觀；⑵增進解決問題能力；⑶增進溝通能力；⑷具有諮商作用；⑸增進設身處地能力；⑹增進表達意見能力；⑺促進決策能力；⑻增進言行一致程度。從以上描述中可知，價值澄清法可以協助青少年培養某些保護性因子。以下說明如何進行價值澄清法。

⑴價值系統之形成：價值系統形成之歷程，不同學者各有不同說法（例如Raths, Harmin, & Simons, 1966），不過內容大同小異，以下列舉兩種方式。第一，有些學者分為三個階段五個步驟（歐用生、林瑞欽合譯，1986），五

步驟如下：

步驟一「選擇」：價值之形成，必須透過個人自由選擇，而非強迫。例如私利與公利孰輕孰重，須由個人自由選擇，非由外在環境強迫接納。選擇過程涉及個人批判性思考（例如對私利與公利兩者進行批判）、下決定（進行選擇）與問題解決（解決選擇過程中引起之問題）。

步驟二「珍視」：透過個人理性批判與思考而選擇之價值，必須同時為個人所重視。前者是認知過程，後者是情意歷程。

步驟三「肯定」：樂意公開肯定自我價值，並且願意跟他人討論。

步驟四「行動」：在行動中表現自我價值，例如依據自我價值系統作選擇，並將選擇付諸實現。

步驟五「重複」：一再在行動中實踐自我價值系統。

第二，利用以下七件事來協助青少年澄清自我價值（歐用生、林瑞欽合譯，1986: 31-32）：

①鼓勵青少年選擇，並允許他們自由選擇。

②協助他們探討各種可能之選擇。

③提議他們仔細權衡每一個可能選擇，並反省每一選擇的可能後果，再進行抉擇。

④鼓勵青少年向內求，即探求自己珍視的、讚賞的是些什麼。

⑤提供青少年機會公開表示自我選擇。

⑥鼓勵青少年依據選擇採取行動。

⑦鼓勵青少年在生活中重複這些行動。

⑵價值澄清法之實施：Simon、Howe與Kirschenbaum（1978）建議，可以選擇日常生活中容易造成青少年價值混淆與價值衝突之問題，作為價值澄清之題材（歐滄和，1982）。

價值澄清法的活動型態分為三種：書寫活動、澄清式問題、討論活動。有關各類型之價值澄清活動，請參考朱森楠（1984），洪有義（1983），歐用生與林瑞欽合譯（1986），Simon、Leland與Howard（1972）等書。

2. 直接教導與良好典範

直接教導並給予增強與懲罰，或透過典範人物示範，是提高青少年道德發展之有效管道。

在直接教導方面，直接告訴青少年適當之道德行為及背後理由，可以協助青少年很快掌握社會之期待及適當之道德行為。採用直接教導時，須顧及理性之說明與感性之態度，並且配合使用增強與懲罰策略。

在良好典範方面，社會學習論強調「身教重於言教」，道德典範人物可發揮耳濡目染作用，促進青少年道德發展。

青少年之道德典範人物必須符合某些條件。第一，典範人物之道德水準必須高於青少年，除了成為青少年學習對象外，也可以透過互動打破青少年道德認知平衡，提高青少年道德發展。

第二，道德典範人物須具備某些人格特質。Walker（1999）研究發現：道德典範之人格特質，在「五因素人格模式」中，有兩種特質特別顯著，分別為：⑴令人愉悅（例如令人喜愛、對人關愛、仁慈、有思想、和平）；⑵有良心（例如忠實、有道德、值得尊敬、值得信賴、真實）。典範者具備上述人格特質，才能發揮影響作用。

父母師長跟青少年日夜相伴，都是青少年模仿學習之典範。父母師長應隨時自我反省，提高自我道德水準，才能發揮潛移默化作用。否則，守株待兔什麼都不做，卻期望「歹竹出好筍」，恐怕無助於青少年道德發展。

此外，青少年之同儕，也容易成為青少年學習之對象。教導青少年慎選朋友，也是提升青少年道德發展之管道。

3.敘述個人道德故事

「以敘述方式進行道德教育」，已開始受到重視。「敘述」是一種體系（scheme），敘述經驗時，是將一連串事件，組成可以被理解之意義架構。體系賦予經驗與行動意義，也提供了解個人過去事件與計畫未來行動之架構，透過「敘述」，人類之存在才得以產生意義（Polkinghorne, 1988）。

個人透過「敘述」，呈現他生活中之道德抉擇經驗，也從描述自我經驗中，「接納與擁有」（authorship）自我之道德抉擇。「接納與擁有」意指：一方面表達與承認自我道德觀點；另一方面，個人描述自我道德故事時，不斷從經驗中反省，並且為自己在道德經驗中之思想、感情與行為負責。從此過程中，學習道德行為與促進道德發展（Tappan & Brown, 1989）。

換言之，「以敘述方式進行道德教育」之關鍵在於：提供學生機會敘述自我道德故事（道德衝突與抉擇之情境），讓學生「接納與擁有」自我經驗；

藉著呈現道德經驗中之思想、情感與行為，來表達自我道德觀點及反省自我經驗（Tappan & Brown, 1989）。

Tappan 與 Brown（1989: 195）提供一些問題，用來協助學生敘述完整之故事，並且從敘述中，發揮表達道德行為與提升道德發展之功能：

⑴當時狀況是怎樣？（以確定描述詳盡之故事）

⑵在那種情況下，讓你感到衝突的是什麼？為什麼你會感到衝突？

⑶在思考要怎麼做時，你考慮到什麼？為什麼？你還考慮到其他哪些事？

⑷當時你想怎麼做？發生了什麼事？

⑸你覺得自己的決定是對的嗎？為什麼對或為什麼不對？

⑹在這樣的衝突中，你面臨哪些風險？別人又有哪些風險？一般來說，風險是什麼？

⑺你對這經驗的感覺如何？你對經驗中其他人的感覺如何？

⑻可不可以從其他角度觀看這個問題（除了你的角度外）？

⑼當你回想你剛剛描述之衝突情境，你覺得自己該從經驗中學到什麼？

⑽你認不認為你所面臨的是道德問題？為什麼是或為什麼不是？

⑾所謂「道德」對你的意義是什麼？對你來說，什麼樣的事是道德問題？

個人的道德經驗故事，除了用口述方式呈現，也可以用寫作、戲劇方式呈現。不過，教師必須評量不同方式之風險後，再採取最適當方式。

*4.*戲劇

故事被認為可以刺激青少年省思道德、提供青少年行為典範、挑戰青少年內在道德規範。戲劇是將故事行動化，以戲劇促進青少年道德發展，是從敘述性思考看道德發展，稱為「戲劇化敘述」（dramatic narratives）（Winston, 1999）。

戲劇增添了閱讀故事所沒有之感官刺激。在戲劇中，活生生之視覺影像，伴隨音效，在觀眾面前鋪陳開來，以強化敘述性之效果，帶起觀眾之情緒，包括喜怒哀樂、衝突與矛盾。此外，戲劇中之場景，可以在不同時間、空間中轉換，將過去、現在與未來串連，呈現行為之歷程，背後之動機與結果，讓複雜之道德問題更易為觀眾了解與記憶，遑論演出者之體驗（Winston, 1999）。因此，戲劇可作為教導青少年道德之工具，或是刺激青少年道德發展（Bouchard, 2002），培養青少年同理心，提升青少年情緒智力（Verducci,

2000）、法律常識，培養抗拒誘惑與滿足後延能力。

戲劇之進行有不同方式，有一點值得嘗試的是：同一演出者在同一齣戲中，輪流扮演戲中不同角色，以體驗不同觀點與情緒。

青少年道德發展所需要之角色取替能力、同理心、同情心、利社會行為、對自我與他人之關愛、權利與責任感、抗拒誘惑能力、滿足後延能力，甚至打破青少年道德認知平衡，都可以透過戲劇經驗來獲得。

5.道德兩難情境與同儕互動

對 Kohlberg 來說，親子互動與同儕互動，都是個人道德社會化之重要管道，不過，Kohlberg 特別強調同儕互動。這是因為在同儕互動中，個人較能體驗到平等、合作與一致感（Taylor & Waler, 1997）。

有助於青少年道德發展之同儕互動，是指在兩難情境中，透過團體討論或辯論達成協議之歷程。Taylor 與 Waler（1997）曾歸結相關研究指出：團體討論兩難問題時，如果成員中有道德水準更高之推理者，便可以刺激其他成員之道德發展。他們的研究進一步發現：具有影響力之同儕，不但擁有較高之道德推理水準，而且擁有較高之同儕信任度（credibility）。

換句話說，透過道德兩難情境提升青少年道德發展，須有幾個要件：⑴透過團體討論或辯論，解決道德兩難問題；⑵在團體中，要有道德發展水準比其他成員高者；⑶該成員必須為其他成員所信任。

6.深思熟慮思考模式之訓練

López 與 López（1998）研究顯示：提高青少年深思熟慮能力，可以改善青少年的道德發展。這是因為深思熟慮具有角色取替與內在對話之功能。

深思熟慮性（reflectivity）是一種認知型態，與衝動性（impulsivity）相對。深思熟慮者之特性是：在採取行動反應之前，會花些時間深思問題，分析目前的資訊，不會立即採取行動。López 與 Lópe（1998）綜合一些學者之研究（例如 Sheldon & Kenneth, 1982）發現：深思熟慮者在注意力、學業成就、動作之抑制與控制、認知發展與心理能力、後設認知能力、閱讀效率、問題解決、自我控制、道德行為與道德判斷等方面，優於衝動者。

以下整理修改 López 與 López（1998）之訓練過程與使用之技術：

階段一：教師透過語言直接示範解題之步驟與使用之認知策略（例如小心謹慎解題與修改問題），並讓學生將教師視為學習典範。在此階段可以配合「自我教導訓練」（self-instructions）。

「自我教導訓練」其步驟如下：(1)成人典範在解決問題時，大聲告訴自己如何解決問題；(2)學生在典範教導下，做同樣的事；(3)在沒有典範之下，學生大聲告訴自己如何解決問題；(4)學生用耳語的方式告訴自己如何解決問題；(5)學生透過內在聲音告訴自己如何解決問題。

「自我教導訓練」是訓練學生使用「自我內言或私自話語」教導自己解決問題。當學生面對道德衝突問題時，也可以使用「自我內言」教導自己解決道德問題。

階段二：教師提供練習題目，並且監控學生每一次練習之時間，使學生不至於快速解答而錯誤百出。

此階段可以配合使用「強迫延遲」（forced delay）與「解決問題訓練」。「強迫延遲」是指學生回答問題之前，強迫學生至少花一段時間思考。「解決問題訓練」是指教導學生面對問題時，想出所有可能之解決方法、思考每一方法的優缺點、思考每個方法達到目標之可能性與冒險性。透過以上歷程，加深學生對每個問題之思考。

如果學生解題之前，能夠增加時間思考及降低錯誤率，便給予社會性讚美與建設性批評。此外，進行時，教師記下學生的分數、缺失或其他重要細節，作為糾正與補強之參考

階段三：鼓勵學生將深思熟慮策略使用於課業與日常生活中，並持續提供學生增強與鼓勵。

本章摘要

第一節　道德發展理論

1. Piaget 道德發展理論將道德發展分為無律期、他律期與自律期。他律期者服從權威、死守規則、採客觀責任、信任武斷懲罰及絕對論之道德觀。自律者彈性運用規則、採主觀責任、注意行為背後動機、講究公平互惠平等原則。
2. Kohlberg道德發展論之核心是「公平正義」，將道德發展分為三期六階段：道德成規前期（避罰服從導向、相對功利導向）、道德成規期（尋求認可

導向、服從法規導向）、道德成規後期（社群合約導向、普遍性倫理原則導向）。

3. 依據認知道德發展論，認知發展是道德發展之基礎，而社會知覺（角色取替能力）是認知發展與道德發展之中介變項。
4. Gilligan 認為，男性道德發展強調公平正義，而女性強調關係與關愛。因為重點不同，因此男女道德發展之歷程不同。
5. Gilligan 將女性道德發展分為三階段：個人生存取向、自我犧牲是善行、沒有暴力之道德。

第二節　影響青少年道德發展之因素

1. 影響青少年道德發展之因素包括家庭、學校、社會及個人。
2. 有助於青少年道德發展之家庭因素包括：(1)父母道德水準；(2)關愛與支持之管教方式；(3)以高一層次之道德推理挑戰青少年；(4)鼓勵青少年採用別人觀點；(5)蘇格拉底式對話；(6)提供兩難情境；(7)理性之說明與感性之同理；(8)父母婚姻美滿；(9)父母自我功能良好。
3. 有助於青少年道德發展之學校因素包括：(1)兼顧道德知識與道德行為之道德教育；(2)合宜之校規及以公平、公正、互惠態度執行校規；(3)教師之身教；(4)以高一層級道德推理激發青少年、提供青少年兩難情境、對違規青少年提供理性說明及感性之同理；(5)結交良好同儕；(6)善用輔導與諮商。
4. 有助於青少年道德發展之社會因素包括：(1)媒體透過各種管道宣導道德知識及提供良好道德典範；(2)公平嚴明之司法及執法單位，以緩和社會案件之不良示範。
5. 有助於青少年道德發展之個人因素包括：良好之認知發展、結交良好同儕、健全之自我功能、利社會行為、具備重要因應技能（觀點取替、抗拒誘惑、問題解決、同理心等技能）。

第三節　青少年道德發展與輔導

1. 促使青少年道德發展之要素，包括：同理心、同情心、利社會行為、關愛自我與他人、了解權利與責任、角色取替能力，打破青少年的道德認知平衡、挑戰與反映青少年推理的不適當、提供青少年高一層次之推理經驗等。
2. 道德行為之實踐歷程有不同階段，每個歷程階段涉及不同之內涵及技能。從不同歷程階段之特徵，可診斷出青少年道德行為受阻之階段及所欠缺之技能。

3. 促進青少年道德發展與落實道德行為之方法分為教材與活動兩方面。教材方面，可從家庭、學校或社會事件就地取材。活動方面包括價值澄清法、直接教導、良好典範、敘述個人道德故事、戲劇、道德兩難情境、同儕互動、深思熟慮思考模式訓練等。
4. 促進青少年道德發展，涉及培養某些保護性因子，例如同理心、抗拒誘惑、問題解決、決策、滿足後延、情緒調適、計畫及執行計畫、評估等能力。

第十一章

青少年社會關係發展與輔導

H. S. Sullivan 認為人從出生，人格透過跟父母師長、手足與同儕所建立之關係而形成。關係的建立主要在滿足五種社會需求：溫柔（tenderness）、陪伴（companionship）、接納（acceptance）、親密（intimacy）、性（sexuality）（Buhrmester & Furman, 1986）。

這五種需求隨著不同發展階段，而逐步出現。在嬰兒時期（出生至兩歲），只有溫柔需求；在幼童時期（二歲至六歲），除了溫柔需求外，另加陪伴需求。在青少年早期，五種需求齊聚。滿足社會需求的關係，由親子關係，轉至同儕及異性關係（Buhrmester & Furman, 1986）。青少年時期同儕及異性關係之重要，由此可見。

青少年期五種需求之滿足，雖然以同儕及異性關係為主，但是青少年之同儕及異性關係之品質，受到親子關係之影響。再者，除了性需求外，其他四種需求之滿足，親子關係仍是重要來源之一。

兒童時期的親子關係以保護、教養兒童為主，青少年則透過「分離—個體化」歷程，卸下依賴角色，成為獨立自主之個體。青少年掙扎於依賴與獨立交織之歷程中，親子關係也歷經某種轉化。

青少年之異性關係有兩種：異性友誼關係（cross-sex friendships）及情愛關係（romantic relationships）。本章焦點放在青少年之情愛關係。青少年之情愛關係為青少年期新加入之社會關係，對青少年之發展有其重要價值。

第一節 青少年之親子關係

1. 青少年期什麼原因造成親子關係轉變？親子關係轉變之目的何在？
2. 青少年期親子關係轉變之內涵為何？
3. 影響青少年期親子關係品質之因素為何？

小帆帶著一臉愉快的表情進入家門，巧遇剛從外地出差回來的爸爸。爸爸看到小帆衣著暴露，眉頭皺了起來，然後要求小帆注意穿著。小帆聽到父親的話，不以為然地回應：

小帆：「爸！這未免管太多了，我想怎麼穿是我的權利！」

爸爸：「可是妳的安全是我的責任，難道父母不應該保護子女！」

小帆：「我的穿著跟安全有何關係，街上的女孩不都這樣穿！」

爸爸：「別人的女兒我管不著，妳是我的女兒，我有權管（口氣開始強硬）！」

小帆：「我這樣穿哪會不安全，這是最新流行的穿著，難道『流行』就等於『危險』（愈說愈不耐煩，轉身衝入自己的房間）！」

爸爸：「（眼看著女兒不理睬，火氣大了起來）我不管流不流行，我只知道妳這樣穿很危險！」

一、青少年親子關係轉變之原因

在青少年期，親子關係是否產生變化？造成親子關係變化之因素又為何？在 Collins 與 Laursen（2004）「青少年親子關係模式」中，一些因素造成親子關係變化，包括：青少年生理成熟、認知發展、適應新要求、社會期待及父母所處情境之變化。

1. 青少年生理成熟：青少年由於荷爾蒙變化帶來生理成熟與體型改變，這種轉變讓青少年對父母有了新期待，而帶動親子關係之變化。

2. 青少年認知發展：青少年具邏輯思考、推理、自我反省、科學化問題解決等能力，因此不再將父母視為真理之代言人，而是會犯錯之平凡人，因此要求父母平衡雙方權力，在某方面由青少年自行作主。

3. 青少年適應新要求：青少年須逐步承擔成人角色，對未來自我發展負責，例如決定生涯方向、落實理想、獨當一面。因此，期待能脫離依賴角色，成為獨立自主之個體。

4. 社會期待：社會期待青少年獨立自主，負起社會責任，善盡公民義務。

由於以上四種因素影響，青少年開始要求父母尊重個人權利、提供自由選擇機會，使得親子衝突提升。

5. 父母所處情境之變化：子女成為青少年時，父母開始步入中年，並且面臨一些轉變，包括生涯、生活目標、對未來之希望逐漸消退等。這些轉變提高親子關係之困難度（Collins & Laursen, 2004; Silverberg & Steinberg, 1990），因此青少年與父母須重新調整彼此之關係。

以上因素讓親子衝突提高，親密度降低。親子衝突未必只有負面影響，中度衝突具有發展適應上之功能（Cooper, 1988）。同時，不管青少年親子關係之內容及型態如何改變，親子間持續及持久之關係本質仍受到保存，尤其在青少年後期及成年期，親子間之親密度會再度提升（Collins & Laursen, 2004）。

總而言之，青少年時期是親子關係重新調整之歷程。青少年期之前，親子關係型態為子女依賴、父母主控。當兒童逐漸成為青少年時，會談、協商、共同決定之方式取代了原先之親子關係型態（Collins & Laursen, 2004; Maccoby, 1984）。因此，青少年期親子關係之改變，帶來了親子間權力平衡、平等、互惠雙向溝通之互動模式。

二、青少年親子關係轉變之內涵

青少年期親子關係在哪些方面出現變化？第一，青少年跟家人相處時間。青少年跟家人相處時間隨著年齡增長而逐漸降低，從 35%降至 14%（Larson & Richards, 1991; Larson, Richards, Moneta, Holmbeck, & Duckett, 1996）。不過，跟父或母單獨相處時間，維持某種穩定狀態（Larson et al., 1996）。

青少年跟家人相處時間減少，不是因為跟家人衝突所致。在青少年早期是因為在家中獨處時間增多，青少年早期之後，是受到家庭外活動之吸引（Larson et al., 1996）。

第二，親子衝突之經常性。青少年親子衝突在不同階段有不同變化，從早期，經中期至晚期呈直線下降（Collins & Laursen, 2004; Laursen, Coy, & Collins, 1998）。在青少年早期，親子衝突提高（Smetana, 1989），但在之後逐漸下降。

親子衝突是否常發生，研究上並不一致。有研究認為親子衝突不常發生（Laursen et al., 1998），但是另有研究顯示，親子衝突相當常見（Smetana & Gaines, 1999），甚至在每天生活小事上（例如做家事、跟他人相處、管理活動、人際關係、外表、家庭作業），親子衝突幾乎天天上演（Smetana, 1989）。造成研究結果之差異，Steinberg（2001）認為是因為對衝突之定義及蒐集資料之對象不同所致。

Steinberg（2001）研究進一步發現，跟其他發展時期比較，父母認為孩子在青少年期最難相處。親子間每天為一些世俗小事起衝突，雖然青少年不以為然，但日積月累後卻成為父母頭痛之來源。處於某些狀況下之父母，經歷更多之困擾，包括：⑴青少年正經歷「分離一個體化」歷程；⑵青少年跟父母同性別；⑶父母投注較少心力在工作與婚姻上；⑷離婚之父母。

或許可以說，在生活小事上，青少年跟父母容易有不同意見，因此常起衝突。但是在其他方面，青少年跟父母意見較一致。此外，其他因素（例如父母管教方式）對親子衝突具有緩和或強化作用，因此造成不同青少年之親子關係有不同狀況。

第三，青少年衝突之對象。青少年階段親子關係衝突提高，並且高於青少年其他社會關係，其中跟母親衝突最多。這是因為青少年跟母親之關係較接近與相互依賴（Laursen & Collins, 1994），尤其生活細節，都是母親管教範圍內。

第四，親子衝突強烈度方面。衝突強度在青少年早期比兒童期更強（Smetana & Gaines, 1999），青少年中期比早期更強（Laursen et al., 1998），在晚期隨著衝突次數下降而逐漸緩和。

親子間負面情緒表達，也有類似趨勢。從青少年早期逐漸升高至中期，從中期到晚期便逐漸下降。尤其青少年晚期，青少年對父母之正面情緒逐漸提高（Laursen et al., 1998; Larson et al., 1996），使得親子關係在青少年晚期獲得改善（Youniss, 1980）。

第五，青少年親子衝突之原因。父母跟青少年對於父母權力及於哪些項目，或哪些事項為青少年權利範圍，通常有不同意見（Smetana, 1988）。衝突通常發生於課業、違規、交友、不服從父母要求（例如家務）等方面（Smetana, 1989）。

此外，青少年跟父母對社會習俗（social conventions）有不同詮釋。父母認為某些問題是對錯問題，青少年卻認為是個人選擇問題，與對錯無關。

第六，親子衝突之處理。親子衝突的解決方法通常不是相互妥協，而是青少年屈服或疏離（disengagement）（Laursen, 1993）。不過，青少年屈服次數隨著年紀增長而降低（Smetana & Gaines, 1999）。親子衝突次數、衝突強度及青少年屈服次數，跟父母管教方式及社經背景有關；衝突次數及共同解決衝突跟父母教育程度有關（Smetana & Gaines, 1999）。

青少年早期之所以趨近同儕遠離父母，是因為同儕關係比親子較能滿足某些自我需求（Fuligni & Eccles, 1993）。不過，這種暫時性衝突與疏離之型態，在青少年晚期獲得改善。青少年與父母之關係，不斷透過協商與自我調適，在青少年晚期形成互惠、雙向之關係型態（Larson et al., 1996; Youniss, 1980）。

茲將青少年期親子關係變化之狀況圖示如圖 11-1。

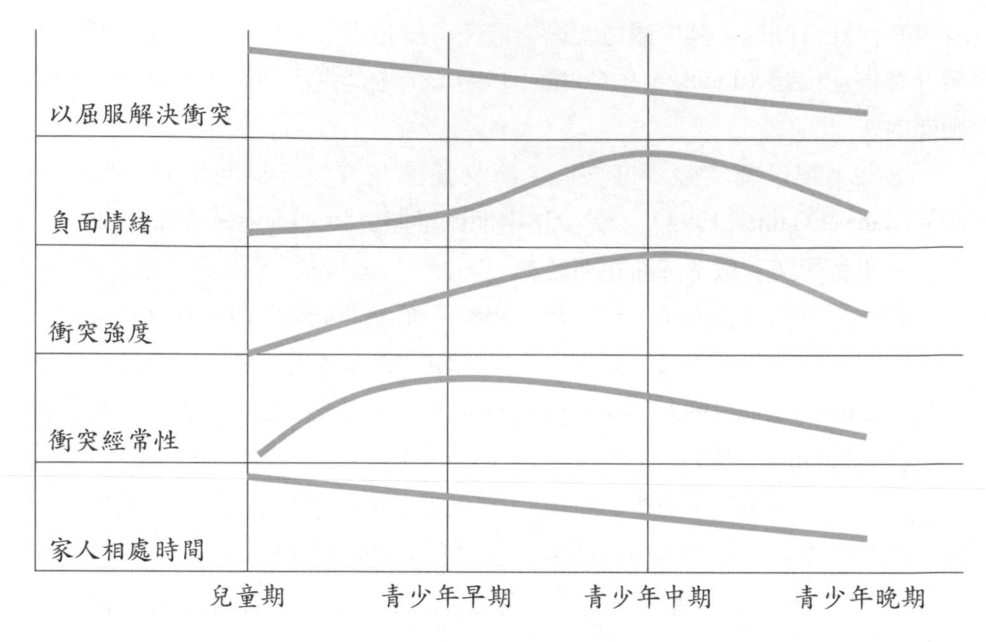

圖 11-1：青少年期親子關係之變化

三、影響青少年親子關係品質之因素

並不是每位青少年與其家庭，都經歷類似之親子衝突。有些家庭之親子關係未有明顯變化。家庭及青少年本人因素，會影響青少年期親子關係品質。

㈠家庭方面

第一，家庭功能。因為青少年子女而經歷嚴重困難問題之家庭，通常之前已是功能不彰之家庭，這類家庭約占 20%（轉載自 Collins & Madsen, 2003）。成長於功能不彰家庭之青少年，發展受到扭曲，沒有足夠自我力量與資源面對壓力，這些發展障礙造成之結果，會反映至青少年期親子關係上。

第二，在父母管教方式。青少年要求父母尊重個人選擇權利，以平等互惠關係對待，提供鼓勵支持與信任，這種要求正是民主管教方式之特質。

民主管教方式包括三要素：溫暖、穩固（firmness）與允許心理自律（psychological autonomy granting）。「穩固」可以抗拒行為問題發生（例如濫用藥物、犯罪）；「允許心理自律」是抗拒憂鬱及其他內向性問題之保護性因子（Steinberg, 2001）；「溫暖」提供情緒支持，提高抗壓能力。

因此，民主管教方式能滿足青少年需求，促進青少年心理發展，親子間因民主管教方式而拉近距離。

相反地，非民主管教方式，剝奪青少年心理需求之滿足，青少年感受到之挫折，會直接反映到親子關係上。

第三，父母參與子女活動。父母在孩子青少年期前多方關心及參與子女的活動，這種親子關係培養的力量，能抵擋子女青少年期轉變對親子關係造成之波動，這種力量對少女尤其重要（Flouri & Buchanan, 2002）。

㈡青少年方面

第一，青少年行為問題。青少年行為問題會直接影響親子關係（Flouri & Buchanan，2002）。兒童期已出現行為問題之青少年，在青少年期問題行為可能惡化，而引發或強化親子衝突。

第二，依賴與獨立關係之平衡。青少年親子關係之轉變，涉及青少年「一體化」與「個體化」衝突力量之平衡。能夠平衡兩種力量之青少年，才能跟父母維持良好關係。反之，則不利親子關係。

第三，青少年之學業動機或學業成就（Flouri & Buchanan, 2002）。國內父母尤其重視孩子學業成就，對於學業出色之青少年，總是多方包容；相反地，學業不佳之青少年，因為達不到父母期望，常受父母責難，而造成親子關係疏遠或衝突。

第四，青少年認知發展。認知發展愈成熟之青少年，心智能力愈精緻，反省、推理及後設認知能力愈佳，因此愈能處理親子關係之轉變。

第五，青少年之同儕關係。有良好友誼關係及跟最好朋友少有衝突之青少年，對父母有強烈之依附（Lieberman, Doyle, & Markewicz, 1999）。可能原因是，良好友誼緩和了親子間衝突，或同儕跟其父母相處方式，容易成為其他青少年模仿之典範，或是友誼關係跟親子關係原本就有關聯。

第六，青少年親子依附。成長於家庭情緒健康之青少年，較願意尋求父母之支持與指導（Hill, 1987），這類青少年通常具有安全型親子依附關係。安全型依附之青少年願意對父母表達需要，而增進親子關係。即使親子關係受到衝擊，因為安全型依附之青少年擁有較佳之情緒調適技能、對父母信任、對自己有信心，因此較願意跟父母溝通協調，而順利解決雙方歧見。

第七，青少年跟一方父母之關係，會影響跟另一方父母之關係。Flouri 與 Buchanan（2002）研究發現，青少年跟父親之關係，會影響他跟母親之關係，反之亦然。這似乎反映出，同時跟父母親維持良好關係之青少年，才有良好之親子關係。

第二節 青少年親子關係與輔導

問題與討論

> 父母及青少年如何因應青少年期親子關係之改變？

從以上影響青少年親子關係之因素，可以推估青少年親子關係之輔導重點。

第一，調整父母管教方式。如果父母向來以民主方式管教子女，青少年期之親子關係，將不會受到重大衝擊。如果父母以權威、放縱、忽視方式管教子女，便須調整以配合青少年發展需求。

一些研究顯示：以民主、溫暖、接納方式對待青少年自律之心理需求，對青少年發展幫助最大（Steinberg, 2001）。

第二，父母平日建立支持性之親子關係。親子關係惡化，往往因為日積月累的親子衝突中，雙方相互指責或父母強迫青少年屈服所導致。

如果父母平日以支持性態度，對待持不同意見之青少年，即使親子出現衝突，青少年仍願意跟父母協商，處理衝突，並從中磨練推理能力、試驗新想法，表達發展中的自我感，包括自我勝任感、自我肯定與自律能力（Liddle, Rowe, Diamond, Sessa, Schmidt, & Ettinger, 2000）。

因此，支持性之親子關係，能夠緩和親子衝突，激起青少年溝通之意願，以及學習重要技能。

第三，協調青少年與父母之期望。青少年早期，是親子協商青少年自律問題之關鍵期（Steinberg, 2001）。父母須跟青少年討論雙方期望及權力範圍，並取得共識。父母除了一旁觀察及輔導青少年運用自律能力管理生活外，更須依據需要，適時調整雙方期望。

第四，協助青少年建立良好同儕關係。同儕關係與親子關係相互影響（Dekovic & Meeus, 1997; Lieberman et al., 1999）。兩種關係都良好之青少年，擁有最佳之適應（Laible & Thompson, 2000）。因此，父母必須協助青少年選擇良好同儕及跟同儕建立良好關係。

第五，善用協助資源。社會上有一些機構，提供親子教育或親子輔導。父母及青少年應學會善用這些資源。

第六，師長提供青少年情緒支持。青少年面對問題時，具有相當復原能力，如果能有關愛之成人提供支持，便可以協助他們順利發展（Steinberg, 2001），修護親子關係。

第七，青少年之自我了解。青少年有責任了解自我發展特徵及需求，以及這些特徵及需求如何影響親子關係。有了這份覺察，青少年才願意為自己的成長負責，並且在親子意見不一致時，比較能心平氣和地跟父母協商。

第三節　青少年之同儕關係

1. 同儕關係、同儕團體與友誼關係之差別為何？
2. 兒童期與青少年期之同儕關係有何差異？
3. 同儕對青少年有何正面及負面影響？
4. 同儕團體透過哪些機制影響青少年行為？
5. 青少年在同儕團體中有哪些可能的位置？
6. 青少年在同儕團體中可能面臨哪些問題？
7. 影響青少年擇友之因素有哪些？
8. 影響青少年友誼關係之因素有哪些？

青少年的同儕（peer），讓父母師長既愛且恨。同儕對青少年發展，有不可抹滅之貢獻，但也可能染黑了青少年的黃金歲月。

王枝燦（2001）研究發現：同儕對青少年偏差行為之影響，高於家庭、學校、個人信念。青少年之所以重同儕而輕家庭與學校，除了是發展特色外，也由於其他因素之推波助瀾。

一、青少年之同儕關係、同儕團體與友誼關係

跟青少年年齡相近的人稱為「同儕」，同儕可能是青少年的同學、朋友或同伴。青少年跟這些人成為「同儕關係」（peer relations）。同儕關係的建立，透過不同管道，例如網路、學校、他人介紹、機緣巧遇等。具有同儕關係者，不一定組合成同儕團體，或形成友誼關係。因為同儕團體或友誼關係的形成，必須符合某些條件。

「友誼關係」是同儕關係之一種，但不等同於同儕關係。友誼關係的形成，是因為彼此有較多接觸與了解，在某方面相互吸引與契合，於是成為親密度較高，能夠坦誠表露之朋友。不過，友誼關係之深淺，會因友誼階段、對象而異。換言之，友誼關係比同儕關係更進一步。

「同儕團體」即年齡、興趣、地位、權力相近之成員，自由組成之朋友團體。團體具有共同目標，成員須遵守一定規範，成員間有親密度、忠誠感、安全感，並滿足其隸屬需求（許雅嵐，2002）。

不同之同儕團體，具有之特質不同，例如飆車族青少年團體因為飆車行為而結合；為因應大學聯考而組成之讀書團體。

在一個同儕團體中，因為成員間在某些方面之異同，而呈現不同之同儕關係與友誼關係。例如在同一班級中（同儕團體），同學關係是同儕關係，但在同儕關係中，談得來的幾個人，親密度與自我坦露程度較高，而成為友誼關係。友誼關係可以存在於同儕團體中，也可以在同儕團體之外。三者之關係如圖 11-2 所示。

圖 11-2：同儕關係、同儕團體及友誼關係三者之關係

二、同儕對青少年發展之影響

有知己好友之支持與協助，會讓生命不孤單，在面對挫折與挑戰時，多了份安全感。正處於生命過渡階段之青少年，友誼之滋潤與提攜，具有雪中送炭之功。不過，同儕對青少年不全然只是正面功能。以下說明同儕對青少年發展之影響。

㈠消除寂寞感、抒解情緒、滿足歸屬感

在同儕那兒，青少年的憤怒得到同仇敵慨之共鳴，悲傷得到感同身受之安慰，煩惱得到關心與陪伴，也滿足了被讚美、被肯定之需求，以及獲得安頓身心之歸屬感。

㈡提供青少年資訊與協助解決問題

青少年有了問題，因為怕父母師長責備或譏笑，通常不願意求助他們，轉而請同儕支援。年紀相仿之同儕，血氣方剛，樂於兩肋插刀。

成績不好之青少年，如果與成績優異之同儕為伍，在同儕的協助下，學業往往獲得改善。

(三)提供青少年薰陶、學習與模仿

青少年跟同儕間，因為薰陶、學習與模仿，而有相近之價值觀、信念、行為反應及技能。研究顯示：青少年跟喜歡學校或在校表現良好之同儕為友，學業問題較少（Crosone, Cavamagh, & Elder, 2003）。這是因為青少年受到良好同儕之薰陶而喜歡唸書、學到有效之讀書技巧、獲得學業上之協助等。

當青少年從學業上獲得到成就感與價值感時，便不需要以其他不良行為滿足這些需求。因此，青少年用功型同儕愈多，行為偏差之可能性愈低（張麗鵑，2003）。人際互動、溝通、問題解決等技巧及其他方面，都可能因同儕間之學習與模仿而習得。

相反地，如果青少年與不良同儕為伍，便容易有違法亂紀之行為。一些研究顯示：青少年愈多好奇型、尋求刺激型、或偏差行為型同儕，出現偏差行為的可能性愈高（張麗鵑，2003）；青少年若有朋友自殺，其自殺意念與自殺企圖的可能性會提高（Bearman & Moody, 2004）；吸菸與喝酒同儕對青少年之影響，大於有同樣行為之父母（Bjorkqvist, Batman, & Aman-Back, 2004），甚至大於媒體（張麗鵑，2003）。

「近朱則赤，近墨者黑」，高危險群同儕團體之可怕，在於有力量啟動青少年的危險性行為（Brown & Klute, 2003）。青少年對同儕之選擇，不可不慎。

(四)協助青少年了解自己與他人

青少年跟同儕交換意見、衝突與和解，以及同儕對青少年之回饋，都可以擴展青少年對自我與他人之了解。因此，同儕有如青少年的一面鏡子，是青少年自我認定發展過程中，不可或缺之助力。

(五)緩和青少年與家庭、學校間之衝突

良好同儕具有緩衝與潤滑作用，可以降低青少年跟家庭學校間之衝突，甚至化危機為轉機。

當青少年跟家庭學校格格不入之際，同儕之自我表露、情緒支持，以自己經驗為青少年借鏡，都可以緩和青少年的情緒與壓力，開拓青少年思考角度，從正面意義看待家庭學校，協助青少年放下主觀之執著。

一些研究指出，社會支持（例如同儕支持）與青少年幸福感有關，並且可以緩和不尋常壓力帶來之影響（黃俊豪、連庭嘉合譯，2004）。

相反地，同儕助威吶喊之激烈挑撥，會強化青少年跟家庭學校之衝突。

㈥影響青少年之親密關係

異性交往與親密關係之建立，是青少年發展任務之一，而同儕對青少年此方面之發展，占有不可忽視之地位。

研究顯示：影響高中職學生婚前性行為及態度的最關鍵因素，是同儕間對「性」之討論（魏慧美，1998）；好朋友的正向支持愈多，以及負向互動愈少，少女愈可能有約會行為（Kuttler, 2001）；國中同儕間，分享討論性行為之頻率愈高，以及受到同儕性話題影響愈大者，在整體性態度、性別角色、性愛與婚姻、異性交往態度方面愈負向（陳怡娟，2004）。

如果說，青少年異性交往與親密關係發展，同儕影響大於父母，一點也不為過。

㈦影響青少年身心健康

同儕影響，也涉及青少年的身心健康。在正面影響方面，國中生同儕關係與其自我概念有關（林世欣，2000；陳怡君，2004）；同儕情緒支持跟健康生活型態有關（羅沁芳，2003）；中輟復學生被同儕接納程度愈高，則自我效能感愈高，自我效能感與被同儕接納程度愈高，再中輟之傾向愈低（曾淑貞，2004）。

在負面影響方面，例如同儕關係跟青少年的飲食異常、低身體自尊感有關（Henderson, 2001; Lieberman, 2001）。少女的犯罪行為，跟同儕施加壓力有關（Pleydon & Schner, 2001）。此外，青少年自傷、自殺行為通常具有傳染性，尤其是同儕間之仿效。

㈧協助青少年成為獨立個體

父母師長雖然鼓勵青少年獨立，不過，卻希望青少年遵照父母師長期望，讓青少年無法跳脫父母師長之影響。

青少年在「分離—個體化」過程中，需要有支持力量，同儕朋友便是其一。在同儕的鼓勵與呼應下，可提高青少年突破家庭影響之勇氣，以追尋真正自我，成為獨立個體。

三、青少年之同儕關係

當兒童進入青少年期，因為新關係與新的互動層次加入，使得同儕系統複雜化（Brown & Klute, 2003）。兒童的同儕系統，可能包括同學、手足、鄰居，而青少年的同儕系統，除了原先兒童階段之同儕系統外，系統之範圍更廣（可跨越區域界限）、層次可能更複雜（例如親密關係與性關係在該階段加入），因此同儕關係之形成，也跟兒童階段大不相同。

Brown（2004）認為青少年之同儕團體至少有三個層次之同儕互動，每一層次都不斷經歷變動，而層次與層次間會相互影響。層次一為「兩人層次」（dyadic level），以個人間友誼為主；層次二為「死黨」（cliques），由一小組人數組成；層次三為「群夥」（crowds），此層次在青少年時期才出現，人數比死黨多，群夥中的成員彼此不一定熟識。

從兒童與青少年同儕關係之差異，可以更清楚顯現青少年同儕關係之特色。以下綜合一些學者之觀點（例如張欣戊、徐嘉君、程小危、雷庚玲、郭靜晃，2001；黃德祥，2000；Berndt & Perry, 1990; Brown, 2004; Brown & Klute, 2003; Douvan & Adelson, 1966; Ennett, Bauman, & Koch, 1994; Erwin, 1993; Papalia & Olds, 1992; Sharabany, Gershoni, & Hofman, 1981），以及當前青少年特色，將兒童與青少年同儕關係之差異說明如表 11-1。

Brown（2004）綜合一些研究認為，青少年可能改變所參加之死黨或群夥團體，不過新參加的死黨或群夥團體跟原先團體在某方面可能類似。這是因為他們所交往之對象，大多跟自己在某方面類似。同時，青少年在同儕團體中的地位，似乎具有某種穩定性。

四、青少年之同儕團體

青少年的同儕團體是指三個人或三個人以上所組成之團體。Brown 與 Klute（2003）認為，評量同儕對青少年之影響，必須達到廣泛性，注意青少

表 11-1：兒童與青少年同儕關係之差異

時　期	特　　　色
交友範圍	
兒　童	以同學、鄰居為主。
青少年	由於活動力強，網路交友盛行，交友範圍不再受地緣限制。
友誼關係	
兒　童	兒童的友誼以活動為主，當興趣改變或不再有機會靠近後，友誼便中斷。友誼穩定性低，重要性低。
青少年	1. 由於認知發展與關係處理技巧之增進，較能表達自我想法、情緒、設身處地，因此友誼關係更穩定。 2. 平等、互惠之關係。友誼中有情感、信任與忠誠連結，因此穩定性較高。 3. 跟兒童期相較，友誼在親密性、支持性、分享性方面較高，在競爭性方面較低。 4. 少女友誼關係在親密度、信任度及忠誠度方面高於少男；少女友誼在親密度方面發展快於少男。 5. 親密友誼中之坦誠、自發性、理解、敏感、依附、排他性、給予、分享等，隨年齡而提高。
同儕團體層次	
兒　童	1. 同儕團體以兩人組成之「小組」（dyads），或一小群人（約三至十人，大部分是五人）組成之「死黨」（cliqus）為主。 2. 團體活動以「一起做某件事」進行互動；成員地位建立在「互動」上。 3.「死黨」成員在某方面類似，但流動性大。
青少年	1. 可隸屬幾個「死黨」，彼此可重疊，不過，「死黨」比兒童期之「死黨」組織更複雜。 2. 具有比「死黨」更高階層之「群夥」（crowds or sets）。「群夥」人數比「死黨」多。 3. 群夥成員具有類似之形象認定，這是凸顯群夥團體之特徵（例如團體之標誌）；具刻板化之常規；成員地位以「名聲」依據。 4. 對同儕團體之認同及順從提高。

（接下頁）

（續上頁）

同儕關係內涵	
兒　童	以同性友誼關係為主。
青少年	除了同性友誼關係外，還加入愛人間之親密關係與性關係。
同儕相處時間	
兒　童	大部分時間跟家人相處。
青少年	跟同儕相處時間多於家人相處時間。
同儕影響程度	
兒　童	家人影響大於同儕。
青少年	同儕影響大於家人。
父母監控程度	
兒　童	比青少年高。
青少年	比兒童低。
團體性質	
兒　童	忠誠度、信任度、親密度與歸屬感比青少年同儕團體低。
青少年	忠誠度、信任度、親密度與歸屬感比兒童同儕團體高。
情感滿足來源	
兒　童	依賴父母之讚美、關愛與支持。父母是兒童自我坦露之對象。
青少年	依賴同儕之讚美、關愛與支持。同儕是青少年自我坦露之對象。

年同儕團體多層次、蜂巢層次之關係結構，而不僅是知己好友的影響。

青少年面對知己好友之影響時，有某種程度之掌控。可是，當面對團體中一群人之壓力時，掌控空間便縮小。因此，同儕團體對青少年之影響不可忽視。

㈠同儕團體改變青少年行為之機制

青少年的同儕團體，透過某些管道改變青少年行為。這些管道，即所謂之機制（mechanisms），包括：常規（normative regulation）、典範（modeling）、結構性機會（structuring opportunities）（Brown & Theobald, 1999，轉

載自 Brown & Klute, 2003）、同儕壓力、團體中公平與互惠待遇、團體滿足青少年需求之程度。

1. 常規

同儕團體通常有一些常規，這是團體對成員之期望。這些常規以正式或非正式方式傳遞。想被團體接納之青少年，必須修正行為，符合團體常規。

2. 典範

團體領袖或是受崇拜之團體成員，通常是該團體之典範，成為其他成員模仿之對象。

3. 結構性機會

團體特質，或團體刻意安排，讓成員接觸某種經驗，以引起成員行為上之改變。

例如單一性別團體與性別混合團體，對成員親密行為之塑造，便有不同效果；團體刻意安排讓某種議題凸顯，以引發成員某種情緒與行為反應。

4. 同儕壓力

要想留在團體中之成員，就須服從團體常規，或服從大家共同之決議。「少數服從多數」，標新立異之少數，會遭受到大多數團體成員之排擠、唾棄、譏笑，甚至懲處。

5. 團體中公平與互惠待遇

青少年重視「義氣」與「公平」，對於不公平、不講義氣之事常義憤填膺。一個團體愈能公平對待成員，有利共享、有難同當、平等以待，愈能獲得成員之認同及服從。

6. 團體滿足青少年需求之程度

團體愈能滿足青少年需求，便愈有能力改造青少年行為。從交換理論的觀點來看，當青少年的投資報酬率愈高，對團體之認同度便愈強，團體對青少年之影響便愈大。

青少年可能不只隸屬一個同儕團體，這些不同同儕團體對青少年可能有不同影響。

㈡青少年在同儕團體中之位置與問題

1. 青少年在同儕團體中之位置

青少年在同儕團體中之位置，可分為明星人物、領袖人物、受排斥人物、被忽略人物、孤立人物、一般人物、爭議性人物。

明星人物是大家情感上最想親近之人。領袖人物通常以能力、智慧折服大家。明星人物不一定是領袖人物，因為這兩類人物在人格特質上各有所長。

受排斥人物在團體適應問題最嚴重，受排斥之少男通常具攻擊及反社會特質，受排斥之少女通常害羞、孤立、不快樂、負面之自我形象（Papalia, Olds, & Feldman, 2001）。孤立人物較少利社會性特質及具一些學習困擾而導致負面形象。爭議性人物是指大家褒貶參半之人物（Papalia et al., 2001）。

2. 青少年在同儕團體之問題

青少年在同儕團體中，可能面臨一些問題。第一，青少年想要被同儕接納，便得要服從團體規範，而忽視個人獨特性。不過，維持個人獨特性以追求自我認定，是青少年的發展工作。換句話說，同儕團體一方面有助於青少年追求自我認定，但同時也妨礙青少年自我認定發展。

第二，青少年在同儕團體中，因所處位置不同（明星、領袖、受排斥、被忽略、被拒絕、一般或爭議性人物），而有不同問題。例如想成為領導人物，事實上卻處於被排斥、被拒絕位置，客觀事實與主觀事實間出現差距。

第三，雖然同儕團體跟父母影響力可能作用於不同層面上（同儕團體對青少年之影響通常在社會性活動，而父母之影響偏向較深層議題，例如道德、職業、教育方向）（Brittain, 1963; Emmerick, 1978; Papalia & Olds, 1992），但是這兩股力量也同時拉扯著青少年，讓青少年處於衝突中。

以上種種衝突與困擾，對青少年發展未必只有負面作用。某些青少年從抗拒及服從團體壓力之過程中，發展出一種跟同儕團體保持某種安全距離之策略，以維護自我價值觀，又不失跟團體維持關聯。青少年從十二至十六歲間，會逐漸學到技巧地因應團體壓力之方式（Newman & Newman, 1991）。

五、青少年之友誼關係

青少年之友誼關係是由同儕關係或同儕團體所衍生，但比兩者關係更親近。有好朋友之青少年自尊較高、擁有勝任感、學校表現佳；相反地，友誼關係充滿衝突者，在以上各方面表現都差（Berndt & Perry, 1990; Papalia & Olds, 1992），友誼關係對青少年之重要性由此可知。

㈠影響青少年擇友之因素

青少年如何選擇朋友？是「物以類聚」，還是「兩極相吸」？還是隨時間及關係演變，而有不同標準？

青少年建立友誼關係之擇友條件，跟維持關係之條件不同。關係建立之初，彼此的類似性是擇友之重要因素，但是隨著年紀、友誼階段之不同，不同因素之重要性便逐漸凸顯（Aboud & Mendelson, 1996）。

1. 青少年個人因素

⑴尋求需求滿足：青少年會驅向結交可以滿足需求之同儕。例如知己之形成，通常因為雙方能滿足彼此需求。

⑵某些特質類似：類似價值觀、興趣、品味、個性、自我概念之青少年會相互吸引，形成友誼。這是因為跟類似自己之人為友，感覺地位平等，有共同主題，可以降低衝突，容易建立友誼。

不過，為何彼此有類似特質，或不一樣特質者，都成為吸引之條件？Smeaton、Byrne與Murnen（1989）認為，友誼的選擇通常分為兩階段，第一階段選擇跟自己某方面類似之人，第二階段從這些類似之人，再選出某方面不一樣之人為友。換句話說，擇友時，類似論與互補論運用於不同之友誼階段。

⑶崇拜對方：崇拜偶像人物是青少年發展特徵之一。偶像人物未必是公眾人物，只要具有折服青少年之才藝、能力、個人特質、技巧、學業表現，青少年便渴望跟對方為友。例如團體中之領導者，通常是青少年崇拜之偶像。

⑷年齡：年紀相仿之青少年容易為友。這是因為年紀較輕者可能是兒童，

比自己少不更事；年紀較長者可能是成人，這些人思想與行為較保守，跟青少年之好動冒險，呈現強烈對比，青少年自然不願意交往。

⑸被對方喜歡之程度：有些青少年因為對方喜歡他，而跟對方結交，以回報對方之欣賞。

⑹青少年本身特質：夏蒂蓮（1995）研究發現，犯罪青少年偏重選擇「有正義感」之朋友，一般青少年則重視成績之高低。這種結果反映出：青少年本身特質，成為其選擇朋友之依據。

總而言之，不同青少年因為不同因素而結交朋友，有人重視需求滿足，有人重視彼此之類似性，有人因為偶像崇拜，也有人受到一個以上因素之影響。

2. 父母因素

父母對青少年擇友之影響，可從以下方面來談。

⑴父母對青少年之教導：父母對青少年的教導有多少影響力，依其他因素而定。例如青少年年紀愈小，父母的影響愈大；自主性愈高之青少年，父母的影響愈小。父母教導青少年時之態度，青少年愈能接受，父母之影響便愈高。

同儕行為跟父母之影響力也有關。如果同儕惡習重大，青少年便願意接受父母建議，不跟這些同儕結交。相反地，如果同儕沒有重大惡習，父母之影響力便降低（Tisak, Tisak, & Rogers, 1989，轉載自 Balk, 1995）。

親子關係跟父母影響力也有關（Gingod, 2004）。親子關係愈佳，青少年愈能影響青少年交友情形。相反地，親子關係不良，青少年便會違抗父母建議，繼續跟惡習之友來往（Urberg, Luo, Pilgrim, & Degirmencioglu, 2003）。

⑵青少年父母之生活習慣：青少年父母之生活習慣，會影響青少年擇友之類型。例如父母抽菸之青少年，容易跟抽菸同儕為友（Engels, Vitaro, Den Exter Blokand, de Kemp, & Scholte, 2004），再透過同儕之影響，而學會抽菸（Mewse, Eiser, Slater, & Lea, 2004）。青少年對父母生活習慣習以為常，對擁有該項習慣之同儕，包容度也較大。

另一種情形是，青少年模仿父母而養成某種習慣，然後結交有這種習慣之同儕。例如父母喜歡閱讀之青少年，容易養成閱讀習慣，而結交喜歡閱讀之同儕。

⑶父母的社經地位：父母的社經地位，會影響青少年家庭外之社會關係（Cui, Conger, Bryant, & Elder, 2002）。父母社經地位類似之青少年，在價值觀、態度、行為、學業表現、對待朋友方式等方面較類似，而容易結交成友，這種情形尤其發生在青少年晚期（Aboud & Mendelson, 1996）。

3. 手足關係

良好的手足關係，對青少年擇友情形有某種影響力。此外，兄弟姊妹交往之朋友，有時候也成為手足之朋友。

4. 學校因素

班上同學或同校同儕，因為有較多接觸機會，而提高感情交流，容易成為朋友。此外，因為接觸多，進一步了解彼此異同，而提供篩選機會。

5. 環境地緣

地緣環境接近之青少年，因碰面機會多而成為朋友。例如：愛打籃球之青少年，因在附近籃球場常碰面或一起使用場地，而結交成友。

6. 媒體

媒體有關同儕之報導，或是一些教育節目，也影響青少年之擇友。例如媒體報導同儕結夥犯罪被擒，似乎傳達「交友不慎自食惡果」之訊息，等同警誡青少年勿結交行為不當之同儕。

7. 文化因素

文化會影響青少年擇友條件。「萬般皆下品，唯有讀書高」，傳統文化重視孩子的成績表現，跟好學同儕為友，常是父母師長之期望。即使成績低落之青少年，如果有成績優異之友，也倍感光榮。

㈡影響青少年友誼關係之因素

青少年重視友誼關係，不過，這並不保證青少年的友誼關係良好。良好友誼關係，需要有一些要件來營造。

1. 青少年方面

⑴依附型態：焦慮型依附者對自己沒有信心，渴望依賴他人，卻不肯定他人是否值得信賴；逃避型依附者不信賴他人，維持疏遠的人際距離；安全

型依附者相信自己及他人，友誼穩定、持久。

三種依附型態中，安全型依附者之友誼品質最高，尤其是友誼關係中之親密因素，跟安全型依附有關（Weimer, Kerns, & Oldenburg, 2004）。因此，青少年對父母之依附型態，是其友誼狀況最佳之預測因素（Miller & Hoicowitz, 2004）。

⑵社交技巧：青少年早期友誼之穩定性，跟友誼品質及友誼知識無關，而跟衝突解決策略有關。男生的穩定友誼跟使用「粉飾太平法」（minimization strategies）處理衝突有關，女性若使用該方法處理衝突，反而降低友誼之穩定性。女性使用「面質法」（confrontational strategies），對穩定友誼才有幫忙（Bower, 2004）。

青少年若缺乏處理衝突能力，即使不欺負別人，也容易受到別人欺負（Champion, Vernberg, & Shipman, 2003）。到了青少年中、後期，社交技巧益形重要。

⑶青少年期之前的同儕關係品質：兒童期擁有良好人際關係之青少年，通常具有一些人際交往技巧。這些人際交往技巧依然有利於青少年期友誼關係之營造。因此，兒童期之和諧友誼關係，通常會延續至青少年期。

⑷人格特質：有一些人格特質有助於友誼之維持，例如低焦慮／低憂鬱、善交際（sociability）、高自尊（Buhrmester, 1990）；自我表露、主動接觸、情緒支持對方（Buhrmester, Furman, Wittenberg, & Reis, 1988）、溫暖、主動關懷、樂觀。

⑸外表：尤其在青少年早期，外表吸引人之青少年，比較容易交到朋友。一般人對長得好看之青少年，包容度較大，容易替對方找理由開脫責任。

不過，外表好看之青少年如果沒有其他條件配合的話（例如，良好社交技巧），也不容易維持友誼品質。

⑹性成熟時間：青少年性成熟時間，會影響友誼關係之建立與維持。早熟男孩在競技運動項目上容易得勝，而提高社交聲望；常居領導地位；易受到女孩歡迎；受到成人偏好而享有特權（黃俊豪、連廷嘉合譯，2004），因此，友誼之獲得與維持，比一般人容易。

早熟男孩在友誼關係建立與維持上雖然比其他人容易，但是若沒有其他要項配合，便無法擁有高品質友誼。尤其在青少年中期與晚期，其他青少年之發展已陸續趕上，這些優異特質可能不再。

⑺學業成就：學業成就優異之青少年，在團體中容易受歡迎，而成為他人渴望交往之對象。不過，學業成就優異之青少年如果沒有其他輔助條件（例如和藹可親的態度），友誼建立雖容易，維持卻困難。

2. 家庭因素

⑴父母之介入與指導：父母對青少年交友提供適當介入與指導，有助於青少年選擇朋友、排解衝突、平衡依賴與獨立之衝突，青少年便能擁有高品質友誼。

⑵父母關係：家庭經驗為青少年人際關係之基礎。家庭關係中，以父母關係影響最大。父母關係影響親子關係、家庭互動與家庭氣氛。

父母間有強烈情感連結，青少年跟父母便有安全型依附關係。安全型依附關係會反映在青少年同儕交往中，提高青少年與同儕交往品質（Markiewicz, Doyle, & Bregden, 2002）。

⑶手足關係：青少年有良好手足關係，便會有良好之同儕關係（Yeh, 2001），這是因為青少年的同儕關係，往往是其手足關係之反映。

3. 同儕因素

友誼關係的維持，決定於友誼之雙方，而非一方。只靠單方努力，友誼關係之維持只會事倍功半。長久下來，努力多與付出多之一方，會感到投資報酬率不平衡而選擇放棄。

第四節　青少年同儕關係與輔導

問題與討論

1. 如何協助青少年建立及維持友誼？
2. 如何協助青少年改善團體地位及面對團體壓力？

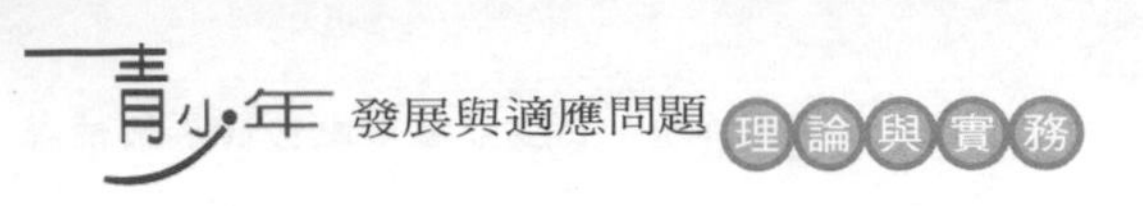

一、青少年友誼關係與輔導

協助青少年建立及維持友誼，除了從以上所提「影響青少年擇友及友誼關係之因素」介入外，也可從青少年友誼關係歷程著手。

青少年友誼關係發展歷程有五個階段，分別為認識、選擇及建立友誼、延續及鞏固友誼、友誼惡化及結束。在每個階段的建設性完成，都跟某些因素有關。

㈠認識階段

現代青少年活動多，活動範圍廣，結交朋友的管道不少，例如同班、同校、鄰居、網路、各種活動場合等。但是，有機會不一定代表能善用機會。內向、退縮之青少年，通常不善於主動認識別人，自然無法把握機會。

擴展生活圈子，主動架起認識的橋樑，留給對方良好印象，令人愉悅之特質（例如有趣、幽默），以及一些其他因素之配合（例如外表乾淨、整潔），都可以增加認識他人及塑造友誼之機會。

此外，當一方採取主動時，另一方給予善意回應，才能架起溝通的橋樑。被動的青少年面對別人的主動，也要釋出善意的回應。

此階段可能涉及的社交技能包括：傾聽、開啟談話、發問、介紹自己、提供讚美、請教、維持聯絡、合宜之禮貌與行為舉止等技巧。

㈡選擇及建立友誼

有機會認識的兩人，不一定成為朋友。如果雙方維持良好接觸及互動，才能建立友誼。如何維持良好互動？讓彼此之類似性呈現（例如類似的態度、意見、興趣），參與雙方感興趣之活動，平日定時用電話與 e-mail 聯繫，提供對方感興趣或需要之訊息。如果雙方感覺不錯，便可能繼續交往。

這一階段的互動內容，通常不深入，自我坦露的內容偏向愉悅之經驗。主動性與兩人之共通性，是建立友誼之重要因素。

此階段可能涉及之社交技能包括：傾聽、適當回應、邀請、應邀、協商（共同規畫參與活動之時間、地點）、有技巧地聚會、擴展談話內容、適當之問候、守時、維持聯絡等技巧。

㈢延續及鞏固友誼

友誼的延續與鞏固，有賴幾個因素，包括更深入的自我坦露，關心、信任、忠誠、平等互惠、衝突處理、學會道歉及原諒對方。

自我坦露是延續及鞏固友誼的關鍵因素。一方的自我坦露，通常會觸動另一方類似之回應。隨著雙方自我坦露之深化，兩人的距離便愈來愈靠近，親密度也隨著提高。

自我坦露的深度，跟彼此的信任、關心與忠誠度有關。彼此的信任、關心與忠誠度愈高，自我坦露的深度便愈深。

不過，過度的自我坦露，對友誼的維持並非有利。第一，無法相等自我坦露之對方，感到極大壓力。第二，青少年是否有能力守得住秘密，對友誼的維持是一大考驗。第三，自我坦露的內涵，常常凸顯雙方意見與態度上之差異，而帶來雙方衝突。因此，適當及對等之自我坦露，對友誼之維持才有幫助。

交往愈深入，差異性愈大，衝突也愈多，衝突處理技能愈顯重要。除了技能外，個人特質也影響衝突處理過程及結果，例如具攻擊傾向之青少年傾向於注意同儕之負面訊息（Van Oostrum & Horvath, 1997），傾向於使用傷人方式面對問題（Bower, Bukowski, Hymel, & Sippola, 2000）。

平等互惠是維持友誼關鍵因素之一。平等互惠讓雙方獲得尊重及受惠。在付出與報酬對等的狀況下，關係才有機會維持。

學會道歉、學會寬恕也是延續與鞏固友誼之重要因素。少女寬恕對方的可能性高於少男；寬恕對方之理由包括維持友誼、讓自己感覺舒服些、讓朋友感覺舒服些、道德上之原因；接受對方道歉之青少年，比較可能原諒對方，也會停止責備對方（Lukasik, 2001）。

男女因性別不同，延續及鞏固友誼之因素也不同。男女生在友誼關係上之差異，綜合一些研究（例如 Bakken & Romig, 1992; Claes, 1992; Papalia et al., 2001），摘要如表 11-2。

延續與鞏固友誼之因素，會因為性別而不同。針對對方之特殊性，才能擁有愉悅之同性及異性友誼關係。

表 11-2：男女友誼關係上之差異

女性	男性
重視人際間的和諧，因此強調關係的建立、維持。	在意獨立與自主。
強調依賴，相互關係與責任。	重視自信、邏輯與責任。
較多情感表達與分享。	較少情感表達與分享。
較多語言活動之交流，例如分享心事。	較多肢體活動之交流，例如體育運動。

此階段可能涉及之社交技能，除了以上所提之因素外，還包括：傾聽、適當之回應、守密、認識自己與他人之情緒、情緒表達及調適、處理自己與對方之負面情緒、如何道歉及接受道歉等技能，以及評量友誼對自己之正負面影響。

㈣友誼惡化

深厚的友誼，建立於雙方不斷協調彼此之差異及衝突。友誼的惡化，常出現於衝突無法化解，而造成心結，或突發意外凸顯雙方差異，或一方自覺受到傷害，或一方之期待不斷落空。

友誼出現危機，是正常狀況，只要適當處理，便能化危機為轉機。青少年通常不具備處理友誼危機之能力，尤其在青少年早期，因此需要父母師長之協助。

此階段可能涉及之社交技能包括：面對問題之勇氣，傾聽、情緒表達與調適、溝通、衝突處理、抉擇、如何道歉及接受道歉、善用外在資源等技能。

㈤結束

友誼結束，有時候是雙方逐漸疏離，最後不往來；有時候是雙方口頭上斷然決裂而結束。前者可能較溫和，後者容易給青少年留下傷口。是否要結束友誼需要深思熟慮。如果友誼不值得繼續，結束方式最好能維持雙方尊嚴。

結束之友誼有可能死灰復燃。一方道歉、中間人協調化解、雙方誤會冰釋，或是雙方更加成熟等，都可能讓結束之友誼重新開始。中斷之友誼是否值得接續，也必須經過評估。

此階段可能涉及之社交技能包括：評量友誼之價值、結束友誼、抉擇、溝通、原諒對方、療傷止痛等技能。

二、青少年同儕團體問題與輔導

㈠團體地位之改變

Balk（1995）認為有五個因素影響青少年被同儕接納與否，包括：名字、外表、自尊（self-esteem）、社會技巧與學業表現。

除了名字、生理特徵外，其他方面可以透過一些方式增加同儕接納度。整潔之外表、不誇張之衣著，都可以提高同儕團體接納度。有些特殊同儕團體可能要求成員在服裝或裝飾上有些特殊樣式。

自尊的提高，要靠長時間的自我改進，例如提高自我概念、自信心、自我價值感。這方面可求助於專家。社會技巧的獲得可靠學習，學業表現可透過自我努力及他人協助來提高。

要改變青少年在團體中之地位並不容易（Brown, Mory, & Kinney, 1994），從以上所述可知，這得靠長期努力才能成功。

㈡面對同儕壓力

面對同儕壓力時，第一，青少年要熟悉團體改變成員之方式（例如透過常規、典範、結構性機會、同儕壓力、團體公平與互惠待遇及團體滿足成員之程度），才能掌控團體之影響力，以及決定是否接受團體之影響。

第二，青少年要評估壓力之合理性，再決定是否改變自己服從團體。例如在學校中，同儕壓力可能來自於被要求遵守班規或校規，這是合理之同儕壓力，青少年必須改變自己，才能被團體接納。

另一種是青少年校外團體之同儕壓力，例如讀書團體、飆車團體。對於此類同儕壓力，青少年首先要考慮的是，團體壓力所要求之事是否利人利己，如果非利人利己，這種團體是否值得參與，就須花點心思考慮。

第三，如果團體要求之事非利人利己，而青少年仍然執意參與，父母師長便得檢討，該團體能夠滿足青少年哪些需求，而這些為父母師長所忽略。

第四，青少年具有形式運思能力，能夠批判、反省。父母師長應教導青少年善用此種能力，來處理團體壓力之事。

第五節 青少年之情愛關係

問題與討論

1. 情愛關係對青少年發展具有哪些功能？
2. 哪些因素促成青少年情愛需求？
3. 青少年期不同階段之情愛關係有何變化？
4. 影響青少年情愛關係發展之因素為何？

一、青少年期情愛關係之功能

青少年的情愛關係具有幾個功能（Furman & Wehner, 1994, 1997b; McCabe, 1984; Miller & Benson, 1999; Rice, 1984; Roscoe, Diana, & Brooks, 1987; Skipper & Nass, 1966）：

1. 青少年卸下對父母之依附，成為獨立個體的歷程中，需要新的依附對象，而情愛對象適巧具有此種功能。不只如此，情愛對象還提供照顧、聯盟（affiliative）、性／生殖等功能。

2. 青少年從情愛經驗中，滿足自我認定及親密關係需求，而且為下一階段之情愛關係及成年期的婚姻生活奠下基礎。

3. 男女約會，有助於青少年在個人及社會方面之成長，包括學習合作、體貼、責任、社會技巧、禮儀、各種互動技能、培養親密能力；提供娛樂活動、在同儕團體中提升地位、選擇配偶、性探索及性滿足。

情愛關係對青少年之重要性，從一些研究結果可獲得支持：雖然家人與同儕對青少年的重要性依舊，但是情愛對象在提供支持與親密方面之重要性，隨著青少年年紀增長而提高（Shulman & Scharf, 2000）。在七年級時，排名第三；十年級時跟母親齊名，排名第二；大學時，排名第一（Furman & Buhrmester, 1992）。

青少年時期之情緒變動，情愛事件是主要原因之一（Larson, Clore, & Wood, 1999），青少年中期之強烈情緒狀態，有四分之一至三分之一是來自於情愛事件（轉載自 Larson et al., 1999）。

或許由於情愛關係對青少年發展之重要，即使在青少年早期，青少年已能清楚分別情愛關係與異性友誼關係之差異，例如以熱情（passion）與承諾界定情愛關係，而以聯盟（affiliation）界定異性友誼關係（Connolly, Craig, Goldberg, & Pepler, 1999）。

二、青少年期情愛需求之形成

青少年之情愛需求是天生使然？抑或環境造成？Larson 等人（1999）認為：有三個原因促使青少年產生情愛關係，分別為生理、文化環境及個人因素。

第一，青春期，這是生理因素。青春期生理改變，喚出青少年情愛情緒及性慾望。

第二，情愛劇本（romantic scripts），這是文化環境因素。雖然一直以來父母師長擔心青少年跟異性交往而影響課業，因此不期待青少年在求學階段大談感情。不過，報章雜誌、各類書籍、媒體及現實生活，日日夜夜將各種情愛劇本注入每個人的生活中。此外，資訊四通八達，歐美文化快速入侵，使得父母師長無法遏止青少年的異性交往。在國內，至高中階段，大約有一半高中生有戀愛經驗（例如吳思霈，2004；李怡玲，2002；許珍琳，1999）。

第三，認知歸因與錯誤歸因。對某個人是否有情愛，是透過個人之認知判斷。然而，認知判斷受某些因素影響，這些因素可能驅使青少年將無關於情愛之情緒，歸屬於情愛。例如錯將其他情緒視為情愛情緒；閱讀浪漫愛情小說後，因情愛感覺猶存，而被加諸到接觸之人身上。簡言之，青少年容易因為錯誤歸因、尚未完全成熟之推理技能、對情愛關係之理想化建構、自我投射，而出現偏頗之情愛情緒。

三、青少年期情愛關係之變化

在青少年期，情愛關係特質會有不同之變化（Laursen & Jensen-Campbell, 1999）。情愛伴侶因具有四方面功能，而成為個人生活中之重要人物，包括：依附（個人有困擾時尋求協助之對象）、提供照顧（如提供支持、舒服、照顧）、聯盟（如陪伴、友誼）、滿足性需求。青少年隨著年齡及情愛經驗之增加，會逐漸期待情愛伴侶滿足以上四種功能（Furman & Wehner, 1997a）。相對地，也能愈有技巧地提供情愛伴侶以上四種功能。

㈠青少年早期（國中階段）之情愛關係

第一，青少年早期之情愛關係通常短暫、快速，低獨占性及親密性（轉載自 Laursen & Jensen-Campbell, 1999）。第二，雙方關係以友伴、朋友關係為主，強調合作、互惠，也涉及自我表露及自我價值確認（Furman & Wehner 1994; Shulmlan & Scharf, 2000）。第三，約會的目的，在於娛樂、親密及提升團體地位（因為被人喜愛，而覺得在團體中的地位提高）（Roscoe et al., 1987）。第四，約會的形式，是以群體方式進行，亦即跟大夥兒在一起，被視為約會（Shulman & Scharf, 2000）。第五，情愛關係強調「聯盟」功能（Furman & Wehner, 1997a）。第六，愛的表現方式是「友伴式之陪伴」（轉載自 Laursen & Jensen-Campbell, 1999）。

愛情包括親密、熱情與承諾等三因素（Sternberg, 1988），從青少年早期的情愛特質來看，青少年早期的情愛關係，稱不上所謂的「愛情」。此階段青少年之所以稱之為「愛情」，是因為此階段青少年將「親近之異性友誼關係」或「一般平凡之約會關係」，視為情愛關係（Shulman & Scharf, 2000）。

從以上描述可知，雖然青少年早期認知上已能區分異性友誼關係與情愛關係之差異（Connolly et al., 1999），但是認知與行為表現仍有差距。

青少年早期的情愛關係似乎不利青少年發展，包括：造成低自尊（Darling, Dowdy, Van Horn, & Caldwell, 1999）、提高少女形成負面身體意象及罹患飲食異常之機率（Cauffman & Steinberg 1996; Smolak, Levine, & Gralen, 1993）。

Brendgen、Vitaro、Doyle、Markiewicz 與 Bukowski（2002）認為青少年

早期的情愛關係是否有利其發展，應該考慮青少年跟同儕之關係。在其研究中發現：不被同性同儕歡迎之青少年，此時談戀愛不利其情感與行為適應（包括低自尊、高程度的反社會行為），受同性同儕歡迎之青少年則不受影響。這是因為受同儕歡迎之青少年，具有熟練之社會技巧，有利於情愛關係建立。但是，對學業表現來說，此時談戀愛不利少女，對少男則沒有影響。這可能因為少女通常投注較多的時間及情感於情愛關係中。

㈡青少年中期（高中階段）的情愛關係

中期之青少年，對於情愛關係比早期有更嚴謹的標準，不過在某些方面，跟青少年早期類似。第一，青少年中期的情愛關係短暫，但雙方接觸頻繁，關係維持平均約四個月；只有8%青少年的情愛關係維持一年或一年以上（Feiring, 1996）。

此階段青少年異性約會型態之變化，是從沒有約會關係，進入一般約會關係，再轉入更穩定之約會關係（Davies & Windle, 2000）。不過，情愛關係在此時若穩定，反而容易造成情緒與學校問題（Feiring, 1996），這是因為穩定約會不利於青少年自我認定發展（Erikson, 1968，轉載自 Feiring, 1996）。

第二，約會通常在團體情境中進行，而非兩人情境，例如一夥人一齊看電影（Feiring, 1996）。這種情形跟青少年早期類似。這種約會情形對少女來說較有利，可防止性關係發生。第三，正面人格特質及外表吸引力，為此時青少年最喜歡之對象（Feiring, 1996）。第四，將承諾視為情愛關係之負面特質，害怕因承諾而喪失個人認定，因此約會品質充滿不信任，卻又擔心喪失情愛關係（Feiring, 1996）。

第五，大部分的情愛伴侶，被期望是聯盟與性對象（Furman & Wehner, 1997a），缺乏依附功能（Feiring, 1996），因此性行為可能發生在青少年中期的約會中（Feldman, Turner, & Araujo, 1999）。第六，愛的表現方式是「情慾」（轉載自 Laursen & Jensen-Campbell, 1999）。

第七，依舊強調娛樂、親密及團體地位提升之約會功能，反映出自我中心及立即滿足需求取向（Roscoe et al., 1987）。第八，情愛經驗對少女之學業表現及抱負有不利影響（Crissey, 2006）。第九，從青少年中期至晚期，許多少女將注意從朋友轉向情愛對象，也隨著年齡增長，尋求情愛對象支持之機率提高（Kuttler, 2001）。

㈢青少年後期（大學階段）的情愛關係

第一，青少年情愛關係中，親密、陪伴、支持與關愛，會隨著年紀增長而提高（Sharabany et al., 1981）。情愛中的相互依賴，也從青少年早期至晚期，逐漸加深（Laursen & Jensen-Campbell, 1999; Laursen & Williams, 1997）。因此，要求情愛伴侶（romantic partner）提供依附、提供照顧、連盟及性關係等四方面功能，通常出現在青少年晚期及青年期早期交往一段長時間後的情愛關係中（Furman & Wehner, 1997a）。

情愛關係是一種親密關係，親密能力（a capacity for intimacy）包含認知、情緒及行為成分。在「認知」方面，涉及觀點取替能力（perspective-taking ability），這是指能夠從別人的角度看事情。在「情緒」方面，涉及同理心，是指有能力感受別人的情感，設身處地分享他人之情緒經驗。在「行為」方面，涉及行為值得信任、敏感及回應他人情緒、對關係作承諾、維持平等互惠、有效溝通（Paul & White, 1990）。從以上定義來看，早期及中期之青少年，由於親密能力有限，並無法符合「親密關係」之要求。

此外，McCabe（1984）認為，只有在青少年建立自我認定後，才有可能形成親密關係（包括性親密）。

或許，青少年透過早年親子經驗、青少年早期及中期之情愛經驗（Collins, Hennighausen, Schmit, & Stroufe, 1997; Middelberg, 2001），以及自我認定發展完成，才擁有親密能力。換言之，只有到青少年後期，情愛關係才能反映親密關係之本質。

第二，愛的表現方式是「承諾」（轉載自 Laursen & Jensen-Campbell, 1999）。第三，青少年晚期，情愛關係中的兩人衝突頻率提高（Furman & Buhermester, 1992），處理衝突的有效策略成為維持關係的關鍵因素之一（Reese-Weber & Marchand, 2002）。成熟的情愛關係，反映在雙方解決衝突的能力，衝突的解決，反過來提高雙方的親密度（Weiss, 1987）。第四，約會的目的在於親密、陪伴與社會化功能（Roscoe et al., 1987）。

青少年情愛關係經驗對青少年身心健康之影響，依據情愛伴侶之類型（例如是否有暴力傾向）、關係品質、青少年年齡及性別（Klingemann, 2006）及其他因素而定。

茲將以上青少年三階段之情愛關係特色摘要如表 11-3。

表 11-3：青少年早期、中期與後期情愛關係之比較

特色＼階段	青少年早期	青少年中期	青少年晚期
是否有情愛對象	比率低於中期與晚期青少年	比率高於青少年早期，但低於青少年晚期	比率高於青少年早期及中期
關係維持時間	短暫	短暫但接觸頻繁	較長久
情愛功能	聯盟	聯盟與性滿足	依附、照顧、聯盟、性滿足
愛的表現方式	友伴式之陪伴	情慾	承諾
親密能力	表面	表面	兼顧認知、情緒及行為
約會方式	以團體方式進行	以團體方式進行	一對一方式進行
約會目的	娛樂、親密、提高團體地位	娛樂、親密、提高團體地位	親密、陪伴與社會化

四、影響青少年情愛關係發展之因素

Collins、Hennighausen、Schmit與Stroufe（1997）認為孩子早年與照顧者之關係、孩子學前與兒童期同儕關係、青少年目前的友朋關係等，對青少年的情愛關係皆有影響。以下分項說明。

㈠依附型態

第一，青少年之親子依附型態跟情愛依附型態有關。例如對青少年晚期之研究發現，對母親或父親之依附為焦慮型者，對情愛對象之依附也為焦慮型（Day, 2006）；被目前情愛對象貶低價值、不尊重、控制情緒之青少年，通常跟父母之關係充滿不信任、低溝通及低親密；對目前情愛關係有負面描述者，跟父母有強烈、未解決之衝突（Gray, 2001）。

第二，依附型態跟情愛關係品質有關。例如逃避型依附者可能從未陷入

愛河；安全型依附者戀情維持的時間較長；趨避衝突型者（焦慮型）的戀情時間最短（Feeney & Noller, 1990），投入過多情感，並將兩人關係界定為不平等（Hindy & Schwartz, 1994）。

雖然親子依附關係與情愛依附關係未必完全相同，但是前者為後者之基礎。

㈡同儕

Furman 與 Wehner（1997a）認為，雖然親子關係是青少年親密關係之基礎，但是同儕關係（尤其是友誼關係）也會影響青少年之情愛關係。青少年對情愛關係之態度，受同儕之影響力大於家庭（Miller & Benson, 1999）。Brendgen 等人（2002）甚至認為有些資料顯示，青少年早期之情愛關係及青少年發展、適應，有賴同性同儕關係來維持。

㈢性別

在情愛關係中，男女對於情愛關係的知覺與反應，有一些差異。第一，五年級時，少女及少男在親密關係各向度上（坦誠與自發性、敏感與理解、依附、排他性、給予與分享、求取、相伴相隨、信任與忠誠）都同樣低。在五年級之後，少女高於少男；年紀愈長之少女，在依附、信任及忠誠上程度愈高，而少男則有相反趨勢（Sharabany et al., 1981）。

第二，少女比少男強調情愛關係中的親密（例如 Blyth & Foster-Clark, 1987; Shulman & Scharf, 2000）及照顧（Shulman & Scharf, 2000）。第三，少女比少男花更多時間想愛人，更多時候將情愛關係視為支持性關係（Connolly & Johnson 1996; Richards, Crowe, Larson, & Swarr, 1998，轉載自 Shulman & Scharf, 2000）。第四，少女的情愛關係，維持時間長於少男，情愛強度高於少男（Shulman & Scharf, 2000）。

第五，約會時，少女強調約會的親密功能，而男性強調性活動功能（Roscoe et al., 1987）。第六，少女強調關係，支持、自我表露，而男性重視共同活動與友伴關係（Feiring, 1996）。

第七，少女跟情愛對象相處時，舒服感程度愈高，其自尊程度、情愛能力及社會能力愈高；對少男而言，影響其自尊程度、情愛能力及社會能力者，則是跟情愛對象相處之機會多寡（Darling, Dowdy, Van Horn, & Caldwell,

1999）。換言之，少女重視感受之體驗，而少男強調實際之次數經驗。

㈣青少年期之前的同儕關係

在不同發展階段，各有其核心之同儕關係類型，以提供個人獲得及強化不同之人際能力，以及滿足不同之社會需求（Buhrmester & Furman, 1986）。

青少年之情愛關係是否發揮正面作用，有賴於青少年之前跟同性同儕之關係。如果青少年在青少年期之前透過良好之同性同儕關係，磨練出熟練之人際技巧，這些技巧將幫助青少年建立與維持健康之情愛關係（Brendgen et al., 2002）。

相反地，如果青少年之前的同儕關係不良，這些負面作用，將延續至青少年期，而影響青少年情愛關係之建立與維持。

㈤青少年期之不同階段

青少年早期、中期與晚期的情愛關係型態不同。第一，年齡愈大之青少年，愈可能有戀愛對象，情愛關係維持時間也愈長。第二，雖然照顧、親密與依附在情愛關係中之重要性，橫跨青少年期各階段，但是其重要性，隨著發展階段而提高。例如青少年早期強調情愛關係中的友誼或友伴關係，而這些方面之重要性，在青少年晚期時降低（Shulman & Scharf, 2000）。至於其他之差異，請見表 11-3。

第六節　青少年情愛關係與輔導

> 如何降低青少年情愛關係中之不良作用，以及提高正面影響？

如何協助青少年發揮情愛關係之正面功能，以及降低負面作用，可以從以下方面著手：

(一)處理不安全型依附

青少年依附型態之所以影響其情愛關係品質，最根本的原因在於依附型態決定青少年對自我及他人之態度。例如安全型依附者信任自己與他人，焦慮型依附者不信任自己及他人，逃避型依附者不信任他人。這種對自己及他人之態度，作用於情愛關係上，而影響情愛關係品質。

如何處理不安全依附型態？建立良好之親子關係、輔導關係、成長經驗之探索、檢討自我在情愛關係中對人及對己之反應，都有助於建立安全型依附關係。

(二)提供青少年兩性教育及性教育

家庭及學校提供兩性教育及性教育，將有利於青少年發揮情愛關係之正面作用。

國內研究顯示，青少年性關係比率，隨著年齡而提高（例如莊雅琴，2003；許珍琳，1999；陳德馨，2003），但是青少年性知識不足（章新瑞，2003），未避孕及性病感染者比率偏高（例如陳美秀，2003；陳德馨，2003）。致使每年墮胎人次及青少年感染愛滋比率，成為國人擔心之數據。這些結果顯示，性教育是青少年必備之教育。

除了性教育外，青少年必須具備兩性交往知識（例如兩性交往之目的、約會、性騷擾及性侵害相關知識、性別平等態度、婚前性行為、兩性身心之差異），才能從兩性交往過程中成長、成熟，並且為未來之婚姻關係奠定良好基礎。

(三)提供青少年社交技巧訓練

社交技巧是建立及維持情愛關係之必要條件。青少年早期因為社交技巧不足，在情愛關係中易產生焦慮。在青少年中期，社交技巧不足者，難以維持情愛關係。在青少年晚期，社交技巧中之衝突解決技巧尤其重要。Galliher（2001）研究發現：情愛關係能維持超過一年以上者，是由於雙方能夠共同解決衝突。

㈣協助青少年熟悉青少年期不同階段及不同性別之情愛關係特質

青少年的情愛關係品質，透過青少年早期及中期的經驗學習，才有青少年晚期的豐收。但是，青少年早期及中期的情愛關係，不一定完全有利於青少年發展。

Madsen（2001）研究顯示：青少年期約會對象愈多者，青年期之情愛關係愈充滿敵意，而且衝突處理技巧愈不佳。相反地，青少年期愈不會過度投入約會者，青年期之情愛關係品質愈高。以上結果反映出，過度投入情愛關係者，反而不利未來情愛關係之品質。避免過度投入及盲目跟隨，便可緩和情愛關係中之負面作用。如何避免青少年過度投入情愛關係中？其方式是：協助青少年熟悉青少年期不同階段之情愛特質及其利弊。

不同性別之情愛特質不同，協助青少年了解兩性情愛關係之差異，才能避免主觀認定而造成誤解。

㈤成人示範健康之親密關係

青少年有能力塑造健康之情愛關係，必須透過學習。最有效之學習方式，便是透過父母示範，包括夫妻關係與親子關係。

Simon（2001）研究發現：父母婚姻品質跟青少年情愛關係有關，這種關聯在少男方面尤其明顯。這是因為青少年長期耳濡目染父母間之情愛互動，學習如何對待未來之情愛對象。

親子間之依附關係，形成於親子互動品質。親子間之互動方式，容易被青少年內化而複製於情愛關係中。例如青少年對父母及同儕之依附關係愈正向，跟情愛對象之關係也趨於正向（Day, 2002）；擁有支持性之父親，讓青少年對自己的情愛能力有自信（Wiley, 1995）。

親密能力是建立親密關係之關鍵要素，親密能力的學習，尤其須透過觀察及體驗。父母間及親子間之親密互動，正是良好的學習管道。

㈥改善青少年同儕關係

同儕關係會影響青少年之情愛關係，這是因為：第一，青少年從同儕關係中學到之社交技巧，會被使用於情愛關係中。同儕關係不良者，社交技巧通常不佳，進入情愛關係後，不佳之社交技巧，便對情愛關係產生負面作用。

因此，改善青少年同儕關係，可以協助青少年學習有益之社交技巧。

第二，青少年早期之情愛關係，對青少年之情緒及行為適應有不良影響，但是透過良好同儕關係之緩和，可以降低不良作用（Brendgen et al., 2002）。

簡言之，協助青少年改善同儕關係，有利於青少年情愛關係之發展。

本章摘要

第一節　青少年之親子關係

1. 造成青少年期親子關係改變之原因包括：
   (1)青少年逐漸擁有成人體型，對父母有了新期待。
   (2)青少年認知能力比以往成熟，而期望平等、互惠之親子關係。
   (3)社會期待青少年獨立自主，負起社會責任。
   (4)青少年開始學習承擔成人角色，為未來自我發展負責，因此期待獨立自主。
   (5)父母生活情境、生活目標等改變，帶給親子關係新的衝擊。
2. 青少年親子關係改變，目的在創造權力平衡、雙向溝通、平等、互惠之親子關係。
3. 青少年親子關係轉變之內涵包括：(1)家人相處時間縮短；(2)親子衝突次數提高；(3)衝突強度在青少年中期最強，然後逐漸緩和；(4)負面情緒經驗在青少年中期後逐漸下降；(5)衝突解決方法由屈從逐漸轉向協商。
4. 有利青少年親子關係品質之因素包括，父母方面：(1)健全之家庭功能；(2)民主式父母管教方式；(3)父母親積極參與子女活動。
   青少年方面：(1)青少年沒有行為問題；(2)依賴與獨立兩股力量平衡；(3)高學業動機或學業表現；(4)成熟之認知發展；(5)良好之同儕關係；(6)安全型親子依附關係；(7)跟父母雙方維持良好關係。

第二節　青少年親子關係與輔導

青少年親子關係問題之輔導包括：(1)父母調整管教方式，以民主型管教方式為佳；(2)父母平日建立支持性親子關係；(3)在青少年早期協調親子期望，並配合青少年需要調整；(4)協助青少年建立良好同儕關係；(5)青少年及父母善用社會資源；(6)師長提供青少年情緒支持以協助青少年順利發展。

第三節　青少年之同儕關係

1. 同儕關係、同儕團體與友誼關係三者不同。
  (1)「同儕關係」是指青少年跟同學、朋友或同伴建立之關係。
  (2)「同儕團體」是指青少年自由組合之友朋團體，成員間年齡相近、關係親密、有共同認同之行為標準、有隸屬感及類似之價值觀。
  (3)「友誼關係」是因為雙方相互吸引與契合，而成為親密度較高、坦誠表露之朋友。
2. 青少年同儕之功能包括：(1)消除寂寞感、抒解情緒、滿足歸屬感；(2)提供青少年資訊與解決問題；(3)提供青少年薰陶、學習與模仿；(4)協助青少年了解自己與他人；(5)緩和青少年與家人、學校間之衝突；(6)影響青少年之親密關係；(7)影響青少年身心健康；(8)協助青少年成為獨立個體。
3. 兒童與青少年同儕關係在某些方面有差異，包括交友範圍、同儕團體層次、同儕關係內涵、同儕相處時間、同儕影響程度、父母監控程度、團體性質及情感滿足來源。
4. 青少年的同儕團體，透過一些管道改變青少年，這些管道包括：(1)以常規規範團體成員行為；(2)以團體典範人物影響其他成員；(3)團體特質或團體刻意安排某些經驗來改變成員；(4)以同儕壓力驅使成員服從；(5)團體以公平、互惠方式提高成員認同；(6)團體以滿足成員需求來提高成員認同。
5. 青少年在同儕團體中的位置包括：明星人物、領袖人物、受排斥人物、被忽略人物、孤立人物、一般人物及爭議性人物。
6. 青少年在團體中可能碰到之問題，除了因為位置不同而有不同問題外，其他問題包括平衡對同儕團體之依賴與獨立、解決同儕與父母兩股衝突壓力。
7. 影響青少年擇友之因素包括：(1)青少年方面（尋求需求滿足、特質類似、崇拜對方、年齡相近、被對方喜歡之程度、青少年本身特質）；(2)父母方面（父母對青少年之教導、親子關係、父母之生活習慣、父母之社經地位）；(3)手足關係；(4)學校因素；(5)環境地緣；(6)媒體；(7)文化因素。
8. 影響青少年友誼關係之因素包括：(1)青少年方面（依附型態、社交技巧、青少年之前的同儕品質、人格特質、外表、性成熟時間、學業成就）；(2)家庭因素（父母之介入與指導、父母關係、手足關係）；(3)同儕因素。

第四節　青少年同儕關係與輔導

1. 輔導青少年建立良好友誼關係，除了從「影響青少年擇友及友誼關係因素」介入外，也可以從青少年友誼關係發展的五個階段著手。每一階段涉及不同之內涵及技能，青少年熟悉每一階段之內涵及技能，便能擁有健康之友誼關係。
2. 輔導青少年之同儕團體問題包括兩方面：改變青少年之團體地位及因應團體壓力。
   (1)改變團體地位，主要可透過外表、自尊、社會技巧與學業表現。這些需要長期努力。
   (2)因應團體壓力之方式包括：①青少年熟悉團體改變成員之方式，以掌控團體之影響力；②檢驗團體壓力是否可導致利人利己之結果；③對於服從於不良團體壓力之青少年，父母師長思考青少年想從團體滿足何需求；④父母師長鼓勵青少年善用形式運思能力，以評量團體壓力之合理性。

第五節　青少年之情愛關係

1. 青少年之情愛關係具有以幾下功能：(1)提供依附、照顧、聯盟與性／生殖功能；(2)滿足自我認定及親密需求，並且為未來之親密關係奠定基礎；(3)協助個人及社會方面之成長。
2. 青少年早期，已能區分情愛關係及異性友誼關係之差異。
3. 青少年情愛需求之形成，透過三個因素，包括：青春期生理改變、文化環境之情愛劇本、認知歸因與錯誤歸因。
4. 青少年早期、中期及晚期之情愛關係，各有不同特色。
5. 影響青少年情愛關係發展之因素包括：(1)依附型態；(2)同儕；(3)性別；(4)青少年期之前的同儕關係；(5)青少年期之不同階段。

第六節　青少年情愛關係與輔導

1. 降低青少年情愛關係之不良作用及擴大正面影響之方法，包括：(1)處理不安全型依附；(2)提供青少年兩性教育及性教育；(3)提供青少年社交技巧訓練；(4)協助青少年熟悉青少年期不同階段及不同性別之情愛關係特質；(5)成人示範健康之親密關係；(6)改善青少年同儕關係。

Part

第 3 篇

青少年適應問題
與
輔導

第十二章

青少年問題形成與輔導歷程

一些非輔導專業教師幾乎面臨類似問題，便是如何輔導分配之學生個案。一般教師雖修過輔導相關課程或參加過相關研習，但是理論與實務間常有距離，所學之輔導知識，往往無法形成具體圖像，成為輔導學生之指引。

本章結合前幾章所提的「自我調適歷程」、「保護性因子」、「內在力量或自我力量」等概念及一些學者看法，提出青少年問題形成與輔導之架構，供一般教師參考。

青少年問題是為了適應環境之適應行為，其原因久遠，接案輔導教師無法一蹴可幾，立即帶出輔導效果。允許自己及學生有足夠時間，尊重學生的改變速度，也是提高輔導效果之關鍵。

第一節 青少年問題形成之歷程

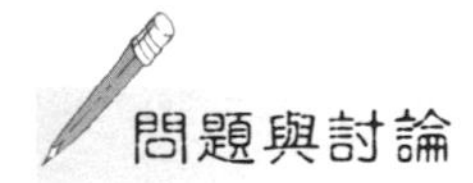

問題與討論

1. 你有能力輔導學生嗎？原因為何？

2. 輔導理論眾多，或許你已有不少輔導知識，從你所學的科目中，能否統整出輔導學生之架構（包括問題成因、成因背後之共同根源、如何會談、如何從會談中進行輔導、輔導之階段歷程為何）？
3. 青少年問題如何形成？

聽雨看著手中的學生資料，眉頭不由得皺了起來：「小風國二學生，男性；問題行為包括蹺課、逃學、上課不專心、打架、跟老師及同學起衝突；父母離異，爸爸在外地工作；小風目前跟祖父母住一起。

前一任輔導教師無法改變其行為，因為常常在輔導時間見不到學生人影，輔導教師得四處找人」。

聽雨看看前一任輔導教師名字後，心情沉重了起來。這位教師為人熱心，平常學生緣極好。如果連這位教師都沒辦法，自己更無能為力。

她憐惜這位學生的遭遇，也充滿幫助他的愛心。不過，她不知道如何著手。以前雖然修過相關課程，不過都是零零碎碎知識。她不是這領域專業，沒有足夠功夫將這些零碎知識整合成輔導架構。雖知道輔導學生是教師責任之一，但是沒有足夠知識與經驗，如何負責？總不能像開始識字的小朋友一樣，每一步驟、每個小細節都得靠專業輔導教師幫忙。一想到此便頭痛不已。

一、問題行為相關之問題模式

Freeman（1991）整理出解釋成癮行為的三種模式，這三種模式除了有助於了解青少年成癮問題外（如藥物成癮、網路成癮），也可以用來了解青少年其他行為問題。三種模式有相輔相成之功。

㈠適應模式

適應模式（adaptive model）強調過去經驗與問題行為之關係，將問題行為視為適應環境之行為。不良適應行為根源於過去成長經驗，例如教養方式不當、創傷經驗。治療方法以心理治療為主，其他方法為輔。

㈡生活方式模式

生活方式模式（way-of-life model）從社會學觀點看成癮行為，指個人在多重角色、多重壓力情況下，因為無法取得協調，而出現失衡現象。藥物（或問題行為）讓個人暫時脫離壓力，取得掌控，回到平衡狀況。因藥物（或問題行為）而獲得之暫時性平衡，對個人產生增強作用，以至於持續被使用。

治療方法在於改變個人生活方式，協助個人平衡各種角色，而不再依靠藥物（或問題行為）。此模式強調當前情境與問題行為之關係。

㈢疾病模式

疾病模式（disease model）將成癮行為（或問題行為）視為疾病，將問題行為之症狀，跟診斷標準相對照，以確定個人是否成癮或罹患心理疾病。治療方式以藥物為主，其他治療為輔。

二、青少年問題形成之歷程

以上三種模式可以看成成癮歷程（或問題形成歷程）之三階段（遠因→近因→結果或外顯症狀）。三種階段相互加強，形成複雜之互動關係，如圖 12-1 所示。

三種模式結合形成之歷程階段，不只用於解釋成癮行為，也適用於說明青少年問題行為之形成歷程：個人因早年經驗不良，使得自我調適歷程受阻、需求未滿足、發展任務未完成、缺乏重要因應技能，以至於自我力量（或內在力量）薄弱及人格脆弱，並逐漸以不良行為模式來適應。

在青少年階段，個人由於自我力量不足，無能力面對來自家庭、學校及社會之壓力，而惡化不良行為模式，最後出現各種行為問題或症狀（例如網路成癮、飆車）。茲將以上所述歷程圖示於圖 12-2。

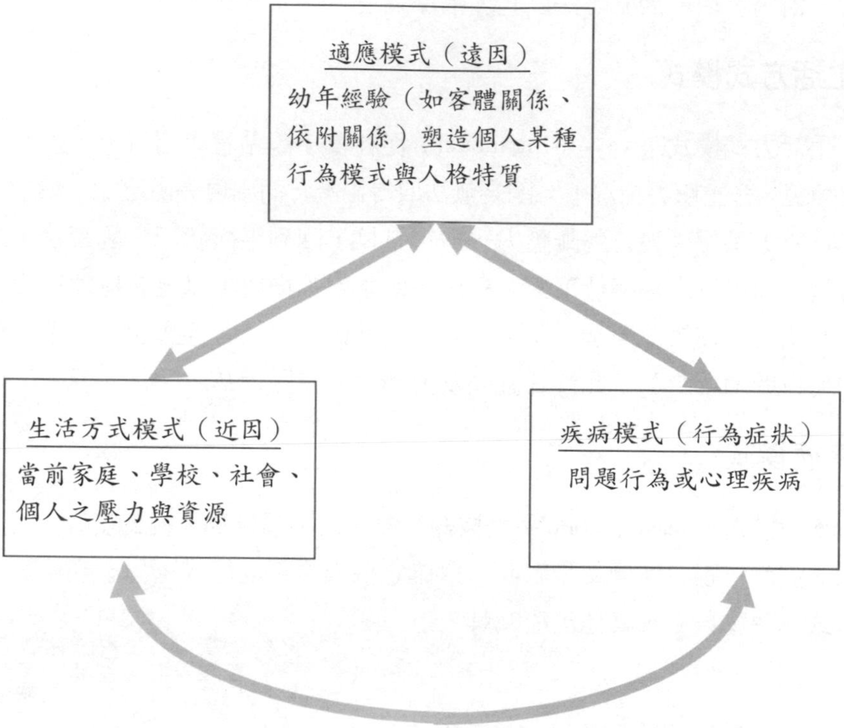

適應模式（遠因）
幼年經驗（如客體關係、依附關係）塑造個人某種行為模式與人格特質

生活方式模式（近因）
當前家庭、學校、社會、個人之壓力與資源

疾病模式（行為症狀）
問題行為或心理疾病

圖 12-1：不同問題模式之關係

㈠早年經驗與自我力量（或內在力量、保護性因子）

1. 需求滿足、因應技能、自我調適歷程及自我力量之循環

自我力量是保護性因子（例如安全感、信任感、價值感、希望、意志力、內在歸因等），形成於重要需求獲得滿足。例如真實自我被接納、被重視，而產生價值感。

跟需求滿足有關之理論包括：⑴完成心理社會理論中各階段之發展任務，代表需求獲得滿足，而培養出相關之自我力量；⑵依附理論中，安全型依附者因為照顧者滿足其需求（例如被保護、被關心、被了解、被接納、免於恐懼、被指導、良好示範等），而發展出多種正向特質（例如善用外在資源、對自我及他人具信任感），這些特質便是自我力量；⑶ Maslow 需求層次論中，每一種需求之滿足，便會轉化成某些自我力量。從 Maslow 需求層次論

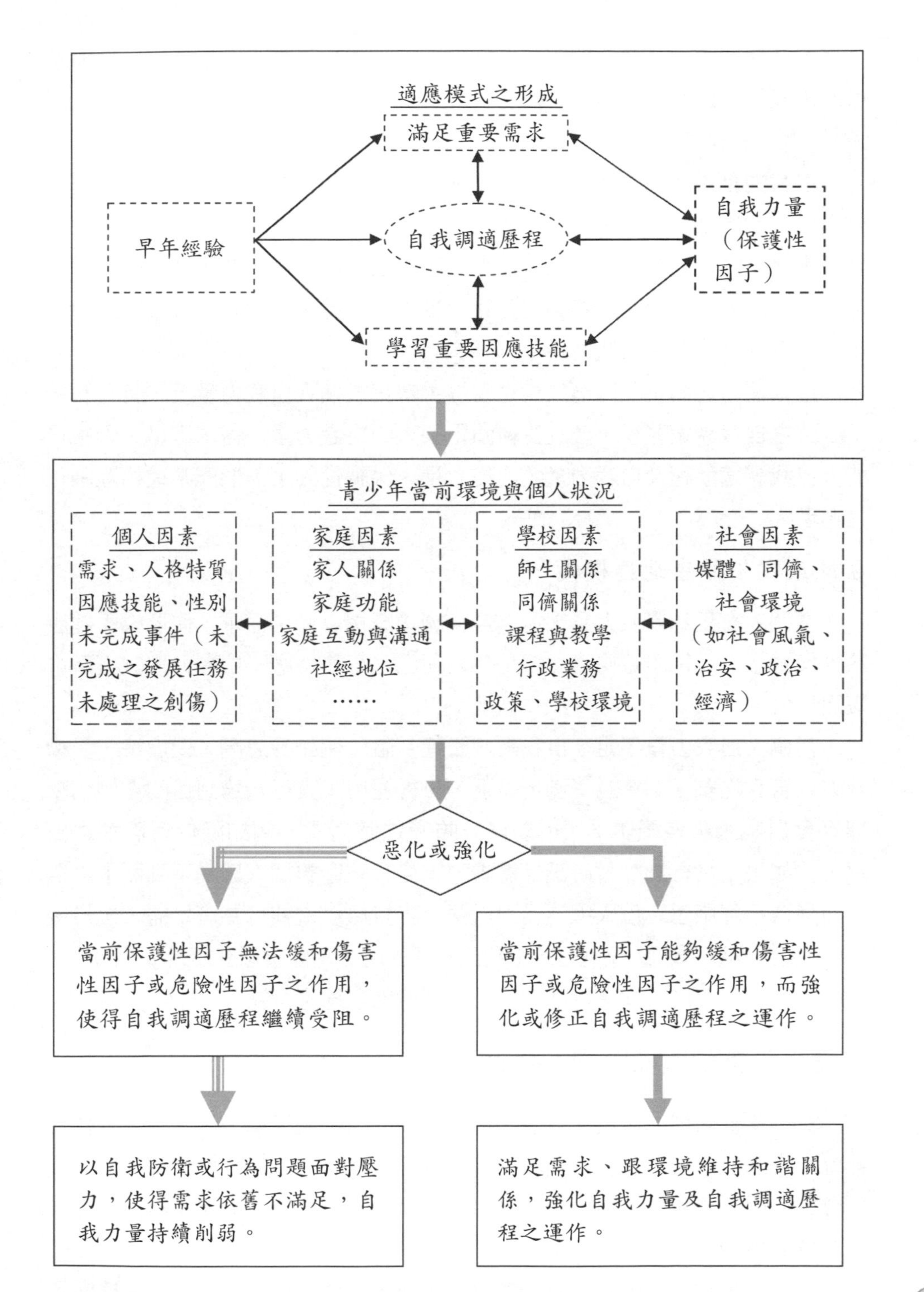

圖 12-2：青少年問題形成之歷程

來看，行為問題（或適應問題）之青少年，除了生理需求滿足外，其他需求可能未滿足，因此自我力量薄弱。其實，這是一般行為問題青少年之共同現象。

自我力量透過三種管道形成：⑴個人小時候依賴父母滿足需求。需求獲得滿足，代表某些自我力量被塑造成形；⑵父母滿足個人需求時，示範了滿足需求之方式及重要因應技能。個人從觀察體驗中習得這些因應技能及滿足需求的健康方式，而進一步強化自我力量；⑶父母刻意培養子女某些能力或技能，以提高子女之自我力量。

重要需求之滿足及因應技能之習得，轉化成個人自我力量後，將有利於下一波之自我調適歷程，並且持續強化個人的自我力量。需求滿足、因應技能、自我調適歷程及自我力量（內在力量、保護性因子）形成某種相互強化之循環。

2.健康與不健康適應模式

當個人有足夠自我力量來運作自我調適歷程以滿足需求，便形成「健康適應模式」。「健康適應模式」是利人利己之行為反應，由類似經驗不斷重複而形成。

當個人自我力量不足，自我調適歷程受阻（例如受忽視、受虐待、受權威方式管教之孩子），為了滿足需求，只得運用不良行為達到目的（例如壓抑真實自我來獲取讚美），或以自我防衛逃避需求（例如降低對需求之敏感）。如果不良行為能暫時滿足需求，或自我防衛讓個人感受不到需求之存在而降低不舒服感，個人因為受到增強，將持續以這種行為滿足需求，最後形成利己不利人或利人不利己或不利己不利人之「不健康適應模式」。因此，青少年所有健康或不健康行為，都是適應環境之適應行為。

㈡青少年當前環境與個人狀況

青少年當前環境與個人狀況，可分為四方面，包括個人、家庭、學校及社會。家庭、學校及社會之相關因素已在前幾章詳細說明。在家庭、學校及社會環境中，可能具有對青少年有利之保護性因子，也可能充滿對青少年不利之危險性因子或傷害性因子。

至於青少年個人因素，包括青少年性別、人格特質、需求、因應技能、適應模式等。

1. 家庭、學校及社會中之保護性因子

以不健康適應模式因應之兒童成為青少年後，如果家庭、學校或社會提供保護性因子，協助青少年修正過去不良經驗造成之傷害（例如提供關心、技能教導、肯定其價值、成功經驗），青少年便能找回兒童期失去之自我力量，修通受阻之自我調適歷程，以健康行為滿足需求及適應環境。

對於早年已健康成長之青少年，家庭、學校及社會之保護性因子，可以強化早年構築之自我力量。

2. 家庭、學校及社會中之危險性或傷害性因子

以不健康適應模式因應之兒童成為青少年後，如果家庭、學校或社會帶給青少年危險性或傷害性因子，將惡化青少年原先不健康適應模式，而引發青少年行為問題，例如飆車、藥物上癮、暴力傷人、犯罪。

總而言之，青少年本人、家庭、學校及社會所蘊含之保護性、危險性及傷害性因子之互動，塑造了青少年之適應行為。

第二節　青少年問題之輔導模式

1. 輔導效果不顯著的可能原因為何？如何處理？
2. 從接案到結案之輔導歷程為何（請整合過去所學，形成個人之輔導架構）？

要有輔導效果，需要一些要素配合。要素不足或配合不良，輔導效果便有限。在這些要素中，最常被談論的兩方面，便是當事人及輔導者。以下從當事人及輔導者因素談論輔導效果不顯著的可能原因，再說明青少年問題之輔導模式，以作為輔導教師之參考。

一、輔導效果不顯著之可能原因

Prochaska、DiClemente與Norcross（1992）認為，輔導失敗的可能原因，當事人部分包括：不適當或缺乏受輔動機、抗拒輔導、自我防衛、沒有能力建立關係。輔導員部分包括：缺乏輔導技術、輔導理論與關係技術。以上這些要素，對輔導效果有舉足輕重之影響，詳述如下。

㈠青少年部分（當事人）

1. 不適當或缺乏受輔動機

青少年沒有受輔動機，便不會有輔導效果。對於缺乏受輔動機之青少年，輔導教師須先處理動機問題，而非青少年行為問題。有時候缺乏受輔動機，跟青少年原先的行為問題有關。因此，處理青少年受輔動機，也等同處理青少年行為問題。

有些青少年願意接受輔導，不表示青少年有此動機，而是為了達到某種目的，例如利用接受輔導來逃避某些課程。這類青少年的逃避行為，可能跟原先的行為問題有關。因此了解及提高青少年受輔動機，是輔導要項之一。

2. 抗拒輔導

在輔導一開始，有些青少年即出現抗拒，例如非自願個案。這些青少年通常不認為自己需要輔導，或認為接受輔導似乎標示自己有問題，或因為抗拒權威，或其他原因。沒有先處理青少年抗拒之心態，便不會有輔導效果。

另有一部分青少年在輔導一段時間後才出現抗拒，這類抗拒通常來自於青少年對改變之害怕。抗拒之出現，通常象徵輔導已有進展，而且進入某一關鍵階段。

青少年的抗拒，是青少年問題的一部分，也是處理的要項之一。輔導教師須針對青少年不同類型之抗拒，以提供適當處理。

3. 自我防衛

輔導效果通常產生於突破青少年之自我防衛。誠如前一節所言，青少年使用自我防衛，是因為當時無法使用健康方式適應環境，而不得不採行之辦法。突破青少年之自我防衛，才能協助青少年覺察自我問題、需求及情緒，以及修改不健康之適應模式。

自我防衛的方式很多，不只包括 Freud 所提的幾種。輔導教師可透過閱讀、觀察、諮詢、接案、自我成長等途徑中學到。

4.沒有能力建立關係

有些青少年沒有能力跟他人建立關係，這是因為在其成長過程中，學到不健康或不正確之人際互動模式，而在類似情境中，一再重複使用。例如跟父親關係冷漠，便以冷漠態度對待男教師。或是親子關係充斥衝突，而複製衝突於師生互動中。

青少年在受輔過程中，其人際模式會呈現在輔導歷程中，而對輔導的進行造成諸多起伏。協助青少年修正不正確之人際模式，不但恢復其建立關係能力，輔導效果也呈現於其中。青少年不尊重教師或難以管教，有時候並非有意為之，而是其人際模式使然。

㈡輔導教師部分

1.缺乏輔導技術

熟練輔導技術是對輔導教師最基本之要求。輔導跟一般談話不同，需要依賴專業之會談技術。輔導通常涉及青少年的行為改變，需要專業輔導技術來協助。將輔導當成一般談話，用規勸、安慰、建議，甚至威脅利誘來改變青少年行為者，通常得不到輔導效果。

2.缺乏輔導理論

每一個輔導理論都論及對人性之看法、問題如何形成及該如何處理。實施輔導時，必須有理論架構為依據，就像建造房子要有藍圖一樣。輔導教師（一般教師）不知如何著手，原因之一，在於沒有適當的理論架構可遵循。

輔導教師可以依循某一理論，或綜合個人的生命歷程經驗、所受之訓練及輔導經驗，形成自己的輔導架構。本章所提之架構，綜合不同理論及相關研究結果，以作為輔導教師之參考。

3.缺乏關係技術

輔導的第一步，在建立良好輔導關係（或諮商關係），輔導效果以良好輔導關係為基礎而產生。建立良好輔導關係，有賴輔導者善用會談技術（例如同理心技術）、輔導者對當事人之關懷、輔導者之成熟度。雖然這些特質需要時間來磨練，但是輔導教師可以先從熟練會談技術著手，會談技術往往是營造良好輔導關係之基礎。

以上所提及各項，有助於輔導教師遇到瓶頸時，進行評量與省察。輔導無效，問題往往在於輔導教師身上，而不是學生。

二、青少年問題之輔導模式

Prochaska等人（1992）提出一行為改變模式，將行為改變歷程分為五個階段。以下說明行為改變模式各階段內涵，並配合輔導實務，提出建議事項。此外，依據「自我調適歷程」，輔導教師必須對每一階段進行「監控及調整」，才能產生最佳輔導效果。

㈠籌畫前階段（precontemplation）

在可預見之將來，學生沒有改變之意圖，或未覺察自己有問題，其行為包括以下特徵：

1.學生不認為自己有問題，沒有意圖改變行為。

2.學生未覺察自己有問題，可是身旁的人覺得學生有問題。

3.學生之所以尋求輔導或治療，是因為被他人強迫而來。

4.學生如果有改變，是因為外在壓力強迫。當外在壓力消失，學生便故態復萌。

建議事項：

1.建立良好輔導關係：沒有良好輔導關係，不可能有輔導效果（如何建立良好輔導關係，請見相關書籍）。「建立良好輔導關係」是輔導的第一步。

有時候良好輔導關係不容易建立，這是因為學生的人際模式不健全所致。因此，輔導教師除了熟悉關係建立技術外，還要有足夠耐心。

2.評量學生對問題的覺察度：大部分學生對問題的覺察停留在表象上，看不到深層問題，或是因為使用自我防衛而認為自己沒有問題。如果雙方有良好輔導關係，學生通常願意放下自我防衛，而提高覺察問題之能力。

3.評量學生受輔動機：如果學生缺乏動機或動機不正確，須先處理動機問題。

4.處理非自願學生：非自願學生通常沒有動機，因此出現抗拒、防衛等行為，不先處理這部分問題，下一步驟便難進行（處理非自願個案請見相關書籍）。

須強調一點，在中學階段，大部分個案都是非自願個案，因此輔導教師必須熟悉處理非自願個案之方法，特別是會談技術之熟練。

㈡籌畫階段（contemplation）

1.學生已覺察到自己受問題困擾，認真考慮想要改變，但是未下承諾，因此未採取行動改變。

2.學生掙扎於問題帶來之好處及改變必須付出之代價。有些人可能會卡在此階段相當長一段時間。

建議事項：

1.該階段是輔導之關鍵階段，工作包括協助學生自我探索，以了解問題之根源。不過，要深入了解問題根源，通常須探索過去經驗，甚至早年經驗。

若輔導教師依據的理論不需要探討過去經驗（例如現實治療法），則依據自己的理論進行。

2.輔導教師可使用熟悉之輔導理論及輔導方法協助學生自我探索。探索的層次須深入學生的內心世界，以了解學生之想法、情緒及事件對學生之意義，才能協助學生覺察問題，了解需要（重點在於找出學生早年未滿足之需求。早年未滿足之需求，通常直到目前，仍舊處於未滿足狀態，最常見的是被愛、被重視、價值感等需求）。

3.學生不願意改變的可能原因，例如：不習慣改變後之狀況、不知道改變後可能之後果、自我力量不足、因應技能不足、需要足夠之外在支持或資源協助。查明原因後才可能強化學生改變之動機。

此外，分析學生改變行為所需之能力或技能，提供適當訓練，以加強其改變之動機。

4.有些學生可能處於猶豫不決之衝突，這部分需要輔導教師來協助。目前大都使用理性分析方法，但是有時候可能需要配合情緒取向之處理方法，例如空椅法。因此輔導教師須熟悉處理學生兩難衝突之技能。

5.有時候學生的兩難衝突只是問題表象，因此須協助學生進一步自我探討。

(三)準備階段（preparation）

學生計畫在最近將來採取行動進行改變，或許過去曾嘗試使用一些方法，但沒有成功或沒有達到預定之標準。其行為特徵如下：

1.有意圖採取行動改變行為。

2.在態度與行為上，準備改變行為。

3.在採取行動之邊緣。

4.評量改變行為之優缺點時，看到的優點多於缺點。

建議事項：

1.當學生有足夠動機採取行動改變時，需要有詳細計畫及執行計畫能力，因此須教導學生這方面技能，例如規畫、評量、執行、作決定、抗拒誘惑、情緒調適、解決問題等。

2.學生採取行動之前，需要有角色扮演，觀察典範行為等機會，以熟悉執行歷程或改變歷程，並增強其改變之動機與信心。

3.強化學生造成改變所需之因應技能及保護性因子，以提高學生執行計畫之動機。

4.良好之計畫，必須有機會讓學生由成功經驗中，提高改變之動機。

5.將家長、教師及同儕組成合作小組，以布置有利學生改變之環境。

6.提供家長、教師及同儕效能訓練，成為協助學生改變之助力。

(四)行動階段（action）

學生採取行動，行為改變達到可接受之標準，或明顯地努力以求改變。其行為特徵如下：

1.承諾改變，並採取行動。

2.願意使用已決定好之策略改變行為。

3.努力改變行為、經驗或環境以克服問題。

建議事項：

1.學生有成功經驗時應提供適時獎勵，以強化其信心與動機，並鼓勵學生自我獎勵。

2.進行監控及配合執行結果進行調整，例如檢查學生是否有足夠必備技能、目標是否太高，以避免學生負面歸因。

3.提供學生足夠之心理支持，並處理突發問題。

4.處理抗拒改變之力量。改變代表基模重組，可能帶來本人及外在環境之抗拒。因此由小改變累積成大改變，抗拒力量可能較小。

5.逐漸將行為改變之責任轉交給學生。

㈤維持階段（maintenance）

學生維持改變達六個月以上。其行為特徵如下：

1.預防復發、穩固行動階段產生之改變。

2.學生故態復萌的行為次數不斷減少。

建議事項：

1.協助學生警覺復發線索及熟練處理之方式。

2.允許原先行為模式再次出現。改變並非一蹴可幾，學生在改變過程中，原先行為模式再次出現，並非改變失敗，而是正常現象。只要新行為模式持續的時間逐漸加長，舊行為模式出現的次數降低，便是改變成功。

3.當學生自我力量逐漸加強後，新的行為模式才能逐漸穩固。

4.評量學生維持改變所需之保護性因子是否足夠。

5.協助學生使用自我管理技能（自我計畫、自我監控、自我調整、自我獎勵等行為），為目前及未來的行為改變負責。

以上所提之架構及建議事項，無法鉅細靡遺包含各種狀況。學生有不同樣貌，輔導歷程中出現的現象也不盡相同。輔導教師必須不斷自我成長及藉助學校諮詢資源來幫助自己。

第三節 案例應用

問題與討論

1. 以下故事所述，小風經歷哪些創傷經驗？
2. 創傷經驗帶來了哪些危險性或傷害性因子？阻礙小風哪些需求之滿足？
3. 小風採用哪些自我防衛壓抑情緒及需求，以封閉創傷？
4. 小風未滿足之需求跟問題行為有何關聯？
5. 輔導教師該如何輔導小風？如果以自我調適歷程及前一節所提之行為改變模式來輔導小風的話，該如何進行？
6. 哪些保護性因子有利於小風改變行為？

小風國小三年級時父母離異。離異前持續的家庭風暴，就像午夜夢魘，讓他驚恐萬分，卻無能為力。有一次從門縫裡見到父母親暴力互毆的場景，被驚起的情緒哽在喉嚨讓他啞口無言，緊抓門把的手竟僵硬得無法鬆弛。之後，父母的吵架聲，總讓他腦袋空白，雙手不聽使喚地用力交握。

父母協議離婚時，雖然吵架聲不似以前強烈，但他隱約感受到莫名的大禍臨頭，並且不時被疑惑、不安交織的恐慌層層圍困。這種感覺，一再地在上課時候入侵，然後霸占他的心思。即使作功課時，也會突然神識出竅，然後一次次帶著未完成的功課上學。

父母的離婚，他被強制跟母親分離，沒有任何選擇的權利，也沒有發言的自主，他覺得自己像是被隨意擺弄的物品一樣不被重視。

沒有媽媽的日子，他有好長一段時間心裡不舒服，他無法形容那些感覺，只覺得心口很悶、很重，坐立難安。頓失依靠的不安及浮躁，在一堆堆學校壓力的煽風點火下，像是滾燙的熱水，隨時想爆裂鍋蓋衝出。

小風不清楚為何有一天爸爸決定到外地工作，然後將他丟給祖父母。他再次感到自己像是物品一樣，會被隨意丟棄。祖父母盡責地照顧他的生活起居，但是他總覺得少了什麼似地，因為他的世界跟他們的世界沒有交集。

不知從什麼時候開始，他強烈地想逃離學校。一次次退步的成績，一滴滴消失的自信，讓學習成了罩頂的壓力；同學們愈來愈陌生的眼光，老師一次次犀利的言詞，學校在他眼中竟成煉獄。因此他討厭上學，能逃則逃，能躲則躲。

認識小保後，他才開始覺得有人在乎自己，才感受到能抓住一絲歸屬。小保到處作威作福讓學校惱怒，看在他眼裡竟有種莫名的感動。為何感動他說不清楚，或許惱怒這些權威人物，才感受到自己畢竟有點力氣。

一、案例分析

進行輔導時，輔導教師一方面蒐集資料，一方面依據理論及資料形成假設，再根據假設進行處理。晤談時必須深入學生的內心世界，否則蒐集到的只是表面資料，無法進入問題核心，對學生也沒有幫助。同樣都是父母離異，但是每位父母離異的學生，體驗到之歷程、情緒、想法、需求及對問題之詮釋可能不同，造成的影響便不一樣，輔導教師的處理方式、處理重點也就不同。這就是為何輔導不是問學生一些表面問題蒐集資料而已。

如何深入學生之生命經驗？一方面依據諮商技術深入談話內容，另一方面由理論架構導引談話方向、形成假設及進行處理。

從以上小風之經驗，已經顯示輔導可以介入之處（注意：不同輔導理論可能有不同看法），或許再深入探討之後，可以帶來更多發現。

㈠小風的創傷經驗

小風的創傷經驗包括：父母長期吵架、目睹父母暴力行為、父母離異被迫跟母親分離、在不知情情況下父親突然到外地工作而跟父親分離。

這些創傷經驗跟小風的行為問題關係密切，請見本書第二章第三節「父母婚姻衝突」。

(二)創傷經驗跟危險性或傷害性因子、未滿足需求之關係

可以從幾方面來說：第一，小風父母婚姻不美滿，無法照顧小風需求，使得小風的自我調適歷程無法順利完成，自我力量無法凝聚。從 Maslow 需求層次論來說，除了生理需求外，其他需求（例如安全、愛與隸屬、自尊）均未滿足。

「安全需求」除了指物理空間之安全外，還包括心理安全感，涉及穩定、依賴、保護、免於害怕、免於焦慮、免於混亂、有結構性、秩序性、有法則、有限制之心理環境及有力之保護者等（Maslow, 1970）。

「愛」的感覺來自於被關心、支持、重視、被了解。「隸屬」的感覺來自於跟他人有連結，這連結給了自己依靠與力量，就像有了擋風避雨的港口一樣。

「自尊」產生於覺得自我有價值、有信心、有效能感、勝任感、喜歡自我及接納自我。

第二，父母暴力創傷經驗帶來另一波傷害，除了強化需求未滿足狀態外，另增多了其他未滿足需求。小風在創傷經驗中，經歷了無助、憤怒、驚嚇、恐懼、焦慮、悲傷、孤獨、孤立等情緒。每一種情緒都帶有表達之衝動（即表達情緒之需求），而每一種情緒背後都有需求相連，例如無助情緒跟「渴望被保護、被幫助、被支持、被了解、掌控環境」等需求有關。由於情緒沒有表達的機會，相關需求便無法凸顯而被覺察及滿足。以上各種需求長期被壓抑，而製造更多未滿足需求，使得小風的自我力量一再被削弱。

第三，從Erikson心理社會發展論的觀點來說，小風在不同階段的發展任務，也因為父母婚姻不良及創傷經驗，而沒有順利完成。第四，小風在父母婚姻衝突中，不但看不到良好典範行為，甚至學到處理衝突之不良模式。

總而言之，小風的成長環境，危險性及傷害性因子，多於保護性因子，致使小風的自我調適歷程受阻，需求無法獲得滿足，發展任務無法完成，缺乏有效因應技能，以至於自我力量薄弱。

㈢小風用哪些自我防衛壓抑情緒、需求以封閉創傷

小風降低痛苦的方式之一，便是使用自我防衛。故事中小風的自我防衛有「讓腦筋空白」（心理的防衛）、「雙手用力交握」（身體的防衛）、「心口很悶、很重的感覺」（降低覺察敏感度而感受不到情緒及需求存在）。此外，只要專注與傾聽小風的語言與非語言行為，必可以發現更多的自我防衛。

輔導要有效果，必須突破當事人之自我防衛。當事人卸下自我防衛後，才有能力看到問題，以及相關的情緒與需求，而後產生改變之動機。

㈣小風未滿足之需求跟小風問題行為間有何關聯

可以從兩方面來談：第一，小風因需求未滿足，沒有足夠自我力量，無法因應壓力（例如學校課業），於是以自我防衛逃避，最後造成問題行為，例如逃學、蹺課、跟同儕及教師起衝突。

第二，以不良行為滿足需求。例如小風透過跟教師及同儕之衝突，或目睹小保的作威作福，來滿足掌控環境之需求以消除無助感；或是透過跟師長之衝突來發洩對父母之憤怒；以不良同儕小保為友，滿足歸屬感需求。

㈤輔導教師該如何輔導小風？哪些保護性因子有利於小風改變行為？

輔導教師須協助小風處理創傷經驗，抒解相關情緒，滿足需求、完成發展任務、學習因應技能。這部分的處理，不同理論有不同處理方法。此外，相關需求之滿足還可以透過其他途徑：

1. 協助小風父母及祖父母了解小風之需要，並教導他們如何關心小風、提供支持，滿足小風依賴感、歸屬感、安全感。

2. 透過師生及同儕互動，滿足小風自尊、愛與隸屬、安全感需求。

3. 布置情境，協助小風透過學業上之進步，獲得成就感，滿足自尊需求。

4. 安排良好同儕與小風為伍，成為小風在某些方面之學習典範。

5. 培養小風重要之因應技能，例如情緒調適、善用外在資源、抗拒誘惑、自我管理、問題解決、溝通等技能。

以上各點所提都可以形成小風的保護性因子，強化小風之自我力量，協助小風改變行為。

小風行為問題診斷分析圖如圖 12-3。

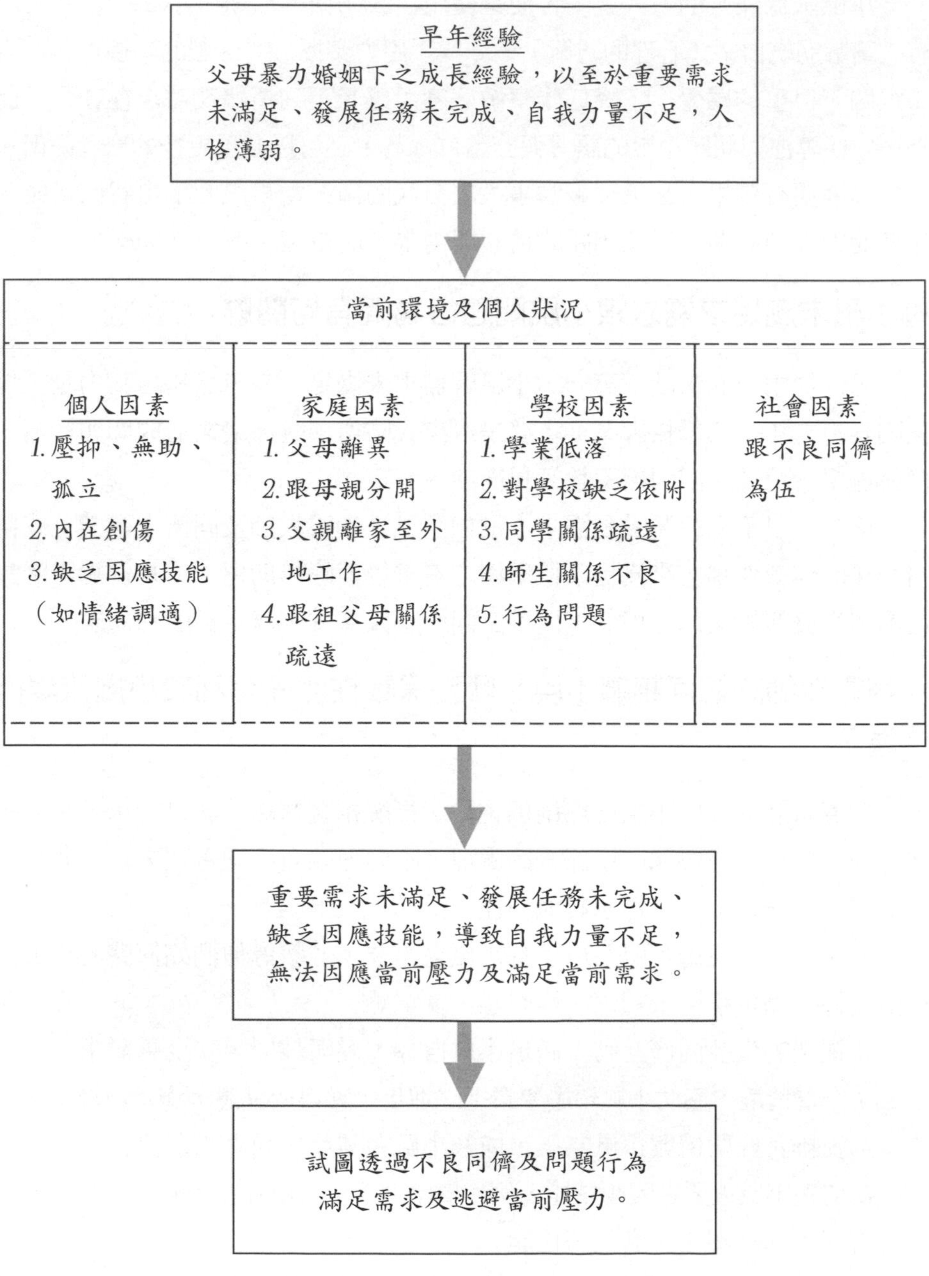

早年經驗

父母暴力婚姻下之成長經驗，以至於重要需求未滿足、發展任務未完成、自我力量不足，人格薄弱。

↓

當前環境及個人狀況

個人因素	家庭因素	學校因素	社會因素
1. 壓抑、無助、孤立 2. 內在創傷 3. 缺乏因應技能（如情緒調適）	1. 父母離異 2. 跟母親分開 3. 父親離家至外地工作 4. 跟祖父母關係疏遠	1. 學業低落 2. 對學校缺乏依附 3. 同學關係疏遠 4. 師生關係不良 5. 行為問題	跟不良同儕為伍

↓

重要需求未滿足、發展任務未完成、缺乏因應技能，導致自我力量不足，無法因應當前壓力及滿足當前需求。

↓

試圖透過不良同儕及問題行為滿足需求及逃避當前壓力。

圖 12-3：小風行為問題診斷分析圖

二、案例輔導歷程（結合自我調適歷程及行爲改變模式之輔導歷程）

輔導之進行，目的通常在去除自我調適歷程之阻礙，因此，五階段行為改變模式須跟自我調適歷程相結合。兩者之關係圖示如圖 12-4。

學校中被認輔之青少年，多數為非自願個案，而一般接案教師大多為非輔導專業教師，對於行為改變歷程並不精熟。因此，Prochaska 等人（1992）之模式與自我調適歷程之概念，可作為一般教師輔導學生之參考架構。

對於小風問題之處理，不同理論架構可能有不同意見。表 12-1 只是參考性作法及原則性描述，詳細之實施歷程留給學習者以團體方式進行討論。

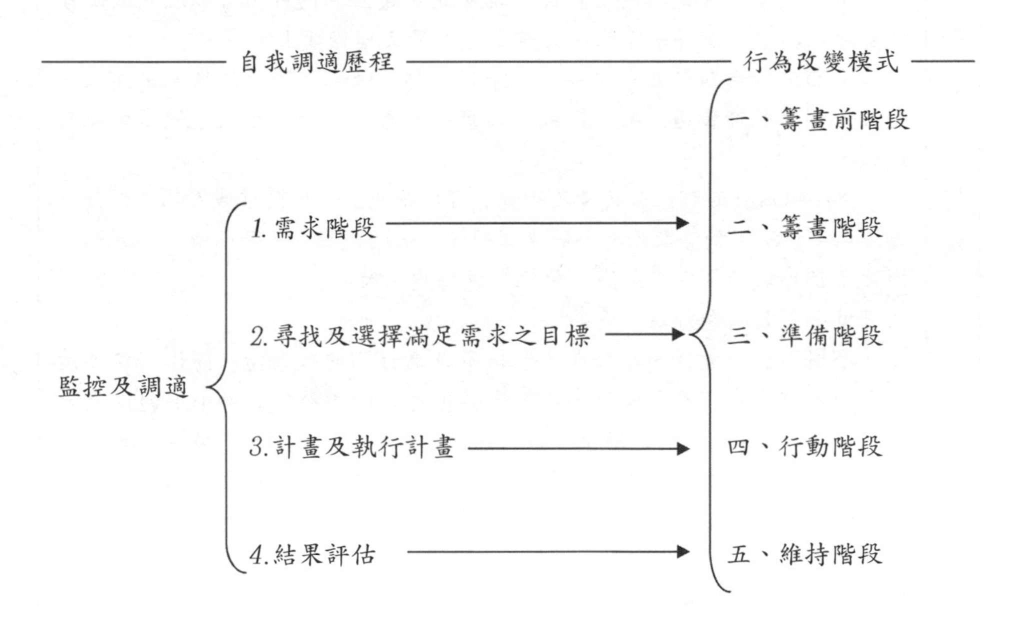

圖 12-4：自我調適歷程與行為改變模式之關係

表 12-1：輔導小風行為改變之歷程

<table>
<tr><th colspan="2">輔導改變之歷程</th></tr>
<tr><td></td><td>輔導重點
1.建立良好輔導關係。
2.處理小風創傷經驗（父母暴力、父母離婚、母親離去、父親至外地工作）。
3.滿足小風未滿足之需求。
4.協助小風完成過去及當前未完成之發展任務。
5.學習重要因應技能。
6.改善親子關係、師生及同儕關係。
7.提供同儕選擇訓練。</td></tr>
<tr><td>監控與調適歷程</td><td>一、籌畫前階段
1.跟小風建立良好輔導關係
良好輔導關係是治療之關鍵。輔導關係建立的過程，當事人的人際模式會涉入其中，使得輔導關係之建立，呈現某種程度上之困難。
大部分行為問題之青少年，人際模式都待修正，因此輔導關係建立之過程，輔導教師會遇上某些挑戰。如果輔導教師不加以克服，輔導將難有成效。
從小風成長過程及對父母之知覺，可以推測，小風對權威人物不信任、充滿衝突情緒。輔導教師跟小風建立輔導關係的過程中，將面臨一些難題。因此，輔導教師須以「無條件積極關愛態度」待之。
2.評量小風對問題行為之覺察
小風可能未覺察問題存在，包括不認為自己的行為傷人傷己、看不清問題行為與需求滿足之關係、不知道其他有效的因應方式。小風對問題未覺察，一方面來自於自我防衛；另一方面來自習慣以不適應行為模式應對。
即使小風不認為行為有問題，輔導教師也要尊重其想法。以無條件積極關愛方式跟小風接觸，可以協助小風放下自我防衛，提高問題覺察力及建立輔導關係。
3.評量小風受輔動機
如果小風不認為行為有問題，便沒有受輔動機。
4.評量協助小風改變所需之因應技能及保護性因子
例如表達情緒及需求、抗拒誘惑、問題解決、作決定、善用外在資源、自我管理。</td></tr>
</table>

（接下頁）

（續上頁）

<table>
<tr><td rowspan="2">監
控
與
調
適
歷
程</td><td>二、籌畫階段
1.協助小風自我探索
輔導教師可依據選擇之理論來進行。探索主題包括父母施暴及離婚之創傷經驗、需求未滿足與發展任務未完成之阻礙經驗、未滿足之需求與問題行為之關係、親子關係、師生與同儕關係。
2.協助小風探索滿足需求的可能途徑，以提高小風改變之動機
例如跟良好同儕為友、表達情緒及需求、學習因應技能。
3.處理改變與不改變之衝突
協助小風處理「改變與不改變」之衝突，以提高小風改變之動機。
4.培養小風造成改變所需之因應技能及保護性因子
例如讀書策略、表達情緒及需求、抗拒誘惑、問題解決、作決定、善用外在資源、自我管理。
5.提供小風同儕選擇訓練，避免小風繼續受到不良同儕影響。</td></tr>
<tr><td>三、準備階段
1.擬訂改變計畫
跟小風一起擬訂行為改變計畫，以滿足需求、完成發展任務、學習因應技能、防止問題行為再度發生為主，並且賦予小風為自我問題負責之責任感。
2.訓練小風執行計畫所需之技能
可能包括蒐集資料、作決定、解決問題、挫折忍受、抗拒誘惑、情緒調適、表達自我、評量結果、調整計畫、善用外在資源、自我管理等技能。
此外，以角色扮演、提供觀察典範等方式，協助小風熟悉改變之歷程及強化執行計畫所需之技能。
3.善用其他資源
適當分配家長、學校及同儕之協助角色及工作任務，以降低環境中傷害性或危險性因子，以及增加保護性因子。
4.提供父母、相關人員效能訓練
提供父母、相關人員（例如導師、同儕）效能訓練，以成為小風改變行為之助力。
5.繼續培養小風重要因應技能及保護性因子
例如抗拒誘惑、情緒調適、問題解決、毅力、希望、溝通、自我了解、自我接納、自我管理等技巧。</td></tr>
</table>

（接下頁）

（續上頁）

監控與調適歷程	四、行動階段 1.當小風有成功經驗時，應提供適時獎勵，以強化其信心與動機。 2.小風執行計畫時，須隨時進行監控及調整，以符合實際狀況需要。輔導教師須在旁指導。 3.小風遇挫折時，協助小風避免負面歸因。 4.提供小風足夠之心理支持，並隨時處理突發問題。 5.處理抗拒改變之力量。 6.持續加強必要之因應技能及保護性因子。 7.逐漸將行為改變之責任轉交給小風。
	五、維持階段 1.協助小風警覺復發之線索及熟練處理方式。 2.繼續協助小風抗拒不良同儕之誘惑。 3.協助小風以接納態度面對復發，只要新行為模式持續之時間加長，便是改變成功。 4.持續加強維持改變所需之因應技能及保護性因子。 5.鼓勵小風使用自我管理技能：自我計畫、自我監控、自我執行、自我調適及自我獎勵，學習為自我行為負責之態度及能力。 6.鼓勵小風在必要時尋求協助資源。

本章摘要

第一節　青少年問題形成之歷程

1. 青少年問題通常經過長時間轉化而成，此歷程分為遠因→近因→問題行為或症狀。該歷程結合適應模式、生活方式模式及疾病模式。
2. 遠因是指早年經驗。早年經驗造成「需求未滿足、缺乏因應技能、自我調適歷程受阻、自我力量削弱」之惡性循環及不健康適應模式。
3. 近因是指青少年當前環境與個人狀況，來自個人、家庭、學校及社會。
4. 家庭、學校及社會若能提供保護性因子，便可以強化或修正青少年自我調適歷程，滿足青少年需求，增強青少年自我力量。
5. 家庭、學校及社會若提供危險性或傷害性因子，便會惡化青少年早年之傷害，進一步削弱青少年之自我力量，致使青少年以行為問題來適應環境。

6. 青少年行為問題，是為了滿足需求、適應環境，但自我力量不足所致。

7. 健康適應模式可以利人利己，不健康適應模式利己不利人，或利人不利己，或不利人不利己。

第二節　青少年問題之輔導模式

1. 輔導失敗的可能原因，當事人部分有：缺乏或不適當之受輔動機、抗拒輔導、自我防衛、沒有能力建立關係。在輔導者方面有：不適當之輔導技術、輔導理論及關係技術。

2. 結合「自我調適歷程」及「行為改變模式」，可形成輔導青少年行為改變之參考架構，包括五個階段及監控調適歷程，五個階段分別為：籌畫前階段、籌畫階段、準備階段、行動階段及穩固階段。每個階段有其特色。輔導教師可以依其特色，擬出適宜之輔導策略。

第三節　案例應用

1. 籌畫前階段工作包括：建立良好關係、評量學生對問題之覺察、接受輔導之動機。

2. 籌畫階段工作包括：協助自我探索，覺察問題，提高行為改變之動機、評量應具備之因應技能及保護性因子。

3. 準備階段工作包括：擬定改變計畫、訓練實行計畫所需之技能、善用外在資源、布置利於改變之情境、提高相關人員效能訓練。

4. 行動階段工作包括：提供適度獎勵強化改變信心及動機、調整計畫、提供心理支持、強化保護性因子等。

5. 維持階段工作包括：接納改變由不穩定逐漸穩定之現象、預防復發、強化自我負責行為。

6. 每個階段進行時，必須隨時加以監控及調適。

第十三章

青少年自傷、自殺問題與輔導

青少年正值生命黃金期，色彩繽紛的人生才剛揭幕，美好的未來等著去實現，但是有些青少年卻一再自我傷害，或選擇拋棄家人走入死亡。如此踐踏身體與生命，除了令父母、師長欷歔感嘆外，社會大眾也難掩義憤填膺之無奈。不過，如果仔細探討，大部分自傷（self-mutilation）及自殺（suicide）青少年，背後都有令人心酸之事件。

依據行政院衛生署（行政院衛生署網站，2003）統計資料顯示，2002 年死於自殺人群中，十五至二十四歲組自殺死亡率，有微幅上升趨勢。王淑卿（2004）對 762 位國中生研究發現：有自殺意念者高達 23%，女生比率高於男生；曾經企圖自殺者 14%，男生 6.9%，女生 7.1%。

吳美玲（2003）研究進一步呈現青少年自殺問題之嚴重性：266 位大專生中，最近一週內曾有自殺意念者 83.5%，其中自殺意念一閃而過者 95%；過去曾自殺者 6.3%，上次企圖自殺時想死意願頗高者 14.3%，隱瞞自殺意圖者 57.1%。

此外，受調查的 3,848 位大專院校學生中，過去一年曾自殺者有 10.2%（HiNet新聞網，2004）；427 位偏差青少年中，認為自殺是解決問題方法者有 28.5%（統計新聞網，2004）。國內青少年自殺增加率雖沒有歐美國家嚴重，但是比其他年齡層高（大紀元網站，2004）。

青少年自傷方面，269 位台南國小生樣本中，過去一年曾傷害自己者 8.9%

（HiNet新聞網，2004）；427 位偏差青少年中，曾經想自傷者 45%（統計新聞網，2004）。曾因好奇心作祟，有 6 位國中生集體自殘（奇摩新聞網，2006）。

自傷者在一年內，再次自傷之比率為 15%至 25%（郭峰志，2001）。因為自傷為重複性行為（Briere & Gil, 1998），再次自傷者，可能會持續自傷。

是什麼原因讓青少年視身體、生命如敝屣，而毫不珍惜地傷害與輕拋？青少年在自傷、自殺前有什麼徵兆？內在世界又是如何，才讓他們毅然決然地作了永不回頭之決定？

第一節 自傷與自殺行為之差別

1. 如何定義青少年自傷與自殺行為？
2. 自傷與自殺行為有何異同？

⇛ 自傷行為

每當李燕遇到挫折時，便會觸動深藏的諸多情緒。情緒一經引爆，就猶如一股急欲潰堤之洪流。於是，李燕手腕上一條條之割痕，便是一次次情緒發洩之痕跡。猛烈之情緒，似乎伴隨著流出之血液被釋放出來。

⇛ 自殺行為

小春留下幾封給家人的遺書後，便準備結束生命。

小春自殺的念頭已盤旋一段日子。從覺得活著沒有意義後，便被死亡念頭盤據。他多次掙扎在「留戀人間」與「結束生命」間，直到最近陸陸續續不如意事，一步步逼他下定決心，他才著手計畫死亡。當死亡意願與勇氣俱足後，實踐計畫，便成為他在人世間的最後一個行動。

自傷與自殺，聽起來類似，卻又不完全相同。「自傷」與「自殺」是不一樣概念，但某部分重疊。

「自殺」是自殺者決定用自己的方式結束生命，或是有動機想毀滅自己，於是選擇一種認為有效之方式達到死亡目的（李啟澤、李孟智，1998），例如上吊、服毒、投河、跳樓。

「自傷」是有意識、有目的之行為，自傷者雖毀傷身體，不過，沒有意願想結束生命（黃雅羚，2003；鄭丞斌，2004）。自傷行為包括拔頭髮、以頭撞牆、咬傷與割傷自己（教育部，1995）、毀傷生殖器、挖眼睛、燒灼皮膚（唐子俊、郭敏慧譯，2002）等。

黃雅羚（2003）綜合國內外文獻對自傷之定義：廣義而言，自傷行為是指以任何方式傷害身心健康之行為，包括自殺、企圖自殺；狹義自傷行為則僅指以任何方式傷害身心健康之行為，但個人沒有結束生命之清楚意願。

在以上定義中，自殺行為是自傷行為的一部分。不過，有些學者將自傷行為侷限於身體傷害範圍內。例如，Yaryura-Tobias、Neziroglu 與 Kaplan（1995）認為，自傷是一種傷害自我身體，但不至於致死之意志行為。本文將自傷行為界定為傷害身體之行為。

從以上所述可知，自傷與自殺兩者之差異在於：第一，當事人是否具有死亡意圖。第二，使用之方法是否足以致命。第三，兩者當事人自殺或自傷前，經歷之認知與情緒可能不同。例如自殺者感受到無望、絕望、長期死亡思考，因此想終結所有一切；自傷者經驗到痛苦、急躁、空虛，希望藉自傷抒解空虛感、壓力，結束孤獨感，以及重回人群（施顯烇，2002；鄭丞斌，2004）。

第四，自殺者通常留下遺書，而自傷者不會有遺書。第五，自殺者先有自殺企圖，自殺企圖持續一段時間後才採取行動，並且在自殺前出現一些徵兆；自傷者未事前規畫自傷行為。第六，兩者目的不同，自殺者以結束性命為目的；自傷者以抒解情緒或懲罰自己或其他，但非結束生命。第七，從立即危急性來說，自殺者之危急性，可能高於自傷者。

第八，自傷者異常症狀（pathological symptoms）嚴重程度高於自殺者。依據Roumasset（1991）研究顯示：自傷者負面生活經驗（例如身體虐待、性侵害）、施虐與受虐思想（sado-masochistic thought）、憂鬱、焦慮、敵意、內在懲罰之敵意、焦慮依附等方面，嚴重程度高於自殺者。

第九，自殺行為通常引起他人積極反應，期望自殺行為不再發生；自傷行為引起他人厭惡及敵意，使得自傷行為容易再次出現。第十，自殺者脫離壓力情境後，自殺行為不會再發生；自傷者離開壓力情境後，自傷行為會再出現（Graff & Mallin, 1967）。

第十一，自殺行為不會帶來抒解的感覺，自傷行為則有抒解作用（Pattison & Kahan, 1983）。

自傷與自殺行為之內涵雖不一樣，不過，卻有某種程度之交集。第一，自我傷害與自殺警訊有最強之關係（單延愷，1995）。第二，自殺行為可能演變成自傷行為，而自傷行為可能造成死亡而成為自殺行為。例如不至於致死之自殺行為及造成死亡之自傷行為。

總而言之，自傷與自殺行為是不同概念，不過在某些層面上相互重疊。將兩者之關係整理如表 13-1。

表 13-1：自傷與自殺行為之異同

	自傷行為	自殺行為
兩者之差異點		
1. 是否有死亡意圖	沒有死亡意圖	有死亡意圖
2. 使用方法	大部分不足以致命	足以致命
3. 經歷到之認知與情緒	痛苦、空虛、急躁，沒有死亡念頭	無望、絕望、長期思考死亡
4. 是否有遺書	通常沒有遺書	通常留有遺書
5. 是否有自殺企圖與事先規畫	沒有自殺企圖，也沒有事先規畫	有自殺企圖，通常事先規畫
6. 行為目的	非結束生命	結束性命
7. 異常心理症狀	負面生活經驗、憂鬱、焦慮、自我批判、敵意等方面，嚴重程度高於自殺者	負面生活經驗、憂鬱、焦慮、自我批判、敵意等方面，嚴重程度低於自傷者
8. 他人反應	厭惡及敵意	反應積極，期待自殺行為不再發生

（接下頁）

（續上頁）

9.去除壓力情境後	自傷行為會再出現	自殺行為不再發生
10.行為作用	情緒抒解及其他作用	沒有情緒抒解作用
兩者之類似點 1.範圍	部分範圍跟自殺重疊；都是傷害自己的行為	部分範圍跟自傷重疊；都是傷害自己的行為
2.行為轉化	可能演變成自殺行為	可能演變成自傷行為

第二節　青少年自傷之成因

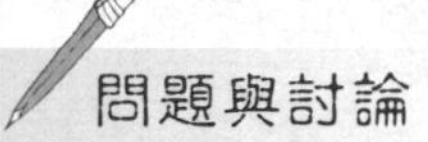

問題與討論

1. 李燕自傷的目的是情緒抒解，或自我懲罰，或兩者都有，或其他？
2. 造成李燕自傷的可能成因（或傷害性及危險性因子）為何？除此之外，還有哪些成因跟青少年自傷有關？
3. 如果問題持續發生，未來李燕是否會出現自殺意念、自殺企圖，進而採取行動自殺？如果李燕的情況未改善，對她未來的人生可能造成什麼影響？
4. 如果你是李燕，你的內心世界為何（例如情緒，對人、對己及對生命之看法）？內在有哪些需求？
5. 從 Maslow 需求層次論來說，李燕哪些需求未滿足？家庭及學校如何讓這些未滿足需求，持續無法獲得滿足？這些未滿足需求對她的學業表現、自我概念（對自己的看法）、人際關係等，造成什麼影響？（請參閱前面有關章節）
6. 從 Erikson 心理社會發展論來說，在青少年期之前，李燕有哪些未完成之發展任務？如果情形未改善，李燕將來可能形成什麼樣的「自我認定」？

李燕自從開始跟爸爸頂嘴後，被爸爸打得更兇。小時候爸爸酒醉時，總是亂罵人、亂摔東西，有幾次她嚇得想逃開，卻換來爸爸一頓毒打。後來她學會壓抑全身恐懼，低頭縮身，只要強忍爸爸的斥責與咆哮，或許還有機會免受皮肉之痛。

她曾告訴媽媽爸爸施暴的事，不過，媽媽似乎愛莫能助，只告訴她，一定是她不乖，爸爸才打她，如果她乖一點就不會被打。她不能理解的是，她沒有惹事，她一直很乖。後來，對於爸爸的施暴，她學會沉默。

每次爸爸發飆時，媽媽通常在工廠加班還未回家。事後，她總是疼痛地縮在角落哭泣，然後疲倦、迷糊地在地上睡著。有時半夜驚醒，雖然人已躺在床上，但恐懼的感覺依舊，畏縮的身體仍無法鬆弛。

國中時，爸爸跟媽媽鬧離婚。爸爸心情不好時，偶爾會揍她出氣。不過，她已經不再是不懂事的小女孩，當她氣不過時，會頂撞幾句。這時候，爸爸就像是失控的獅子一樣，打她打得更兇。有幾次她收拾簡單行李逃家，不過，總因為夜晚天黑無處落腳而不得不回家。

李燕在學校雖然不鬧事，但從小學起便是個退縮、注意力無法集中、功課不佳、作業老是遲交的學生。小學時，媽媽曾幾次被要求到學校了解。李燕覺得很丟臉、很難堪，雖然想努力改善，但內在似乎有股拉扯的力量，讓李燕有氣無力，因此學習狀況依舊。久而久之，老師自覺心有餘而力不足，任由李燕自生自滅。因為如此，李燕更加退縮，自覺慚愧而跟同學保持距離。國中時，跟同學疏遠的情況更加嚴重。

這學期來了一位轉學生，被安排坐在李燕隔壁。因為近水樓台，便跟李燕成為朋友。可是，沒隔多久，班上有同學錢被偷，大家將疑惑的眼光轉向一向沉默的李燕。李燕努力想辯解，但習慣沉默以對的個性，讓她不知如何替自己說話。因為得不到老師與同學的理解，好朋友受了影響，而對李燕冷漠異常。

一天，李燕抱著一肚子委屈回家，尚未進入家門，就看到媽媽由屋內衝出，滿臉淚水忿忿離去，爸爸卻在屋內失控地摔桌子、丟椅子。一時之間，李燕感覺頭昏腦脹、無法思考，各種情緒在心中糾結、竄流、澎湃怒吼。她無意間瞧見地上散落的玻璃碎片，竟不由自主地撿起其中一片，然後不加思索地往手腕劃上一刀。看到汩汩而出的血流，注意力竟被轉移，心中的混亂似乎被隔離，心情也平靜了些許。

一、自傷行爲之目的及種類

自傷行為通常開始於兒童及青少年期（例如DiClemente, Ponton, & Hartley, 1999）。平均年齡十四歲，然後持續至二十多歲（Austin & Kortum, 2004）。

青少年自傷之目的為何？包括：⑴當心理被疼痛淹沒時，想感覺具體（身體）疼痛；⑵降低麻木感覺，以產生真實感受；⑶防止創傷記憶闖入意識；⑷調解情緒，例如釋放憤怒、焦慮、絕望，表達失望；⑸獲得他人支持與關心；⑹獲得控制感；⑺因感覺自己不好而自我懲罰；⑻提高自尊（轉載自White Kress, 2004）；⑼轉移外在環境造成之痛苦或情緒上之痛苦（Austin & Kortum, 2004）。

國內研究發現，青少年自傷是為了情緒抒解、獲得他人關注、自我懲罰與好奇嘗試（林杏真，2002）。如果再加上因好奇而嘗試，自傷行為至少有十種目的。這些目的，因人而異。

故事中之李燕，其自傷行為或許跟抒解情緒（表達憤怒、焦慮等情緒）、自我懲罰、防止創傷記憶闖入意識、轉移痛苦等有關。成長於暴力家庭的子女，除了創傷帶來之痛苦記憶、內心貶抑自我價值外，也學會以父母對待方式，對待自己。

自傷者最常傷害身體之部位是前臂及手腕（Zila & Kiselica, 2001）。以自傷方式或嚴重性來分，自傷行為可以分為：⑴刻板化自傷行為（例如撞頭、打自己、摳皮膚、抓傷皮膚）；⑵重度自傷行為（例如挖眼、截肢、閹割）；⑶強迫性自傷行為（拔頭髮、咬指甲）；⑷衝動性自傷行為（例如割傷皮膚、燒傷皮膚、打自己）等（唐子俊、郭敏慧譯，2002；黃雅羚，2003）。

或許有人疑惑：自傷者在自傷當下，難道感受不到疼痛嗎？依據黃雅羚（2003）研究，青少年自傷時，疼痛的感覺不是當時焦點，甚至還故意讓血流加速，或故意刺激傷口，或干擾傷口癒合，以體驗疼痛快感。

青少年自傷之目的，如果是為了抒解情緒，不難理解自傷者內在情緒是如何熾烈。如果是為了獲得關注，顯示被關心的渴望非常強烈。如果是為了自我懲罰，表示內在充滿自我貶抑。如果純粹是好奇想嘗試，這反映自傷行為是受到同儕誘惑。或許，有些青少年的自傷行為，同時具有多重目的。

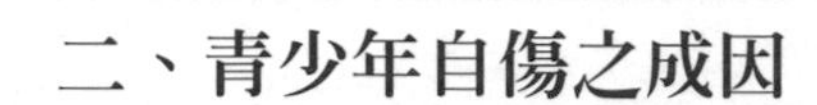

二、青少年自傷之成因

造成青少年自傷，成因錯綜複雜，這些成因跟青少年幼年經驗、成長經驗與當前壓力有關。各成因之作用，會因為青少年擁有之保護性因子多寡而不同。

㈠青少年早年經驗

1. 不安全型依附

大部分自傷者在自傷之前，呈現憂鬱、焦慮、焦躁、緊張等情緒（Zila & Kiselica, 2001），這除了顯示自傷者正承受壓力外，也反映自傷者情緒調適能力不足。

情緒調適能力是區分不同依附型態之關鍵因素。不同依附型態，反映不同之情緒調適能力。安全型依附者以建設性方式表達情緒來調適情緒；逃避型依附者壓抑情緒；焦慮型（趨避衝突型）依附者誇大情緒，卻又無法調適情緒（Cassidy, 1994; Mikulincer, Florian, & Weller, 1993）。後兩者稱為不安全型依附者。

自傷青少年可能是不安全型依附者。Kimball（2003）研究發現：不安全型依附者採用身體／自我摧毀／孤立方式調適情緒，特別是焦慮型依附者跟自傷行為之關係最高，兩者之密切關係也在Roumasset（1991）研究中獲得支持。

焦慮型依附之形成，跟早年喪失與拋棄等經驗有關（Blatt & Homann, 1992）。國內（例如黃雅羚，2003）與國外（例如唐子俊、郭敏慧譯，2002；Rosen, Walsh, & Rode, 1990）對青少年自傷行為之研究，都有類似發現。喪失與拋棄經驗對青少年之影響，在下一節談到自殺問題時，有更詳盡描述。

2. 創傷經驗

童年期創傷可能跟青少年自傷行為有關。在Yaryura-Tobias、Neziroglu與Kaplan（1995）研究中，70%自傷者童年期曾遭受性虐待。White Kress（2004）認為，童年之性侵害及家庭暴力是自傷行為最佳之預測因素。van der Kolk、Perry 與 Herman（1991）甚至建議治療師治療自傷者時，需要處理自傷者童年身體及性虐待之創傷，以及這些經驗對目前關係之影響。

總而言之，童年期形成之不安全型依附及創傷經驗，剝奪了孩子的自我力量，也塑造一些脆弱人格特質。孩子以不健全之身心基礎，進入青少年期後，只要壓力出現，除了無力應對外，也可能喚出過去未處理之傷害。由於自傷者相信無人能幫助及理解他所經歷之痛苦（Austin & Kortum, 2004），於是採用自傷方式逃避問題。

㈡青少年個人因素

1.人格特質

研究顯示，自傷青少年具有某些人格特質，包括負向自我概念（莊俊榮，2002）；自尊、挫折忍受力較低，具外控信念（林杏真，2002）。

Favazza 與 Conterio（1989）認為自傷者因有過多罪惡感，而以自傷行為來消弭。在負向自我概念因素中，「道德自我概念」跟自傷行為關係最密切（莊俊榮，2002）。這似乎支持了自傷者內在有不適當罪惡感之看法。

此外，自傷青少年不信任他人，不相信他人願意提供協助，因此得到的社會支持較少（林杏真，2002）。

總而言之，自傷青少年可能具有負面自我概念、外控信念、自尊低、挫折忍受力低、不適當之罪惡感、不信任他人等特質。

2.生活壓力

家庭事件與人際事件（例如同儕衝突），跟青少年自傷行為有關（林杏真，2002）。這些事件帶給青少年壓力及負面情緒，青少年無力調適情緒及面對壓力，便以自傷行為處理。

最近喪失經驗及創傷經驗（例如強暴）也跟青少年自傷有關（Greenspan & Samuel, 1989，轉載自 White Kress, 2004）。喪失經驗及創傷除了帶給青少年強大壓力外，可能喚出青少年早年未處理之喪失及創傷經驗，讓青少年再次經歷早年傷痛，於是，以自傷抒解情緒、面對壓力。

3.心理疾病

自傷者多同時罹患心理疾病，如自閉症、智能發展障礙、精神分裂症，其中最常見的是邊緣性人格異常（borderline personality）（黃雅羚，2003）。

邊緣性人格異常者以自傷安撫自我或解決困境，例如結束痛苦、獲得刺激感受、懲罰無能或困惑、引起同情博得關注（施顯烇，2002）。

4.性別

女性自傷比率高於男性（黃雅羚，2003），通常是男性的兩倍（Austin & Kortum, 2004）。不過，Briere 與 Gil（1998）卻認為男女比率沒有差異。或許，研究結果不一致，來自於自傷定義、取樣、男女偏好之自傷方式及自傷部位等複雜問題。

5.好奇

某些青少年自傷純粹由於好奇。這好奇來自於同儕示範及鼓勵。這類青少年在一次自傷後，如果沒有其他因素推波助瀾的話，可能不再自傷。

㈢家庭因素

任何不良家庭經驗，都可能是青少年自傷之潛伏因子。不良親子關係（例如孩子成為出氣筒、親子間衝突）、不良家庭氣氛（例如父母時常起衝突、家人冷漠）、不當管教方式（例如過度嚴厲）、家庭暴力（例如童年受虐）、破碎家庭（例如父母離婚）、自我分化較低等因素，都跟青少年自傷有關（鄭丞斌，2004）。

成長在這些家庭之青少年，因為缺乏父母適當照顧，親密關係能力薄弱，無法相信別人，也缺乏人際技巧，認為無法從他人身上得到協助（Favazza & Conterio, 1989），遇到挫折時，便沒有適當處理方法。

父母對青少年自傷行為之影響，會因為青少年性別不同而有異。例如Rasmussen（1994）研究發現：少男自傷行為與父母的「行為控制」有關，而少女自傷行為與父母的「行為控制」、「心理控制」（例如情緒操控、心理強迫）有關。

此外，手足中，如果有人自傷，其他手足可能模仿。

㈣學校因素

課業壓力是自傷青少年主要的生活壓力之一（林杏真，2002）。父母師長不斷以學業表現論斷青少年價值，使得學業表現不理想之青少年常被負面情緒所擾。

同儕間衝突，是青少年生活壓力之一，也與青少年自傷有關（Walsh & Rosen, 1988）。同儕間衝突除了帶給青少年負面情緒外，也剝奪了青少年心理依賴、歸屬感、情感支持之來源。

除了以上兩類因素外，其他發生在學校之挫折經驗，都可能逐漸累積成為青少年壓力，帶給青少年負面情緒。如果青少年無法抒解情緒，或有其他因素推波助瀾，自傷便可能成為青少年調適情緒及處理問題之方法。

㈤社會因素

青少年因同儕間相互模仿而讓自傷成為集體行為（轉載自鄭丞斌，2004）。一方面，青少年跟同儕關係較親近，相互模仿難以避免；另一方面，青少年可能期望跟團體行為一致，被團體接納。此外，媒體對自傷行為報導後，可能讓一些面臨困擾之青少年仿效。

茲將以上各成因整理於表 13-2。

表 13-2：青少年自傷之成因摘要表

成因	說明
一、早年經驗	
1.不安全型依附	以身體／自我摧毀／孤立方式調適情緒。
2.創傷經驗	童年性侵或家暴。
二、個人因素	
1.人格特質	負面自我概念、外控信念、自尊低、挫折忍受力低、不當之罪惡感、不信任他人。
2.生活壓力	家庭或人際事件壓力、最近創傷事件。
3.心理疾病	如自閉症、智能發展障礙、精神分裂症，其中以邊緣性人格異常最常見。
4.性別	女性自傷比率高於男性。
5.好奇	同儕示範或鼓勵。
三、家庭因素	例如不良親子關係、不良家庭氣氛、不當管教方式、家庭暴力、破碎家庭等。
四、學校因素	例如課業壓力、同儕衝突及其他學校挫折經驗。
五、社會因素	同儕間相互模仿、跟同儕團體行為一致、仿效媒體之報導。

第三節 青少年自傷問題與輔導

問題與討論

1. 如何及早發現自傷青少年？
2. 請分析李燕自傷行為之發展歷程？
3. 如何從李燕個人、家庭、學校、社會四方面滿足李燕未滿足之需求？
4. 如果你是李燕的輔導教師，該如何進行輔導？學校、社會、家庭可以提供哪些保護性因子？李燕本人有哪些保護性因子？

一、青少年自傷問題與輔導

如何發現自傷青少年？自傷青少年通常不願意他人知道自傷之事，因此自傷部位通常出現在衣物掩蓋處。前臂、手腕、上手臂、臀部、肚子，是最常自傷之部位，有時候自傷會出現在胸部地方（轉載自 Austin & Kortum, 2004）。只要檢查青少年自傷最常出現之部位，或警覺青少年有意以衣著掩藏之行為，便容易辨認自傷青少年。

造成青少年自傷之成因複雜，而目前對輔導自傷青少年的適當方法並不明確。不過，從Zila與Kiselica（2001）回顧的一些文獻中，可歸納出一些有用之原則：

第一，協助自傷青少年使用語言表達感受。第二，提高自傷青少年情緒調適能力。第三，處理早年創傷，表達受壓抑情緒，以協助真實自我呈現。第四，處理跟自傷有關之認知。第五，協助自傷青少年覺察自傷行為發生前之線索，並以適當方式處理，避免自傷行為發生。

第六，多重方法配合使用，包括示範、自我肯定訓練、教導及增強適當之情緒表達方法。第七，提高自傷青少年建立關係能力（自傷青少年缺乏維持有意義關係之能力、不相信能獲得他人之協助），這方面工作可透過輔導教師跟自傷青少年之良好輔導關係來達成。

第八，Yip、Ngan 與 Lam（2003）認為對於已自傷之青少年，來自於父母、師長、同儕之支持，可以防止青少年再次自傷，其作法包括：⑴積極處理青少年負面情緒；⑵找出青少年自傷背後之挫折；⑶鼓勵青少年建設性地抒解挫折情緒；⑷協助青少年處理人際衝突；⑸提供青少年支持性社會及家庭環境；⑹協助自傷青少年建立積極自我形象，防止再次自傷。

從以上可知，輔導自傷青少年之工作可分為四方面：⑴處理自傷青少年過去創傷；⑵協助自傷青少年學習控制自傷行為技巧，例如覺察及控制觸動自傷行為之刺激，以化解即將發生之自傷行為（例如進入人群、離開引發自傷行為之情境）；⑶培養自傷青少年保護性因子，例如自我管理、因應壓力、情緒調適、情緒表達、自我肯定、自我覺察、善用外在資源及建立關係等能力；⑷提供支持性之環境。

以上工作最終目標在協助自傷青少年滿足未滿足之需求，完成未完成之發展任務，學習因應技能，以強化面對壓力之自我力量及去除自傷行為。

林杏真（2002）研究發現，青少年不再自傷的主要原因有：獲得重要他人支持、自我強度增強與壓力釋放。這些都跟以上四方面有關。

二、案例應用

㈠案例分析

從李燕的故事可知：

1. 在早年經驗方面，李燕從小被父親施暴，母親置之不理且歸因於李燕不乖。因此，李燕在被愛、被關心、被重視、被接納、安全、被支持、被肯定、自我價值、求知等需求都匱乏。從 Maslow 需求層次論來說，除了生理需求外，其他需求皆未獲得滿足。

此外，李燕可能屬於不安全型依附者，對人缺乏信任、自我貶抑、不認為自己可以獲得他人協助。

從Erikson心理社會發展論各階段來看，李燕可能在各階段發展都受到阻礙，因此其自我力量不足，缺乏重要因應技能。

*2.*從個人因素來看，李燕缺乏重要因應技能（例如情緒調適、社會互動能力）、注意力無法集中、自卑及退縮之人際模式、語言表達能力不佳。不過，李燕有心協助自己脫離家暴環境（保護性因子）。

*3.*從家庭因素來看，屬於失功能之家庭，包括施暴家庭、父母婚姻不佳、親子關係疏遠、親子溝通不良、父母無法善盡職責提供好模範。

*4.*從學校因素來看，李燕學業表現不佳、同儕關係疏遠、師生互動不良、被教師及同學誤解。

茲將以上各項成因及其關係整理如圖 13-1。

㈡案例輔導歷程

這是家暴案例，學校及輔導教師必須通報有關當局，以危機個案來處理。處理家暴案件，須由一組專業人員合作（例如醫生、心理師或輔導教師、社工師、律師），因其中所涉及之問題複雜，包括家暴之法律問題、將李燕跟父母或父親隔離、將李燕安置於寄養家庭、對李燕進行心理輔導。以下以李燕未滿足需求、創傷經驗及發展任務為輔導重點來說明。

輔導教師跟李燕建立良好輔導關係，是輔導的關鍵之一。目的有三：⑴透過此關係，協助李燕修正不良人際模式；⑵輔導教師的「無條件積極關愛態度」被李燕內化後，李燕才會以「無條件積極關愛態度」善待自己，並且修正負面自我概念；⑶輔導教師的「無條件積極關愛態度」（例如真誠、接納、不批判、理解、信任、言行一致），可滿足李燕某些需求。

輔導教師也須處理李燕早年之創傷、完成未完成發展任務、滿足未滿足之需求、協助李燕學習重要因應技能，李燕才有機會找回失去之自我力量，面對當下壓力，而不是重複無助、沉默、自傷之因應模式。

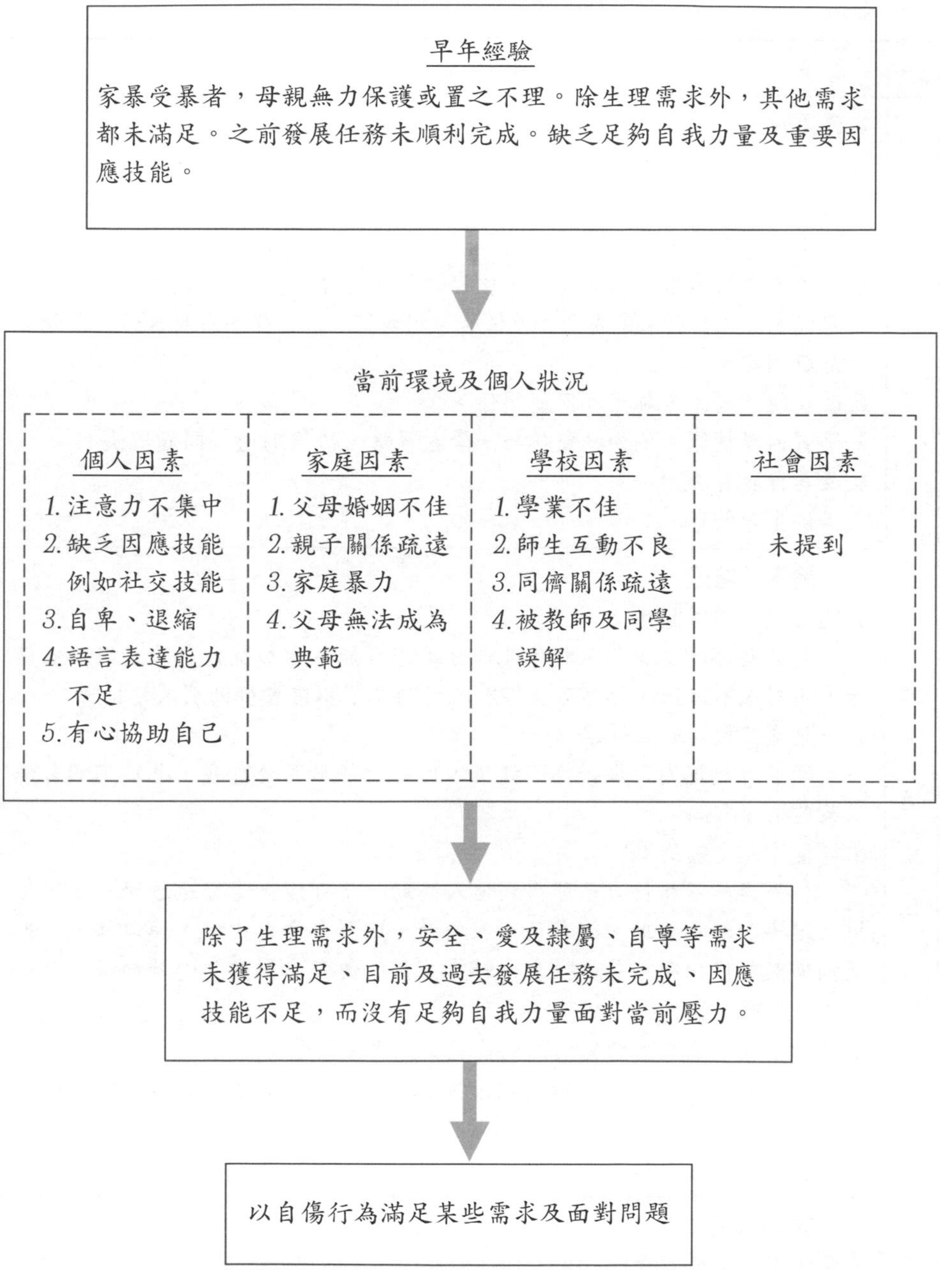

早年經驗

家暴受暴者，母親無力保護或置之不理。除生理需求外，其他需求都未滿足。之前發展任務未順利完成。缺乏足夠自我力量及重要因應技能。

↓

當前環境及個人狀況

個人因素	家庭因素	學校因素	社會因素
1. 注意力不集中 2. 缺乏因應技能例如社交技能 3. 自卑、退縮 4. 語言表達能力不足 5. 有心協助自己	1. 父母婚姻不佳 2. 親子關係疏遠 3. 家庭暴力 4. 父母無法成為典範	1. 學業不佳 2. 師生互動不良 3. 同儕關係疏遠 4. 被教師及同學誤解	未提到

↓

除了生理需求外，安全、愛及隸屬、自尊等需求未獲得滿足、目前及過去發展任務未完成、因應技能不足，而沒有足夠自我力量面對當前壓力。

↓

以自傷行為滿足某些需求及面對問題

圖 13-1：李燕自傷問題診斷分析圖

表 13-3：輔導李燕「自傷問題」之歷程

<table>
<tr><th colspan="2">輔導改變之歷程</th></tr>
<tr><td rowspan="3">監控與調適歷程</td><td>輔導重點
1.建立良好輔導關係。
2.處理家暴創傷經驗。
3.防止再度自傷。
4.滿足未滿足需求，例如安全、愛與隸屬、自尊。
5.完成過去及當前未完成之發展任務，例如信任、自律、自動自發、勤勉、自我認定。
6.改善親子關係、師生及同儕關係。
7.學習因應技能（例如社交技巧、學習策略、情緒調適、問題解決）。
8.改善自我看法。
9.提供生命教育。</td></tr>
<tr><td>一、籌畫前階段
1.建立良好輔導關係
對某些自傷青少年來說，此部分工作可能不容易進行。這是因為自傷青少年對人不信任、認為不值得別人協助或不相信會得到別人幫忙。
2.評量李燕對問題之覺察
李燕可能認為自傷行為不健康，但將責任歸因於自我，也不了解自傷跟某些需求有關。
3.評量李燕受輔動機
如果李燕不相信自己能得到他人協助，便可能無意識地透過一些方法阻礙輔導教師之協助，讓自己落入無助，回到自傷模式中。換句話說，如果輔導教師能夠跟李燕建立良好輔導關係，便可以提高其受輔動機，改變其不良人際模式。
4.評量協助李燕改變所需的因應技能及保護性因子
可能包括社交技巧、情緒調適技能、積極自我概念、自我肯定訓練、問題解決技能……。
5.規畫生命教育課程。</td></tr>
<tr><td>二、籌畫階段
1.防止李燕再度自傷
例如安全成長環境、良好輔導關係、支持性社會環境、有效之因應技能等（例如提高覺察自傷前線索，然後以最適當方式處理；情緒調適技能、表達技能），都可以防止李燕再度自傷。</td></tr>
</table>

（接下頁）

（續上頁）

<table>
<tr>
<td rowspan="2">監控與調適歷程</td>
<td>2.協助李燕自我探索
輔導教師依據選擇之理論來進行。探索範圍包括家暴經驗、自傷經驗、未完成任務及未滿足需求之阻礙經驗、目前行為跟未滿足需求之關係、親子關係、師生及同儕關係等。
3.協助李燕探討從現實生活中滿足需求之途徑，以提高李燕改變動機
例如使用健康行為取代自傷行為滿足需求；有些需求須透過家庭、學校、同儕一起合作才能獲得滿足（例如被接納、協助李燕看到自己的優點）；有些需求須透過自己努力及別人協助才能獲得滿足（例如學業成就）；有些需求須透過教育訓練才能獲得滿足（例如表達情緒技能）。
4.處理改變與不改變之衝突
協助李燕處理「改變與不改變」之衝突，以提高李燕改變之動機。
5.培養李燕造成改變所需之技能及保護性因子。
例如情緒表達技能、自我肯定、支持性環境、挫折忍受力……。
6.提供生命教育課程。</td>
</tr>
<tr>
<td>三、準備階段
1.擬訂改變計畫
跟李燕一起擬訂行為改變計畫，以滿足需求、完成發展任務、培養因應技能、防止再度自傷為主。可選擇最容易達成或最危急之一項為目標，再根據目標擬訂計畫。
2.訓練李燕執行計畫所需之技能
例如問題解決、抗拒誘惑、情緒調適、評量結果、調整計畫、善用外在資源、作決定、自我管理等技能。
以角色扮演、觀察典範等方式，協助李燕熟悉改變歷程及強化執行計畫所需技能，以提高李燕改變行為之動機。
3.善用其他資源
適當分配家長、學校人員及同儕協助之任務及角色，以降低傷害性或危險性因子及增加保護性因子。例如以下工作需要相關人員配合協助。
(1)導師對李燕的接納、關心，有助於李燕以正向態度對待自己。
(2)改善李燕跟同儕之關係。先從改善李燕跟一、二位同學之關係（例如一起完成某事），再慢慢擴大；讓同學看到李燕的優點（例如同時讚美李燕及其他同學）。
(3)給予李燕任務及責任。找出李燕的專長，讓李燕成為某小組負責之同學；成為輔導處之義工；成為教師的幫手。
(4)請案母協助，關心李燕之需求。</td>
</tr>
</table>

（接下頁）

（續上頁）

<table>
<tr><td rowspan="3">監控與調適歷程</td><td>(5)協助李燕看到自己的優點。例如守規矩、上課不遲到、想幫助自己；協助李燕找出自己的興趣、專長。
4.提供父母及相關人員效能訓練
提供父母、相關人員（例如導師、同儕）效能訓練，以成為李燕改變行為之助力。
5.培養李燕重要因應技能及保護性因子。</td></tr>
<tr><td>四、行動階段
1.當李燕有成功經驗時，應提供適時獎勵，以強化其信心與動機。
2.李燕執行計畫時，須隨時進行監控及調整，以符合實際狀況需要。輔導教師須在旁指導。
3.李燕遇挫折時，協助李燕避免負面歸因。
4.提供李燕足夠之心理支持，並隨時處理突發問題。
5.處理抗拒改變之力量。
6.持續加強必要之因應技能及保護性因子。
7.逐漸將行為改變之責任轉交給李燕。</td></tr>
<tr><td>五、維持階段
1.協助李燕警覺復發之線索及熟練處理方式。
2.協助李燕以接納態度面對復發，只要新行為模式持續之時間加長，便是改變成功。
3.持續加強維持改變所需之因應技能及保護性因子。
4.鼓勵李燕使用自我管理技能：自我計畫、自我監控、自我執行、自我調適及自我獎勵，學習為自我行為負責之態度及能力。
5.鼓勵李燕在必要時尋求資源協助。</td></tr>
</table>

第四節 青少年自殺之成因

問題與討論

1. 造成小春自殺之成因為何？遠因、近因各為何？
2. 除了小春的自殺成因外，還有哪些成因跟青少年自殺有關？

3. 從這些遠因及近因來看，依據 Maslow 需求層次論，小春有哪些需求未滿足？
4. 從 Erikson 心理社會發展論來看，小春有哪些發展任務未完成？
5. 父母、教師及同學如何成為促使小春自殺之傷害性因子？

看到考卷上鮮紅的「90」分，小春如同被快刀砍過一樣血流不止。這不知已第幾次對自己感到失望。自責的心，就如狂怒之皮鞭，毫不留情地在身上猛抽，即使痛徹心扉，都無法消除心中的愧疚。他覺得自己該被狠狠地懲罰，因為他是如此地糟糕，糟糕到連活著都是一種羞辱。

他不斷地自問：或許努力不夠，不過，自己夜以繼日地拚命，連睡眠時間都覺得浪費。或許，自己應該更努力不要讓腦中空白，注意力不集中；或許，自己本來就是能力不足的笨蛋；或許，……。小春整天無地自容地心亂如麻，沉重的感覺揮之不去。

放學回到家後，嚴厲的自責依舊熾烈囂張，讓他整晚坐在書桌前卻無法定下心唸書。眼皮的沉重，提醒他已快夜半時分。此時，另一波的自責，正摩拳擦掌地準備開展。

幾個月來，小春每天拖著疲憊的身心及紛亂的思緒，應付學校的課業及考試。成績起起伏伏地下滑，讓父母師長不悅而責備他努力不夠。同學們看見他精神委靡，脾氣浮躁，而心生膽怯不敢靠近。

面對關心卻不了解的話語，小春的自責與疲憊，摻入了憤怒、無奈、孤獨、失望及憂鬱。在如此龐大雜亂情緒的綑綁下，他開始失眠，感覺生不如死。日復一日，一而再，再而三的惡性循環下，壓力以倍數速度擴大。當感到已油盡燈枯使不上力，活著再無意義時，他竟想要永遠地休息。

自殺行為有不同的分類。Pokorny 與 Lomax（1988）將自殺行為分為三類：⑴自殺致死（completed suicide），指當事人有意圖地採取自殺行動，並且結束生命；⑵企圖自殺（attempted suicide），指當事人採取自殺行為，但未結束性命；⑶自殺意念（suicide ideas）：指當事人有間接或直接結束性命之徵兆，但未付諸行動。

其他學者的分法雖然不同，不過如果摒除掉「以自殺作為威脅」（suicidal threats）與「作態自殺」（suicide gesture）兩種非以結束生命為目的之自殺行為外，各學者之分法大同小異。「自殺意念」、「企圖自殺」與「自殺致死」等自殺行為，有如在同一條線上卻不同位置之三種行為。

青少年為何自殺？這方面研究結果錯綜複雜，而且各成因間相互串連，例如青少年兒時創傷，影響青少年人格形成，而青少年因應當前壓力之方式，受其人格特質及兒時創傷之影響。以下綜合國內外研究結果及相關理論加以說明。

一、青少年早年經驗

(一)不安全型依附

依附型態形成於個人早年與照顧者之互動品質。不安全型依附者之自我基模（或自我概念）包括一些不利自己之信念，例如認為自己沒有價值、不值得別人關心與信任、容易將人際事件解釋為拒絕來證明自己沒有價值（Hammen, Bruge, Daley, Davila, Paley, & Rudolph, 1995）；認為自己無能、令人厭煩，別人不可信賴、冷漠、疏遠（Bowlby, 1973）；情緒調適能力不良（Cassidy, 1994）；認為自己人際關係疏遠、孤獨，而較少尋求社會支持（Kobak & Sceery, 1988）。

以上這些不利自我之信念或特質，狹隘自我及環境協助資源，讓個人看不到解決問題之方法。因此，研究上發現：不安全型依附與青少年自殺行為有關（Schaefer, 1997）。

(二)喪失經驗

喪失經驗包括父母死亡、分居、離婚、跟重要他人分開、喪失心愛之物等。並不是喪失經驗必導致自殺傾向。喪失經驗之所以導致自殺傾向，是因為喪失的完整歷程沒有完成，而讓各種與喪失相關之負面情緒沒機會抒解，以及造成認知扭曲（例如將媽媽去世詮釋成自己不好所導致）。當未來情境喚起這些未被抒解之情緒與扭曲認知後，個人對情境之詮釋與適應，便受到不良影響。

經歷喪失之當事人，必須經歷哀傷之適應歷程，才能走出哀傷，包括：⑴失落後之麻木期（藉助麻木來逃避失落之事實）；⑵渴望期（希望失落之人回來，而且否認永恆失落）；⑶解組與絕望期（正常生活受到影響，難以發揮原來水準）；⑷重組期（恢復正常生活）（李開敏、林方皓、葛書倫合譯，1994）。喪失者經歷這四個階段，才能重新調整相關基模，適應目前新狀況。哀傷歷程未完成，未來只要在類似情境中，哀傷相關情緒與認知便會從記憶中被喚出，讓當事人一再陷入過去喪失情境中，而扭曲對當前情境之詮釋。

孩子認知尚未成熟，無法認清重要他人為何離他遠去，混亂的情緒也無法自理。當孩子因為孤獨、恐懼、害怕而哭鬧時，忙於照顧自己傷口的大人，若不是忽略孩子的需要，便是找孩子出氣。因此，大部分有喪失經驗的孩子，內在的創傷，沒有得到適當處理。

青春期之前經歷過父母離婚的孩子，都遺留一些後遺症，年紀愈小者，傷害愈大。這些後遺症影響孩子情感、行為及認知反應、因應方式、學業成就、對父母離婚之歸因等方面（Tedder, Libbee, & Scherman, 1981）。

Gallant（2000）回顧相關文獻發現：喪失經驗是青少年自殺成因之一。其他研究進一步發現：兒童期之喪失經驗、目前壓力與無望感三者聯合，提高了青少年自殺企圖（Steiner, 2000）；小女孩從喪母之後（發生在五歲至七歲間）至青少年期、成年早期這段時間，出現強烈憂鬱、藥物濫用、逃家、自殺等行為（Zall, 1993）。

此外，在兒童期屢次體驗親人死亡者，容易出現死亡傾向（Moss & Hamilton, 1957，轉載自劉念肯，1996）。多次企圖自殺者比單次企圖自殺者，憂鬱程度較高，支持系統較少，不過，兩者都有「關係喪失」（relational loss）之經驗（Oehlberg, 1998）。

㈢其他創傷經驗

除了喪失經驗外，其他小時候創傷經驗（例如父母暴力、性侵害），也跟青少年自殺有關。曾目睹高程度暴力行為之青少年，對死亡有低程度恐懼，對生命有高程度厭惡，並受死亡高程度吸引（Cohen, 2000）；兒時受虐經驗跟後來自殺企圖次數有關（Brodsky, Malone, Ellis, Dulit, & Mann, 1997）。

二、青少年個人因素

(一)心理疾病

Brent 與 Apter（2003）認為，自殺青少年通常有一種以上之心理疾病，其中以急性情緒異常、物質濫用與行為異常為最主要。

其他研究結果，似乎支持 Brent 與 Apter（2003）之看法。例如青少年自殺與憂鬱症（例如 Eliason, 2001; Gallant, 2000）、情緒異常、反社會行為異常（antisocial disorder）、攻擊性人格特質（Marttunen & Pelkonen, 2001）、物質濫用（Kelly, Cornelius, & Lynch, 2002; Marttunen & Pelkonen, 2001）、犯罪（Friedman, 1998）、行為異常（Kelly et al., 2002）、邊緣性人格異常等心理疾病有關。

Rowan（2002）回顧相關文獻指出：讓青少年意圖自殺與實踐自殺企圖的最重要因素，就是心理疾病（情緒異常、干擾性行為異常）與物質濫用。Epsosito、Spirito、Boerger與Donaldson（2003）比較多次與單次自殺青少年，以檢驗兩類青少年在各類精神疾病之嚴重狀況，結果顯示：多次自殺青少年在情緒異常、憂鬱症狀、憤怒、干擾性行為異常（disruptive behavior disorder，例如過動、衝動）、情緒調適異常、自傷行為、無望等方面嚴重程度，高於單次自殺青少年。

綜合以上所言，情緒異常（尤其是憂鬱情緒）、邊緣性人格異常、行為異常與濫用藥物，可能跟青少年自殺行為有關。多次自殺青少年，在以上心理疾病之嚴重性，高於單次自殺青少年。

(二)身心特質

青少年自殺跟本身身心理特質有關。吳四維（2004）認為自殺青少年可能具有某些心理特質，這些心理特質歸納如下：⑴常覺得承受強烈心理痛苦，認為自己最不幸。以為只要沒有知覺、沒有意識，便沒有煩惱，因此誤認為死亡可以解決一切問題；⑵面對問題時常覺得無助、孤立無援；⑶在生活中得不到安全感、成就感；⑷以二分法看待自我表現，不是成功，便是失敗；

⑸對自殺行為認同；⑹存有矛盾心態，對生死沒有正確觀念；⑺以逃避方式面對問題；⑻常用的防衛機轉有壓抑（repression）、取代（displacement，指不敢表達情緒於直接引發之對象，而將情緒發洩在其他人身上）、內射（introjection，指毫無過濾地接納重要他人之看法，例如「天下無不是之父母」）。

此外，衝動、攻擊、憤怒、憂鬱等身心特質跟青少年自殺行為有關，而這些特質跟青少年自殺之關係，因為性別而有不同（例如 Eliason, 2001; Marttunen & Pelkonen, 2001）。

㈢情緒調適能力

情緒調適是指對內在與外在因素之重新導向、控制、調整與修改，使喚起狀態保持在可被處理之範圍及使表現達到最佳狀況（Cicchetti, Ganiban, & Barnett, 1991）。青少年因為情緒調適能力不足，而出現種種身心問題，例如憂鬱、傷害、身心症（宋維村、曾端貞，1986；劉念肯，1993）、自殺傾向（李孟儒，2001）。

此外，自傷行為與情緒調適能力有關，而自傷次數愈多，愈可能導致自殺企圖；有自殺企圖青少年比有自殺意念青少年，情緒調適能力較差，也出現較多自傷行為（Zlotnick, Donaldson, Spirito, & Pearlstein, 1997）。憤怒、攻擊性人格、衝動性人格、憂鬱情緒、邊緣性人格異常、情緒異常等都是導致自殺之重要原因，而其共同點就是涉及情緒調適能力。由此可看出情緒調適能力跟青少年自殺之關係。

㈣因應方式

自殺青少年通常使用不適應方式面對問題。例如自殺青少年因應方式比非自殺青少年較不費力、較自動化、較無效（Piquet & Wagner, 2003）；偏向逃避或負面方式（Piquet, 1999; Seeman, 1997）；較少直接採取行動，卻更多毀滅性和自毀性舉動，較少尋求建議與社會支持（Piquet, 1999）、社會網絡狹隘且不滿意，極少建立親密關係（Bettrigde, 1995）。

從以上所述可知，自殺青少年內在資源少，又不會善用外在資源，因此採取不適應方式面對問題。

㈤不正確之死亡態度

青少年自殺意念與生死態度有關（王彩鳳，1999）。自殺高危險群青少年對生命嫌惡，被死亡強烈吸引（Cotton & Range, 1996）。之所以如此，是因為自殺青少年有不正確之死亡態度（單延愷，1995），想以死亡結束生命，解除痛苦。

了解死亡意義，才知道生命有限，知道珍惜生命。因此，對死亡態度愈正向之青少年，自殺傾向愈低（胡淑媛，1992）。

㈥生活壓力

青少年自殺常跟最近壓力事件有關。研究發現：生活中父母衝突、親子衝突、課業壓力跟青少年自殺有關（王淑卿，2004）；青少年負面生活事件愈多，失落感愈高，自殺傾向便愈高（胡淑媛，1992；單延愷，1995）；女性比男性自殺傾向高，因為女性感受到之壓力事件比男性多（Payne & Range, 1995）。

㈦其他因素

青少年自殺行為與自我分化程度有關（單延愷，1995），少男自殺行為跟個體化程度有關，而少女自殺行為跟個體化程度無關（Eckersley & Dear, 2002）。

青少年自我概念愈高，生活適應愈好（莊榮俊，2002）；相反地，自我概念愈低，生活適應可能愈差。如果再有其他不利因素推波助瀾的話，自殺便成為因應壓力方式之一。

三、家庭因素

家庭為孩子之人格立下基礎，為孩子塑造情緒、認知與行為各方面之反應模式，甚至可以說，替孩子寫下一生開展、演變與最後結局之草稿。

青少年自殺，有時候看似其他外在壓力造成，其實家庭可能是始作俑者，外在壓力只是導火線。

㈠家庭功能與氣氛

研究顯示，青少年自殺行為與家庭氣氛、家庭功能不良有關，包括：⑴不良家庭環境（例如缺乏組織、凝聚力、獨立性）（Lucey, 1998）；⑵家庭氣氛疏離與衝突、缺乏正面溝通（江佩真，1996）；⑶家長在「問題解決」、「感情涉入」、「家庭支持」等方面功能不良（李宜玲，2003）；⑷母親偏心、缺乏手足滋養與讚賞（Levy, 2000）；⑸父母不和、缺乏家庭支持（Brent, 1995）；⑹跟父親有衝突、父親過度嚴苛、父親對青少年身體虐待、親子缺乏親密感等（Tobin, 2000）；⑺家庭功能不良先造成青少年憂鬱，再透過憂鬱影響青少年自殺行為（Martin, Rozanes, Pearce, & Allison, 1996）；⑻家庭內在壓力（family strain）減弱青少年能力，再驅使青少年自殺；家庭問題帶給青少年情緒壓力，驅使青少年濫用藥物，再影響青少年自殺（Wang, 2000）。

㈡父母管教方式

父母管教方式跟青少年自殺行為有關。Rasmussen（1994）研究發現：青少年自殺意念，跟父母採用的行為控制有關。王智璿（2000）進一步發現，父親與母親不同管教方式對青少年自殺行為有不同影響：僵化家庭塑造出青少年負向人格特質，再影響青少年自殺危險性；母親嚴格管教態度與過高期待，直接影響青少年自殺危險性，而父親對青少年過度保護，會塑造青少年負向人格特質，再影響青少年自殺危險性。

父母管教方式不良，抹煞孩子潛能，侷限子女自我成長，將子女塑造成衝動、僵化、死板、悲觀、逃避、退縮性格，讓子女在心理上「自我囚禁與壓縮」，而成為害怕面對問題、無法忍受挫折的人。只要壓力一到，子女便容易以逃避方式面對。

㈢家族自殺史

自殺行為是否會在家族中傳遞？一些相關研究顯示：自殺或嚴重企圖自殺者，其家族成員自殺行為之比例遠高於一般人（易之新譯，2000）；青少年家族中若出現企圖自殺行為，會影響青少年出現自殺意念、自殺計畫與自殺企圖，這種影響對男性青少年更明顯（Marusic, Roskar, & Hughes, 2004）；經歷家人自殺之青少年，自殺危險性會提高（Ephraim, 1998）；經歷家人或親密朋友自殺或死亡之青少年，會受死亡吸引，對生命厭惡，而提高自殺危險性（Gutierrez, King, & Ghaziuddin, 1996）。

這種家族中之傳遞，是否跟遺傳因素有關？雖然自殺行為傾向會在家族中傳遞，不過傳遞之機制跟精神疾病不同（Brent, Bridge, Johnson, & Connolly, 1996）。因此，無法認定自殺具有遺傳性。不過，可以確定的是，在家族中傳遞之自殺行為傾向，必然受到學習因素之影響。

㈣父母心理異常（家族心理疾病史）

子女經年累月受父母耳濡目染，如果父母心理異常，一方面子女透過觀察與模仿，習得父母異常之認知、情緒與行為模式；另一方面心理異常之父母無法善盡職責，提供子女健康成長環境，因此子女無法以健康身心因應環境壓力。

研究顯示：青少年自殺跟父母心理異常有關，例如父母心理疾病（Granboulan, Zivi, & Basquin, 1997; Steiner, 2000）、酗酒（Steiner, 2000）、憂鬱、濫用藥物（Brent, 1995）等。

四、學校因素

學校因素中，課業及同儕相處，可能是青少年學校生活中最大壓力。課業表現本是青少年學校學習之首要任務之一，也是父母師長關切之焦點。因此，課業表現不佳，便成為青少年之羞愧。

同儕關係是青少年時期最重視的人際關係之一。在青少年心目中，其重要性即使未超過父母，至少也跟父母關係等齊。同儕關係往往提供青少年某些需求之滿足。缺乏良好之同儕關係，等於少了重要之協助資源。

學業表現不佳、同儕關係不良之青少年，未必出現自殺行為。但是，如果有其他因素推波助瀾的話，將導致部分青少年自殺。

五、社會因素

自殺行為的感染與模仿，也是促使青少年自殺之重要成因。在《少年維特的煩惱》一書中，維特因為愛上已有婚約的婦女卡洛蒂，因此陷於絕望困境，最後舉槍自盡。德國青年看完這本書後，紛紛仿效維特的自殺行為，使自殺人數激增，此種現象稱為「維特效應」（徐婉如，2001；鄭凱譯，2001；Williams, 1997）。

同樣地，國內第一宗燒炭自殺案例發生後，便陸續出現燒炭自殺事件。新聞報導自殺案件後的短時間內，自殺率會上升。這是因為自殺行為具有感染與促發魔力，讓最近有問題者，模仿他人以自殺行為解決問題。

徐婉如（2001）研究發現：自殺新聞量與自殺新聞型態，均造成自殺人數或女性自殺人數增加。國外研究也有類似結果：自殺行為會傳染，一件青少年自殺事件發生後，其他中等學校青少年自殺案件便陸續發生（Poijula, Wahlberg, & Dyregrov, 2001）。

綜合以上所言，青少年自殺行為，絕非單一因素促成，而是不同因素交織而成。從自殺意念出現至自殺行為實踐的不同階段中，各因素之重要性，可能不同。茲將以上青少年自殺之可能成因摘要於表 13-4。

表 13-4：青少年自殺之成因摘要表

成因	說明
一、早年經驗	
1. 不安全型依附	不安全型依附者自我價值感低、認為別人不可信任、社會支持少，而提高自殺可能性。
2. 喪失經驗	喪失歷程未完成，而導致情緒表達受阻及認知扭曲，影響對外在環境之詮釋及因應。
3. 其他創傷經驗	例如目睹父母暴力、受性侵害等，導致青少年厭惡生命，受死亡吸引。

（接下頁）

（續上頁）

二、個人因素 1.心理疾病	罹患跟自殺有關之心理疾病（情緒異常、邊緣性人格異常、行為異常、濫用藥物）。
2.身心特質	例如認為自己最不幸、自覺孤立無援、缺乏安全及成就感、以二分法看待自我表現、對自殺行為認同及一些強烈的負面情緒。
3.情緒調適能力	情緒調適能力不足，造成身心問題，導致自殺行為。
4.因應方式	自殺青少年偏向使用無效、自動化、逃避等因應方式。
5.不正確死亡態度	自殺高危險群青少年嫌惡生命，被死亡吸引。
6.生活壓力	青少年自殺跟最近生活壓力有關；負面事件愈多，自殺可能性愈高。
7.其他	自我分化、個體化及自我概念偏低。
三、家庭因素 1.家庭功能與氣氛	不良之家庭環境、家庭功能、父母關係、手足關係、家庭內在壓力等。
2.父母管教方式	父母親不同管教方式對不同性別青少年之自殺行為有不同影響。
3.家庭自殺史	透過學習，自殺行為在家族中代間傳遞。
4.父母心理異常	父母心理疾病跟子女自殺行為有關。
四、學校因素	課業、同儕相處及其他因素的推波助瀾。
五、社會因素	媒體報導產生自殺行為的感染與仿效。

第五節　青少年自殺問題與輔導

1. 從早年經驗的觀點來看，自殺行為形成歷程為何？
2. 從最近事件的觀點來看，自殺行為形成之歷程為何？
3. 青少年自殺前可能出現哪些徵兆？
4. 小春需要哪些保護性因子？小春本人及身旁有哪些保護性因子可使用？家庭、學校、同儕可以提供哪些保護性因子，以解除小春當前的危機？
5. 如何預防青少年自殺？
6. 如何輔導小春自殺問題？

一、青少年自殺問題與輔導

預防青少年自殺及輔導自殺青少年，除了消除青少年自殺之可能成因外，第一，了解青少年自殺歷程，以提高對青少年自殺之覺察及提早適當介入。第二，了解自殺徵兆，在青少年未採取自殺前防患於未然。第三，培養青少年保護性因子。

㈠自殺行為形成歷程

Jacobs（1971，轉載自江佩真，1996）將自殺歷程分為五個階段，成長過程造成之缺陷，被視為開啟自殺行為之開端。

1. 一個久存問題，造成長期壓力：例如因為年幼時失落經驗，或某方面問題未適當處理而長期存在，使得當事人懷疑自我存在價值，甚至形成脆弱人格。

2.問題不斷被擴大：青少年期身心急速變化帶來之衝擊及完成發展任務之壓力，擴大及惡化年幼期未處理問題。

3.無效問題解決技巧惡化孤立狀態：青少年使用無效問題解決策略，導致憤世嫉俗，退縮孤立，而加劇經歷年幼時孤立無援、失望及空虛感。

4.繼續惡性循環，導致青少年無望感：青少年長期處於混亂、衝突、失望狀態，任何外加壓力，容易讓青少年淹沒於無望感中。

5.認為自殺是處理危機方法：青少年覺得問題無解，人生無望，看不到未來，活著徒增痛苦，於是開始選擇自殺以結束一切。

在 Jacobs 所提之自殺歷程中，年幼時未解決問題，腐蝕了當事人自我力量及自我價值，成為未來導致自殺之種子。後來出現之壓力，加重了當事人經歷自我脆弱及無價值感，於是認為自殺是卸下壓力的最佳方法。

另外，有些研究者從最近事件探討自殺歷程。江佩真（1996）從其研究中，歸納出自殺企圖形成之歷程，分為七個階段。以下配合其他研究或理論（例如劉念肯，1996；Baumeister, 1990）來說明：

1.他人標準和期待形成壓力情境。

2.為達到期待而忽視自我情緒與需求。

3.感覺無法達成外在期待而自責與反抗。

4.外在環境出現新壓力事件，使青少年情緒上漸難承受。

5.導火事件使青少年感到憂鬱、憤怒，出現自殺意念。青少年出現自殺意念的同時，求生意志也萌芽。自殺意念與求生意念之膠著，使青少年一方面求死，另一方面卻發出求救訊號。

6.認知窄化及缺乏彈性使青少年對未來覺得無望：一些研究結果指出，「無望感」跟青少年自殺有密切關係（Mansfield, 1999）。Orbach（1989，高慧芬譯，1998）認為有四種認知思考模式會提高自殺者的無望感：(1)過度籠統（亦即以一件事情結果推論其他事件結果，例如英文成績不好，便認為其他科目也不好）；(2)不合理推論（沒有明確證據便下結論）；(3)依據片面或無關聯訊息下判斷（亦即斷章取義）；(4)有意誇大負面表現，隱藏或貶低正面表現。

以上這些不良思考模式，類似Beck認知治療理論中被扭曲之認知。這些不良思考模式讓青少年鑽牛角尖作繭自縛，以至於對自己、他人與未來無望，而強化憂鬱程度及自殺意念。

7.因期待逃離目前痛苦，而催促自己採取行動自殺：由於認知扭曲，而沉溺於負面情緒，最後固執地認為，唯有自殺才能解除目前痛苦，於是計畫自殺，並且開始採取行動。

青少年自殺前，通常會透露一些訊息（溫淑真譯，1997），包括：以前曾經自殺未遂；威脅要自殺；情緒低潮；感覺絕望與無助；談論死亡或絕望，或滿腦子都是死亡念頭；焦慮和緊張；變得退縮而不與家人、朋友親近；出現暴力或叛逆行為；吸毒或酗酒；行為突然改變；蹺家；在學校或課業上出現變化；老是覺得無聊；無法集中精神；覺得自己沒有價值；生理上出現病痛；睡眠模式改變；飲食習慣改變；親密友人朋友或認同偶像最近自殺；突然經常蹺課。

下定決心後透露之自殺訊息包括：⑴蒐集自殺資料，尋找不同自殺方法；⑵準備自殺工具；⑶可能出現自傷行為；⑷整理身邊東西，分別送給別人；⑸打電話跟親朋好友道別，表示要到遠方，未來少有機會見面；⑹寫遺書；⑺原本憂鬱之情緒，突然開朗起來。

大部分青少年自殺，極少臨時起意。預防青少年自殺，就須了解青少年自殺歷程及每一歷程階段之特徵，才能即時發現，適時處理。

㈡防止自殺或再次自殺之保護性因子

不管對出現自殺徵兆或自殺未遂之青少年，學校應該成立緊急處理小組，透過適當處理，防止青少年自殺或再次自殺。

蔡宜玲（2002）研究發現：有助於自殺青少年復原之復原力（保護性因子），包括：⑴培養青少年情緒調適能力（協助青少年抒解情緒，減少因情緒作用引發自殺危險）；⑵建立人際支持網絡（提供青少年情感支持與依附對象）；⑶培養正確死亡態度（及時遏止青少年自殺想法，轉而珍惜生命）；⑷培養認知思考能力（正向信念、問題解決思考能力等，協助青少年從不同角度思索問題）；⑸建立未來導向與正向自我期待（協助青少年產生希望，忍受挫折）；⑹培養有利之身心特質（例如開朗、勇於冒險）。

憂鬱與無望感跟自殺意念有關（Mansfield, 1999）。能夠降低憂鬱及無望感之因子，也屬於保護性因子。

以上這些保護性因子之培養，大部分可透過滿足過去未滿足之需求（依據 Maslow 需求層次論）、完成過去未完成之發展任務（依據 Erikson 心理社會理論）及培養因應技能等來達成。

此外，Spirito（1997a, 1997b）研究顯示：對自殺青少年的處理，可以使用認知治療技術，包括：對自殺責任重新歸因（reattribution of blame for the suicide precipitant）、去悲劇結局（decatastrophizing）、學習對生命事件之嚴重性給予等級化、問題解決技術、情緒調適，以及個別治療法配合家族治療法。

以上各種方式，部分為專業諮商之工作項目外，其他則為一般教師能夠勝任之工作。

二、案例應用

青少年自殺屬於危機處理個案，以「化解青少年當前壓力、安撫青少年負面情緒、提供心理支持」為緊急工作項目，目的在防止青少年自殺或再次自殺。這部分屬於危機處理工作，須由學校危機處理團隊一起負責。

以下所提為危機處理工作結束後之後續輔導，目的在處理青少年幼年創傷、滿足青少年未滿足需求、完成發展任務及學習重要因應技能，以協助青少年找回自我力量，以適應環境及面對未來壓力。

㈠案例分析

從小春的故事可推知：

1. 個人因素方面：小春具有負面自我概念，對自我充滿惡意批判及非理性想法（例如以學業成就論英雄，求完美）、否認自我價值、誤解死亡意義、缺乏一些因應技能（例如情緒調適、問題解決等技能）。以上這些特質大部分形成於小春之早年經驗。

從 Maslow 需求層次論來說，小春除了生理需求獲得滿足外，其他需求可能未滿足。例如小春對自己充滿惡意批評，否認自我價值、求完美等，表示小春可能成長於極度挑剔（或語言暴力）之家庭，這種家庭氣氛，讓小春的心理安全受到威脅。除了安全需求外，其他需求也未滿足。

從Erikson心理社會論來說，小春雖然勤奮，但勤奮不是來自於自動自發之力量，而是求完美及羞愧、罪惡感所促動。換句話說，小春在自律、自動自發、勤勉及自我認定等發展任務未完成。

此外，小春缺乏一些有效之因應技巧，除了無法面對當前壓力外，也無法排解由壓力帶來之情緒。

由於以上因素，使得小春自我力量（或內在力量、保護性因子）不足，感覺自我脆弱，而一再自我貶低及批判。

*2.*家庭因素方面：從以下各點可知，親子關係疏離，親子溝通有待改善：⑴小春父母一味要求小春成績，一再給小春壓力，而忽略小春最近轉變及需求；⑵小春沒有主動讓父母了解問題；⑶小春嚴厲之自我苛責與自我要求之態度（這種態度通常習自父母之對待）。

*3.*學校因素方面：⑴教師似乎只在乎小春學業表現，未注意小春最近改變，因此加強了小春自殺意念；⑵學校缺乏生命教育或死亡教育課程；⑶同儕不了解小春問題，而採取遠離態度。

*4.*社會因素方面：社會過度重視學生的學業表現。

以上個人、家庭、學校及社會等各因素，都成為小春自殺之傷害性因子。

茲將以上各種成因及其關係整理如圖 13-2。

早年經驗

小春可能成長於充滿批判、挑剔、求完美之家庭，除了生理需求滿足外，其他需求可能未滿足，某些發展任務也未完成，造成自我力量不足、人格脆弱、價值感低落。

當前狀況

個人因素	家庭因素	學校因素	社會因素
1. 惡意自我批判 2. 否認自我價值、非理性想法、錯誤死亡態度 3. 缺乏因應技能，如抒解情緒 4. 失眠	1. 重視小春學業表現，忽略小春需求及改變 2. 親子關係不良 3. 父母期望過高	1. 重視小春學業表現、忽視小春需求及改變 2. 課業壓力 3. 缺乏生命或死亡教育 4. 同儕疏遠	以學業成就評判一個人的價值

過去及當前需求未滿足、過去及當前發展任務未完成、缺乏因應技能、持續地自我貶抑及挑剔，以至於一再喪失自我力量，而無法面對當前壓力。

想以自殺解決當前問題

圖 13-2：小春自殺問題診斷分析圖

㈡案例輔導歷程

表 13-5：輔導小春「自殺問題」之歷程

<table>
<tr><td rowspan="3">監
控
及
調
適
歷
程</td><td>輔導重點
1.建立良好輔導關係。
2.滿足過去未滿足之需求。
3.完成過去及當前未完成之發展任務。
4.防止自殺或再度自殺。
5.改變家庭互動、親子關係。
6.改善師生與同儕關係。
7.學習重要因應技能。
8.改變對自我期待及自我看法。
9.提供生命或死亡教育課程。</td></tr>
<tr><td>一、籌畫前階段
1.跟小春建立良好輔導關係
小春對自己充滿惡意批判，這種自我態度來自於重要他人之對待。跟小春建立輔導關係時，須注意小春以上錯誤之預期。
良好輔導關係除了可以滿足小春某些過去未滿足之需求外，也可修正小春對他人錯誤之預期。
2.評量小春對問題之覺察程度及歸因
小春可能不清楚問題為何，但有錯誤歸因，例如否認自我能力。此外，小春不了解自殺行為、自我批判、錯誤認知、未滿足需求間之關係。
3.評量小春受輔動機
基本上小春會願意接受輔導，但是輔導歷程中，須注意小春可能因為自我應驗（如否認自我能力、讓自己愧疚），而不斷用一些理由來證實自己很差，不值得他人協助。
4.評量協助小春改變所需的因應技能及保護性因子
例如正面歸因、自我肯定、情緒調適……。</td></tr>
<tr><td>二、籌畫階段
1.防止小春自殺或再度自殺
防止自殺或再度自殺之方法，例如良好輔導關係、父母師長同儕提供支持性環境、有效之因應技能、肯定小春為學業所作之努力、凸顯小春之優點、敏感自殺前之徵兆。</td></tr>
</table>

（接下頁）

（續上頁）

<table>
<tr><td rowspan="3">監控及調適歷程</td><td>2.協助小春自我探索
輔導教師依據選擇之理論來進行。探索主題包括自殺與未滿足需求之關係；非理性認知、自我批判、未滿足需求及未完成發展任務之阻礙經驗；親子關係、師生及同儕關係。
3.協助小春探討滿足需求之途徑，以提高小春改變之動機。
4.處理改變與不改變之衝突
協助小春處理「改變與不改變」之衝突，以提高小春改變之動機。
5.培養小春造成改變所需之技能及保護性因子。</td></tr>
<tr><td>三、準備階段
1.擬訂改變計畫
跟小春一起擬訂行為改變計畫，以滿足需求、完成發展任務、培養因應技能、防止自殺或再度自殺為主。可選擇最容易達成或最危急之一項為目標，再根據目標擬訂計畫。
2.訓練小春執行計畫所需之技能
例如問題解決、抗拒誘惑、情緒調適、評量結果、調整計畫、善用外在資源、作決定、自我管理等技能。
以角色扮演、觀察典範等方式，協助小春熟悉改變歷程及強化執行計畫所需技能，以提高小春改變行為之動機。
3.善用其他資源
適當分配家長、學校人員及同儕協助之任務及角色，以降低傷害性或危險性因子及增加保護性因子。
4.提供父母及相關人員效能訓練
提供父母、相關人員（例如導師、同儕）效能訓練，以成為小春改變行為之助力。
5.培養小春重要因應技能及保護性因子。</td></tr>
<tr><td>四、行動階段
1.當小春有成功經驗時，應提供適時獎勵，以強化其信心與動機。
2.小春執行計畫時，須隨時進行監控及調整，以符合實際狀況需要。輔導教師須在旁指導。
3.小春遇挫折時，協助小春避免負面歸因。
4.提供小春足夠之心理支持，並隨時處理突發問題。
5.處理抗拒改變之力量。
6.持續加強必要之因應技能及保護性因子。
7.逐漸將行為改變之責任轉交給小春。</td></tr>
</table>

（接下頁）

（續上頁）

監控及調適歷程	**五、維持階段** 1.協助小春警覺復發之線索及熟練處理方式。 2.協助小春以接納態度面對復發線索，只要新行為模式持續之時間加長，便是改變成功。 3.持續加強維持改變所需之因應技能及保護性因子。 4.鼓勵小春使用自我管理技能：自我計畫、自我監控、自我執行、自我調適及自我獎勵，學習為自我行為負責之態度及能力。 5.鼓勵小春在必要時尋求資源協助。
	註： 1.提供情緒或心理支持 除了輔導教師外，當事人身旁之教師、家長及同儕，也須提供當事人情緒支持，例如接納、溫暖、專注、傾聽、不批判、同理的了解等態度。 2.教導情緒調適、壓力管理、問題解決等技能 例如寫日記、跟同儕分享心情故事、放鬆練習、運動、將大問題分解為小問題等。 3.善用家庭、教師及同儕力量 家庭：父母改變高期望；製造當事人成功的機會；不要拿當事人跟他人作比較；以接納、同理了解、不批判、溫暖方式對待當事人；鼓勵當事人適度休閒；父母跟學校保持密切聯繫。 學校：給予情緒支持；提供當事人成功經驗；將當事人的注意力轉向正面思考。 同儕：跟當事人分享類似經驗；主動關懷當事人；陪伴當事人；分享生活故事；隨時注意當事人的情況，以提供危機處理的資訊。 4.教導當事人善用內外在資源 例如學校資源（輔導處、學務處、其他任課教師）、同儕資源、社會資源、當事人本人之資源。 5.提供成功經驗、肯定其努力以提高其價值感、正向歸因、尋找使其生存之力量 例如不贊同以自殺解決問題，但肯定其為解決問題付出之努力及關心；肯定在課業上的在乎及努力；將失敗歸因於解決方法錯誤而無關乎能力；強調當事人之生存或死亡對他最在乎之人的影響。 6.正面的死亡概念 例如了解當事人對死亡的看法，修正其錯誤的死亡概念；依據當事人的宗教信仰，協助當事人了解死亡的意義。

本章摘要

第一節　自傷與自殺行為之差別

1. 自傷與自殺行為不同之處在：是否有死亡意圖、使用方法、經驗到之認知與情緒、是否有遺書、是否事先規畫、行為目的、異常心理狀態、他人反應、去除壓力情境後之反應及行為作用等方面。
2. 自傷與自殺行為類似之處在：部分行為重疊及行為相互轉化。

第二節　青少年自傷之成因

1. 與青少年自傷有關之早年經驗，包括：⑴不安全型依附；⑵創傷經驗。
2. 與青少年自傷有關之個人因素，包括：
   ⑴負面自我概念、外控信念、自尊低、挫折忍受力低、不適當之罪惡感、不信任他人等人格特質。
   ⑵當前家庭事件、人際事件、喪失經驗及創傷經驗造成青少年生活壓力。
   ⑶自傷者多同時罹患心理疾病，其中以邊緣性人格異常最常見。
   ⑷大部分自傷者多女性，但也有研究顯示男女自傷比率沒差異。
   ⑸同儕示範及鼓勵。
3. 與青少年自傷有關之家庭因素，例如不良親子關係、不良家庭氣氛、不當父母管教方式、家庭暴力、破碎家庭、低自我分化、手足間之模仿等。
4. 與青少年自傷有關之學校因素，包括：課業壓力、同儕關係，及其他發生在學校之挫折經驗。
5. 與青少年自傷有關之社會因素，包括同儕間仿效、跟同儕團體一致及仿效媒體報導。

第三節　青少年自傷問題與輔導

1. 辨認自傷青少年方法，包括檢查青少年最常出現之自傷部位，或警覺青少年出現以衣著掩藏之行為。
2. 輔導自傷青少年包括四方面：
   ⑴處理自傷青少年過去創傷。
   ⑵自傷青少年學習控制自傷行為之技巧，例如覺察引發自傷行為之刺激。

(3)培養自傷青少年保護性因子，例如自我管理、因應壓力、情緒調適、情緒表達、自我肯定、自我覺察、善用外在資源及建立關係等技能。

(4)提供支持性之環境。

最終目標在滿足未滿足之需求，完成發展任務及學習因應技能，以強化面對壓力之自我力量及去除自傷行為。

第四節　青少年自殺之成因

1. 與青少年自殺有關之早年經驗，包括：(1)不安全型依附；(2)經歷喪失卻未完成哀傷歷程；(3)其他創傷經驗。
2. 與青少年自殺有關之個人因素，包括：(1)罹患跟自殺行為有關之心理疾病；(2)導致自殺之身心特質，例如兩極看法、以為死亡可解決一切痛苦；(3)情緒調適能力不足；(4)以消極、自動化、逃避等方式因應；(5)不正確死亡態度；(6)生活壓力；(7)其他因素，例如自我分化、個體化、自我概念等偏低。
3. 與青少年自殺有關之家庭因素，包括：(1)不良之家庭功能及氣氛；(2)不良父母管教方式；(3)透過學習，自殺行為在家族中傳遞；(4)父母有心理疾病。
4. 與青少年自殺有關之學校因素中，以課業壓力、同儕關係不良為主，其他因素推波助瀾。
5. 與青少年自殺有關之社會因素，包括媒體報導造成感染與仿效。

第五節　青少年自殺問題與輔導

1. 輔導青少年自殺問題，包括：(1)了解青少年自殺歷程；(2)了解青少年自殺前之訊號；(3)強化保護性因子。
2. 從兩觀點來看青少年自殺歷程：

   (1)早年經驗為青少年自殺埋下種子，其歷程為：幼年經驗造成自我價值低落及人格脆弱→青少年期壓力→無效問題解決技巧惡化問題→形成惡性循環→以自殺處理問題方法。

   (2)最近事件引發青少年自殺，其歷程成為：他人標準及期待形成壓力→為達成外在期待而忽略自我需求→因無法達成外在期待而自責→外在環境新壓力出現→開始出現自殺意念→僵化及窄化認知加重問題→採取自殺行動。
3. 青少年自殺前訊號包括：

   (1)自殺意念出現後：談論死亡與自殺、生活及行為習慣改變、焦慮及緊張、注意力無法集中、覺得自己沒有價值、充滿死亡念頭等。

⑵決定採取自殺後：尋找不同自殺方法、準備自殺工具、自傷、整理東西分送他人、寫遺書、跟朋友道別、突然開朗起來。

4.防止青少年自殺之保護性因子包括：培養青少年情緒調適能力、建立人際支持網絡、培養正確死亡態度、培養認知思考能力、建立未來導向與正向自我期待、培養有利之身心特質。培養以上保護性因子可以透過滿足過去未滿足需求、完成未完成發展任務及培養因應技能等來達成。

第十四章

青少年飆車問題與輔導

在青少年死亡事件中，「事故傷害」位居青少年死亡之首（行政院衛生署網站，2002c），而「飆車」是「事故傷害」之一。青少年飆車若未致死，傷殘難免發生。傷殘帶來之代價，絕不亞於死亡。

蔡德輝、鄧煌發、蕭銘慶（2004）的研究有一些值得注意之發現，105 位飆車青少年中：⑴每週飆車有高達 20 次者，總體平均為 3.24 次；每週平均飆車 4 至 5 次與 6 次者，各 13%；每週平均飆車 3 次者 12%；每週平均飆車 2 次者 39%；每週飆車 1 次者 23%；⑵青少年飆車的地方，在市區道路者占三分之一；⑶飆車車輛，大都以機車為主，占 62.9%；⑷飆車速度，絕大多數時速破百公里，甚至超過碼表數字能顯示範圍。飆車時速在 170 至 180 公里者最多，120 至 140 公里者次之，時速超過 200 公里，甚至高達 230 公里者亦有之。

從以上數據來看，若將飆車視為玩命，一點也不為過。

2003 年 7 月 25 日至 2003 年 7 月 27 日連續三天的「全國同步取締飆車大執法」中，取締交通違規有 21,206 件，屬於重大違規者包括蛇行或危險駕車 37 件；拆除消音器或以其他方式製造噪音 149 件；兩車以上競駛、競技等飆車 19 件；無照駕車 2,217 件；超速 6,010 件；依「公共危險罪」移送法辦 41 件 46 人；未滿十八歲飆車青少年有 242 人，其中，具學生身分有 80 人（內政部警政署警政治安全球資訊網，2006a）。

以上研究結果反映出，飆車事件已達不可忽視地步，飆車青少年拿生命當賭注，天天跟死亡搏命。

從另一方面來看，飆車青少年，除了自己玩命外，也玩弄別人的生命、財產。飆車青少年三更半夜成群結隊，在道路上風馳電掣，擾亂居民安寧，甚至恣意攻擊民眾、殺人、強盜、攻擊火車（內政部警政署警政治安全球資訊網，2006b）、攻擊商店、車輛、砍殺路過陌生行人。其囂張行徑，令人髮指。雖然相關警政單位努力勸導與取締，不過，效果仍然不彰。

青少年沉溺飆車而忘了自我生命，也忘了他人權利與福祉，這背後推力是什麼？

第一節 飆車之定義

1. 何謂飆車？
2. 青少年飆車可能跟哪些需求的滿足有關？

從身旁咻咻而過的機車，喚起小辛不甘落人後的賭氣。即使油門已轉至最高點突破時速之極限，小辛仍著急地在心中吶喊著：快！快！快！

風馳電掣之急速，帶出凌空飛馳一瀉千里之快感。恩恩怨怨之是非，就像倏忽而過之景物，無法凝聚成形喚出記憶。空白之心境，只有烙印霸氣縱橫之當下，此時此刻的感覺是唯我獨尊。

有如卸下百斤壓肩之沉重，長久以來的鬱卒，竟被全然釋放。一縷縷新鮮空氣，在鼻息中輕鬆交替，小辛突然有種重生的感覺。

三三兩兩打屁聊天的飆車同伴，他大都陌生，卻感覺彼此相連。即使沒人找他談話，也不感到落單。聽到有人大喊，明天同一時間、同一地點再相會，他竟有股衝動，想大聲呼應。

所謂飆車（speeding）是指使用二輪或四輪之機動車輛，占據交通路段，兩人以上集體競賽、超速行駛或其他不正常駕駛之行為（王傳庸，1994，轉載自蔡宗聖，2001）。

台灣地區大規模飆車行為，出現於1986年5月台北市大度路，1987年8月間在台南的飆車族曾釀成暴力滋擾事件。之後雖沉寂一段時間，但1993年死灰復燃在全島興起，還伴隨攜帶刀械，無故砍人與傷人等暴力事件（蔡宗聖，2001）。目前青少年大規模飆車行蹤擴及台北、桃園、台中、高雄及台南，因飆車而釀成死傷之新聞事件時有所聞。

第二節　飆車族之特徵

1. 目前國內飆車族具有何特徵？
2. 飆車青少年可能涉及哪些法律問題？

以下綜合一些學者看法（例如古裔，1995；師友月刊編輯小組，1995；蔡宗聖，2001；蔡德輝、鄧煌發、蕭銘慶，2004），飆車族之特徵如下：

1. 飆車族通常以二十歲以下在學學生或中途輟學、失學之青少年為主，有部分為勞力工作者與無業者。

2. 飆車青少年通常成群結隊，以二輪機車為主，部分青少年無照駕駛。

3. 飆車青少年大部分是男性，少數為女性。

4. 青少年飆車行為由傳統競賽賭博，轉變為砍人、追殺等暴力行為。這些暴力行為通常由大哥或成年人帶領，而暴行之成因是為車隊成員討回公道、對方越線、因飆車發生事故，懷恨洩恨。

5. 部分飆車青少年攜帶殺傷力武器，作為防身之用。可見，部分飆車青少年知道，可能發生事故。

6. 青少年飆車時間以凌晨零至三時最多。

7. 飆車青少年之父母通常不知道子女在外飆車。

8.飆車青少年除了出現飆車行為外，可能還有其他偏差行為，例如偷竊、逃學、濫用藥物。

9.部分飆車青少年飆車時不戴安全帽。

總而言之，飆車是犯法行為，涉及違法項目包括：超速、不戴安全帽、無照駕駛、妨礙公共安全與安寧、非法攜帶殺傷力武器、集體械鬥、打架鬧事、殺人傷人等。

不是每位飆車族都具有以上所有特徵，特徵會因時空、情境、飆車成員之不同而異。例如只有兩人一起競賽車速之飆車族，可能以追求快感為主，不涉及暴力行為。某些飆車團體或許一開始無意涉入暴力，但因失控、服用藥物、競相模仿，或其他因素，而出現暴力等傷人事件。

第三節 青少年飆車之成因

問題與討論

1. 小辛飆車之成因為何？還有哪些成因跟青少年飆車有關？
2. 小辛除了飆車外，還有哪些行為問題？
3. 從 Maslow 需求層次論來看，小辛有哪些未滿足需求？
4. 小辛的飆車行為可滿足哪些需求？飆車只是小辛內在問題之表象，如果只處理小辛的飆車行為，是否能夠解決他的內在問題？內在問題是否會以其他行為問題來反映？
5. 從 Erikson 心理社會論來看，如果問題持續，小辛可能形成什麼樣的「自我認定」？對他未來的人生會造成什麼影響？
6. 哪些保護性因子有助於小辛解決問題或滿足需求？

黝黑涼靜的夜晚，映出小辛朦朧的身影，灑落的冷冷月光，為小辛添加幾許孤寂。剛被釋放之身心，因為接近家門而開始莫名地不安。

小辛放輕腳步，以免吵醒沉睡中的家人，而招來一頓語言攻擊。空蕩蕩的客廳因為窗簾緊閉而一片漆黑，然而沉悶的空氣竟漂浮著嗆鼻的酒氣。等到眼睛適應黑暗後，才發現狼狽橫躺在沙發上酒醉不醒的父親。移位的桌椅與散亂的玻璃碎片，告訴他今晚又上演一齣酒後暴力戲碼。小辛無奈地搖搖頭摸黑進入房間。

雖然已經凌晨四點了，小辛卻毫無睡意，浮躁的心情讓他輾轉難眠。他起身打開電腦進入聊天室，跟幾位網路夜貓子聊聊今晚心聲。有人提醒飆車時要注意安全；有人建議心情不好時聽聽音樂，並介紹幾首好聽的歌曲。在你來我往的回應中，浮躁的情緒竟逐漸被安撫。不知過了多久，開始有了睡意。跟他們說拜拜後，就在逐漸放亮的晨曦中，放鬆入眠。

小辛沉溺在似醒非醒中，夢中的影像雖逐漸模糊卻不肯消退。床邊滴答的時鐘聲已清脆入耳，但神遊太虛的靈魂尚不願歸位，直到小歡的影像竄入腦海，他才由驚嚇中睜開眼睛。跟小歡約好三點鐘撞球，晚上一起飆車，現在卻是下午四點鐘。小辛在十分鐘內一切準備就緒，騎上摩托車奔馳而去。

今夜飆車的同伴，似乎比前晚多，無風燠熱的天空瀰漫著窒息氣味。前面的車子啟動奔馳，後面的車子緊緊跟隨。一聲聲呼嘯的車聲，宣示著一條條人命在生死邊緣徘徊。突然一聲巨大的碰撞伴隨撕裂的驚叫聲破空傳來，卯足全力而全然忘我的小辛就像從失去意識中甦醒一樣，逐漸看清眼前景物，速度也跟著慢了下來。

幾位圍觀的青少年有的一臉呆滯，有的大聲哭泣。眼前扭曲變形糾纏一起的機車及被拋擲數尺已血肉模糊的幾具軀體，讓小辛不忍卒睹地轉過身去。這一轉身，恰被一輛呼嘯的機車貼身擦過，小辛驚叫一聲，臉色慘白目瞪口呆，直到好一會兒呼出一口氣後才慢慢回神。一想到自己曾是他們的一員，小辛竟全身抖顫，驚出一身冷汗。

為何有些青少年甘冒生命危險，圖一時快活？江淑娥（1996）研究發現，青少年飆車之主因有：發洩課業或情感壓力、達到團體和諧或取得團體認同、滿足尋求刺激與追求速度感、表現個人英雄式作風。蔡德輝、鄧煌發與蕭銘慶（2004）研究顯示，青少年飆車之原因包括：追求刺激、挑戰權威、滿足成就感、抒發情緒、吸引注意、結交同儕及其他。

蔡德輝、鄧煌發與蕭銘慶（2004）研究中的其他發現，值得進一步深思：飆車青少年通常以消耗體力或刺激冒險性質的休閒活動為主。如無法繼續飆車，青少年將選擇一些活動取代，例如打電腦、飆網排行第一，吃搖頭丸為其次，其他包括打球、撞球、喝酒、看電影或逛街、跳街舞、唱歌、睡覺、單純跳舞、聽音樂、吸毒等。

除了飆車外，這些青少年平日的休閒活動包括：(1)外向型，例如上網咖、到KTV、打球、撞球、逛街等；(2)逃避型，例如喝酒、吃搖頭丸、吸毒、睡覺等；(3)傳統型，例如聽音樂、烤肉、打牌、下棋等；(4)悖德型，例如做愛、跳八家將、打架、玩炸彈炸魚、賭博、打麻將；(5)其他型。

以上資料顯示，飆車行為只是青少年內在問題之反映。探討青少年飆車行為時，不能流於表面，必須從成因中深入青少年之內在世界。以下從個人、家庭、學校及社會等因素，說明青少年飆車之成因。

一、青少年個人因素

(一)人格

飆車青少年之人格是否不同於一般非飆車青少年？王傳庸（1995）研究發現，飆車青少年人格特質多半趨於極端，無法體諒他人及缺乏對生命價值之尊重。

潘秉松（2001）研究發現：飆車青少年厭惡重複性經驗、尋找解脫、渴望從事冒險之身體活動及嘗試新經驗。此外，大部分飆車青少年具有尋求高刺激傾向，喜歡追求冒險、變化、刺激、複雜之活動。在一些國外研究也有類似發現（例如 Jonah, 1997）。

Farley（1986）曾提出T型人格概念。這種人格類型者無論何時何地，偏好尋求興奮與冒險活動。T 型人格之形成跟基因、性格、出生時之經驗及早年營養有關。容易成為 T 型人格者包括男性、年輕人（十六至二十四歲）。T型人格分為正（建設性）、負（破壞性）兩類。負性T型人格者容易犯罪、拒絕社會及法律規範。具有暴行之飆車青少年可能跟負向T型人格有關。

Steinberg（2004）認為，青少年比成年人傾向表現高刺激冒險行為，是因為青少年自我調適能力不足所致，該能力至青年期早期才完全成熟。

或許，某一部分飆車青少年純然因為自我調適能力不足，無法協調自我及環境需求，而以飆車行為逃避。這部分青少年進入青年期後，由於自我調適能力成熟，因此冒險行為不再出現。

另有一部分飆車青少年，由於早年不良經驗阻礙其自我調適歷程，至青少年期時以飆車行為反映其內在問題。這類青少年進入青年期後，即使不再有飆車行為，由於自我調適歷程依然受阻，將以其他問題行為反映。事實上，這些青少年出現飆車行為之前，早有症狀出現。誠如王傳庸（1995）研究顯示，受訪的14位飆車青少年中，有9位青少年在早期即有偏差行為和犯罪紀錄，包括濫用藥物、偷竊等。

這些早年即出現偏差行為之飆車青少年，某部分具有負向T型人格，即使不具負向T型人格，人格也可能不健全。換句話說，飆車只是這類青少年心理問題反映於外在行為。

總而言之，人格極端、缺乏同理心及尊重生命價值、負向 T 型人格特質、喜冒險活動及嘗試新經驗、討厭重複性經驗等人格特質，跟青少年飆車行為有關。

㈡發展特徵

青少年認知發展特徵之一，便是自我中心主義，以兩種方式呈現：虛擬式觀眾與個人式寓言（黃俊豪、連廷嘉譯，2004）。

在虛擬式觀眾方面，青少年誤以為自己是眾所矚目之焦點，在乎自我表現及別人評價，因此以飆車表現個人英雄式作風（江淑娥，1996）。

在個人式寓言方面，青少年認為自己是特殊人物與眾不同，能化危機為轉機，逃過一切傷害與危險。因此喜歡從事冒險行為，例如吸毒、性行為不戴保險套、飆車、械鬥等。

㈢衝動、尋求同儕認同及盲從

第一，青少年血氣方剛容易衝動，有些受不了同儕挑釁與煽動，而從事高危險活動。第二，另有些青少年為了獲得團體認同，得到團體歸屬感，強迫自己參與團體決定之活動。第三，有些青少年不敢拒絕帶頭大哥，或是不知道飆車行為之對錯，而盲目聽從帶頭大哥之擺布。

㈣因應壓力、問題解決與情緒調適等能力不足

青少年得解決自我認定、生涯抉擇、同儕、親子、學業、異性交往、性需求等各種問題。青少年如果缺乏因應壓力、解決問題及情緒調適等能力，便容易倍感壓力，負面情緒充斥，而以飆車排解。江淑娥（1996）研究顯示：發洩課業或情感壓力，以及尋求刺激與追求速度感，是青少年飆車主因之一。

㈤無知

有些青少年並非參與團體飆車，而是跟同儕一起騎車遊玩。因無知或好玩而加快車速，不知此為違規行為，直到被取締後才知成為飆車青少年（王漢源，1995）。

㈥性別角色

飆車青少年大都是男性，女性占少數。這是因為：第一，少男對機車之喜愛甚於少女。第二，除了交通上之需要外，父母極少會主動為少女購買機車，而少男會主動向父母表示希望擁有一部機車。

第三，飆車行為特質跟男性性別特質有關。飆車特質包括：風馳電掣之速度、刺激高、大膽冒險、集體性、違法犯紀、賭博性、夜深人靜之活動等，這些特質跟男性性別特質較相近。

㈦未善用資源

青少年飆車是一種因應壓力、面對問題、滿足需求之方法，不過，卻得付出極大代價。

只要青少年能善用身旁資源，便能降低壓力或解決問題。可惜的是，大部分飆車青少年不知或不願意求助身旁一些資源，而狹隘了解決問題之途徑。

總而言之，青少年飆車之個人原因，可分為以上幾類，處理青少年飆車問題時，須考慮不同成因，以找出適當協助方法。

二、家庭因素

跟家庭有關的任何因素，對青少年行為都具有舉足輕重之影響。例如：親子關係、手足關係、父母親關係、父母管教態度、家庭氣氛、家庭經濟、家庭溝通與互動模式、父母親職業、家庭信仰、父母婚姻關係等。

一些國外研究發現，危險性駕駛（包括飆車）跟家庭因素有關（例如父母管教）（Bingham & Shope, 2004）。國內方面，王傳庸（1995）研究發現，飆車集團青少年家庭結構不健全，親子溝通趨於惡劣。

雖然國內學術界對青少年飆車與家庭因素之研究不足，然從飆車青少年相關特點，可窺見家庭因素在其中扮演之重要角色。

例如飆車青少年通常具有某些特徵包括：中輟生、失學青少年、攜帶具有殺傷力武器、無照駕駛、出現砍人追殺等暴力行為、偷竊、濫用藥物、父母對青少年飆車行為不知。從這些特點中可推知，家庭因素跟青少年飆車行為之關係。

青少年飆車跟滿足需求有關，例如成就感、風馳電掣的無障礙感、抒解情緒與壓力、歸屬感……。這些需求原本可從健全之家庭生活獲得滿足，但是功能不良之家庭，扭曲青少年發展，致使青少年無法以健全管道滿足需求。這也就是為什麼飆車往往是青少年內在問題之反映，而飆車青少年往往不只出現飆車行為而已。

三、學校因素

潘秉松（2001）研究顯示，飆車青少年對於學校沒有依附感，亦即不喜歡學校生活。之所以不喜歡學校生活，原因可能很多，然其最重要的是在家庭中未滿足之需求，在學校中仍無法獲得滿足，甚至將家庭之不良影響嚴重化。有關學校相關之因素，在其他章節已有詳述，以下說明其他未論及之因素。

(一)法律教育不足

飆車青少年是否知道飆車犯法？無照駕駛犯法？時速多少公里犯法？飆車妨礙公共安寧、公共安全、公共秩序？甚至造成竊盜、購買贓物、損毀公物、非法攜帶槍械、過失致死或傷害等罪？如果飆車青少年未成年，父母或法定代理人也須被懲處？飆車青少年通常不知道飆車行為可能涉及如此複雜之法律問題。

一直以來，法律教育一直是學校教育之漏洞。凡是升學考試不考之科目，不會受到重視。法律教育科目，只存在於大學通識教育中，不過，並不一定每位學生都知道其重要性而願意選修。

其實，實際生活教材隨處可得，只要學校與教師願意，隨時隨地都有機會灌輸青少年法律知識。當青少年飆車或違法新聞上媒體時，這便是最佳教育時機與最實用教材。只要學校與教師願意，或許幾十分鐘時間，便可以預防某些青少年成為飆車族。

(二)生命或死亡教育不足

「生命」應該被尊重，不管是自我生命或他人生命。飆車青少年不尊重自我生命，也踐踏他人生命。或許可以這麼說，他們不知道自我生命之價值與意義，當然無法尊重他人生命。

「死亡」是生命的一部分，了解死亡，才知道生命有限，應該珍惜生命。飆車青少年不了解死亡，更不知道珍惜生命。這部分缺失，反映青少年「生命教育」與「死亡教育」之不足。

每天發生之新聞都是可取用之教材，只要學校及教師願意，一篇剪報內容之討論，或許在某一時刻可以發揮驚人之保命工作。

(三)其他學校因素

防治青少年飆車行為需要大家通力合作，家庭、學校、社會與學生本人，都是防治工作上之一環，需要相互配合。

青少年飆車行為之防治，學校須負起之責任包括：預防宣導工作、陶冶學生人格、培養法治精神、良好師生互動與管教、滿足學生心理需求、適當之課程規畫與安排、教師人格健全、學校內外在環境良好、學校對學生要求合理、提供飆車學生適當輔導、跟家庭與警政人員維持密切聯繫，以上這些措施，都跟防治青少年飆車有關。防治工作不完善，青少年飆車問題便無法斷絕。

四、社會因素

㈠警政單位防治工作不足

現階段飆車防治工作有一些缺失，在警政方面包括（蔡宗聖，2001）：⑴防治重心侷限於取締圍捕；⑵執法不嚴，查緝行動過於著重圍堵之消極性措施；⑶取締時，未全面依法行政；⑷預防宣導工作顯著不足；⑸犯罪矯正措施缺乏完整輔導配套。

警政單位防治工作上之漏洞，形同給了某些青少年投機取巧的機會。

㈡飆車同儕引誘

飆車本身除了滿足青少年某些需求外（例如抒解壓力、滿足成就感）：⑴跟飆車同儕在一起或一起活動，可滿足另一些需求（例如陪伴、歸屬感）；⑵同儕間相互模仿，會驅使青少年從事跟飆車同儕一樣之活動。

因此，青少年容易受飆車同儕影響，而一起聚眾成群形成飆車集團。

㈢媒體渲染與模仿偶像

第一，媒體報導青少年飆車行為時，也提供青少年模仿之榜樣。第二，媒體誇大渲染之鏡頭，會激起某些青少年飆車（蔡宗聖，2001），或許這類青少年喜好冒險刺激活動。

第三，媒體廣告中展示之飆車行為及電影電視節目中之飆車鏡頭，容易激起青少年崇拜偶像之心態而仿效。

茲將以上各種成因摘要於表 14-1。

表 14-1：青少年飆車之成因摘要表

成因	說明
一、個人因素	
1.人格	負向T型人格特質、人格極端、缺乏同理心、不尊重生命價值、喜冒險活動及嘗試新經驗、討厭重複性經驗等人格特質。
2.發展特徵	自我中心主義。
3.衝動、尋求同儕認同及盲從	因衝動而受不了挑釁與煽動；尋求同儕認同，強迫自己參與團體活動；盲目服從團體帶領。
4.相關技能不足	壓力因應、問題解決及情緒調適等能力不足。
5.無知	因好玩無知而加速車速。
6.性別角色	飆車特質跟男性性別特質有關。
7.未善用資源	不知善用身旁資源協助，而以飆車逃避問題。
二、家庭因素	家庭有關之任何因素，跟青少年飆車行為都有關，例如不健全之家庭結構、親子溝通不良。
三、學校因素	
1.法律教育不足	飆車青少年不知飆車行為觸犯法律。
2.生命或死亡教育不足	飆車青少年不知死亡意義、自我生命價值及尊重他人生命，而進行飆車活動。
3.其他	跟飆車有關之其他防治工作不完善，例如師生互動、學生人格陶冶、預防宣導。
四、社會因素	
1.警政單位防治工作不足	防治僅限於取締圍捕；執法不嚴；未全面依法行政；預防宣導不足；犯罪矯正措施缺乏完整輔導配套。
2.飆車同儕引誘	跟飆車同儕群聚滿足某些需求及同儕間互相模仿。
3.媒體報導及渲染與模仿偶像	媒體報導及渲染，激起青少年模仿；青少年因崇拜偶像而仿效。

第四節　青少年飆車問題與輔導

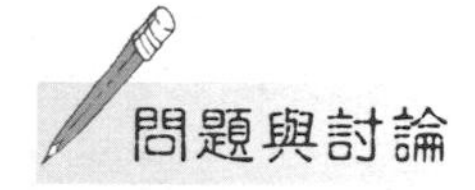

問題與討論

1. 飆車族形成歷程中，每一階段歷程有何特徵？如何輔導不同階段之青少年？
2. 如果你是小辛的輔導教師，輔導重點為何？家庭、學校、社會可以提供哪些保護性因子？小辛本人有哪些保護性因子？

一、飆車族形成之歷程

對飆車青少年之輔導，除了消除相關成因外，熟悉飆車族形成之歷程，針對不同階段飆車青少年提供不同處理，以避免問題進一步惡化。

日本學者森武夫（1975，轉載自陳騰祥，1997）指出飆車族形成大約歷經四個階段，整理摘要如表 14-2。

從表 14-2 之歷程來看，飆車問題之嚴重性隨著階段之演進而逐漸惡化。處理上也愈加棘手。

由於每個階段，都有不同特徵。這些特徵除了警惕父母師長注意青少年行為外，也提供處理不同階段青少年之依據。

第一，在準備期階段，父母須警覺青少年跟家人關係的改變，以及對機車之關心。尤其須留心青少年外出行為及交友狀況。如果父母適時介入，並結合學校資源，就可避免青少年進入下一階段之飆車歷程。

第二，在形成或加盟期階段，青少年可能外出時間及次數增多，尤其夜晚外出次數；電話或手機來電次數提高，談話內容多所隱藏及掩飾，或許開始出現蹺課及遲到問題。此時父母必須協同學校，提供適當輔導方案，協助青少年改變行為。

表 14-2：飆車族形成之歷程

一、準備期
1. 跟家人關係出現問題。 2. 對車輛表示關心與注意，尤其是機車。 3. 無照駕駛。
二、形成或加盟期
1. 以車輛作為社交工具，擴大交友圈，開始形成飆車族屬性和條件。 2. 成員間相互約定日期、地點集合，開始出現不良行為，如吸菸、喝酒。 3. 集團成員相互引誘模仿，增加超速駕駛性能、盜油、加大排氣管、製造噪音等以利飆車。
三、飆車狂熱期
1. 將車擬人化，以車輛為生活中心。 2. 飆車時參與特定集團、穿著特定服裝、喜歡異常、陶醉於英雄主義、對集團忠心、集體爭鬥、搶劫犯法等行為。 3. 荒廢學業、逃學、遲到、早退等。
四、終焉或擴散期
1. 因被取締或成員發生事故或傷亡，或家人關切及處理，而停止飆車活動。 2. 隨年齡增長，進入青年期後，對飆車行為感到乏味，而終止飆車。 3. 因飆車經驗食髓知味，增強反抗態度，或加入犯罪暴力集團，而衍生出一些犯罪行為。

（資料來源：飆車族的心理剖析與輔導，陳騰祥，1997，**國教輔導**，**36**（5），頁 46-48）

第三，飆車狂熱期及擴散期階段，父母及學校須結合其他專業人員，以團隊方式協助青少年。

二、案例應用

(一)案例分析

從小辛的案例中，可以看出小辛的行為問題有飆車、輟學、沉迷網路或其他，這些問題是小辛內在問題之反映。即使小辛因為見到飆車同儕傷殘或死亡而心生恐懼放棄飆車，但是未處理之內在問題，將以其他行為問題來呈現。此外，經歷飆車同儕傷殘或死亡場景而造成之創傷，將惡化原先之問題。

小辛的行為問題可能跟一些因素有關，包括個人（例如缺乏情緒調適、抗拒誘惑等技能）、家庭（例如家人關係不良、父親酗酒）、學校（輟學、缺乏法律教育及生命教育）及社會（例如不良同儕誘惑）。依照目前故事提供之訊息，小辛飆車問題之診斷分析圖如圖 14-1。如果蒐集的資料愈豐富（例如透過心理測驗、訪談、諮商、觀察），愈能深入了解小辛之內心世界，所擬訂之輔導策略，愈能反映小辛之需要。

㈡案例輔導歷程

小辛缺乏足夠因應技能及自我力量，無法面對青少年發展任務、家庭問題及學校壓力。輔導小辛時，除了協助小辛處理目前問題外，另一方面須處理早年發展上之阻礙。輔導歷程可參見表 14-3。

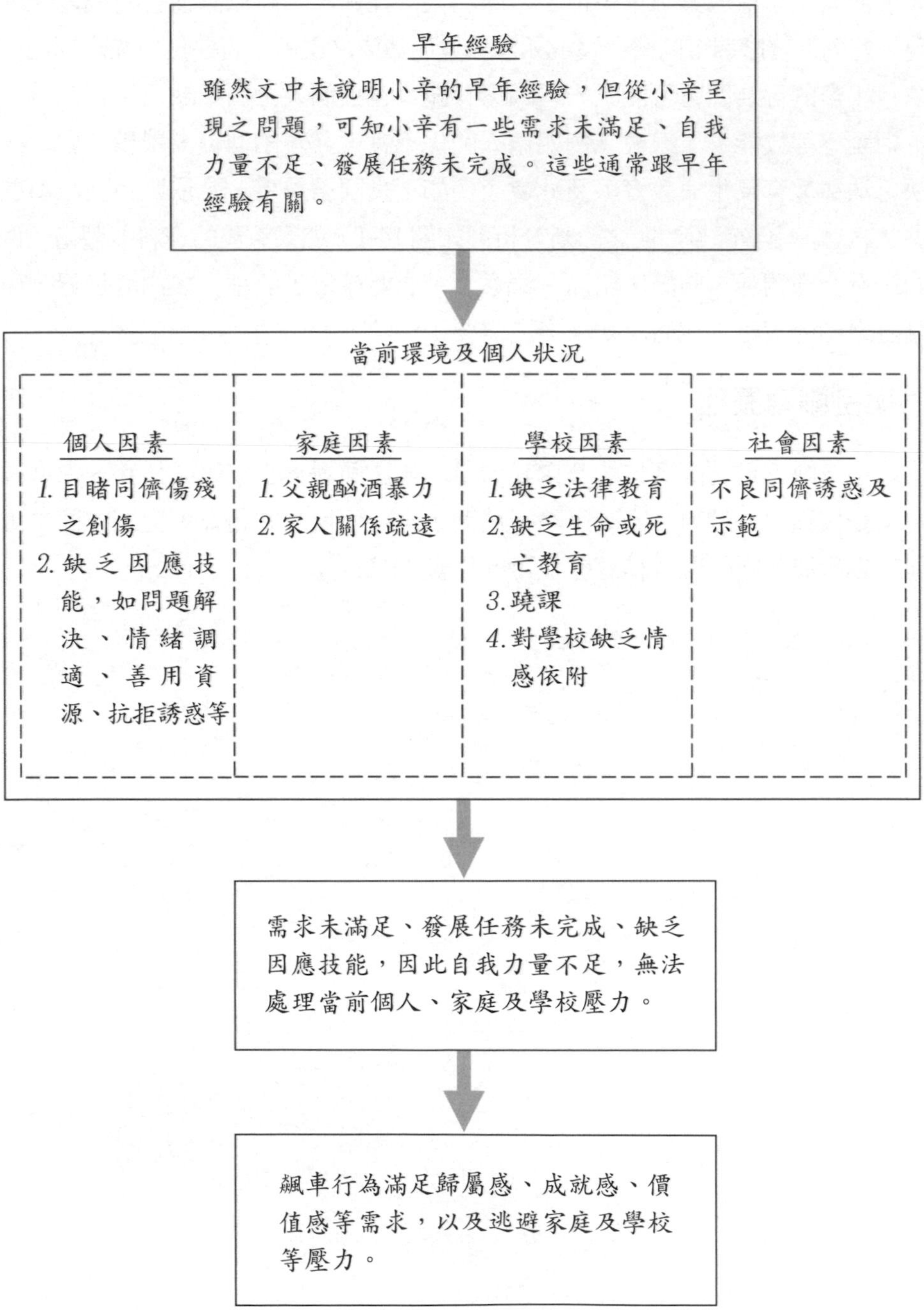

早年經驗

雖然文中未說明小辛的早年經驗，但從小辛呈現之問題，可知小辛有一些需求未滿足、自我力量不足、發展任務未完成。這些通常跟早年經驗有關。

↓

當前環境及個人狀況

個人因素	家庭因素	學校因素	社會因素
1. 目睹同儕傷殘之創傷 2. 缺乏因應技能，如問題解決、情緒調適、善用資源、抗拒誘惑等	1. 父親酗酒暴力 2. 家人關係疏遠	1. 缺乏法律教育 2. 缺乏生命或死亡教育 3. 蹺課 4. 對學校缺乏情感依附	不良同儕誘惑及示範

↓

需求未滿足、發展任務未完成、缺乏因應技能，因此自我力量不足，無法處理當前個人、家庭及學校壓力。

↓

飆車行為滿足歸屬感、成就感、價值感等需求，以及逃避家庭及學校等壓力。

圖 14-1：小辛飆車問題診斷分析圖

表 14-3：輔導小辛「飆車問題」之歷程

<table>
<tr><th colspan="2">輔導改變之歷程</th></tr>
<tr><td rowspan="3">監控及調適歷程</td><td>輔導重點
1. 滿足未滿足需求，例如被關心、被照顧、歸屬感、抒解情緒、穩定安全之家庭、被支持、被重視、價值感……。
2. 處理過去及當前未完成之發展任務，找回自我力量。
3. 處理過去家庭暴力創傷及目睹飆車傷殘之創傷。
4. 協助因應目前家庭問題。
5. 提供生涯探索，確定未來目標。
6. 防止再度飆車及蹺課。
7. 提供法律、生命或死亡教育。
8. 學習重要因應技能。
9. 提供同儕選擇訓練。</td></tr>
<tr><td>一、籌畫前階段
1. 建立良好輔導關係
良好輔導關係，可以滿足小辛某些需求，例如依賴、被關心、被支持、價值感等。
但是，由於小辛跟家人關係疏遠，尤其對父親酗酒感到無奈。建立輔導關係時，由於受到家庭經驗影響，對輔導教師可能不信任。
2. 評量小辛對問題之覺察
小辛已覺察飆車危險性，但是不了解自己為何飆車、飆車跟需求滿足之關係、有哪些未滿足需求。
3. 評量小辛的受輔動機
由於小辛對輔導教師不信任，因此受輔動機可能不強。
4. 評量協助小辛改變所需之因應技能及保護性因子。
5. 規畫法律及生命或死亡教育課程。</td></tr>
<tr><td>二、籌畫階段
1. 協助小辛自我探索
輔導教師可依選擇之理論來進行。探索範圍包括酗酒、暴力家庭之創傷經驗、需求未滿足及發展任務未完成之阻礙經驗、飆車與未滿足需求之關係、目睹飆車傷殘之創傷、親子關係、同儕及師生關係等。
2. 協助小辛探索滿足需求的可能途徑，以提高小辛改變之動機。
3. 處理改變與不改變之衝突
協助小辛處理「改變與不改變」之衝突，以提高小辛改變之動機。</td></tr>
</table>

（接下頁）

（續上頁）

<table>
<tr><td rowspan="3">監控及調適歷程</td><td>5.協助小辛探索生涯，決定生涯方向，讓生活有目標。
6.培養小辛造成改變所需之因應技能及保護性因子。
7.提供法律、生命或死亡教育課程。
8.提供小辛同儕選擇訓練。</td></tr>
<tr><td>三、準備階段
1.擬訂改變計畫
跟小辛一起擬訂行為改變計畫，以滿足需求、完成發展任務、培養因應技能、防止飆車及其他不良行為為目標，並且賦予小辛為自我問題負責之責任感。
2.訓練小辛執行計畫所需之技能
可能包括作決定、解決問題、挫折忍受、抗拒誘惑、情緒調適、表達自我、評量結果、調整計畫、善用外在資源、自我管理等技能。
此外，以角色扮演、提供觀察典範等方式，協助小辛熟悉改變之歷程及強化執行計畫所需之技能。
3.善用其他資源
適當分配家長、學校及同儕之協助角色及工作任務，以降低環境中傷害性或危險性因子及增加保護性因子。
4.提供父母、相關人員效能訓練
提供父母、相關人員（例如導師、同儕）效能訓練，成為小辛改變行為之助力。
5.培養小辛重要因應技能及保護性因子
例如抗拒誘惑、情緒調適、問題解決、毅力、希望、溝通、自我管理等技巧。</td></tr>
<tr><td>四、行動階段
1.當小辛有成功經驗時，應提供適時獎勵，以強化其信心與動機。
2.小辛執行計畫時，須隨時進行監控及調整，以符合實際狀況需要。輔導教師須在旁指導。
3.小辛遇挫折時，協助小辛避免負面歸因。
4.提供小辛足夠之心理支持，並隨時處理突發問題。
5.處理抗拒改變之力量。
6.持續加強必要之因應技能及保護性因子。
7.逐漸將行為改變之責任轉交給小辛。</td></tr>
</table>

（接下頁）

（續上頁）

監控及調適歷程	五、維持階段 1. 協助小辛警覺復發之線索及熟練處理方式。 2. 協助小辛抗拒不良同儕之誘惑。 3. 協助小辛以接納態度面對復發，只要新行為模式持續之時間加長，便是改變成功。 4. 持續加強維持改變所需之因應技能及保護性因子。 5. 鼓勵小辛使用自我管理技能：自我計畫、自我監控、自我執行、自我調適及自我獎勵，學習為自我行為負責之態度及能力。 6. 鼓勵小辛在必要時尋求資源協助。

本章摘要

第一節　飆車之定義

1. 飆車是指使用二輪或四輪之機動車輛，占據交通路段，二人以上集體競賽，超速行駛或其他不正常駕駛之行為。
2. 飆車族逐漸出現暴力行為。目前大規模飆車行蹤已擴及台北、桃園、台中、高雄、台南。

第二節　飆車族之特徵

1. 飆車族具有一些特徵包括：二十歲以下、輟學、失學或勞動者或無業者、以機車為主、大多男性、逐漸暴力化、部分攜帶武器、飆車時間以凌晨零至三時為主、出現其他偏差行為、部分不戴安全帽。
2. 不同飆車族可能具有不同特徵。

第三節　青少年飆車之成因

1. 青少年飆車之成因包括個人、家庭、學校與社會因素。
2. 青少年個人因素有：
   (1)人格極端、負面T型人格、缺乏同理心、不尊重生命價值、偏好高刺激冒險活動等。
   (2)虛擬式觀眾與個人式寓言作祟。

(3)血氣方剛受不了同儕煽動、追求團體認同、盲目服從團體帶領。

(4)因應壓力、情緒調適、問題解決等能力不足。

(5)因無知加速車速而飆車觸法。

(6)男性比女性偏好機車、飆車的行為特質跟男性性別特質較符合。

(7)不知善用資源而以飆車滿足需求、逃避問題。

3. 家庭因素方面，任何不良家庭因素都可能助長青少年飆車行為，例如家庭結構不健全；不良之親子溝通、父母婚姻關係、親子關係、父母管教態度等。

4. 學校因素方面，包括：

(1)法律知識不足而飆車觸法。

(2)缺乏生命或死亡教育，不知珍惜及尊重自我及他人生命。

(3)其他因素包括：預防宣導工作、人格陶冶、師生互動、課程、教師人格等未完善。

5. 社會因素方面，包括：

(1)警政單位防治工作不足，例如治標不治本、不重視積極性措施、取締工作不力、宣導工作不足、缺乏完整之矯正措施。

(2)跟飆車同儕群聚以滿足某些需求或同儕間模仿行為。

(3)媒體報導或渲染而受誘惑及模仿偶像行為。

第四節　青少年飆車問題與輔導

1. 輔導青少年飆車問題可以依據其所處之不同歷程階段，提供不同之處理。

2. 處理青少年飆車問題時，可先從個人、家庭、學校及社會進行分析，以處理未滿足需求、未完成之發展任務、培養因應技能、提供法律、生命或死亡教育等為主。

第十五章 青少年藥物濫用問題與輔導

毒品的可怕罄竹難書。毒品之耐藥性（tolerance），讓沒有收入之青少年，不得不鋌而走險，進行偷竊、強劫、販毒、賣淫，甚至殺人等犯罪行為。毒品之戒斷症狀（withdrawal），讓青少年因為身心承受不了痛苦而繼續沉淪；毒品的中毒現象（intoxication），讓青少年喪失健全身心功能，而出現精神異常。

青少年藥物濫用會毀了自己、家庭、社會。禍害之大，難以比擬。然而，青少年又為何使用？

第一節 藥物濫用之定義

1. 何謂藥物濫用？有哪些標準？
2. 藥物濫用與藥物成癮有何關聯？藥物成癮有哪些特徵？

小島疲憊地伸伸懶腰，臉上一臉睡相，禁不住哈欠連連，連淚水都搖搖欲墜。雖然頭痛欲裂，心情也莫名地惡劣，不過，已將近中午十二點，再不出門拿貨，今天晚上對朋友便無法交代。他答應他們今晚要狂歡一夜。再說，今天如果沒有貨，他也不好過。他不認為自己非它不行，只是習慣與之為伴。

進入爸媽房間，翻箱倒櫃搜索一番，卻一無所獲，原來他們早有懷疑。挫折引起的憤怒令他幾乎抓狂。心思突然一轉，他撬開妹妹房門，很快地找到妹妹的撲滿。沉甸甸的感覺，似乎告訴他足夠今晚跟朋友high到最高點。

熟客上門，不用任何語言交談，只要眼神交會，小島便順利拿到貨品。好貨在身，想品嚐的渴望竟讓他抖顫連連。那種生命中從未有過的振奮、欣快、自信、滿足，最使他流連。這種感覺，家庭、學校又何曾給過。

所謂「藥物濫用」（drug abuse）是指蓄意使用某些藥物，使用之目的，不符合該藥物原有目的，並且使用過程造成個人或他人之傷害。

「藥物濫用」是「物質濫用」（substance abuse）之一種，依據DSM-IV（精神疾病診斷準則手冊）（孔繁錦、孔煩鐘，1997: 116）之定義：「物質濫用」是指一種適應不良之物質使用模式，導致臨床上重大損害與痛苦，在同一年期間出現下列各項中之一項（或一項以上）：

1. 一再地使用該物質，而無法稱職擔任工作、學業或家庭之主要角色責任。

2. 物質對身體有害狀況下，仍繼續使用。

3. 一再捲入與物質使用有關之法律糾紛。

4. 該物質產生之效果已持續或重複或加重此人社會或人際問題，但此人仍繼續使用。

「藥物濫用」除了吸食時產生身心變化外，還可能帶來藥物「耐藥性」、「戒斷現象」、「中毒」及「誘發之精神疾病」。

「藥物之耐藥性」是指吸食者須不斷增加劑量，才能達到原先效果。「藥物戒斷」是指吸食者停止使用該藥物後，出現身心症候群。不同藥物有不同之戒斷現象。「藥物中毒」是指藥物對吸食者中樞神經系統產生作用，使吸食者出現臨床上適應不良或心理症狀（例如好鬥、心情易變、認知障礙、判斷力障礙、社會或職業功能損害）（孔繁錦、孔煩鐘，1997）。「誘發之精神疾病」例如情感性疾病、睡眠性疾病等，依照吸食之藥物，而有不同精神疾病症狀。

「藥物成癮」（drug addiction）即「藥物依賴」（drug dependence），檢合標準如下（林美吟、施顯烇合譯，2004: 462）：

1. 一種適應不良之物質使用模式，導致重大的損害或痛苦。

2. 至少有下列各項中的三項：

(1)耐受性（耐藥性）。

(2)戒斷。

(3)對此物質之攝取，常比此人所意願更大量及更長時間。

(4)有持續使用物質之慾望，或控制物質使用有多次不成功的努力。

(5)花費許多時間取得物質、使用物質，或由物質作用中恢復過來。

(6)物質使用代替重要活動。

(7)縱使由於物質使用，一再造成或加重身體或心理問題，此人仍繼續使用此物質。

從上述可知，濫用藥物可能造成藥物成癮，而藥物成癮後，可能帶來以上所述之症狀。

第二節　青少年濫用之毒品

國內青少年最常濫用哪些毒品？這些毒品可分類為哪些？各有何作用？

由於執法機關積極緝毒，使得某些毒品（例如海洛因、嗎啡、高根以及安非他命等）取得不易，不過卻讓 MDMA（又稱快樂丸、搖頭丸）、FM2（強姦藥片）、GHB（笑氣）、K 他命與神奇磨菇（magic mushroom）等新興毒品，狂掃青少年聚集之場所（例如酒吧、KTV、PUB店、網咖、舞廳），而且竄升成為青少年最愛吸食之毒品（黃徵男，2005）。

青少年須具備藥物知識，了解各種毒品對吸食者身心之殘害、吸食者必須付出之代價，才能抗拒毒品誘惑。以下介紹幾種常被濫用之藥物（行政院衛生署管制藥品管理局網站，2005a，2005b；林美吟、施顯烇，2004；法務部法醫研究所網站，2005；春暉之友網站，2005；黃徵男，2005；www.buddhanet.com.tw/poison/drug/drug/drug2-3.htm 網站，2006）。

一、中樞神經抑制劑類（麻醉藥品類）

濫用麻醉劑之方式包括口服、抽吸、鼻吸或注射（皮下注射或靜脈注射）。注射是麻醉劑最常用之方式。麻醉劑注射可快速帶來快感，在快感中，濫用者感覺放鬆、快樂，並且對食物、性或其他身體需求漠不關心（林美吟、施顯烇，2004）。以下以海洛因作說明：

海洛因（Heroine，第一級毒品）

來源：源於鴉片，由嗎啡經乙醯化改變構造而得。

濫用方式：口服、抽吸、鼻吸或注射。

毒害：
1. 使用初有欣快感、無法集中精神、產生夢幻現象。
2. 過量使用造成急性中毒，包括昏睡、呼吸抑制、低血壓、瞳孔變小。
3. 產生生理及心理依賴性，具成癮性。
4. 戒斷症狀：最初症狀有焦慮、坐立不安、冒汗、呼吸快速；之後包括嚴重痙攣、疼痛、發燒、嘔吐、腹瀉、喪失食慾、高血壓、體重減輕。

二、中樞神經興奮劑類

興奮劑是增加中樞神經系統活動之物質，會導致血壓升高與心跳加速、警覺性提高、行為和思考加速（林美吟、施顯烇，2004）。以下以古柯鹼、安非他命與快樂丸來說明：

古柯鹼（Cocaine，第一級毒品）

來源：由古柯葉提煉而成。

濫用方式：鼻嗅、靜脈注射、用菸斗或香菸抽。

毒害：1.使用後產生幸福感、自信感、多話、興奮。

2.急性中毒：發抖、心跳加速、血壓上升、被害妄想、幻覺、焦慮。

3.長期服用會成癮，導致人格異常或妄想性精神病症狀。

4.突然停用，可能產生嚴重憂鬱、昏昏欲睡、煩躁不安、自殺傾向。

安非他命（Amphetamine，第二級毒品）

來源：由鹽酸麻黃素合成。國內濫用之安非他命主要為甲基安非他命。

濫用方式：口服、注射、鼻吸、與菸草混合後抽吸。

毒害：1.初時會有提神、振奮、欣快感、自信、滿足感。

2.重複使用會成癮。

3.多次使用後，前述感覺逐漸縮短或消失，不使用時感覺無力、沮喪、情緒低落，以至於使用量與次數日漸增加。

4.長期使用會引起類似妄想性精神分裂，症狀包括猜忌、多疑、妄想、情緒不穩、易怒、幻覺、強迫性行為與睡眠障礙、自殘、暴力。

5.戒斷現象包括疲倦、沮喪、焦慮、易怒、全身無力、自殺或暴力攻擊行為。

快樂丸（MDMA，第二級毒品，又稱搖頭丸、忘我、亞當、狂喜、綠蝴蝶）

來源：結構類似安非他命。

濫用方式：口服。

毒害：1.產生愉悅、多話、情緒與活動亢進。

2.濫用者若在擁擠、高溫空間下狂歡勁舞，常因運動過度導致缺水、體溫過高、痙攣、肌肉損傷、凝血障礙及急性腎衰竭而死亡。

3.服用後興奮之餘，產生食慾不振、牙關緊閉、肌痛、噁心、運動失調、盜汗、心悸、倦怠、失眠。

4.長期服用產生心理依賴、強迫使用、神經系統長期傷害。

三、中樞神經迷幻劑類

迷幻劑類會引起吸食者知覺上極大變化，由增強個人常態感覺，至誘發妄想和幻覺。以下以大麻、LSD、神奇磨菇來說明：

大麻（第二級毒品）

來源：印度大麻。

濫用方式：吸菸或菸斗抽吸。

毒害：1.使用之初有欣快感，劑量增加時引起懶散、意識混亂、無方向感、時空扭曲、動作協調差；記憶力、思考力、注意力、判斷力下降；生理上出現頻脈、發汗、眼結膜紅腫、步履不穩、眼球震盪。

2.大麻被認為是海洛因、古柯鹼之入門藥物。

3.具成癮性。

4.戒斷症狀：厭食、焦慮、不安、躁動、憂鬱、睡眠障礙。

LSD（Lysergic acid diethylamide，第二級毒品，俗稱一粒沙、ELISA、搖腳丸、加州陽光、白色閃光、方糖）。

來源：源於麥角菌（ergot），由麥角素半合成而得，是一種非常強之幻覺劑（hallucinogen），本身無色，但略帶苦味。

濫用方式：服用前須先混合其他物質。常將液體滴在吸墨紙、方糖、郵票狀紙片上吸，或注射，或混入飲料中，或作成錠劑、丸劑、膠狀。

毒害：1.使用後三十到九十分鐘發揮效果，約在十二小時後藥效才會消失。

2.效果因人而異，與所用劑量、濫用者人格、心情及周遭環境有關。

3. 生理上有瞳孔放大，體溫、心跳及血壓上升，口乾、震顫、噁心、嘔吐、頭痛；情緒及心理上有欣快感、判斷力混淆、失去方向感及脫離現實感、錯覺及幻覺、感覺異常、焦慮、恐慌、胡言亂語、精神分裂症、自殘、自殺等暴力行為。
4. 劑量過量會導致抽搐、昏迷，甚至死亡。
5. 長時間使用會產生心理依賴。
6. 即使已長久未使用 LSD，但精神症狀或幻覺仍隨時發生。

神奇磨菇（Magic mushroom，迷幻性菇菌類，第二級毒品）

來源：菇類植物，主要成分 psilocybin。

濫用方式：直接生吃或混入食物調味或泡入茶中飲用。

毒害：1. 肌肉鬆弛、心跳加速、瞳孔放大、口乾、噁心、幻覺、精神失常、驚慌、恐懼、焦慮。
2. 藥性持續六小時。

四、中樞神經抑制劑類

又稱為鎮靜劑，這類藥物讓吸食者放鬆與昏睡，包括紅中、白板、青發、FM2、蝴蝶片、小白板、安定（或煩寧）、強力膠、K 他命（Ketamine）、GHB（笑氣）。

台灣中學生濫用藥物的排行榜中，K 他命目前是青少年的新寵。以下以 FM2、強力膠、K 他命來說明：

FM2（Flunitrazepam 2mg，第三級毒品，又稱強暴藥丸、十字架）

來源：屬苯二氮泮類鎮定劑。

濫用方式：口服（被有心人士摻混於果汁、酒類等飲料中迷昏特定人物，以達犯罪目的）。

毒害：1. 強力安眠藥（為一般安眠藥的十倍）、迅速誘導睡眠（二十分鐘內）安眠效果強（八至十二小時）。
2. 過量使用引起嗜睡、注意力無法集中、神智恍惚、昏迷、反射能力下降、精神紊亂、急性中毒、血壓遽降、脈搏減緩、意志不清、肝腎受損終至昏迷致死。

3. 具成癮性，戒斷現象包括焦慮、失眠、發抖、妄想、顫語、痙攣、致死。

強力膠（未列入等級）

來源：工業用黏著劑。

濫用方式：置於空塑膠袋搓揉，釋出有機溶劑。

毒害：1. 開始吸食時產生茫茫然、欣快感、注意力無法集中、視覺模糊、步履失調、口齒不清等現象。

2. 常因氣管吸入嘔吐物，或未將塑膠袋移開而造成呼吸窒息死亡、心臟衰竭而突然致死。

3. 長期使用導致表情淡漠、幻覺、無方向感、控制失常之暴力行為。

4. 慢性中毒現象包括貧血、智力減退、暴躁、肌肉萎縮、呼吸困難。

5. 具成癮性。

K他命（第三級毒品，俗稱 Special K）

來源：非巴比妥鹽類。

濫用方式：口服、鼻吸、菸吸、注射，或與搖頭丸混用增加藥效。

毒害：1. 心搏過速、血壓上升、噁心、嘔吐流淚、複視、視力模糊、幻覺、影像扭曲、頭暈、暫時性失憶症、無法行走及急性精神病。

2. 高劑量可造成呼吸抑制而致死。

3. 長期使用產生耐藥性與心理依賴。

其他類型毒品說明，請見行政院衛生署「管制藥品管理局」網站。以下從毒品級數或毒品類型，整理國內常見之毒品如表 15-1（行政院衛生署管制藥品管理局網站，2006a；www.buddhanet.com.tw/poison/drug/drug/drug2-3htm 網站，2006）。

表 15-1：國內常見之毒品類型及毒品等級摘要表

	第一級毒品	第二級毒品	第三級毒品
中樞神經抑制劑（麻醉藥品類）	鴉片 海洛因 嗎啡	速賜康	
中樞神經興奮劑	古柯鹼	安非他命 MDMA（搖頭丸）	
中樞神經迷幻劑		大麻 大麻菸 大麻脂 LSD（搖腳丸） 神奇磨菇 PCP（天使塵）	
中樞神經抑制劑		白板	青發 紅中 FM 2（強姦丸） K 他命

表 15-1 所列為三級毒品，還有第四級毒品，包括：蝴蝶片（Alprazolam）、安定、煩寧（Diazepam），一粒眠、紅豆（Nimetazepam）（行政院衛生署管制藥品管理局網站，2006a）。

第三節　國內青少年藥物濫用狀況

問題與討論

1. 國內青少年藥物濫用狀況如何？
2. 國內青少年第一次施用毒品的年齡階段為何？
3. 近年來青少年濫用之毒品有哪些？
4. 國內青少年購買、匿藏及吸食毒品的地方通常在何處？

一、國內青少年濫用藥物狀況

國內對毒癮男女之研究顯示，第一次施用毒品者的年齡，集中在青春期至成年前期（黃淑美，2004）。依據周碧瑟從 1992 至 1999 年對國內青少年藥物濫用行為調查（轉載自行政院衛生署管制藥品管理局網站，2005c），青少年用藥種類比率順位，資料如表 15-2。

表上資料顯示：安非他命雖然為青少年最常吸食之毒品，不過已逐年遞減。這是因為傳統毒品如海洛因、安非他命等取得不易，價格不便宜。部分新興毒品可由國內不法人士直接研發改良，不但價格便宜，而且方便青少年取得，因此逐漸取代傳統毒品。

依據陳為堅從 2002 至 2005 年對台北（2002 至 2003）及台灣（2004 至 2005）地區青少年藥物濫用之調查結果，青少年所濫用藥物之種類已有轉變，說明如表 15-3（轉載自行政院衛生署管制藥品管理局網站，2006b）。

表 15-2：1992 至 1999 年國內青少年用藥（毒品）種類順位摘要表

調查年度	第一位	第二位	第三位
1992	安非他命（65.8%）	大麻（7.4%）	強力膠及海洛因（各 6.0%）
1994	安非他命（75.0%）	強力膠（11.7%）	海洛因（5.9%）
1995	安非他命（70.9%）	強力膠（8.6%）	海洛因（5.4%）
1996	安非他命（67.0%）	海洛因（7.0%）	大麻及古柯鹼（各 5.0%）
1997	安非他命（43.1%）	強力膠（23.9%）	FM2 安眠鎮靜劑（9.2%）
1998	安非他命（41.7%）	強力膠（11.6%）	快樂丸（10.7%）

（資料來源：青少年藥物濫用調查，行政院衛生署管制藥品管理局網站，2005c 年 3 月 22 日）

表 15-3：2002 至 2005 年國內青少年用藥（毒品）種類順位摘要表

調查年度	第一位	第二位	第三位
2002（台北地區）	搖頭丸	大麻	K 他命
2003（台北地區）	搖頭丸	K 他命	大麻
2004（台灣地區）	搖頭丸	K 他命	大麻
2005（台灣地區）	搖頭丸	K 他命	大麻

（資料來源：台灣地區青少年用藥種類比率順位，行政院衛生署管制藥品管理局網站，2006b 年 9 月 23 日）

表中資料顯示，搖頭丸、K 他命與大麻已成為國內青少年最常吸食之毒品。青少年藥物濫用時，不會只吸食一種，往往會嘗試不同種類毒品。蔡富源（2001）研究發現：吸食安非他命之青少年，有 81.3%受訪問者，曾使用其他毒品，以「海洛因」最高，其次是「大麻」、「MDMA 快樂丸」、「LSD 迷幻藥」、「FM2」。有些青少年可能混合兩種毒品，以製造出更強作用，其傷害性，實難以估量。

至於不同教育階段學生藥物濫用情形，各學者之研究結果有所不同，基本上顯示，從最高排列，藥物濫用比率依次為：高職生、大學生、高中生或國中生；男性高於女性（轉載自行政院衛生署管制藥品管理局網站，2006c）。

二、青少年購買毒品之管道與匿藏、吸食毒品之地方

青少年購買毒品的管道非常多，這些地方包括：學校同學、朋友、Pub、地下舞廳、網路訂購。這些管道販售之毒品，價格較便宜，也不必事先聯繫，可以當場交易。

至於購買較昂貴毒品（例如海洛因、安非他命），得事先聯繫，再行交貨。交貨地點包括：偏僻地方、毒販家中、朋友家中、一般街道旁、遊藝場、旅館、MTV 或 KTV 中心、Pub、汽車內（蔡富原，2001）。

青少年覺得匿藏毒品的安全地方包括：房間音響喇叭箱內、房間電源開關內、手上、冰箱內、褲管內、家人房間內、路邊（蔡富原，2001）。

青少年吸食毒品的地方包括：自己家中、Pub、地下舞廳、旅館、朋友家中、遊藝場、車上、郊外偏僻地方、速食店、KTV或MTV中心、工作地點（蔡富原，2001）。

第四節 青少年藥物濫用之成因

問題與討論

1. 小島藥物濫用的可能成因為何？如果從個人、家庭、學校及社會四方面來說，有哪些成因造成青少年藥物濫用？
2. 小島藥物濫用行為想滿足內在哪些需求？
3. 如果你是小島的導師，發現小島藥物濫用後，該如何處理？
4. 藥物濫用青少年，可能面臨哪些法律懲處？小島可能面臨哪些法律刑責？
5. 如果你是小島的輔導教師，小島被勒戒回來後，該如何協助小島融入同儕團體中？

小島第一次吸食安非他命，純粹是同伴刺激及自己好奇。當時他認為一次而已，沒什麼大不了的事，就像生病吃藥那麼簡單。如果膽怯退縮，會失了面子，從此在同儕心中留下卒仔之烙印。

第一次吸食時，感覺棒極了，心境突然明亮了起來，自己不再是抑鬱萎縮之龜孫，而是昂揚灑脫之英雄：精神百倍，信心滿滿，足以衝鋒陷陣直搗黃龍，身旁的一切如此美好令人愉悅沒煩惱。這是他的渴望、他的夢想，終於有幸親身體驗及品嚐。

誰知道，藥效退後回到現實卻落到另一極端，他恐慌、退縮，因此想要瀟灑再走一回抓住那種感覺。

後來，只要心情不好，便有藉口打一針找回想要的自我。不知道是不是家庭、學校令人懊惱的事件何其多，他逐漸感覺跟安小姐難分難捨。

本來不怎麼被喜歡的上學，現在更變成了苦差事。委靡的精神、疲倦的神態、浮躁的心境、無法凝聚的注意力，讓書本成了不知所云的斷簡殘篇；藥癮同儕的邀約蹺課，同學們似有所知地逐漸遠離，成績一落千丈帶來的羞愧，小島覺得跟學校的關係有如斷了線的風箏，愈離愈遠。

學校曾反映讓父母知悉，父母因此對小島有所懷疑，還好他們忙碌，無暇仔細觀察盤問。後來家中連續遭竊，父母狐疑的眼光開始往小島身上搜尋。小島雖以狡辯硬撐，不過枯黃的臉龐、恍惚的精神及委靡的身體，似乎告訴父母一些訊息。小島看到父母的變臉，心中不免一驚：紙終究包不住火，再也撐不了多久。

Freeman（1991）整理出解釋成癮行為的三種模式（請見第十二章介紹），這三種模式涉及個人、家庭、學校及社會等四方面。以下將從這四方面說明。

一、青少年個人因素

㈠心理特質

藥物濫用者具有某些人格特質：好奇心及冒險性強，人際關係困難，缺乏因應壓力技能、自信、自我肯定及成就動機，生活空虛，具反社會人格（張黛眉，1992）；生活作息不正常、缺乏穩定工作、高估壓力之影響（詹德杰，2003）。

人格健全之青少年，有足夠之自我力量緩和環境壓力。人格不健全之青少年，容易以消極方式因應，藥物濫用便是因應方法之一。

㈡低估毒品之嚴重性、吸毒友伴之危險性及高估自我能力

詹德杰（2003）研究發現，某些個人因素促使毒犯第一次施用毒品，包括：「低估吸毒行為的嚴重性」、「低估吸毒友伴的危險性」、「低估毒品可怕的成癮性」、「誤以為自己不會上癮」、「認為吸毒沒什麼」、「高估

本身的自制力」、「高估毒品的效果」、「以為想戒就可戒掉」。簡言之，高估自我能力、對毒品認識不清及低估吸毒友伴的影響力等因素，促使青少年開始施用毒品。

㈢性別

青少年在藥物使用程度、類別及範圍等方面，男性高於女性（林進材，1996）。這或許涉及到男女面對之壓力、社會期待、對冒險刺激活動之喜好程度、藥物取得管道等方面不同所使然。

㈣發展特徵

1.自我中心之「虛擬式觀眾」與「個人寓言」

「虛擬式觀眾」讓青少年誤以為自己是大家注意之焦點，而期望與眾不同、標新立異。「個人寓言」讓青少年誤認為自我生命不朽、不易受傷或死亡。兩種作用相互加強，塑造出大膽冒險、英雄主義作祟之青少年。

2.情緒波動找不到適當抒解管道

第一，青少年身心轉變劇烈，造成情緒起伏不定。第二，由兒童蛻變為成人，「分離—個體化」歷程中帶來諸多壓力。第三，認知能力進一步發展，對權威由崇拜轉為批判，造成雙方衝突。第四，親密關係之建立與維持，帶來一些挫折與壓力。

如果青少年沒有健全人格且不會善用資源，當壓力來臨時，情緒將波動不已。如果無能力抒解情緒，再有藥物濫用同儕示範，便容易以濫用藥物逃避。

3.知識學上之「懷疑論者」

「懷疑論者」之青少年認為，過去所信服之信念，只是個人建構與主觀詮釋之結果，世界上沒有絕對真理。另一方面，個人信念尚未建立，行為沒可遵循之依據，因此容易依循當下衝動行事，而不問行為的對錯及後果。

4.自我認定未建立

自我認定未建立之青少年，因為不了解自己，無法決定未來發展方向，生活沒有目標，感受不到生存意義。有些青少年在頹喪消極下，藉助不良方法麻痺自己，藥物濫用是其中之一。

在四種自我認定狀態中（早閉型、迷失型、未定型及定向型），迷失型青少年容易藉酒精及藥物來逃避焦慮、危機及承諾（黃俊豪、連廷嘉合譯，2004），而落入藥物濫用一族。

5.好奇

驅使青少年開始吸食藥物的重要原因之一，是因為好奇。青少年對於成年人之禁忌，尤為好奇而想嘗試。如果有同儕煽風點火，更會強化其嘗試之動機。

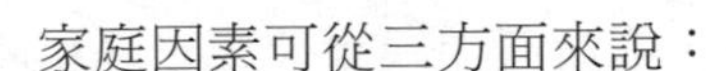

二、家庭因素

家庭因素可從三方面來說：

1.因為父母本身的失落經驗，而對分離有較多的焦慮與恐懼。當子女成為青少年，須脫離父母獨立時，會喚起父母過去不安的失落經驗。青少年衝突於父母期待與自我需求間，而將衝突反映在藥物濫用上（宋秋蓉，1992）。

2.研究上支持青少年藥物濫用行為跟家庭關係密切，相關之家庭因素包括：父母親不接納青少年之行為或想法（Ouille, 2000）；家庭變故而缺乏愛（楊蕙婷，2001），父母婚姻不完整（顏正芳，2003）；家庭破碎、解組，親子關係疏離、衝突，父母過度涉入（謝淑敏，1990）；父母親為物質濫用者，而且物質濫用行為具有代間傳遞現象（Miles, Stallings, Young, Hewitt, Crowley & Fulker, 1998）；家庭經濟困難（楊蕙婷，2001）；家人互動不良（黃淑美，2004）。

3.家長如果提供子女藥物教育，可以降低子女藥物濫用之可能。不過，家長這方面知識往往不足（彭如瑩，2001），因此，無法善盡這方面責任，防止子女藥物濫用。

總而言之，父母本身問題、親子關係、父母管教態度、父母婚姻、父母使用藥物行為、家庭經濟、家庭健全性、家長藥物教育知識等因素，跟青少年藥物濫用行為有關。

三、學校因素

㈠學校缺乏反毒政策

1. 藥物教育不足

林秀霞（1994）研究發現，青少年藥物濫用之知識愈多，愈不贊成使用成癮性藥物。可見藥物教育對預防青少年藥物濫用具有某種效果。

國內青少年藥物濫用狀況嚴重。學校雖然進行相關宣傳工作，但在教導學生認識各種毒品特性及吸食後果、如何對毒品說不、如何抵擋不良同儕誘惑及如何善用協助資源等方面仍嫌不足，而收不到預防效果。

學校通常以週會時間，進行全校性演講，或辦理上級單位要求之相關活動，但往往忽略內容廣度及深度須配合青少年需要、考慮不同青少年之不同需求及評量辦理成效。

有些好奇、好學之學生，可能從網絡上獲得相關資訊。不過，沒有師生互動之討論，缺乏廣度與深度之學習，無法強化抗拒毒品誘惑之能力，有時候甚至激發其吸食之好奇。

各級學校需要針對學生之需求，提供適當之藥物教育，並透過效果評量，不斷依實際狀況調整內容，才能協助學生了解毒品禍害，強化其抗拒毒品誘惑之能力。

2. 相關法律知識不足

持有、施用、製造、運輸、販賣非法藥物或引誘他人使用，都必須受到刑法懲處。青少年缺乏這方面知識，甚至不知道持有非法藥物本身已觸犯罰則，因此將施用及持有毒品，視為一般正常行為。表 15-4 摘要說明違反「毒品危害防治條例」之相關罰則。

表 15-4：違反「毒品危害防治條例」之相關罰則

違法行為＼分級	第一級毒品	第二級毒品	第三級毒品	第四級毒品
1.製造、運輸、販賣	死刑或無期徒刑（一千萬元以下）	七年～無期徒刑（七百萬元以下）	五年以上（五百萬元以下）	三年～十年（三百萬元以下）
2.意圖販賣而持有	十年～無期徒刑（七百萬元以下）	五年以上（五百萬元以下）	三年～十年（三百萬元以下）	一年～七年（一百萬元以下）
3.強暴脅迫、欺瞞或非法方法使人使用	十年～死刑無期徒刑（一千百萬元以	七年～無期徒刑（七百萬元以下）	五年以上（五百萬元以下）	三年～十年（三百萬元以下）
4.引誘他人施用	三年～十年（三百萬元以下）	一年～七年（一百萬元以下）	六月～五年（七十萬元以下）	三年以下（五十萬元以下）
5.轉讓	一年～七年（一百萬元以下）	六月～五年（七十萬元以下）	三年以下（三十萬元以下）	一年以下（十萬元以下）
6.施用	六月～五年	三年以下		
7.持有	三年以下拘役或（五萬元以下）	二年以下拘役或（三萬元以下）		

（資料來源：違反「毒品危害防治條例」相關罰則一欄表，行政院衛生署管制藥品管理局網站，2006d 年 9 月 4 日）

第一，依據「毒品危害防治條例」第二十一條規定：「犯第十條之罪者，於犯罪未發覺前，自動向行政院衛生署指定之醫療機構請求治療，醫療機構免將請求治療者送法院或檢查機關。依前項規定治療中經查獲之被告或少年，應由檢察官為不起訴之處分，或由少年法院（地方法院少年法庭）為不付審理之裁定。但以一次為限。」所謂第十條之罪是指施用第一級及第二級毒品。

依據「少年事件處理法」第二十九條規定：「少年法院依少年調查官調查之結果，認為情節輕微，以不付審理為適當者，得為不付審理之裁定，並為左列處分：

一、轉介兒童或少年福利或教養機構為適當之輔導。

二、交付兒童或少年之法定代理人或現在保護少年之人嚴加管教。

三、告誡。」

換句話說，藥物濫用之青少年，在未被發覺有犯罪前，如果自動請求治療，可免送法院或檢查機關審理。若治療期間被查獲，則將接受輔導或管教。

第二，依據「少年事件處理法」第三條及第十七條規定：「不論任何人知有少年（十二至十八歲）觸犯刑法法律之行為者，得向該管少年法院報告。」第三十條規定：「少年法院依調查結果，認為應付審理者，應為開始審理之裁定，其懲處可能包括保護管束、勒戒、治療。」

第三，依第二十七條及第四十條規定：「犯最輕本刑為五年以上有期徒刑之罪者，應為移送之裁定；事件繫屬後已滿二十歲者，得為移送之裁定。」第八十一條規定：「少年受徒刑之執行而有悛悔者，無期徒刑逾七年後，有期徒刑逾執行期三分之一後，得予假釋。」

從以上可知，青少年不再可假借未成年而逃避刑罰，最高可能被判無期徒刑。青少年需要熟知相關法律知識，了解毒品相關行為之後果，才能抗拒誘惑，保護自己。

㈡其他

其他學校因素，在前幾章已有詳述，包括非升學考試科目不受重視、師生互動、同儕誘惑、教師教學及管教、學生需求不被重視、學校行政及學校環境等問題。

四、社會因素

㈠毒品易得

藥局、Pub、網咖、地下舞廳、網路、同學、學校等，都可能是販售非法藥物之管道。此外，除了第一級毒品價格較昂貴外，其他某些毒品價格低廉又隨處可得，因此在青少年世界中快速擴散。

㈡查緝工作不易

緝毒工作進行不易。緝毒工作包括阻止非法管道進入國內之毒品、搜索國內自行製造或加工之毒品工廠、查緝已流入市面之毒品。查緝工作艱難，所耗費人力及資源難以估計。尤其是國內自行製造及加工之毒品，通常很難在流入市面之前攔截，而間接造成毒品易得之現象。

此外，國民出國旅遊機會增多，加重了出入境管理局之工作量，因而導致檢查業務較為寬鬆，以及毒品走私與藥物流通多元化（李碧霞，1999）。

以上這些因素，都使得緝毒工作難為。

㈢社會環境不良

國內的治安、政治及經濟，充斥著紊亂之壓力，無法提供大眾穩定之生活環境，致使人心不安，情緒浮躁。不安及浮躁之環境，不利青少年成長，也讓青少年問題容易發生。

㈣不良示範充斥

國內有些成年人性生活紊亂，大玩多 P 及雜交遊戲，遊戲中通常有毒品助興。這些成人之不良行為，透過媒體管道大幅報導，容易成為青少年模仿之典範。

此外，同儕往往是青少年初次藥物濫用之源頭。同儕對藥物之態度，會影響青少年藥物濫用態度（林秀霞，1994），同儕之誘惑，通常也是青少年藥物濫用之起端（謝淑敏，1990）。

㈤不良場所充斥

青少年取得或吸食毒品的地方，是在Pub、地下舞廳、網咖、KTV、MTV、遊藝場、旅館等地。這些地方遍布國內各地，有利青少年進行毒品相關行為。

㈥吸毒成年人之誘惑

一些吸毒青少年之所以吸毒，是因為身旁有吸毒成年人誘惑。吸毒成年人或許為了吸取下游成員，或利用青少年運毒或販毒，因此蠱惑青少年吸毒，成癮後，再為其所用。

(七)戒毒資源不足

薛雅尹（2003）對現行戒毒政策成效之評估反映出，目前戒毒政策空有制度，各項配合資源不足，包括人力、專業性、經費、軟硬體設施等。因此，使得戒毒工作無法有效施展。

茲將以上各種成因整理於表 15-5。

第五節 青少年藥物濫用之預防

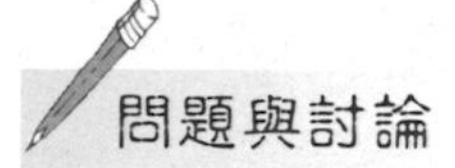

問題與討論

> 1. 可以從哪些方面防止青少年藥物濫用？
> 2. 從青少年藥物濫用歷程階段來看，各歷程階段防治青少年藥物濫用之方法為何？
> 3. 如何辨識藥物濫用之青少年？

預防青少年藥物濫用除了從以上所提之成因著手外，還可以從了解青少年藥物濫用發展歷程、辨識可能藥物濫用之青少年，及注意青少年合法物質（例如菸、酒）之使用狀況等方面著手。針對不同青少年之不同需要，提供合適之協助，才能防止青少年藥物濫用。以下摘要說明青少年藥物濫用之發展歷程。

一、青少年濫用藥物之發展歷程

(一)誘發期

第一，同儕或伴侶之誘惑。青少年要獲得同儕重視與認同，必須跟同儕行動一致，否則易遭受同儕排斥。青少年如果以藥物濫用同儕為友，便容易

表 15-5：青少年藥物濫用之成因摘要表

成因	說明
一、個人因素	
1.心理特質	好奇心及冒險性高、人際關係困難；缺乏自信、自我肯定、成就動機、因應壓力技能及穩定工作；反社會人格等。
2.低估毒品與吸毒友伴影響力、高估自我控制力	認為吸毒沒什麼、低估毒品可怕成癮性、以為自己不會成癮、低估吸毒友伴的危險性、高估本身的自制力。
3.性別	在使用藥物程度、藥物類別及廣度等方面，男性高於女性。
4.發展特徵	自我中心、情緒缺乏抒解、知識學上之「懷疑論者」、自我認定未建立、好奇等因素。
二、家庭因素	父母因有失落經驗，而對分離過多焦慮與恐懼；父母藥物濫用、父母本身問題；親子關係、父母管教態度、家庭經濟、家庭健全性等不良；家庭未提供子女適當之藥物教育。
三、學校因素	
1.缺乏反毒政策	青少年藥物教育及相關法律知識不足。
2.其他	例如師生關係、同儕關係、非考試科目不受重視等。
四、社會因素	
1.毒品易得	除了第一級毒品外，其他毒品價格低廉易得。
2.查緝工作不易	毒品來源多元化，使得查緝工作不易。
3.社會環境不良	治安、政治及經濟環境紊亂，不利青少年成長。
4.不良示範充斥	成人性生活混亂以藥物助興，提供不良示範；不良同儕誘惑。
5.不良場所充斥	不良場所充斥，利於青少年取得或吸食毒品。
6.吸毒成年人誘惑	吸毒成人誘惑青少年吸毒，成為其利用之工具。
7.戒毒資源不足	戒毒人力、專業性、經費及設備不足，不利吸毒青少年戒毒。

受其影響與誘惑。顏正芳（2003）、詹德杰（2003）與謝淑敏（1990）研究均發現，吸毒同儕之誘惑，是致使青少年藥物濫用之重要原因。

伴侶關係也是影響青少年藥物濫用之重要因素。男女交往，吸毒之一方可能誘惑另一方成為同道伴侶，女性尤其容易受到男性伴侶之影響。陳紫凰（2003）與黃淑美（2004）研究均發現，女性藥物濫用，受到伴侶之影響是重要原因。

第二，好奇。青少年心智大開，對許多新鮮事抱持好奇，尤其是父母師長耳提面命嚴禁嘗試之事。如果有機會取得非法毒品，在其他因素推波助瀾下，通常抱著不妨試看看之想法與行動。

第三，壓力狀況下。青少年除了面對發展壓力外，家庭與學校一直以來也充斥著壓力。青少年若因應壓力技能不足，自我力量不夠，便容易採取逃避方式因應。

第四，對毒品及毒害缺乏認識。青少年對毒品及毒害缺乏認識，容易將毒品當成一般藥物看待，而大膽嘗試。

詹德杰（2003）研究發現：吸毒者因為「低估吸毒行為之嚴重性」、「低估吸毒友伴之危險性」、「低估毒品可怕之成癮性」、「認為吸毒沒有什麼」、「高估本身自制力」、「認為自己不會成癮」等因素影響，在第一次破戒施用毒品之後，即進入持續施用毒品階段。

相對地，青少年對藥物濫用知識愈豐富，愈不贊同使用成癮藥物（林秀霞，1994）。如果青少年對毒品及毒害有清楚認識，或許不會因為一步錯而步步錯，造成回頭已晚之下場。

從以上資料歸納出防止誘發期階段青少年濫用之策略包括：⑴注意青少年結交之同儕及異性朋友；⑵父母師長嚴禁青少年從事某些活動時，應該動之以情，說之以理，而非強壓逼迫，並且將青少年好奇心引導至健康活動上；⑶提供因應技能訓練，例如抗拒誘惑、因應壓力等技能；⑷滿足青少年心理需求，以免依賴不良同儕獲得滿足；⑸提供藥物與相關法律教育；⑹覺察青少年面臨之壓力，並提供協助。

㈡習慣期

藥物濫用者通常不相信自己會成癮，他們告訴自己，吸毒只是暫時性行為，不會天天使用，只是偶爾為之。另一方面，他們誤以為，自己有能力要停則停，在不想吸毒時，能夠抗拒毒品誘惑。

青少年在以上的自我欺騙中，加上同儕持續誘惑、壓力依舊存在，以及吸毒帶來暫時性快感（陳紫凰，2003），而繼續吸毒，最後讓吸毒成為習慣性行為模式。

在此時，與藥物相關之問題行為開始陸續出現，例如蹺課、誤班、偷竊、騙錢、心情不穩定、人際關係疏遠，並逐漸符合 DSM-IV 藥物濫用標準。

防止此階段青少年藥物濫用行為持續惡化，策略包括：⑴提早發現藥物濫用之青少年：只要注意青少年生活及行為習慣之改變，便可提早發現與即時處理；⑵進行危機處理：此時須結合家庭、學校及社會資源共同提出協助方案；⑶誘發期之處理策略在此時也適用。

㈢依賴性與耐藥性期

當吸毒者持續使用毒品時，體內神經傳導物質之數量會降低，於是吸毒者須不斷增加藥量。這種過程，讓吸毒者發展出對藥物之依賴與耐藥性。當吸毒者停止吸毒時，因為神經傳導物質供應數量不足，便出現戒斷現象（林美吟、施顯烇合譯，2004）。

對藥物之依賴性與耐藥性出現後，吸毒行為已符合 DSM-IV 物質依賴標準，而且毒品使用量比最初使用時增加，或使用毒品的頻率提高。

青少年因為依賴性、耐藥性與戒斷現象，需要大量金錢而出現販毒、犯罪、賣淫等犯罪行為。不同生活層面之問題一再惡化（例如道德感與羞恥感下降，跟毒友聚在一起），而出現自殺、暴力性衝動等傷人毀己行為。輔導這一階段青少年請見下一節。

㈣生活脫序期

此階段青少年可能出現藥物中毒現象與誘發性精神疾病，包括幾個特徵：⑴完全無法自拔，完全放棄自己，所屬環境與朋友皆是毒窟毒友；⑵生活混亂，完全失控。身心、學校與家庭都出現問題，而且涉及司法問題；⑶多重生理病變；⑷強烈罪惡感、自疚、常導致自殺念頭與行為（唐心北，1997；簡志龍，1997）。輔導這一階段青少年請見下一節。

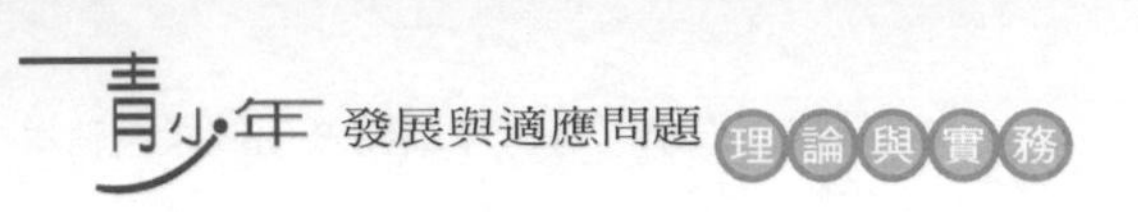

二、辨識藥物濫用之學生

非法藥物往往傷害濫用者學業、職業與社會功能，從這些受損功能特徵，便可以分辨出青少年是否藥物濫用，以便適時處理（林杏足，2005；唐心北，1997）：

㈠行為上之異常

1. 心神不定、浮躁不安、精神恍惚、態度突然改變。
2. 人際關係變差，喜怒無常、易被激怒、反抗性強、頂撞父母、違反校規及紀律、操控與爭論，且有攻擊傾向。
3. 曠課、逃學、離家出走、出入不當場所、藉故外出或晚歸。
4. 交往對象神情怪異、孤立與神秘、夾雜暗語，常和不良少年或不務正業成人在一起。
5. 讀書不專心、失去進取心，功課與工作績效急速退步。
6. 家人與四周同學、朋友之貴重財物不翼而飛。
7. 行為鬼鬼祟祟、長時間滯留於房間、門窗緊閉，出現錫箔紙、變造之吸食罐、筒狀紙捲、強力膠或不明藥品。
8. 臉色轉變、精神委靡、不尋常之亢奮及無意義行為。
9. 在歡愉、多話現象過後，出現沮喪現象。

㈡生理上之異常

不同藥物、不同濫用方式對青少年生理上造成不同影響。除了不同藥物的特殊影響外，一般共同常見之症狀如下：

1. 體重減輕和食慾減退。
2. 流鼻水或鼻孔發癢。
3. 手臂、手背及身體其他部分有針痕。
4. 床單或衣袖有血漬。
5. 食慾改變。

三、注意青少年合法藥物之使用狀況

國外研究發現，大部分藥物濫用者通常一開始是飲酒、抽香菸，之後再進入吸食大麻階段，然後才使用其他非法藥物（Kandel & Yamaguchi, 1999）。依據「入門假設」（Gateway Hypothesis）觀點，酒、香菸，是青少年與成年人濫用非法藥物之入門藥（Gateway drug）。Kandel與Fessor（1999）綜合一些對「入門假設」之研究，提出了「入門假設」之修正看法，這些看法有助於預防青少年藥物濫用。修正看法中，比較不受爭議之要點如下：

1. 青少年藥物濫用有其順序歷程，而且呈階段性，從合法藥物開始，再以大麻為中介，進而濫用非法藥物。

2. 階段早期使用藥物之行為，會提高後來濫用非法藥物之可能性。

以上國外研究結果，不一定適用於國內，但是，這些要點仍有一些參考價值。從以上兩要點，衍生之預防策略如下：第一，注意青少年易取得之藥物。青少年開始藥物濫用時，通常不會以昂貴毒品為主，而是容易取得之藥物，不管是合法或非法。第二，注意青少年抽菸、飲酒行為。

第六節　青少年藥物濫用問題與輔導

問題與討論

1. 處理及輔導藥物濫用青少年，可能需要哪些專業人員？
2. 學校出現藥物濫用青少年時，學校及教師該如何通報？
3. 輔導小島藥物濫用問題之重點為何？
4. 哪些因素會造成小島再次藥物濫用？
5. 哪些保護性因子有助於小島避免再次藥物濫用？

發現青少年藥物濫用時，依據少年事件處理法第三條規定：「不論任何人知有少年觸犯刑法法律之行為者，得向該管少年法院報告。」因此，教師應立即通報學校相關單位，至於教師除了通報學校外，是否須通報學校外之相關單位，則依相關規定辦理。

輔導藥物濫用之青少年需要一組合作團隊，例如學校輔導教師、導師、任課教師、心理師、社工師、精神科醫生、內科醫生、腦科醫生、營養師、護士、律師、父母、手足、良好同儕。這些專業及非專業人員在不同階段提供不同協助。

藥物濫用青少年依據濫用程度及出現之症狀，有些可能須住院治療，或至勒戒所戒毒。

董淑鈴（2000）探討藥物濫用成年女性復發歷程及其相關因素，雖然受試者為成年女性，不過其結果可作為預防勒戒後青少年或受輔導中青少年再度濫用藥物。復發歷程之心理特徵包括：⑴缺乏自我肯定；⑵缺乏生命定向；⑶常存僥倖心理；⑷缺乏處理問題能力；⑸充滿內在衝突；⑹刻意忽略復發影響；⑺存有不利之人格因素。

復發歷程之行為特徵包括：⑴行為復發歷程逐漸惡化；⑵自我防衛機轉之運用；⑶缺乏具體、有效之自我協助；⑷毒品使用由抗拒成為社交媒材；⑸復發後易受毒品影響而衍生犯罪行為。

復發歷程之人際互動特徵包括：⑴非吸毒家人難以拿捏關心程度；⑵毒友及吸毒家人為全程復發之促進因素；⑶隨復發歷程之演進，與吸毒者互動漸增，與非吸毒者互動漸減。

從以上所述可知，防止青少年再度濫用藥物，其方法包括：⑴修正不利人格特質；⑵探索生涯方向，提供生活目標；⑶處理內在衝突；⑷培養因應技能；⑸結交良好同儕，防止毒友誘惑；⑹環境提供正面支持。

綜合以上各要點可以看出，青少年之所以濫用藥物，在於發展任務未完成、重要需求未滿足、缺乏重要因應技能及有利之環境。預防青少年再度藥物濫用，也必須處理以上各要項。如果治標不治本，只有協助青少年解除毒癮，青少年藥物濫用行為將再次復發。以下以小島為例作說明。

一、案例分析

從故事上描述可知：

1. 就個人因素來說：小島無法抗拒誘惑，好奇心重，因應壓力技能差（以逃避方式面對問題），具有不良之心理特質（例如抑鬱退縮）。

2. 就家庭因素來說：父母忙於工作，跟小島關係疏遠，忽視小島平常生活及學校生活；逃避面對及處理小島問題。簡言之，小島跟父母關係薄弱。

3. 就學校因素來說：從小島不太喜歡學校生活可推知，小島跟學校關係薄弱，無法從學業表現獲得成就感、學習動機不強、在班上沒有支持性同儕。小島無法從家庭滿足重要需求，同樣情形也發生在學校中。

4. 就社會因素來說：包括不良同儕誘惑、毒品易得。

茲將以上各因素間之關係圖示如圖 15-1。

二、案例輔導歷程

以下所述之輔導歷程適用於完成勒戒回校及不需勒戒之青少年。對於這兩類青少年，需要消除其藥物濫用之成因及加強自我力量，以防止濫用行為復發。

從小島藉助藥物滿足需求的行為來看，小島除了生理需求外，安全、愛及隸屬、自尊等需求可能未滿足。

這些需求詳細言之，可能包括父母提供穩定、依賴、保護、有結構性及秩序之生活（以上為滿足安全需求）；提供關心、支持、重視、了解、心理連結等互動方式（以上為滿足愛與隸屬需求）；提供小島價值感、信心、效能感、勝任感等，致使小島喜歡自我及接納自我（以上為滿足自尊需求）。此外，培養小島一些因應技能，例如抗拒誘惑、解決問題、人際交往等。

從小島的人格特質、學校關係及因應壓力方式可知，小島至少在「自律、自動自發、勤勉、自我認定」等發展任務未完成。

早年經驗

雖然文中未說明，但從親子關係疏遠、人格脆弱可知，早年某些需求未滿足及發展任務未完成，因此自我力量不足。

當前環境及個人狀況

個人因素	家庭因素	學校因素	社會因素
1. 無法抗拒誘惑	1. 父母忙於工作	1. 跟學校關係疏遠	1. 不良同儕引誘
2. 好奇心重	2. 親子關係疏遠	2. 學習動機低落	2. 毒品易得
3. 缺乏因應技能	3. 忽視小島問題	3. 缺乏成就感	
4. 不良之人格特質	4. 採治標不治本方法	4. 缺乏同儕支持	
		5. 蹺課	

早年需求未滿足、發展任務未完成，使自我力量不足，而無法面對當前環境壓力。

以藥物濫用行為滿足歸屬感、成就感、價值感等需求，以及逃避家庭及學校等壓力。

圖 15-1：小島藥物濫用問題診斷分析圖

滿足需求、完成發展任務及學習因應技能，才能讓小島產生自我力量或保護性因子，以維持戒毒之動機及行為。輔導改變之歷程說明如表 15-6。

表 15-6：輔導小島「藥物濫用問題」之歷程

<table>
<tr><td rowspan="3">監控及調適歷程</td><td>輔導重點
1. 滿足未滿足之需求，例如安全、愛及隸屬、自尊。
2. 完成過去及當前未完成之發展任務，例如自律、自動自發、勤勉及自我認定。
3. 防止藥物濫用行為復發。
4. 提高父母效能，改善親子關係。
5. 處理復學及復學後適應問題。
6. 改善師生及同儕關係。
7. 提供藥物及法律教育。
8. 提供同儕選擇訓練。
9. 學習因應技能。
10. 找出生涯方向，讓生活有目標。</td></tr>
<tr><td>一、籌畫前階段
1. 跟小島建立良好輔導關係
跟小島建立良好輔導關係，可以滿足小島某些需求，例如被關心、價值感、被接納。
2. 評量小島對問題之覺察
例如造成藥物濫用之成因，未滿足之需求、未滿足需求跟藥物濫用之關係。基本上，小島對以上問題的覺察程度不高。
3. 評量小島維持戒毒動機
小島可能有戒毒動機，但是需要有足夠之保護性因子來協助。
4. 評量小島之受輔動機
小島可能願意接受輔導。
5. 評量協助小島改變所需之因應技能及保護性因子。
6. 規畫藥物教育及相關法律教育課程。</td></tr>
<tr><td>二、籌畫階段
1. 協助小島自我探索
輔導教師可依據選擇之理論來進行。探索範圍包括濫用藥物之成因、未滿足需求及未完成發展任務之阻礙經驗、藥物濫用行為跟未滿足需求之關聯、親子關係、師生及同儕關係。
2. 協助小島探討滿足需求之可能途徑，以提高小島改變之動機。</td></tr>
</table>

（接下頁）

（續上頁）

<table>
<tr><td rowspan="4">監控及調適歷程</td><td>3.處理小島「改變與不改變」之衝突，以提高小島改變之動機。
4.提供藥物教育及相關法律教育課程，以提高抗拒誘惑之能力及拒毒行為。
5.加強生涯探索，協助小島尋找生涯方向，以強化拒毒之行為。
6.培養小島所需之保護性因子及因應技能，以協助小島維持拒毒行為。</td></tr>
<tr><td>三、準備階段
1.擬訂改變計畫
跟小島一起擬訂行為改變計畫，以滿足需求、完成發展任務、學習因應技能、防止藥物濫用行為復發為主，並且賦予小島為自我問題負責之責任感。
2.培養維持拒毒所需之保護性因子及因應技能
例如情緒調適、因應壓力、問題解決、抗拒誘惑、自我管理等能力、內在歸因、自我肯定、善用外在資源、學習策略。
此外，以角色扮演、提供觀察典範等方式，協助小島強化執行計畫所需之技能。
3.善用其他資源
適當分配家長、學校及同儕之協助角色及工作任務，以降低環境中傷害或危險性因子及增加保護性因子。
4.提供父母、相關人員效能訓練
提供父母、相關人員（例如導師、同儕）效能訓練，以成為小島改變行為之助力。
5.協助小島進行生涯探索及規畫，並陸續實踐（例如技術訓練）。</td></tr>
<tr><td>四、行動階段
1.當小島有成功經驗時，應提供適時獎勵，以強化其信心與動機。
2.小島執行計畫時，須隨時進行監控及調整，以符合實際狀況需要。輔導教師須在旁指導。
3.小島遇挫折時，協助小島避免負面歸因。
4.提供小島足夠之心理支持，並隨時處理突發問題。
5.處理抗拒改變之力量。
6.持續加強必要之因應技能及保護性因子。
7.逐漸將行為改變之責任轉交給小島。</td></tr>
<tr><td>五、維持階段
1.協助小島警覺復發之線索及熟練處理方式。
2.協助小島抗拒不良同儕之誘惑。
3.持續加強維持改變所需之因應技能及保護性因子。
4.鼓勵小島使用自我管理技能：自我計畫、自我監控、自我執行、自我調適及自我獎勵，學習為自我行為負責之態度及能力。
5.鼓勵小島在必要時尋求協助資源。</td></tr>
</table>

目前學術研究上，提供一些對青少年藥物濫用行為之預防處理方案（例如陳麗珠，1999；蕭同仁，2003）。有興趣之輔導教師，可作為預防及處理青少年濫用藥物之參考。

本章摘要

第一節　藥物濫用之定義

1. 藥物濫用是指蓄意使用某些藥物，使用之目的，不符合該藥物原有目的，並且使用過程造成個人或他人之傷害。
2. 藥物濫用之標準為同一年期間內出現一項或一項以上之行為，包括：一再使用該藥物，而影響擔任之角色；明知有害仍繼續使用；因使用而涉及法律糾紛；已造成社會或人際問題，但還繼續使用。
3. 藥物濫用可能帶來藥物成癮，成癮行為包括：耐受性、戒斷、無法意志控制不使用、花費許多時間取得及使用或從藥物作用中恢復、放棄其他重要活動、身心受損仍繼續使用。只要符合其中三項，便已是藥物成癮。

第二節　青少年濫用之毒品

1. 青少年常濫用之毒品分為四類：
   (1)中樞神經抑制劑類（麻醉藥類），例如海洛因。
   (2)中樞神經興奮劑類，例如古柯鹼、安非他命、快樂丸。
   (3)中樞神經迷幻劑類，例如大麻、LSD、神奇蘑菇。
   (4)中樞神經抑制劑類，例如 FM2、強力膠、K 他命。
2. 第一級毒品，例如鴉片、海洛因、嗎啡、古柯鹼。
   第二級毒品，例如速賜康、安非他命、搖頭丸、大麻、LSD、神奇蘑菇。
   第三級毒品，例如 FM2、K 他命。
   第四級毒品，例如蝴蝶片、一粒眠。

第三節　國內青少年藥物濫用狀況

1. 青少年濫用之藥物，因為受到價格及取得方便與否等因素之影響，近年來以搖頭丸、K 他命及大麻等，取代安非他命、強力膠等毒品。
2. 藥物濫用青少年比率，依次為高職生、大學生、高中生或國中生；以性別來說，男性藥物濫用比例高於女性。
3. 有些藥物濫用之青少年，不只吸食一種毒品，而是多種毒品混合使用。
4. 青少年取得毒品的管道、匿藏及吸食毒品的地方多且方便。

第四節　青少年藥物濫用之成因

1. 青少年藥物濫用成因中，個人因素包括：
   (1)心理特質。例如好奇心、冒險性強、缺乏因應壓力能力、人際問題、缺乏自信及自我肯定、生活空虛、反社會人格等。
   (2)低估毒品之嚴重性、吸毒友伴之危險性及高估自我控制能力。
   (3)發展特徵。例如自我中心作用、情緒易波動但缺乏抒解情緒管道、知識學上之「懷疑論者」、自我認定未建立、好奇等。
2. 青少年藥物濫用成因中，家庭因素包括：不良親子關係、管教方式、父母婚姻、家庭經濟；父母藥物行為、破碎家庭、家長未提供藥物教育。
3. 青少年藥物濫用成因中，學校因素包括：
   (1)學校缺乏反毒政策。例如藥物及相關法律教育不足。
   (2)其他。例如不良師生互動、教師管教及教學、學校行政、學校環境；同儕誘惑、學生需求不被重視等。
4. 青少年藥物濫用成因中，社會因素包括：
   (1)毒品價格便宜且易得。
   (2)毒品來源管道多元，使得查緝工作不易。
   (3)治安、政治及經濟紊亂，不利青少年成長。
   (4)一些成年人性生活紊亂，以毒品助興，成為青少不良示範；不良同儕之誘惑。
   (5)不良場地充斥，致使青少年毒品易得。
   (6)吸毒成年人引誘青少年吸毒，以供其利用。
   (7)戒毒資源嚴重不足，使得藥物濫用之青少年無法獲得有效協助。

第五節　青少年藥物濫用之預防

預防青少年濫用藥物之方法包括：
1. 消除不良成因。
2. 了解青少年藥物濫用之發展歷程，在歷程未開始前防患於未然，或在不同階段提供適當介入。

3. 警覺濫用藥物青少年之特徵，以提供適時處理。
4. 菸酒為青少年藥物濫用之入門物質，或從合法藥物開始，再以大麻為中介，進而濫用非法藥物。了解青少年進入藥物濫用之入門階段，才能適時處理。

第六節　青少年藥物濫用問題與輔導

1. 學校須通報相關單位有關藥物濫用之青少年。有些地區規定，教師除了通報學校外，還要通報其他單位。
2. 輔導藥物濫用青少年須由各種專業及非專業人員組成之團隊來協助。
3. 防止青少年藥物濫用行為復發，重點在於：滿足未滿足需求、完成發展任務、學習因應技能，以增強自我力量。

第十六章 青少年中輟問題與輔導

依據教育部彙整之統計資料顯示（全國中輟學生復學輔導資源研究發展中心網站，2006），近幾年來全國中輟及復學生人數如表 16-1。

如果考慮近年來家庭孩子數逐年減少，輟學生人數是否逐年遞減，值得商榷。不過，由於教育單位之努力，復學生人數有逐年遞增之趨勢。

國中二年級是輟學的關鍵時期（曾玉，2002；謝秋珠，2003）。依國中小中輟生比率，國中層級約占八成五（林杏足，2005）。中輟生中，輟學五次以上者達四成以上，輟學三次以上者高達六成（謝秋珠，2003）。國內中

表 16-1：近年來全國中輟及復學生人數統計摘要表

學年度	84	85	86	87	88	89	90	91	92
曾輟學人數	9,790	10,112	8,984	8,368	5,638	8,666	9,464	9,595	8,605
復學人數	2,305	3,191	2,878	4,710	2,469	6,401	6,254	7,318	5,657
復學率（%）	23.54	31.56	32.03	56.29	43.79	73.86	66.08	76.27	65.74
實際輟學人數	7,485	6,921	6,106	3,658	2,169	2,265	3,210	2,277	2,948

註：「實際輟學人數」是指通報中輟後仍未復學者

（資料來源：目前台灣地區國民中小學中途輟學及復學情形，全國中輟學生復學輔導資源研究發展中心網站，2006 年 9 月 4 日）

輟生問題之嚴重可見一斑。

第一節 中輟生之定義

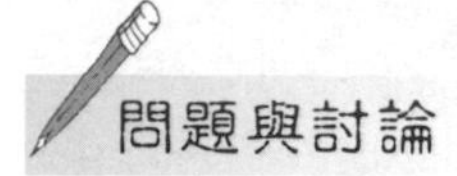

問題與討論

何謂中輟生？小園算不算中輟生？

小園又因為賴床而不到學校上學。若不是小彭打了手機給他，他還不甘願起床。小彭今天也沒上學，約他撞球去，還告訴他將有兩個辣妹作陪。他伸伸懶腰，提振精神後才起床準備。出門前，順手拿走餐桌上的150元，那是媽媽留給他的早餐及午餐飯錢。

小園跳下機車，揮手跟小彭說拜拜，凌晨兩點後的街上一片漆黑寂靜，偶爾的狗吠聲清亮入耳。小園本想玩通宵，但不想聽媽媽嘮叨，只好強迫小彭載他回家。摸黑開鎖進了家門後，看到媽媽的房門敞開，知道媽媽今夜將留在男朋友家過夜。他懊惱自己作錯決定，不過，心思一轉，立即打了手機給小彭，請小彭回轉，他決定跟他們一路遊玩到南部，拜訪小彭的朋友。

依據教育部訂定之「國民中小學中途輟學學生通報及復學輔導辦法」第二條規定：「國民小學及國民中學發現學生有未經請假、不明原因未到校上課達三日以上者，或轉學生未向轉入學校報到者，列為中輟生，……。前者未請假學生包括學期開學未到校註冊之學生。」

簡言之，中輟生是指國民義務教育期間中斷學業，年齡在十六歲以內者，包括三類：⑴未經請假而未到校上課達三日以上者；⑵轉學生未向轉入學校報到達三日以上者；⑶開學後未到校註冊達三日以上者。

第二節 青少年中輟之成因

問題與討論

1. 小園輟學的可能成因為何？除了以上成因外，還有哪些成因跟輟學有關？
2. 依據 Maslow 需求層次論，小園有哪些未滿足需求？
3. 從 Erikson 心理社會發展論來看，小園有哪些未完成之發展任務？
4. 小園內在有哪些情緒？用哪些方法逃避情緒、逃避學習、逃避面對需求？
5. 從青少年輟學成因中推知，哪些方法及保護性因子可防止小園再次輟學？

小園拖著疲憊的身心回家，在外面吃喝玩樂了五天，雖盡興卻逐漸厭煩。進了家門慵懶地往沙發上一躺，竟不知不覺睡著。不知隔了多久，室內一片黑暗，才從夢中悠悠醒來。他撐起身體，打開電燈，刺眼的燈光讓眼睛無法適應。飢腸轆轆的感覺提醒他從今早到現在還未進食。他努力睜開眼睛找東西吃，一眼瞄見桌上放有 1,500 元。媽媽留了字條，給了他三天的生活費，並交代他回家後要按時上學，因為學校曾找過媽媽詢問小園沒到學校上課的原因。

看到桌上的錢及媽媽留下的字條，心中五味雜陳，說不出是什麼感覺，不過，也懶得理清。他打開冰箱，喝了幾口生冷的鮮奶，讓頭腦清醒，心情沉穩，然後出門到網咖去。在那裡，雖然都是陌生人，不過，沒有冷清，沒有寂寞。在網路世界中，他是被簇擁的英雄。

拗不過媽媽的囉嗦，他終於回學校上課。同學們三五成群，落單的卻是自己。雖感覺惶恐，但不屈服的個性讓自己刻意跟他們保持距離。一上午下來，竟沒開口跟任何人交談。

眼看老師在台上賣力講課，他卻心思渙散難以專注，倒是一幕幕昨夜在網路上一夫當關萬夫莫敵的影像，不斷在腦海中跳躍。當同學們低頭抄寫筆記時，他慢了好幾拍，因為那種似熟悉卻遙遠的動作，竟讓自己迷惘而不知如何下筆。

中午休息時，導師詢問他過去幾天沒到校上課的原因。他眼神空洞，腦中空白，無法凝聚出話語。老師見他沉默不語，沒再多說，只是告誡他應用功唸書。望著老師漸行漸遠的身影，他有點感傷。轉身走回教室時，一群群同學嬉笑打罵聲，讓他不自覺地駐足觀看，在腦中一片空白的恍神間，決堤的無奈與孤獨感竟排山倒海衝出，無法支撐的雙腳差點屈膝跪地。

中學生輟學之成因，包括個人、家庭、學校與社會因素。這些因素環環相扣。有些研究認為個人因素最重要（胡惠，2003；鍾學明，2004；謝秋珠，2003），有些視學校因素為主要（蔡慶興，2003），有些則認為社會因素影響最大（鄧煌發，2001）。依教育部92學年度全國國民中小學中輟生統計數據，中輟因素中，個人因素45%、家庭因素27%、社會因素13%、學校因素10%、其他因素5%（教育部，2004b）。

從不同體系對中輟成因之認知來看，教育體系工作者強調個人及社會因素；社政體系及其他體系則一致認為，教師教學及管理態度是造成學生中輟之成因（張紉，2002）。

研究結果上之差異似乎反映出：四種因素之重要性，因中輟生工作者、研究對象、研究地區之不同而異。換句話說，中輟成因錯綜複雜，四個因素都有其重要性。

一、個人因素

(一)不良歸因及壓力因應模式

輟學（除了因為天災人禍外），是一種逃避壓力的因應模式。曾玉

（2002）研究顯示：中輟生有退縮逃避傾向，而逃避傾向與歸因型態有關。呂怜慧（2002）研究發現：中輟生以「外在、短暫、特定」之歸因型態解釋正向事件，以「內在、穩定、普遍」之歸因型態解釋負向事件。

當青少年面臨壓力時，不良歸因模式腐蝕青少年自我力量，致使青少年以逃避、退縮方式因應。

㈡學習上之惡性循環

中輟生普遍之共通性，便是對學習沒有興趣，無法從學業上獲得成就感。有幾個原因形成惡性循環，一再降低中輟生之學習興趣，最後演變成輟學行為：

1. 學習表現一再受挫：中輟生輟學前，學習表現一再受挫，而出現蹺課、逃學等不穩定之就學行為（鄧煌發，2001）。這些行為進一步惡化學習表現，使得中輟生學習興趣低落。

2. 由外在動機操控學習：中輟生在學習過程中，因得不到好成績，而逐漸對學習失去興趣，內在動機被轉化為外在動機，最後拒絕學習。

3. 缺乏毅力及禁不起誘惑：跟學校學習相較，外在世界多采多姿，足令青少年心猿意馬。青少年得有足夠毅力與抗拒誘惑之自制力，才能抵抗外在世界之吸引。缺乏毅力及抗拒誘惑能力之青少年，因為把持不住而被外在世界所迷惑。

4. 不清楚學校教育之目的：中輟生不了解學校教育之目的，當學校生活苦多於樂時，輟學便成為他們趨樂避苦之方式。

㈢自我認定未建立

賴瑞芳（2002）研究顯示：中輟生對未來若有了目標，有助於他們復學後之適應。反過來說，青少年輟學之前，自我認定未建立，沒有清楚的生涯目標，而對學校學習缺乏興趣及動力，再加上其他因素之推波助瀾，最後選擇輟學。

㈣不良自我概念

有些中輟生受到不良自我概念影響，沒有信心學習，恐懼學校生活，在學習上一再受挫，因此選擇輟學逃避學校壓力。黃德祥（1996）研究顯示：

具有較低自我概念或低自尊、較相信命運與運氣者，容易因自暴自棄而輟學。

不良自我概念跟不良歸因型態有關。不良自我概念，造成青少年成績低落，而不良歸因，惡化不良自我概念，兩者最後形成惡性循環。即使青少年成績有了進步，也因為錯誤之歸因，而進一步負面化自我概念。

㈤心理問題

有些中輟生同時出現不同類型之偏差行為（例如偷竊、打架、飆車），輟學只是其偏差行為之一。這類中輟生之主要問題，不在輟學本身，而是心理問題。其實，大部分之中輟問題，都跟當事人之心理問題有關。

㈥心理疾病

有些中輟生本身有嚴重之心理疾病（例如精神分裂、妄想症），這些心理疾病阻礙他們正常學習，致使他們不得不輟學。92 學年度因心理疾病而輟學者占輟學人數 2.21%（教育部，2004b）。

從以上描述中可知，以上各原因互有關聯，相互影響。

二、家庭因素

㈠家庭重大變故

有些中輟生不是因為厭惡學習，而是家庭有重大變故，需要留在家中照料；或是家中突然經濟拮据，需要協助賺錢幫忙家計。這些中輟生不是有意輟學，是無法掌控之因素使然。透過社會救助，有些青少年有機會復學。

㈡父母管教不當或家庭關係疏遠

父母管教方式跟青少年輟學行為有關。92 學年度輟學原因中，監護人或父母管教不當因素占 17.95%（教育部，2004b）。張梅禎（2001）研究發現：中輟復學生之父母較常採用之管教方式是忽視冷漠，而一般學生父母採用開明權威之管教方式（即民主管教方式）；女生輟學時間在三個月之內者其父母管教方式，較三個月以上者開明。

此外，溺愛、放任之家庭，任由青少年我行我素，父母無法阻止青少年輟學；過度獨裁之父母，剝奪青少年之自主，青少年便以輟學來反抗父母權威；家庭關係疏遠之青少年，缺乏安全感與歸屬感，容易受不良同儕影響，而跟著同儕一起輟學。

㈢單親家庭

單親家庭跟青少年的輟學行為有關（陳叔宛，2004）。從 88 至 90 學年度，單親家庭之中輟生比率，平均而言，占中輟生人數之 35.15%（謝秋珠，2003），92 學年度中輟生中，單親家庭者占 46%（教育部，2004b）。這樣的比率不可以忽視。

有些青少年在中輟之前，父母因為婚姻問題爭吵不休，無法顧及青少年需求及感受。青少年在父母離婚後經歷親人離去之失落，家中頓失依靠之無助。這些受挫經驗，腐蝕青少年對人之信任、對事之興趣，催促青少年投入激烈活動以麻木自己，或投入同儕團體以安頓家變帶來之不安。對這類因家變而無心學習之青少年來說，輟學只是心理問題之反映。

有些單親家庭經濟壓力沉重，無暇監督青少年學業與行為。青少年因為失去父母之監督與管教，如果自我力量不足（例如抗拒誘惑能力或毅力不夠），便容易曠廢學業，或跟不良同儕為友，而逐漸對學校學習失去興趣。

另有些單親家庭需要青少年輟學協助家庭經濟，或照顧家中老小。對這類青少年來說，輟學不是他們心中甘願，只要有可能，便會找機會繼續求學。

㈣問題家庭

問題家庭之父母可能是罪犯、酗酒、濫用藥物、施暴與受暴者等。這些問題家庭之青少年，耳濡目染而習得一些惡習，人格發展受到扭曲，並且不在乎學校教育。只要學校生活不如所願，而且家長也不反對，便毫無所謂地選擇輟學。

㈤不利之家庭社經地位

家庭社經地位跟青少年輟學行為息息相關。中下階層家庭，經濟拮据，父母為生活忙碌，子女在生活常規訓練與學習習慣之養成，得不到適當教導與規畫。由於學校教育以中產階級為主流，家庭社經地位中下之子女，容易適應不良。長久下來，造成學習興趣及成就感低落，而逐漸厭惡學校學習。

中下階層家庭之住家環境，通常龍蛇雜處、三教九流群聚一堂。子女長期耳濡目染，容易養成不良習性，結交不良同儕，不重視學校教育，學習動機及學業成就低落，而厭惡學校。

中下階層家庭如果意外事件發生（例如父母受傷殘障、失業），原本拮据之經濟將捉襟見肘。此時，青少年可能被要求輟學或休學，幫忙賺錢養家，或是照顧其他弟妹。

家庭因素可能不只以上所述，中輟行為之家庭因素是一複雜脈絡（陳昭華，2000），各因素間彼此相互影響，甚至形成代間傳遞，其複雜性可見一斑。

三、學校因素

Hirschi（1969）認為維繫社會與個人之連結有四個因素，這四個因素可用來說明中輟生與學校之連結關係：⑴依附（attachment）：中輟生跟學校、教師與同學的依附關係薄弱；⑵承諾（commitment）：中輟生在課業上頻頻失敗、缺乏學習興趣、得不到成就感，因此無法承諾在課業上努力；⑶信念（beliefs）：中輟生之價值觀跟學校認同之價值觀不符合；⑷投入（involvement）：中輟生選擇將時間與精力投注於其他活動上。

以上四種關係，可以簡化為：⑴青少年在學校之人際關係；⑵青少年對學校價值觀與規範之認同；⑶青少年對學業之承諾與投入。

國內相關研究顯示，青少年中輟之學校因素跟以上三者有關。例如輟學之學校主因有：⑴課業壓力、教師責罰與同學疏遠（吳芝儀，2000）；⑵對學校（教師）之依附薄弱（鄧煌發，2001）；⑶學習經驗挫敗與師生關係不佳（吳美枝，2001）；⑷學校適應困難、學習動機缺乏、師生關係冷漠、對班級與學校缺乏歸屬感（劉學禮，2004）；⑸在校經常違反規定，易與師長爭執（鍾學明，2004）。

一般而言，學生在校問題，大致跟學業、人際關係與學校規範等有關。中輟生輟學的原因，通常也離不開這三種學校因素。

四、社會因素

㈠不良場所吸引青少年

目前社會上不良場所都以青少年為主要消費對象，例如網咖、網路遊戲、電動玩具、地下舞廳。相對於學校生活枯燥與壓力，這些不良場所之活動，顯得更吸引人。教育部（2004b）92 學年度中輟生之調查反映出，中輟之社會因素中，流連或沉迷網咖者有 25.84%。

「輟學」，不但象徵學生想逃離來自家庭與學校之壓力，也反映青少年無法抗拒不良場所之誘惑。

㈡不良同儕之催化

社會學習論認為，行為之習得，可以透過示範與替代歷程。中學生輟學行為，也跟社會學習過程有關。鄧煌發（2001）研究顯示：影響中學生輟學眾多成因中，關係最密切之因素是結交不良同儕。教育部（2004b）92 學年度中輟生之調查反映出，中輟成因社會因素中，受校外不良朋友引誘者有 50.68%，受已輟學同學影響者有 14.25%。

中輟生在輟學之前，通常跟不良同儕為友。不良同儕之示範及呼朋引伴下，意志薄弱、缺乏學業成就感及重要需求未滿足之青少年，容易受其影響而跟這些不良同儕一起輟學。

㈢社會扭曲之價值觀

目前社會瀰漫著一股笑貧不笑娼之拜金歪風，以及以名牌膨脹自尊之現象。一些急於滿足物質需求之青少年，迫不及待地投入一些不正當行業，以期快速牟取暴利，來裝點外表。

這些價值觀受到扭曲之青少年，無法一心兩用兼顧賺錢與學業，只得捨去學業，快速賺錢以享受人生。

茲將以上各成因整理摘要於表 16-2。

表 16-2：青少年中輟之成因摘要表

成因	說明
一、個人因素	
1. 不良歸因及壓力因應模式	錯誤歸因造成不良壓力因應模式。
2. 學習上之惡性循環	對學習沒興趣、由外在動機操控學習、禁不起誘惑、缺乏毅力、不清楚教育目的等因素造成學習上之惡性循環。
3. 自我認定未建立	自我認定尚未建立，找不到生活目標，而無法讓學校學習意義化。
4. 不良自我概念	不良自我概念與錯誤歸因類型惡性循環，致使學習興趣及學習表現低落。
5. 心理問題	心理問題以輟學來反映。
6. 心理疾病	因為心理疾病而無法正常學習。
二、家庭因素	
1. 家庭重大變故	家中發生變故，需要青少年幫忙。
2. 父母管教不當或關係疏遠	父母過度溺愛而放任、父母獨裁造成反抗、家庭關係疏遠而結交不良同儕，父母忙碌疏於管教與督促。
3. 單親家庭	單親家庭之青少年或因內在創傷，或父母無暇監督，或需青少年協助經濟。
4. 問題家庭	青少年在問題家庭中耳濡目染習得惡習不重視學校教育。
5. 不利之家庭社經地位	中下階層青少年跟不上以中產階級為主流之學校教育，或住家環境複雜習得惡習或結交不良同儕，或家庭經濟拮据被要求輟學。
三、學校因素	
1. 依附關係薄弱	跟學校、教師與同儕之關係薄弱。
2. 不認同學校規範	無法認同學校價值觀及規範。
3. 缺乏承諾與投入	無法獲得成就感而不願意投入學校學習。
四、社會因素	
1. 受不良場所吸引	不良場所活動吸引青少年。
2. 不良同儕之催化	不良同儕之示範與影響。
3. 價值觀受扭曲	價值觀受扭曲而急於滿足物慾。

第三節 青少年中輟經驗之影響

問題與討論

> 青少年中輟對自己、學校及社會造成哪些正面及負面影響？

輟學不管時間長短如何，對接受義務教育之青少年來說，是嚴重損失，並且帶給自己、學校及社會一些複雜問題。中輟生即使復學，中斷期間落後之學習，須花更多心思與時間補救；如何重建已疏遠之友誼；如何面同學質疑之眼光；如何面對學校「找回一匹狼，帶走好幾隻羊」之擔心。對於那些不願意復學之中輟生來說，個人及社會將付出重大代價。

不過，輟學未必只有負面影響。對某些中輟生來說，中輟那段時間，反而是自我反省與沉澱之最佳時光。以下說明輟學對青少年之負面與正面影響。

一、中輟經驗之負面影響

㈠惡化偏差行為及滋生社會問題

中輟生暫時逃避了學校壓力後，因為生活沒有目標，又少不更事，容易落入社會大染缸而受到污染。曾玉（2002）研究發現：中輟生整天遊手好閒，在不良場所鬼混，在電玩及網咖流連不回家，惹是生非、打架、恐嚇、偷竊、勒索等；大部分中輟女生和男朋友同居；中輟生男女關係混亂。

在中輟男女生比較上，中輟男生比率高於女生；中輟男生之偏差行為在傷害、恐嚇、吸毒、毀壞公物、攜帶刀械、賭博、吸菸等，比中輟女生嚴重；中輟男生流連在網咖時間比中輟女生長；中輟女生自殺率比男生高；在自我態度上，中輟女生比男生低。

以上研究結果反映出：⑴如果中輟生未能及時復學，中輟時間愈長，復學之可能性愈低，負面影響愈大；⑵中輟生中輟前，在學校已有學業、情緒與行為偏差等問題，輟學後流連不良場所，惡化原先問題，或加入不良幫派，或出現反社會行為，而成為社會安全之嚴重負擔。

㈡阻斷健全生涯發展造成惡性代間循環

中輟生性關係混亂，可能在缺乏生涯規畫及一技之長下早婚生子。由於缺乏一技之長，謀生不易，或長期失業，或從事低所得工作，不但阻礙個人生涯發展，也沒有能力提供給下一代健康成長環境。

孩子由於早年貧乏環境之負面影響，可能步上父母成長軌道，在低下階層中流轉，形成惡性代間循環。

二、中輟經驗之正面影響

輟學對某些學生來說未必只有負面影響。林曉芸（2002）研究發現：輟學生於輟學經驗中，找到興趣與未來方向，個性、想法及情緒也有所成長，同時將學習者角色移植到其他學習環境。

汪昭瑛（2002）研究顯示，中輟生：⑴若能從輟學經驗中體驗到「玩很無聊、浪費時間、玩的樂趣降低、不想玩了」，其就學穩定性便提高；⑵由中輟蹺家而體驗到讀書比工作好，其復學動力便提高；⑶經由中輟，而改變想法或個性，或體驗到家之溫暖；⑷重過一次國中生活後，普遍都希望把書讀好，與同學間相處愉快。但因中輟生普遍缺乏自信心、自我期望低，長期學業挫敗，而造成學業上之無力感。

生命中的每個經驗，都有其深層意義。青少年輟學，是父母師長之夢魘。另一方面，如果中輟事實已發生，父母師長何不化危機為轉機，引導中輟生透過中輟經驗探索自我，尋找未來目標，並且思索學校教育與未來目標之關聯，便能帶起中輟生復學之動力。對某些中輟生來說，中輟未必不是一個有助益之生命經歷。

第四節　青少年中輟問題與輔導

問題與討論

> *1.哪些情況有助於中輟生復學動力？*
> *2.哪些保護性因子有助於中輟復學生之學校適應？*
> *3.哪些傷害性因子不利於中輟復學生之學校適應？*
> *4.輔導中輟生的重點有哪些？*

依據教育部彙整之統計資料顯示（全國中輟學生復學輔導資源研究發展中心網站，2006），未復學之輟學生比率仍然不少，近年來每一年約占輟學生總人數之 30%。基於中輟生沒有復學，將阻礙個人與社會發展，因此，教育當局與社會機構，須積極協助中輟生復學事宜。此外，防止復學生再次中輟，也是輔導重點之一。

一、提高中輟生復學之動力

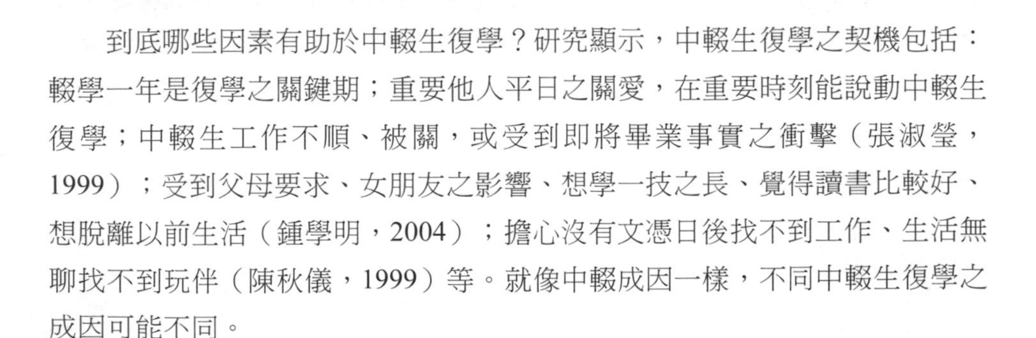

到底哪些因素有助於中輟生復學？研究顯示，中輟生復學之契機包括：輟學一年是復學之關鍵期；重要他人平日之關愛，在重要時刻能說動中輟生復學；中輟生工作不順、被關，或受到即將畢業事實之衝擊（張淑瑩，1999）；受到父母要求、女朋友之影響、想學一技之長、覺得讀書比較好、想脫離以前生活（鍾學明，2004）；擔心沒有文憑日後找不到工作、生活無聊找不到玩伴（陳秋儀，1999）等。就像中輟成因一樣，不同中輟生復學之成因可能不同。

了解促使中輟生復學之重要原因後，可以在這些原因出現之關鍵時刻，極力遊說中輟生復學。或是布置出這些有利情境，以催化中輟生復學之動力。

二、協助中輟生復學後之適應

中輟生復學後之輔導，重點在於協助復學生適應學校生活。依相關研究顯示，中輟生復學後再次輟學之比率仍高（謝秋珠，2003）。這說明鼓勵中輟生復學之同時，也必須做好協助中輟生復學後之學校適應，以避免中輟生復學後再次中輟。哪些因素影響中輟生復學後之學校適應？

鄧煌發（2001）研究發現：絕大部分未輟學或輟學後再復學之國中生，主要是因為自身內在變化及身處環境之正向力量大於負向力量。正向力量即是保護性因子，而負向力量是傷害性因子。換句話說，培養中輟生保護性因子，便可以防止中輟生復學後再次中輟。可分以下幾方面來說。

㈠培養有利中輟復學生學校適應之保護性因子

1. 家庭方面

⑴父母管教態度：中輟生輟學跟家庭功能不良、親子關係疏遠有關（陳鳳貞，2004），父母管教態度是家庭功能之反映，也影響親子關係。父母管教態度沒有改變，對於中輟生復學後之學校適應可能沒有助益。

賴秀玉（2002）研究顯示，家庭系統較開放之家長，比較願意改變管教態度，協助中輟復學生之發展；相反地，家庭系統較封閉之家長，固守原有價值觀，而降低中輟復學生行為改變之可能。謝秋珠（2003）研究發現，中輟復學生重要需求之一是，有一舒服而安靜的家。張紉（2002）研究反映，中輟問題的處理，改善家庭關係為首要。簡言之，父母改變原先不適當之管教，將有助於中輟復學生之學校適應。

⑵家庭經濟：謝秋珠（2003）研究顯示，中輟復學生最感困擾之事項中，第一位是經濟狀況。

這類學生可依社會福利法或特別救助方式獲得協助，或藉助社會資源，或校內考量成立專門組織，提供清寒學生就學經濟支援（全國中輟學生復學輔導資源研究發展中心網站，2006）。

⑶家人之鼓勵、支持與協助：研究顯示，社會支持網絡（包括家人、教

師與友伴）是中輟復學生之保護性因子（顏郁心，2002），能夠協助中輟復學生適應學校生活。

家人跟中輟生之關係最為密切，家人之鼓勵、支持與協助，可滿足中輟復學生某些需求。此外，有了家庭為支柱，中輟復學生才有能力面對復學後之壓力。

2. 個人方面

⑴輟學時間長短：中輟生輟學時間愈長，復學之希望或學校適應愈差。陳秋儀（1999）研究顯示：輟學時間在「一學期以內」之中輟復學生，學校生活適應優於「一學期以上」之復學生；中輟時間愈短，復學後學校生活壓力愈小。

這可能因為中輟生輟學時間愈長，對學校生活愈疏遠，需要愈長的時間適應，需要之協助也愈多；或是中輟期時間一長，因為更多因素加入（例如未婚懷孕、犯罪），而無法復學。

因此，縮短輟學時間，有利中輟復學生復學後之適應。

⑵輟學時間的個人經歷：中輟生輟學時間的個人經歷，會影響復學之意願及復學後之學校適應。在輟學期間能發現自我興趣、性向，決定未來發展方向者；或是輟學期間的工作經驗，讓中輟生醒悟到學歷與工作之關係；或是對外在世界失去興趣，而提高學校生活樂趣者，這些中輟生會自動想要復學。一旦復學，學校適應較佳。鍾學明（2004）研究結果反映出以上之觀點：主動要求復學者學校適應較佳，而受他人勸說、意志薄弱者學校適應較差。

因此，轉化輟學經驗為正向經歷，有助於輟學復學生之學校適應。

⑶中輟生之個人特質：顏郁心（2002）從保護性因子之觀點，找出有助於中輟復學生適應之保護性因子，包括：①人格特質方面，具彈性、活潑開朗、不在乎他人批評、忍耐、內在歸因、有能力緩衝外在壓力帶來之負面影響，具反思及自我覺察能力以發現自我錯誤而產生調適及改變，具同理心及未來目標之引領。

②認知思考能力方面，正向認知、考慮後果、產生改變企圖；③社會因應技巧方面，具有主動求助、改變交友策略、表達拒絕、建立關係、情緒調適、提高自我價值潛能等能力；④正面自我概念方面，自我期許、自信及自我認定。

此外，中輟生自我效能感愈高，再次中輟之可能愈低。自我效能感跟被同學接納的程度有關，自我效能感中之自我規畫效能最能預測復學生再中輟之傾向（曾淑貞，2004）。換言之，布置接納情境及培養規畫能力，有助於中輟復學生復學後學校適應。

3. **學校方面**

⑴中輟復學生之安置：中輟復學生回校後，可以回到原先班級繼續完成學業。對於不能適應一般學校常態課程者，教育部推動多型態中介安置教育措施，提供一套適性之課程，避免學生再次中輟，其形式包括：資源式中途班、合作式中途班、中途學校（分為合作式中途學校及獨立式中途學校）、慈暉班。

這些不同類型之安置措施，在於配合中輟復學生需要，以避免中輟復學生再次中輟。

⑵教師與同儕之接納與支持：跟教師與同儕關係不良，是促使青少年輟學之重要原因，而教師及同儕之接納與支持，可降低中輟復學生再次輟學之可能（曾淑貞，2004；賴瑞芳，2002；顏郁心，2002）。

綜合以上所言，協助中輟復學生學校適應之關鍵，在於培養保護性因子以啟動正向之自我調適歷程，滿足自我需求，促進自我發展，完成發展任務。

㈡降低不利中輟復學生學校適應之傷害性因子

賴瑞芳（2002）研究除了探討保護性因子外，還找出不利中輟復學生學校適應之因子，包括：教師及同學之負向期待，復學生對學校感到疏離、缺乏自我價值感、缺乏情緒調解能力、無法重新定位自我角色、逃避面對問題、自我放棄、不認同學校、以前同儕干擾、缺乏外在約束力、缺乏重要他人之支持。

降低不利中輟生復學後生活適應之傷害性因子，等於擴大或避免降低保護性因子之作用。

㈢顧及中輟復學生之深層問題

青少年輟學之前已有一些警訊出現，包括：蹺課、逃學等不穩定就學行為（鄧煌發，2001）；經常出現曠課、遲到、早退或請假之行為；容易緊張、自卑、焦慮、退縮、沮喪、注意力不集中、壓力容忍力低、長期情緒困擾、人際關係欠佳、負向價值觀（彭駕騂，1994；劉秀汶，1999a, 1999b）；成績低落、學習動機低落、學習困擾、適應不良；家庭突發變故等。

以上這些警訊表示青少年輟學是長期問題衍生之結果。輔導輟學青少年不能單單處理輟學行為而已，還須顧及更深層問題。

㈣加強中輟復學生之生涯探索及提供專業技術訓練

謝秋珠（2003）研究反映，中輟復學生最需要之需求次序為：⑴學習一項技術；⑵有一個安靜而住得舒服的家；⑶學校增加職業訓練課程；⑷改掉一些不好之生活習慣。

對某些中輟復學生來說，求得高深學術並非其興趣所在，他們的專長或許在技術方面。協助他們生涯探索，確定生涯方向、進行生涯規畫，便可以讓他們看到學校教育與未來發展之關聯，而產生繼續留校學習之動力。

此外，提供職業訓練課程，可以提高他們的成就感，也是協助他們學校適應之有利途徑。

㈤加強中輟復學生之學業輔導

在輔導中輟復學生之成效中，中輟復學生之學業成績最難有成效（胡惠，2003）。原因之一，是因為中輟生中輟之前成就低落，中輟其間荒廢學業，復學後學業困難度比輟學前高。再加上學業成就往往是長期努力累積之成果，絕非下定決心後便一蹴可幾。因此，學校一方面需要加強中輟復學生之學業輔導，另一方面須提供支持、鼓勵打氣，使其能夠堅持不放棄。

㈥協助中輟復學生融入原先之人際脈絡中

中輟復學生回到學校後，不只得面臨課業上之壓力，還必須面對同儕之奇異、陌生眼光。同儕之負面期待對中輟復學生來說是傷害性因子，同儕之支持是保護性因子。因此，在中輟生回歸原班級之前，學校應該對原班級同儕進行團體輔導，使其成為中輟復學生學校適應之助力。

綜合以上所言，中輟之成因，交織了個人、學校、家庭及社會因素，中輟問題之處理，也須這四方面相關人員共同協助。

三、案例應用

㈠案例分析

以小園的案例來說，雖然文中未提小園之早年經驗，但是從小園的親子關係、未滿足需求及逃避問題之行為來看，小園早年可能經歷一些阻礙成長之經驗。

個人因素方面，小園退縮好勝，缺乏重要因應技能，以輟學、沉迷網路、結交不良同儕來逃避問題。家庭因素方面，單親家庭、母親冷漠忽視、缺乏家庭溫暖。學校因素方面，同儕關係疏離、學習興趣低落、師生關係疏遠。社會因素方面，結交不良朋友、網咖四處林立。

從 Maslow 需求層次論來說，小園除了生理需求滿足外，其他需求都未滿足。從Erikson心理社會理論來說，小園在基本信任、自律、自動自發、勤勉、自我認定等發展任務未完成。個案分析診斷圖如圖 16-1。

㈡案例輔導歷程

小園的中輟問題，涉及早年經驗、家庭、個人、學校及社會等因素。輔導小園時，以滿足需求、完成發展任務、學習因應技能、確立生涯目標等為主。

早年經驗

從小園的親子關係及問題中，可以確知小園重要需求未滿足、某些發展任務未完成，自我力量不足、人格脆弱。

當前環境及個人狀況

個人因素	家庭因素	學校因素	社會因素
1.退縮、好勝 2.缺乏因應技能例如抗拒誘惑、自我管理 3.孤獨、逃避	1.單親家庭 2.母親冷漠忽視 3.缺乏家庭溫暖	1.同儕關係疏遠 2.學習興趣低落 3.師生關係疏遠	1.不良同儕誘惑 2.網咖四處林立

需求未滿足、過去及現階段發展任務未完成、缺乏因應技能、人格脆弱，自我力量不足，無法處理當前環境壓力及需求。

以輟學、躲入網咖、跟不良同儕為伍來逃避問題及滿足需求。

圖 16-1：小園中輟問題診斷分析圖

表 16-3：輔導小園「中輟問題」之歷程

<table>
<tr>
<td rowspan="3">監控及調適歷程</td>
<td>輔導重點
1.滿足未滿足需求，例如被關心、陪伴、了解、支持、歸屬感、價值感、成就感。
2.完成過去及當前未完成之發展任務，例如基本信任、自律、自動自發、勤勉及自我認定。
3.探索造成單親家庭之歷程及其影響。
4.提高父母效能以改善親子關係。
5.改善師生及同儕關係。
6.探索生涯方向，找到生活目標。
7.防止中輟問題再次發生。
8.學習重要因應技能。
9.避免不良同儕誘惑。</td>
</tr>
<tr>
<td>一、籌畫前階段
1.跟小園建立良好輔導關係
跟小園建立良好輔導關係，可以滿足小園某些需求，例如被關心、被注意、被重視、價值感。
因為小園跟媽媽的關係冷漠，輔導教師跟小園建立輔導關係時，小園的親子模式，可能出現在輔導關係中，因此小園可能對輔導教師不信任，或以冷漠待之。
2.評量小園對問題之覺察
小園可能對問題缺乏覺察，不認為輟學是嚴重性問題。小園可能覺察到某些情緒及需求（包括孤獨、需要朋友、需要陪伴等），但是通常以壓抑方式處理，以及不了解未滿足需求跟中輟之關聯。
3.評量小園之受輔動機
如果要提高小園的受輔動機，必須以良好輔導關係為基礎。
4.評量造成小園改變所需之因應技能及保護性因子。</td>
</tr>
<tr>
<td>二、籌畫階段
1.協助小園自我探索
輔導教師可依選擇之理論來進行。探索範圍包括成為單親家庭之過程及其影響、需求未滿足及發展任務未完成之阻礙經驗、中輟經驗及其學習、中輟跟未滿足需求之關聯、親子關係、同儕及師生關係等。
2.協助小園探索滿足需求的可能途徑，以提高小園改變之動機。
3.協助小園探討完成學業對未來之意義及價值，以加強小園改變之動機。</td>
</tr>
</table>

（接下頁）

（續上頁）

<table>
<tr><td rowspan="3">監控及調適歷程</td><td>4.處理改變與不改變之衝突
協助小園處理「改變與不改變」之衝突，以提高小園改變之動機。
5.協助小園探索生涯，決定生涯方向，讓生活有目標。
6.培養小園造成改變所需之因應技能及保護性因子。
7.教導小園如何選擇良好同儕。</td></tr>
<tr><td>三、準備期
1.擬訂改變計畫
跟小園一起擬訂行為改變計畫，以滿足需求、完成發展任務、學習因應技能、防止再次中輟為主，並且賦予小園為自我問題負責之責任感。
2.訓練小園執行計畫所需之技能
可能包括讀書策略、時間規畫、作決定、解決問題、挫折忍受、抗拒誘惑、情緒調適、表達自我、評量結果、調整計畫、善用外在資源、自我管理等技能。
此外，以角色扮演、提供觀察典範等方式，協助小園熟悉改變之歷程及強化執行計畫所需之技能。
3.善用其他資源
適當分配家長、學校及同儕之協助角色及工作任務，以降低環境中傷害性或危險性因子及增加保護性因子。
4.提供父母、相關人員效能訓練
提供父母、相關人員（例如導師、同儕）效能訓練，以成為小園改變行為之助力。
5.協助小園進行生涯規畫，並陸續實踐（例如技術訓練）。
6.培養小園重要因應技能及保護性因子，例如抗拒誘惑、情緒調適、問題解決、作決定、溝通、自我管理等技巧。</td></tr>
<tr><td>四、行動
1.當小園有成功經驗時，應提供適時獎勵，以強化其信心與動機。
2.小園執行計畫時，須隨時進行監控及調整，以符合實際狀況需要。輔導教師須在旁指導。
3.小園遇挫折時，協助小園避免負面歸因。
4.提供小園足夠之心理支持，並隨時處理突發問題。
5.處理抗拒改變之力量。
6.持續加強必要之因應技能及保護性因子。
7.逐漸將行為改變之責任轉交給小園。</td></tr>
</table>

（接下頁）

（續上頁）

監控及調適歷程	五、維持階段 1.協助小園警覺復發之線索及熟練處理方式。 2.協助小園抗拒不良同儕之誘惑。 3.持續加強維持改變所需之因應技能或保護性因子。 4.鼓勵小園使用自我管理技能：自我計畫、自我監控、自我執行、自我調適及自我獎勵，學習為自我行為負責之態度及能力。 5.鼓勵小園在必要時尋求協助資源。

本章摘要

第一節　中輟生之定義

中輟生是指國民義務教育期間中斷學業，年齡在十六歲以內者，包括三類：⑴未經請假而未到校上課達三日以上者；⑵轉學生未向轉入學校報到達三日以上者；⑶開學後未到校註冊達三日以上者。

第二節　青少年中輟之成因

1.造成中輟之個人因素，包括：⑴不良歸因及壓力因應模式；⑵學習上之惡性循環；⑶自我認定未建立；⑷不良自我概念；⑸心理問題；⑹心理疾病。

2.造成中輟之家庭因素，包括：⑴家庭重大變故；⑵父母管教不當或家庭關係疏遠；⑶單親家庭；⑷問題家庭；⑸不利之家庭社經地位。

3.造成中輟之學校因素，包括：⑴在校人際關係不良；⑵不認同學校價值觀及規範；⑶對學習無法承諾及投入。

4.造成中輟之社會因素，包括：⑴不良場所吸引青少年；⑵同儕間學習與催化；⑶社會扭曲之價值觀。

第三節　青少年中輟經驗之影響

1.中輟之負面影響包括：

⑴流連不良場所惡化偏差行為，製造社會問題形成社會負擔。

⑵阻斷健全生涯發展，無法提供下代健康成長環境，造成惡性代間循環。

2.中輟之正面影響主要是：提供自我探索經驗，建立未來目標，帶出復學動力。

第四節　青少年中輟問題與輔導

對中輟生之輔導包括：

1. 提高中輟生復學動力。中輟生在某個時刻復學動力會提高，抓住此一時刻遊說中輟生復學；或是布置有利情境，以提高中輟生復學之動力。
2. 提高中輟復學生學校適應，包括：
   (1)培養有利中輟復學生學校適應之保護性因子，以啟動正向之自我調適歷程。這些保護性因子分屬於家庭、個人及學校等三方面。
   (2)降低不利中輟復學生學校適應之傷害性因子，以擴大或避免降低保護性因子之作用。
   (3)顧及中輟生深層問題。
   (4)加強中輟復學生之生涯探索及提供技術訓練。
   (5)加強中輟復學生之學業輔導。
   (6)協助中輟復學生融入原先人際脈絡中。

第十七章

青少年犯罪問題與輔導

聯合報系 2002 年之調查結果顯示，民眾最憂心之犯罪類型有青少年犯罪、毒品及強盜搶奪（轉載自侯崇文，2006）。一般人誤以為青少年因未滿十八歲，沒有刑事責任，其實不然。十四至十八歲青少年之刑責為「得減輕其刑」，並非不罰（周威廷，2005）。從青少年違反「毒品危害防治條例」之刑責，便知青少年犯罪，仍須負刑事責任。

近年來青少年犯罪比率雖有逐年遞減趨勢（如表 17-1、表 17-2 所示），不過，從以上調查結果反映，青少年犯罪仍是大眾之隱憂。

表 17-1、17-2 資料顯示：⑴竊盜、違反毒品危害防治條例及一般傷害，為青少年近年來最常見之犯罪行為；⑵一般傷害及強制性交罪有逐年增加之趨勢；⑶近年來少男犯罪率約為少女之 5 倍；⑷少女犯罪率有逐年增加之趨勢；⑸青少年犯罪率似乎逐年遞減；⑹依據周威廷（2005）之看法，目前青少年犯罪有「低齡化、暴力化、多元化、集體化」等四大趨勢。

兒童晚期及青少年早期，是涉入犯罪行為之關鍵時期（Chapple, 2005），青少年犯罪行為在青少年中期達到最高點（例如 Steffensmeier, Allan, Harer, & Streifel, 1989）。國內統計資料也有類似結果：青少年犯罪年齡集中於十六至十八歲（法務部暑期青少年犯罪預防網，2006）。

表 17-1：國內近年來青少年犯罪狀況摘要表　　　　（單位：人）

西元	總計	竊盜	故意殺人	強盜強奪	強制性交	違反著作權法	違反毒品危害防治條例	一般傷害	賭博	贓物	其他
1997	24,716	13,055	638	1,380	415	93	4,200	775	604	642	2,914
年	%	**52.82**	**2.58**	**5.58**	**1.68**	**0.38**	**16.99**	**3.14**	**2.44**	**2.60**	**11.79**
1998	23,094	14,116	328	1,296	364	40	2,805	816	431	579	2,319
年	%	**61.12**	**1.42**	**5.61**	**1.58**	**0.17**	**12.15**	**3.53**	**1.87**	**2.51**	**10.04**
1999	21,224	13,090	324	1,022	332	53	2,726	625	375	360	2,317
年	%	**61.68**	**1.53**	**4.82**	**1.56**	**0.25**	**12.84**	**2.96**	**1.77**	**1.70**	**10.92**
2000	18,144	10,656	294	975	294	892	1,899	672	158	261	2,043
年	%	**58.73**	**1.62**	**5.37**	**1.62**	**4.92**	**10.47**	**3.70**	**0.87**	**1.44**	**11.26**
2001	16,939	8,799	202	1,000	366	2,466	922	754	70	196	2,164
年	%	**51.95**	**1.19**	**5.90**	**2.16**	**14.56**	**5.44**	**4.45**	**0.41**	**1.16**	**12.78**
2002	15,659	7,769	269	756	334	2,410	1,073	734	34	148	2,132
年	%	**49.61**	**1.72**	**4.83**	**2.13**	**15.39**	**6.85**	**4.69**	**0.22**	**0.95**	**13.62**
2003	12,745	6,848	210	490	400	835	783	708	39	119	2,313
年	%	**53.73**	**1.65**	**3.85**	**3.14**	**6.55**	6.14	5.56	0.31	0.93	18.15
2004	10,990	5,186	248	442	380	406	716	757	23	67	2,765
年	%	**47.19**	**2.26**	**4.02**	**3.46**	**3.69**	**6.52**	**6.89**	**0.21**	**0.61**	**25.16**
2005	9,620	4,566	211	373	388	402	645	804	36	63	2,132
年	%	**47.46**	**2.19**	**3.88**	**4.03**	**4.18**	**6.71**	**8.36**	**0.37**	**0.66**	**22.16**

註：灰底部分為當年度排名前三名（其他項除外）

（1997 年至 2004 年之資料來源：2004 年警政統計通報 93 年第 09 號－少年犯罪概況及 2005 年警政統計通報 94 年第 13 號－ 93 年兒童少年犯罪概況，內政部警政署全球資訊網，2006 年 10 月 21 日。2005 年之資料來源：94 年度 3 月 8 日警察大事記，內政部警政署警政治安全球資訊網，2006b 年 10 月 21 日）

表 17-2：國內近年來青少年犯罪男女人數摘要表　　（單位：人）

性別＼西元	1997 年	1998 年	1999 年	2000 年	2001 年	2002 年	2003 年	2004 年	2005 年
男	21,328 **86.29%**	19,939 **86.34%**	18,202 **85.76%**	15,619 **86.08%**	13,919 **82.17%**	12,432 **79.39%**	10,625 **83.37%**	9,096 **82.77%**	7,957 **82.71%**
女	3,388 **13.71%**	3,155 **13.66%**	3,022 **14.24%**	2,525 **13.92%**	3,020 **17.83%**	3,227 **20.61%**	2,120 **16.63%**	1,894 **17.23%**	1,663 **17.29%**
合計	24,716	23,094	21,224	18,144	16,939	15,659	12,745	10,990	9,620

（1997 年至 2004 年之資料來源：2004 年警政統計通報 93 年第 09 號－少年犯罪概況及 2005 年警政統計通報 94 年第 13 號－ 93 年兒童少年犯罪概況，內政部警政署全球資訊網，2006 年 10 月 21 日。2005 年之資料來源：94 年度 3 月 8 日警察大事記，內政部警政署警政治安全球資訊網，2006b 年 10 月 21 日）

第一節　青少年犯罪之定義

何謂青少年犯罪？

小祝聽著小安打來的手機，一股火氣衝上了腦門，熱血沸騰到極點，握拳的右手不時地搥著牆壁。快速關上手機後，飆著摩托車，一路殺到現場。已有幾個弟兄先他而到，大家手握著傢伙，伺機而動。已是凌晨兩點，四周商店已打烊，鄰近住家也都熄燈就寢。秋末的夜晚，在黑暗中飄著令人抖顫的寒意，幾盞孤伶伶的路燈，冷冰冰地映照出空氣中的肅殺之氣。大家屏息以待，等待著殺戮對方的場面。

一看到勤哥一夥人走出 XX KTV 大門後，小祝及弟兄立即衝了過去，二話不說，抄起了傢伙見人就砍。對方雖措手不及，但立即反擊，一時驚叫聲四起，血柱跟著四處噴射。轉眼間有人血肉模糊，或倒、或躺，一片混亂。在混亂中，聽到幾聲槍聲響起，接著有人大喊：「條子來了！」小祝雖分不清東南西北，但一見暗巷便立即躲入，並且順著暗巷，快速地離開現場。

找到摩托車後，小祝急速地騎車回家。身上有幾道刀子劃過的傷痕，不過不深，他能夠自行料理。換下沾染鮮血的衣物後，他開始擔心其他弟兄不知狀況如何。他不敢打手機給他們，擔心接手機的弟兄被捉，自己豈不自投羅網。他心中一片混亂，對剛剛的場面只有零碎記憶，看到血跡斑斑的衣物，竟然心有餘悸。

青少年犯罪係指「少年犯罪」。青少年犯罪包含兩個名詞：青少年及犯罪。依據「少年事件處理法」第二條規定，少年是指十二歲以上十八歲以下之人。由於十二歲未滿之刑事案件，仍依「少年事件處理法」之規定處理，因此「少年犯罪」是指十二歲未滿之兒童，及十二歲以上十八歲未滿者（杜靜怡，2004）。

「犯罪」主要由「暴力」（force）或「欺騙」（fraud）組成，因此犯罪係指：以暴力或欺騙行為，滿足個人趨樂避苦之傾向（曾幼涵，2001；Gottfredson & Hirschi, 1990）。

綜合以上所言，青少年犯罪是指十二歲未滿之兒童，及十二歲以上十八歲以下之青少年，以暴力或欺騙行為滿足個人需求。

第二節 青少年犯罪行為之發展軌跡

1. 青少年犯罪行為有何不同之發展軌跡？各有何特色？
2. 不同發展軌跡之犯罪青少年，在青少年不同階段，其犯罪行為有何變化？

青少年犯罪為發展階段之過渡現象，或是一長期持續現象？青少年犯罪行為在不同青少年期，是否有不同變化？不同學者對以上問題有不同看法，但仍異中有同。以下介紹幾位學者之觀點。

一、Moffitt 之看法

Moffitt（1993）綜合過去相關研究認為，青少年犯罪依循兩種軌跡進行：第一，犯罪行為只出現在青少年階段，犯罪行為屬於短暫、情境式行為。這類犯罪軌跡稱為「唯獨青少年階段型」（adolescence-limited antisocial persons）。

「唯獨青少年階段型」犯罪行為由三種因素造成：動機、模仿與增強。在動機方面，青少年因為生理年齡成熟，而有動機從事成人活動，但因社會不允許而無法達成目的。這是生理年齡與社會年齡間之差距所造成，稱為「成熟代溝」（maturity gap）。

在模仿方面，由於青少年有犯罪同儕為典範，而讓動機找到實踐之出口。在增強方面，犯罪讓自己看起成熟獨立，而產生增強效果。

「唯獨青少年階段型」犯罪行為之所以沒有持續，原因在於：⑴隨著年齡增長，生理年齡與社會年齡差距消失。⑵原來的增強效果，成為懲罰代價。

第二，犯罪行為持續於生命歷程中，犯罪行為屬於穩定性、持續性行為，橫跨不同情境，不同發展階段，稱為「持續生命歷程型」（life-course-persistent antisocial persons）。

「持續生命歷程型」青少年比率約有 5%，犯罪行為隨著不同年齡階段，而以不同犯罪型態呈現，但內在基本特質維持不變：四歲敲人、打人；十歲進商店行竊及逃學；十六歲販毒偷車；二十二歲搶劫、強暴；三十三歲詐欺、虐童（Moffitt, 1993, p. 679）。

「持續生命歷程型」青少年之犯罪行為，通常出現於兒童早期，這是區分以上兩類犯罪青少年之重要特徵。Wiesner 與 Windle（2004）研究顯示，三分之二觸犯重刑之青少年，在十五歲之前已出現犯罪行為。

「持續生命歷程型」青少年犯罪成因，是由於兒童時期腦神經缺陷及犯罪成長環境兩因素形成惡性循環。兒童由於腦神經上缺陷，而出現難以駕馭之行為（例如注意力差、衝動、易怒、發展遲緩、學習困難、不守時等）。

犯罪成長環境原本不利兒童成長，兒童難以駕馭之行為引發更多環境負面回應，而進一步惡化腦神經脆弱之缺陷。

早年不良經驗造成之影響，以兩種社會互動方式持續影響個人未來行為，使得犯罪行為隨著年齡而持續。第一，依據過去惡劣環境之經驗，將外在訊息詮釋為「敵意訊息」，稱為reactive。第二，選擇跟自已特質類似之人為同儕或配偶，稱為proactive（轉載自曾幼涵，2001）。

兩類青少年後來之人生差異，在於是否有能力掙脫青少年犯罪生活模式，這能力除了來自個人發展史，也與個人某些特質有關，包括：適當之社交技巧、平均（或以上）之學業成就、心理健康、有能力建立親密關係、進入青少年期時仍擁有良好之智力。

二、Patterson與Yoerger之看法

Patterson與Yoerger（1993）將犯罪青少年分為兩類：「早發型」（early starter）與「晚發型」（late starter）。若第一次被捕在十四歲之前，稱為「早發型」。「早發型」從不嚴重問題行為開始，然後隨著年齡，問題行為逐漸嚴重化。成人慣犯通常屬於早發型。

若第一次被捕在十四歲之後，稱為「晚發型」。「晚發型」之犯罪行為在青少年期間會逐漸降低（Chung, Hill, Hawkins, Gilchrist, & Nagin, 2002）。

早發型與晚發型之分類方式，跟Moffitt（1993）之「唯獨青少年階段型」與「持續生命歷程型」類似。

三、Chung等人之看法

Chung 等人（2002）研究發現，十三至二十一歲犯罪青少年，犯罪行為有五種發展路徑：

1. 長期犯罪型（Chronic）：十三歲時犯罪頻率最高（指跟其他類型比較），持續增高至十六歲。從十六歲開始，犯罪頻率遞減。

2. 犯罪頻率快速升高型（escalator）：十三歲時犯罪頻率僅次於「長期犯

罪型」，從十三至二十一歲犯罪比率持續升高。二十一歲犯罪頻率高於「長期犯罪者」。

3. 犯罪頻率下降型（desister）：十三歲時犯罪頻率僅次於前兩者，十六歲時犯罪頻率逐漸下降，十八歲時犯罪頻率快速下降，二十一歲時沒有犯罪行為出現。

4. 犯罪行為後發型（late onsetter）：十三歲時犯罪頻率次於前三者。從十三歲後，犯罪頻率遞增。

5. 守法型（nonoffender）：一直沒有犯罪行為發生。

除了守法型外，「長期犯罪型」與「犯罪頻率快速升高型」可能屬於「持續生命歷程型」或「早發型」，而「犯罪頻率下降型」及「犯罪行為後發型」可能屬於「唯獨青少年階段型」或「後發型」。

四、Wiesner 與 Windle 之看法

Wiesner 與 Windle（2004）研究發現：青少年中期（從十五歲半至十七歲）犯罪發展軌道可分為六類：⑴極少犯罪型（rare offenders）：很少出現犯罪行為；⑵逐漸升高犯罪型（moderate late peakers）：一開始為低犯罪頻率，然後逐漸提高，再降低；⑶快速升高犯罪型（high late peakers）：從低犯罪頻率快速升高，然後在某一段時間速度逐漸緩和；⑷緩降犯罪型（decreaser）：犯罪頻率隨著時間而降低；⑸平穩型（moderate-level chronics）：犯罪頻率長期維持平穩；⑹高度長期犯罪型（high-level chronics）：一開始便處於高犯罪頻率，然後持續緩和提高。

除了「極少犯罪型」外，「逐漸升高犯罪型」、「快速升高犯罪型」、「緩降犯罪型」及「平穩型」可能為「晚發型」，而「高度長期犯罪型」為「早發型」。

茲將各學者之看法，依「過渡問題型」及「持續問題型」歸類如表 17-3。

此外，犯罪少男及少女可能有不一樣之犯罪軌跡：⑴在少女部分，也出現一群長期性犯罪少女，不過人數少於少男；⑵在少男部分，青少年期早期及中期犯罪狀況可以預測青少年晚期之犯罪情形，但就少女來說，卻不具預測力（Landsheer & Dijkum, 2005）；⑶男女第一次犯罪的年齡不同（Kirkp-

表 17-3：青少年犯罪行為發展軌跡類型摘要表

<table>
<tr><th>類型
研究者</th><th colspan="2">過渡問題型</th><th colspan="3">持續問題型</th></tr>
<tr><td>Moffitt</td><td colspan="2">唯獨青少年階段型</td><td colspan="3">持續生命歷程型</td></tr>
<tr><td>Patterson & Yoerger</td><td colspan="2">晚發型</td><td colspan="3">早發型</td></tr>
<tr><td>Chung et al.</td><td>犯罪頻率下降型</td><td>犯罪行為後發型</td><td colspan="2">犯罪頻率快速升高型</td><td>長期犯罪型</td></tr>
<tr><td>Wiesner & Windle</td><td>逐漸升高犯罪型</td><td>快速升高犯罪型</td><td>緩降犯罪型</td><td>平穩型</td><td>高度長期犯罪型</td></tr>
</table>

註：灰底部分屬於「持續問題型」類別

atrick, 2003）。

綜合以上所言，除了從未犯罪青少年及極少犯罪青少年外，犯罪青少年可以分為「過渡問題型」及「持續問題型」。「過渡問題型」青少年之犯罪軌跡，會因為某個階段犯罪頻率高低而有不同之變化。「持續問題型」之青少年，在兒童早期便出現犯罪行為，隨著年齡之增長，除了犯罪行為持續外，犯罪類型逐漸嚴重化。

男女青少年之犯罪軌跡除了「持續問題型」外，其他犯罪發展軌跡可能不同。

第三節 青少年犯罪之成因

1. 小祝成為犯罪青少年跟哪些成因有關？還有哪些成因跟青少年犯罪有關？
2. 小祝的犯罪行為屬於「持續問題型」或「過渡問題型」？原因為何？

3. 從 Maslow 需求層次論來說，小祝有哪些未滿足需求？未滿足需求跟父母管教方式及親子關係有何關係？
4. 小祝未滿足需求跟其犯罪行為有何關聯？小祝參加不良幫派及犯罪行為，可以滿足哪些需求？
5. 從 Erikson 心理需求論來說，小祝有哪些未完成之發展任務？這些未完成發展任務跟哪些自我力量有關？跟青少年犯罪有何關係？
6. 對小祝進行輔導時，哪些保護性因子可以協助小祝降低或阻止犯罪行為？這些保護性因子跟未滿足需求及未完成發展任務之關係為何？

小祝跟父母的感情並不親密，他覺得爸爸很難靠近、不講理又嚴格，媽媽想保護他卻軟弱無能。爸爸的命令向來不准任何人反抗，如果不聽話，會被嚴重體罰。小時候被打過幾次後，他學會服從，學會小心翼翼不敢犯錯。不過，在不得已的情況下，他會說謊話掩蓋事實，免得受皮肉之痛。

大部分的事他都有辦法應付，唯獨學業成績最令他束手無策，偏偏這事爸爸最在乎。不知有多少次，因為成績不佳，而被體罰或禁足。其實，他也想成績好，讓老師誇口、同學羨慕，但是，看到書本就一個頭兩個大，他努力想親近，書本卻不願意靠近。常常用功了老半天，還是你是你，我是我，書本上的知識無法進入腦中跟他成為一體。就這樣，在家中、在學校，他被壓得像條蟲。

國二時，他認識一些朋友，這些朋友已在道上混了幾年。有了這些朋友，他感覺似乎有了依靠。此外，此時他的身高及力氣，爸爸絕無法以武力強壓。爸爸似乎也知道這一點，除了喋喋不休的詛咒外，再也沒什麼作為。因此當家中、學校讓他不爽時，他便逃家、逃學。他不想再當條蟲，而是條龍。

第一次幹架，是在國三，當時他很害怕，不過跟著大家一起毆鬥了幾次後，竟逐漸闖出「後生可畏」的名號。這可是窩囊十幾年後，第一次在眾人面前如此揚眉吐氣。之後，替弟兄兩肋插刀的事，他幹得特別起勁，也因此博得「肝膽相照」的美譽。像今天，就是為了小安的事而拋頭顱、灑熱血。

聽到電視上播報著兩幫派青少年械鬥，造成兩死亡，多名輕重傷的新聞，他有些愕然，緊張地盯著畫面希望能知道更多訊息。沒想到竟聽到：「警察正打算從街上監視錄影帶找出涉案在逃的青少年。」

小祝心中有些混亂與茫然，其實，對昨天的廝殺場面只有片段記憶，他不記得砍傷哪些人，也不記得是否砍死人。他垂下頭，懊悔的雙手緊抱著腦袋，希望找回一些記憶，這些記憶可以告訴自己：我不是殺人犯。

Yoshikawa（1994）認為，青少年犯罪行為，來自於兒童期問題逐漸累積而成。因此，從兒童期至青少年期，問題愈多，青少年犯罪之可能性愈高。

一、早年經驗

Loeber（1982）認為七至十一歲之初犯兒童，是預測未來成為成人犯之重要指標。兒童犯之出現，表示兒童之前的早年經驗，對兒童造成某種負面影響，才致使兒童犯罪。

家庭生活情境、家庭犯罪史、性虐待、身體虐待及住家鄰近地區不安全等五個危險性因子，跟青少年犯罪有關（Han, 2003）。例如早年惡劣家庭經驗造成青少年犯罪及人際暴力（Emery, 2004），受虐嚴重兒童比不嚴重兒童犯罪轉介率（delinquency referral rate）較高（Kakar, 1996）。

一般犯罪理論（a general theory of crime）認為，青少年犯罪跟自我控制能力不足有關（Gottfredson & Hirschi, 1990）。自我控制能力是一種自我管理或抗拒誘惑之能力，依據 Erikson 心理社會理論，自我控制能力發展跟早年「自律－羞愧」發展階段有關。

總而言之，青少年早年創傷經驗或不良成長環境，可能是青少年犯罪之種子。

二、青少年個人因素

㈠遺傳

研究發現，犯罪行為受到 40%遺傳因素之影響（Plomin, 1990; Wright & Cullen, 2001）。

Tuvblad、Eley 與 Lichtenstein（2005）對雙胞胎研究發現，遺傳及環境因素對少女及少年犯罪行為之影響不同：⑴就少女而言，遺傳影響力 41%，共享環境影響力 37%，非共享環境影響力 22%；就少男來說，遺傳影響力 30%，共享環境影響力 44%，非共享環境影響力 26%。⑵就攻擊行為來說，遺傳及環境對少女及少男之影響力沒有明顯差異，遺傳影響力 70%，共享環境影響力 7%，非共享環境影響力 23%。⑶對少女來說，兒童時期攻擊行為延續至青少年早期，以遺傳因素之影響最為重要；對少男來說，則是環境因素。

DiLalla 與 Gottesman（1989）認為「持續型」（continuous）青少年犯罪跟遺傳因素有高關係，而「過渡型」（transitory）跟環境因素有相關。Taylor、Iacono 與 McGue（2000）研究進一步發現：同卵雙胞胎成為「早發型」犯罪青少年的機率高於異卵雙胞胎；「早發型」犯罪青少年的第一等及第二等親犯罪人數，高於「晚發型」犯罪青少年。

總而言之，遺傳影響青少年犯罪的可能性。早發型青少年犯罪跟遺傳因素關係較密切，而且遺傳影響力會因為性別、不同犯罪行為類型而有差異。

㈡身心特質

青少年一些身心特質跟青少年犯罪有關。依據犯罪一般理論，「低自我控制」之青少年會阻礙其健全人際關係，不容易有同儕朋友，最後只跟自己類似者交往（Gottfredson & Hirschi, 1990）。Chapple（2005）研究也發現：缺乏自我控制之青少年會受同儕拒絕，而導致犯罪。

曾幼涵（2001）研究顯示：⑴低自我控制（包括即刻求樂性、情緒衝動、自主性及循規性）之影響，大於社會變項（例如親子關係）。低自我控制中，以「情緒衝動」關係最密切，「情緒衝動」可能為低自我控制之核心特質；

⑵低自我控制會導致親子關係不良、學校依附不良、跟不良同儕交往。因此低自我控制是造成青少年偏差行為之根本原因。

國外研究中，低自我控制變項包括六種成分（Grasmick, Charles, Robert, & Bruce, 1993; Longshore, 1998）：⑴衝動；⑵缺乏勤勉、堅持、持續等特質；⑶偏好冒險性活動；⑷偏好體力性活動；⑸對他人之需求不敏感或冷漠；⑹低挫折忍受力及以對立處理挫折。以上這些特質，除了包含國內所列之特質外，也對「低自我控制」給予更廣之詮釋。

此外，腦神經脆弱（Moffitt, 1993）、缺乏自我整合（ego integration）、叛逆（rebelliousness）（Brook, Whiteman, Balka, Win, & Gursen, 1998）等特質也跟青少年犯罪有關

簡言之，低自我控制、腦神經脆弱、缺乏自我整合、叛逆等身心特質，跟青少年犯罪有關。

㈢年齡

國外研究顯示，兒童晚期及青少年早期，是涉入犯罪行為之關鍵時期（Chapple, 2005），青少年犯罪行為在青少年中期達到最高點（例如 Steffensmeier et al., 1989）。國內統計資料也有類似結果：青少年犯罪年齡集中於十六至十八歲（法務部暑期青少年犯罪預防網，2006）。

從青少年犯罪行為發展軌跡來看，「晚發型」之犯罪行為，開始於青少年早期，犯罪行為在青少年中期至後期逐漸減緩；「早發型」之犯罪行為，開始於兒童早期，犯罪行為在青少年期升高，並且延續入青年期。

以上資料反映出，青少年犯罪之開始、高潮、降低或持續等現象，跟年齡有關。

㈣性別

性別跟青少年犯罪率、犯罪類型及犯罪行為發展軌跡有關。從近年來國內青少年犯罪總人數來看（見表 17-2），男性犯罪比率，每年幾乎接近女性之五倍。國外研究也反映少男犯罪率高於少女（例如 Landsheer & van Dijkum, 2005）。

從犯罪類型來看，依據 2005 年之青少年犯罪統計（內政部警政署全球資訊網，2006），雖然青少年犯罪率男女之比為 5：1，但在殺人部分，男女之

比為16：1，妨害性自主罪男女之比為22：1。基本上，暴力或重刑犯，多屬男性。此外，不同性別青少年犯罪發展軌跡也可能不同。

從以上可知，青少年犯罪跟性別之關係，除了反映在犯罪比率外，也出現在犯罪類型及犯罪行為發展軌跡上。

㈤輟學經驗

輟學經驗跟青少年犯罪有關（商嘉昌，1995；Chavez, Oetting, & Swaim, 1994）。一方面學校為重要之控制機構，青少年脫離學校，便少了約束力；另一方面輟學青少年遊蕩在外，容易進入不良場所，受到不良同儕誘惑而犯罪。曾玉（2002）研究顯示：中輟生整天遊手好閒，在不良場所鬼混，惹是生非、打架、恐嚇、偷竊、勒索等。

㈥負面生活事件（或創傷事件）及因應技能不足

負面生活事件為青少年犯罪成因之一（Wiesner & Windle, 2004）。青少年生活中，負面壓力事件愈多，犯罪可能性愈高。50%犯罪青少年曾經歷過創傷事件（Ball, 2005）；創傷症狀愈多，犯罪機率愈高（Bruce, 2005）。

青少年負面生活事件愈多，愈容易超越承受之極限。壓力因應能力不足之青少年，容易以犯罪行為因應。例如Tankersley（2006）研究發現：犯罪少女缺乏適當之因應、抉擇及問題解決技能，以至於無法處理生活中之壓力。換句話說，壓力事件及缺乏重要因應技能，是青少年犯罪成因之一。

㈦青少年期發展特質

曾幼涵（2001）研究發現：「青少年發展特質」是「早發型」及「晚發型」青少年犯罪之中介因素。「青少年發展特質」使「早發型」者，在青少年期出現更多偏差行為；使「晚發型」者在青少年期出現偏差行為。

以上研究結果部分符合前述 Moffitt（1993）之觀點：成熟代溝、模仿及增強是「唯獨青少年階段型」犯罪行為之成因。

對於「早發型」犯罪青少年來說，早年經驗造成能力、資源不足，青少年期時沒有足夠自我力量應付青少年期之身心變化，因此容易惡化原本的犯罪行為。

換言之，青少年期發展特質是青少年犯罪之中介變項，不過此中介變項

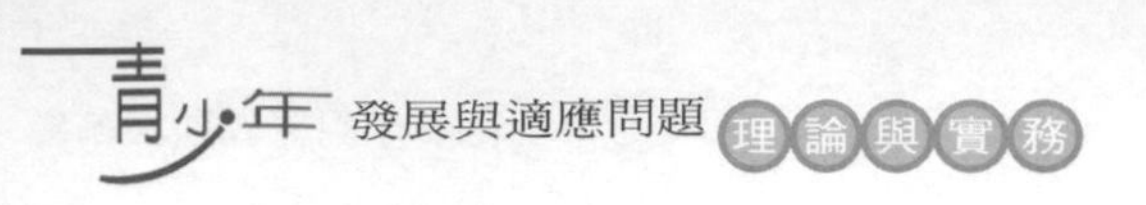

之作用，可以透過保護性因子來緩和。

二、家庭因素

家庭因素與青少年犯罪關係密切。許多學者從家庭的不同角度切入，以理論及研究來詮釋。

㈠父母管教方式

不良家庭管教方式與青少年犯罪行為有關（Ball, 2005; Chung et al., 2002）。

Terence、Adrienne、Alan、Marvin與Carolyn（2003）研究顯示：青少年反社會行為有代間傳遞現象，以父母管教方式與經濟壓力為中介變項。

Wright與Cullen（2001）研究發現：「社會控制」（social control）及「社會支持」（social support）兩者之結合，可以在青少年不同年齡階段降低青少年犯罪，並將兩者合稱為「父母效能」（parent efficacy）。社會控制及社會支持之結合，類似民主之管教方式，亦即提供子女溫暖及支持，但仍對其行為設限。

1. 社會控制

一般犯罪理論強調「社會控制」跟青少年犯罪有關。「社會控制」是指，對子女行為直接或間接控制，例如父母監督子女行為、提供清楚之家庭規則、對違規子女給予合理懲罰、內化父母控制為自我控制（Wright & Cullen, 2001）。

Patterson與Yoerger（1993）認為，子女反社會行為之習得及維持是透過社會環境中之增強作用，這些跟「社會控制」有關，包括：⑴沒有正面增強子女之利人行為；⑵對子女不良行為缺乏有效處罰；⑶子女不良行為獲得增強（例如孩子透過以暴制暴行為終止對方攻擊）。子女在家中習得之不良行為會被擴展到家庭外之社會情境，並隨著年齡，問題行為逐漸惡化。

換言之，具有防止或降低青少年犯罪行為之「社會控制」，包括父母監督子女行為、提供清楚之家庭規則、合理懲罰違規子女；子女內化父母控制為自我控制；父母增強青少年利人行為及不增強不良行為。

2.社會支持

管教青少年時，只有「社會控制」，沒有「社會支持」時，仍達不到管教效果（Wright & Cullen, 2001）。「社會支持」是指提供溫暖及資源之協助。區分一般青少年及長期累犯青少年指標之一為，是否擁有「支持之家庭環境」（Wiesner & Windle, 2004）。在Landsheer與Dijkum（2005）研究中，社會支持可以降低少女犯罪行為。

父母管教方式需要兼顧「社會控制」及「社會支持」，才能預防青少年犯罪。蔡政霖（2002）研究發現，一般青少年父母親之管教方式優於犯罪少年之父母，兩者父母管教方式上之差異：在父親方面，父親拒絕、嚴格、溺愛、矛盾、分歧；在母親方面，母親期待、拒絕、嚴格、溺愛、矛盾、分歧等。

這些不當管教方式反映出，父母缺乏適當結合及平衡「社會控制」及「社會支持」於青少年管教中。

總而言之，缺乏結合及平衡「社會控制」及「社會支持」之管教方式，跟青少年犯罪息息相關。

㈡家庭功能

家庭功能中之三因素，家庭凝聚力（Cashwell & Vacc, 1996）、家庭適應力（Shield & Clark, 1995）、家庭溝通（Clark & Shields, 1997）都跟青少年犯罪有關。「家庭凝聚力」是指家人間依附及情感連結程度；「家庭適應力」是指家庭面對壓力時，在權力結構、角色、關係上之彈性調整能力（Matherne & Thomas, 2001）；「家庭溝通」是指家人間之互動方式。

家庭凝聚力、家庭適應力與家庭溝通，之所以跟青少年犯罪有關，可能因為以上三方面功能不佳，會塑造出不良之夫妻關係、親子關係及手足關係。從研究中發現，破碎家庭、父母婚姻不美滿（劉肖泓，2003）、不佳之親子關係（劉肖泓，2003；Brook et al., 1998; Emery, 2004）及手足關係（Criss & Shaw, 2005）等，都跟青少年犯罪有關。

㈢父母、手足之不良示範

有犯罪家人之青少年，容易透過示範、模仿，甚至增強之過程，而習得犯罪行為。

Alltucker（2004）研究發現：犯罪青少年中，如果有父母或手足犯重罪或青少年本人有被收養照顧之經驗（例如因父母間暴力而被安置於收養家庭中），較可能成為早發型犯罪青少年。Abigail與Jake（2003）研究中也發現：手足犯罪跟青少年犯罪有關。

即使青少年未直接模仿家人的犯罪行為，也可能透過間接影響，而成為犯罪青少年。依據強迫理論（coercion theory），強迫性家庭環境致使青少年形成強迫性人際型態。具有強迫性人際型態之青少年，因為受到非犯罪同儕排斥，轉而與行為偏差同儕為伍（Cashwell & Vacc, 1996; Patterson, 1986; Patterson & Bank, 1986）。青少年強迫性人際型態，來自模仿父母親的對待方式，最後間接造成青少年犯罪。

㈣單親家庭

研究顯示：單親家庭青少年犯罪率，高於雙親家庭青少年（Wells & Rankin, 1991）；青少年在單親家庭生活時間愈長，暴力犯罪可能性愈高（Sauvola, Koskinen, Jokelainen, Hakko, Järvelin, & Räsanen, 2002）。

單親家庭青少年犯罪率較高，可能跟社會控制及社會支持不足有關。

㈤父母親之心理健康

青少年父母親心理健康狀況，會影響家庭功能品質，而直接或間接影響青少年犯罪問題。黃詩殷（2004）研究發現：犯罪青少年家長在人格特質與心理健康方面，比一般家長偏向負面，包括身體不適與病痛、憂鬱、沮喪、倦怠、悲觀、人際問題及衝突、情緒困擾（如慮病、迫害感、虛幻感）、不遵守或不在乎法律風俗習慣等。

心理健康不佳之父母，無法提供青少年適當教養、健全之成長環境及適當之典範行為。

三、學校因素

犯罪青少年認為，教師對他們印象不佳，他們對教師印象也不好；與同學相處不好、不喜歡學校（商嘉昌，1995）；對教師及同儕依附關係薄弱（呂嘉寧，1998）、學業不佳（Chung et al., 2002）、操行不佳、違法校規、逃學（劉肖泓，2003）。

青少年跟學校及同學關係薄弱，除了家庭及青少年本身因素外，學校本身也有責任。任何學校之不良因素，都可能誘發青少年犯罪。不過，學校因素通常不是青少年犯罪之起因，而是催化及惡化因素。壓力因應不足之青少年，在面臨諸多學校壓力時，因為因應能力不足，容易以逃避應付。若有犯罪同儕示範及誘惑，便容易成為犯罪青少年。

四、社會因素

㈠不良同儕

Pleban（2003）研究發現：同儕的反社會行為，是青少年犯罪及參加幫派最有關之危險性因子；對道德秩序之信仰，是防止青少年犯罪及參加幫派最有關之保護性因子。劉肖泓（2003）研究顯示：犯罪青少年密切交往之同儕中，近九成曾休學或輟學，而中輟是導致青少年犯罪的極危險因素。Maschi（2003）研究發現：從創傷經驗或累加壓力到犯罪行為間，以偏差同儕為中介變項。同儕對青少年犯罪之影響由此可知。

同儕因素如何影響青少年犯罪，可以從不同角度來看：

1. 與犯罪同儕為友

青少年結交不良或犯罪同儕人數愈多，愈可能犯罪；青少年跟不良或犯罪同儕接觸之頻率、情緒依附對方之程度、交往時間長短等因素，跟青少年犯罪行為皆有關係（孫淑文，1990）。

「早發型」犯罪青少年早年犯罪被逮捕時，通常跟同儕一起作案（Patterson & Yoerger, 1993）。「早發型」犯罪青少年交往之犯罪同儕人數，多於「晚發型」犯罪青少年，而「晚發型」犯罪青少年交往之犯罪同儕人數，多於沒有犯罪青少年；犯罪同儕在「晚發型」犯罪青少年犯罪之前，便開始其影響（Taylor et al., 2000）。換言之，青少年犯罪跟犯罪同儕為友有關。

跟犯罪同儕為友，會提高青少年犯罪可能性，這是因為：第一，「近朱者赤，近墨者黑」，犯罪同儕成為青少年模仿之典範，這是一種規範影響（normative influence）或同儕社會化歷程（轉載自 Haynie & Osgood, 2005）。

第二，「同儕參與之情境壓力」，促使青少年必須跟同儕一起犯罪（孫淑文，1990）。第三，行為偏差同儕會直接訓練青少年新形式犯罪行為（Patterson & Yoerger, 1993）。

2. 參與之活動

青少年如果不直接選擇跟犯罪同儕交往，會不會出現犯罪行為？依據情境機會觀點，如果青少年花過多時間跟同儕從事非結構化社會活動（unstructured socializing activies，例如放學後逗留在外；結構化社會活動例如運動比賽），由於非結構化社會活動通常沒有成人監督，青少年便有機會進行違法活動（Osgood, Wilson, O'Malley, Bachman, & Johnston, 1996）。

以上看法跟國內研究結果類似，例如劉素秋（1998）研究發現：青少年從事娛樂夜遊活動和犯罪行為有正相關。

㈡居家鄰近環境不良

不良鄰近環境通常充斥著非法活動，青少年除了耳濡目染、被引誘從事不法活動外，也利於進行非法行為。例如青少年犯罪成因之一：毒品可從鄰近地區取得（Chung et al., 2002）。

㈢媒體不平衡之報導

國內媒體對於犯罪行為及利社會行為之報導，比率嚴重失衡。在比率上，對犯罪行為之報導鋪天蓋地，而對利社會行為之報導鳳毛麟角。青少年從小大量接觸負面訊息，卻缺乏足夠利社會行為訊息來平衡，因此容易將負面行為視為理所當然，或以犯罪行為為典範。

㈣政治人物不良示範

政治人物是人民投票選出之明星人物，媒體曝光率高，容易成為青少年模仿之對象。可是近幾十年來，國會殿堂成為施展暴力、政治惡鬥之舞台，個人私利凌駕國家利益之醜態，也公然在國會殿堂內外上演。

兒童及青少年不斷從媒體接觸這些不良示範，因為價值觀未建立，容易將不適當行為當成模範行為。長期耳濡目染下，只要情境適當，犯罪行為便成為自然之行為反應。

茲將青少年犯罪行為發展軌跡及青少年犯罪各成因之關係綜合於圖 17-1 及表 17-4。

表 17-4：青少年犯罪之成因摘要表

成因	說明
一、早年經驗	不良家庭生活情境、家庭犯罪史、性虐待、身體虐待、住家鄰近地區不安全。
二、個人因素 1. 遺傳	遺傳對不同犯罪行為之影響力不同；「早發型」犯罪行為跟遺傳關係密切，「晚發型」犯罪行為跟環境關係密切。
2. 身心特質	低自我控制、腦神經脆弱、缺乏自我整合、叛逆等因素，跟青少年犯罪有關。
3. 年齡	青少年犯罪之開始、高潮、降低或持續等現象，跟年齡有關。
4. 性別	整體說男性犯罪率約為女性之五倍，但在不同類型之犯罪行為上，男女比率有不同變化。
5. 輟學經驗	輟學經驗會提高青少年犯罪可能性。
6. 負面生活經驗及因應技能	負面事件或創傷事件愈多，因應技能愈少，青少年犯罪之可能性愈高。
7. 青少年發展特質	青少年階段之發展特質會提高青少年犯罪之可能性。

（接下頁）

（續上頁）

三、家庭因素	
1. 父母管教方式	父母管教方法中缺乏「社會控制」與「社會支持」，或兩者不平衡，都跟青少年犯罪有關。
2. 家庭功能	家庭功能不良（包括家庭凝聚力、家庭適應力及家庭溝通）影響夫妻、親子及手足關係，而提高青少年犯罪可能性。
3. 父母手足不良示範	父母或手足犯罪，提供青少年不良示範。
4. 單親家庭	單親家庭對青少年教養在「社會控制」與「社會支持」等方面不足。
5. 父母親之心理健康	父母親心理健康不佳，無法提供青少適當管教、健全成長環境及適當典範行為。
四、學校因素	犯罪青少年對教師印象不好、同儕相處不佳、不喜歡學校、學業不佳、操行不佳、違法校規、逃學。
五、社會因素	
1. 不良同儕及參與之活動	青少年不良同儕愈多、跟不良同儕相處時間愈長，犯罪之可能性愈高；青少年從事非結構化社會活動愈多，因為缺乏成人監督，愈有機會進行犯法行為。
2. 居家鄰境環境不良	居家鄰近環境不良，青少年容易受其污染、被引誘犯罪，或利於青少年犯罪。
3. 媒體不平衡報導	媒體對犯罪行為與利社會行為報導比率失衡，讓青少年視犯罪行為為正當行為，或模仿犯罪行為。
4. 政治人物不良示範	青少年長期暴露在政治人物不當之言詞與行為、政治惡鬥場面，而視不良典範為正當行為。

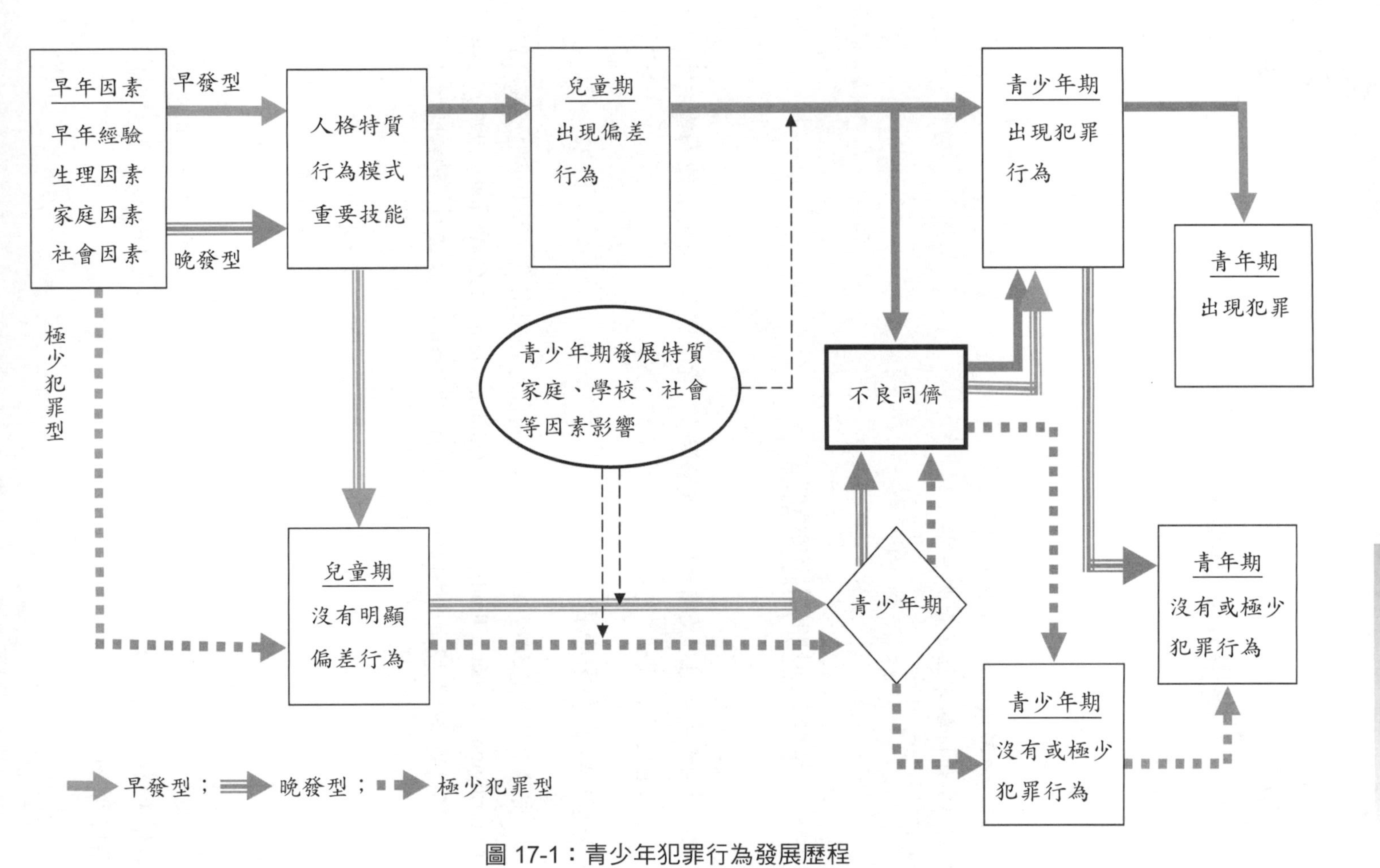

圖 17-1：青少年犯罪行為發展歷程

第四節 青少年犯罪問題與輔導

1. 如何預防青少年犯罪？
2. 如何輔導犯罪青少年？

一、青少年犯罪問題與輔導

預防青少年犯罪及輔導犯罪青少年時，除了從青少年犯罪成因著手外，還可以應用以下措施。

㈠提早發現提早處理

兒童期出現攻擊行為者，有最高的可能性在未來成為青少年犯及成人犯（Farrington, Loeber, Elliott, Hawkins, Kandel, Klein, McCord et al., 1990）。這說明了對偏差行為兒童，應提供適時輔導，以避免其未來成為「持續問題型」之青少年犯。

對「過渡問題型」青少年來說，犯罪行為出現之前，必然有一徵兆，例如逗留在外、行為神秘、跟不良同儕為伍、同儕關係不良、成績急速下降、家中財物遺失、蹺課、逃學、說謊、注意力無法集中、脾氣暴躁等。只要父母師長留意，必可看出一些蛛絲馬跡而適時介入，不必等事態嚴重才處理。

此外，兒童晚期及青少年早期，是涉入犯罪行為之關鍵時期，也影響青少年未來是否成為青少年犯（Chapple, 2005）。因此，父母師長在這些時期，須特別留意青少年之交友及行為。

㈡培養保護性因子

保護性因子是防止及降低青少年犯罪最有效之方法。Hart（2005）研究發現：未犯罪青少年之保護性因子，多於非暴力犯及暴力犯之青少年。Moffitt（1993）認為，擁有某些特質之青少年，可以隔絕犯罪同儕影響。這些特質即保護性因子。

Han（2003）研究顯示：⑴保護性及危險性因子與青少年犯罪之間有累加關係。保護性因子愈多，青少年犯罪之可能性愈低；危險性因子愈多，青少年犯罪之可能性愈高。⑵保護性因子與少女犯罪間具有門檻關係，即使只多一個保護性因子，也能明顯降低少女犯罪頻率。⑶未犯罪青少年比犯罪青少年擁有更多保護性因子。⑷青少年犯罪低危險群比高危險群，擁有更多保護性因子。

保護性因子有哪些？第一，在本書第一章已有清楚說明。第二，依據Erikson心理社會發展論，每一階段發展任務之完成，便可以轉化成自我力量，自我力量便是保護性因子。第三，心理需求之滿足，也是產生內在力量，或自我力量，或保護性因子之途徑。第四，學習重要因應技能，也可增多保護性因子。

第五，有些青少年雖然有犯罪之同儕，卻能夠潔身自愛不受影響，這是因為這些青少年擁有其他青少年缺乏之保護性因子，在Crosnoe、Erickson與Dornbusch（2002）研究發現，家庭及學校是降低青少年犯罪之保護因子：青少年跟父母維持溫暖關係、家庭生活結構化、情感上親近教師、學業表現良好、珍惜學校學習，這些保護性因子能夠緩和不良同儕影響。

第六，父母之社會控制及社會支持，也是青少年之保護性因子。在社會控制方面，例如父母監督青少年行為、父母參與青少年活動及家庭組織化。「父母監督」可以提高青少年自我控制能力（Gibbs, Giever, & Martin, 1998）、減少參與犯罪活動（Osgood et al., 1996）；「父母參與青少年活動」可以強化青少年跟父母之連結；「家庭組織化」是指透過彼此同意之價值、例行事務，讓家庭生活結構化、可預測性（Crosnoe et al., 2002）。

在社會支持方面，父母社會性支持可以促進青少年利社會行為、同化道德價值、促進社會技巧，建立及維持青少年跟父母之依附（轉載自 Wright & Cullen, 2001）。

以上保護性因子之培養，除了青少年本身努力外，家長及學校必須布置利於青少年培養保護性因子之環境。

㈢提供利社會行為典範

Moffitt（1993）認為不會涉入犯罪行為之青少年是因為：⑴晚熟者；⑵有機會觀察到受人尊敬之成人行為；⑶環境沒有提供機會學習犯罪行為；⑷個人擁有某些特質可以隔絕犯罪同儕影響。

父母、師長、同儕之利社會行為及媒體對利社會行為之報導，都是青少年學習之典範。依據社會學習理論「身教重於言教」之觀點，如果青少年有機會受到利社會行為之耳濡目染，便能形成有利他人之價值標準，使行為合乎道德及抗拒犯罪同儕之誘惑。

此外，當青少年有利社會行為表現時，應給予獎勵，以強化其行為模式。

㈣同儕選擇訓練

同儕跟青少年犯罪關係重大。有些研究甚至反映，同儕跟青少年犯罪關係最密切（Pleban, 2003），或同儕是青少年從創傷經驗或累加壓力到犯罪行為間之中介變項（Maschi, 2003）。同儕跟青少年犯罪之關係由此可見。

父母師長有責任教導青少年如何選擇朋友，而這項教育工作應從青少年小時候就開始。社會上一些活生生之案例，都是實用及寶貴之教材。父母師長只要用心，青少年便能受益無窮。

父母師長除了教導青少年如何選擇朋友外，也有責任為青少年隔離不良同儕之影響。例如注意青少年交往之朋友，介紹良好同儕給青少年，認識青少年交往之朋友。

㈤提供法律教育

大部分犯罪青少年缺乏法律知識，不知道某些行為觸犯法律。如果青少年具有法律素養，了解行為可能導致之後果，當面臨犯罪同儕誘惑時，便能夠明辨是非，遠離犯罪。

㈥加強道德教育

道德教育協助青少年建立一套合乎社會期望之道德標準，並將這套標準實踐於日常生活中。

方志華（2006）認為道德教育在於增強關懷之理想和能力，其方法有：⑴身教：包括教師專注與傾聽、設身處地、諄諄誘導、以正面態度接納青少年主觀看法，讓青少年獲得價值感、感到被理解，尊重青少年生而為人之尊嚴。青少年內化這樣的體驗後，將有能力表現類似之行為；⑵對話：從對話中，青少年習得溝通、抉擇、分享、妥協、相互支持等情感行為；⑶練習關懷：包括提供青少年關懷機會，強調從關懷中獲得精神回饋，提供長期支持之環境鼓勵青少年在安全中冒險實踐關懷行為；⑷肯定：點出關懷者（指青少年）潛在之善意，協助關懷者肯定此善意為個人之道德理想。

此外，也可參考本書第十章所提促進青少年道德發展之方法。

㈦父母效能訓練

父母在預防青少年犯罪及輔導犯罪青少年上扮重要角色（Robert, Kristan, & Sanford, 2002; Yang, 2004）。

Cashwell 與 Vacc（1996）建議：在初級預防上，提供兒童或青少年內在資源、社會技巧訓練及有關偏差同儕負面影響之資料；在次級預防上，處理犯罪高危險群青少年之策略，包括父母教育、社會技巧訓練、同儕影響之訓練。

以上資料顯示父母在輔導青少年犯罪中，扮演重要角色。不過，並不是每位父母都有能力發揮正面影響。有些父母需要學校、社會協助，才能善盡職責。這部分工作需要學校及社會通力合作，提供訓練機會，協助父母自我成長，父母才能發揮功能，防止青少年犯罪及輔導犯罪青少年。

二、案例應用

㈠案例分析

從小祝的故事可推知：

1. 早年經驗方面：在權威管教方式中成長。權威家庭中的子女，通常自我壓抑、退縮、憤怒、自卑、孤立、反叛。

2.個人因素方面：包括自卑、逃避、反叛、缺乏足夠之自我力量或保護性因子、具青少年發展特質。

從 Maslow 需求層次論來說，小祝除了生理需求滿足外，其他需求可能未滿足。例如父親過度權威，不允許小祝有自主想法，並採取體罰強迫小祝服從；母親過度軟弱無法保護小祝。在這種家庭中，小祝之安全需求、愛及隸屬、自尊等需求無法獲得滿足。

從Erikson心理社會理論來說，雖然無法推知小祝在青少年期之前的發展任務是否完成，但是從其父親管教方式來看，小祝在「基本信任、自律、自動自發、勤勉、自我認定」階段之發展任務都未完成，以至於成績不良、自卑、反叛、找不到人生方向、認同不良同儕，試圖從犯罪行為追求自我認定、滿足成就感、價值感。

3.在家庭因素方面：小祝父親以權威方式管教，母親屈服於父親權威下，因此小祝對家庭缺乏依附感。

4.在學校方面：小祝成績不佳，對學校缺乏情感依附。家中無法獲得滿足之需求，在學校也同樣無法獲得滿足。相對地，小祝從犯罪行為中，似乎找到滿足需求之替代品，包括成就感、價值感、歸屬感。

5.在社會方面：不良同儕誘惑及與不良同儕為伍。

總而言之，小祝由於缺乏自我力量或保護性因子，無法滿足需求，無法抗拒不良同儕誘惑及影響，並且試圖從不良行為中滿足需求及因應當前壓力。茲將以上各成因，圖示於圖 17-2。

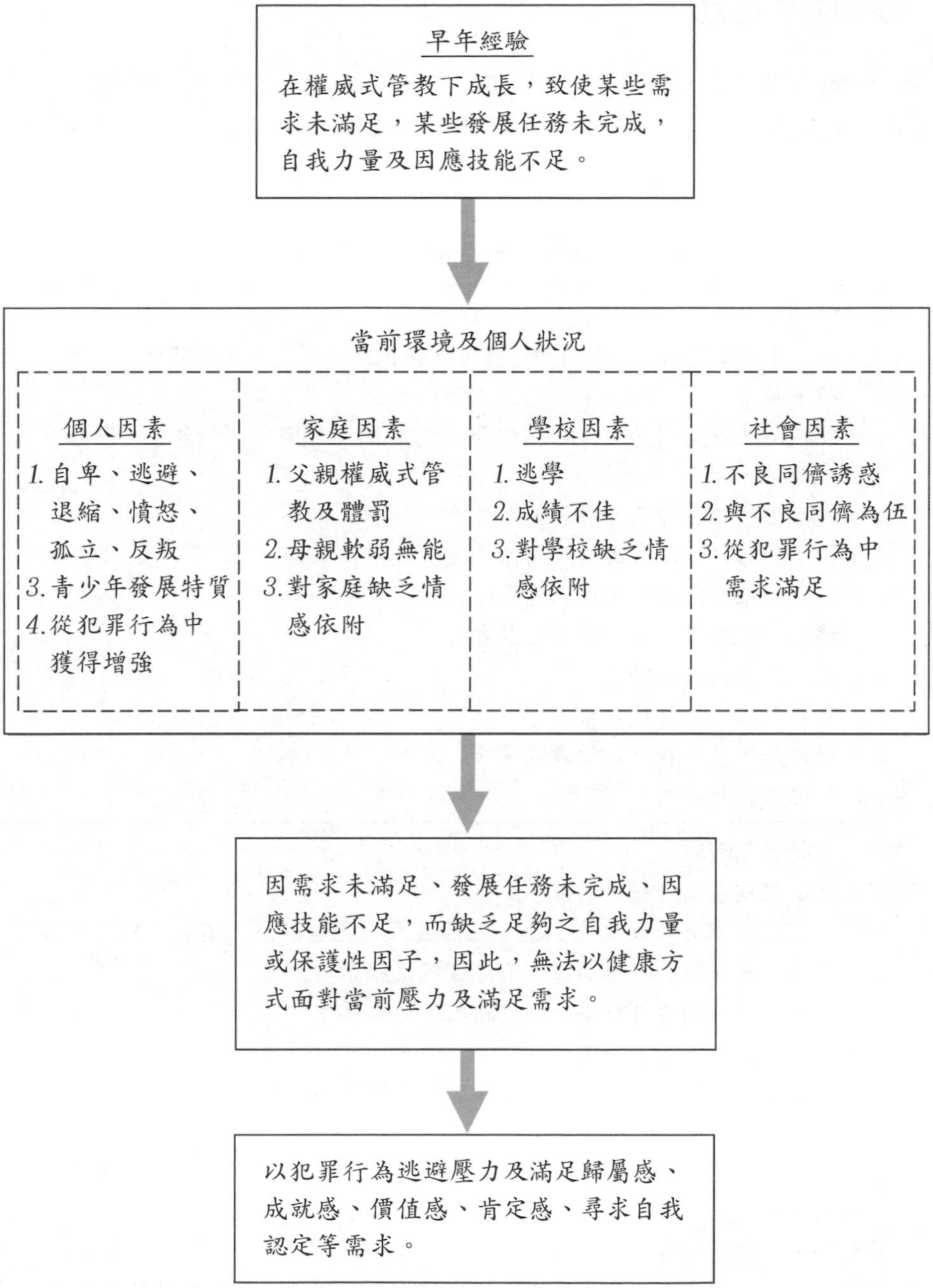

早年經驗

在權威式管教下成長，致使某些需求未滿足，某些發展任務未完成，自我力量及因應技能不足。

當前環境及個人狀況

個人因素	家庭因素	學校因素	社會因素
1. 自卑、逃避、退縮、憤怒、孤立、反叛 3. 青少年發展特質 4. 從犯罪行為中獲得增強	1. 父親權威式管教及體罰 2. 母親軟弱無能 3. 對家庭缺乏情感依附	1. 逃學 2. 成績不佳 3. 對學校缺乏情感依附	1. 不良同儕誘惑 2. 與不良同儕為伍 3. 從犯罪行為中需求滿足

因需求未滿足、發展任務未完成、因應技能不足，而缺乏足夠之自我力量或保護性因子，因此，無法以健康方式面對當前壓力及滿足需求。

以犯罪行為逃避壓力及滿足歸屬感、成就感、價值感、肯定感、尋求自我認定等需求。

圖 17-2：小祝犯罪問題診斷分析圖

(二)案例輔導歷程

小祝可能涉及法律刑責，學校應立即成立危機處理小組，依照相關規定通報，並規畫如何協助小祝面對法律問題及進行心理輔導。以下輔導歷程，以小祝解決法律問題後之心理輔導為主。

表 17-5：輔導小祝「犯罪問題」之歷程

<table>
<tr><td rowspan="2">監控及調適歷程</td><td>輔導重點
1.滿足未滿足需求，例如自由、自主、價值感、歸屬感、成就感、被關心、被支持。
2.完成過去及當前未完成發展任務，例如基本自律、自動自發、勤勉及自我認定。
3.處理過去犯罪行為造成之創傷經驗。
4.提高父母效能以改善親子關係、提供支持性環境。
5.處理小祝回歸學校後之適應問題。
6.協助小祝生涯探索，確立生涯方向。
7.避免不良同儕之誘惑。
8.防止犯罪行為再度發生。
9.提供法律、生命及道德教育課程。
10.學習因應技能。</td></tr>
<tr><td>一、籌畫前階段
1.跟小祝建立良好輔導關係
　　在權威家庭長大之青少年，對權威人物充滿憤怒、不滿、挑戰，因此建立輔導關係時，要特別注意小祝可能之移情行為。
　　良好輔導關係可以協助小祝滿足某些未滿足需求。
2.評量小祝犯罪行為類型
　　從小祝犯罪史來看，小祝可能屬於「過渡問題型」犯罪類型。
3.評量小祝對問題之覺察程度
　　小祝可能知道自己的行為犯法，但是不具有法律常識，也不清楚犯罪行為跟內在未滿足需求之關係。
4.評量小祝受輔動機
　　如果沒有處理小祝對權威人物之移情，小祝的受輔動機可能不高。
5.評量造成小祝改變所需之因應技能及保護性因子。
6.規畫法律、生命及道德教育課程。</td></tr>
</table>

（接下頁）

（續上頁）

<table>
<tr><td rowspan="2">監控及調適歷程</td><td>

二、籌畫階段

1.協助小祝自我探索

輔導教師可依據所選擇之理論進行。探索之內容包括權威管教造成之負面影響、未滿足需求及未完成發展任務之阻礙經驗、過去犯罪行為之創傷經驗、成長經驗、親子關係、師生關係、同儕關係、犯罪行為與未滿足需求之關聯。

2.探討滿足需求之可能途徑

協助小祝探討從現實世界滿足需求之可能性，以提高改變之動機。

3.處理改變與不改變之衝突

協助小祝覺察以犯罪行為滿足需求必須付出之沉重代價，以提高小祝改變之動機。

4.培養造成小祝行為改變所需之因應技能及保護性因子

例如抗拒誘惑、讀書技巧、社會技能、自我管理、勤勉堅持特質、衝動控制、了解不良同儕之負面影響。

5.協助生涯探索

協助小祝進行生涯探索，以找出生涯方向，同時也利於自我認定之建立。

6.提供同儕選擇訓練。

7.協助小祝回校後適應問題

例如同儕、師長之接納及正面期望、加強課業輔導。

8.提供法律、生命及道德教育課程。

</td></tr>
<tr><td>

三、準備階段

1.擬訂改變計畫

跟小祝一起擬訂行為改變之計畫，以滿足需求、完成發展任務、學習因應技能、防止再次犯罪為主，並且賦予小祝為自我問題負責之責任感。

2.訓練小祝執行計畫所需之技能

可能包括作決定、解決問題、挫折忍受、抗拒誘惑、情緒調適、表達自我、評量結果、調整計畫、善用外在資源、自我管理、抗拒誘惑等技能。

以角色扮演、典範觀察等方式，協助小祝熟悉改變歷程及強化執行計畫所需之技能。

3.培養小祝必要之因應技能及保護性因子

例如家庭、學校提供正面之支持環境、父母提供平衡之「社會控制」及「社會支持」、示範利社會行為、獎勵小祝之利社會行為。

</td></tr>
</table>

（接下頁）

（續上頁）

<table>
<tr><td rowspan="3">監控及調適歷程</td><td>4.成立輔導團隊
家長、學校及同儕必須組成合作小組，分配任務，以布置有利小祝改變之情境，並降低環境中之傷害性或危險性因子及增加保護性因子。
5.提供父母、相關人員效能訓練
提供父母、相關人員（例如導師）效能訓練，以成為小祝改變行為之助力。</td></tr>
<tr><td>四、行動階段
1.當小祝有成功經驗時應提供適時獎勵，以強化其信心與動機，並鼓勵小祝自我獎勵。
2.小祝執行計畫時，須隨時進行監控及調整，以符合實際狀況需要。輔導教師須在一旁指導。
3.小祝遇挫折時，避免小祝負面歸因。
4.提供小祝足夠之心理支持，並隨時處理突發問題。
5.處理抗拒改變之力量。
6.持續加強必要之因應技能及保護性因子。
7.逐漸將行為改變之責任轉交給小祝。</td></tr>
<tr><td>五、維持階段
1.協助小祝警覺不良同儕可能透過不同管道來誘惑，以及熟練抗拒誘惑之方式。
2.協助小祝警覺復發之線索，並熟悉處理方式。
3.持續加強小祝之因應技能及保護性因子。
4.鼓勵小祝使用自我管理技能：自我計畫、自我監控、自我執行、自我調適及自我獎勵，學習為自己行為負責之態度及能力。
5.鼓勵小祝在必要時尋求協助資源。</td></tr>
</table>

本章摘要

第一節　青少年犯罪之定義

青少年犯罪是指十二歲未滿之兒童，及十二歲以上十八歲以下之青少年，以暴力以或欺騙行為，滿足個人需求。

第二節　青少年犯罪行為之發展軌跡

1. 青少年犯罪行為發展軌跡可分為「早發型」及「晚發型」，或「持續生命歷程型」及「唯獨青少年階段型」，或「持續型」及「過渡型」。
2. 「早發型」（或持續生命歷程型，或持續問題型）犯罪行為呈穩定、持續發展，未來可能為成人犯。犯罪行為開始於兒童早期。
3. 「晚發型」（或唯獨青少年階段型，或過渡問題型）犯罪行為屬於短暫、情境式行為。犯罪行為出現於青少年早期，在青少年期間犯罪行為逐漸降低。
4. 男女青少年犯罪在行為發展軌跡、犯罪率、犯罪類型等方面不同。

第三節　青少年犯罪之成因

1. 可能跟青少年犯罪有關之青少年早年經驗，包括：不良家庭生活情境、家庭犯罪史、性虐待、身體虐待、住家鄰近地區不安全。
2. 跟青少年犯罪有關之青少年個人因素包括：⑴遺傳；⑵身心特質；⑶年齡；⑷性別；⑸輟學經驗；⑹負面事件；⑺青少年期發展特質。
3. 跟青少年犯罪有關之家庭因素包括：⑴父母管教方法；⑵家庭功能；⑶父母或手足犯罪；⑷單親家庭；⑸父母親心理健康狀況。
4. 跟青少年犯罪有關之社會因素包括：⑴同儕示範及參與非結構社會性活動；⑵居家鄰近不良環境品質；⑶媒體對犯罪行為大量報導；⑷政治人物不良示範。

第四節　青少年犯罪問題與輔導

預防青少年犯罪及輔導犯罪青少年時，除了消除青少年犯罪成因外，其他方法如下：

1. 提早發現提早處理：
   ⑴對行為偏差兒童（尤其有攻擊行為兒童），提供適時輔導，避免其成為「持續問題型」犯罪青少年。
   ⑵避免青少年成為「過渡問題型」犯罪青少年，須留心青少年的問題徵兆，以及注意兒童晚期及青少年早期之行為。
2. 培養保護性因子。包括滿足青少年需求、完成發展任務、培養重要因應技能、父母提供社會控制及社會支持、培養青少年對學校之情感依附。

3. 父母師長同儕提供青少年利社會行為之典範。

4. 提供青少年同儕選擇訓練及隔離不良同儕之影響。

5. 提供青少年法律教育，透過了解犯罪後果，以產生遏止作用。

6. 加強青少年道德教育，培養其關懷之理想及能力。

7. 提供父母效能訓練，協助父母善盡協助青少年之職責。

青少年飲食異常問題與輔導

近年來國內一些研究顯示，部分青少年出現飲食異常（eating disorder）問題。高中方面，蕭芳蕙與林薇（1998）研究發現：台北市高中女生具心因性厭食症（anorexia nervosa，以下簡稱厭食症）傾向者 0.7%，具心因性暴食症（bulimia nervosa，以下簡稱暴食症）傾向者 2.3%。陳微拉（2002）研究顯示：節食行為達飲食異常者 12.17%，具飲食高失控傾向者 2.98%；張育甄（2003）研究結果：高中女生具病態飲食傾向者 17.1%。

國中方面，陳玉欣（1999）研究發現：青少年（國中）飲食行為不良之盛行率，男性 6.0%，女性 12.4%。賴靖薇（2002）研究顯示：國中生飲食異常者 4.3%，男性 2.0%，女性 6.3%。

飲食異常通常發生於青少年後期，男女之比，至少是 10：1（Hsu, 1990）。飲食異常之開端，通常始於節食（Hsu, 1990）。許多青少年都有節食經驗，但大多數青少年不會導致飲食異常，因為飲食異常是由一些複雜因素交織而成。

飲食異常對少女及成年女性健康與幸福造成某種程度之威脅（Striegel-Moore & Cachelin, 2001）。雖然男性飲食異常比率低於女性，但是，男性飲食異常成因與特質，跟女性類似（Olivardia, Pope, Mangweth, & Hudson, 1995），健康與幸福也遭受類似之威脅。

以上研究反映出，青少年飲食異常問題有逐年增加趨勢，飲食異常之嚴重性，輕則傷害身心，重則導致死亡，實不容忽視。

第一節 飲食異常之定義與類別

問題與討論

1. 飲食異常有哪些類別？各有何特徵？
2. 蔓蘿可能罹患哪種飲食異常？
3. 如果你是蔓蘿，控制不了暴食，卻又一再重蹈覆轍，會有怎樣的內心世界？

家人聚集客廳聊天的當下，蔓蘿心情惡劣地走進廚房，拿出冰箱裡的牛奶與蛋糕，在四處無人瞧見的情況下，牛飲蛇吞地將整瓶牛奶與整條蛋糕一掃而光。望著空瓶子與空盒子，恐懼與害怕一擁而上，自責的聲浪如急驟而下的大雨，猛垂著心胸。

如往常一樣，蔓蘿不加思索地衝進洗手間催吐。剛吃下去的牛奶與蛋糕，連帶不久前的晚餐，一併吐了出來。看了一馬桶的嘔吐物，雖感到噁心，心情卻舒服了許多。這舒服來自於卸下對身材走樣變形的擔心，但似乎也不全然如此，只是她說不出個所以然。

蔓蘿在乎身材，討厭自我摧殘式暴食，卻控制不了對食物的無法抗拒。說無法抗拒，也不竟然如此。只是在某些情況下，就會控制不了地大吃大喝。每當大吃大喝過後，便不斷自責，然後迫使自己催吐。

蔓蘿的暴食行為，最初家人以為只是女孩子們愛吃零食而已，便不加以阻止，更何況蔓蘿雖然吃很多，身材卻一樣修長。

直到後來，家人才知道蔓蘿暴食而不發胖的原因。家人雖然苦勸，但是蔓蘿有收入，有錢買零食，家人深感束手無策。

蔓蘿對暴食行為感到丟臉，但改不了，也覺得很無奈。對於家人的勸告，甚至生氣的責罵，她感到不被理解而厭惡至極。

DSM-IV（精神疾病診斷與統計手冊第四版）將飲食異常分兩類，分別為暴食症與厭食症。廣義來說，飲食異常可能不只兩類，例如林維芬（1993）將飲食異常分為肥胖（obesity）、厭食症與暴食症。此外，有些人可能具有DSM-IV某些診斷標準，但未完全符合DSM-IV之要求。為了方便說明起見，以下依照DSM-IV的分類，將飲食異常分為暴食症與厭食症。

一、心因性暴食症

依據DSM-IV分類與診斷標準對暴食症所下之定義如下（孔繁鐘、孔繁錦編譯，1997: 252）：

1. 重複發生暴食發作，一次暴食發作同時具有下述兩項特徵：(1)在一段獨立時間內（如任何兩小時內），吃下之食物量，絕對多於大多數人在類似時間、類似情境下，所能吃下之食物量；(2)在此發作之時，感覺缺乏對吃食行為之自我控制（如感受到無法停止吃或無法控制吃什麼或吃多少）。

2. 一再出現不當之補償行為以避免體重增加，諸如：誘導自我嘔吐；不當使用瀉劑、利尿劑、灌腸或其他藥物；禁食；或過度運動。

3. 平均來看，暴食及不當之補償行為，同時發生之頻率，每週至少兩次，共達三個月。

4. 自我評價受到身材及體重不當之影響。

5. 此障礙非僅發生於心因性厭食症的發生中。

註明類型：

清除型（purging type）：在此次心因性暴食症發作期間，此人曾規律地誘導自我嘔吐或不當使用瀉劑、利尿劑或灌腸。

非清除型：在此次心因性暴食症發作期間，此人已使用其他不當之補償行為（如禁食或過度運動），但不曾規律地誘導自我嘔吐或不當使用瀉劑、利尿劑或灌腸。

暴食症是一種對食物強迫性之上癮行為，其特徵為一再重複以下模式：先暴食，然後透過嘔吐、禁食或使用瀉劑、灌腸劑、利尿劑、過度運動等，強迫地清除體內囤積之食物。這種重複性的暴食與清除行為，嚴重損傷當事人自尊與生命（Hall & Cohn, 1986）。

暴食症通常出現於青少年後期，或是厭食症病人厭食症狀出現不久之後（Bonne, Lahat, Kfir, Berry, Katz, & Bachar, 2003）。

二、心因性厭食症

依據 DSM-IV 診斷標準，心因性厭食症具有以下特徵（孔繁鐘、孔繁錦編譯，1997: 251）：

1. 拒絕維持體重於其年齡和身高所應有之最低正常體重水準或以上（如體重低於預期體重 85%以下）。

2. 縱使已經體重過輕，仍強烈害怕體重增加或變肥胖。

3. 體重、身材對自我評價有不當影響，或否認目前過低體重之嚴重性。

4. 就女性方面來說，已經連續三個月或以上沒有月經。

註明類型：

禁食型（restricting type）：在此次心因性厭食症發作期間，未曾規律地從事暴食或清除行為（意即誘導自我嘔吐或不當使用瀉劑、利尿劑或灌腸）。

暴食／清除型（binge-eating/purging type）：在此次心因性厭食症發作期間，此人規律地從事暴食或清除行為。

暴食症與厭食症可能有某種關係存在。研究顯示：50%厭食症者發展成暴食症，三分之一暴食症者過去曾出現厭食症（Schmidt, 2003）。這兩類飲食異常行為，似乎有某種程度關聯，但並不完全相同。

飲食異常者之核心特質：對體重、飲食及肥胖具有扭曲態度，而對肥胖產生恐懼。「對肥胖之恐懼」，對厭食症及暴食症者意義不同。厭食症者因為體重降低而強化「對肥胖之恐懼」；暴食症者因為暴食而強化「對肥胖之恐懼」（Hsu, 1990）。換句話說，這兩類飲食異常的發展途徑，可能在某階段類似，但在其他階段則不同。

第二節 青少年飲食異常之成因

問題與討論

1. 蔓蘿暴食的可能成因為何？
2. 蔓蘿渴望自由、自主，父母卻一味以批判及責罰來掌控，如果你是蔓蘿，會有怎樣的內心世界？有哪些情緒？
3. 從 Maslow 需求層次論來看，蔓蘿有哪些未滿足需求？
4. 從 Erikson 心理社會發展論來看，蔓蘿可能有哪些未完成之發展任務？
5. 暴食與厭食症之成因為何？兩者之成因有何差異？

蔓蘿厭惡這個家，但是自己仍在就學，無法離家謀生。她討厭爸爸口是心非，說一套、做一套。口中說管教很民主，但處處以「為她好」來控制她，限制她的自由。如果不服從，發起飆來令人生畏，甚至出手打她。她討厭媽媽嘴巴說愛她，可以信任她，卻不問是非，跟爸爸一鼻孔出氣。在她被爸爸責罰時，不但得不到她的安慰，還雪上加霜，跟爸爸一起批判她。她覺得好孤獨、很無奈，不清楚到底要用什麼態度看待爸媽的愛。

小時候，她是爸媽眼中的乖小孩，親戚長輩們常讚美她乖巧、漂亮。現在她長大了，希望擁有一些自由，爸爸媽媽卻期望她像乖小孩一樣受他們控制與擺布。她曾因為執著自己的想法，而被認為是「壞孩子」，一再受到責罵，甚至被打。

她不知道從什麼時候開始暴食，或許從她有能力買足夠零食，讓自己大吃大喝起。她不喜歡這樣，也厭惡自己控制不住而一再重蹈覆轍，因為她在乎身材、在乎漂亮、在乎男性眼光。

其實，家裡也不是只有她怕胖。從小，一天到晚聽到媽媽擔心發胖，在鏡前照前照後，每一頓飯後就說下一頓要少吃減肥。她也看到胖同學四處被指指點點，甚至被指責不該吃太多。因此，對她來說，胖就是醜、就會惹人討厭。

雖然她控制不了暴食，但可以透過催吐讓自己不發胖。雖然每次催吐都讓自己不舒服，但至少能夠保有身材。

什麼原因造成青少年飲食異常？不同學者有不同意見，包括：身體意象困擾（Attie & Brooks-Gunn, 1989）；過度重視外表、過度重視體重、心理健康狀況欠佳（陳微拉，2002）；家人、媒體與同儕給予壓力（唐妍蕙，2004）、青春期之少女（周偉惠，2003）；纖細身材之要求標準（Phan & Tylka, 2006）。

有一些學者提出一些模式來解釋，但大都強調「近因」，而忽略遠因。例如 Stice、Ziemba、Margolis 與 Flick（1996）模式中，暴食症是因以下因素促成：身體體脂量（body mass）、刻板化理想身材標準、對身體不滿意、節食、感受到纖瘦壓力、負面情緒等。Stice 與 Bearman（2001）模式中，暴食症形成歷程為：「纖瘦之壓力→對身體不滿意→飲食問題與情緒問題→暴食症狀」。最近觀點認為暴食症是多重原因決定之疾病，涉及文化、家庭、生理、心理等因素（Striegel-Moore & Cachelin, 2001）。

至於厭食症，一方面研究沒有暴食症多，另一方面大多數研究都將兩者合併探討。

將兩者合併的研究中，所得結果類似暴食症研究結果。例如Phan與Tylka（2006）模式強調環境中「纖細身材之壓力」、「身體意象」與飲食異常之關係。最近一些學者認為，飲食異常（包括暴食症與厭食症）是多重原因造成，其嚴重性隨著危險性因子之增加而直線上升（Fairburn, Cooper, Doll, & Welch, 1999; Striegel-Moore & Cachelin, 2001; Taylor, Altman, Shisslak, Bryson, Estes, Gray, McKnight et al., 1998）。這些危險性因子涉及社會文化、家庭、個人、創傷事件（Striegel-Moore & Cachelin, 2001）。

Shisslak 與 Crago（2001）整理一些學者意見，將造成飲食異常之危險性因子分為三類：

1. 個人因子：低自尊、求完美、身體滿意度低、不適當之因應技巧、關心體重、衝動、體重過重、早熟、節食、情緒調適不良、開始約會。

2.家庭因子：父母肥胖、父母過度保護、成員中有飲食異常者、家庭關心體型或體重、父母心理異常。

3.社會文化因子：將女人外表視為成功之重要因素、將纖瘦視為理想之女性美、譏笑體重與體型不佳者、媒體影響、關心體重、朋友中有飲食異常者。

以上各種成因中，並未區分暴食與厭食症之差異。一些研究結果的確呈現兩種飲食異常有某些差異存在。以下說明飲食異常之成因，兼論暴食症與厭食症在成因上之差異。

一、早年經驗

不良之早年經驗是青少年飲食異常之種子，例如家庭虐待（Ray, Jackson, & Townsley, 1991，轉載自 Mazzeo & Espelage, 2002）、兒童期性侵（Hund & Espelage, 2005）、失功能之家庭。

這些創傷及不良家庭經驗，剝奪孩子滿足需求及完成發展任務之機會，侷限孩子自我力量之發展，使得孩子未來沒有足夠能力面對生活中之壓力。

二、青少年個人因素

(一)人格特質

Cassin 與 von Ranson（2005）整合相關研究發現，厭食症與暴食症具有一些特質，包括：高度求完美、強迫性行為（obsessive-compulsiveness）、神經質（neuroticism）、負面情緒化（negative emotionality）、逃避傷害（harm avoidance，例如在社交場合中避免冒險及被拒絕）、缺乏自我指導（low self-directedness）、合作性低（low cooperativeness）、逃避性人格特質等。

從以上描述中，分不出厭食症及暴食症者之人格差異。Ricem 與 Dolgin（2002，黃俊豪、連廷嘉合譯，2004）認為，暴食症與厭食症者之人格特質不完全相同，暴食症者情緒化、衝動、無法忍受挫折；厭食症者依賴、焦慮與求完美。

一些研究反映以上部分看法。厭食症者害羞、安靜、過度注意自我缺陷（conscientious）、對被拒絕過度敏感、非理性罪惡感、自卑感、強迫性擔心、過度完美主義、感覺無法符合標準要求、害怕自我肯定、害怕性慾望及從家庭獨立之慾望（Harvard Mental Health Letter, 2003）、害怕成熟、社會孤立、神經質（Wonderlich, 2002）、不信任他人、無效能感（ineffectiveness，包括無能力調適、低自尊與負面自我經驗，例如空虛及孤獨感）（Taylor, Parker, Bagby, & Bourke, 1996）。

暴食症者缺乏衝動控制及情緒調適（Hsu, 1990），逃避傷害（harm avoidance）（Berg, Crosby, Wonderlich, & Hawely, 2000; Cloninger, 1987）等。

Bulik、Tozzi、Anderson、Mazzeo、Aggen與Sullivan（2003）研究不只發現完美主義跟厭食症有關，也跟暴食症有關。Bardone、Vohs、Abramson、Heatherton與Joiner（2000）研究也支持完美主義跟暴食症有關。

綜合各學者看法（例如Hsu, 1990; Rieger, Schotte, Touyz, Beumont, Griffiths, & Russell, 1998），暴食症與厭食症者人格特質上之異同點如下：

1. 共同點方面，兩者皆求完美、焦慮、逃避傷害、情緒不穩定、強迫性行為與思想。

2. 不同點方面，暴食症者缺乏衝動控制、無法忍受挫折；厭食症者害怕成熟、孤立、依賴、神經質、自我指導力低、無效能感、對人不信任。

㈡情緒困難

Mazzeo與Espelage（2002）研究顯示：家庭凝聚力、家庭衝突、家庭虐待、憂鬱等因素，透過「情緒困難」（alexithymia）中介變項，影響飲食異常。其中，「憂鬱因素」跟飲食異常有間接關係，也有直接關係。在Hund與Espelage（2005）模式中，「情緒困難」也是中介變項之一。

「情緒困難」被視為人格特質（Berenbaum, 1996），是指情緒功能受到侷限、沒有能力以適當字眼描述情緒、無法辨識情緒、無法表達情緒，以及無法區辨情緒與身體感覺（Hund & Espelage, 2005; Sifneos, 1973）。

在壓力情境下，情緒困難者缺乏能力辨認與描述主觀情緒，無法區分情緒與身體感覺，想像力貧乏與侷限，外在傾向與缺乏修飾（literal）之認知型態，這些特質提高了罹患身心疾病與飲食異常之可能性（Sexton, Sunday, Hurt,

& Halmi, 1998; Taylor, Bagby, & Parker, 1991）。簡言之，部分情緒智力發展受到阻礙，而影響身心健康。

對當事人來說，「情緒困難」具有一些防衛功能。依據創傷理論，「情緒困難」可以協助創傷受難者隔離強大情緒（Hund & Espelage, 2005）。從逃避理論（escape theory）觀點來說，透過降低覺察力造成之「情緒困難」（無能力描述情緒、無能力辨識情緒與表達情緒），可以協助當事人逃避面對真實自我所產生之壓力（Heatherton & Baumeister, 1991）。

在「情緒困難」因素上，暴食症與厭食症是否有差異？厭食症者「情緒困難」程度，可能高於暴食症者（Schmidt, Jiwany, & Treasure, 1993; Sexton et al., 1998），約 50%至 68%厭食症者出現「情緒困難」問題（Cochrane, Brewerton, Wilson, & Hodges, 1993; Taylor et al., 1996）。

從 Zimmermann、Rossier、de Stadelhofen 與 Gaillard（2005）研究也獲得間接支持：情緒困難跟神經質、外控、非理性想法、情緒不穩、缺乏因應壓力之能力有關，而跟衝動無關。這些相關特質，大都屬於厭食症者之人格特質。

或許可以如此推論：厭食症者與「情緒困難」之關係，可能高於暴食症者。

㈢生理因素

1. 性別

大多數暴食或厭食症者為女性，使得女性性別成為飲食異常症之危險性因子（Fairburn & Beglin, 1990）。

女性性別之所以成為飲食異常症之危險性因子，原因之一是因為同儕與家人對青少年外表體型善意監督或嚴格批評，共同塑造出理想體型之社會壓力。受到性別角色影響，女性常成為理想體型之主要對象（徐偉玲，2004）。因此，女性飲食異常比率高出男性。

2. 遺傳

遺傳對暴食與厭食症之影響可能不同。雙胞胎研究顯示：厭食與暴食症者之親人，有較高比率成為飲食異常者（轉載自 Schmidt, 2003）。不過，暴食症者之代間遺傳現象不顯著，反而是同代姊妹間罹患機率高於母親（Strober,

Lampert, Morrell, Burroughts, & Jacobs, 1990），這反映出暴食症跟環境因素關係密切。

遺傳在厭食症者身上，扮演著某種重要角色。近親中有厭食症者而罹患厭食症之機率，比近親中沒有厭食症者，高出十一倍以上；非暴食清除型之厭食症者基因中，有不尋常之變異，因此影響神經傳導物質norepinephrine之再吸收（Harvard Mental Health Letter, 2003）；在厭食症中，遺傳影響力占55%（Harvard Mental Health Letter, 2003）或58%（Wade, Bulik, Neale, & Kendler, 2000）。

另外，Strober等人（1990）研究發現：⑴厭食症者出現代間遺傳現象，遺傳影響占64%；⑵厭食症者第一等親罹患厭食症之機率是一般人之八倍。

以上暴食與厭食症遺傳研究，似乎反映出：厭食症者受到遺傳因素影響較大。不過，Strober與Humphrey（1987）回顧一些相關研究後建議：飲食異常傾向可能根源於遺傳而反映在人格及氣質上，如果加上家庭與社會文化不良因素之催化，才會在行為上顯現出來。似乎遺傳及環境交織在一起，很難釐清遺傳與環境個別之作用。

從以上研究上顯示：⑴遺傳跟厭食症之關聯可能高於暴食症；⑵環境對暴食及厭食症問題扮演重要角色；⑶遺傳跟厭食及暴食症之關係，須更多研究來澄清。

㈣對身體不滿意

青少年對身體滿意程度跟飲食異常傾向有關（古琪雯，2003）。不管對暴食症（徐偉玲，2004；Hund & Espelage, 2005; Stice 1994; Stice et al., 1996）或厭食症者（Garner & Garfinkel, 1981轉載自Garner, Olmstead, & Polivy, 1983）來說，對身體不滿意，是促發飲食異常之關鍵原因。

依據「自我—不一致理論」（self-discrepancy theory），對身體不滿意來自於「真實自我」、「應該自我」與「理想自我」等方面之不一致（Higgins, 1987）。環境中之纖瘦壓力（媒體、廣告及家人同儕之批判），為當事人打造「理想身材」之標準。但是，環境標準通常不切實際，以至於青少年對身體意象有不切實際之期望（Butterfield & Leclair, 1988）。青少年由於「真實身材」及「理想身材」差距過大，而對身體不滿意。

青少年對身體不滿意後，便開始進行節食，而節食往往是飲食異常之起端（Bulik, Sullivan, Carter, & Joyce, 1997; Romano, 1999）。

㈤青少年期階段

飲食異常通常盛行於青少年期。第一，有些學者認為，這是因為青少年面臨生命階段轉換，生理急遽改變，以及肩挑發展任務所致（Mussell, Binford, Fulkerson, 2000; Smolak & Levine, 1996）。

第二，青少年受到自我中心影響，以為自己是矚目焦點，並且重視在異性心中形象。這些因素，讓青少年特別在乎身體外貌，期望能夠符合社會纖瘦之標準。

第三，對青春期少女來說，身體外貌更是重要。研究顯示：對女孩而言，青春期發展是造成憂鬱及飲食問題之共同危險性因子，而體型是青春期女孩發展及飲食問題之中介因子（周偉惠，2003）。

㈥運動選手

運動選手是否容易成為飲食異常之一族？不同研究有不同結果。以學生運動員為對象研究中，Johnson、Powers與Dick（1999）研究發現：1.1%女性大學運動員符合 DSM-IV 暴食症診斷標準；9.2%女性運動員與.01%男性運動員具有暴食症狀；2.85%女性運動員具有厭食症狀。

國內以男性大學生運動員為對象研究中發現，暴食症盛行率為 2.54%，而厭食症為 0%（李麗晶、鄭溫暖、葉海山、黃瑾蓉，2001）。因為男性在飲食異常比率通常低於女性（1：10），如果以國內女性運動員為調查對象的話，恐怕數據會提高。

從以上研究數據來看，學生運動選手與非運動學生在飲食異常比率差異上，似乎不甚明顯，不過就傑出運動選手來說，這差異便凸顯出來。Sundogt-Oborgen（1994）對挪威傑出女性運動員研究顯示：約 22.4%是飲食異常高危險群。在飲食異常高危險群中，89%被歸為厭食症、暴食症、厭食運動選手（anorexia athletica）。

此外，不同運動項目選手在不同飲食異常類型中，有不同盛行率：例如芭蕾舞與長跑運動選手，比較容易出現厭食症狀（例如 Fulkerson, Keel, Leon, & Dorr, 1999; Garner & Garfinkel, 1980），而體操、拳擊與游泳選手比較容易出現暴食症狀（例如 Fulkerson et al., 1999; Steen & Brownell, 1990）。

運動選手之所以跟飲食異常關係密切，跟幾個因素有關：求完美、高成就表現需求、競爭壓力強化選手對身體尺寸與體型強烈覺察。不過，運動選手對生命的積極觀點與高自我效能，是對抗飲食異常之保護性因子（Fulkerson et al., 1999）。

三、家庭因素

研究上發現飲食異常者家庭，在某些方面不利於青少年發展，包括不容許家人表達情緒、家庭衝突（Kent & Clopton, 1992）、家庭虐待（Ray, Jackson, & Townsley, 1991，轉載自 Mazzeo & Espelage, 2002）、父母表達愛的態度不一致（尤其指母親）（Scalf-McIver & Thopmson, 1989）、兒童期之性侵害（Hund & Espelage, 2005）、父母過度重視體重與外貌（Leung, Schwartzman, & Steiger, 1996）等因素，都可能跟青少年飲食異常症狀有關。

從以上研究，很難看出暴食與厭食症者家庭之差別，以下分別敘述之。

㈠暴食症之家庭因素

什麼樣的家庭跟青少年暴食症有關？研究發現：暴食症者家庭凝聚力低、適應力差、情緒支持性少、對子女高控制低照顧（affectionless control）（Bonne et al., 2003）、父母過度重視體重與外貌（Wold, 1985，轉載自 Leung et al., 1996）。

Rorty、Yager、Rossotto 與 Buckwalter（2000）研究進一步發現：暴食症者之母親侵犯女兒隱私、以嫉妒與競爭方式對待女兒，在女兒青少年時過度關心女兒飲食、體重、外貌；父親也會侵犯女兒隱私、以性誘惑態度對待、過度關心女兒飲食。

從以上描述可歸納出：暴食症者家庭，父母跟子女關係疏遠、競爭、侵犯界限、操控、壓抑子女需要、剝奪子女需求滿足、製造子女內在衝突、過度強調體重飲食及外貌。

㈡心因性厭食症之家庭因素

Minuchin、Rosman 與 Baker（1978）認為，厭食症與五種家庭型態有關，包括：關係黏著（enmeshment）、過度保護、僵化、逃避衝突、衝突解決能力不佳。厭食症者為了逃避父母之脆弱與婚姻上之緊張，以身心退化來為維持家庭之和諧及拉近家人關係。此外，厭食症者父母也過度強調體重與外貌（Kalucy, Crisp, & Harding, 1977）。

㈢暴食症與厭食症家庭之差異

暴食與厭食症之家庭因素中，比較清楚之共同點是，父母過度強調體重與外貌。兩者之不同點：暴食症家庭常是關係混淆、緊繃、疏離，而厭食者家庭傾向於過度保護、潛抑、關係黏著（黃俊豪、連廷嘉合譯，2004）。

四、社會環境因素

㈠文化觀念

自古以來，女性之外表，是女性獲得聲名、財富、躋身名流之最佳途徑。肥胖是外貌之最大敗筆，偏偏口慾享受豐裕之現今社會，肥胖成為大部分人不容易避免之夢魘。

雖然不良減肥方法導致喪命傷身之報導驚心觸目，但仍驅不散少女以貌媚人之夢想。

肥胖是暴食或厭食症者心中之最大恐懼，而這恐懼，部分跟文化因素有關。

㈡環境壓力

在一些有關飲食異常模式中（例如 Phan & Tylka, 2006; Stice & Bearman, 2001），環境帶來之纖瘦壓力，跟飲食異常關係密切。一般來說，環境壓力可分為媒體壓力及人際批判壓力，分別說明如下：

1. 媒體壓力

最近幾年國內媒體廣告，大量傳遞「纖瘦便是美」之訊息，並且藉助知名人物透過身體力行，製造「纖瘦便是美」之圖像，來強化廣告宣傳效果。

本質上，青少年特別在乎別人眼光，尤其關心對異性吸引力。在媒體廣告強大宣傳下，青少年幾乎無力抵抗。因此，外貌成為青少年最關心之主題，身體意象成為影響青少年自尊之最大因素（張文哲譯，2005）。

Dittmar、Halliwell與Ive（2006）研究支持環境對身體意象之影響：小女孩接觸芭比娃娃後，由於芭比娃娃身材不切實際地過度纖細，而危及小女孩的身體意象，降低小女孩身體自尊，增加小女孩未來形成體重與飲食習慣異常之惡性循環的危險性因子。

芭比娃娃對小女孩竟有如此之影響力，而活生生模特兒媒體廣告對青少年之影響便不喻而明。

2.同儕及家人之批判

長輩、家人、同儕對青少年身體之批判，製造青少年負面之身體意象（文星蘭，2004；鍾霓，2004）及飲食障礙傾向（唐妍蕙，2004）。不過，家人對青少年體重及身材之嚴厲批判，雖是青少年罹患暴食症之一種危險性因子，但這項危險性因子卻沒出現在厭食症者身上（Fairburn et al., 1999; Karwautz, Rabe-Hesketh, Hu, Zhao, Sham, Collier, & Treasure, 2001; Schmidt, 2003）。Stice等人（1996）研究中也發現：暴食症者感受到來自家人、朋友、同伴、媒體之壓力較高。

或許可以如此推論，不管是暴食或厭食症者，家人都有過度重視體重與身材之現象，但是暴食症者家人對肥胖之批判程度，可能高於厭食症者。

總合以上所言，暴食及厭食症成因之差異如表18-1。

表 18-1：暴食及厭食症之成因比較摘要表

成因	說明
一、早年經驗	家庭暴力、兒童期性侵、失功能家庭經驗。
二、個人因素 1. 人格特質	⑴共同點：求完美、焦慮、逃避傷害、情緒不穩，強迫性思想及行為。 ⑵差異點：暴食症者缺乏衝動控制、無法忍受挫折。 厭食症者害怕成熟、孤立、神經質、無效能感、對人不信任。
2. 情緒困難	⑴共同點：透過情緒困難逃避負面情緒或面對自我。 ⑵差異點：厭食症之情緒困難程度高於暴食症。
3. 生理因素	⑴共同點：女性罹患飲食異常比率高於男性。 ⑵差異點：暴食症者代間遺傳不顯著。 厭食症者有代間傳遞現象，遺傳影響約占 50%以上。
4. 對身體不滿意	暴食與厭食症者有不切實際之纖瘦標準。
5. 青少年期	由於青春期生理改變、發展任務挑戰、自我中心之影響。
6. 運動員	傑出運動員及運動項目會影響運動員暴食與厭食症盛行率。
三、家庭因素	⑴共同點：父母過度強調體重與外貌。 ⑵差異點：暴食症者之家庭關係混淆、緊繃、疏離。 厭食症者之家庭過度保護、潛抑、關係黏著。
四、社會環境因素 1. 文化因素	傳統觀念過度強調女性身體外貌之重要性。
2. 環境壓力	⑴共同點：受到同儕、家人及媒體影響。 ⑵差異點：暴食症者之家人對體重及身材嚴厲批判。 厭食症者之家人對體重及身材批判比前者少。

第三節 青少年飲食異常之發展歷程

問題與討論

1. 暴食與厭食行為發展歷程為何？
2. 暴食與厭食行為發展區分之轉折點為何？
3. 暴食與厭食行為如何相互轉換？

以上各種因素有些是遠因，有些是近因，有些是遠因與近因之中介因素，綜合以上各因素，將飲食異常之可能發展歷程描述如圖 18-1。從歷程階段中，可看出之介入之點，以利諮商與輔導之處理。以下說明各階段。

一、早年經驗及生活環境

早年經驗及生活環境對青少年飲食異常之影響，可能來自幾方面：

1. 家庭虐待（Ray, Jackson, & Townsley, 1991，轉載自 Mazzeo & Espelage, 2002）、兒童期之性侵（Hund & Espelage, 2005）、早年家庭功能不良。這些不良因素扭曲青少年人格，剝奪青少年自我力量，降低青少年面對壓力之能力。

2. 青少年早年，父母過度重視體重及外表，青少年耳濡目染受其影響。

3. 社會環境（例如電視媒體節目、廣告、玩具等）在青少年早年便開始傳遞「纖瘦便是美」等觀念。

4. 遺傳因素對飲食異常之形成（尤其是厭食症者）產生某種作用。

簡言之，遺傳、早年創傷經驗、家庭功能不良及社會風氣等因素，在青少年早年開始發揮作用，逐步削弱青少年自我力量、傳遞錯誤之體重信念、塑造青少年脆弱人格及逃避型因應模式。

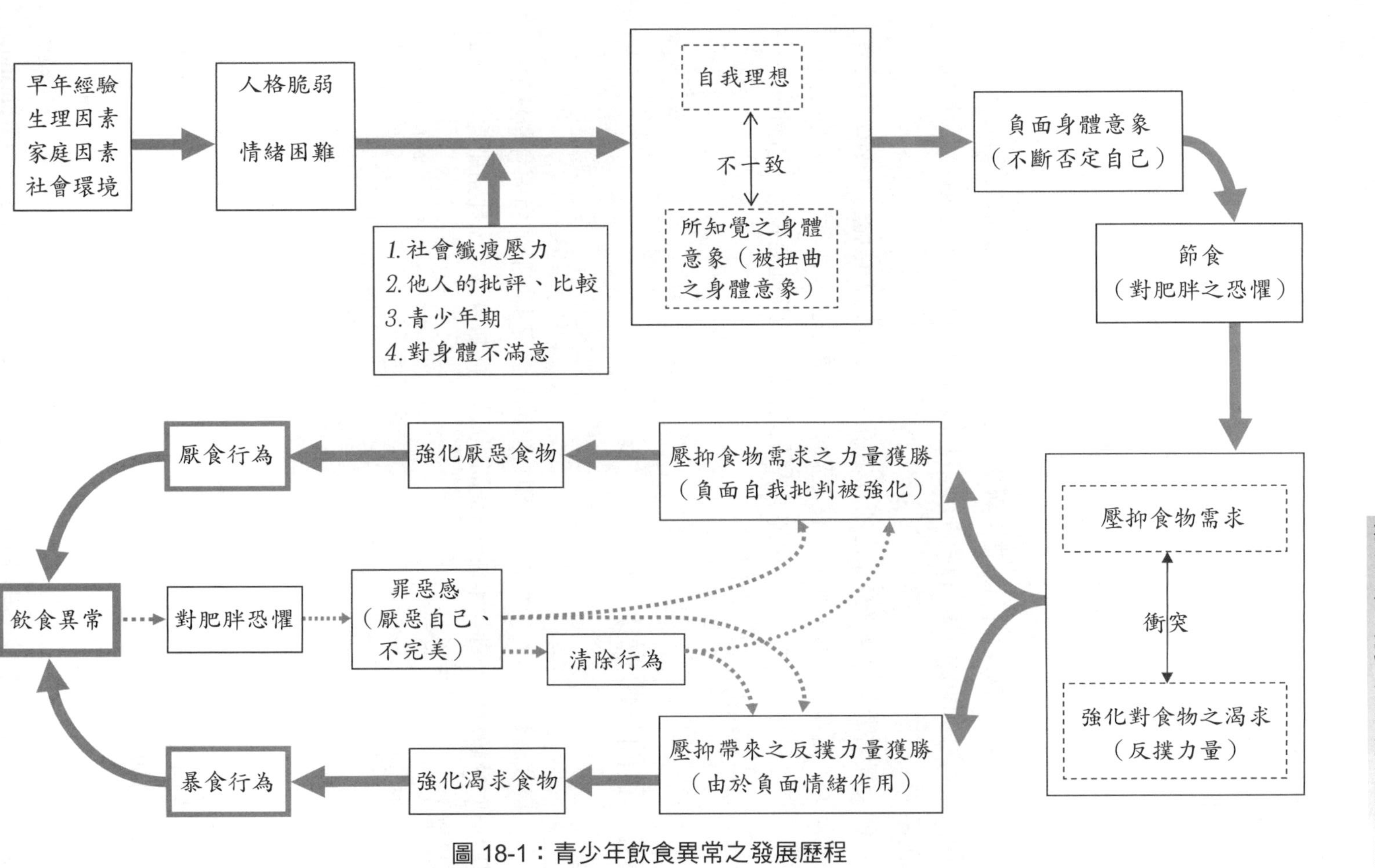

圖 18-1：青少年飲食異常之發展歷程

註：虛線部分代表飲食異常症狀出現後，厭食及暴食行為之可能轉換

從飲食異常成因中發現，暴食及厭食症者在遺傳、家庭等因素有所差異，換句話說，兩者之差別，或者從早年經驗便開始，繼而反映在「情緒困難」及「人格特質」兩項因素上。

二、自我理想及自我身體意象不一致

飲食異常者通常對自我身體不滿意，這不滿意來自「知覺到之真實體型」（誇大自我肥胖程度）與「自我理想」（由社會纖瘦壓力及他人批判所形成）之差距。

飲食異常者自我身體意象之所以受扭曲，是因為人格脆弱（例如自我價值低落），而無法判斷當前流行壓力及他人評價之合理性，反因這些壓力而誇大「理想與真實」之差距。再加上「情緒困難」造成逃避問題之防衛模式，使得這種差距無法獲得合理解決。

三、負面身體意象

「自我理想」與「主觀真實」間之差距，讓青少年形成負面身體意象。由於負面身體意象，青少年進一步否定自己、批判自己，因此對肥胖產生強烈恐懼。

四、節食

節食來自於對肥胖之恐懼，跟飲食異常關係密切。研究顯示：81%暴食症者及大部分厭食症者，在飲食異常出現之前都有節食行為（Bulik et al., 1997; Romano, 1999）。

厭食症者節食意志持續力特別強烈，甚至在危及生命時，仍然不願意放棄。不僅如此，還會強迫性地專注食物、節食、飲食、體重、身材，及儀式性行為（例如將食物切得非常細，或是對食物咀嚼有特殊次數）（Romano,

1999）。

節食不只跟飲食異常有關，還影響當事人之社會焦慮及自尊（尤嫣嫣，2002；Kowner, 2004）。

五、壓抑食物渴求與渴求之反撲

節食者壓抑對食物之渴求，會帶來渴求之反撲，反而陷入兩股力量衝突中。獲勝之一方，便可操控節食者行為，引起暴食或厭食行為。

㈠壓抑渴求而引起反撲行為——暴食行為

研究發現：當提高剝奪受試者食物熱量後，會導致受試者無限制飲食（例如 Agras & Telch, 1998）。

依據「對抗歷程理論」（opponent-process theory），現存之動機力量會同時激起另一股相反之動機（陳億貞譯，2004）。只要機會一到，相反之動機便會反撲。

跟以上理論持類似看法的是 Wegner（1994）的「心理控制反向歷程理論」（the ironic process theory of mental control）：壓抑會激起反壓抑力量。只要一有機會，反壓抑力量會反撲。因此，節食者壓抑對食物需求，反而提高了食物渴求力量，形成兩股力量對抗。

在什麼狀況下，會打破這兩股勢均力敵之對峙力量？研究顯示：暴食者暴食前，通常出現較多負面情緒（例如 Johnson & Larson, 1982）。由此看來，打破這兩股力量對峙狀態的可能因素之一，是負面情緒。由於暴食者衝動且情緒調適能力不足，於是當負面情緒出現時，鬆弛了壓抑，增強反撲力量，而出現暴食行為。

一些學者認為，暴食者用暴食因應負面情緒（Grilo, Shiffman, & Wing, 1989; Polivy & Herman, 1999），用食物自我撫慰（self-nurturance）（Lehman & Rodin, 1989），包括填補空虛（Russell, 1979），提供溫暖與舒服（Chernin, 1981），這種看法支持了負面情緒出現在暴食之前。或許，負面情緒鬆弛了節食意志力才引發暴食。

㈡強化負面批判以壓制食物需求——厭食行為

如果壓抑力量被強化而壓制了反撲力量，節食或厭食行為便會持續。強化壓抑力量之因素，是內在強烈的自我否定。

飲食異常者出現飲食異常症狀之前，思考歷程中習慣出現「內心否定聲音」。當這種聲音不斷被強化後，飲食異常者便將外在訊息詮釋成對自我之嚴厲批判，因此不斷否定自我存在價值，最後連進食都產生罪惡感（依索譯，1999）。

厭食者所以將外在訊息詮釋成對自我之嚴厲批判，可能因為求完美、依賴、無效能感、不信任人等人格特質及自我認定模糊所致（依索譯，1999）。換句話說，厭食者節食之意志力與持續力，來自於內在強烈的自我否定。

六、對肥胖之恐懼及另一波惡性循環

暴食者因暴食而提高對肥胖之恐懼（Hsu, 1990），也因為暴食更厭惡自己，因而採取清除行為。這種飲食失控經驗，會擴大暴食者控制飲食、關注身材與體重，同時也提高未來再次陷入暴食之危險性（Fairburn, Stice, Cooper, Doll, Norman & O'Connor, 2003）

厭食者因為降低食物攝取而減輕體重，但是體重之降低反而提高對肥胖之恐懼（Hsu, 1990）及負面評價，因而進一步強化厭食行為。或是，當負面評價產生之壓抑力量壓不住渴求食物之反撲力量時，暴食行為便發生，而進入另一波惡性循環中。

第四節 青少年飲食異常問題與輔導

1. 哪些保護性因子可以預防飲食異常問題發生？個人、家庭、學校、社會可以提供哪些保護性因子？

2.如何處理暴食問題？需要哪些保護性因子？
3.如何處理厭食問題？需要哪些保護性因子？

一、青少年暴食問題與輔導

處理飲食異常問題，需要專業輔導系統及醫療團隊，對當事人進行身心各方面治療。在心理治療方面，例如家族治療（例如 Lock, Agras, Bryson, & Kraemer, 2005）、認知治療（例如陳怡娟，2004）是普遍用來處理飲食異常之專業治療模式。以下所提處理方式，來自相關研究與實務經驗，作為專業治療之輔助，以利學校輔導教師之介入。

由於暴食與厭食症在某些方面不同，因此分開談論。以下所提輔導方法，雖然以暴食問題為主，但只要適度修改，可以應用於處理厭食症。輔導青少年暴食問題時，除了處理青少年目前暴食問題外，也要滿足青少年未滿足需求及完成未完成之發展任務。

㈠修正家庭功能不良之負面影響

家庭凝聚力低、家庭適應力低、情緒支持低、關心不足卻過度保護、虐待與性侵害等家庭因素是暴食症成因之一。要家庭自行改善這些不良因素並不容易，不過仍舊可以有一些作為。學校可透過親職教育等相關途徑，協助父母了解青少年飲食異常問題與家庭關係，一些關心子女之父母，會願意配合。

此外，學校須提供青少年個別與團體諮商，修正家庭不良因素對青少年造成之傷害。尤其是成長過程創傷與不良人格特質，必須透過諮商方式處理。

㈡降低內化纖瘦標準之壓力

Tice、Mazotti、Weiber與Agras（2000）認為，降低暴食者內化纖瘦標準產生之壓力，可以降低之後歷程中不利因素，因此依據「認知不一致理論」（cognitive dissonance theory）設計一套方案，讓暴食者產生認知失衡，引起不舒服感覺。同時，藉著協助暴食者降低內化纖瘦標準產生之壓力，以恢復認知平衡。方案以團體方式進行，共三次，內容整理如下：

第一次活動：⑴討論理想纖瘦標準之起源；⑵纖瘦身材如何成為個人堅持之理想；⑶來自家庭、同儕、約會伴侶及媒體之纖瘦訊息對個人造成之影響。

第二次活動：⑴討論追求纖瘦身材致使個人在自尊、健康方面付出之代價，以及社會付出之代價；⑵討論當纖瘦身材成為人人之目標後，什麼機構將獲利最大；⑶每個成員透過角色扮演方式，從對立立場說服他人放棄追求纖瘦身材；⑷每個人以一頁為限，從對立立場，寫出追求纖瘦身材可能付出之代價。

第三次活動：⑴寫出「追求纖瘦身材可能付出之代價」之感想，並加以討論，以及回顧之前討論之重點；⑵討論青少年如何抗拒纖瘦身材之壓力，抗拒過程中可能碰到哪些困難及如何克服；⑶以角色扮演方式找出抗拒同儕壓力之陳述；⑷討論哪些建議有助於青少年接納自我身材及避免追求纖瘦身材。

以上內容，可用不同活動方式進行，從認知、情緒及行為上造成青少年改變。

㈢提高情緒分化及情緒智商

從創傷理論與逃避理論觀點來看，情緒困難與飲食異常有關。協助暴食者與厭食者覺察情緒、辨認情緒、表達情緒、提高情緒分化、學習情緒調適策略等，可以減少飲食異常行為。

㈣提高對飲食行為之覺察

逃避理論（escape theory）認為，暴食者藉著降低飲食覺察力，來逃避問題。因此，提高暴食者飲食行為覺察力，可提高暴食者控制飲食之能力（Heatherton & Baumeister, 1991），這也是復原關鍵因素之一（徐偉玲，2004）。

㈤系統化自助方法

Cooper（1993）提出一套暴食者自助方法，並經過研究支持其效果（Cooper, Coker, & Fleming, 1994）。其步驟如下：

1. 監控：系統地記錄自己的飲食行為，才知道自己發生什麼事。

2.訂定三餐計畫：決定哪一種飲食型態才合理，並且堅持如此做。

3.學習介入方式：辨識哪種刺激情境會致使自己暴食，以及可以做哪些事來避免。

4.問題解決：界定引發暴食行為之問題，以及學習如何處理。

5.減少節食：系統地擴大可食用之食物。

6.改變心態：辨識引發飲食困擾之信念，並且加以修正。

㈥其他因應方法

一些實務工作者與研究者（例如 Erin, Dunn, & Mary, 2006; Hall & Cohn, 1986）從實務工作中或研究中，得出一些協助暴食者的可能方法，包括：

1.下定決心與提高面對問題之動機及準備度

下定決心、動機與準備度可以作為其他處理方法之輔助，以提高介入之效果。Erin 等人（2006）研究上發現：動機擴展治療（motivational enhancement therapy, MET）可以提高暴食者改變暴食行為之準備度。MET 內容包括：⑴跟暴食者討論其飲食行為、飲食態度、準備改變之層次、在一些評量上之結果（例如問題行為次數、身材體重、目前改變階段）、自我陳述之體重與理想體重間之差距；⑵鼓勵暴食者評量目前飲食行為之優缺點、健康體重水準、暴食行為對健康之影響，以及摘要改變之理由與改變之信心程度。

這樣的過程，可以協助暴食者糾正身體意象之扭曲、了解自我飲食行為對健康之影響、了解自我準備之層次、提高改變飲食行為之動機。

2.暴食者為自己設定改變目標

由暴食者設定改變目標，有一些好處：⑴提高暴食者實踐意願；⑵教導暴食者為自我行為負責；⑶提高暴食者覺察自我狀況。為免暴食者擬訂不切實際目標，輔導員須提供協助。

3.得到外界支持

對暴食者來說，暴食是羞恥行為，因此習慣將暴食行為隱藏。隱藏帶來之壓力，反而強化暴食行為，也讓自己無助。

支持系統為協助暴食者復原之重要因素（徐偉玲，2004）。讓信任之家人、師長、同儕知道自己承受暴食之苦有幾個好處：⑴從他們身上得到精神支持，以抒解部分自我壓力；(2)從一起商討對策過程中，提高問題覺察程度；(3)實踐改變計畫時，有了外在支持，可加強堅持之毅力；(4)飲食異常問題跟環境關係密切，而調整環境常是處理飲食問題之必要條件。讓環境中之人事物了解暴食者問題，有利改變環境。

4.以正面思考或方式對待自己

有幾種作法：(1)不要當自己是暴食者，而是正從暴食行為中恢復者；(2)以正面思考取代負面思想，例如以「我愛自己」、「我是有價值的人」取代「我討厭自己」、「我是無價值的人」；(3)表達情緒與意見，而非壓抑；(4)寫日記或運動，以抒解壓力及情緒。

5.找出暴食行為前之線索

在暴食前必有一些線索出現，這些線索會導致暴食行為。找出這些線索，然後在暴食行為發生前，遠離食物，或藉著做其他事讓自己分心。

6.提高自尊

Phan 與 Tylka（2006）研究顯示：自尊（self-esteem）可以調解纖瘦身材之壓力。要如何提高自尊？Heatherton 與 Baumeister（1991）綜合一些研究後認為：負面情緒跟自尊有關，可能引起暴食行為。換句話說，有能力調適負面情緒（即學習情緒調適技能），便能提高自尊或避免自尊降低，而有助於控制暴食行為。透過成功控制暴食行為後，反過來可以進一步提高自尊，降低負面情緒經驗及防止暴食行為再出現。

此外，Shisslak 與 Crage（2001）提出一些抗拒飲食異常之保護性因子，也可提高自尊，包括：(1)個人因子：自我接納、自我指導與自我肯定、成功地擔任各種角色（例如教育、生涯、家庭、個人興趣所在）、在壓力情境下因應良好、具有節食危險性之知識；(2)家庭因子：家庭接納、家庭不過度強調體重與吸引力、跟父母關係雖親密但不過度親密；(3)社會文化因子：社會接納各種身材與體型、參與之運動不強調身材吸引力、親密朋友與愛人不在乎體重、擁有社會支持。

7.改善節食習慣

研究顯示：壓力情境會使節食者暴食，卻使非節食者降低飲食量（Polivy & Herman, 1999），這是因為壓力情況會強化節食者對食物之渴求，而導致暴食。因此，避免節食，改用其他方式降低體重，或許可以降低暴食行為之機率。

二、青少年厭食問題與輔導

輔導厭食症者，除了參考暴食症輔導方法之外，以下介紹 Pierre 之復原五階段。

Pierre（依索譯，1999）認為，厭食症產生於當事人內在自我否定聲音，干擾了健康自我認定之形成。因此，建議提供給當事人信任、信賴、無條件關愛之環境，以協助當事人改正內在自我否定聲音及架構健康之自我認定。

她提出厭食症復原五階段：劇烈階段、緊急階段、現實階段、互動階段及環境整合階段，每一階段之輔導重點有所不同。

第一，在劇烈階段，提供厭食症者完全依賴及信任之環境。第二，在緊急階段，提供輔導或教育課程，協助厭食症者呈現內在真實自我，形成健康及清楚之自我認定。第三，在現實階段，繼續幫助厭食症者發展自我認定。

第四，在互動階段，協助厭食症者維持客觀、理性以接納多元觀點；處理厭食症者回到現實世界之恐懼；強化厭食症者對「新自我」之信心；協助厭食症者了解自己跟外在環境互動時之選擇，以及跟選擇有關之後果。

第五，在環境整合階段，家庭或學校提供厭食症者正面之生活環境，並且肯定其新的自我認定。

三、案例應用

㈠案例分析

從故事描述中可知：

1. 就早年經驗來說：蔓蘿成長於權威家庭。權威家庭中的子女，通常自我壓抑、退縮、憤怒、自卑、孤立。此外，父母傳遞矛盾訊息（例如對愛之態度言行不一致），造成蔓蘿內在衝突，無法確定父母是對或錯，也無法肯

定自己的想法及行為是否正確。

從 Maslow 需求層次論來看，蔓蘿至少在安全、愛及隸屬、自尊等需求未滿足。詳細言之，包括被保護、被尊重、被接納、被肯定、表達、自我價值、成就、關係、獨立等需求未滿足。

從Erikson心理社會理論來說，至少在自律、自動自發、勤勉、自我認定等階段發展任務未完成，簡言之，某些需求未滿足、某些發展任務未完成，讓蔓蘿的自我力量不足。

2.就個人因素來說：⑴蔓蘿處於青少年階段特別重視外表；⑵從小在媽媽灌輸下，對體重與身材過度重視或有扭曲之想法；⑶具有衝動、反抗、孤立、無助、衝突、在乎別人眼光等特質；⑷缺乏足夠之因應技能。

3.就家庭因素來說，父母採用權威式管教，以批判、指責，壓制、身體懲罰、言行不一致等方式對待蔓蘿，並且不斷傳遞肥胖不好等訊息給蔓蘿。

4.就學校因素來說，蔓蘿目睹肥胖同儕被譏笑，而強化肥胖不好等觀念。

5.就社會因素來說，不管是傳統文化或目前社會，都強調纖瘦身材，而且社會流行塑身美容等行為。

茲將蔓蘿暴食症問題之診斷分析於圖 18-2。

㈡案例輔導歷程

飲食異常者通常需要一組醫療團隊協助，例如內科醫生檢查飲食異常者身體受損狀況、營養師依患者身體受損狀況調配食物、精神科醫師在必要情況下使用藥物（例如焦慮、失眠問題）、心理師或輔導教師進行心理輔導或諮商、相關人員（父母、導師、同儕）協助提供心理支持等。以下就心理輔導部分說明。

早年經驗

父母以操控、批判管教蔓蘿，不允許蔓蘿自主，少情緒支持，愛的方式自相矛盾，造成蔓蘿某些需求未滿足、發展任務未完成、自我力量不足。

當前環境及個人狀況

個人因素	家庭因素	學校因素	社會因素
1.女性、青春期 2.扭曲身體意象 3.衝動、反抗 4.重視異性吸引 5.孤立、無助 6.缺乏因應技能 7.憤怒 8.內在衝突	1.權威式管教 2.親子衝突 3.父母言行不一致 4.批判、指責、壓制、身體懲罰 5.母親過度重視體重、身材	同儕間比較	1.文化強調女性美貌 2.媒體強化纖瘦身材標準 3.整個社會充斥塑身美容等資訊

愛及隸屬需求、自尊、獨立自主、被肯定、自我價值、被接納等需求未滿足、過去及目前發展任務未完成、人格扭曲、因應技能及自我力量不足等，因此無法承受外在壓力或抗拒外在影響。

以暴食症來處理情緒、內在衝突、外在壓力。

圖 18-2：蔓蘿暴食症問題診斷分析圖

表 18-2：輔導蔓蘿「暴食症問題」之歷程

<table>
<tr><td rowspan="3">監控及調適歷程</td><td>輔導重點
1. 滿足未滿足需求，例如被關心、陪伴、了解、支持、歸屬感、價值感、成就感、獨立、自主等，以找回自我力量。
2. 完成過去及當前未完成之發展任務，例如自律、自動自發、勤勉及自我認定等，以找回自我力量。
3. 提高父母效能以改善親子關係、提供蔓蘿支持性環境。
4. 控制暴食行為及其惡性循環。
5. 學習重要因應技能。</td></tr>
<tr><td>一、籌畫前階段
1. 建立良好輔導關係
由於蔓蘿對父母之信任呈現衝突，因此跟蔓蘿建立輔導關係時，需要特別注意她內在衝突可能干擾輔導關係之建立。
某些未滿足需求（例如被肯定、被重視、被了解、被支持），可透過建立良好輔導關係過程中獲得滿足。
2. 評量蔓蘿對問題之覺察程度
基本上蔓蘿知道自己面臨暴食問題，但是不清楚問題的根源為何，以及未滿足需求跟暴食問題之關聯。
3. 評量蔓蘿受輔之動機
蔓蘿可能有意願接受輔導，但其內在衝突（例如因不相信父母而不相信輔導教師），會在無形中阻礙其意願。
4. 評量蔓蘿造成改變必備之因應技能或保護性因子。</td></tr>
<tr><td>二、籌畫階段
1. 協助蔓蘿自我探索
輔導教師可依據選擇之理論來進行。探討主題包括成長過程之阻礙經驗、親子關係、暴食歷程造成之影響、纖瘦標準對自我之意義等，以協助蔓蘿覺察家庭之負面影響、未完成發展任務、未滿足需求跟暴食行為之關聯。
2. 探討滿足需求之可能途徑
協助蔓蘿探討從現實中滿足需求之途徑，以提高改變動機。
3. 對蔓蘿進行相關教育，以提高改變之動機
例如：使用 Tice、Mazotti、Weiber、Agras（2000）所設計之方案（降低內在纖瘦標準之壓力），造成蔓蘿認知失衡，再藉著降低蔓蘿內化纖瘦標準之壓力以恢復認知平衡；或提高蔓蘿覺察飲食行為能力，以提高其改變之動機。</td></tr>
</table>

（接下頁）

（續上頁）

	4.處理改變與不改變之衝突 　　協助蔓蘿處理「改變與不改變」暴食行為之衝突，以提高蔓蘿行為改變之動機。 5.培養蔓蘿造成改變之必要因應技能及保護性因子 　　暴食者通常在情緒調適、抗拒誘惑、情緒表達等方面技能不足，因此輔導教師須協助蔓蘿培養重要因應技能，以提高蔓蘿行為改變動機及為改變作準備。
	三、準備階段 1.擬訂改變計畫 　　輔導教師跟蔓蘿一起擬訂行為改變計畫，以滿足需求、控制暴食、提高情緒分化、完成發展任務、學習因應技能為主，並且賦予蔓蘿為自我問題負責之責任感。 2.訓練蔓蘿執行計畫所需要之技能 　　例如情緒調適、衝動控制、抗拒誘惑、挫折忍受力、表達自我、自我肯定、善用外在資源、自我管理、作計畫、執行計畫等。 　　此外，以角色扮演、提供觀察典範等方式，協助蔓蘿熟悉改變歷程及強化執行計畫所需之技能。 3.善用其他資源 　　適當分配家長、學校人員及同儕之協助角色及工作任務，以降低環境中傷害性或危險性因子及增加保護性因子。 4.提供父母、相關人員效能訓練 　　在必要情況下，提供父母、教師、同儕效能訓練，協助他們成為蔓蘿處理暴食行為之助力。
	四、行動階段 1.當蔓蘿有成功表現時提供適時鼓勵，以強化其信心及動機。 2.蔓蘿執行計畫時，須隨時進行監控及調整，以符合實際狀況需要。輔導教師須在一旁指導。 3.持續加強保護性因子及因應技能。 4.提供蔓蘿心理支持，並協助其處理突發狀況。 5.逐漸將改變之責任轉交給蔓蘿。
	五、維持階段 1.協助蔓蘿覺察復發線索及熟練處理方式。 2.鼓勵蔓蘿以耐心、接納面對復發，只要暴食行為逐漸減少便是成功。 3.協助蔓蘿使用自我管理技能：自我計畫、自我監控、自我執行、自我調適及自我獎勵，學習為自我行為負責之態度及能力。 4.鼓勵蔓蘿持續培養因應技能及保護性因子。 5.鼓勵蔓蘿在必要時尋求協助資源。

本章摘要

第一節　飲食異常之定義與類別

1. 國內青少年飲食異常比率有逐年增高之趨勢。
2. 飲食異常可分為暴食症與厭食症，兩者各有其診斷標準，其共同點是對體重有非理性之恐懼。兩者雖分屬不同之異常行為，但有某種程度之關聯。

第二節　青少年飲食異常之成因

1. 造成飲食異常之早年經驗，包括：家庭暴力、兒童期性侵、失功能家庭經驗。
2. 造成飲食異常之個人因素，包括：人格特質（例如求完滿）、情緒困難、生理因素（性別、遺傳）、對身體不滿意、青少年期、運動員。
3. 造成飲食異常之家庭因素，包括：關係疏離、凝聚力低、情緒支持少、過度保護、關係黏著、僵化、衝突等。
4. 造成飲食異常之環境因素，包括：文化觀念、環境纖瘦壓力（如媒體影響、家人及同儕批判）。

第三節　青少年飲食異常之發展歷程

1. 飲食異常發展歷程中，⑴個人（如遺傳）、家庭、環境等因素，造成⑵人格脆弱及情緒困難等問題。
2. 飲食異常者由於人格脆弱及情緒困難，而無法抵擋當前壓力（例如流行、他人批判），產生⑶「理想體重」及「主觀體重」間之差距，最後造成⑷負面身體意象。
3. 飲食異常者受負面身體意象影響，而否認自己，因為對肥胖恐懼，而決定⑸節食。
4. 節食代表壓抑食物渴求，壓抑的同時，會激起相對抗之力量，而對食物需求增強，因此造成⑹兩股力量對抗。
5. 因為受到某些因素影響打破兩股力量之平衡，形成不同類型之飲食異常。⑺如果負面情緒出現，渴求食物力量被強化，便引出暴食行為；⑻如果內在否定自我力量被加強，便出現厭食行為。

6. 因為某些因素影響，暴食及厭食行為在某些狀況會交替出現。

第四節　青少年飲食異常問題與輔導

1. 青少年暴食問題之輔導方法包括：

⑴修正家庭功能不良之負面影響（例如親子座談）。

⑵降低內化纖瘦標準之壓力（例如造成認知失衡後再矯正其思想）。

⑶提高情緒分化及情緒智力（方法見前面章節）。

⑷提高對飲食行為之覺察。

⑸系統化自助方法。步驟包括監控、訂定三餐計畫、學習介入方式、問題解決、減少節食、改變心態。

⑹其他因應方法（下定決定、提高面對問題動機及準備度、為自己設定目標、得到外界支持、正面思考、覺察暴食前之線索、提高自尊、改善節食習慣）。

2. 青少年厭食問題之輔導方法包括：

⑴參考前述之暴食症者方法，修正以適合處理厭食症者問題。

⑵ Pierre 之復原五階段：

劇烈階段——提供一致、信賴之環境。

緊急階段——給予教育課程，以提高正面情緒及自我價值、呈現真實自我。

現實階段——發展自我認定。

互動階段——學習以客觀、理性、多元觀點面對問題；處理回歸現實環境之恐懼。

環境整合階段——外在世界提供正面支持環境。

第十九章

青少年網路成癮問題與輔導

「網路成癮」（internet addiction）是一種不用麻醉劑卻使人衝動失控、自我控制感喪失、人際關係失調、生活作息高度失衡之狀態（Young, 1996）。近幾年對網路成癮的研究如火如荼地進行，凸顯出「網路成癮」已是目前國內青少年重要的行為問題之一。

研究發現：南區大專院校學生中，有網路成癮傾向者 10.3%（林旻沛，2003）；網路成癮高危險群的大學生，每週上網 15 小時以上，以 36 小時占絕大多數（楊正誠，2002）。

網路成癮高危險群的高中生，每週上網平均時數，不同研究有不同發現，分別為：30.9 小時（戴秀津，2002）、24.2 小時（董潔如，2002）、12.5 小時（韓佩凌，1999）。有網路成癮的高職生，每週平均上網時數為 28.5（李佳蓁，2006）。

網路成癮高危險群的國中生，網路使用年資在三年以上，每週平均上網時間以 25 小時以上者最多（張仁獻，2003）。

經常使用網路之青少年，容易出現網路成癮症狀（彭郁歡，2003；楊正誠，2002；楊佳幸，2000），就學階段愈高，網路使用時間及網路成癮傾向愈嚴重（陳冠名，2003）。網路成癮高危險群比率中，高職生高於高中生，高中職男性為女性的 2.6 倍（董潔如，2002）；大學生當中，也以男性居多（楊正誠，2002）。

網路成癮就像其他成癮問題一樣，對個人身心健康、職業、學校與社會功能造成極大傷害。

第一節 網路成癮之定義

1. 何謂「網路成癮」？
2. 小霖是否出現「網路成癮」症狀？「網路成癮」有哪些症狀？
3. 從小霖沉迷的角色與劇情來看，小霖渴望從網路遊戲中滿足哪些需求？
4. 試著成為小霖，體驗小霖的內在世界，說出小霖的感受？小霖的感受、未滿足需求與對網路世界之執著三者間有何關聯？

「啞俠雖傷痕累累，卻仍勢如破竹地揮舞著手中寶劍，讓圍攻敵人一個個應聲而倒。一旁驚嚇過度卻感動莫名的武林第一美女縵靈，敬佩及愛慕之情油然而生，……。」小霖忘神地沉醉於昨晚的網路劇情，右手食指竟不自覺地忙著上下按動，猶如啞俠揮舞著手中寶劍一樣。

不管在什麼樣情況下，網路劇情常常進駐他的腦海，讓他心神飛出現實的框架，毫無羈絆地徜徉在自我編導的人物與劇情中。啞俠取代了小霖，而小霖自認自己是啞俠。

他的任務是行俠仗義，鋤強濟弱，懲奸罰惡。他要用刀刃建立名聲，贏得美人芳心。縵靈的倩影總是忽隱忽現地縈繞盤纏，他怦然心動的感覺竟如此刻骨銘心，像是縵靈繾綣在自己懷中。武林至尊的榮耀及萬人簇擁的壯觀，常凝聚成一幅幅鮮明的影像在眼前跳躍。每當失神於真實與虛擬的交錯中，他便不自覺地打開電腦進入網路世界。唯有在網路世界中，他才感覺到自己的存在。對現實世界的疏離感覺，竟常讓他落入恍然隔世的茫然。

恍惚的神情，不忍卒睹的成績及流連網咖而連連曠課的荒廢，讓父母師長驚了心。小霖也不想受網路控制，但是心有餘而力不足。小霖的依然故我，逐漸腐蝕了父母的耐心，將好言相勸轉化成指責與恐嚇，將老師的苦口婆心，削磨成失望與沉默。父母師長的反應，小霖解釋成苦苦相逼，最後竟冷漠地說了一句：如果可以的話，願意飛入網路，永遠成為啞俠。

(一)網路成癮

「網路成癮」是指參與網路活動所產生的病態網路使用行為（pathological internet-use behavior）。成癮者強迫地進入網域，對日常生活互動或人際往來漸失興趣；熱衷於線上即時活動或網路對話；對於網路活動失去自我控制能力（台北市立聯合醫院松德院區網站，2005）。

因為「網路成癮」尚未被公認為精神疾病，一些學者對於「網路成癮」之定義與特徵莫衷一是，不過耐受性、戒斷現象、強迫上網渴望、社會與職業（或學業）功能受損等症狀等，受大多數學者認同。Goldberg（1996，轉載自董潔如，2002）認為「網路成癮」有七項特徵：

1. 耐受性：不斷增加上網時間，才能得到當初的滿足程度。如果上網時間不增加，滿足感便下降。

2. 戒斷現象：因停止或減少網路過度使用，而在數天至一個月中，出現不安、焦慮、上網念頭盤據等狀況，並且損害個人社交、工作或其他重要功能。只要上網或類似的線上服務，便可舒緩或避免此一症狀。

3. 上網時間與頻率常超過原本的預期。

4. 無法成功地控制網路使用行為。

5. 花費很多時間在網路的相關活動上。

6. 因使用網路而放棄或減少日常生活上重要的社交、工作及娛樂。

7. 不顧出現生理、心理、社交及職務上之問題，仍持續使用網路。

Goldberg 認為，只要連續十二個月中，出現三項以上（含）之症狀，便可診斷為「網路成癮」。後來，他建議以「病態使用電腦」（pathological computer use）取代「網路成癮」。

㈡網路成癮症

「網路成癮」（internet addiction）是一種病態嗎？雖然在精神疾病診斷類別中，沒有「網路成癮症」（internet addiction disorder），不過為數不少的成癮者，出現類似物質成癮症（substance addiction disorder）之特徵，因此，「網路成癮症」該名詞，已經被普遍使用。

「網路成癮症」是指過度使用網際網路，而無法正常生活的人。美國匹茲堡大學心理學家設了八項檢測標準，檢測個人是否為網路成癮症者（陳亮恭，2005）：

1. 全神貫注於網際網路或線上活動，下線後仍然盤繞著上網情形。

2. 覺得需要花更多時間在線上才能獲得滿足。

3. 多次努力想控制或停止使用網路，但總是失敗。

4. 企圖減少或停止使用網路時，會覺得沮喪、心情低落、易發脾氣。

5. 花費在上網時間比預期長。

6. 為了上網，寧願冒著損失重要的人際關係、工作或教育機會之危險。

7. 曾向家人、朋友或他人說謊，以隱瞞自己涉入網路之程度。

8. 上網是為了逃避問題或釋放一些感覺，諸如無助、罪惡、焦慮或沮喪。

只要符合以上五項，便可以初步診斷為「網路成癮症」。如果再加上每週上網時間超過 40 小時，更可確定為「網路成癮症」。

以上八項標準，跟「網路成癮」的七項特徵大同小異。在第*8.*項中：「上網是為了逃避問題或釋放一些感覺」，說明了網路成癮行為只是問題之表徵，背後隱藏重要之成因。

如果將「網路成癮」當成疾病，「網路成癮」便是「網路成癮症」。如果「網路成癮」不被視為疾病，那麼「網路成癮」只是一種沉溺行為。

㈢網路成癮之類型

網路成癮包含了多種行為及衝動控制之失常，這些行為可分為五種成癮型態：⑴網路性成癮；⑵網路人際關係成癮；⑶網路遊戲成癮；⑷資訊超載；⑸電腦成癮（楊蘊哲、梁朝雲，2001）。

目前國內外對青少年網路成癮之研究，大都不分成癮類型。從現有研究資料，無法判斷哪些成癮問題較多，如果從青少年發展特徵來看，可能以性、人際關係、遊戲等三類最多。

第二節　青少年網路成癮之成因

問題與討論

1. 讓小霖開始上網的原因為何？這些原因背後隱藏著哪些未滿足需求？從 Maslow 需求層次論來看，小霖有哪些未滿足需求？
2. 小霖「網路成癮」之成因為何？還有哪些成因跟「網路成癮」有關（請從個人、家庭、學校、社會及網路工具等方面說明）？
3. 從 Erikson 心理社會論來看，小霖有哪些未完成發展任務？

小霖望著桌上的書本，不斷地打哈欠。閱讀的速度，比那老牛拉車還慢、還辛苦。有時候書本上的文字，竟會扭動、跳躍，模糊了視覺，往往讀了老半天，還是不知書本所云。聽到時鐘敲了十二下，小霖的眼皮不知不覺地沉重下垂，然後連身體也不聽使喚，最後竟趴在桌上呼呼大睡。「讀書如果可以像睡覺這麼香甜，那該多好！」已經快沉入夢鄉的小霖，還不忘記這樣自言自語。

中午吃飯時間，三五成群同學圍在一起邊吃飯邊聊八卦，言談中夾雜著竊竊私語，爆笑聲不絕於耳，偶爾還有同學玩笑似地互相揮拳捶打。看在小霖眼裡，既羨慕又嫉妒。內向的個性，欠佳的表達能力，不理想的成績表現，讓他羞愧地不敢主動加入同學們的談話。只能豎起耳朵，分享他們偶爾傳來的插科打諢。最近聽說班上同學流行網路交友，有些同學私底下高談闊論比較各自的收穫，讓小霖心動地想親自嘗試。

小霖將房門鎖上，然後關上電燈，扭開床前小燈。他從床墊下面抽出一本小說，躺在床上讀了起來。這本小說是一位鄰居借給他，聽他說是男女間一些秘聞。他被書中男女大膽的行徑，驚訝得目瞪口呆，身體竟出現難以理解的興奮感覺。那一夜，他到清晨才入睡。意識模糊間，書中某些畫面竟似活靈活現地在眼前。

最近，小霖聽那朋友說，其實，更精彩的是在網站上，集視覺、聽覺於一身，可以令人血脈賁張。小霖聽了之後躍躍欲試。

網路成癮之成因，包括個人、家庭、學校、社會及網路工具等方面，這些方面，跟之前所提的藥物成癮三種模式相呼應。

一、早年經驗因素

彭淑芸（2002）研究發現：早年經驗跟網路成癮有關。人類一些基本需求（例如愛人、被愛、被重視、被肯定），必須從人際互動中獲得滿足。不良成長經驗，妨礙個人以健康方式滿足需求。個人轉而求諸不適應行為。這是自我調適機制受阻而妥協之狀況。

不適應行為無法真正滿足需求，只有暫時安撫作用。當不適應行為的安撫作用產生增強效果後，個人將持續使用，最後不適應行為成為成癮行為。因此，心理需求是預測青少年網路成癮最有效之變項，滿足心理需求是青少年上網的最大動機（陳冠名，2003）。

研究顯示，無聊（王秀燕，2001；邱絨軒，2003；Nichols & Nicki, 2004）、孤獨感（范傑臣，2002；Pawlak, 2002）、寂寞感（Hunang, 2002），缺乏社會支持（Pawlak, 2002）、缺乏情緒抒解（范傑臣，2002）、缺乏成就感（邱絨軒，2003）等，是青少年透過網路滿足之需求。

進一步來說，以上各種需求，都跟依附型態有關係。不同依附型態中，以焦慮型（或趨避衝突型）最能預測網路成癮行為，逃避型次之，安全型則跟網路成癮無關（王澄華，2001）。焦慮及逃避型依附都根源於青少年早年跟照顧者之不良互動。青少年早年形成之不安全依附型態，致使青少年無法以健康方式滿足需求，最後以網路來取代，而造成網路成癮。

二、網路工具因素

網路工具具有一些特質，這些特質恰巧滿足青少年需要，以及符合青少年發展特徵。

㈠互動多樣性

網路成癮者比非成癮者更依賴網路人際（蕭銘鈞，1997）。網路成癮者最常進行之活動，包括聊天室、網路遊戲、新聞群組等（陳冠名，2003；Young, 1998），其共同性便是人際互動。人際需求不滿足之青少年，可以輕易地從網路中獲得滿足。

此外，網路世界包羅萬象，隨個人喜好與需要任君挑選。不同人的不同人際需求，同一個人的不同人際需求，都可以從網路各式各樣活動中得到滿足。

當網路滿足青少年情感支持、成就感、情緒抒解，消除青少年之孤獨感、寂寞感後，便能增強青少年繼續投入之動機。這也就是為什麼愈傾向「虛擬情感」、「虛擬社交」網路活動之青少年，愈容易有成癮傾向（朱美慧，1999）。

㈡匿名性與虛幻性

網路世界的匿名性，免除青少年面對面之尷尬、因外型不佳而遭受拒絕、因身分暴露而後患無窮，因此青少年可以大膽開放內心世界、抒解情緒、結交朋友，消除孤寂感。

網路世界之虛幻性，提供青少年機會構築各種虛擬社會，扮演各種角色，穿梭古今與現代，跨越現實生活各種限制。青少年在現實世界無法實現之理想與角色，都可以在網路世界中得償所願。

張仁獻（2003）研究發現：網路成癮危險群使用之網路功能，以網路連線遊戲最多，使用之動機以「扮演現實生活中不同角色」最高。因此，網路連線遊戲與青少年網路成癮之關係最高（陳冠名，2003）。

㈢刺激、挑戰、競爭與合作性

青少年充滿「初生之犢不畏虎」之傻勁，偏好危險性、刺激性、挑戰性與冒險性之活動。網路世界之特性，適巧滿足青少年需要。

此外，網路世界中千奇百怪之活動俯拾即是，不像現實環境之休閒活動，費時、費力、趣味相投者幾稀。

比較付出之代價與得到之收穫，網路世界之豐富性、方便性與趣味性，遠超過現實環境之活動，因此容易讓青少年趨之若鶩，愈陷愈深。

三、當前環境因素

青少年的生活壓力與網路成癮有關（韓佩凌，1999），青少年的生活壓力來自於家庭、學校及社會。

㈠家庭環境

1. 家庭壓力

青少年階段，充滿疑惑、混亂、不安，需要父母師長以包容、溫暖、關懷、接納對待。

可惜的是，外遇、分居、離婚與單親等事件已是家庭常態，家庭成為目前動蕩社會之翻版。父母不但自顧不暇，甚至讓家庭充滿衝突、疏離、誤解、冷漠、批判與指責，為深陷成長壓力之青少年，另增添多種生活壓力。

此外，父母管教方式與手足（親戚）互動不良（邱絨軒，2003），親子間「聚頻心離」、「聚疏心離」等互動類型（盧麗卉，2000），家庭功能障礙（戴秀津，2002；顏如佑，2005）等，都是促使青少年網路成癮之成因。

2. 父母之監督

嚴禁子女不上網，似乎不可能。家長只能退而求其次，輔導子女上網的品質及防止子女網路成癮。因此，家庭是否盡責監督子女使用電腦情形，也跟子女網路成癮有關，包括：⑴父母具備網路素養，跟子女一起上網，並了解子女常上之網站；⑵了解並接納子女的網路行為，但要告誡子女網路潛在之危險及應對方法；(3)訂定電腦使用規則，並且將電腦放置在家庭中的公共區域；(4)使用記錄監控以限制色情網站；(5)慎防網路社交之危險性（游期森，2001）。

如果說網路世界讓青少年成癮，倒不如說，是家庭的忽視給了網路世界機會，為青少年舖設一條網路成癮之道路。

㈡學校環境

升學率是學校關注之焦點，學業成績是決定青少年自我價值的唯一來源。因為青少年的其他發展受到忽視，於是學業成績低落者自覺一無是處，價值感低落。已出現同儕、異性關係、價值觀等問題之青少年，因為一些因素，得不到適當之協助。無可諱言地，學校之措施，有時候不利青少年發展，甚至惡化了青少年從家庭帶來之傷口。

研究發現：學業排名在班上後四分之一者（戴秀津，2002），跟父母師長互動少而人際疏離者（魏心怡，2000），學習適應差、自尊低與人際關係差者（朱美慧，1999），愈容易受到「虛擬情感」及「虛擬社交」吸引，而出現網路成癮傾向。

㈢社會環境

網咖四處林立，方便青少年進行隱密的網路活動，輕易逃避學校、家庭之監視。某些網咖，還提供隱密私人房間，協助青少年跳出眾目睽睽之約束，放任自己進行任何網站或網路遊戲。

此外，群聚網咖之青少年，可以交換網路心得、介紹刺激好玩的網路遊戲，甚至進行成年人的禁忌活動。

這些美好經歷，逐步地讓青少年進入網路成癮之路。

四、青少年個人因素

㈠發展特徵

青少年發展上一些特徵，降低了抗拒網路誘惑之能力，包括：自我認定過程中，因方向不明確而內在混亂；理想無法得到認同；想像力豐富無處發揮；性需要無處抒解；渴望建立親密關係卻苦無管道；情緒容易起伏難以控制；對同儕過度重視；衝動控制力差；個人式寓言作祟；好奇心重、冒險性高。

如果父母師長不了解青少年需要及發展特徵，而施以不適當方法管教；如果青少年不了解發展特徵，而不知善用內外在資源協助自我，便容易以逃避方式（例如躲入網路世界）面對問題。

㈡人格因素

研究顯示：某些人格特質比較容易成為網路成癮者，例如低自尊（董潔如，2002；顏如佑，2005）；社交自尊感偏低、社交焦慮感與社交孤寂感偏高（陳金英，2004）；對外在刺激沒有控制能力（Young，1994，轉載自彭淑芸，2002）；思慮不周、粗心大意、抑鬱悲觀、社交活動不廣泛（陳冠名，2003）；神經質人格傾向、人際關係不好、心理狀況欠佳（戴秀津，2002）；個性依賴、害羞（董潔如，2002）、個性過度內向。

這些研究結果反映出兩個重要訊息：

1. 以上不同人格特質並非相互獨立，而是相互關聯。未來研究可以進行綜合性探討，歸納出跟青少年網路成癮最有關之人格因素。

2. 人格特質之形成，是成長經驗所致。因此，人格特質與網路成癮之關係，也是早年經驗與網路成癮兩者關係之反映。

㈢性別

大部分研究顯示：青少年中，男性比女性較容易有網路成癮傾向（例如楊正誠，2002；戴秀津，2002；顏如佑，2005）。

可能原因如下：⑴男性比女性較喜歡科技性活動；⑵女性比男性較容易從現實環境中抒解情緒；相反地，男性抒解管道狹隘，只好訴諸網路世界；⑶女性善於經營現實環境中之人際網絡，男性偏好個人主義，而成為孤寂之一員。在需要陪伴與支持情況下，上網便成為最佳選擇；⑷男性被期望成為強者，因此比女性好面子。網路世界之匿名性，適巧可以維護男性面子與尊嚴；⑸因為某些因素使然，男性容易上色情網站尋求慰藉。

㈣上網時間

經常使用網路之青少年，較容易有網路成癮症狀（彭郁歡，2003；楊正誠，2002）；每次使用時間愈長者，成癮之可能性愈高（例如楊正誠，2002）。

即使青少年尚未有網路成癮傾向，但「經常花過多時間上網」，此現象已是問題徵兆，反映出青少年正受問題困擾，而試圖逃入網路世界（例如藉助網站遊戲滿足人際需求）。

如果青少年未認清問題，無法適時處理，便容易受到增強，而逐漸步上網路成癮之路。

㈤缺乏機會探索適合之休閒娛樂

網路世界常被用作消磨時間、休閒娛樂之管道。比起其他休閒活動，網路世界省錢、省時、省力、方便、刺激、冒險、可單獨或結群進行，可說一舉數得。

將網路世界當成休閒娛樂之一則可，當成唯一則不可。有益、適合之休閒娛樂要靠探索、選擇及培養。青少年如果沒有機會開拓其他休閒興趣，便容易受網路世界之便利性所吸引。將網路世界當成唯一休閒娛樂之青少年，自然容易沉淪於其中。

將以上所述的各種可能成因摘要如表 19-1。

第三節　青少年網路成癮之歷程

1. 善用網路，可以帶來哪些正面作用？
2. 網路成癮之歷程階段為何？各階段有何特徵？
3. 青少年哪些網路行為跟網路成癮有關？

表 19-1：青少年網路成癮之成因摘要表

成因	說明
一、早年經驗因素	青少年早年不良成長經驗及不安全型依附，阻礙自我調適歷程運作，造成某些重要需求未滿足，便以網路滿足需求。
1. 互動多樣性	網路世界的互動多樣性，能夠滿足青少年重要的人際需求。
2. 匿名性與虛幻性	網路世界的匿名性與虛幻性，解放了現實世界之限制，實現生活中無法實現之理想。
3. 刺激、挑戰、競爭與合作性	網路世界之變化性、刺激性、挑戰性、冒險性、競爭性及合作性，符合了青少年發展之特性。
三、家庭、學校與	
(一)家庭環境 1. 家庭壓力	不良父母管教方式、不良手足及親子互動、家庭功能障礙等，帶給青少年生活壓力，也給了網路迷惑青少年之機會。
2. 父母監督	家長未監督青少年電腦使用情形。
(二)學校環境	學校過度重視學業成就，學業成就成為青少年自我價值感的唯一來源，致使學業不佳者得不到肯定、有其他問題者得不到適當幫助。這些青少年只得從網路滿足需要或逃避問題。
(三)社會環境	網咖四處林立，提供青少年從網路滿足需求的隱密場所；青少年群聚網咖彼此交換心得、提供資訊、滿足人際需求。
1. 發展特徵	網路世界提供青少年抒解成長壓力之管道。
2. 人格	社交自尊感偏低、社交焦慮及社交孤獨感偏高、控制能力低、悲觀、思慮不周、神經質人格、人際關係不佳、心理狀況不佳、低自尊、個性內向等，容易導致網路成癮。
3. 性別	男性比女性容易網路成癮。
4. 上網時間	上網次數愈多及時間愈長者，愈容易導致網路成癮。
5. 缺乏機會探索適合的休閒	缺乏合適之休閒活動者，或將網路視為唯一休閒活動者，容易沉迷於網路世界中。

網路世界並非只有負面作用，也具有正面功能，例如：高社交焦慮者透過網路互動經驗滿足人際需求後，在真實環境之人際互動時，變得更自在、更有自信（楊靜芳，2002）；網路遊戲裡的角色扮演，有利於青少年自我認定之形成；釋放「真實自我」，實現「理想自我」；增進青少年自信；協助青少年形成未來的工作概念與自我理想（侯蓉蘭，2002）；增進青少年適應環境及批判思考能力（楊媛婷，2002）；協助青少年抒解情緒（范傑臣，2002）。

不過，「水可載舟，亦可覆舟」，楊期泰（2002）研究發現：高中職生網路使用動機愈高，其網路使用行為、使用網路滿足需求之程度也愈高；愈利用網路滿足需求者，帶來之疏離感也愈強。這是導向網路成癮歷程特徵之一。

過度上網或以網路世界取代現實環境滿足需求者，容易成為網路之奴隸，落入網路成癮之一族。以下將青少年網路成癮之歷程分為三期，並配合相關研究加以說明。了解青少年網路成癮歷程階段，除了協助父母師長及青少年覺察狀況，也可以依據不同階段，提供不同之輔導方案。

㈠網路成癮初期

青少年可能由於好奇、同儕相邀、課業需要、某些重要需求未滿足等原因而開始上網。品嘗到網路世界各種好處後，某些青少年便逐步進入成癮之路。

從網路特質來看，白育甄（2003）研究發現：在網路遊戲中，虛擬世界具備的「強大群聚功能」與「免除面對面尷尬」兩大特質，是吸引網路使用者進入網路成癮初期階段的兩大因素。從這兩大因素來看，獲得需求滿足，是致使青少年網路成癮的關鍵要素。

從另一方面來看，陳冠名（2003）依據青少年人格、生活適應、心理需求與網絡活動等變項，將青少年網路使用行為與成癮傾向（沉迷傾向）之關係分為八類，整理如表 19-2。從這八類，也可看出促使青少年進入網路成癮之因素。

從表 19-2 可歸納出：網路聊天、連線遊戲、網路色情、自卑迷失等因素，跟青少年成癮關係最大。這幾項因素，也反映出青少年未滿足需求跟網路成癮之關聯。

表 19-2：青少年網路使用行為類型及網路成癮傾向之關係摘要表

類型	成癮傾向
課業良好之網路疏離者	網路成癮傾向低
欠缺生活目標對網路陌生者	網路成癮傾向低
適應良好略上網者	網路沉迷傾向中度偏低
閱讀資訊蒐集者	網路成癮傾向中度
網路聊天者	網路成癮傾向中度偏高
自卑迷失上網者	網路成癮傾向偏高
連線遊戲沉迷者	網路成癮傾向偏高
網路色情沉迷者	網路成癮傾向最高

（資料來源：青少年網路使用行為及網路沉迷的因素之研究，陳冠名，2003，國立高雄師範大學教育研究所博士論文，頁 199）

總而言之，網路特質加上個人因素，使青少年從網路世界中滿足了某些需求，帶來壓力及情緒抒解，獲得成就感、歸屬感……，這些效果增強了青少年對網路之流連，而提高上網次數及時間，也讓青少年逐漸步入網路成癮之歷程。

㈡網路成癮中期

在網路成癮中期，網路活動成為青少年的「自我防衛」，是青少年逃避問題之工具。

相較於現實環境令人喘息之壓力，凸顯出網路世界任我操控之逍遙，於是網路世界成為青少年解憂之天堂。青少年對現實世界之失望，可逃入網路世界找到補償，每多一次逃避，便多一分網路成癮之可能。

青少年隨著上網次數與上網時間增加，逐漸荒廢了現實世界之責任與義務，造成「生活重要層面問題陸續出現」，例如人際、課業、健康等問題。這也是網路成癮歷程之中期症狀。

㈢網路成癮後期

網路成癮的後期症狀是：網路成為青少年的生活重心，網路跟青少年結合成一體，並且操控青少年身心。此時出現一些跟藥癮類似的成癮症狀，包括：網路耐受性、戒斷症狀、強迫性上網；遠離朋友、家人及以往之社交活動；學業或工作表現低落，缺課、曠職；身體健康變差，出現一些跟電腦使用有關之生理疾病。

王秀燕（2001）研究顯示：大部分網路成癮學生具有負面自我概念（例如認為自己不會有出息、不值得信任），跟家人關係惡化、學業低落、無法控制上網時間。這是成癮後期症狀。

網路成癮青少年或許有心退出網路世界，回到正常生活軌道，可是，戒斷現象、強迫性上網行為及內在未滿足需求之催動，讓青少年內心愧疚，卻無法罷手停歇。

第四節　青少年網路成癮問題與輔導

1. 如何預防網路成癮？
2. 對於已經進入成癮階段之青少年，該如何輔導？
3. 哪些保護性因子，可以協助小霖克服網路成癮問題？

一、青少年網路成癮問題與輔導

可以從幾方面著手：⑴消除造成青少年網路成癮之成因，例如從個人、家庭、學校等方面介入；⑵滿足青少年心理需求，例如透過現實方式，滿足青少年從網路上滿足之需求；⑶熟悉青少年網路成癮階段，以提供適時介入；⑷培養重要因應技能（例如抗拒誘惑）；⑸完成未完成之發展任務（例如自我認定），加強自我力量。

二、案例應用

㈠案例分析

從網路成癮症狀來看，小霖已符合某些標準，包括：⑴全神貫注於網路或線上活動，下線後仍然盤繞著上網情形；⑵企圖減少或停止網路行為時，覺得沮喪、心情低落、易發脾氣；⑶上網時間比預期長；⑷為了上網，寧願冒著損失重要人際關係、工作或教育機會之危險；⑸上網是為了逃避問題或釋放一些感覺，諸如無助、罪惡、焦慮或沮喪。此外，小霖已分不清現實世界與幻想世界，甚至以幻想世界取代現實世界。

以上所述只是症狀，症狀背後之成因，才是輔導處理重點。

第一，從個人因素來看，小霖缺乏自信、內向、退縮、自卑、怯於表達自我。這些個人因素，促使小霖透過網路，滿足被肯定、被讚美、成就感、被注意、被重視、建立親密關係、表達內心感受、自由不受拘束、公平正義等需求。從 Maslow 需求層次論來看，小霖除了生理需求滿足外，其他需求可能未滿足，以至於自我力量脆弱。

比較以上所述及Erikson心理社會發展論，可見小霖成長過程中某些發展任務未完成。可能包括「自律、自動自發、勤勉、自我認定」等。

此外，除了需求未滿足外，小霖欠缺了一些重要因應技巧，例如抗拒誘惑、問題解決、情緒調適、社交等技能，這些因素對小霖成癮行為有推波助瀾之作用。

第二，從家庭因素來談，雖然文中未曾詳述，但是從小霖的個性、未滿足之需求及父母對小霖成癮問題之處理，可見父母管教態度、親子互動，或親子溝通等有待改善。

第三，從學校因素來看，小林跟同儕關係疏遠，成績及學習動機低落。這些問題進一步反映出小霖在「自律、自動自發、勤勉、自我認定」等發展任務未完成。

第四，從社會因素來看，不良同儕誘惑及網咖林立，提高小霖網路成癮之機會。

目前最急迫問題，是協助小霖區辨幻想世界與現實世界之不同，並且認清事實回到現實世界。其方法，便是協助小霖在現實世界中滿足需求。小霖網路成癮問題診斷分析圖如圖 19-1。

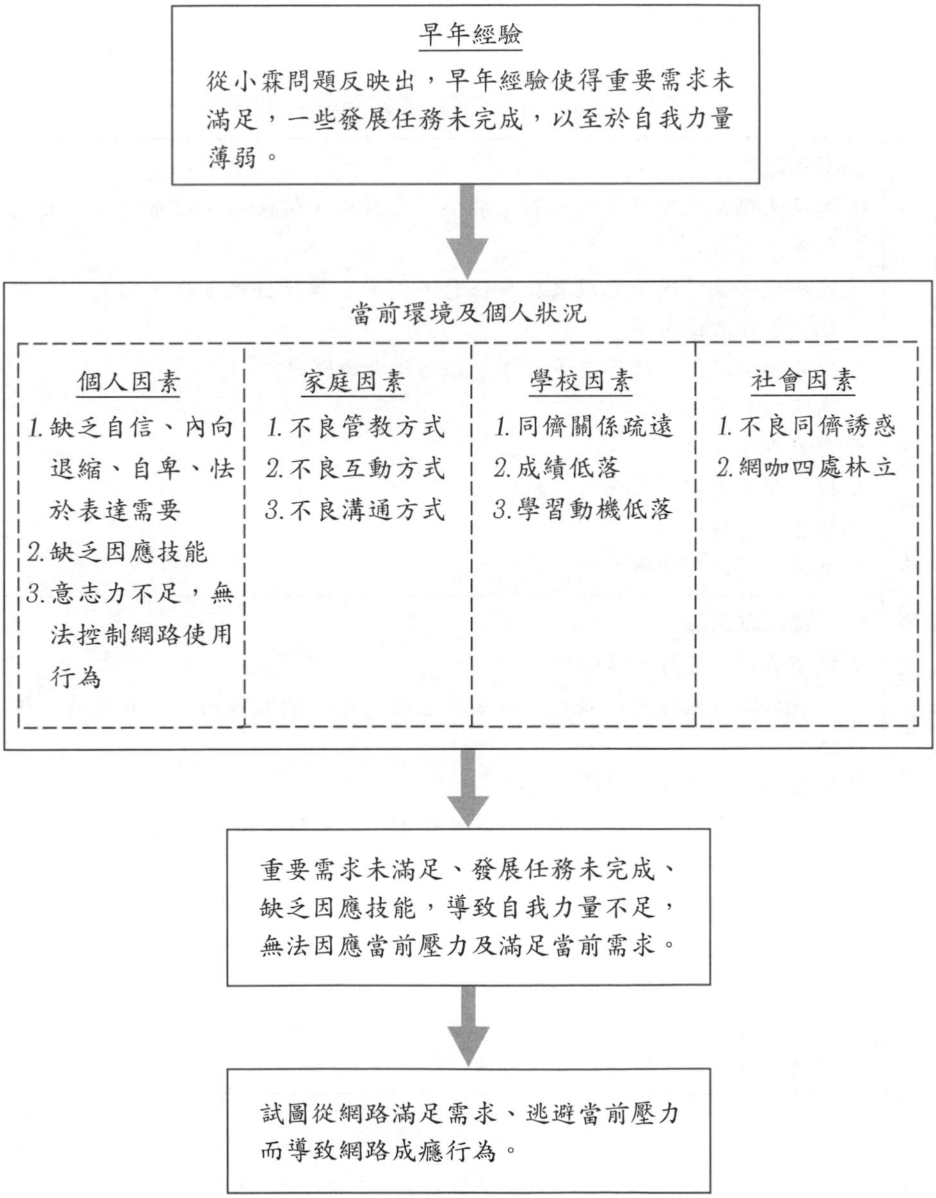

早年經驗

從小霖問題反映出，早年經驗使得重要需求未滿足，一些發展任務未完成，以至於自我力量薄弱。

↓

當前環境及個人狀況

個人因素	家庭因素	學校因素	社會因素
1. 缺乏自信、內向退縮、自卑、怯於表達需要 2. 缺乏因應技能 3. 意志力不足，無法控制網路使用行為	1. 不良管教方式 2. 不良互動方式 3. 不良溝通方式	1. 同儕關係疏遠 2. 成績低落 3. 學習動機低落	1. 不良同儕誘惑 2. 網咖四處林立

↓

重要需求未滿足、發展任務未完成、缺乏因應技能，導致自我力量不足，無法因應當前壓力及滿足當前需求。

↓

試圖從網路滿足需求、逃避當前壓力而導致網路成癮行為。

圖 19-1：小霖網路成癮問題診斷分析圖

㈡案例輔導歷程

輔導青少年網路成癮問題時，須協助青少年滿足心理需求、完成未完成之發展任務，培養因應技能，去除自我調適歷程之障礙，以找回自我力量，避免網路成癮行為再發生。

表 19-3：輔導小霖「網路成癮問題」之歷程

<table>
<tr><td rowspan="2">監控及調適歷程</td><td>輔導重點
1.滿足未滿足之需求，例如親密關係、成就感、價值感、被重視、人際關係等。
2.完成過去及當前未完成之發展任務，例如自律、自動自發、勤勉、自我認定等發展任務。
3.提高父母效能，改善親子關係、互動及溝通模式。
4.處理成癮問題。
5.避免再度成癮。
6.提高學業成就、改善同儕關係。
7.學習因應技巧。
8.選擇良好同儕訓練。</td></tr>
<tr><td>一、籌畫前階段
1.跟小霖建立良好輔導關係
良好輔導關係可以滿足小霖某些重要需求，例如被關心、被支持、被接納。
2.評量小霖網路成癮階段
從小霖成癮的症狀來說，小霖可能已進入網路成癮中期階段。
3.評量小霖對問題覺察程度
小霖知道自己無法抗拒網路誘惑，但不知已成為網路成癮者，以及成癮行為與未滿足需求之關係。
4.評量小霖受輔動機
基本上小霖想控制網路使用行為，因此有意願接受輔導。
5.評量小霖所需之因應技能及保護性因子。</td></tr>
</table>

（接下頁）

（續上頁）

<table>
<tr><td rowspan="2">監控及調適歷程</td><td>二、籌畫階段
1.協助小霖自我探索
輔導教師可依據選擇之理論來進行。探索主題包括成長過程中一些不良經驗，需求未滿足及發展任務未完成之阻礙經驗、需求與網路成癮之關係、親子關係、師生及同儕關係。
2.處理改變與不改變之衝突
協助小霖處理「改變與不改變」網路成癮行為之衝突，以提高小霖放棄成癮行為之動機。
3.探討從現實環境滿足需求之可能性
協助小霖探討從現實世界滿足需求之可能性，並且協助小霖覺察，透過現實世界可以滿足個人需求，以協助小霖回到現實世界，避免再次掉入網路世界。
4.培養小霖造成改變之因應技能及保護性因子
例如抗拒誘惑、自我管理、情緒調適、問題解決、社交等技能。
5.訓練父母監督小霖的網路使用行為
鼓勵父母提高電腦、網路素養，以善盡監督小霖網路使用行為之責。
6 訓練小霖選擇良好同儕，並安排良好同儕跟小霖為友。</td></tr>
<tr><td>三、準備階段
1.擬訂改變計畫
跟小霖一起擬訂行為改變之計畫，以滿足需求、完成發展任務、控制網路使用行為、培養因應技能為主，並且賦予小霖為自我問題負責之責任感。
2.訓練小霖執行計畫所需之技能
可能包括作決定、解決問題、社交、挫折忍受、抗拒誘惑、情緒調適、表達自我、評量結果、調整計畫、善用外在資源、自我管理等技能等。
此外，以角色扮演、提供觀察典範等方式，協助小霖熟悉改變之歷程及強化執行計畫所需之技能。
3.善用其他資源
適當分配家長、學校及同儕之協助角色及工作任務，以降低環境中傷害性或危險性因子及增加保護性因子。
4.提供父母、相關人員效能訓練
提供父母、相關人員（例如導師、同儕）效能訓練，以成為小霖改變行為之助力。
5.協助父母跟小霖一起擬訂家中電腦使用規則。</td></tr>
</table>

（接下頁）

（續上頁）

監控及調適歷程	四、行動階段 1. 當小霖有成功經驗時，應提供適時獎勵，以強化其信心與動機。 2. 小霖執行計畫時，須隨時進行監控及調整，以符合實際狀況需要。輔導教師須在旁指導。 3. 小霖遇挫折時，協助小霖避免負面歸因。 4. 提供小霖足夠之心理支持，並隨時處理突發問題。 5. 處理抗拒改變之力量。 6. 持續加強必要之因應技能及保護性因子。 7. 逐漸將行為改變之責任轉交給小霖。
	五、維持階段 1. 協助小霖警覺復發之線索及熟練處理方式。 2. 協助小霖以接納態度面對復發，只要新行為模式持續之時間加長，便是改變成功。 3. 持續加強維持改變所需之因應技能及保護性因子。 4. 鼓勵小霖使用自我管理技能：自我計畫、自我監控、自我執行、自我調適及自我獎勵，學習為自我行為負責之態度及能力。 5. 鼓勵小霖在必要時尋求協助資源。

本章摘要

第一節　網路成癮之定義

1. 網路成癮已是國內嚴重之青少年問題。
2. 雖然「網路成癮」未被認為是精神疾病，但從其症狀來看，網路成癮可視為「網路成癮症」。
3. 青少年網路成癮行為是其內在問題之表象。
4. 「網路成癮」之症狀包括耐受性、戒斷症狀及生活、職業（或學業）、人際等功能受損。

第二節　青少年網路成癮之成因

青少年網路成癮之成因包括：

1. 早年經驗不良，阻礙自我調適歷程、致使重要需求未滿足及塑造不安全依附型態。

2. 網路工具特性包括互動多樣性，匿名性及虛幻性，刺激、挑戰、競爭與合作性等。這些特性適巧滿足青少年某些需求。
3. 家庭因素方面，包括失功能家庭、不良父母管教方式、不良親子及手足互動。
4. 學校因素方面包括過度重視升學考試，造成青少年自我價值低落及青少年問題得不到適當幫助。
5. 社會因素方面，網咖林立，方便青少年使用網路及網咖群聚功能滿足青少年某些需求。
6. 個人因素方面，包括人格、性別、上網時間、缺乏適合之休閒活動。

第三節　青少年網路成癮之歷程

1. 在網路成癮初期，網路滿足了青少年未滿足需求，而強化了青少年對網路之流連，致使青少年逐漸進入網路成癮歷程。
2. 在網路成癮中期，青少年荒廢了現實責任與義務，逐漸出現生活不同層面之問題，例如課業、人際、健康。
3. 在網路成癮後期，青少年出現跟藥物成癮類似之症狀，包括耐受性、戒斷現象，讓生活各層面問題更嚴重。

第四節　青少年網路成癮問題與輔導

1. 預防青少年網路成癮的方法，包括：(1)消除青少年網路成癮之成因；(2)滿足青少年未滿足需求；(3)熟悉青少年網路成癮歷程，以適時介入；(4)培養重要因應技能（例如抗拒誘惑）；(5)完成未完成之發展任務（例如自我認定），以加強自我力量。
2. 輔導青少年網路問題時，以滿足青少年心理需求、完成未完成發展任務，培養因應技能等為主，以去除自我調適歷程之障礙，找回自我力量，避免成癮行為再發生。

參考文獻

大紀元網站（2004）。**台灣3小時一人自殺死亡，去年折損壽命七萬年**。2004年11月29日。

內政部警政署全球資訊網（2004）。**警政統計通報93年第09號——少年犯罪概況**。2006年10月21日。

內政部警政署全球資訊網（2005）。**警政統計通報94年第13號——93年兒童少年犯罪概況**。2006年10月21日。

內政部警政署全球資訊網（2006）。**台閩地區警察機關受（處）理刑事案件嫌疑犯人數——年齡別**。2006年10月21日。

內政部警政署警政治安全球資訊網（2006a）。**九十二年度施政報告——交通警察業務**。

內政部警政署警政治安全球資訊網（2006b）。**94年度3月8日警察大事記**。2006年10月21日。

文星蘭（2004）。**高中職學生身體意象與減重意圖之研究**。國立台北護理學院醫護教育研究所碩士論文。

方志華（2006）。**關懷倫理學的道德教育方法**。http://www.nhps.tp.edu.tw/ac1/關懷倫理學的道德教育方法.htm網站。2006年10月29日。

方進隆（2002）。**運動與健康——減肥健身與疾病的運動處方（修訂版）**。台北：漢文書籍。

方紫薇（1986）。**青少年自我統整發展暨價值澄清團體諮商對高一女生自我統整之影響**。國立台灣師範大學輔導研究所碩士論文。

中時電子報（1999）。**全球青少年「性」事調查——台灣五項第一**。2000年10月20日。

王印財（2000）。**國民中學學生情緒智力、生活適應與學業成就關係之研究**。國立高雄師範大學教育研究所博士論文。

王明傑、陳玉玲合譯（2002）。**教育心理學——理論與實務**。台北：學富。

王秀燕（2001）。**國中生電腦網路沉迷現象之研究**。國立政治大學教育研究所碩士論文。

王枝燦（2001）。**同儕影響與青少年偏差行為之研究**。東吳大學社會學研究所碩士論文。

王彩鳳（1999）。**大學生自殺意念的多層面預測模式**。國立台灣大學心理研究所碩士論文。

王雪貞、林翠湄、連廷嘉、黃俊豪合譯（2002）。**發展心理學**。台北：學富。

王淑卿（2004）。**國中生父母衝突、親子衝突、課業壓力與自殺意念之相關研究**。國立嘉義大學家庭教育研究所碩士論文。

王智璿（2000）。**家庭因素、負向特質與自殺危險性關係之研究——以國中生為例**。國立政治大學心理研究所碩士論文。

王傳庸（1995）。**飆車少年暴力行為質的研究與對策**。中央警察大學行政警察研究所碩士論文。
王漢源（1995）。傾聽青少年飆車族的心聲。**師友月刊，33**，14-17。
王震武、林文瑛、林烘煜、張郁雯、陳學志（2002）。**心理學**。台北：學富。
王慧玲、連雅慧合譯（2002）。**家族治療的理論與方法**。台北：紅葉。
王澄華（2001）。**人格特質與網路人際互動對網路成癮的影響**。輔仁大學應用心理研究所碩士論文。
尤嫣嫣（1999）。肥胖問題的探討。**學校衛生，35**，88-85。
尤嫣嫣（2002）。**大學生體型及身體意象相關因素之研究——以中原大學新生為例**。國立台灣師範大學衛生教育研究所博士論文。
孔繁錦、孔繁鐘編譯（1997）。**DSM-IV 精神疾病診斷準則手冊**。台北：合記。
台北市立聯合醫院松德院區網站（2005）。**網路成癮是什麼？**2005 年 3 月 11 日。
古喬（1995）。少年與飆車的情緒——訪中央警官學校總務處。**師友月刊，338**，6-10。
古易儒（2001）。**高職學生性態度之研究——以台南地區為例**。國立成功大學教育研究所碩士論文。
古琪雯（2003）。**青少女體型不滿意、社會體型焦慮與飲食異常傾向之關係研究**。國立台灣師範大學衛生教育研究所碩士論文。
白育甄（2003）：**網路成癮經驗對大學生學習與生活及心理社會發展影響——網路成癮個案之分析**。國立台灣師範大學政治學研究所碩士論文。
行政院青年輔導委員會（1998）。**青少年白皮書**。台北：行政院青年輔導委員會。
行政院衛生署疾病管制局網站（2002a）。**台灣感染人數將破四千，去年超六百宗**。2002 年 7 月 9 日。
行政院衛生署疾病管制局網站（2002b）。**民無「性」不力，誰說三十而立，愛滋感染族群年輕化**。2002 年 7 月 9 日。
行政院衛生署網站（2002c）。**衛生署統計——公務統計**。
行政院衛生署網站（2003）。**衛生署統計——公務統計**。
行政院衛生署網站（2006）。**國人肥胖定義及處理原則出爐**。2006 年 7 月 11 日。
行政院衛生署管制藥品管理局網站（2005a）。**提高警覺避免藥物毒害——了解它、拒絕它、遠離它**。2005 年 3 月 4 日。
行政院衛生署管制藥品管理局網站（2005b）。**常見濫用物質及其毒害**。2005 年 3 月 4 日。
行政院衛生署管制藥品管理局網站（2005c）。**青少年藥物濫用調查**。2005 年 3 月 22 日。
行政院衛生署管制藥品管理局網站（2006a）。**常用濫用藥物分類圖鑑**。2006 年 9 月 23 日。
行政院衛生署管制藥品管理局網站（2006b）。**台灣地區青少年用藥種類比率順位**。2006 年 9 月 23 日。
行政院衛生署管制藥品管理局網站（2006c）。**歷年學者所做之在校青少年藥物濫用流行病學調查研究結果**。2006 年 9 月 23 日。
行政院衛生署管制藥品管理局網站（2006d）。**違反「毒品危害防治條例」相關罰則一欄表**。2006 年 9 月 23 日。

全國中輟學生復學輔導資源研究發展中心網站（2006）。**目前台灣地區國民中小學中途輟學及復學情形**。2006 年 9 月 4 日。

朱美慧（1999）。**我國大專學生個人特性、網路使用行為與網路成癮關係之研究**。大葉大學資訊管理研究所碩士論文。

朱森楠（1984）。**價值澄清法對國中生價值觀、歸因方式之影響**。國立台灣師範大學輔導研究所碩士論文。

江文慈（2000）。探詢情緒調整的發展軌跡——從兒童期到青少年期。**世新大學學報，10**，31-62。

江文慈（2001）。青少年情緒智力發展之研究。**世新大學學報，11**，51-82。

江文慈、孫志麟（1998）。**情緒智力量表之編製**。台北：台北市教師研習中心。

江佩真（1996）。**青少年自殺企圖的影響因素及發展脈絡之分析研究**。國立台灣師範大學教育心理與輔導研究所碩士論文。

江過（2002）。**國中學生性知識與性態度調查研究**。國立彰化師範大學教育研究所碩士論文。

江淑娥（1996）。**青年學生騎機車之冒險行為**。國防醫學院公共衛生學研究所碩士論文。

吳四維（2004）。**青少年自殺問題**。http://www.mlaivs.mlc.edu.tw/center/88-h.htm 網站。2004 年 11 月 29 日。

吳芝儀（2000）。**中輟學生的危機與轉機**。嘉義：濤石。

吳佳霓（2002）。**青少年家庭系統分化、自我發展與生活適應之相關性的研究——以台中縣國中生為例**。南華大學教育社會學研究所碩士論文。

吳美枝（2001）。**中輟學生問題與輔導之行動研究**。國立中正大學犯罪防治研究所碩士論文。

吳美玲（2003）。**大專學生自我知覺的親子關係與人格特質對自殺意念的影響**。中原大學心理研究所碩士論文。

吳思霈（2004）。**高中生異性交往之研究——以桃園地區為例**。國立台灣師範大學人類發展與家庭研究所碩士論文。

吳清山（2000）。**學校行政**。台北：心理。

吳俊賢（2000）。**台灣省中部地區青少年親子互動模式與道德判斷之相關研究**。國立台中師範學院國民教育研究所碩士論文。

吳就君譯（1994）。**家庭如何塑造人**。台北：張老師。

呂怜慧（2002）。**變調的求學路——中途輟學學生對生活事件解釋風格之尋跡**。國立彰化師範大學輔導與諮商學系碩士論文。

呂嘉寧（1998）。**價值觀與少年犯罪行為之關係**。國立政治大學心理研究所碩士論文。

杜靜怡（2004）。**半世紀來台灣青少年犯罪之研究**。國立暨南國際大學經濟學研究所碩士論文。

李玉琇、蔣文祁合譯（2005）。**認知心理學**。台北：雙葉。

李怡玲（2002）。**台北市高中學生愛情態度及相關因素之研究**。國立台灣師範大學家政教育研究所碩士論文。
李宜玲（2003）。**不同自殺風險高中生與其家長對家庭功能看法差異之探討——以高雄市某高級中學為例**。高雄醫學大學行為科學研究所碩士論文。
李幸玲（2004）。**高雄市高職學生自尊身體意象及性行為之研究**。中國文化大學生活應用科學研究所碩士論文。
李孟智、李啟澤（1996）。青少年同性戀。**健康世界，129**，6-10。
李孟儒（2001）。**台南縣國民中學情緒智力、生活適應與自殺傾向之相關研究**。國立高雄師範大學教育研究所碩士論文。
李佳蓁（2006）。**高職學生網路成癮相關因素及學習成就之探討**。中原大學資訊管理研究所碩士論文。
李茂興譯（1998）。**教學心理學**。台北：揚智。
李啟澤、李孟智（1997）。讓青春強強滾、別讓青春圓滾滾——青少年肥胖症。**健康世界，138**，97-109。
李啟澤、李孟智（1998）。談青少年自殺。**健康世界，150**，67-79。
李開敏、林方皓、葛書倫合譯（1994）。**悲傷輔導與悲傷治療**。台北：心理。
李惠加（1997）。**青少年發展**。台北：心理。
李維譯（2000）。**思維與語言**。台北：昭明。
李碧霞（1999）。青少年藥物濫用問題與學校藥物教育之探討。**學校衛生，34**，49-68。
李麗晶、鄭溫暖、葉海山、黃瑾蓉（2001）。大專男性運動員的飲食異常及其相關因素之探討。**北體學報，9**，37-44。
沈六（1986）。**道德發展與行為之研究**。台北：水牛。
沈利君（2002）。**台北縣市國中學生愛情態度研究**。國立台灣師範大學家政教育研究所碩士論文。
沈慶鴻（1999）。被遺忘的受害者——談婚姻暴力目睹兒童的影響和介入策略。**社區發展季刊，94**，241-251。
何嘉雯（1998）。**台北縣市大學生親子關係、婚姻態度對婚前性行為影響之研究**。中國文化大學生活應用科學研究所碩士論文。
汪昭瑛（2002）。**國中復學女學生之中輟與復學歷程——由家庭與學校經驗詮釋之**。國立台灣師範大學教育心理與輔導研究所碩士論文。
宋秋蓉（1992）。藥物濫用與家庭。**學生輔導通訊，20**，96-99。
宋維村、曾端貞（1986）。焦慮狀態。**諮商與輔導，11**，24-25。
易之新譯（2000）。**夜，驟然而降——了解自殺**。台北：天下文化。
依索譯（1999）。**飲食之謎**。台北：中天。
周甘逢、劉冠麟合譯（2004）。**教育心理學**。台北：華騰。
周威廷（2005）。**高雄市政府警察局動態資訊——青少年點滴應予以多關心**。高雄市政府警察局全球資訊網。2006年10月21日。
周偉惠（2003）。**青春期發展與青少年憂鬱及飲食問題之追蹤研究**。國立台灣大學流行病學研究所碩士論文。
林世欣（2000）。**國中學生自我概念與同儕關係之相關研究**。國立屏東師範學院教育心理與輔導研究所碩士論文。
林沈明瑩、陳登義、楊蓓合譯（1998）。**薩提爾的家族治療模式**。台北：張老師。
林杏足（2005）。**高危險群學生輔導——課業不佳與中輟**。http://highrisk.Ncue.edu.tw/homework.htm 網站。2005 年 5 月 18 日。
林杏真（2002）。**自傷青少年生活壓力、社會支持與自我強度的發展及其關係研究**。國立台灣師範大學教育心理與輔導研究所碩士論文。
林秀慧、林明雄合譯（2001）。**客體關係治療——關係的運用**。台北：心理。
林季玲（2004）。**性教育介入對國二學生之成效探討——以高雄縣某國中「兩性相處學習營」為例**。國立台灣師範大學衛生教育研究所碩士論文。
林秀娟（1999）。**南區大學生依附類型與其性知識、性態度、性行為之關係研究**。國立高雄師範大學輔導研究所碩士論文。
林秀霞（1994）。**臺北市國民中學學生之藥物濫用知識、態度及行為調查研究**。國立台灣師範大學衛生教育研究所碩士論文。
林旻沛（2003）。**大專校院學生網路成癮盛行率及認知因子之研究**。國立成功大學行為醫學研究所碩士論文。
林美吟、施顯烇合譯（2004）。**變態心理學**。台北：心理。
林美瑜（2004）。**「真愛密碼」性教育教學效果研究——針對高職二學生安全性行為的課程設計**。國立台灣師範大學衛生教育研究所碩士論文。
林崇德（1998）。**發展心理學**。台北：東華。
林進材（1996）。青少年藥物濫用的因素分析與對策。**師友，243**，40-43。
林惠真、何怡君（2001）。**九年一貫創新課程——教與學**。台北：林鬱文化。
林維芬（1993）。進食異常的身心因素之分析與輔導。**諮商與輔導，90**，13-17。
林曉芸（2002）。**其實你不懂我的心——中輟生少年學習經驗研究**。國立台灣大學社會學研究所。
邱秀燕（2000）。**青少年家庭系統分化、心理分離——個體化、自我發展及情緒適應之相關研究**。國立台灣師範大學教育心理與輔導研究所碩士論文。
邱絨軒（2003）：**沉迷網路遊戲高中生心理經驗之研究**。國立高雄師範大學輔導研究所碩士論文。
邱紫穎譯（1996）。**病態互依症候群**。台北：生命潛能。
邱麗珍（2001）。**女性雜誌中美容美體論述的解構**。國立台灣師範大學家政教育研究所碩士論文。
法務部法醫研究所網站（2005）。**毒品種類與毒品引發中毒器官實例**。2005 年 3 月 4 日。
法務部暑期青少年犯罪預防網（2006）。**少年犯罪概況分析**。2006 年 10 月 21 日。
范傑臣（2002）。**高中生人際互動與社會支持對網路沉迷的影響——以桃園縣某高中為例**。元智大學資訊社會學研究所碩士論文。

奇摩新聞網（2006）。「好奇心作祟，6國中生集體自殘」。2006年11月2日。

祈家威（1986）。我是不是？怎麼辦？載於莊慧秋等，**中國的同性戀**（頁21-30）。台北：張老師。

美國科學促進學會（2005）。**學習與認知基礎研究**。美國科學促進協會網站。2005年9月5日。

侯崇文（2006）。**刑事政策與犯罪研究論文集（六）——青少年犯罪問題與政策現況**。法務部全球資訊網，2006年10月21日。

侯蓉蘭（2002）。**角色扮演的網路遊戲對少年自我認同的影響**。東海大學社會工作研究所碩士論文。

侯靜里（2001）。**台北地區大學生自我概念對愛情關係適應與婚前性行為之研究**。中國文化大學生活應用科學研究所碩士論文。

胡美齡（1998）。**婚姻暴力受虐婦女主觀知覺其親子關係之分析研究**。國立彰化師範大學輔導研究所碩士論文。

胡乾鋒（2003）。**台中縣青春期學生色情經驗、性態度與兩性教育需求之研究**。國立中正大學犯罪防治研究所碩士論文。

胡淑媛（1992）。**青少年自殺傾向相關因素研究**。中國文化大學兒童福利研究所碩士論文。

胡惠（2003）。**台南市國中中輟學生輟學原因與預防中輟輔導成效之研究**。國立高雄師範大學教育研究所碩士論文。

洪有義（1983）。**價值澄清法**。台北：心理。

洪福源（2005）。強化個人活的力量與自信——復原力的觀點。**輔導季刊，41**（2），37-45。

洪嘉謙（2001）。**大專女生性別角色身體形象關係之研究**。靜宜大學青少年兒童福利研究所碩士論文。

洪蘭譯（2002）。**大腦的秘密檔案**。台北：遠流。

晏涵文、李蘭、蘇鈺婷、李佳蓉（2001）。國小高年級學生性教育現況及需求之研究。**台灣性學學刊，7**（2），1-20。

晏涵文、林燕卿、張利中（1998）。青少年婚前性行為及其趨勢探討。**台灣性學學刊，4**（1），1-14。

春暉之友網站（2005）。**毒品介紹**。2005年3月4日。

施顯烇（2002）。**情緒與行為問題——兒童與青少年所面臨與呈現的挑戰**。台北：五南。

夏以玲（1999）。**家庭暴力對少年暴力犯罪行為之影響**。靜宜大學青少年兒童福利研究所碩士論文。

夏蒂蓮（1995）。**少年監獄受刑少年與一般學校班級少年同儕團體之比較研究——社會網路的分析觀點與方法**。國立政治大學社會學研究所碩士論文。

唐子俊、郭敏慧譯（2002）。**自我傷害的評估與治療**。台北：五南。

唐心北（1997）。物質濫用青少年之輔導——以學校為基礎的策略。**學生輔導，50**，70-81。

唐妍蕙（2004）。**社會壓力對身體意象與飲食障礙問題影響之探討**。國立成功大學公共衛生研究所碩士論文。

徐建山（2001）。**學生情緒智力與性別、學習成就及團體中個人工作績效之相關研究**。國立成功大學企業管理研究所碩士論文。

徐振ㄎㄨㄣ（2001）。**台北市國中生情緒智力與自我概念、家庭氣氛之相關研究**。中國文化大學兒童福利研究所碩士論文。

徐婉如（2001）。**「維特效應——自殺瀰」——報紙自殺新聞影響之效應**。南華大學生死學研究所碩士論文。

徐偉玲（2004）。**暴食症患者的生病經驗與因應方式之敘說研究**。國立台灣師範大學教育心理與輔導研究所碩士論文。

孫淑文（1990）。**同儕關係與少年犯罪**。國立台灣大學社會學研究所碩士論文。

高慧芬譯（1998）。**不想活下去的孩子——自殺心理分析及治療**。台北：心理。

翁樹澍、王大維合譯（1999）。**家族治療——理論與技術**。台北：揚智。

栗珍鳳（1999）。**大學生自我分化和心理社會發展之相關研究**。國立台灣師範大學教育心理與輔導研究所碩士論文。

師友月刊編輯小組（1995）。抓住狂放少年心——解讀飆車事件。**師友月刊，338**，4-5。

師資培育發展促進會（2003）。**九年一貫與師資培育**。台北：五南。

莊榮俊（2002）。**國中學生自我概念、生活適應與自我傷害關係之研究**。南華大學生死學研究所碩士論文。

莊雅琴（2003）。**青少年兩性親密行為之研究——以自我發展及習慣觀點初探**。國立成功大學行為醫學研究所碩士論文。

莫麗珍（2003）。**國中學生情緒智力與生活適應關係之研究——以台灣中部地區為例**。國立彰化師範大學教育研究所碩士論文。

張文哲譯（2005）。**教育心理學：理論與實際**。台北：學富。

張仁獻（2003）。**台南縣國中學生網路使用行為對網路沉迷現象的影響之調查研究**。國立高雄師範大學工業科技教育研究所碩士論文。

張欣戊、徐嘉君、程小危、雷庚玲、郭靜晃（2001）。**發展心理學**（3版）。台北：空大。

張春興（1989）。**張氏心理學辭典**。台北：東華。

張珍瑜（2004）。**國中學生家長的性知識、性教育態度及對親職性教育需求之調查研究**。國立嘉義大學家庭教育研究所碩士論文。

張育甄（2003）。**高中女生病態飲食相關的心態行為及其營養攝取量和營養狀況之調查**。中山醫學大學營養科學研究所碩士論文。

張紉（2002）。工作者對於中輟問題與預防認知之探討——以台北市青少年中途輟學預防服務系統為例。**國立政治大學社會學報，33**，57-90。

張梅禎（2001）。**中輟復學生與一般生在生活適應上之比較**。中國文化大學生活應用科學研究所碩士論文。

張淑瑩（1999）。**偏差行為國中生復學契機之研究**。東海大學社會工作研究所碩士論文。

張黛眉（1992）。安非他命藥癮者之心理特質與心理復健。載於**安非他命防治研討會實錄**（頁 69-73）。台北：財團法人吳尊賢文教公益基金會。

張麗鵑（2003）。**媒體閱聽、同儕關係與少年偏差行為相關性之研究**。南華大學教育社會學研究所碩士論文。

許珍琳（1999）。**台北市高中職學生有關性知識、性態度和性行為及其相關因素之調查研究**。國立台灣師範大學衛生教育研究所碩士論文。

許秀鳳（2004）。肥胖青少年學生身體活動之探討。**學校體育，14**（5），91-98。

許雅嵐（2002）。**國中班級同儕團體互動之研究**。國立高雄師範大學教育研究所碩士論文。

教育部（1995）。**校園自我傷害防治處理手冊**。教育部編印。

教育部（1999）。**學生體重控制指導手冊**。教育部體育司。

教育部（2000）。**國民中小學九年一貫課程暫行綱要**。教育部。

教育部（2004a）。**國中體適能教學手冊（教師專用）**。教育部體育司。

教育部（2004b）。**教育部公布九十二學年度全國國民中小學中輟生統計數據**。教育部訓委會網站。2004 年 10 月 12 日。

商嘉昌（1995）。**中途輟學與青少年犯罪——以新竹少年監獄為例**。國立政治大學社會學研究所碩士論文。

陳文詮（1997）。運動與肥胖。**健康世界，133**，87-93。

陳玉欣（1999）。**國中生飲食行為及相關因子的流行病學研究**。國立台灣大學流行病學研究所碩士論文。

陳宏淑譯（2004）。**飢餓的基因**。台北：正中。

陳宇芝（2003）。**大台北地區大學生性知識、性觀念與性行為之相關研究**。中國文化大學生活應用科學研究所碩士論文。

陳秀玲（1999）。**中部四縣市國小六年級學生第一性徵成熟狀況及性知識和性態度之研究**。國立台中師範學院國民教育研究所碩士論文。

陳金定（2005）。心理治療改變之機轉——情緒歷程的完成與情緒基模的重組。**輔導季刊，41**（4），8-20。

陳金定（2006a）。復原性適應：復原性適應與各類相關因子之動力關係（一）。**輔導季刊，42**（3），1-11。

陳金定（2006b）。復原性適應：自我調適歷程為復原性適應之可能機制（二）。**輔導季刊，42**（4），11-21。

陳金定（2007）。探究不同情緒調適方式之隱形代價。**輔導季刊**，出版中。

陳金英（2004）。網路成癮現象之實證研究。**教學與媒體，68**，39-58。

陳叔宛（2004）。**國中生中途輟學行為之相關因素研究——以高雄、台南縣市為例**。國立成功大學教育研究所碩士論文。

陳怡文（2003）。**青少年父母婚姻關係知覺、父母控制知覺對其婚前性行為影響之研究**。中國文化大學生活應用科學研究所碩士論文。

陳怡娟（2004）。**國中學生之同儕對其性態度的影響之研究——以高雄市為例**。國立高雄師範大學輔導研究所碩士論文。
陳冠名（2003）。**青少年網路使用行為及網路沉迷的因素之研究**。國立高雄師範大學教育研究所博士論文。
陳昭華（2000）。**高雄市中途輟學學生家庭之探究**。國立中山大學中山學術研究所碩士論文。
陳建安（2001）。**犯罪少年與一般少年道德認知發展之比較研究**。國立中正大學犯罪防治研究所碩士論文。
陳俐君（2002）。**青少年自尊、親子關係、性態度與性行為之關係研究**。國立彰化師範大學輔導與諮商研究所碩士論文。
陳美秀（2003）。**國中生知覺父母婚姻衝突、負向情緒經驗與異性交往態度之相關研究**。國立高雄師範大學輔導研究所碩士論文。
陳秋儀（1999）。**國民中學中輟復學生所知覺的問題、因應方式與學校生活適應之分析研究**。國立彰化師範大學輔導研究所碩士論文。
陳亮恭（2005）。網路成癮症。http://www.youth.com.tw/joanna/nursing/N93.06.24-d.htm 網站。2005 年 3 月 11 日。
陳皎眉、鍾思嘉（1996）。**人際關係**。台北：幼獅。
陳淑華（2003）。**高雄市國中學生性知識、性態度、性行為之研究**。國立高雄師範大學輔導研究所碩士論文。
陳紫凰（2003）。**藥物濫用女性生命歷程發展之探討**。南華大學生死學研究所碩士論文。
陳微拉（2002）。**高中職女學生飲食節制行為及其相關因素**。高雄醫學大學護理學研究所碩士論文。
陳新轉（2004）。**九年一貫社會學習領域課程發展——從課程綱要與能力指標出發**。台北：心理。
陳照明、陳建佑（2004）。學生肥胖成因與減重策略探討。**南投文教，21**，108-111。
陳鳳貞（2004）。**國中中輟生就讀國中補校適應情形之研究**。國立高雄師範大學成人教育研究所碩士論文。
陳億貞譯（2004）。**普通心理學**。台北：雙葉。
陳德馨（2003）。**台北地區大學生保險套使用行為及其影響因素研究**。國立台灣師範大學衛生教育研究所碩士論文。
陳曉佩（2003）。**大專生性教育介入效果研究——以某二專新生為例**。國立台灣師範大學衛生教育研究所碩士論文。
陳麗珠（1999）。**預防安非他命濫用教學計畫介入效果研究——以桃園縣某二所國中二年級學生為對象**。國立台灣師範大學衛生教育研究所碩士論文。
陳騰祥（1997）。飆車族的心理剖析與輔導。**國教輔導，36**（5），43-47。
章新瑞（2003）。**涉足聲色場所青少年對愛滋病防治知識、態度及意向之研究**。國立台灣大學護理學研究所碩士論文。
黃文正（2006）。中國美標準量化臉長寬比 34：21。**中國時報**，2006 年 1 月 11 日。

黃奕清、吳仁宇（2000）。台灣地區 6.5～18.5 歲學生不同身高值之體重分析。**公共衛生**，**27**（3），167-177。

黃俊豪、連廷嘉合譯（2004）。**青少年心理學**。台北：學富。

黃啟明譯（2000）。**肥胖與基因——為什麼鵝吃不胖但人類會？**台北：寰宇。

黃堅厚（1999）。**人格心理學**。台北：心理。

黃淑美（2004）。**台灣毒癮男女——性別角色與生命歷程之社會建構觀點**。東吳大學社會學研究所碩士論文。

黃雅羚（2003）。**青少年自傷經驗之分析研究**。國立高雄師範大學輔導研究所碩士論文。

黃雅婷（2000）。**國中女生早晚熟與身體意象、自尊及生活適應之相關研究**。國立彰化師範大學教育研究所碩士論文。

黃詩殷（2004）。**受保護處分少年家長人格特質、教養態度、親子關係與家庭環境之研究**。國立台灣師範大學教育心理與輔導研究所碩士論文。

黃德祥（1996）。高中學生輟學、休學與逃學的問題與輔導。收錄於台灣省政府教育廳編印，**輔導措施實務手冊**（頁 66-75）。台中：台灣省政府教育廳。

黃德祥（2000）。青少年的同儕關係與社會比較對人格發展的影響。**青少年人格建構研討會論文集**。財團法人人格建構工程學研究基金會主辦，台北。

黃德祥等合譯（2006）。**青少年心理學——青少年的發展、多樣性、脈絡與應用**。台北：心理。

黃徵男（2005）。**新興毒品與青少年藥物濫用**。http://www.buddhanet.com.tw/oison/ps037.htm. 網站，2005 年 3 月 4 日。

黃慧雯（2002）。**大學生的自我分化、社會活動經驗與自我認定狀態之相關研究**。國立台灣師範大學教育心理與輔導研究所碩士論文。

梁雲霞（2004）。**動腦教與學——大腦研究在教學實務上的應用**。台北：遠流。

郭有遹（1994）。**創造性的問題解決方法**。台北：心理。

郭峰志（2001）。習慣性自殺可能隱藏嚴重精神疾病。**台灣日報**，2001 年 4 月 20 日。

郭靜晃（2000）。**少年身心與生活狀況——台灣地區調查分析**。台北：洪葉。

郭靜晃、吳幸玲合譯（1997）。**發展心理學——心理社會理論與實務**。台北：揚智。

郭靜靜（2004）。**青少年憂鬱傾向、生活壓力、冒險行為對其婚前性行為之影響**。中國文化大學生活應用科學研究所碩士論文。

曾玉（2002）。**國中中輟學生輟學原因、自我態度、偏差行為與輔導策略之研究**。國立中正大學犯罪防治研究所碩士論文。

曾幼涵（2001）。**解析青少年犯罪高峰之現象——「低自我控制」與「成熟代溝」之再議**。國立政治大學教育研究所碩士。

曾淑貞（2004）。**台北縣國中中輟復學生之自我效能感、被同儕接納感與再中輟傾向之相關性研究**。中國文化大學青少年兒童福利研究所碩士論文。

曾慶玲（1998）。**父母婚姻暴力對兒童問題行為影響研究**。國立台灣師範大學家政教育研究所碩士論文。

曾慶玲、周麗端（1999）。父母婚姻暴力對兒童問題行為影響研究。**家政教育學報，2**，66-89。

統計新聞網（2004）。28%偏差青少年——自殺可解決問題。2004 年 12 月 3 日。

單延愷（1995）。**青少年自殺行為危險因子與危險警訊之探討**。中原大學心理研究所碩士論文。

溫淑真譯（1997）。**我的孩子想自殺？兒童及青少年自殺完全防範手冊**。台北：商智。

游恒山譯（1993）。**情緒心理學**。台北：五南。

游淑燕（1987）。**年級、性別、自我統整與成敗歸因關係之研究**。國立政治大學教育研究所碩士論文。

游期森（2001）。e世代青少年網路成癮及網路使用之輔導策略。**學生輔導，74**，34-43。

董淑鈴（2000）。**成年女性藥物濫用者復發歷程及其相關因素之研究**。國立高雄師範大學輔導研究所碩士論文。

董潔如（2002）。**高中學生網路使用動機、使用行為、個人特性與網路沉迷現象之初探**。國立中山大學傳播管理研究所碩士論文。

葉碧玲（2001）。**國中生人口變項、智力、批判思考與情緒智力之關係**。國立中山大學教育研究所碩士論文。

彭如瑩（2001）。**台北市國中學生家長預防子女藥物濫用措施及藥物教育需求之研究**。國立台灣師範大學衛生教育研究所碩士論文。

彭郁歡（2003）。**青少年休閒時間網路使用行為與網路成癮之研究**。國立台灣師範大學運動休閒與管理研究所碩士論文。

彭淑芸（2002）。**網路沉迷關聯模型之建構與連線遊戲中斷探討**。中原大學資訊管理研究所碩士論文。

彭駕騂（1994）。**國民中小學中途輟學學生復學輔導手冊**。台北：教育部。

彭懷真（1995）。**婚姻與家庭**。台北：三民。

詹德杰（2003）。**吸毒犯行為認知基模之萃取研究**。國立中正大學犯罪防治研究所碩士論文。

賈文玲（2001）。**青少年身體意象與自尊、社會因素關係之研究**。中國文化大學兒童福利研究所碩士論文。

楊正誠（2002）。**大學生網路成癮、社會支持與生活適應關係之研究**。東海大學教育研究所碩士論文。

楊佳幸（2000）。**高雄區大學生網路使用行為、網路心理需求與網路沉迷關係之研究**。國立高雄師範大學輔導研究所碩士論文。

楊金滿（1996）。**家庭互動關係與青少年自我統合發展之研究**。文化大學兒童福利研究所碩士論文。

楊育英（2003）。**特殊家庭青少女婚前性行為及其相關經驗之質性研究**。高雄醫學大學行為科學研究所碩士論文。

楊媛婷（2002）。**國中生線上遊戲經驗與社會適應能力關係之研究**。雲林科技大學資訊管理研究所碩士論文。

楊智馨（1997）。**大學生生涯發展狀況與自我認定之相關研究**。國立台灣師範大學教育心理與輔導研究所碩士論文。

楊期泰（2002）。**高中職學生網路使用動機、需求滿足與疏離感之相關研究——以台中縣市為例**。靜宜大學青少年兒童福利研究所碩士論文。

楊蕙婷（2001）。**藥物濫用青少年生涯發展歷程與生涯建構之研究**。國立高雄師範大學輔導研究所碩士論文。

楊靜芳（2002）。**社交焦慮、網路社交焦慮與網路環境特性之關聯性探討**。國立台灣大學心理研究所碩士論文。

楊蘊哲、梁朝雲（2001）。網路成癮及其研究需求。**視聽教育雙刊，43**（3），2-12。

蔡秀玲（1997）。**大學男女學生依附關係、個體化與適應之相關研究**。國立台灣師範大學教育心理與輔導研究所碩士論文。

蔡宜玲（2002）。**自殺意念青少年復原行為之探討——復原力之研究**。國立彰化師範大學輔導與諮商研究所碩士論文。

蔡宗聖（2001）。**飆車問題之成因及防制對策**。www.ntpu.edu.tw 網站。2001 年 4 月 18 日。

蔡政霖（2002）。**父母管教態度與少年犯罪相關性之研究**。國立中正大學犯罪防治研究所碩士論文。

蔡雪娥（2003）。**國小早熟女生生理變化之心理與調適研究**。國立高雄師範大學輔導研究所碩士論文。

蔡富原（2001）。**台灣地區青少年安非他命取得管道之研究**。中央警察大學刑事警察研究所碩士論文。

蔡鋒博（2000）。拒絕九月墮胎潮。**自由時報**，轉載自 http://www.lofaa.org.tw/group/sep-tabort.html 網站。2000 年 7 月 7 日。

蔡德輝、鄧煌發、蕭銘慶（2004）。飆車青少年之休閒需求及因應對策。**警學叢刊，4**，1-28。

蔡慶興（2003）。**屏東縣國中中輟復學生輟學原因、學校生活適應與輔導需求之研究**。國立屏東師範學院國民教育研究所碩士論文。

潘秉松（2001）。**飆車青少年與一般少年之社會連結及刺激尋求相關因素之比較研究**。靜宜大學青少年兒童福利研究所碩士論文。

廖鳳池、鈕文英（1990）。**問題解決諮商模式**。台北：張老師。

鄭玉英、趙家玉合譯（1993）。**家庭會傷人**。台北：張老師。

鄭丞斌（2004）。**國中階段自傷青少年成長歷程、自我概念、自傷經驗之研究**。國立中正大學犯罪防治研究所碩士論文。

鄭美瓊（2004）。**某大學女生外表吸引力知覺與塑身美容行為之研究**。國立台灣師範大學衛生教育研究所碩士論文。

鄭凱譯（2001）。**自殺——潛伏的流行病**。台北：商智。

劉玉玲（2002）。**青少年心理學**。台北：揚智。

劉肖泓（2003）。**犯罪少年再犯之家庭、學校、社會成因研究——以彰化少年輔育院為例**。國立中正大學犯罪防治研究所碩士論文。

劉念肯（1993）。情緒不良適應與情緒障礙。**諮商與輔導，95**，12-19。

劉念肯（1996）。青少年自殺行為的防治對策。**諮商與輔導，122**，15-20。

劉美娜（2004）。**國小高年級學童自我分化與其父母之自我分化及共依附之探討**。長庚大學護理學研究所碩士論文。

劉秀汶（1999a）。國民中學中輟學生問題與支援系統研究。**訓育研究，38**，63-80。

劉秀汶（1999b）。**國民中學中輟生問題及支援系統之研究——台北縣為例**。國立台灣師範大學教育研究所碩士論文。

劉育雯（2004）。**在觀看與被觀看之間：高中女學生身體意象之研究**。國立台灣師範大學教育研究所碩士論文。

劉素秋（1998）。**青少年的休閒活動與犯罪相關性之研究**。國立政治大學社會學研究所碩士論文。

劉學禮（2004）。**四位青少年的中輟過程——一位國中教師的觀察與體驗**。銘傳大學教育研究所碩士論文。

歐用生、林瑞欽合譯（1986）。**價值澄清法**。高雄：復文。

歐陽美蓉（2004）。**台北地區國中小女學生月經態度及其相關因素之研究**。國立台灣師範大學衛生教育研究所碩士論文。

歐陽教（1996）。**道德判斷與道德教學**。台北：文景。

歐滄和（1982）。**價值澄清法對國中後段班學生成就動機、社會態度之影響**。國立台灣師範大學輔導研究所碩士論文。

鄧煌發（2001）。**國中生輟學成因及其與偏差行為相關性之研究**。中央警察大學犯罪防治研究所博士論文。

薛雅尹（2003）。**我國戒毒政策成效評估研究**。國立東華大學公共行政研究所碩士論文。

賴秀玉（2002）。**中輟復學生適應歷程之探討——以台北市一學園型中途學校為例**。東吳大學社會工作研究所碩士論文。

賴宥亘（2004）。**應用音樂抒解國中成長階段「情緒壓力」相關因素之調查研究**。國立台灣師範大學音樂研究所碩士論文。

賴瑞芳（2002）。**影響國民中學中輟復學生正向角色建構之因素：個案研究**。國立彰化師範大學輔導與諮商研究所碩士論文。

賴靖薇（2002）。**青少年異常飲食行為與內外控人格特質之相關研究**。國立陽明大學社區護理研究所碩士論文。

盧麗卉（2000）。**台北地區高中職學生網路成癮行為及其相關背景因素之探討**。國立政治大學教育研究所碩士論文。

戴秀津（2002）。**高中職學生網路成癮之相關因素及其身心健康影響探討**。高雄醫學大學護理學研究所碩士論文。

蕭同仁（2003）。**現實治療團體對青少年藥物濫用者處遇效果之研究**。靜宜大學青少年兒童福利研究所碩士論文。
蕭芳惠、林薇（1998）。台北市高中女生的體型意識及飲食異常傾向研究。**衛生教育學報**，**11**，107-127。
蕭銘鈞（1997）。**台灣大學生網路使用行為、使用動機、滿足程度與網路成癮現象之初探**。國立交通大學傳播研究所碩士論文。
藍青（2002）。肥胖的演化觀。**健康世界**，**201**，35-39。
鍾霓（2004）。**大學生身體意象與瘦身消費行為之研究**。中國文化大學新聞研究所碩士論文。
鍾學明（2004）。**高職中輟復學生學校適應之研究——以公東高工為例**。國立東華大學教育研究所碩士論文。
謝佩如（2001）。**國小六年級學生與家長溝通性議題之現況調查——以新竹市學生為對象**。國立台灣師範大學衛生教育研究所碩士論文。
謝秋珠（2003）。**國中中輟復學生需求與輔導策略研究**。國立台灣師範大學公民教育與活動領導研究所碩士論文。
謝淑敏（1990）。**吸膠青少年之社會心理探討**。東海大學社會工作研究所碩士論文。
魏心怡（2000）。**網際網路與心理幸福、學業成績**。國立台東師範學院教育研究所碩士論文。
魏慧美（1998）。**高雄市高中職學生親子溝通及同儕關係對其性態度與性行為影響之研究**。國立高雄師範大學教育研究所博士論文。
顏正芳（2003）。**青少年使用安非他命研究——濫用與復發預測相關因子之調查**。高雄醫學大學醫學研究所博士論文。
顏如佑（2005）。**青少年網路成癮相關因子之研究**。高雄醫學大學行為科學研究所碩士論文。
顏郁心（2002）。**中輟復學生復原力建構歷程之分析研究**。國立彰化師範大學諮商與輔導研究所碩士論文。
韓佩凌（1999）。**台灣中學生網路使用者特性、網路使用行為、心理特性對網路沉迷現象之影響**。國立台灣師範大學教育心理與輔導研究所博士論文。
蘇建文等（1995）。**發展心理學**。台北：心理。
蘇蜊敏（2002）。**青少年初經心理、社會、生理反應及其相關影響因素**。國立台灣大學心理研究所碩士論文。
簡志龍（1997）。青少年物質濫用的新觀念及預防模式。**學生輔導**，**50**，52-61。
簡維政（1992）。**青少年性態度及性行為影響因素之研究**。中國文化大學兒童福利研究所碩士論文。
羅沁芳（2003）。**台北市某國中學生同儕支持與健康促進生活型態之相關研究**。國立台灣師範大學衛生教育研究所碩士論文。
藺寶珍、王瑞霞（2000）。過重國中生的體重控制行為及其相關因素。**公共衛生**，**27**（2），125-137。

HiNet 新聞網（2004）。成大調查——過去一年逾一成大學生曾嘗試自殺。2004 年 11 月 29 日。

www.buddhanet.com.tw/poison/drug/drug/drug2-3.htm 網站。毒害萬年：毒品介紹。2006 年 9 月 23 日。

Aaronson, C. J. (2002). Separation anxiety disorder in adults with borderline personality disorder. *Dissertation Abstracts International, 62*(10), 3572A. (UMI No. 95007022)

Abbott, T. (2001). *Social and personality development.* New York, NY: Routledge.

Abigail, A. F., & Jake, M. N. (2003). Sibling influences on adolescent delinquent behaviour: An Australian longitudinal study. *Journal of Adolescence, 26,* 547-559.

Aboud, F. E., & Mendelson, M. J. (1996). Determinants of friendship selection and quality: Developmental perspectives. In W. M. Bukowski, A. F. Newcomb, & W. W. Hartup (Eds.), *The company they keep: Friendship during childhood and adolescence* (pp. 87-112). New York: Cambridge University Press.

Ackerman, P. L., & Heggestad, E. D. (1997). Intelligence, personality, and interests: Evidence for overlapping traits. *Psychological Bulletin, 121,* 219-245.

Adamczyk-Robinette, S. L., Fletcher, A. C., & Wright, K. (2002). Understanding the authoritative parenting-early adolescent tobacco use link: The mediating role of peer tobacco use. *Journal of Youth and Adolescence, 31,* 311-318.

Adams, G. R., Gullotta, T. P., & Markstrom-Adams, C. (1994). *Adolescent life experiences* (3rd ed.). Pacific Grove, CL: Brooks/Cole.

Agras, W. S., & Telch, C. F. (1998). The effects of caloric deprivation and negative effect on binge eating in obese binge eating disorder women. *Behavior Therapy, 29,* 491-503.

Agronik G. S., & Duncan, L. E. (1998). Personality and social change: Individual differences, life path, and importance attributed to the women's movement. *Journal of Personality and Social Psychology, 74,* 1545-1555.

Akers, J. F. (1997). Adolescent friendship pairs: Similarities in identity status development, behaviors, attitudes, and intentions. *Dissertation Abstracts International, 57*(07), 4692B. (UMI No. 95002114)

Akers, J. F., Jones, R. M., & Coyi, D. D. (1998). Adolescent friendship pairs: Similarities in identity status development, behaviors, attitudes, and intentions. *Journal of Adolescent Research, 13,* 178-201.

Allison, B. N. (1998). Identity status and parent-adolescent conflict among early adolescents. *Dissertation Abstracts International,59*(01), 0439B. (UMI No. 9822285)

Allison, M. D., & Sabatelli, R. M. (1988). Differentiation and individuation as mediators of identity and intimacy in adolescence. *Journal of Adolescent Research, 3,* 1-16.

Alltucker, K. W. (2004). Factors influencing the development of juvenile delinquency: Differences between early and late starters. *Dissertation Abstracts International, 65*(06), 2369A. (UMI

No. 3136401)

Anderson, S. A., & Fleming, N. (1986). Late adolescence's homeleaving strategies: Predicting ego identity and college adjustment. *Adolescence, 21,* 453-459.

Angleitner, A., & Ostendorf, F. (1994). Temperament and the big five factors of personality. In C. F. Halverson, Jr., G. A. Kohnstamm, & R. P. Martin (Eds.), *The developing structure of temperament and personality from infancy to adulthood* (pp. 69-90). Hillsdale, NJ: Lawrence Erlaum.

Arlin, P. K. (1975). Cognitive development in adulthood: A fifth stage? *Developmental Psychology, 11,* 602-606.

Attie, I., & Brooks-Gunn, J. B. (1989). Development of eating problems in adolescent girls: A longitudinal study. *Developmental Psychology, 25,* 70-79.

Austin, L., & Kortum, J. (2004). Self-injury: The secret language of pain for teenagers. *Education, 124,* 517-527.

Bakken, L., & Romig, C. (1992). Interpersonal needs in middle adolescents: Companionship, leadership and intimacy. *Journal of Adolescence, 15,* 301-316.

Balk, D. E. (1995). *Adolescent development: Early through late adolescence.* New York: Brooks/Cole Publishing Company.

Ball, J. (2005). The moderating effect of family factors on the relationship between lifetime trauma event exposure and juvenile delinquency in a sample of male juvenile offenders. *Dissertation Abstracts International, 66*(06), 2401A. (UMI No. 3180044)

Bardone, A. M., Vohs, K. D., Abramson, L. Y., Heatherton, T. F., & Joiner, T. E. Jr. (2000). The confluence of perfectionism, body dissatisfaction, and low self-esteem predicts bulimic symptoms: Clinical implications. *Behavior Therapy, 31,* 265-280.

Bar-Joseph, H., & Tzuriel, D. (1990). Suicidal tendencies and ego identity in adolescence. *Adolescence, 25,* 215-223.

Barrett, L. F., Gross, J., Christensen, T. C., & Benvenuto, M. (2001). Knowing what you're feeling and knowing what to do about it: Mapping the relation between emotion differentiation and emotion regulation. *Cognition and Emotion, 15,* 713-724.

Basseches, M. (1980). Dialectical schemata: A framework for the empirical study of the development of dialectical thinking. *Human Development, 23,* 200-221.

Baumeister, R. F. (1990). Suicide as escape from self. *Psychological Review, 97,* 90-113.

Baumrind, D. (1984). Reciprocal rights and responsibilities in parent-child relations. In I. Rubinstein & B. D. Slife (Eds.), *Taking sides in controversial issues* (pp. 237-244). Guilford, CO: Dushkin.

Bearman, P. S., & Moody, J. (2004). Suicide and friendships among American adolescents. *American Journal of Public Health, 94,* 89-95.

Beavers, W. R., Hampson, R. B., & Hulgus, Y. F. (1985). Commentary: The Beavers systems approach to family assessment. *Family Process, 24,* 398-405.

Beavers, W. R., & Voeller, M. N. (1983). Family models: Comparing and contrasting the Olson Circumplex Model with the Beavers Systems Model. *Family Process, 22,* 85-97.

Bednar, D., & Fisher, T. D. (2003). Peer referencing in adolescent decision making as a function of perceived parenting style. *Adolescence, 38,* 607-621.

Berenbaum, H. (1996). Childhood abuse, alexithymia and personality disorder. *Journal of Psychosomatic Research, 41,* 585-595.

Berg, M., Crosby, R. D., Wonderlich, S. A., & Hawely, D. (2000). Relationship of temperament and perceptions of nonshared environment in bulimia nervosa. *International Journal of Eating Disorders, 28,* 148-154.

Bergmann, R. V. (1985). The effect of role reversal on delayed marriage and maternity. *Psychoanalytic Study of the Child, 40,* 197-219.

Bergner, R. (1982). Hysterical action, impersonation, and caretaking roles. In K. Davis & T. Mitchell (Eds.), *Advances in descriptive psychology* (Vol. 5, pp. 233-248). Greenwich, CT: JAI Press.

Berndt, T. J., & Perry, T. B. (1990). Distinctive features and effects of early adolescent friendships. In I. R. Montemayor, G. R. Adams, & T. P. Gullotta (Eds.), *From childhood to adolescence: A transitional period?* (pp. 69-287). Newbury Park, CA: Sage.

Bettrigde, B. J. (1995). Relational characteristics of female adolescent suicide attempters. *Dissertation Abstracts International, 56*(04), 2314B. (UMI No. NN95786)

Bilsker, D., Schiedel, D., & Marcia, J. E. (1988). Sex differences in identity status. *Sex Roles, 18,* 231-236.

Bingham, C. R., & Shope, J. T. (2004). Adolescent developmental antecedents of risky driving among young adults. *Journal of Studies on Alcohol, 65,* 84-94.

Bjorkqvist, K., Batman, A., & Aman-Back, S. (2004). Adolescent's use of tobacco and alcohol: Correlations with habits of parents and friends. *Psychological Reports, 95,* 418-420.

Blain, M. D., Thompson, J. M., & Whiffen, V. E. (1993). Attachment and perceived social support in late adolescence: The interaction between working model of self and others. *Journal of Adolescent Research, 8,* 241-276.

Blatt, S. J., & Homann, E. (1992). Parent-child interaction in the etiology of dependent and self-critical depression. *Clinical Psychology Review, 12,* 47-91.

Block, J., & Kremen, A. M. (1996). IQ and ego-resiliency: Conceptual and empirical connections and separateness. *Journal of Personality and Social Psychology, 70,* 349-361.

Bloom, R. L. (1985). A factor analysis of self-report measures of family functioning. *Family Process, 24,* 225-239.

Blos, P. (1979). *The adolescent passage: Developmental issues.* New York: Harper & Row.

Blyth, D. A., & Foster-Clark, F. S. (1987). Gender differences in perceived intimacy with different members of adolescent's social networks. *Sex Roles: A Journal of Research, 17,* 689-718.

Blyth, D. A., Simmons, R. G., & Zakin, D. F. (1985). Satisfaction with body image for early adolescent females: The impact of pubertal timing within different school environments. *Journal of Youth and Adolescence, 14,* 207-225.

Bonne, O., Lahat, S., Kfir, R., Berry, E., Katz, M., & Bachar, E. (2003). Parent-daughter discrepancies in perception of family function in bulimia nervosa. *Psychiatry, 66,* 244-254.

Bosholm, C. (2004). The relationship of anxiety and differentiation to reciprocal functioning in a couple system. *Dissertation Abstracts International, 65*(04), 2143B. (UMI No. 3129582)

Boszormenyi-Nagy, I., & Spark, G. (1973). *Invisible loyalties.* New York: Harper and Row.

Bouchard, N. (2002). A narrative approach to moral experience using dramatic play and writing. *Journal of Moral Education, 31,* 407-422.

Bourne, E. (1978a). The state of research on ego identity: A review and appraisal. *Journal of Youth and Adolescence, 7,* 223-251

Bourne, E. (1978b). The state of research on ego identity: A review and appraisal. *Journal of Youth and Adolescence, 7,* 371-392.

Bowen, M. (1978). *Family therapy in clinical practice.* Northvale, NJ: Jason Aronson.

Bower, A. (2004). Predicting friendship stability during early adolescence. *Journal of Early Adolescence, 24,* 85-112.

Bower, A., Bukowski, W. M., Hymel, S., & Sippola, L. K. (2000). Coping with daily hassles in the peer group during early adolescence: Variations as a function of peer experience. *Journal of Research on Adolescence, 10,* 211-243.

Bowlby, J. (1973). *Attachment and loss: Vol. 2. Loss, sadness and depression.* New York: Basic Book.

Branje, S. J. T., van Lieshout, C. F. M., & van Aken, M. A. G. (2004). Relations between big five personality characteristics and perceived support in adolescents' families. *Journal of Personality and Social Psychology, 86,* 615-628.

Brendgen, M., Vitaro, F., Doyle, A. B., Markiewicz, D., & Bukowski, W. M. (2002). Same-sex peer relations and romantic relationships during early adolescence: Interactive links to emotional, behavioral, and academic adjustment. *Merrill-Palmer Quarterly, 48,* 77-103.

Brent, D. A. (1995). Risk factors for adolescent suicide and suicidal behavior: Mental and substance abuse disorders, family environmental factors, and life stress. *Suicide & Life-Threatening Behavior, 25* (Suppl.), 52-63.

Brent, D. A., & Apter, A. (2003). Adolescent suicide and suicidal behavior: A time to assess and a time to treat. *Israel Journal of Psychiatry & Related Sciences, 40,* 159-162. (PsycINFO No. 2003-09689-002)

Brent, D. A., Bridge, J., Johnson, B. A., & Connolly, J. (1996). Suicide behavior runs in families: A controlled family study of adolescent suicide victims. *Arch Gen Psychiatry, 53,* 1145-1152.

Briere, J., & Gil, E. (1998). Self-mutilation in clinical and general population samples: Prevalence, correlates, and functions. *American Journal of Orthopsychiatry, 68,* 609-620.

Brittain, C. (1963). Adolescent choices and parent-peer cross pressure. *American Sociological Review, 28,* 385-391.

Brodsky, B. S., Malone, K. M., Ellis, S. P., Dulit, R. A., & Mann, J. (1997). Characteristics of borderline personality disorder associated with suicidal behavior. *American Journal of Psychiatry, 154,* 1715-1719.

Bronson, M. B. (2002). *Self-regulation in early childhood.* New York: The Guilford Press.

Brook, J. S., Whiteman, M., Balka, E. B., Win, P. T., & Gursen, M. D. (1998). Similar and different precursors to drug use and delinquency among African Americans and Puerto Ricans. *The Journal of Genetic Psychology, 150,* 13-29.

Brooks, B., & Goldstein, S. (2003). *The power of resilience: Achieving balance, confidence, and personal strength in your life.* New York: Contemporary Books.

Brooks-Gunn, M., Graber, J. A., & Paikoff, R. L. (1994). Studying links between hormones and negative affect: Models and measures. *Journal of Research on Adolescence, 4,* 469-486.

Brown, A. (1987). Metacognition, executive control, self-regulation and other more mysterious mechanisms. In F. E. Weinert & R. H. Kluwe (Eds.), *Metacognition, motivation, and understanding* (pp. 65-116). Hillsdale, NJ: Lawrence Erlbaum Associates.

Brown, B. B. (2004). Adolescent's relationships within peers. In R. M. Lerner & L. Steinberg (Eds.), *Handbook of adolescent psychology* (2nd ed.) (pp. 363-394). Heboken, NJ: John Wiley & Sons.

Brown, B. B., & Klute, C. (2003). Friendships, cliques and crowds. In G. R. Adams & M. D. Berzonsky (Eds.), *Blackwell handbook of adolescence* (pp. 330-348). Malden, MA: Blackweee Publishing.

Brown, B. B., Mory, M., & Kinney, D. A. (1994). Casting adolescent crowds in relational perspective: Caricature, channel, and context. In R. Montemayor, G. R. Adams, & T. P. Gullotta (Eds.), *Advances in adolescent development: Vol. 6. Personal relationships during adolescence* (pp. 123-167). Thousand Oaks, Calif: Sage.

Bruce, E. J. (2005). Relationships between ethnic identity, trauma symptoms, and juvenile delinquency. *Dissertation Abstracts International, 66*(06), 3398B. (UMI No. 3179490)

Buck, L. Z., Walsh, W. F., & Rothman, G. (1981). Relationship between parental moral judgment and socialization. *Youth and Society, 13,* 91-116.

Buhrmester, D. (1990). Intimacy of friendship, interpersonal competence, and adjustment during preadolescence and adolescence. *Child Development, 61,* 1101-1111.

Buhrmester, D., & Furman, W. (1986). The changing functions of friends in childhood: A neo-Sullivanian perspective. In V. J. Derlega & B. A. Winstead (Eds.), *Friendship and social interaction* (pp. 41-62). New York: Springer Verlag.

Buhrmester, D., Furman, W., Wittenberg, M. T., & Reis, H. T. (1988). Five domains of interpersonal competence in peer relationships. *Journal of Personality and Social Psychology, 55,* 991-1008.

Bulik, C. M., Sullivan, P. F., Carter, F. A., & Joyce, P. R. (1997). Initial manifestations of disordered eating behavior: Dieting versus binging. *International Journal of Eating Disorders, 22,* 195-201.

Bulik, C. M., Tozzi, F., Anderson, C., Mazzeo, S. E., Aggen, S., & Sullivan, P. (2003). The relation between eating disorders and components of perfectionism. *The American Journal of Psychiatry, 160,* 366-368.

Bursik, K. (1991). Adaptation to divorce and ego development in adult women. *Journal of Personality and Social Psychology, 60,* 300-306.

Butterfield, P. S., & Leclair, S. (1988). Cognitive characteristics of bulimic and drug-abusing women. *Addictive Behaviors, 13,* 131-138.

Byng-Hall, J. (1999). Family and couple therapy: Toward greater security. In J. Cassidy & P. R. Shaver (Eds.), *Handbook of attachment: Theory, research, and clinical applications* (pp. 625-645). New York: Guilford Press.

Byrnes, J. P. (2003). Cognitive development during adolescence. In G. R. Adams & M. D. Berzonsky (Eds.), *Blackwell handbook of adolescence* (pp. 227-246). Malden, MA: Blackwell.

Campbell, E., Adams, G. R., & Dobson, W. R. (1984). Familial correlates of identity formation in late adolescence. *Journal of Youth and Adolescence, 13,* 509-525.

Cantrell, P. J., MacIntyre, D. I., Sharkey, K. J., & Thompson, V. (1995). Violence in the marital dyad as a predictor of violence in the peer relationships of older adolescents/young adults. *Violence & Victims, 10,* 35-41.

Carroll, J. J., & Robinson, B. E. (2000). Depression and parentification among adults as related to parental workaholism and alcoholism. *Family Journal: Counseling & Therapy for Couples & Families, 8,* 360-367.

Case, J. L. (2001). Coping strategies, family membership loss, and ego identity status among late adolescent females. *Dissertation Abstracts International, 61*(10), 4190A. (UMI No. 9990374)

Cash, T. F., & Szymanski, M. L. (1995). The development and validation of thebody-image Ideals Questionnaire. *Journal of Personality Assessment, 64,* 466-477.

Cashwell, C. S., & Vacc, N. A. (1996). Family functioning and risk behaviors: Influences on adolescent delinquency. *School Counselor, 44,* 105-114.

Caspi, A. (2000). The child is father of the man: Personality continuities from childhood to adulthood. *Journal of Personality and Social Psychology, 78,* 158-172.

Caspi, A., & Silva, P. (1995). Temperamental qualities at age 3 predict personality traits in young adulthood: Longitudinal evidence from a birth cohort. *Child Development, 66,* 486-498.

Cassidy, J. (1994). Emotion regulation: Influences of attachment relationship. In N. A. Fox (Ed.),

The development of emotional regulation: Biological and behavioral considerations. Monographs of the Society for Research in Child Development, 59, 228-249.

Cassin, S. E., & von Ranson, K. M. (2005). Personality and eating disorders: A decade in review. *Clinical Psychology Review, 25,* 895-916.

Cauffman, E., & Steinberg, L. (1996). Interactive effects of menarcheal status and dating on dieting and disordered eating among adolescent girls. *Developmental Psychology, 32,* 631-635.

Champion, K., Vernberg, E., & Shipman, K. (2003). Nonbullying victims of bullies: Aggression, social skills, and friendship characteristics. *Journal of Applied Developmental Psychology, 24,* 535-551.

Chandler, M. J. (1973). Egocentrism and antisocial behavior: The assessment and training of social perspective-taking skills. *Developmental Psychology, 9,* 326-332.

Chapell, M. S., & Overton, W. F. (1998). Development of logical reasoning in the context of parental style and test anxiety. *Merrill-Palmer Quarterly, 44,* 141-156.

Chapple, C. L. (2005). Self-control, peer relations, and delinquency. *Justice Quarterly, 22,* 89-106.

Chase, N. D., Deming, M. P., & Wells, M. C. (1996). Parentification, parental alcoholism, and academic status among young adults. *The American Journal of Family Therapy, 26,* 105-114.

Chavez, E. L., Oetting, E. R., & Swaim, R. C. (1994). Dropout and delinquency: Mexican-American and Caucasian non-Hispanic youth. *Journal of Clinical Child Psychology, 23,* 47-55.

Chernin, L. (1981). *The obsession.* New York: Harper & Row.

Choice, P., Lamke, L. K., & Pittman, J. F. (1995). Conflict resolution strategies and marital distress as mediating factors in link between witnessing interparental violence and wife battering. *Violence & Victims, 10,* 107-119.

Chung, I., Hill, K. G., Hawkins, J. D., Gilchrist, L. D., & Nagin, D. S. (2002). Childhood predictors of offense trajectories. *Journal of Research in Crime and Delinquency, 39,* 60-90.

Cicchetti, D. (1990). The organization and coherence of socioemotional, cognitive, and representational development: Illustrations through a developmental psychopathology perspective on Down Syndrome and child maltreatment. In R. Thompson (Ed.), *Nebraska symposium on motivation: Vol. 36. Socioemotional development* (pp. 259-366). Lincoln, NE: Cambridge University Pres.

Cicchetti, D., Ganiban, J., & Barnett, D. (1991). Contributions from the study of high-risk populations to understanding the development of emotion regulation. In J. Garber & K. A. Dodge (Eds.), *The development of emotion regulation and dysregulation* (pp. 15-48). New York: Methuen.

Claes, M. E. (1992). Friendship and personal adjustment during adolescence. *Journal of Adolescence, 15,* 39-55.

Clair, M. (2000). *Object relations and self psychology: An introduction.* Stamford, CT: Brooks/Cole.

Clark, R., & Shields, G. (1997). Family communication and delinquency. *Adolescence, 32,* 81-92.

Cloninger, C. R. (1987). A systematic method for clinical description and classification of personality variants. *Archives of General Psychiatry, 44,* 573-588.

Cochrane, C. E., Brewerton, T. D., Wilson, D. B., & Hodges, E. L. (1993). Alexithymia in the eating disorders. *International Journal of Eating Disorders, 14,* 219-222.

Cohen, E. M. (2000). Suicidal ideation among adolescents in relation to recall exposure to violence. *Suicidal psychology: Developmental, Learning, Personality, Social, 19,* 46-56.

Cohn, L., & Westenberg, P. M. (2004). Intelligence and maturity: Meta-analytic evidence for the incremental and discriminate validity of Loevinger's measure of ego development. *Journal of Personality and Social Psychology, 86,* 760-772.

Cohler, B. J., Stott, F. M., & Musick, J. S. (1995). Adversity, vulnerability, and resilience: Cultural and developmental perspectives. In D. Cicchetti & D. J. Cohen (Eds.), *Developmental psychology: Vol. 2. Risk, disorder, and adaptation* (pp. 753-800). New York: John Wiley & Sons.

Cole, P. M., Michel, M. K., & Teti, L. O. (1994). The development of emotion regulation and dysregulation: A clinical perspective. In N. A. Fox (Ed.), *The development of emotion regulation: Biological and behavioral consideration. Monographs of the Society for Research in Child Development, 59,* 73-100.

Cole-Detke, H., & Kobak, R. (1996). Attachment processes in eating disorder and depression. *Journal of Consulting and Clinical Psychology, 64,* 282-290.

Coleman, J. C., & Hendry, L. (1990). *The nature of adolescence* (2nd ed.). New York: Routledge.

Collins, W. A., Hennighausen, K. C., Schmit, D. T., & Stroufe, L. A. (1997). Developmental precursors of romantic relationships: A longitudinal analysis. *New Directions for Child Development, 78,* 69-84.

Collins, W. A., & Laursen, B. (2004). Parent-adolescent relationships and influences. *Handbook of adolescent psychology* (2nd ed.) (pp. 331-361). Heboken, NJ: John Wiley & Sons.

Collins, W. A., & Madsen, S. D. (2003). Developmental change in parenting interactions. In L. Kuczynski (Ed.), *Handbook of dynamic in parent-child relations* (pp. 49-66). Beverly Hills, CA: Sage.

Connolly, J., Craig, W., Goldberg, A., & Pepler, D. (1999). Conceptions of cross-sex friendships and romantic relationships in early adolescence. *Journal of Youth and Adolescence, 28,* 481-494.

Connolly, J. A., & Johnson, A. M. (1996). Adolescents' romantic relationships and the structure and quality of their close interpersonal ties. *Personal Relationship, 3,* 185-195.

Connolly, J. M., Slaughter, V., & Mealey, L. (2004). The development of preferences for specific body shapes. *The Journal of Sex Research, 41,* 5-15.

Cooper, C. R. (1988). Commentary: The role of conflict in adolescent-parent relationships. In M. R. Gunnar & W. A. Collins (Eds.), *Minnesota symposia on child psychology: Vol. 21. Devel-*

opment during the transition to adolescence (pp. 181-187). Hillsdale, NJ: Lawrence Erlbaum.

Cooper, P. J. (1993). *Bulimia Nervosa: A guide to recovery.* London: Robinson Publishing.

Cooper, P. J., Coker, S., & Fleming, C. (1994). Self-help for bulimia nervosa: A preliminary report. *International Journal of Eating Disorders, 16,* 401-404.

Cooper, R. K., & Sawaf, A. (1997). *Executive EQ.* New York: Penguin Putnam.

Costa, P. T. Jr., Terracciano, A., & McCrae, R. R. (2001). Gender differences in personality traits cultures: Robust and surprising findings. *Journal of Personality and Social Psychology, 81,* 322-331.

Cotton, C., & Range, L. M. (1996). Suicidality, hopelessness, and attitudes toward life and death in clinical and nonclinical adolescents. *Death Studies, 20,* 601-610.

Criss, M. M., & Shaw, D. S. (2005). Sibling relationships as contexts for delinquency training in low-income families. *Journal of Family Psychology, 19,* 592-600.

Crissey, S. R. (2006). Gender differences in the academic consequences of adolescent heterosexual romantic relationships. *Dissertation Abstracts International, 67*(06), 2335A. (UMI No. 3222589)

Crosone, R., Cavamagh, S., & Elder, G. H. Jr. (2003). Adolescent friendships as academic resources: The intersection of friendship, race, and school disadvantage. *Sociological Perspectives, 46,* 331-352.

Crosnoe, R., Erickson, K. G., & Dornbusch, S. M. (2002). Protective functions of family relationships and school factors on the deviant behavior of adolescent boys and girls: Reducing the impact of risky friendships. *Youth and Society, 33,* 515-544.

Cui, M., Conger, R. D., Bryant, C. M., & Elder, G. H. (2002). Parental behavior and the quality of adolescent friendships: A social contextual perspectives. *Journal of Marriage & Family, 64,* 676-689.

Cummings, E. M. (1994). Marital conflict and children's functioning. *Social Development, 3,* 16-36.

Cummings, E. M., & Davies, P. T. (1994). *Children and marital conflict: The impact of family dispute and resolution.* New York: Guilford Press.

Curwin, R., & Curwin, G. (1974). *Developing individual values in the classroom.* Palo Alto, CL: Education Today.

Cusinato, M. (1998). Parenting styles and psychopathology. In L. L' Abate (Ed.), *Family Psychopathology: The relational roots of dysfunctional behavior* (pp. 158-184). New York: The Guilford Press.

Darling, N., Dowdy, B. B., Van Horn, M. L., & Caldwell, L. L. (1999). Mixed-sex settings and the perception of competence. *Journal of Youth and Adolescence, 28,* 461-480.

Davies, P. T., & Cummings, E. M. (1994). Marital conflict and child adjustment: An emotional security hypothesis. *Psychological Bulletin, 116,* 387-411.

Davies, P. T., & Cummings, E. A. (1998). Exploring children's emotional security as mediator of the link between marital relations and child adjustment. *Child Development, 69,* 124-139.

Davies, P. T., Cummings, E. M., & Winter, M. A. (2004). Pathways between profiles of family functioning, child security in the interparental subsystem, and child psychological problems. *Development and Psychopathology, 16,* 525-550.

Davies, P. T., & Windle, M. (2000). Middle adolescents' dating pathways and psychosocial adjustment. *Merrill-Palmer Quarterly, 46,* 90-118.

Davila, J., & Bradbury, T. N. (1998). Psychopathology and the marital dyad. In L. L'Abate (Ed.), *Family psychopathology: The relational roots of dysfunctional behavior* (pp. 127-157). New York: The Guilford Press.

Day, S. (2002). Attachment to mother, father, and best friend as predictors of the quality of adolescent romantic relationships. *Masters Abstracts International, 40*(04), 1083. (UMI No. MQ64081)

Day, S. (2006). The role of adolescent-parent attachment and conflict resolution strategies in late adolescents' romantic relationships. *Dissertation Abstracts International, 66*(11), 6311B. (UMI No. NR09954)

Day, H. D., St. Clair, S. A., & Marshall, D. D. (1997). Do people who marry really have the same level of differentiation of self ? *Journal of Family Psychology, 11,* 131-135.

Dekovic, M., & Meeus, W. (1997). Peer relations in adolescents: Effects of parenting and adolescents' self-concept. *Journal of Adolescence, 20,* 163-176.

Demarest, J., & Allen, R. (2000). Body image: Gender, ethnic, and age differences. *The Journal of Social Psychology, 140,* 465-472.

DiClemente, R. J., Ponton, L. E., & Hartley, D. (1999). Prevalence and correlates of cutting behavior: Risk for HIV transmission. *Journal of the American Academy of Child and Adolescent Psychiatry, 30,* 735-738.

Digman, J. M., & Shmelyov, A. G. (1996). The structure of temperament and personality in Russian children. *Journal of Personality and Social Psychology, 71,* 341-351.

DiLalla, D. L., Carey, G., Gottesman, I. I., & Bouchard, T. J. Jr. (1996). Heritability of MMPI Personality Indicators of psychopathology in twins reared apart. *Journal of Abnormal Psychology, 105,* 491-499.

Dilalla, L. F., & Gottesman, I. I. (1989). Heterogeneity of causes of delinquency and criminality: Lifespan perspectives. *Development and Psychopathology, 1,* 339-349.

Dittmar, H., Halliwell, E., & Ive, S. (2006). Does Barbie make girls want to be thin? The effect of experimental exposure to images of dolls on the body image of 5-to 8-year-old girls. *Developmental Psychology, 42,* 283-292.

Douvan, E., & Adelson, J. (1966). *The adolescent experience.* New York: Wiley.

Duggan, E. S. B. (1998). Young adults' reaction to intimate-relationship conflict and conflict resolution strategies: Implication for the intergenerational transmission of violence. *Dissertation*

Abstract International, 59 (04), 2348B. (UMI No. 9831702)

Duncan, P., Ritter, P. L., Dornbusch, S. M., Gross, R. T., & Carlsmith, J. M. (1985). The effects of pubertal timing on body image, school behavior, and deviance. *Journal of Youth and Adolescence, 14,* 227-235.

Ebenstein, Y. R. (2005). Exploring the conscious and unconscious fit between husband and wife: An examination of mental representation, attachment status, and intimacy within the marital system. *Dissertation Abstracts International, 65* (08), 4281B. (UMI No. 3144092)

Eckersley, R., & Dear, K. (2002). Cultural correlates of youth suicide. *Social Science & Medicine, 5,* 1891-1904.

Edmondson, B. M. (1998). The interrelationship of the Eriksonian psychosocial stages and the relationship of psychosocial stage attributes to ego identity development in late adolescents. *Dissertation Abstracts International, 59*(03), 1390B. (UMI No. 9826778)

Einstein, D., & Lanning, K. (1998). Shame, guilt, ego development, and the five-factor model of personality. *Journal of Personality, 66,* 555-582.

Eisenberg, N., & Fabes, R. A. (1992). Emotion, regulation and the development of social competence. In M. S. Clark (Ed.), *Emotion, regulation and the development of social competence: Vol. 14. Review of personality and social psychology* (pp. 119-150). New Delhi: Sage.

Eisenberg, N., Miller, P. A., Shell, R., McNalley, S., & Shea, C. (1991). Prosocial development in adolescence: A longitude study. *Developmental Psychology, 27,* 849-857.

Elders, M. A. (1990). An investigation of the expression and appreciation of humor and hostile wit and ego identity status in male and female college students. *Dissertation Abstracts International, 50*(11), 5312B. (UMI No. 90005863)

Eliason, R. V. (2001). The roles of cognitive rigidity and impulsivity in adolescent suicide attempters. *Dissertation Abstracts International, 62*(02), 1075B. (UMI No. 3003342)

Elkind, D. (1974). *Children and adolescents: Interpretive essays on Jean Piaget* (2nd ed.). New York: Oxford Press.

Elkind, D., & Bowen, R. (1979). Imaginary audience behavior in children and adolescents. *Developmental Psychology, 15,* 38-44.

Elliott, D. M. (1997). Traumatic events: Prevalence and delayed recall in the general population. *Journal of Consulting and Clinical Psychology, 65,* 811-820.

Elliott, R., Watson, J. C., Goldman, R. N., & Greenberg, L. S. (2004). *Learning emotion-focused therapy: The processes-experiential approach to change.* Washington, DC: American Psychological Association.

El-sheikh, M., & Elmore-Staton, L. (2004). The link between marital conflict and child adjustment: Parent-child conflict and perceived attachment as mediators, potentiators, and mitigators of risk. *Development and Psychopathology, 16,* 631-648.

Emery, J. L. (2004). The relationship between negative developmental factors and antisocial cognition and behaviour among adolescents. *Masters Abstracts International, 42*(05), 1871A. (UMI No. 3175146)

Emmerick, H. (1978). The influence of parents and peers on choices made by adolescents. *Journal of Youth and Adolescence, 7,* 175-180.

Engels, R., Vitaro, F., Den Exter Blokand, E., de Kemp, R., & Scholte, R. (2004). Influence and selection processes in friendships and adolescent smoking behavior: The role of parental smoking. *Journal of Adolescence, 27,* 531-544.

Ennett, S. T., Bauman, K. E., & Koch, G. G. (1994). Variability in cigarette smoking within and between adolescent friendship cliques. *Addictive Behavior, 19,* 295-305.

Enright, R., Shukla, D., & Lapsley, D. (1980). Adolescent egocentrism-sociocentrism and self-consciousness. *Journal of Youth and Adolescence, 9,* 101-116.

Ephraim, T. A. (1998). Adolescent coping strategies after a suicide or other loss by death: A retrospective study. *Dissertation Abstracts International, 58*(10), 4083A. (UMI No. 9812017)

Epsosito, C., Spirito, A., Boerger, J., & Donaldson, D. (2003). Affective, behavioral, and cognitive functioning in adolescents with multiple suicide attempters. *Suicide & Life-Threatening Behavior, 33,* 389-399.

Erikson, E. H. (1968). *Identity: Youth and crisis.* New York: W. W. Norton.

Erin, C., Dunn, C. N., & Mary, E. L. (2006). Motivational enhancement therapy and self-help treatment for binge eaters. *Psychology of Addictive Behaviors, 20,* 44-52.

Erwin, P. (1993). *Friendship and peer relations in children.* New York: Wiley.

Evans, D. W., Brody, L., & Noam, G. G. (2001). Ego development, self-perception, and self-complexity in adolescence: A study of female psychiatric inpatients. *American Journal of Orthopsychiatry, 71,* 79-86.

Faber, A. J., Edwards, A. E., Bauer, K. S., & Wetchler, J. L. (2003). Family structure: Its effects on adolescent attachment and identity formation. *American Journal of Family Therapy, 31,* 243-255.

Fairburn, C. G., & Beglin, S. J. (1990). Studies of the epidemiology of bulimia nervosa. *American Journal of Psychiatry, 147,* 401-408.

Fairburn, C. G., Cooper, Z., Doll, H. A., & Welch, S. L. (1999). Risk factors for anorexia nervosa: Three integrated case-control comparisons. *Archives of General Psychiatry, 56,* 468-476.

Fairburn, C. G., Stice, E., Cooper, Z., Doll, H. A., Norman, P. A., & O'Connor, M. E. (2003). Understanding persistence in bulimia nervosa: A 5-year naturalistic study. *Journal of Consulting and Clinical Psychology, 71,* 103-109.

Fallon, A. E., & Rozin, P. (1985). Sex differences in perceptions of desirable body shape. *Journal of Abnormal Psychology, 94,* 102-105.

Fannin, B. E. (2002). The contributions of emotional intelligence to academic achievement and production. *Dissertation Abstracts International, 62*(12), 4055A. (UMI No. 3036985)

Farley, F. H. (1986). World of the type T personality. *Psychology Today, 20*(5), 44-52.

Farrington, D. P., Loeber, R., Elliott, D. S., Hawkins, J. D., Kandel, D. B., Klein, M. W., McCord, J., et al. (1990). Advancing knowledge about the onset of delinquency and crime. In B. B. Lahey & A. E. Kazdin (Eds), *Advances in clinical child psychology* (Vol. 13, pp. 283-342). New York: Plenum Press.

Fauber, R. L., Forehand, R., Thomas, A. M., & Wierson, M. (1990). A mediational model of the impact of marital conflict on adolescent adjustment in intact and divorced families: The role of disrupted parenting. *Child Development, 61,* 1112-1123.

Favazza, A. R., & Conterio, K. (1989). Female habitual self-mutilators. *Acta Psychiatric Scandinavica, 79,* 283-289.

Feeney, J. A., & Noller, P. (1990). Attachment styles as a predictor of adult romantic relationships. *Journal of Personality and Social Psychology, 58,* 281-291.

Feeney, J. A., Noller, P., & Callen, V. J. (1994). Attachment style, communication and satisfaction in the early years of marriage. In K. Bartholomew & D. Perlman (Eds.), *Attachment processes in adulthood* (pp. 269-308). Pennsylvania: Jessica Kingsley.

Feiring, C. (1996). Concepts of romantic in 15-year-old adolescents. *Journal of Research on Adolescence, 6,* 181-200.

Feldman, S. S., Turner, R. A., & Araujo, K. (1999). Interpersonal context as an influence on sexual timetables of youths: Gender and ethnic effects. *Journal of Research on Adolescence, 9,* 25-52.

Ferrari, J. R., & Olivette, M. J. (1994). Parental authority and the development of female dysfunctional procrastination. *Journal of Research in Personality, 28,* 87-100.

Fiona, A, W., & Kenan, M. M. (2004). Parental morality and family processes as predictors of adolescent morality. *Journal of Child and Family Studies, 13,* 219-233.

Flouri, E., & Buchanan, A. (2002). What predicts good relationships with parents in adolescence and partners in adult life: Findings from the 1958 British birth cohort. *Journal of Family Psychology, 16,* 186-198.

Foltz, C., Overton, W. F., & Ricco, R. B. (1995). Proof construction: Adolescent development from inductive to deductive problem-solving strategies. *Journal of Experimental Child Psychology, 59,* 179-195.

Ford, M., & Lowery, C. (1986). Gender differences in moral reasoning: A comparison of the use of justice and care orientation. *Journal of Personality and Social Psychology, 50,* 777-783.

Freeman, E. M. (1991). Addictive behaviors: State-of-the-art issues in social work treatment. In Freeman, E. M. (Ed.), *The addiction process: Effective social work approaches.* (pp. 1-9). New York: Longman.

Friedman, A. C. (1998). Prevalence and correlates of suicidal ideation and self-reported attempts in an adolescent community population. *Dissertation Abstracts International, 59*(01), 0322A. (UMI No. 9822802)

Frosch, C. A., & Mangelsdorf, S. C. (2001). Marital behavior, parenting behavior, and multiple reports of preschoolers' behavior problems: Mediation or moderation? *Developmental Psychology, 37,* 502-519.

Fuligni, A. J., & Eccles, J. S. (1993). Perceived parent-child relationships and early adolescents' orientation. *Developmental Psychology, 29,* 622-632.

Fulkerson, J. A., Keel, P. K., Leon, G. R., & Dorr, T. (1999). Eating-disordered behaviors and personality characteristics of high school athletes and nonathletes. *International Journal of Eating Disorders, 26,* 73-79.

Funder, D. C., & Block, J. (1989). The role of ego-control, ego-resiliency, and IQ in delay of gratification in adolescence. *Journal of Personality and Social Psychology, 57,* 1041-1050.

Furman, W., & Buhrmester, D. (1992). Age and sex in perceptions of networks of personal relationships. *Child Development, 63,* 103-115.

Furman, W., & Wehner, E. A. (1994). Romantic view: Toward a theory of adolescent romantic relationships. In R. Montemayor, G. R. Adams, & T. P. Gullotta (Eds.), *Personal relationships during adolescence* (pp. 168-195). Thousand Oaks, CA: Sage.

Furman W., & Wehner, E. A. (1997a). Adolescent romantic relationships: A developmental perspective. *New Directions for Child Development, 78,* 21-36.

Furman, W., & Wehner, E. A. (1997b). Adolescent romantic relationships: A developmental perspective. In S. Shulman & W. A. Collins (Eds.), *Romantic relationships in adolescence: Development perspectives* (pp. 21-36). San Francisco: Jossey-Bass.

Gallant, J. S. (2000). Understanding and treating suicidal adolescents. *Dissertation Abstracts International, 61*(05), 2758B. (UMI No. 9973832)

Galliher, R. V. (2001). Predicting relationship quality and longevity from patterns of interaction in adolescent romantic relationships. *Dissertation Abstracts International, 61*(11), 6164B. (UMI No. 9996351)

Gardner, R. M. (1996). Methodological issues in assessment of the perceptual component of body image disturbance. *British Journal of Psychology, 87,* 327-337.

Garmezy, N., Masten, A., & Tellegen, A. (1984). The study of stress and competence in children. *Child Development, 55,* 97-111.

Garner, D. M., & Garfinkel, P. E. (1980). Socio-cultural factors in the development of anorexia nervosa. *Psychological Medicine, 10,* 647-656.

Garner, D. M., Olmstead, M. P., & Polivy, J. P. (1983). Development and validation of a multidimensional eating disorder inventory for anorexia nervosa and bulimia. *International Journal of Eating Disorders, 2*(2), 15-34.

Gibbs, J. J., Giever, D., & Martin, J. S. (1998). Parental management and self control: An empirical test of Gottfredson and Hirschi's general theory of crime. *Journal of Research in Crime and Delinquency, 35,* 40-70.

Gibbs, J. C., & Schnell, S. V. (1985). Moral development GVersusV socialilzation. *American Psychologist, 40,* 1071-1080.

Giggins, E. T. (1987). Self-discrepancy: A theory relating self and affect. *Psychological Review, 94,* 319-340.

Gilligan, C. (1977). In a different voice: Women's conceptions of self and of morality. *Harvard Educational Review, 47,* 488-517.

Gilligan, C. (1988). Adolescent development reconsidered. In C. Gilligan, V. W. Ward, & M. Talor (Eds.), *Mapping the moral domain: A contribution of women's thinking to psychology and education* (pp. vii-xxxix). Cambridge, MA: Harvard University Press.

Gingod, R. (2004). Adolescents' perceptions of how their parents shape their friendships. *Dissertation Abstracts International, 65*(01), 463B. (UMI No. 3119829)

Gleaves, D. H., Williamson, D. A., Eberenz, K. P., Sebastian, S. B., & Barker, S. E. (1995). Clarifying body-image disturbance: Analysis of a multidimensional model using structural modeling. *Journal of Personality Assessment, 64,* 478-493.

Gore, S., & Eckenrode, J. (1994). Context and process in research on risk and resilience. In R. J. Haggerty, L. R. Sherrod, N. Garmezy, & M. Rutter (Eds.), *Stress, risk, and resilience in children and adolescent: Processes, mechanisms, and intervention* (pp. 19-63). New York, NY: Cambridge University Press.

Gottfredson, M. R., & Hirschi, T. (1990). *A general theory of crime.* Stanford: Stanford University Press.

Gottman, J. M., Katz, L. F., & Hooven, C. (1996). Parental meta-emotion philosophy and the emotional life of families: Theoretical models and preliminary data. *Journal of Family Psychology, 10,* 243-268.

Graff, H., & Mallin, R. (1967). The syndrome of the wrist cutter. *American Journal of Psychiatry, 124,* 36-42.

Granboulan, V., Zivi, A., & Basquin, M. (1997). Double suicide attempt among adolescents. *Journal of Adolescent Health, 21,* 128-130.

Grant, N. R. (1998). Vulnerabilities, risk factor, protective factors, and resilience. In J. D. Noshiptz, S. I. Harrison, & S. Eth (Eds.), *Handbook of child and adolescent psychiatry: Vol. 5. Clinical assessment and intervention planning* (pp. 32-46). New York: John Wiley & Sons.

Grasmick, H. C., Charles, R. T., Robert, J. B., & Bruce, J. A. (1993). Testing the core empirical implications of Gottfredson and Hirschi's general theory of crime. *Journal of Research in Crime and Delinquency, 30,* 5-29.

Gray, M. R. (2001). Individual differences in patterns of adolescent romance: Associations with the parent-child relationship. *Dissertation Abstracts International, 62*(05), 2483B. (UMI No. 3014438)

Greenberg, I. S., Rice, L. N., & Elliott, R. (1993). *Facilitating emotional change: The moment-by-*

moment process. New York, NY: The Guilford Press.

Greenberg, L. S., & Safran, J. D. (1990). Emotional change processes in psychotherapy. In R. Plutchik & H. Kellerman (Eds.), *Emotion: Theory, research and experience: Vol. 5. Emotion, Psychopathology and psychotherapy* (pp. 59-85). San Diego, CF: Academic Press.

Grilo, C. M., Shiffman, S., & Wing, R. P. (1989). Relapse crises and coping among dieters. *Journal of Consulting and Clinical Psychology, 57,* 488-495.

Grolnick, W. S., & Ryan, R. (1989). Parent styles associated with children's self-regulation and competence in school. *Journal of Educational Psychology, 81,* 143-154.

Gross, J. J., & John, O. P. (2003). Individual differences in two emotion regulation processes: Implication for affect, relationships, and well-being. *Journal of Personality and Social Psychology, 85,* 348-362.

Gusinato, M. (1998). Parenting styles and psychopathology. In L'Abate, L. (Ed.), *Family psychopathology: The relational roots of dysfunctional behavior* (pp. 158-184). New York: The Guilford Press.

Gutierrez, P., King, C. A., & Ghaziuddin, N. (1996). Adolescent attitudes about death in relation to suicidality. *Suicide & Life-Threatening Behavior, 26,* 8-18.

Haan, N. (1985). Process of moral development: Cognitive or social disequilibrium? *Developmental Psychology, 21,* 996-1006.

Haan, N., Millsap, R., & Hartka, E. (1986). As time goes by: Change and stability in personality over fifty years. *Psychology and Aging, 1,* 220-232.

Hagekull, B. (1994). Infant temperament and early childhood functioning: Possible relations to the five-factor model. In C. F. Halverson Jr., G. A. Kohnstamm, & R. P. Martin (Eds.), *The developing structure of temperament and personality from infancy to adulthood* (pp. 227-240). Hillsdale, NJ: Hove.

Haley, J. (1987). *Problem-solving therapy* (2nd ed.). San Francisco: Jossey-Bass.

Hall, L., & Cohn, L. (1986). *Bulimia: A guide to recovery.* Carlsbad, CA: Gürze Books.

Hammen, C. L., Bruge, D., Daley, S. E., Davila, J., Paley, B., & Rudolph, K. D. (1995). Interpersonal attachment cognitions and prediction of symptomatic responses to interpersonal stress. *Journal of Abnormal Psychology, 104,* 463-443.

Hampson, R. B., Beavers, W. R., & Hulgus, Y. S. (1988). Comparing the Beavers and circumplex model of family functioning. *Family Process, 27,* 85-92.

Han, S. (2003). Vulnerability and resilience in adolescent delinquency: An ecological approach. *Dissertation Abstracts International, 63*(07), 3218B. (UMI No. 3060436)

Hanzan, C., & Shaver, P. (1987). Romantic love conceptualized as an attachment process. *Journal of Personality and Psychology, 52,* 511-524.

Harold, G. T., Fincham, F. D., Osborne, L. N., & Conger, R. D. (1997). Mom and Dad are at it again: Adolescent perceptions of marital conflict and adolescent psychological distress. *Develop-*

mental Psychology, 33, 333-350.

Harris, J. R. (1995). Where is the child's environment? A group socialization theory of development. *Psychological Review, 102,* 458-489.

Harrison, K. (2000). The body electric: Thin-ideal media and eating disorders in adolescents. *Journal of Communication, 50,* 119-143.

Harrison, M. D. (2004). Partners' level of differentiation of self and perceived relationship quality in gay and lesbian couples. *Dissertation Abstracts International, 64*(B), 4678B. (UMI No. 3106743)

Hart, D. (1988). A longitudinal study of adolescents' socialization and identification as predictors of adult moral judgment development. *Merrill-Palmer Quarterly, 34,* 245-260.

Hart, J. L. (2005). Risk and protective factors of violent juvenile offending: An examination of gender difference. *Dissertation Abstracts International, 66*(04), 2293B. (UMI No. 3171964)

Hart, D., Atkins, R., & Ford, D. (1999). Family influences on the formation of moral identity in adolescence: Longitudinal analyses. *Journal of Moral Education, 28,* 375-386.

Hart, D., Hofmann, V., Edelstein, W., & Keller, M. (1997). The relation of childhood personality types to adolescent behavior and development: A longitudinal study of Icelandic children. *Developmental Psychology, 33,* 195-205.

Harter, S., & Buddin, B. J. (1987). Children's understanding of the simultaneity of two emotions: A five-stage developmental acquisition sequence. *Developmental Psychology, 23,* 388-399.

Harvard Mental Health Letter. (2003). Anorexia nervosa – Part I: How the mind starves the body, and what can be done to prevent it. *Harvard Mental Heath Letter, 19,* 1-4.

Hauser, S. T. (1976). Loevinger's model and measure of ego development: A critical review. *Psychological Bulletin, 83,* 928-955.

Hauser, S. T. (1978). Ego development and interpersonal style in adolescent. *Journal of Youth and Adolescence, 7,* 333-352.

Hauser, S., Jacobson, A., Noam, G. G., & Powers, S. (1983). Ego development and self-image complexity in early adolescence. *Archives of General Psychiatry, 40,* 325-332.

Hauser, S. T., Powers, S., Noam, G., Jacobsen, R., Weiss, B., & Follansbee, D. (1984). Family's contexts of adolescent ego development. *Child Development, 55,* 195-213.

Hauser, S. T., & Safyer, A. W. (1994). Ego development and adolescent emotions. *Journal of Research on Adolescence, 4,* 487-502.

Haynie, D. L., & Osgood, D. W. (2005). Reconsidering peers and delinquency: How do peer matter? *Social Forces, 84,* 1109-1130.

Heatherton, T. F., & Baumeister, R. F. (1991). Binge eating as an escape from self-awareness. *Psychological Bulletin, 110,* 86-108.

Henderson, K. A. (2001). Friendship relations, bulimic symptomatology, and body esteem in a nonclinic sample of high school girls. *Dissertation Abstracts International, 62*(04), 2059B. (UMI

No. NQ59140)

Higgins, E. T. (1987). Self-discrepancy: A theory relating self and affect. *Psychological Review, 94,* 319-340.

Hill, J. P. (1987). Research on adolescents and their families: Past and prospect. In C. E. Irwin (Ed.), *Adolescent social behavior and health: Vol. 37. New directions for child development* (pp. 13-31). San Francisco: Jossey-Bass.

Hindy, C. G., & Schwartz, J. C. (1994). Anxious romantic attachment in adult relationships. In M. B. Sperling & W. H. Berman (Eds.), *Attachment in adults: Clinical and developmental perspectives* (pp. 179-203). New York: The Guilford Press.

Hirschi, T. (1969). Control: Society's central notion. *The American Journal of Sociology, 96,* 750-752.

Hobby, M. L. M. (2004). Adult daughters of alcoholic fathers: Differentiation of self in family of origin and couple relationships. *Dissertation Abstracts International, 65*(05), 2630B. (UMI No. 3133432)

Hoffman, J. A. (1984). Psychological separation of late adolescents from their parents. *Journal of Counseling Psychology, 31,* 170-178.

Hoffman, M. L. (1987). The contribution of empathy to justice and more judgment. In N. Eisenberg & L. Strayer (Eds), *Empathy and its development* (pp. 47-80). Cambridge, England: Cambridge University Press.

Hoffman, M. L. (1994). Discipline and internalization, *Developmental Psychology, 30,* 26-28.

Holstein, C. (1976). Development of moral judgment: A longitudinal study of males and females. *Child Development, 47,* 51-61.

Horne, K. B. (2002). From individuation to differentiation of self: A new paradigm? *Dissertation Abstracts International, 63*(02), 733B. (UMI No. 3043352)

Horowitz, M. J., Merluzzi, T. V., Ewert, M., Ghannam, J. H., Hartley, D., & Stinson C. H. (1991). Role-relationship models configuration (RRMC). In M. J. Horowitz (Ed.), *Person schemas and maladaptive interpersonal patterns* (pp. 115-154). Chicago: The University of Chicago.

Hsu, L. K. G. (1990). *Eating disorders.* New York: The Guilford Press.

Huey, S. J., & Weisz, J. R. (1997). Ego control, ego resiliency, and the Five-Factor Model as predictors of behavioral and emotional problems in clinic-referred children and adolescents. *Journal of Abnormal Psychology, 106,* 404-415.

Hunang, A. S. C. (2002). The bright and dark side of cyberspace: The paradoxical media effects of internet use on gratifications, addiction, social and psychological well-being among Taiwan's Net-Generation. *Dissertation Abstracts International, 65*(06), 2012A. (UMI No. 3135798)

Hund, A. R., & Espelage, D. L. (2005). Childhood sexual abuse, disordered eating, alexithymia, and general distress: A mediating model. *Journal of Counseling Psychology, 52,* 559-573.

Hunsberger, B., Pratt, M., & Pancer, S. (2001). Adolescent identity formation: Religious exploration and commitment. *Identity, 1,* 365-386.

Iskowitz, G. (2001). Changing perspectives: Two complementary paths towards identity development in adolescent boys and girls. *Dissertation Abstracts International, 61*(11), 6137B. (UMI No. 9995088)

Jacobsen, T., Edelstein, W., & Hofmann, V. (1994). A longitudinal study of the relation between representations of attachment in childhood and cognitive functioning in childhood and adolescence. *Developmental Psychology, 30,* 112-124.

Jacobvitz, D. B., & Bush, N. F. (1996). Reconstructions of family relationships: Parent-child alliances, personal distress, and self-esteem. *Developmental Psychology, 32,* 732-743.

Jacobvitz, D., Hazen, N., Curran, M., & Hitchens, K. (2004). Observations of early triadic family interactions: Boundary disturbances in the family predict symptoms of depression, anxiety, and attention-deficit/hyperactivity disorder in middle childhood. *Development and Psychopathology, 16,* 577-592.

Johnson, D. R. (2001). Mother-son interactions predictive of high parentification self-reported by adolescent sons. *Dissertation Abstracts International, 61*(07), 3901B. (UMI No. NQ51954)

Johnson, C., & Larson, R. (1982). Bulimia: An analysis of moods and behavior. *Psychosomatic Medicine, 44,* 341-351.

Johnson, C., Powers, P. S., & Dick, R. (1999). Athletes and eating disorders: The National Collegiate Athletic Association Study. *International Journal of Eating Disorders, 26,* 179-188.

Jonah, B. A. (1997). Sensation seeking and risky driving: A review and synthesis of the literature. *Accident Analysis and Prevention, 29,* 651-665.

Jones, D. C. (2004). Body image among adolescent girls and boys: A longitudinal study. *Developmental Psychology, 40,* 823-835.

Jones, R. M., & Hartmann, B. R. (1988). Ego identity: Developmental differences andexperimental substance use among adolescents. *Journal of Adolescence, 11,* 347-360.

Jones, R. A., & Wells, M. (1998). An empirical study of parentification and personality. *The American Journal of Family Therapy, 24,* 145-152.

Josselson, R. L. (1980). Ego development in adolescence. In J. Adelson (Ed.), *Handbook of adolescent psychology* (pp. 188-210). New York: Wiley.

Jurkovic, G. J. (1998). Destructive parentification in families: Causes and consequences. In L. L'Abate (Ed.). *Family psychopathology: The relational roots of dysfunctional behavior* (pp. 237-255). New York: The Guilford Press.

Kail, R. (2000). Speed for information processing: Developmental change and links to intelligence. *Journal of School Psychology, 38,* 51-61.

Kakar, S. (1996). Consequences of child abuse for an early onset of juvenile delinquency: A prospective cohort study. *Dissertation Abstracts International, 56*(11), 4562A. (UMI No. 9606808)

Kalucy, R. S., Crisp, A. H., & Harding, B. (1977). A study of 56 families with anorexia nervosa.

British Journal of Medical Psychology, 50, 381-395.

Kandel, D. B., & Fessor, R. (1999). The Gateway Hypothesis revisited. In B. D. Kandel (Ed.), *Stages and pathways of drug involvement* (pp. 365-372). New York, NY: Cambridge University Press.

Kandel, D. B., & Yamaguchi, K. (1999). Development stages of involvement in substance use. In R. E. Tarter, R. J. Amerman, & P. J. Ott (Eds.), *Sourcebook on substance abuse: Etiology, assessment and treatment* (pp. 50-74). New York: Allyn & Bacon.

Karwautz, A., Rabe-Hesketh, S., Hu, X., Zhao, J., Sham, P., Collier, D. A., & Treasure, J. L. (2001). Individual-specific risk factors for anorexia nervosa: A pilot study using a discordant sister-pair design. *Psychological Medicine, 74,* 317-329.

Katherine, A. (1991). *Boundaries: Where you end and I begin.* New York: Simon & Schuster.

Keasey, C. B. (1975). Implicators of cognitive development for moral reasoning. In D. J. Depalma & J. M. Foley (Eds.), *Moral development: Current theory and research* (pp. 39-56). Hillsdale, NJ: Lawrence Erlbaum Associates.

Kelly, T. M., Cornelius, J. R., & Lynch, K. G. (2002). Psychiatric and substance use disorders as risk factors for attempted suicide among adolescents: A case study. *Suicide & Life-Threatening Behavior, 32,* 301-312.

Kennedy-Moore, E., & Watson, J. C. (1999). *Expressing emotion: Myths, realities, and therapeutic strategies.* New York: The Guilford Press.

Kent, J. S., & Clopton, J. R. (1992). Bulimic women's perceptions of their family relationships. *Journal of Clinical Psychology, 48,* 281-292.

Kepner, J. I. (1992). *Body process: Working with the body in psychotherapy.* San Francisco: Jossey-Bass Bublisher.

Kerig, P. K. (1995). Triangles in the family circle: Effects of family structure on marriage, parenting, and child adjustment. *Journal of Family Psychology, 9,* 28-43.

Kerr, M. E. (1981). Family systems theory and therapy. In A. S. Gurman & D. P. Kniskern (Eds.), *Handbook of Family Therapy* (Vol.1, pp. 226-264). New York: Brunner/Mazel.

Kimball, J. S. (2003). Self-mutilation as an affect regulation strategy: The role of attachment and childhood sexual abuse. *Dissertation Abstracts International, 68*(08), 4045B. (UMI No. 3103493)

King, L. A., & Emmons, R. A. (1990). Conflict over emotional expression: Psychological and physical correlates. *Journal of Personality and Social Psychology, 58,* 864-877.

King, L. A., & Emmons, R. A. (1991). Psychological, physical, and interpersonal correlates of emotional expressiveness, conflict, and control. *European Journal of Personality, 5,* 131-150.

Kirkpatrick, J. B. (2003). Gender and juvenile offending: An exploratory study. *Dissertation Abstracts International, 63*(12), 6121B. (UMI No. 3073239)

Kirsch, I., Mearns, J., & Catanzaro, S. J. (1990). Mood regulation expectancies as determinants of depression in college students. *Journal of Counseling Psychology, 37,* 306-312.

Klingemann, S. D. (2006). Adolescent romantic and sexual relationships: Partner types, quality and mental health. *Dissertation Abstracts International, 67*(08), 219A. (UMI No. 3232570)

Kobak, R. R., & Sceery, A. (1988). Attachment in late adolescence: Working models, affect regulation, and representations of self and others. *Child Development, 59,* 135-146.

Kobak, R. R., Sudler, N., & Gamble, W. (1991). Attachment and depressive symptoms during adolescence: A developmental pathways analysis. *Development and Psychopathology, 3,* 461-474.

Kogos, J. L., & Snarey, J. (1995). Parental divorce and the moral development of adolescents. *Journal of Divorce & Remarriage, 23,* 177-186.

Kohlberg, L. (1976). Moral stages and moralization: The cognitive-developmental approach. In T. Lickona (Ed.), *Moral development and behavior: Theory, research and social issues* (pp. 31-53). New York: Holt, Rinehart and Winston.

Kohlberg, L. (1984). *The psychology of moral development: The nature and validity of moral stage.* New York: Harper & Row.

Kowner, R. (2004). When ideals are too K far off: Physical self-ideal discrepancy and body dissatisfaction in Japan. *Genetic, Social and General Psychology Monographs, 130,* 333-361.

Krebs, D. L., Vermeulen, S. C., Denton, K. L., & Carpendale, J. I. (1994). Gender and perspective differences in moral judgment and moral orientation. *Journal of Moral Education, 23,* 17-26.

Kreshok, S. I., & Karpowitz, D. H. (1988). A review of selected literature on obesity and guidelines for treatment. *Journal of Counseling and Development, 66,* 326-330.

Kumpfer, K. L. (1999). Factors and processes contributing to resilience: The resilience framework. In M. D. Glantz & J. L. Johnson (Eds.), *Resilience and development: Positive life adaptations* (pp. 179-224). New York: Plenum Press.

Kuttler, A. F. (2001). Linkages between adolescent girl's romantic relationships, close friendships, and peer networks. *Dissertation Abstracts International, 61*(10), 5597B. (UMI No. 9992484)

LaFreniere, P. J. (2000). *Emotional development: A biosocial perspective.* Stamford, CT: Thomson Learning.

Laible, D. J., & Thompson, R. A. (2000). Mother-child discourse, attachment security, shared positive affect, and early conscience development. *Child Development, 71,* 1424-1440.

Landsheer, J. A., & van Dijkum, C. (2005). Male and female delinquency trajectories from pre through middle adolescence and their continuation in late adolescence. *Adolescence, 40,* 729-748.

Lane, R. D., Quinlan, D. M., Schwartz, G. E., Walker, P. A., & Zeitlin, S. B. (1990). The levels of Emotional Awareness Scale: A cognitive-development measure of emotion. *Journal of Personality Assessment, 55,* 124-134.

Lane, R. D., & Schwartz, G. (1987). Levels of emotional awareness: A cognitive-developmental theory and its application to psychopathology. *American Journal of Psychiatry, 144,* 133-143.

Larson, R. W., Clore, G. L., & Wood, G. A. (1999). The emotions of romantic relationships: Do they wreak havoc on adolescents? In W. Furman, B. B. Brown, & C. Feiring (Eds.), *The development of romantic relationships in adolescence* (pp. 19-49). Cambridge: Cambridge University Press.

Larson, R. W., & Richards, M. H. (1991). Daily companionship in late childhood and early adolescence: Changing developmental contexts. *Child Development, 62,* 284-300.

Larson, R. W., Richards, M. H., Moneta, G., Holmbeck, G., & Duckett, E. (1996). Changes in adolescents' daily interactions with their families from ages 10 to 18: Disengagement and transformation. *Developmental Psychology, 32,* 744-754.

Laursen, B. (1993). Conflict management among close friends. In B. Laursen (Ed.), *Close friendship in adolescence: New directions for child development* (pp. 39-54). San Francisco: Jossey-Bass.

Laursen, B., & Collins, A. (1994). Interpersonal conflict during adolescence. *Psychological Bulletin, 115,* 197-209.

Laursen, B., Coy, K. C., & Collins, W. A. (1998). Reconsidering changes in parent-child conflict across adolescence: A meta-analysis. *Child Development, 69,* 817-832.

Laursen, B., & Jensen-Campbell, L. A. (1999). The nature and functions of social exchange in adolescent romantic relationships. In W. Furman, B. B. Brown, & C. Feiring (Eds.), *The development of romantic relationships in adolescence* (pp. 50-74). Cambridge: Cambridge University Press.

Laursen, B., & Williams, V. A. (1997). Perceptions of interdependence and closeness in family and peer relationships among adolescents with and without romantic partners. *New Directions for Child Development, 78,* 3-20.

Lazarus, R. S. (1991). *Emotion and adaptation.* New York: Oxford University Press.

Lazarus, R. S. (1993). From psychological stress to the emotions: A history of changing outlooks. *Annual Review of Psychologist, 46,* 819-834.

Lehman, A. K., & Rodin, J. (1989). Styles of self-nurturance and disordered eating. *Journal of Consulting and Clinical Psychology, 57,* 117-122.

Leung, F., Schwartzman, A., & Steiger, H. (1996). Testing a dual-process family model in understanding the development of eating pathology: A structural equation modeling analysis. *International Journal of Eating Disorder, 20,* 367-375.

Levine, M. P., & Smolak, L. (2002). Body image development in adolescence. In In T. F. Cash & T. Pruzinsky (Eds.), *Body image* (pp. 74-82). New York: Guilford Press.

Levy, S. R. (2000). The influence of sibling relations on adolescent suicidal behavior. *Dissertation Abstracts International, 61*(03), 1642B. (UMI No. 9967287)

Lickona, T. (1976). Research on Piaget's theory of moral development. In T. Lickona (Ed.), *Moral development and behavior: Theory, research and social issues* (pp. 219-240). New York: Holt, Rinehart and Winston.

Liddle, H. A., Rowe, C., Diamond, G. M., Sessa, F. M., Schmidt, S., & Ettinger, D. (2000). Toward a developmental family therapy: The clinical utility of research on adolescence. *Journal of Marital and Family Therapy, 26,* 485-499.

Lieberman, M. F. (2001). The association between peer relations, eating behaviors, and body esteem in adolescent girls. *Dissertation Abstracts International, 61*(12), 6711B. (UMI No. NQ54384)

Lieberman, M., Doyle, A. B., & Markewicz, D. (1999). Developmental patterns in security of attachment to mother and father in late childhood and early adolescence: Associations with peer relations. *Child Development, 70,* 202-213.

Liebert, R. M. (1984). What develops in moral development. In W. M. Kurtines & J. L. Gewirtz (Eds.), *Morality, moral behavior, and moral development* (pp. 177-192). New York: John Wiley & Sons.

Lock, J., Agras, W. S., Bryson, S., & Kraemer, H. C. (2005). A comparison of short-and long-term family therapy for adolescent anorexia nervosa. *Journal of the American Academy of Child and Adolescent Psychiatry, 44,* 632-639.

Loeber, R. (1982). The stability of antisocial and delinquent child behavior: A review. *Child Development, 53,* 1431-1446.

Loehlin, J. C. (1997). A test of J. R. Harris's theory of peer influences on personality. *Journal of Personality and Social Psychology, 72,* 1197-1201.

Loevinger, J. (1976). *Ego development: Conceptions and theories.* San Francisco: Jossey-Bass.

Loevinger, J., Cohn, L. D., Bonneville, L. P., Redmore, C. D., Streich, D. D., & Sargent, M. (1985). Ego development in college. *Journal of Personality and Social Psychology, 48,* 947-962.

Longshore, D. (1998). Self-control and criminal opportunity: A prospective test of the general theory of crime. *Social Problem, 45,* 102-113.

López, B. G., & López, R. G. (1998). The improvement of moral development through an increase in reflection: A training program. *Journal of Moral Education, 27,* 225-241.

Lourenco, O., & Machado, A. (1996). In defense of Piaget's theory: A reply to 10 common criticisms. *Psychological Review, 103,* 143-163.

Luborsky, L., Crits-Christoph, P., Friedman, S. H., Mark, D., & Schaffler, P. (1991). Freud's transference template compared with the Core Conflictual Relationship Theme (CCRT): Illustrations by the two specimen cases. In M. J. Horowitz (Eds), *Person schema and maladaptive interpersonal patterns* (pp. 167-195). Chicago: The University of Chicago Press.

Lucey, C. F. (1998). Family environmental factors as predictors of suicide probability among an outpatient adolescent population. *Dissertation Abstracts International, 58* (12), 4569A. (UMI No. 9818078)

Lukasik, V. J. (2001). Predictors of the willingness to use forgiveness as a coping strategy in adolescent friendships. *Dissertation Abstracts International, 61*(10), 3908A. (UMI No. 9992236)

Luthar, S. S., & Cicchetti, D. (2000). The construct of resilience: Implication forintervention and social policies. *Development and Psychopathology, 12,* 857-885.

Maccoby, E. E. (1984). Middle childhood in the context of the family. In W. A. Collins (Ed.), *Development during middle childhood: The years from six to twelve* (pp. 184-239). Washington, DC: National Academy Press.

Madsen, S. D. (2001). The salience of adolescent romantic experiences for romantic relationships in young adulthood. *Dissertation Abstracts International, 62*(03), 1618B. (UMI No. 3010567)

Magnusson, D., Stattin, H., & Allen, V. L. (1985). Biological maturation and social development: A longitudinal study of some adjustment processes from mid-adolescence to adulthood. *Journal of Youth and Adolescence, 14,* 267-283.

Mansfield, M. T. (1999). Relationship between anxiety and severity of suicidal ideation and attempts among adolescents. *Dissertation Abstracts International, 59*(06), 5096B. (UMI No. 9907455)

Marcia, J. E. (1988). Common processes underlying ego identity, cognitive/moral development, and individuation. In D. K. Lapsley & F. C. Powers (Eds.), *Self, ego and identity: Integrative approaches* (pp. 211-225). New York: Springer-Verlag.

Markiewicz, D., Doyle, A. B., & Bregden, M. (2002). The quality of adolescents' friendships: Associations with mothers' interpersonal relationships, attachment to parents and friends, and prosocial behaviors. *Journal of Adolescence, 24,* 233-255.

Markowitz, F. E. (2001). Attitudes and family violence: Linking intergenerational and cultural theories. *Journal of Family Violence, 16,* 205-218.

Markstrom, C. A., Sabino, V. M., Turner, B. J., & Berman, R. C. (1997). The psychosocial inventory of ego strengths: Development and validation of a new Eriksonian measure. *Journal of Youth and Adolescence, 26,* 705-732.

Markstrom-Adams, C. (1992). A consideration of intervening factors in adolescent identity formation. In G. R. Adams, T. P. Gullotta, & R. Montemayor (Eds.), *Adolescent identity formation* (pp. 173-192). New Delhi: Sage.

Martin, G., Rozanes, P., Pearce, C., & Allison, S. (1996). Adolescent suicide, depression and family dysfunction. *Acta Psychiatrica Scandinavica, 92,* 336-344.

Marttunen, M., & Pelkonen, M. (2001). Psychiatric risk factors for adolescent suicide – A review. *Psychiatria Fennica, 31,* 110-125. (PsycINFO No. 2001-14674-009)

Marusic, A., Roskar, S., & Hughes, R. H. (2004). Familial study of suicidal behavior among adolescents in Slovenia. *Crisis, 25,* 74-77.

Maschi, T. M. (2003). The cumulative and differential effects of trauma on male delinquency: A test of general theory. *Dissertation Abstracts International, 64*(06), 2257A. (UMI No. 3092965)

Maslow, A. H. (1970). *Motivation and personality* (Rev. ed.). New York: Harper & Row.

Masten, A. S., & Coatsworth, J. D. (1995). *Competence, resilience, and psychopathology: Vol. 2. Risk, disorder and adaptation* (pp. 715-752). New York: John Wiley & Sons.

Matherne, M. M., & Thomas, A. (2001). Family environment as a predictors of adolescent delinquency. *Adolescence, 36,* 655-664.

Matteson, D. R. (1975). *Adolescence today: Sex role and the search for identity.* Homewood: Dorsey.

Mayer, J. D., & Salovey, P. (1997). What is emotional intelligence? In P. Salovey & D. J. Sluyter (Eds.), *Emotional development and emotional intelligence: Educational implications* (pp. 3-34). New York: Basic Books.

Mazzeo, S. E., & Espelage, D. L. (2002). Association between childhood physical and emotional abuse and disordered eating behaviors in female undergraduates: An investigation of the mediating role of alexithymia and depression. *Journal of Counseling Psychology, 49,* 86-100.

McArthur, L. H., Holbert, D., & Peña, M. (2005). An exploration of the attitudinal and perceptual dimensions of body image among male and female adolescents from six Latin American cities. *Adolescence, 40,* 801-816.

McBride-chang, C., & Chang, L. (1998). Adolescent-parent relations in Hong Kong: Parenting styles, emotional autonomy, and school achievement. *The Journal of Genetic Psychology, 159,* 421-436.

McCabe, M. P. (1984). Toward a theory of adolescent dating. *Adolescence, 19,* 159-170.

McCammon, E. P. (1981). Comparison of oral and written forms of the sentence completion test for ego development. *Developmental Psychology, 17,* 233-235.

McCrae, R. R., & Costa, P. T. Jr. (1996). Toward a new generation of personality theories: Theoretical contexts for the five-factor model. In J. S. Wiggins (Ed.), *The five-factor model of personality: Theoretical perspectives* (pp. 51-87). New York: Guilford Press.

McCrae, R. R., & Costa, P. T. Jr. (1999). A five-factor theory of personality. In L. Pervis & O. P. John (Eds.), *Handbook of personality* (2nd ed., pp. 139-153). New York: Guilford Press.

McCrae, R. R., Costa, P. T. Jr., Ostendorf, F., Angleitner, A., Hřebíčková, M., Avia, M. D., Sanz, J., et al. (2000). Nature over nurture: Temperament, personality, and life span development, *Journal of Personality and Social Psychology, 78,* 173-186.

McCrae, R. R., Costa, P. T. Jr., Terracciano, A., Parker, W. D., Mills, C. J., De Fruyt, F., & Mervielde, I. (2002). Personality trait development from age 12 to age 18: Longitudinal cross-sectional, and cross-cultural analyses. *Journal of Personality and Social Psychology, 83,* 1456-1468.

McCrane, R. R., & John, O. P. (1992). A introduction to the Five-Factor Model and its applications. *Journal of Personality, 60,* 175-215.

McNeal, C., & Amato, P. R. (1998). Parents' marital violence: Long-term consequences for children. *Journal of Family Issues, 19,* 123-139.

McShane, J. (1991). *Cognitive development: An information processing approach.* Cambridge, MC: Basil Blackwell.

Mewse, A. J., Eiser, J. R., Slater, A. M., & Lea, S. (2004). The smoking behaviors of adolescents and their friends: Do parents matter? *Parenting: Science & Practice, 4,* 51-72.

Middelberg, C. (2001). Projective identification in common couple dances. *Journal of Marital and Family Therapy, 27,* 341-352.

Mihalic, S. W., & Elliott, D. (1997). A social learning theory model of marital. *Journal of Family Violence, 12,* 21-47.

Mika, P., Bergner, R. M., & Baum, M. C. (1987). The development of a scale for the assessment of parentification. *Family Therapy, 14,* 229-235.

Mikulincer, M., Florian, V., & Weller, A. (1993). Attachment styles, coping strategies, and posttraumatic psychological distress: The impact of the Gulf War in Israel. *Journal of Personality and Social Psychology, 64,* 817-826.

Mikuliner, M., & Orbach, J. (1995). Attachment styles and repressive defensiveness accessibility and architecture of affective memories. *Journal of Personality and Social Psychology, 68,* 917-925.

Miles, D. R., Stallings, M. C., Young, S. E., Hewitt, J. K., Crowley, T. J., & Fulker, D. W. (1998). A family history and direct interview study of the familial aggregation of substance abuse: The adolescent substances abuse study. *Drug & Alcohol Dependence, 49,* 105-114.

Miller, B. C., & Benson, B. (1999). Romantic and sexual relationship development during adolescence. In W. Furman, B. B. Brown, & C. Feiring (Eds.), *The development of romantic relationships in adolescence* (pp. 99-124). Cambridge: Cambridge University Press.

Miller, J. B., & Hoicowitz, T. (2004). Attachment contexts of adolescent friendship and romance. *Journal of Adolescence, 27,* 191-206.

Minuchin, S. (1974). *Families and family therapy.* Cambridge, MA: Harvard University Press.

Minuchin, S., Rosman, B. L., & Baker, L. (1978). *Psychosomatic families: Anorexia nervosa in context.* Cambridge, MA: Harvard University Press.

Mischel, W., & Mischel, H. A. (1976). A cognitive social-learning approach to morality and self regulation. In T. Lickona (Ed.), *Moral development and behavior* (pp. 84-107). New York: Holt, Rinehart and Winston.

Moffitt, T. E. (1993). Adolescence-limited and life-course-persistent antisocial behavior: A developmental taxonomy. *Psychological Review, 100,* 674-701.

Moore, B. E., & Fine, B. D. (Eds.)(1990). *Psychoanalytic terms & concepts.* New Haven: The American Psychoanalytic Association and Yale University Press.

Morrison, T. G., Kalin, R., & Morrison, M. A. (2004). Body-image evaluation and body-image investment among adolescents: A test of sociocultural and social comparison theories. *Adolescence, 39,* 571-592.

Mussell, M. P., Binford, R. B., & Fulkerson, J. A. (2000). Eating disorders: Summary of risk factors, prevention programming, and prevention research. *The Counseling Psychologist, 28,* 764-796.

Muth, J. L., & Cash, T. F. (1997). Body image attitudes: What difference does gender make? *Journal of Applied Social Psychology, 137,* 708-728.

Muuss, R. E. (1982). Social cognition: David Elkind's theory of adolescent egocentrism. *Adolescence, 17,* 294-265.

Nelson, C. A. (1999). Neural plasticity and human development. *Current Directions in Psychological Science, 8,* 43-45.

Newman, B. M., & Newman, P. R. (1991). *Development through life: A psychosocial approach.* Pacific Grove, Califormia: Brooks/Cole.

Newman, D. L., Tellegen, A., & Bouchard, T., Jr. (1998). Individual differences in adult ego development: Sources of influence in twins reared apart. *Journal of Personality and Social Psychology, 74,* 985-995.

Nichols, L. A., & Nicki, R. (2004). Development of a psychometrically Sound Internet Addiction Scale: A preliminary step. *Psychology of Addictive Behaviors, 18,* 381-384.

Oehlberg, S. M. (1998). The aftermath of suicide: The perceptions and realities of adolescent suicide attempters. *Dissertation Abstracts International, 59*(06), 1868B. (UMI No. 9838521)

Okin, S. M., & Reich, R. (1999). Families and school as compensating agents in moral development for a multicultural society. *Journal of Moral Education, 28,* 283-298.

Olivardia, R., Pope, H. G., Mangweth, B., & Hudson, J. I. (1995). Eating disorders in college men. *American Journal of Psychiatry, 152,* 1270-1285.

Ollech, D., & McCarthy, J. (1997). Impediments to identity formation in female adolescents. *Psychoanalytic Psychology, 14,* 65-80.

Omeonu, C. A., & Matthews, L. (2005). Relative effectiveness of values clarification and symbolic modeling in enhancing the moral values of adolescents in selected Nigerian schools. *Journal of Research on Christian Education, 14,* 95-116.

Osgood, D. W., Wilson, J. K., O'Malley, P. M., Bachman, J. G., & Johnston, L. D. (1996). Routine activities and individual deviant behavior. *American Sociological Review, 61,* 635-655.

Ouille, T. J. (2000). Relationships between family functioning, parenting practices, and adolescent symptoms. *Dissertation Abstracts International,61*(05), 2778B. (UMI No. 9972535)

Owen, M. T., & Cox, M. J. (1997). Marital conflict and the development of infant-parent attachment relationship. *Journal of Family Psychology, 11,* 152-164.

Papalia , D. E., & Olds, S. W. (1992). *Human development* (5th ed.). New York: McGraw-Hill.

Papalia, D. E., Olds, S. W., & Feldman, R. D. (2001). *Human development* (8th ed.). New York: The McGraw Hill.

Patterson, G. R. (1986). Performance models for antisocial boys. *American Psychologist, 41,* 432-448.

Patterson, G. R., & Bank, L. (1986). Some amplifying mechanisms for pathologic processes in families. In M. R. Gunnar & E. Thelen (Eds.), *Systems and development: Vol. 22. Minnesota symposia on child psychology* (pp. 167-209). Hillsdale, NJ: Erlbaum.

Patterson, G. R., & Yoerger, K. (1993). Developmental models for delinquent behavior. In S. Hodgins (Ed.), *Mental disorder and crime* (pp. 140-172). Newbury Park, CA: Sage.

Pattison, E. M., & Kahan, J. (1983). The deliberate self-harm syndrome. *American Journal of Psychiatry, 140,* 867-872.

Paul, E. L., & White, K. M. (1990). The development of intimate relationships in late adolescence. *Adolescence, 25,* 375-400.

Paulson, S. E., & Sputa, C. L. (1996). Patterns of parenting during adolescence: Perceptions of adolescents and parents. *Adolescence, 31,* 369-381.

Pawlak, C. (2002). Correlates of internet use and addiction in adolescents. State University of New York at Buffalo. *Dissertation Abstracts International, 63*(05), 1727A. (UMI No. 3052530)

Payne, B. J., & Range, L. M. (1995). Attitudes toward life and death and suicidality in young adults. *Death Studies, 19,* 559-569.

Perls, F. S., Hefferline, R. F., & Goodman, P. (1951). *Gestalt therapy.* New York: Julian.

Peskin, H. (1973). Influence of the developmental schedule of puberty on learning and ego development. *Journal of Youth and Adolescent, 2,* 273-290.

Peterson, A. C., & Crockett, L. (1985). Pubertal time and grade effects on adjustment. *Journal of Youth and Adolescence, 14,* 191-206.

Phan, T., & Tylka, T. L. (2006). Exploring a model and moderators of disordered eating with Asian American College Women. *Journal of Counseling Psychology, 53,* 36-47.

Phares, E. J., & Chaplin, W. F. (1997). *Introduction to personality* (4th ed.). New York: Longman.

Piquet, M. L. (1999). Coping with interpersonal stressors: Adolescent suicide attempters compared to a distressed control group. *Dissertation Abstracts International, 60*(04), 1868B. (UMI No. 9926387)

Piquet, M. L., & Wagner, B. M. (2003). Coping responses of adolescent suicide attempters and their relation to suicidal. *Suicide & Life-threatening Behavior, 33,* 288-301.

Pleban, F. T. (2003). Risk and protective factors for juvenile delinquency and gang involvement among selected high school students. *Dissertation Abstracts International, 63*(09), 3120A. (UMI No. 3065163)

Pleydon, A. P., & Schner, J. G. (2001). Female adolescent friendship and delinquent behavior. *Adolescence, 36,* 189-205.

Plomin, R. (1990). *Nature and nurture: An introduction to human behavioral genetics.* Pacific Grove, Calif: Brooks/Cole Publishing.

Poijula, S., Wahlberg, K., & Dyregrov, A. (2001). Adolescent suicide and suicide contagion in three secondary schools. *International Journal of Emergency Mental Health, 3,* 163-168.

Pokorny, A. D., & Lomax, J. W. (1988). Suicide and anxiety. In C. G. Last & M. Hersen (Eds.), *Handbook of anxiety disorders* (pp. 552-563). Elmsford, NY: pergamon Press.

Polivy, J., & Herman, C. P. (1999). Distress and eating: Why do dieters overeat ? *International Journal of Eating Disorders, 26,* 153-164.

Polkinghorne, D. (1988). *Narrative knowing and the human sciences.* Albany: State University of New York Press.

Pratt, M., Golding, G., Hunter, W., & Sampson, R. (1988). Sex differences in adult moral orientations. *Journal of Personality, 56,* 373-391.

Prochaska, J. O., DiClemente, C. C., & Norcross, J. C. (1992). In search of how people to change: Applications to addictive behaviors. *American Psychologist, 47,* 1102-1114.

Raskin, P. M. (1984). Procedures in research on identity status: Some notes on method. *Psychological Reports, 54,* 719-730.

Rasmussen, K. S. (1994). Parental control and adolescent aggression, delinquency, self-derogation, and suicidal ideation. *Dissertations Abstracts International, 55*(08), 3574B. (UMI No. 9501617)

Raths, L. E., Harmin, M., & Simons, S. (1966). *Values and teaching.* Columbus, Ohio: Charles E. Merrill.

Recklitis, C. J., & Noam, G. G. (1999). Clinical and developmental perspectives on adolescent coping. *Child Psychiatry & Human Development, 30,* 87-101.

Redomore, C. D., & Loevinger, J. (1979). Ego development in adolescence: Longitudinal studies. *Journal of Youth and Adolescence, 8,* 1-20.

Reese-Weber, M., & Marchand, J. F. (2002). Family and individual predictors of late adolescents' romantic relationships. *Journal of Youth and Adolescence, 31,* 197-206.

Rest, J. (1984). The major components of morality. In W. M. Kurtines & J. L. Gewirtz (Eds.), *Morality, moral behavior, and moral development* (pp. 24-38). New York: John Wiley & Sons.

Rhodes, G., Hickford, C., & Jeffery, L. (2000). Sex-typically and attractiveness: Are supermale and superfemale faces super-attractive? *British Journal of Psychology, 91,* 125-140.

Rice, F. P. (1984). *The adolescent: Development, relations, and culture* (4th ed.). Boston: Allyn and Bacon.

Rice, F. P. (1992). *The adolescent: Development, relationships and culture* (7th ed.). Boston: Allyn and Bacom.

Rice, F. P. (1999). *The adolescent: Development, relationships and culture* (9th ed.). Boston: Allyn and Bacom.

Riegel, K, F. (1973). Dialectic operations: The final period of cognitive development. *Human Development, 18,* 346-370.

Rieger, E., Schotte, D. E., Touyz, S. W., Beumont, P. J. V., Griffiths. R., & Russell, J. (1998). Attentional biases in eating disorders: A visual probe detection procedure. *International*

Journal of Eating Disorders, 23, 199-205.

Robert, C., Kristan, G. E., & Sanford, M. D. (2002). Protective functions of family relationships and school factors on the deviant behavior of adolescent boys and girls: Reducing the impact of risky friendships. *Youth and Society, 33,* 515-544.

Robins, R. W., Fraley, R. C., Roberts, B. W., & Trzesniewski, K. H. (2001). A longitudinal study of personality change in young adulthood. *Journal of Personality, 69,* 617-640.

Robins, R. W., John, O. P., Caspi, A., Moffitt, T. E., & Stouthamber-Loeber, M. (1996). Resilient, overcontrolled, and undercontrolled boys: Three replicable personality types. *Journal of Personality and Social Psychology, 70,* 157-171.

Roemer, L., & Borkoves, T. D. (1994). Effects of suppressing thoughts about emotional material. *Journal of Abnormal Psychology, 103,* 467-474.

Romano, S. J. (1999). Anorexia nervosa. In D. J. Goldstein (Ed.), *The management of eating disorders and obesity* (pp. 49-58). Totowa, NJ: Humana Press.

Rorty, M., Yager, J., Rossotto, E., & Buckwalter, G. (2000). Parental intrusiveness in adolescent recalled by women with a history of bulimia nervosa and comparison women. *International Journal of Eating Disorders, 28,* 202-208.

Roscoe, B., Diana, M. S., & Brooks, R. H. (1987). Early, Middle, and late adolescents' views on dating and factors influencing partner selection. *Adolescence, 22,* 59-68.

Rosen, P. M., Walsh, B. W., & Rode, S. A. (1990). Interpersonal loss and self-mutilation. *Suicide & Life-Threatening Behavior, 21,* 177-184.

Roumasset, E. G. (1991). Early experiences, affect organization, and separation anxiety in adolescent females with the self-mutilation syndrome. *Dissertation Abstracts International, 51* (10), 5039B. (UMI No. 9105796)

Rowan, A. B. (2002). Adolescent substance abuse and suicide. *Depression & Anxiety, 14,* 186-191.

Russell, G. (1979). Bulimia nervosa: An ominous variant of anorexia nervosa. *Psychological Medicine, 9,* 429-448.

Ryan, R. M., Deci, E. L., & Grolnick, W. S. (1995). Autonomy, relatedness, and the self: Their relation to development and psychopathology. In D. Cicchetti & D. J. Cohen (Eds.), *Developmental psychology: Vol. 1. Theory and methods* (pp. 618-655). New York: John Wiley & Sons.

Ryeck, R. F., Stuhr, S. L., McDermott, J., Benker, J., & Schwartz, M. D. (1998). Adolescent egocentrism and cognitive functioning during late adolescence. *Adolescence, 33,* 745-740.

Saarni, C. (1999). *The development of emotional competence.* New York: The Guilford Press.

Salovey, P., Hsee, C. K., & Mayer, J. D. (1993). Emotional intelligence and the self-regulation of affect. In D. M. Wegner & J. W. Pennebaker (Eds.), *Handbook of mental control* (pp. 258-277). Englewood Cliffs, NJ: Prentice-Hall.

Salovey, P., & Mayer, J. D. (1990). Emotional intelligence. *Imagination, Cognition and Personality, 9,* 185-211.

Sauvola, A., Koskinen, O., Jokelainen, J., Hakko, H., Järvelin, M., & Räsanen, P. (2002). Family type and criminal behaviour of male offspring: The northern Finland 1966 birth cohort study. *International Journal of Social Psychiatry, 48,* 115-212.

Scalf-McIver, L., & Thopmson, J. K. (1989). Family correlates and bulimic characteristics in college females. *Journal of Clinical Psychology, 45,* 467-472.

Schaefer, T. M. I. (1997). Attachment in adolescent suicide attempters. *Dissertation Abstracts International, 58*(04), 2137B. (UMI No. 9728587)

Schmidt, U. (2003). Etiology of eating disorders in the 21st century: New answers to old questions. *European Child & Adolescent Psychiatry, 12,* 30-37.

Schmidt, U., Jiwany, A., & Treasure, J. (1993). A controlled study of alexithymia in eating disorders. *Comprehensive Psychiatry, 34,* 54-58.

Seeman, H. (1997). Adolescents' coping after parental divorce: Depression, high-risk behaviors, and suicidality. *Dissertation Abstracts International, 58*(03), 1218B. (UMI No. 9725984)

Seifert, K. L., & Hoffnung, R. J. (2000). *Child and adolescent development* (5th ed.). New York: Hughton Mifflin.

Selman, R. L. (1976). Social-cognitive understanding: A guide to educational and clinical practice. In T. Lickona (Ed.), *Moral development and behavior: Theory, research and social issues* (pp. 299-316). New York: Holt, Rinehart and Winston.

Selman, R. L., & Damon, W. (1975). The necessity (but insufficiency) of social perspective taking for conceptions of justice at the three early levels. In D. J. Depalma & J. M. Foley (Eds.), *Moral development: Current theory and research* (pp. 57-73). Hillsdale, NJ: Lawrence Erlbaum Associates.

Sexton, M. C., Sunday, S. R., Hurt, S., & Halmi, K. A. (1998). The relationship between alexithymia, depression, and Axis II psychopathology in eating disorder inpatients. *International Journal of Eating Disorders, 23,* 277-286.

Sharabany, R., Gershoni, R., & Hofman, J. E. (1981). Girlfriend, boyfriend: Age and sex differences in intimate friendship. *Developmental Psychology, 17,* 800-808.

Shek, D. T. L. (1998). Adolescent's perceptions of paternal and maternal parenting styles in a Chinese context. *The Journal of Psychology, 132,* 527-537.

Sheldon, B., & Kenneth, G. (1982). Cognitive styles and learning disabilities. *Journal of Learning Disabilities, 15,* 106-115.

Shield, G., & Clark, R. D. (1995). Family correlates of delinquency: Cohesion and adaptability. *Journal of Sociology and Social Welfare, 22,* 93-106.

Shisslak, C. M., & Crago, M. (2001). Risk and protective factors in the development of eating disorders. In J. L. Thompson & L. Smolak (Eds.), *Body image, eating disorders, and obesity in youth: Assessment, prevention and treatment* (pp. 103-125). Washington, DC: APS.

Shulman, S., & Scharf, M. (2000). Adolescent romantic behaviors and perceptions: Age- and gender-related differences, and links with family and peer relationships. *Journal of Research on Adolescence, 10,* 99-118.

Sifneos, P. E. (1973). The prevalence of S alexithymic characteristics in psychosomatic patients. *Psychotherapy and Psychosomatics, 22,* 255-262.

Silverberg, S. B., & Steinberg, L. (1990). Psychological well-being of parents with early adolescent children. *Developmental Psychology, 26,* 658-666.

Simon, V. A. (2001). Links between parents' marital functioning and adolescents' romantic relationships. *Dissertation Abstracts International, 62*(04), 2117B. (UMI No. 3010915)

Simon, S. B., Howe, L. W., & Kirschenbaum, H. (1978). *Values clarification: A handbook of practical strategies for teacher and students.* New York: Hart.

Simon, S. B., Leland, W. H., & Howard, K. (1972). *Values clarification: A handbook of practical strategies for teachers and students.* New York: Harty.

Skipper, J. L., & Nass, G. (1966). Dating behavior: A framework for analysis and an illustration. *Journal of Marriage and the Family, 28,* 412-420.

Skowron, E. A. (2000). The role of differentiation of self in marital adjustment. *Journal of Counseling Psychology, 47,* 229-237.

Smeaton, G., Byrne, D., & Murnen, S. K. (1989). The repulsion hypothesis revisited: Similarity irrelevance or dissimilarity bias? *Journal of Personality and Social Psychology, 56,* 54-59.

Smetana, J. G. (1988). Adolescents' and parents' conceptions of parental authority. *Child Development, 59,* 321-335.

Smetana, J. G. (1989). Adolescents' and parents' reasoning about actual family conflict. *Child Development, 60,* 1052-1067.

Smetana, J. G. (1999). The role of parents in moral development: A social domain analysis. *Journal of Moral Education, 28,* 311-321.

Smetana, J., & Gaines, C. (1999). Adolescent-parent conflict in middle-class African American families. *Child Development, 70,* 1447-1463.

Smolak, L., & Levine, M. P. (1996). Adolescent transitions and the development of eating problems. In L. Smolak, M. P. Leving, & R. Striegel-Moore (Eds.), *The developmental psychopathology of eating disorders: Implications for research, prevention and treatment* (pp. 207-234). Hillsdale, NJ: Lawrence Erlbaum.

Smolark, L., Levine, M. P., & Gralen, S. (1993). The impact of puberty and dating on eating problems among middle school girls. *Journal of Youth & Adolescence, 22,* 355-368.

Snipes, S. M. (2001). Looking at why certain women are more predisposed to developing anorexia nervosa. *Dissertation Abstracts International, 62*(03), 1600B. (UMI No. 3009249)

Speicher, B. (1994). Family patterns of moral judgment during adolescence and early adulthood. *Developmental Psychology, 30,* 624-632.

Spirito, A. (1997a). Individual therapy techniques with adolescent attempters. *Crisis, 18,* 62-64.

Spirito, A. (1997b). Family therapy techniques with adolescent suicide attempters. *Crisis, 18,* 106-109.

Staub, E. (1978). *Positive social behavior and morality: Vol. 1. Personality and social influences.* New York: Academic Press.

Staub, E. (1979). *Positive social behavior and morality: Vol. 2. Socialization and development.* New York: Academic Press.

Steen, S. N., & Brownell, K. D. (1990). Patterns of weight loss and regain in wrestlers: Has the tradition changed? *Medicine and Science in Sports and Exercise, 26,* 414-419.

Steffensmeier, D. J., Allan, E. A., Harer, M. D., & Streifel, C. (1989). Age and the distribution of crime. *American Journal of Sociology, 94,* 803-831.

Steinberg, L. (2001). We know some things: Parent-adolescent relationships in retrospect and prospect. *Journal of Research on Adolescence, 11,* 1-19.

Steinberg, L. (2004). Risk taking in adolescent: What changes, and why? *Annals of the New York Academy of Sciences. 1021,* 51-58.

Steinberg, L., Elmen, J., & Mounts, N. (1989). Authoritative parenting, psychosocial maturity, and academic success among adolescence. *Child Development, 60,* 1424-1436.

Steinberg, L., Mounts, N., Lamborn, S., & Dornbush, S. (1991). Authoritative parenting and adolescent adjustment across various ecological niches. *Journal of Research on Adolescence, 1,* 19-36.

Steinberg, L., Mounts, N., Lamborn, S., Dornbush, S., & Darling, N. (1992). Impact of parenting practices on adolescent achievement: Authoritative parenting, school involvement, and encouragement to succeed. *Child Development, 63,* 1266-1281.

Steiner, E. Y. (2000). Determinants of suicidal behavior in adolescents: A study of hospitalized adolescents who attempt suicide. *Dissertation Abstracts International, 60*(10), 3798A. (UMI No. 9948432)

Sternberg, R. J. (1988). Love-style. In R. J. Sternberg & M. L. Barnes (Eds.), *The psychology of love* (pp. 119-138). New Haven, CT: Yale University Press.

Stice, E. (1994). A review of the evidence for a sociocultural model of bulimia nervosa and an exploration of the mechanism of action. *Clinical Psychology Review, 14,* 633-661.

Stice, E., & Bearman, S. K. (2001). Body-image and eating disturbances prospectively predict increases in depressive symptoms in adolescent girls: A growth curve analysis. *Development Psychology, 37,* 597-607.

Stice, E., Ziemba, C., Margolis, J., & Flick, P. (1996). The dual pathway model differentiates bulimics, subclinical bulimics, and controls: Testing the continuity hypothesis. *Behavior Therapy, 27,* 531-549.

Striegel-Moore, R. H., & Cachelin, F. M. (2001). Etiology of eating disorders in women. *The Counseling Psychologist, 29,* 635-661.

Strober, M., & Humphrey, L. L. (1987). Familial contributions to the etiology and course of anorexia nervosa and bulimia. *Journal of Consulting and Clinical Psychology, 55,* 654-659.

Strober, M., Lampert, C., Morrell, W., Burroughts, J., & Jacobs, C. (1990). A controlled family study of anorexia nervosa: Evidence of familial aggregation and lack of shared transmission with affective disorders. *International Journal of Eating Disorders, 9,* 239-253.

Sundogt-Oborgen, J. (1994). Risk and trigger factors for the development of eating disorders in female elite athletes. *Medicine and Science in Sports and Exercise, 26,* 414-419.

Tankersley, V. L. (2006). A qualitative examination of risk factors influencing female adolescent delinquency in Dallas County, Texas. *Dissertation Abstracts International, 67*(03), 1093A. (UMI No. 3212091)

Tappan, M. B. (1990). Hermeneutics and moral development: Interpreting narrative representations of moral experience. *Developmental Review, 10,* 239-265.

Tappan, M. B. (1998). Moral education in the zone of proximal development. *Journal of Moral Education, 27,* 141-160.

Tappan, M. B., & Brown, L. M. (1989). Stories told and lessons learned: Toward a narrative approach to moral development and moral education. *Harvard Educational Review, 59,* 182-205.

Tavecchio, L. W. C., Stams, G. J. M., Brugman, D., & Thomeer-Bouwens, M. A. E. (1999). Moral judgment and delinquency in homeless youth. *Journal of Moral Education, 28,* 61-77.

Taylor, C. B., Altman, T., Shisslak, C., Bryson, S., Estes, L. S., Gray, N., McKnight, K. M., et al. (1998). Factors associated with weight concerns in adolescents. *International Journal of Eating Disorders, 24,* 31-42.

Taylor, G. J., Bagby, R. M., & Parker, J. D. A. (1991). The alexithymia construct: A potential paradigm for psychosomatic medicine. *Psychosomatic Medicine, 32,* 153-164.

Taylor, J., Iacono, W. G., & McGue, M. (2000). Evidence for a genetic etiology of early-onset delinquency. *Journal of Abnormal Psychology, 109,* 634-643.

Taylor, G. J., Parker, J. D. A., Bagby, R. M., & Bourke, M. P. (1996). Relationships between alexithymia and psychological characteristics associated with eating disorders. *Journal of Psychosomatic Research, 41,* 561-568.

Taylor, J. H., & Waler, L. J. (1997). Moral climate and the development of moral reasoning: The effects of dyadic discussions between young offenders. *Journal of Moral Education, 26,* 21-43.

Tedder , S. L., Libbee, K. M., & Scherman, A. A. (1981). Communing support group for single custodial father. *The Personnel and Guidance Journal, 10,* 115-119.

Terence, P. T., Adrienne, F., Alan, J. L., Marvin, D. K., & Carolyn, A. M. (2003). Linked lives: The intergenerational transmission of antisocial behavior. *Journal of Abnormal Child Psychology, 31,* 171-184.

Thompson, R. A. (1994). Emotion regulation: A theme in search of definition. In N. A. Fox (Ed.), *The development of emotion regulation: Biological and behavioral considerations. Mono-*

graphs of the Society for Research in Child Development, 59, 25-52.

Thompson, R. A., Flood, M. F., & Lundquist, L. (1995). Emotional regulation: Its relations to attachment and developmental psychopathology. In D. Cicchetti & S. L. Toth (Eds.), *Emotion, cognition, and representation* (pp. 261-300). Rochester, New York: University of Rochester Press.

Tice, E., Mazotti, L., Weiber, D., & Agras, S. (2000). Dissonance prevention program decreases thin-ideal internalization, body dissatisfaction, dieting, negative affect, and bulimic symptoms: A preliminary experiment. *International Journal of Eating Disorder, 27,* 206-217.

Tobin, J. J. (2000). Adolescent suicide attempters in the year following hospitalization? Does the parent-child relationship predict symptom relapse and recurrent suicidality? *Dissertation Abstracts International, 61*(04), 2225B. (UMI No. 9969568)

Tom, G., Chen, A., Liao, H., & Shao, J. (2005). Body image, relationships, and time. *The Journal of Psychology, 139,* 458-468.

Trinidad, D. R., & Johnson, C. (2001). The association between emotional intelligence and early adolescent tobacco and alcohol use. *Personality and Individual Differences, 32,* 95-105.

Tuvblad, C., Eley, T. C., & Lichtenstein, P. (2005). The development of antisocial behaviour from childhood to adolescence: A longitudinal twin study. *European Child & Adolescent Psychiatry, 14,* 216-225.

Urberg, K. A., Luo, O., Pilgrim, C., & Degirmencioglu, S. M. (2003). A two-stage model of peer influence in adolescent substance use: Individual and relationship-specific differences in susceptibility to influence. *Addictive Behaviors, 28,* 1243-1256.

Valleau, M. P., Bergner, R. M., & Horton, C. B. (1995). Parentification and caretaker syndrome: An empirical investigation. *Family Therapy, 22,* 157-164.

Vandell, D. L. (2000). Parents, peer groups, and other socializing influences. *Developmental Psychology, 36,* 699-710.

van der Kolk, B. A., Perry, J. C., & Herman, J. L. (1991). Childhood origins of self-destructive behavior. *American Journal of Psychiatry, 148,* 1665-1671.

Van Oostrum, N., & Horvath, P. (1997). The effects of hostile attribution on adolescents' aggressive responses to social situations. *Canadian Journal of School Psychology, 13,* 48-59.

Verducci, S. (2000). A moral method? Thoughts on cultivating empathy through Method acting. *Journal of Moral Education, 29,* 85-97.

Vitz, P. C. (1990). The use of stories in moral development: New psychological reasons for an old education method. *American Psychologist, 45,* 709-720.

Volling, B., Notaro, P. C., & Larsen, J. J. (1998). Adult attachment styles: Relations with emotional well-being, marriage, and parenting. *Family Relation, 47,* 355-367.

von der Lippe, A. L. (2000). Family factors in the ego development of adolescent girls. *Journal of Youth and Adolescence, 29,* 373-393.

von der Lippe, A. L., & Mvller, I. U. (2000). The relationship between negotiation of conflict in the family and ego level of the adolescent daughter. *International Journal of Behavioral Development, 24,* 59-67.

Vorbach, A. M. (2002). The relationship between emotional competence and social competence among early adolescents. *Dissertation Abstracts International, 63*(03), 1578B. (UMI. No. 3045869)

Wade, T. D., Bulik, C. M., Neale, M., & Kendler, K. S. (2000). Anorexia nervosa and major depression: Shared genetic and environmental risk factors. *American Journal of Psychiatry, 157,* 469-471.

Walker, L. J. (1999). The perceived personality of moral exemplars. *Journal of Moral Education, 28,* 145-162.

Walker, L. J., & Hennig, K. H. (1999). Parenting style and the development of moral reasoning. *Journal of Moral Education, 28,* 359-374.

Walker, L. J., & Taylor, J. H. (1991). Stage transitions in moral reasoning: A longitudinal study of developmental processes. *Developmental Psychology, 27,* 330-337.

Wallace, A. C. (1997). *Setting psychological boundaries: A handbook for women.* Westport, CT: Bergin & Garvey.

Walsh, B. W., & Rosen, P. M. (1988). *Self-mutilation: Theory, research, and treatment.* New York: Guilford.

Wang, W. (2000). Family and personal factors influencing adolescent suicide risk behaviors. *Dissertation Abstracts International, 61*(06), 2995B. (UMI No. 9976081)

Wark, G. R., & Krebs, D. L. (1996). Gender and dilemma differences in real-life judgment. *Developmental Psychology, 32,* 220-230.

Watson, D., & Clark, L. A. (1984). Negative affectivity: The disposition to experience aversive emotional states. *Psychological Bulletin, 96,* 465-490.

Wegner, D. M. (1994). Ironic processes of mental control. *Psychological Review, 101,* 34-52.

Weimer, B. L., Kerns, K. A., & Oldenburg, C. M. (2004). Adolescent's interactions with a best friend: Associations with attachment style. *Journal of Experimental Child Psychology, 88,* 102-120.

Weiss, A. G. (1987). Privacy and intimacy: Apart and a part. *Journal of Humanistic Psychology, 27,* 118-125.

Weiss, K. A. (1999). The relationship among independence, diet adherence, and ego identity in adolescents with insulin-dependent diabetes mellitus. *Dissertation Abstracts International, 59* (08), 4492B. (UMI No. 9903717)

Wells, M., Glickauf-Hughes, C., & Jones, R. (1999). Codependency: A grass roots construct's relationship to shame-proneness, low self-esteem, and childhood parentification. *American Journal of Family Therapy, 27,* 63-71.

Wells, M., & Jones, R. (2000). Childhood parentification and shame-proneness: A preliminary study. *American Journal of Family Therapy, 28,* 19-27.

Wells, E. L., & Rankin, J. H. (1991). Families and delinquency: A meta-analysis of the impact of broken homes. *Social Problems, 38,* 71-93.

Wells, M., & Rebecca, R. (1998). Relationships among childhood parentification, splitting, and dissociation: Preliminary findings. *American Journal of Family Therapy, 26,* 331-339.

Werman, A. (2001). An empirical investigation of the Bowenian concept of triangulation and its relationship to separation anxiety disorder. *Dissertation Abstracts International, 62*(12), 4336A. (UMI No. 3036935).

Werner, E. E. (2000). Protective factors and individual resilience. In J. P. Shonkoff & S. J. Meisels (Eds.), *Handbook of early childhood intervention* (2nd ed., pp. 115-132). New York: Cambridge.

West, M. L., & Keller, A. E. R. (1991). Parentification of the child: A case study of Bowlby's compulsive care-giving attachment pattern. *American Journal of Psychotherapy, 45,* 425-431.

Westenberg, P. M., & Block, J. (1993). Ego development and individual differences in personality. *Journal of Personality and Social Psychology, 65,* 792-800.

Whitfield, C. D. (1987). *Healing the child within: Discovery and recovery for adult children of dysfunctional families.* Deerfield Beach, FL: Health Communication.

White Kress, V. E. (2004). Adolescents who self-injure: Implications and strategies for school counselor. *Professional School Counseling, 7,* 195-201.

Wiesner, M., & Windle, M. (2004). Assessing covariates of adolescent delinquency trajectories: A latent growth mixture modeling approach. *Journal of Youth and Adolescence, 33,* 431-442.

Wiley, G. D. (1995). Contextual and developmental factors associated with college students' self-perceived competence in romantic relationships: Consideration of parental divorce, identity development, and gender. *Dissertation Abstracts International, 56*(03), 1723B. (UMI No. 9520854)

Williams, S. (1997). *Perceptions of suicidal contagion, and attitudes of beliefs about suicide among black college students.* Washington: A Bell & Howell.

Williamson, D. A., Gleaves, D. H., Watkins, P. C., & Schlundt, D. G. (1993). Validation of self-ideal body size discrepancy as a measure of body dissatisfaction. *Journal of Psychopathology and Behavioral Assessment, 15,* 57-68.

Winkler, C., & Rhodes, G. (2005). Perceptual adaptation affects attractiveness of female bodies. *British Journal of Psychology, 96,* 141-154.

Winston, J. (1999). Theorising drama as moral education. *Journal of Moral Education, 28,* 459-472.

Wonderlich, S. A. (2002). Personality and eating disorders. In C. G. Fairburn & K. D. Brownell (Eds.), *Eating disorders and obesity: A comprehensive handbook* (2nd ed., pp. 204-209). New York: The Guilford Press.

Wright, J. P., & Cullen, F. T. (2001). Parental efficacy and delinquency behavior: Do control and support matter? *Criminology, 39,* 677-705.

Yang, L. (2004). Social buffers to the continuity of delinquency in early and late adolescence. *Dissertation Abstracts International, 64*(11), 4217A. (UMI No. 3113543)

Yaryura-Tobias, J. A., Neziroglu, F. A., & Kaplan, S. (1995). Self-mutilation, anorexia, and dysmenorrheal in obsessive-compulsive disorder. *International Journal of Eating Disorders, 17,* 33-38.

Yeh, H. (2001). The influences of sibling relationships in adolescence. *Dissertation Abstracts International, 62*(02), 794A. (UMI No. 3003283)

Yip, K., Ngan, M., & Lam, I. (2003). A qualitative study of parental influence on and response to adolescents' self-cutting in Hong Kong. *Families in Society: The Journal of Contemporary Human Services, 84,* 405-416.

Yoshikawa, H. (1994). Prevention as cumulative protective: Effects of early family support and education on chronic delinquency and its risks. *Psychological Bulletin, 115,* 28-54.

Young, K. S. (1996). Addictive use of the internet: A case that breaks the stereotype. *Psychological Reports, 79,* 899-902.

Young, K. S. (1998). Internet addiction – The emergence of a new clinical disorder. *CyberPsychology and Behavior, 1,* 237-244.

Youniss, J. (1980). *Parents and peers in social development.* Chicago: University of Chicago Press.

Zall, D. S. (1993). The impact of early maternal bereavement on future parenting. *Dissertation Abstracts International, 53*(09), 337A. (UMI No. 9239109)

Zern, D. S. (1997). A longitudinal study of adolescents' attitudes about assistance in the development of moral values. *The Journal of Genetic Psychology, 158,* 79-95.

Zila, L. M., & Kiselica, M. S. (2001). Understanding and counseling self-mutilation in female adolescents and young adults. *Journal of Counseling and Development, 79,* 46-52.

Zimmerman, B. J. (2000). Attaining self-regulation: A social cognitive perspective. In M. Boekaerts, P. R. Pintrich, & M. Zeidner (Eds.), *Handbook of self-regulation* (pp. 13-38). New York: Academic Press.

Zimmermann, P., & Becker-Stoll, F. (2002). Stability of attachment representations during adolescence: The influence of ego-identity status. *Journal of Adolescence, 25,* 107-124.

Zimmermann, G., Rossier, J., de Stadelhofen, F. M., & Gaillard, F. (2005). Alexithymia assessment and relations with dimensions of personality. *European Journal of Psychological Assessment, 21,* 23-33.

Zlotnick, C., Donaldson, D., Spirito, A., & Pearlstein, T. (1997). Affect regulation and suicide attempts in adolescent inpatients. *Journal of the American Academy of Child & Adolescent Psychiatry, 36,* 793-798.

國家圖書館出版品預行編目資料

青少年發展與適應問題——理論與實務／陳金定著.
--初版. -- 臺北市：心理, 2007 （民 96）
面； 公分. -- （輔導諮商系列；21067）
參考書目：面

ISBN 978-986-191-034-5（平裝）

1.青少年 2.青少年問題 3.輔導（教育）

544.67 96012163

輔導諮商系列 21067
青少年發展與適應問題——理論與實務

作　　者：陳金定
執行編輯：李　晶
總 編 輯：林敬堯
發 行 人：洪有義
出 版 者：心理出版社股份有限公司
地　　址：231 新北市新店區光明街 288 號 7 樓
電　　話：(02) 29150566
傳　　真：(02) 29152928
郵撥帳號：19293172 心理出版社股份有限公司
網　　址：http://www.psy.com.tw
電子信箱：psychoco@ms15.hinet.net
駐美代表：Lisa Wu（lisawu99@optonline.net）
排 版 者：鄭珮瑩
印 刷 者：東縉彩色印刷有限公司
初版一刷：2007 年 8 月
初版七刷：2020 年 2 月
I S B N：978-986-191-034-5
定　　價：新台幣 650 元